国家卫生和计划生育委员会

全国高等医药教材建设研究会 "十一五"规划教材

全国高等学校教材

供卫生管理及相关专业用

公共事业管理概论

General Introduction to the Management of Social Public Affairs

主 编 殷 俊

副主编 彭 聪

编 者（以姓氏笔画为序）

尹 放（重庆医科大学）　　　张 仲（哈尔滨医科大学）

李增笑（牡丹江医学院）　　黄 莉（重庆医科大学）

吴湘玲（武汉大学）　　　　蒋守渭（浙江中医药大学）

辛昌茂（安徽医科大学）　　薛 泉（温州医科大学）

人民卫生出版社

图书在版编目（CIP）数据

公共事业管理概论/殷俊主编. —北京：人民卫生出版社，
2013.8

ISBN 978-7-117-17629-3

Ⅰ.①公… Ⅱ.①殷… Ⅲ.①公共管理-高等学校-教材

Ⅳ.①D035

中国版本图书馆 CIP 数据核字（2013）第 135754 号

人卫智网	www.ipmph.com	医学教育、学术、考试、健康，
		购书智慧智能综合服务平台
人卫官网	www.pmph.com	人卫官方资讯发布平台

公共事业管理概论

主　　编：殷　俊

出版发行：人民卫生出版社（中继线 010-59780011）

地　　址：北京市朝阳区潘家园南里 19 号

邮　　编：100021

E - mail：pmph @ pmph. com

购书热线：010-59787592　010-59787584　010-65264830

印　　刷：北京虎彩文化传播有限公司

经　　销：新华书店

开　　本：787×1092　1/16　印张：29　插页：8

字　　数：615 千字

版　　次：2013 年 8 月第 1 版 2024 年 8 月第 1 版第 8 次印刷

标准书号：ISBN 978-7-117-17629-3

定价（含光盘）：58.00 元

打击盗版举报电话：010-59787491　E-mail：WQ @ pmph. com
（凡属印装质量问题请与本社市场营销中心联系退换）

全国高等学校卫生管理专业
第二轮规划教材修订说明

我国卫生管理专业创办于1985年,第一本卫生管理专业教材出版于1987年,时至今日已有26年的时间。随着我国卫生事业的快速发展,卫生管理专业人才队伍逐步壮大,卫生管理专业教材从无到有,从少到多。为适应我国卫生管理专业的发展和教学需要,人民卫生出版社于2005年2月出版了第1轮全国高等学校卫生管理专业规划教材,其中单独编写教材10种,与其他专业共用教材5种,共计15种。这套教材出版八年来,为我国卫生管理人才的培养,以及医疗卫生管理事业科学化、规范化管理做出了重要的贡献。

当前,随着我国医疗卫生体制改革的不断深入,国家对卫生管理专业人才的需求量增加,卫生管理专业有了日新月异的发展,知识更新越来越快速,专业设置越来越细化,使得第1轮的教材已不能适应目前国内卫生管理专业发展和人才培养的需要。2012年在原卫生部领导的支持和关心下,全国高等医药教材建设研究会、人民卫生出版社开始组织第二轮规划教材的编写工作。全国高等医药教材建设研究会在2011年9月成立了"第二届全国高等学校卫生管理专业教材评审委员会",经过会上及会后的反复论证最终确定本次修订工作出版31种教材,并计划作为2013年秋季教材和2014年春季教材在全国出版发行。此次教材的修订工作是在贯彻党的十八大关于"深化教育领域综合改革"精神的背景下,在落实教育部、原卫生部联合下发的《关于实施临床医学教育综合改革的若干意见》的前提下,根据《国家医药卫生中长期人才发展规划(2011—2020年)》的任务要求,并结合国家卫生和计划生育委员会的总体要求,坚持"三基、五性、三特定"的原则,组织全国各大院校卫生管理专业的专家一起编写。

第二轮教材的修订工作从2012年7月开始,其修订和编写特点如下:

1. 教材编写修订工作是在教育部、国家卫生和计划生育委员会的领导和支持下,由全国高等医药教材建设研究会规划,卫生管理专业教材评审委员会审定,院士专家把关,全国各医学院校知名专家教授编写,人民卫生出版社高质量出版。

2. 教材编写修订工作是根据教育部培养目标、卫生管理部门行业要求、社会用人需求，在全国进行科学调研的基础上，借鉴国内外医学人才培养模式和教材建设经验，充分研究论证本专业人才素质要求、学科体系构成、课程体系设计和教材体系规划后，科学进行的。

3. 在全国广泛、深入调研基础上，总结和汲取了第一轮教材的编写经验和成果，尤其是对一些不足之处进行了大量的修改和完善，并在充分体现科学性、权威性的基础上，更考虑其全国范围的代表性和适用性。

4. 教材编写修订工作着力进行课程体系的优化改革和教材体系的建设创新——科学整合课程、淡化学科意识、实现整体优化、注重系统科学、保证点面结合。继续坚持"三基、五性、三特定"和"多级论证"的教材编写原则，以确保教材质量。

5. 教材内部各环节合理设置，含有丰富的内容和活跃的版式设计。包含章前案例、知识拓展、知识链接、本章小结、关键术语、习题、教学建议等，从多方面、多角度给予知识的讲授，促进知识的理解，深化内容的记忆。

6. 为适应教学资源的多样化，实现教材系列化、立体化建设，每种教材都配有配套光盘，方便老师教学和学生自主学习。

本轮卫生管理专业规划教材共计31种，全部为核心课程，单独编写教材，不再与其他专业共用。其中"管理基础课程部分"7种，"专业课程部分"20种，"选择性课程部分"4种。

本套教材所有31种书均为国家卫生和计划生育委员会"十二五"规划教材，计划于2013年秋季和2014年春季全部出版发行。

说明：2013年2月本套教材基本完稿，2013年3月"中华人民共和国卫生部"（简称"卫生部"）更名为"中华人民共和国国家卫生和计划生育委员会"（简称"国家卫生和计生委"）。本套教材的编委会已经考虑到此类问题，并把教材中相关名称作了修改，但是许多法规和文件还在沿用以前的名称，为了保持学术的严谨性，此类地方出现的名称不做修改。由于时间紧张，如有修改不到位的地方还请广大师生批评指正！

全国高等学校卫生管理专业
第二轮规划教材目录

书　名	版　次	主　编	
1. 管理学基础	第2版	冯占春	吕　军
2. 经济学原理		刘国恩	李　玲
3. 组织行为学	第2版	刘　毅	
4. 公共事业管理概论		殷　俊	
5. 公共关系学		王　悦	
6. 人际沟通及礼仪		隋树杰	
7. 公文写作与处理	第2版	邱心镜	
8. 管理流行病学		毛宗福	姜　潮
9. 卫生管理统计及软件应用		贺　佳	
10. 卫生管理运筹学	第2版	秦　侠	
11. 卫生管理科研方法		王　健	
12. 社会医学		卢祖洵	姜润生
13. 卫生事业管理学		张　亮	胡　志
14. 卫生服务营销管理	第2版	梁万年	
15. 卫生经济学		孟庆跃	
16. 卫生法学		黎东生	
17. 医疗保障学	第2版	姚　岚	熊先军
18. 卫生政策学	第2版	郝　模	
19. 药品管理学		张新平	刘兰茹
20. 卫生监督学	第2版	樊立华	
21. 医院管理学	第2版	张鹭鹭	王　羽
22. 卫生保健伦理学		佟子林	
23. 卫生财务管理		程　薇	
24. 卫生人力资源管理		毛静馥	
25. 卫生信息管理学	第2版	胡西厚	
26. 卫生项目管理		王亚东	
27. 卫生技术评估		陈　洁	于德志
28. 卫生应急管理		吴群红	杨维中
29. 国际卫生保健		马　进	
30. 健康管理学		郭　清	
31. 公共卫生概论		姜庆五	

全国高等学校卫生管理专业
第二届教材评审委员会名单

主编简介

殷　俊

出生于 1962 年 10 月,湖北省武汉市人,汉族。武汉大学管理学博士,武汉大学公共管理学院教授,博士生导师。武汉大学社会保障研究中心(教育部人文社会科学重点研究基地)专职研究员、国家"985 工程"科技创新平台和哲学社会科学创新基地核心成员、美国康奈尔大学访问学者、加拿大渥太华大学客座教授、湖北省公共管理研究会秘书长。多年来一直从事金融投资与商业保险、社会保险与社会保障等相关领域的研究、教学,具有理学、经济学和管理学等多学科背景,最近几年主要从事公共管理、社会保障基金管理、企业年金计划管理的教学和研究。出版学术专著 4 部、主编和参编教材 6 本,发表学术论文 50 余篇;主持负责多项重大课题。

副主编简介

彭　聪

　　出生于 1985 年 9 月，广西玉林人，汉族。武汉大学管理学博士，武汉大学社会保障研究中心（教育部人文社会科学重点研究基地）助理研究员，具有经济学、管理学和文学等学科背景，主要从事公共管理、社会保障、住房公积金管理的研究；参与多项课题研究，发表学术论文多篇。

前　言

随着社会发展,中国政府已由市场发育期的经济建设型政府逐步向市场成熟期的公共服务型政府转变,公共事务中政治、经济与社会事务不断增多,而且变得越来越复杂,公共事务的结构也发生了相应变化,其中社会事务的比重不断上升,这也体现了以人为本的特点。社会发展的目标归根结底都是为了改善社会公众的生活状况,而"公共事业"所涉及的领域都与社会公众的基本生活密切相关,是为了满足公众的公共需求而产生的。社会组织与非营利组织的产生与不断发展、国民素质的提高促使民众参与意识与民主意识日益增强,为中国公共事业管理部门社会化管理提供了基础,进一步促进了公共事业管理学科的发展。公共事业管理学科作为新兴的学科,逐渐走入人们的视野并获得越来越多的社会关注和重视。

公共事业管理学科是从公共事业管理实践中发展而来的。迄今为止,人们对于公共事业管理的许多基本问题尚未达成共识,公共事业管理学的理论基础、研究范围和研究重点也仍在变化和发展之中。因此,在编写本教材时,我们致力于准确、完整地介绍公共事业管理学科的内涵和特征。本教材在编写过程中特别注意以下三个方面的问题:一是公共事业管理与公共管理、行政管理的区别,在界定了三者之间存在着管理学共性的基础上,尽可能地体现公共事业管理的特点、功能与作用,以凸显公共事业管理的学科特色;二是在力所能及的情况下,注意联系中国的实际情况。公共事业管理学作为一门社会科学,其产生与发展只能根据不同的国情去分析具体问题。因此,如何使公共事业管理在中国很好地发展,一直是我们思考的重心,也是我们努力去做的工作;三是公共事业领域涉及面较宽,我们力求从最基本的知识介绍入手,在考虑本教材适用于卫生事业管理专业的同时兼顾其他公共事业管理领域。同时,还注意以开放的心态,积极吸收国外公共事务管理的实践和理论成就。

本书的结构分为四大部分,共十四章内容。

第一部分是公共事业管理基本概念及管理过程介绍,包括第一章到第五章;第二部分是公共事业管理主体及相关基本问题介绍,包括第六章到第八章;第三部分是公共事业管理所运用的手段与方法介绍,包括第九章和第十章;第四部分是中西方公共事业管理发展概况介绍,包括第十一章到第十四章。

本书是在集体协作下完成的,作为主编,我对本书的各位撰稿者、资料的搜集提供者、本书所引用资料的原创者、人民卫生出版社以及所有给予我们支持和帮助的人们,表示深深的谢意。

本书的编写是对公共事业管理学科的探索,受编著者实践和理论水平的限制,书中还存在许多问题和不足,还有待于今后编者的努力探索与完善。对于存在的缺失和疏漏之处,诚请各位专家、读者提出宝贵意见。

殷 俊

2013 年 4 月

目 录

第一章　绪　　论

第二章　公共事业管理职能与方法

第四章　公共事业绩效管理

第五章　公共事业管理的权力与监控

第八章　公共事业中的公共物品管理

第九章　公共事业部门战略管理

第十章　公共事业管理的治理模式创新

第十一章　西方国家公共事业管理

第十四章 社区公共事业管理

绪　论

通过本章的学习,你应该能够了解和掌握:

1. 事业、传统事业、公共事务与公共事业的联系与区别。
2. 公共事业管理的内涵特征、主体和研究内容。
3. 公共事业管理学科产生的时代背景。
4. 公共事业管理的理论基础。
5. 公共事业管理与其他管理的关系。
6. 研究公共事业管理的方法和意义。

章前案例

社会事业:维护公益性　服务上水平

改革开放以来,中国的社会事业在整体上有了较快的发展,但一些领域发展相对滞后,已成为转变经济发展方式的制约因素。内需不足的背后,是收入分配制度、社会保障制度不健全,公共服务有效供给不足;经济发展过分依赖投资拉动的背后,是人力资本投入不足,劳动者素质相对较低,经济发展内生动力不足。

在这种形势下,进一步深刻认识社会事业对转变经济发展方式的作用,大力推进社会领域的各项改革,是我们的必然选择。教育、文化、卫生、体育等社会事业的发展,关系万千家庭,关乎国运昌盛。

首先,避免公共事业管理出现断档、公共服务出现真空。政府应管好该管的,维护社会事业的公益性、保障人民群众基本公共服务需求,是政府的主要职责。政府尽职,除了加大投入,还必须讲求效率,提高公共资源的使用效率和公共服务的水平。必须建立和完善决策、执行、监督相协调的权力运行机制,深化改革,提高绩效,避免公共事业的管理出现断档,公共服务出现真空。该政府管的,一定要管好。

其次,应充分发挥市场作用,积极探索购买服务的模式,通过发展相关产业,满足多层次、个性化的需求。面对人民群众日益增长的对公共服务的需求,如何用"小财政"办好"大民生",是公共事业管理需要研究和解决的重要问题之一。

笔记

政策杠杆用好了,就能撬动巨大的市场资源。上海市浦东新区制订了一系列政策来促进民办学校的发展。凡是学生进入民办学校读书,政府补贴生均教育经费,还把一些闲置的场所零租金借给民办学校。上海市浦东新区副区长张恩迪委员说:"能交给市场的、市场能办好的事情,政府无需过多干预。政府只管该管的事,包括搞好规划,在财税政策上予以扶持,规范市场,营造好的环境,对效果进行评估等。"

政府投入也可以借道市场,提高效率,解决现实困难。"西宁标准化中学校舍的建设,需投入10亿元,算来算去,财政负担不起。现在改由企业建设,政府每年只掏租赁费就行了,这解决了教育投入不足的大难题!"毛小兵指出,政府是公共服务的提供者,但不一定是生产者,应该积极探索购买服务的模式,通过引入竞争来提高公共服务质量,让老百姓得到实惠。

青岛市市长夏耕代表认为,社会事业可以向市场开放的领域涉及科技、教育、文化、医疗、旅游、民政、体育等多方面。比如在文化领域,推进文化单位公益性和经营性的分类改革,满足人民群众多样化的文化需求。

"发展这些产业,既可以满足群众不同层次、不同种类的需求,也是加快服务业发展、扩大城乡就业、实现经济结构调整的重要抓手。"夏耕建议,要尽快完善和落实相关政策,鼓励民间投资参与社会事业发展。当务之急是降低公共服务准入门槛、简化投资项目审批手续、拓宽融资渠道、放宽企业注册资本限制,支持各类创业主体进入。

第三,政府应搭建更多平台,有效地动员和综合利用社会资源,加强和改善基本公共服务、推进社会事业发展,还必须有效动员和综合利用社会资源,多方筹集社会事业发展的资金。

"比如,我们要大力提升'公益'的力量。"毛小兵说,近年来不少企业、民间团体、机构以及慈善家积极投身社会公益事业,替政府解忧,为弱势群体谋利,获得了社会的广泛认可。"社会财富的分配具有不均衡性,有能力的企业、机构,有责任对特殊群体、困难人群增加关爱。反过来讲,动员更多的社会公益力量,综合利用社会资源来加强和改善基本服务,还需政府搭建更多平台,采取更有效的激励手段,这些需要全社会从道德价值上予以更多认可。"

"要尽快出台《慈善事业法》,弥补税收、审计等相关法律的缺位;从税收优惠、金融扶持入手,对积极投入社会公益事业的企业给予奖励;通过宣传典型,增加企业的美誉度和投身公益的动力;加强对善款的管理,确保'善款善用'。这些工作,我们完全可以尽快启动。"毛小兵对此满怀期待。

(根据《人民日报》2010年3月10日第007版 两会特刊改编)

公共事业管理的发展,有利于提高人民的整体生活水平,加速推进政府管理体制的改革,促进社会的整体协调发展,形成良好的国家与社会的互动关系。

20世纪人类健康的进步反映了公共卫生的作用,公共卫生投入对国家社

笔记

2

会经济发展和政治及宏观经济的稳定具有不可忽视的作用和不可取代的贡献。理论研究和实证研究揭示了政府公共卫生投入与健康指标的关联,揭示了政府为全体人民提供基本公共卫生产品的必要性。进一步加大政府对公共卫生的投入水平和改善投入机制,是今后强化中国政府公共卫生职责的必然选择。

十年树木,百年树人。教育作为民生之首,对于国民文化与道德素质的提高与国家综合实力的增强起着根基性的作用。教育在经济社会发展和民族振兴中具有先导性、基础性和全局性地位。科教兴国教育是科技的基础,教育是发展科学技术和培养人才的基础工程。

文化事业是实现好、维护好、发展好人民群众基本文化权益的主要途径,是衡量一个国家文明进步程度的重要标志,是评价人民群众幸福指数的重要方面,是提高国民整体文化素质的重要基础。随着公共文化设施网络日趋健全、重大文化惠民工程不断推进,公共文化设施逐渐遍布城乡,成为人民群众汲取精神食粮、陶冶心灵情操的重要场所。

科学技术是第一生产力,一个国家只有拥有强大的科技创新能力,才能在激烈的国际竞争中把握先机、赢得主动。同时,科技能不断地改善我们的生活条件,使我们的生活变得更美好、更舒适、更方便。

这些涵盖在公共事业管理中的内容,无一不显示了公共事业管理在整个社会经济的发展中所发挥的重要作用。

公共事业管理属于管理学的范畴,是公共管理学的重要组成部分和分支。公共事业管理的概念是在我国引进西方公共管理概念后产生的,是对我国传统的"事业"概念的发展。公共事业管理学作为一门新兴学科,在中国获得了快速的发展,并且在中国理论与实践的基础上,逐步形成了具有中国特色的公共事业管理学科体系。本章主要围绕公共事业管理以及与之相关的最基本的概念、研究对象和方法等方面展开论述,为进一步学习和研究公共事业管理奠定基础。

第一节 公共事业的基本内涵及特征

公共事业(social public affair)作为我国特有概念是在建立和完善社会主义市场经济体制的过程中逐步形成并提出来的,是在对我国传统"事业"的内涵和范围扩大的基础上形成的。从古至今,随着生产力的发展、社会形态的变换,导致"公共事业"领域发生了较大变化,可以预期今后随着社会经济的发展,"公共事业"内涵也会有所不同。因此,厘清事业、事业单位和公共事业等基本概念,理解公共事业管理学科及其发展规律对进一步学习公共事业管理十分重要。

一、事业与公共事业

尽管公共事业概念是一个较新的、具有中国特色的概念,但是公共事业管理活动却是早已客观存在的,通过对我国公共事业管理实践的总结,可以从理论上认识事业与公共事业的概念及其与之相关概念间的联系与区别。

3

（一）事业与事业单位

事业是我们经常用到的词,关于事业一词有多种解释。从字面理解,"事"就是我们正在做的或打算做的事,而"业"是指所做事情的结果或预期,即已取得的成就或预期目标。《易·坤》:"美在其中,而畅於四支,发於事业,美之至也。"孔颖达疏:"所营谓之事,事成谓之业。"《现代汉语词典》对事业的解释是:"事业是人们所从事的,具有一定目标、规模和系统的对社会发展有影响的经常活动,特指没有生产收入,由国家经费开支,不进行经济核算的文化、教育、卫生等单位,或指个人的成就。"《易经·系辞》云:"举而措之天下之民,谓之事业。"简单地说,就是做了自己喜欢的事情,却又帮助了他人,这就是事业。尽管关于事业有多种解释,但是他们对事业的解释存在共同点:①所从事的工作,②具有一定目标(这个目标通常是远大的、较高层次的)。因此,事业就是人们所从事的、具有一定(长远)目标有意义的活动。事业与职业的概念有关联也有区别,事业并不是所有的人都乐意去努力或者所有的人都能实现的。很多人常说我们要拥有自己的事业,其实事业是个很高层次的概念。事业是一个人可以一辈子为之所奋斗的,终其一生去为实现自己的目标而坚持不懈地努力。它是解决人类最高层次的需求,是社会认可和自我价值的真正实现。人们在实现个人事业目标的过程中,往往不畏艰苦并不惜一切个人资源努力为之奋斗。从事业的界定可以看出,个人为了实现自己的长期目标所做的事为"个人事业",组织为实现组织的长期目标所做的工作为"组织事业",公共组织为了社会公众的公共利益所做的工作则为"公共事业"或"社会事业"。由于我国"事业"一词与"事业单位"和"事业体制"的关联,"事业"不仅是一般意义上的事业,而且被赋予了更独特的含义:一是指人们所从事的,具有一定目标、规模和系统的对社会发展有影响的经常活动,如文化事业、教育事业、卫生事业等。二是指没有生产收入,由国家经费开支,不进行经济核算的社会活动。

与事业一词相关并具有中国特色的概念"事业单位"是我国对公共组织分类而形成的公共组织中独特的一支,1998年10月25日中华人民共和国国务院令第252号发布的《事业单位管理暂行条例》对"事业单位"做出了权威性的界定并沿用至今,事业单位"是指国家为了社会公益目的,由国家机关举办或者其他组织利用国有资产举办的,从事教育、科技、文化、卫生等活动的社会服务组织。"事业单位一般指以增进社会福利,满足社会文化、教育、科学、卫生等方面需要,提供各种社会服务为直接目的的社会组织。事业单位不以盈利为直接目的,其工作成果与价值不直接表现或主要不表现为可以估量的物质形态或货币形态。事业单位是相对于企业单位而言的,事业单位包括一些有公务员工作的单位,是国家机构的分支,事业单位的职能是国家职能的延伸。由于事业单位是为了社会公益而存在的,因此我国将事业单位的"事业"界定为公共事业。

（二）公共事务与公共事业

自人类社会产生之日起,公共事务就相随产生。早在人类原始社会,氏族组织形成之后,就在生产和生活中产生了一些有关全体氏族成员共同利益的事务,如防洪、水资源的分配与管理、调解内部纠纷、巫医、祭祀、文字研究等。诸如此

笔记

类的事务需要由专人来负责,这就逐渐产生了社会分工,其负责人员的生存资料是由全体氏族成员负担,在氏族内部扣除。这类事务关系到氏族的每个成员的利益,故称为公共事务。随着生产力的发展和社会的进步,公共事务则由随后产生的政府接管,成了政府须履行的最基本的职能。从理论上看,公共事务概念产生于18世纪的英国,当时称为社会事务。亚当·斯密在《国民财富的性质和原因的研究》一书中指出,政府管理权限的划分是社会的进步与社会事务增多的结果,亚当·斯密在书中所提到的社会事务可以表述为现在的国防、立法、司法和公共设施等。由此可见,公共事务是指为了满足社会全体或大多数成员需要,体现他们的共同利益,让他们共同受益的那类事务。按照公共事务的性质来划分,可以分为政治公共事务、经济公共事务和社会公共事务(狭义的社会事务)三大方面。政治公共事务主要包括涉及国家主权、领土完整、政权稳固、社会安定、民族利益和国家利益等各项事务,具体表现为外交工作、国防工作、公安工作、国家安全工作、司法行政、民族工作、宗教工作等。经济公共事务主要包括宏观调控和经济管理两个方面的事务。社会公共事务主要包括教育、科学、文化、卫生、体育、民政、社会保障、环境保护等。因此,狭义的社会事务就是指非政治、非经济的社会事务,其中许多与社会公众基本生活质量和共同利益密切相关的那部分社会事务,就是当下中国公共事业管理所从事的工作和任务。具体而言:在这个社会中,公共事务是企业和个人家庭所不愿做也不能做,但又是既对整个经济和社会的发展,也对社会全体公民基本生活必不可少的事务,而且这里的共同利益,一方面体现全体公民长远利益,另一方面也体现整个社会的全局利益,因而是全体公民都十分关注的事务。公共事务的范围是十分广泛的,涵盖了从劳动管理到国防、行政、治安等国家事务,以及法律事务、艺术、教育、科学等都包括在其中,且范围仍然随着社会和经济的发展而不断扩展和丰富。

公共事业(social public affair)是指体现全体社会公众的需要,关系到全体社会公众的基本生活质量和共同利益的那类社会公共事务。公共事业是我国特有的概念,它从中国多年的实践中总结和发展起来,并形成了公共事业管理学科。公共事业与国外公共事务的概念相近,但又存在区别。从公共事务的角度看,公共事业是以公共事务中狭义的社会公共事务为基础和主要内容的。从公共物品的角度看,公共事业由公共物品和准公共物品构成,但是以准公共物品为主。中国传统事业所涉及的范围主要分为两部分:一是属于纯公共物品的事业物品,在整个公共事业中占少数,如气象、基础科学研究、农业技术的研究和推广、大型水利设施、社会科学研究等。二是属于准公共物品的事业物品,在整个事业中占大多数,如教育、医疗、卫生、体育、文化等。

公共事务和公共事业之间存在着内在关联性:公共利益是公共事务追求的目标,公共事务是实现公共利益的载体;公共事务包括政治公共事务、经济公共事务以及社会公共事务三大类型;公共事业在本质上属于社会公共事务,因而公共事业包含于公共事务之中。从公共事业所涉及的行业及部门看,多数是可以企业化管理的部门,但相对一般企业而言,"公共事业部门"显得更重要,它直接关系社会公众的基本生活,需要政府在一定程度上进行干预,以避免出现市场失

笔记

灵而损害社会公众的共同利益。例如教育民营化和市场化会带来许多弊端,国家干预显得很有必要。我国把从事公共事业的公共组织称为事业单位,因此就"事业单位"而言,各国的界定存在一定的差异。各国之间的这种差异从另一个角度印证了"公共事业"的界定与各国社会经济发展密切相关,在不同的社会发展阶段"公共事业"的内涵也存在差异。

(三)传统事业与公共事业

公共事业是在传统事业的基础上发展起来的,传统事业与公共事业之间有联系,也有区别。两者之间的联系主要表现为:两者都是以满足社会公众需要为基本目标,且两者都不以营利为主要目的。两者的区别主要表现为:①举办主体不同。传统事业的举办主体是政府及其相关部门;公共事业的举办主体是以政府为核心的公共组织,特别是非政府组织。②资产来源不同。传统事业是利用国有资产举办的,而公共事业是利用国有资产在内的社会资产举办的。③活动内容不同。传统事业主要局限于传统的科学、教育、文化、卫生、体育,而公共事业则包括除了"事业"已经涵盖的内容之外,还有环保、社会保障等与时俱进的新内容。

传统的事业和事业单位在20世纪80年代之后随着市场经济发展而开始发生转变,逐渐向新的公共事业转型。新的公共事业在以往的事业基础上对举办主体、资产来源和活动内容进行了拓展。这种变化主要有三点:一是社团数量急剧增加;二是民办非企业单位迅速发展;三是社会服务组织层出不穷。推动传统事业向公共事业转型的内在动力主要来自四个方面:①社会公众的公共需求数量和质量的推动。随着经济的发展,社会公众对提升社会生活质量的要求相应提高,使公共事业随公共需求增长得以拓展。②非国有资产和国有资产比重发生偏移。随着我国经济体制改革的进程,集体经济和非国有制经济有了较大幅度的增长,占据了大量的社会资源,因此仅仅依靠国有资产难以满足现实的社会需要,必须寻求非国有资产参与到公共事业中来。③社会自我管理能力的提升。社会团体数量的快速增长,反映了我国社会自治能力的提升,单纯靠政府已无法管理好日益增长的社会公共事务,需要利用社会力量参与社会公共事务的管理,而社会自我管理能力的提升使得社会团体参与社会公共事务成为现实。④政府管理模式的变换。改革开放以来,政府简政放权,由"全能政府"向"有限政府"转变。这种转变需要有非政府组织承接由政府转移出的部分职能。

综上所述,正是由于社会资源和公共权力的重新分配,公共事业逐渐取代传统的事业,在内容和形式上都有了新的发展。公共事业涵盖领域比以往拓展了许多,今后还将随时代发展而不断拓展新的领域。

二、公共事业的基本内涵及特征

通过上述对"事业"、"公共事业"和"公共事务"等概念的界定,我们对公共事业概念有了基本了解,在此基础上我们可以对公共事业的内涵及基本特征进行界定。

(一)公共事业的基本内涵

公共事业的基本内涵可以归纳为以下四个方面的内容:

第一，公共事业所包含的基本内容属于社会公共事务的范畴，必须以不同于私人事务的方式进行经营和管理，"公共性"是公共事业的本质。公即公有的，公用的，是相对于"私"而言，"公共"则是指可以有多个人共同使用，而不具有排他性。

第二，公共事业是社会全体公众共同的事业，在逻辑上，政治的、经济的和社会的公共事务，都可以归到公共事业的范围中。但是，我国公共事业的概念是由计划经济体制下特有的"事业"发展而来的，而"事业"的基本内涵主要是非政治、非经济的事务，即狭义的社会公共事务。因此，狭义的社会公共事务是公共事业的基本内容。

第三，公共事业的实现方式是公共服务。现代社会的公共事务日益丰富，不仅表现在许多私人事务涉及公共利益，而且狭义的社会公共事务的实现也与经济密切相关。从公共物品理论看，任何一种社会产品的提供都是一个生产过程和经济行为过程。因此，公共事业不再是传统的"非经济"事务，确定公共事业内涵基本标准之一不是看与经济的关系，而是看是否与公众的日常的、基本的生活相连。

第四，公共事业提供的公共物品包括纯公共物品和准公共物品两部分。在整个公共事业产品中，公共事业涉及的纯公共物品只占少数，如气象、基础科学研究、基础公共设施等，而公共事业产品中的准公共物品占大多数，如教育、文化、卫生、体育，以及公共交通、水、电、煤气等公用事业。

综上所述可见，公共事业就是社会全体公众的事业，即关系到社会全体公众基本生活质量和共同利益特定的社会公共事务。公共事业是以公共事务中狭义的社会事务为基础和主要内容，并包括一定的经济事务所构成的一种特定的社会公共事务。公共事业产品由纯公共物品和准公共物品构成，但是以准公共物品为主。

（二）公共事业的基本特征

通过探讨公共事业的内涵，我们可以发现公共事业具有以下基本特征：

1. 公共性 公共性是公共事业所具备的最根本的特征，其受益对象是全体社会公众，以满足社会群体需要为目标，并且涉及社会的方方面面，因而具有公众性；公共事业所提供的服务关系到全体社会成员的共同需要，具有公用性；公共事业所服务的目标是实现全体社会成员的共同利益，因而具有公益性。因此，不管是从受益对象、所提供的服务及目标都体现其公共性的特征。

2. 非营利性 公共事业的运行与管理不以营利为目标，其基本目标是为了社会公益及满足社会成员的普遍需要而提供各种社会服务。需要指出的是，非营利性的特征并不意味着公共事业完全不收费，在某些情况下，为了弥补事业经费不足，或者为了平衡在享受公共事业所提供的服务方面实际存在的差异，也会采取收费的办法。但是收费的最终目的并不是为了盈利，而是为了更好地保障公共事业的可持续发展。

3. 服务性 服务性作为公共事业的基本特征，体现了公共事业是面向全体社会公众的服务性活动，如提供科技、教育、文化、卫生、体育、环境保护、社会保

笔记

障等服务。公共事业服务的对象是全体社会成员,秉承"以人为本,以社会为本"的基本理念,在公共事业的运行和实现中始终贯穿着为人民服务的理念,体现其服务性的特征。此外,公共事业大部分提供的是服务性产品,而服务的生产过程与消费过程往往是同步的,因而服务管理不同于物质产品管理,其在生产、交换、分配和消费活动中具有特殊性,往往采取不同于物质产品的管理模式和衡量指标。因此,公共事业具有比企业微观生产经营活动更突出的服务性特征。当前,中国正致力于建设"服务型政府"在公共事业中服务性也同样受到越来越多的公众关注。

随着社会发展,公共事务中政治、经济与社会事务不断增多,而且变得越来越复杂,需要人们认真对待并加以解决。公共事务的结构也发生了相应变化,其中社会事务的比重不断上升,也体现了以人为本的特点。社会发展的目标归根结底都为了改善社会公众的生活状况,而"公共事业"所涉及的领域都与社会公众的基本生活密切相关,是为了满足公众的公共需求而产生的。有一些现在属于"公共事业"领域的事务,将来不一定属于公共事业领域。同时,也会有新的社会事务产生并纳入到"公共事业"领域中来。例如在文化领域,以往主要是戏曲艺术,随着造纸业和印刷术的发展,出现了报纸,尤其是电影、电视机发明后出现了影视传媒,计算机出现后而随之产生的网络传媒等。因此,社会事务与科技进步密切相关,公共事业内涵随社会发展不断扩展的事实反映了"公共事业"内涵不断演变的规律。尽管公共事业的内涵不断扩展,但是其公共性、非营利性和服务性的基本特征不会改变。正是因为公共事业的基本特征保持稳定,才使得公共事业的本质始终不变。

第二节　公共事业管理的界定

公共事业是中国特有的概念,是指社会中政治、经济、军事之外的社会活动领域,因此,公共事业管理在从属于一般管理活动情况下,同时又有其特定的管理主体、管理对象、管理目标、管理职能、管理方法和管理环境等构成要素。通过对公共事业管理中一般的和特殊管理活动的分析,得以明晰公共事业管理的概念、内涵及特征。

一、公共事业管理的概念

公共事业管理的概念同时受到公共事业基本内涵和管理内涵的双重制约,因而对公共事业管理(management of social public affair)的概念可以简单地界定为公共事业主体通过在公共事业领域中的管理活动,实现社会利益目标的活动过程。管理是通过组织与协调他人的共同活动达到个人单独活动所不能收到的效果,并配置有限的资源,以实现预定目标的过程。以社会公共事务为基本内容的公共事业决定了其管理主体必须是社会公共组织或公共部门,在中国,从事公共事业管理的公共组织包括事业单位、社会团体、民办非企业单位。因此,公共事业管理是指在一般情况下,公共组织(包括政府及非营利组织)为社会全体公

笔记

众提供准公共物品和部分纯公共物品的活动过程。

公共事业管理的定义包括了以下五方面的含义：

1. 管理主体　公共事业管理的主体是公共组织。从严格意义上来说,这是需要区别于行政管理的主体"政府组织"或企业管理的主体"企业组织"。需要指出的是,在中国公共事业管理这一特定领域内,主体涵盖了政府、非政府组织和一定的准行政组织,如当前中国的事业单位等,同时政府仍然在公共事业管理中发挥着较大的影响。

2. 管理目的　公共事业管理的受益对象是全体社会公众,公共事业管理的基本目标是确保社会公众利益的实现和发展,实现社会公众利益的最大化。公共事业产品的生产直接关系到社会公众的基本生活和共同利益。公共事业管理通过提供公共物品和准公共物品,以满足公共需要和维护公共利益,因此公共事业管理具有明显的公共性和服务性。加强对公共事业的科学管理,进一步提供更多、更优质的公共物品和公共服务是公共事业管理的基本目标。即使某项公共事业管理的直接受益对象是特定群体,由于其具有较强的正外部性,因而对全社会来说仍是受益的。

3. 管理内容　公共事业管理所提供的产品包含了准公共物品和部分纯公共物品。中国公共事业管理所提供的公共物品主要分为两类：一类属于纯公共物品,在整个事业中占少数,如社会科学研究、中小学义务教育等。另一类属于准公共物品,在整个事业中占大多数,如高中以上学历和职业教育、医疗、卫生、体育、环保、社会保障等。

4. 管理依据　公共事业管理的依据是法律、权力与组织规范。政府组织显然拥有相关的法律和权力,而社会组织既行使着由政府组织所授予或委托的相关权力,又按照组织规范处理相应的事务,组织规范也属于管理的依据。

5. 管理方式　公共事业管理通过强制性与非强制性相结合的方式对社会公共事务进行管理。由政府组织处理的社会公共事务采用强制方式,而由社会组织管理的事务则较多地采用非强制性方式,反映出民事主体的平等性。此外,公共事业管理方式变化的另一种表现是公共服务市场化,公共服务市场化也是公共事业管理发展的方向。公众对于社会事务管理和公共服务的要求日益提高以及所涉及的范围越来越广,这是当今公共事业发展的基本趋势,因此需要在公共事业管理中引入市场化来解决公共服务提供的效率和质量的问题。

二、公共事业管理与其他管理的联系与区别

虽然公共事业管理学科在中国的发展时间只不过是短短的 10 多年,但是公共事业管理在中国的作用日益凸显,其产生的影响也是极其广泛的。公共事业始终存在于我们每个人的身边,关系到我们的切身利益,渗透到我们生活的方方面面,一个人在其一生的过程中都离不开公共事业管理。从本质上来看,公共事业和公共事业管理的特点是内在一致的。由于公共事业管理从属于一般管理活动,因此公共事业管理过程中管理主体都会履行一般的管理职能,如预算、决策、组织、协调、控制等。同时,公共事业管理存在着自身的独特性,所以在管理的过

笔记

程中会根据组织自身的情况,体现组织内在的特性。为了更好地理解公共事业管理的特点,下面我们通过公共事业管理与其他管理进行比较,以明晰公共事业管理与其他管理之间的联系与区别,进而进一步明确公共事业管理所具有的特点。

(一)公共事业管理与企业管理的联系与区别

1. 公共事业管理与企业管理的联系 社会管理主要是分为两大部门管理,一是公共部门管理,主要作用于公共领域;二是私营部门管理,主要作用于私人领域。企业是以盈利为目的而进行生产和服务的经济组织,在市场经济条件下,企业作为私人领域中的重要主体,基本上是以企业法人的个体身份进行活动,企业的利益是个体利益,相应的企业管理也是为实现个体利益进行的管理活动。

由于社会复杂多变的因素增多,各要素之间的互相影响与作用越来越大,因此在当前公共事业管理发展中,公共组织越来越注重与外部的关系,并倾向于将私营部门的战略管理及过程管理的技术与方法引入公共事业管理的过程中,以更好、更高效的实现公共组织目标。相对于传统的管理方法,公共事业还可以运用企业的管理原则、形态以及机制进行管理,不严格区分公、私部门的差异,既要注重公共事业策略管理、组织内部以及部门之间的管理,强调组织设计、人事与预算等问题,又要注重对公共事业管理的过程管理,在研究方法上,从运用定性研究方法为主逐渐增加定量研究方法。一些在企业管理中运用的方法如民营化、顾客导向、全面质量管理、绩效评估等也逐渐在公共事业管理中运用并推广。

2. 公共事业管理与企业管理的区别 虽然在公共事业管理中可以不断借鉴企业管理中所运用的方法以提高管理效率,但两类管理毕竟是分属于社会划分的两大根本性质不同的部门,因而两者之间也存在着较为明显的区别。

第一,管理的主体与性质不同。公共事业管理的主体为公共组织和非营利组织,带有很强的公共性和服务性;企业管理的主体是以企业法人为依托的企业组织,主要是为了实现本组织与个人的经济利益最大化。

第二,管理的目的不同。公共事业管理主要是通过提供公共物品与处理社会事务的形式,来实现提高人们的生活质量,增进公共利益,促进全社会的公共福利;而企业管理最主要和直接的目标就是营利,主要是通过提高私人产品的生产效率和服务质量,以实现营利的目的。需要指出的是,有一部分公共事业管理组织通常会采取收费的方式去平衡组织运行及运营事业经费不足,进一步提高公共服务的供给质量,但收费的最终目的并不是为了营利,而是为了更好地保障公共事业的可持续发展。这是有别于企业管理中所获得的收入直接纳入到利润中去进行分配的特点。

第三,管理所依托的权力不同。公共事业管理中所使用的权力是公共权力,是通过全体社会公众的授权方式获得并行使的;而企业管理所依托和运行的权力则主要是私有权中的财产所有权。

第四,管理的物质基础不同。由于公共事业管理与企业管理是属于两种性

笔记

质完全不同的管理,因而这两种组织机构所赖以运营与发展所需的经费与收入来源也是不同的。公共事业管理运营所需经费主要是来自于公共财政收入,主要是税收,一部分来自于收费所获得的收入及其他收入。而企业管理运营所需成本来自于自有资金、投资回报,因此企业的经费预算与运营管理都是自主完成的,自主经营、自负盈亏,不需要公开化。

第五,绩效评估的指标不同。在绩效评估上,公共事业管理侧重于将社会效益作为主要的衡量指标,企业管理则将经济效益摆在首位。公共事业管理是针对于整个社会的公共事务进行管理,在兼顾经济效益的情况下,更侧重于将其行为的合法性、公众舆论、冲突减少程度、准公共物品的质量和社会效益作为评估公共事业管理成效的指标。在企业管理中,最重要和最直接的目的就是获得经济利益最大化,因此管理中用以衡量绩效的因素也是围绕经济利益这个根本目的来确定的,如销售额、净收益率、资本净收益、市场占有率以及生产规模的扩大程度等。总的再说,在兼顾公平与效率的基础上,公共事业管理更侧重于保持公平,企业管理更侧重于提高效率。

(二)公共事业管理与行政管理的联系与区别

行政管理是指国家权力机关的执行机关依法直接对国家事务、社会公共事务和机关内部事务进行管理的活动,因而行政管理具有明确的对象范围,行政管理在一定程度上就是政府部门的管理。行政管理主要包括两个方面的内容:一是政府对国家和社会公共事务的宏观管理;二是政府对内部公共事务及人员的管理。公共事业管理是以管理对象即社会公共事务作为基础点来展开研究的,而行政管理则是以管理主体即政府作为基础点来展开研究的,两者存在着一定的联系和差别。

1. 公共事业管理与行政管理的联系

(1)两者管理所要实现的最终目标一致:公共事业管理与行政管理虽然在管理领域方面各专其长,并且公共事业管理与行政管理细化到具体目标上是有区别的,但两者作为公共组织对公共事务进行管理,其最终目标均是为了实现社会公共利益的最大化,实现国家与社会的有效运行,提高整个社会的总福利水平,实现帕累托最优状态,两者都注重公共性价值。

(2)两者都具有明显的公共性和服务性:公共事业管理与行政管理在管理中都致力于使社会公众的受益范围不断扩大,向最广大的人民群众提供服务,并且以实现全体社会公众利益为目标,具有明显的公共性和服务性。

(3)两者的管理主体存在着联系:公共事业管理的主体是公共组织,其中包括政府和非营利组织,行政管理的主体是政府,属于公共组织中的核心组织,在公共组织中起着主导和领导的地位。显然,公共事业管理与行政管理的主体存在着交叉性和共性,但是它们之间也是有区别的。

2. 公共事业管理与行政管理的区别

(1)管理对象与范围不同:公共事业管理的对象是公共事务中特定部分的社会事务,而行政管理的对象涵盖了公共事务的政治事务、经济事务和社会事务。公共事业管理更多体现的是社会管理职能,而行政管理的职能要更广泛,包括政

笔记

务管理职能、经济管理职能和社会管理职能。此外,公共事业管理中还涉及非营利部门的管理问题,则是在行政管理的视野之外的。因此,公共事业管理与行政管理的管理对象与范围既有交叉,又相互区别。

(2)管理的方式与手段不同:行政管理通常是依靠行政管理手段,如采取带有强制性的行政命令、指示、规定等对政治事务、经济事务与社会事务进行管理和调控的,侧重于宏观调控,往往带有很强的权威性和强制性。在公共事业管理中主要采取的是柔性手段,强调管理的科学性、技术性和服务性,并且公共事业管理的发展的趋势是逐渐将管理与服务融为一体,注重增强对社会成员的服务意识与社会化意识。

(3)理论基础不同:行政管理建立在政治与行政二分法及等级森严的韦伯官僚制的基础上,重视层级及上下级之间的领导关系,而公共事业管理建立在公共物品的理论基础上,重视对准公共物品及部分纯公共物品的供给效率及多元化的供给方法。

(4)管理的物质基础不同:行政管理的主体是政府机关,不具有独立性,整个行政系统就是一个大的等级组织,行政管理的经费来自于政府财政。在当前情况下,大多数的公共事业组织虽然对财政有较强的依赖性,但主要是通过有偿的服务来维持正常的运转,并且在经济上是实行独立核算、自收自支、自负盈亏。

(三) 公共事业管理与公共管理的联系与区别

公共管理是当代社会科学和管理科学研究的重要领域之一,是关于以政府为核心的公共部门处理公共事务、提供公共物品和服务的活动,以保障和增进社会公共利益。公共管理的研究对象存在于公共生活领域之中。公共管理学是在20世纪70年代末80年代初,在全球化、信息化以及逐渐进入后工业社会的背景下,在"新公共管理"运动的浪潮推动下形成。20世纪90年代,中国开始引进西方的新公共管理理论。

1. 公共事业管理与公共管理的联系 公共管理是公共管理组织综合运用各种理论和方法,对公共管理的过程及其规律进行研究和探讨的学科。公共事业管理从属于公共管理,两者是整体与部分的关系。公共事业管理的内容具体涉及公共管理中社会管理职能的领域,是公共管理的子系统和分支学科。两者的管理主体都是社会公共组织;主要目标都是实现公共利益的最大化;并且两者都属于现代管理学的范畴,都倾向于采用现代化的管理方法和技术,对公共事务进行管理。

2. 公共事业管理与公共管理的区别 人类的公共事务包括政府活动和非政府性活动,同样的,人类的公共组织除了政府组织以外,还有大量的非政府组织。非政府性活动和非政府组织的管理单靠政府是无法完成的。随着国家中民众对民主与自治的呼声不断高涨,公共事业组织便顺应时代的需要逐渐从政府管理中脱离出来进行非政府性活动的管理。因此,两者存在着差别。

(1)管理的主体不同:公共管理主体包括了政府和公共事业组织(事业单位、非营利组织以及部分营利组织),而政府是公共管理的主要组织依托,对公共服务的提供承担主要责任,其服务对象为社会全体成员,其管理活动和所提供的服务带有明显的权威性和强制性。随着社会进一步发展,公共管理呈现出复杂化和多样化,公共事业组织作为弥补政府功能不足而逐渐发展成为公共管理中的重要组织形式。在公共事业管理中,公共事业管理的主体则为公共事业组织,主要是非政府组织,公共事业组织是依据一定的规则(有关政策、法规或内部章程),以独立、公正为原则,凭借自身特有的功能和资源为社会提供各种服务的公益性组织。在中国,公共事业组织主要是非营利组织,包括事业单位、社会团体(不包括民主党派等政治性组织和政治性职能很强的工会、共青团、妇联等群团组织)和民办非企业单位。公共事业管理的强制性并不如公共管理强烈,公共事业组织所提供的服务,带有一定程度的有偿性。所以,公共事业管理的服务对象既可以是社会全体成员,也可以是社会部分成员;社会成员既可以接受服务,也可以拒绝服务,具有较强的自主性。

(2)管理的范围存在差异:从管理的范围即对象来看,两者的管理范围大小不同。公共管理的范围包括政治事务,即广泛的国家和社会事务管理,如军队、国防、政府自身的管理;经济事务,涵盖了运用各种经济政策对经济运行进行调控,促进经济持续、稳定的发展,以及特定的社会事务。而公共事业管理的范围主要是特定的社会公共事务,主要体现为以下几方面:科技事业、教育事业、文化艺术事业、卫生事业、体育事业、环保事业、社会保障事业,以及其他方面的具体管理,如邮政、交通、道路、水、电、煤等公用事业。因此,公共管理除了包括公共事业管理的内容之外,还涉及政治事务和经济事务。

(3)管理采用的手段不同:在管理的手段上两者也存在区别。公共事业管理在具体的管理环节中更强调以柔性管理手段为主的管理手段,如说服、公共规范、榜样、价值导向等,强调管理的服务性和技术性;而公共管理因管理范围更广,除了社会公共事务之外,还包括政治事务和经济事务,因此在管理中常常采取刚性手段和柔性手段并重的管理方式,刚性手段包括行政手段、法律手段、经济手段等。

(4)管理的职能重心不同:公共管理与政府的政务职能、宏观调控职能、经济管理职能和社会公共事务职能紧密联系,因而侧重于研究一些宏观上的基本的理论问题和综合性实践问题,一般是进行宏观上指导、控制与调节的活动,而公共事业管理的范围主要是狭义的社会公共事务,则侧重于微观上的具体实践和操作层面上的公共问题,强调管理的实践性和可操作性。

当然,公共事业管理作为公共管理的一部分,亦随着公共管理中出现的"新公共管理"运动,积极寻求治理模式的创新,如民营化、顾客导向等。致力于将市场模式和企业管理模式引入公共事业管理中,以消除韦伯官僚制带来的效率低下,缺乏灵活性的问题。

三、公共事业管理学科产生的时代背景

公共事业管理这门学科,是在中国引入西方国家的公共管理学科门类后,针对中国的实际国情,逐渐从公共管理学科中分化出来的,至今已有 10 多年的发

展历史。公共事业管理作为一门新兴的学科,之所以在中国获得如此迅速的发展,与国内外经济社会发展的宏观背景是分不开的。

(一) 公共物品的需求推动公共物品供给的扩大

公共物品是在人类社会公共需求和公共利益的驱动下产生的,合理、有效地提供公共物品是满足公共需求、实现公共利益的重要途径,并能够促进人类社会福利的发展。公共物品在国民经济中所占的比重及其重要性是随着社会经济的发展逐渐体现出来的,并且随着经济总量和社会规模的扩大,公共物品供给的总量也在不断增长。同时,随着市场的扩张,对公共物品的需求也在不断地提高,公共物品已成为促进和保障私人物品生产和交易的重要条件。

公共物品与公共性紧密联系,社会的公共性或社会化程度越高,对公共物品的需求量就越大。在当前社会化程度日益提高的中国,不仅需要私人物品的极大丰富,而且需要公共物品的充分与有效供给。公众对政府供给与管理公共物品的能力提出了更高的要求,而政府作为公共物品的唯一供给主体,渐渐感到力不从心,难以兼顾。因此,公共事业管理学科的产生,是在中国的社会化程度日益提高的情况下产生的,它一方面可以有效地应对由于公共需求的增长而使公共物品供给进一步扩大的情况,更具有针对性和效率;另一方面则可以有效地减轻政府在公共物品管理中的负担,使政府管理从繁杂具体的社会事务中解放出来,进一步加强宏观调控和监管的职能。

因此,公共事业管理学科的引入,是在政府原有的社会事务管理中引入了更有效率的管理手段与方式,以实现公共物品供给与管理的主体多元化。

(二) 社会公共事务日益增加,使政府职能重心逐渐转变

随着经济与社会的发展,中国正在实行行政体制改革,致力于打造"服务型"政府,将政府不该管的放权于社会和市场。自 2001 年实施行政审批制度改革起,国务院部门共取消调整审批项目 2183 项,占原有审批项目总数的 60.6%。10 多年来,中国全面清理审核行政审批项目。对国务院部门的审批项目先后进行了 5 轮全面清理,逐项进行审核论证,同时,各省(区、市)本级共取消调整审批项目 3.6 万多项,占原有审批项目总数的 68.2%。

对审批项目"做减法",把政府不该管的交给企业、社会和市场,我国逐步理顺政府与市场、政府与社会的关系,市场配置资源的基础性作用进一步增强,权力过分集中的现象有所改变。各级政府在加强和改善宏观调控、强化市场监管的同时,正着力在公共服务职能上"做加法",更加注重履行社会管理和公共服务职能,促进经济社会协调发展。因此,中国的政府管理职能逐渐从改革开放前重政治军事职能,逐渐发展到改革开放初的重经济发展职能,至今政府职能的重心正逐渐向社会管理和服务职能转变。

这充分显示了中国的社会生活中社会公共事务占公共事务的比重越来越大,甚至能影响到整个社会的稳定性和公众对国家政府的满意度。由于国家对于社会公共事务的重视程度不断提升,因此国家在社会事务中所投入的财政支出呈不断增长的趋势,并且每年的增幅还在不断地增长(表 1-1、表 1-2、图 1-1)。

笔记

表1-1 2007-2012年公共事业支出统计表

项目	2012年 国家财政支出(亿元)	2012年 占国家财政支出的比重(%)	2011年 国家财政支出(亿元)	2011年 占国家财政支出的比重(%)	2010年 国家财政支出(亿元)	2010年 占国家财政支出的比重(%)	2009年 国家财政支出(亿元)	2009年 占国家财政支出的比重(%)	2008年 国家财政支出(亿元)	2008年 占国家财政支出的比重(%)	2007年 国家财政支出(亿元)	2007年 占国家财政支出的比重(%)
教育	21165	18.06%	16497	15.10%	12550	13.96%	10438	13.68%	9010.2	14.39%	7122	14.31%
科学技术	4429	3.78%	3828	3.50%	3250.2	3.62%	2744.5	3.60%	2129.2	3.40%	1783	3.58%
文化体育与传媒	2251	1.92%	1893.4	1.73%	1542.7	1.72%	1393.1	1.83%	1095.7	1.75%	898.6	1.81%
社会保障和就业	12542	10.70%	11109	10.17%	9130.6	10.16%	7606.7	9.97%	6804.3	10.87%	5447	10.94%
医疗卫生	7199	6.14%	6429.5	5.89%	4804.2	5.35%	3994.2	5.23%	2757	4.40%	1990	4.00%
环境保护	2932	2.50%	2641	2.42%	2442	2.72%	1934	2.53%	1451.4	2.32%	995.8	2.00%
城乡社区事务	9020	7.70%	7620.6	6.98%	5987.4	6.66%	5107.7	6.69%	4206.1	6.72%	3245	6.52%
①总社会性支出	59538	50.80%	50019	45.79%	39707	44.18%	33218	43.54%	27454	43.86%	21482	43.15%
其他财政性支出	57672	—	59229	—	50167	—	43082	—	35139	—	28299	—
②总计	117210	—	109248	—	89874	—	76300	—	62593	—	49781	—

注①:总社会性支出=教育支出+科学技术支出+文化体育与传媒支出+社会保障和就业+医疗卫生支出+环境保护支出+城乡社区事务支出

注②:总财政支出=总社会性支出+其他财政性支出

笔记

15

表1-2　2007-2012年社会性支出比重统计表

项目 \ 年份	2007年	2008年	2009年	2010年	2011年	2012年
社会性支出占国家财政支出的比重(%)	43.15%	43.86%	43.54%	44.18%	45.79%	50.80%
社会性支出占当年GDP比重(%)	8.08%	8.74%	9.74%	9.89%	10.58%	11.46%

（资料来源:根据表1-1数据整理得出;GDP数据来源:中华人民共和国国家统计局.中国统计年鉴.2007-2012.中国统计出版社,2012）

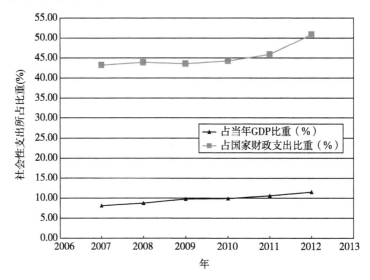

图1-1　2007-2012年社会性支出比重趋势图

我们可以从以上的图表中看出,中国政府职能转变正在迈出新的步伐,政府的社会管理职能和公共服务职能不断强化,政府在社会管理方面投入的资金和关注度不断增长。公共事业管理学科的产生,可以更好地解决社会管理"错位"、公共服务"不到位"等问题,更有效地处理社会公共事务,实现社会管理职能。

（三）社会治理新问题使得社会公共事务面临的环境越来越复杂多变

科技化、全球化浪潮的产生和发展,使国家经济与社会获得极大的发展,同时,世界变得更加复杂多变,在当今的信息爆炸、网络化时代,由于新的社会形态的出现,进而导致了新的社会治理问题的出现,如人口膨胀问题、社会治安问题、环境恶化问题、网络安全问题、交通问题等。

同时,国民素质进一步提高,公众的民主参与意识高涨,对政府的执政能力,社会职能实现的要求也越来越高。内外环境的改变使相关职能管理部门必须具有更灵活应变的能力和更高效的工作能力,对公众具有更强的回应度和更好地让公众参与管理,并且随着这些公共问题复杂性的增加,社会公共事务管理则面临着越来越复杂多变的环境因素。这些变化进一步增加了政府管理的难度,极有可能导致政府不可治理性的产生,若将这些问题交由公共事业管理来承担与

笔记

解决,则更专业,更具有针对性,能够更有效地解决这些社会问题。

(四)公共管理学科过于宽泛,理论不能指导具体实践

公共管理的学科领域倾向于社会现实中宏观理论层面上,主要是战略层面上进行规划、组织与协调。对于社会事务管理中具体的事务性管理如卫生事业管理、教育事业管理、体育事业管理等研究缺乏具体性和针对性。而这些事业管理恰恰是直接关系到当前社会民众的切身利益和急待解决的问题。因此,设立一门专业性的学科来对这些具体的公共问题进行研究就显得很有必要。公共事业管理的研究对象具有明确的范围界定,如医疗卫生、教育、科技、文化、体育、社会保障、环境保护等,都属于公共事业管理的范畴,相比公共管理而言,公共事业管理研究领域更侧重于微观、具体的公共问题,研究对象具有较强的实践性、针对性和可操作性。

(五)公共管理改革与发展,使公共事业的社会关注度日益提高

随着改革开放的深入,在经济上,国家的经济体制已经由计划经济体制转变为市场经济体制,相应的公共管理模式也由原有的计划经济体制下的高度集中管理,逐渐转变为政府权力下放,抓大放小,实现"小政府、大社会"的公共管理发展模式。当前,中国的行政体制改革已经发展到了攻坚阶段,实现政事分开、政社分开,如事业单位改革,已经成为了公共管理改革的必然趋势,由于物质生活水平的提高,人们对于作为公共事业重要组成部分的卫生事业、环境事业、医疗事业、体育事业及城市公用事业等的需求与要求也越来越高,这些公共事业问题都具有专业性和管理性较强的特点。因此,仅靠专业性较强的学科,如教育学、医学、卫生学等,难以有效地解决管理方面的问题,于是设立了一门既强调管理又具有一定专业背景的学科就显得尤为必要。公共事业管理学科的产生与发展顺应了当前社会与经济发展的趋势,并且受到人们越来越多的重视和关注。

另外,中国正处于社会转型的重要时期,社会转型的一个重要特点是体制转型,即由传统的行政管理体制向现代化的公共管理体制转变,在体制转变的过程中,必须大力改革旧有的体制,如教育体制、医疗体制、体育体制、公用事业管理体制等,而这些都属于公共事业管理的范畴。因此,公共事业管理学科的设立,将有效地推动我国行政管理体制改革的深入及各项事业的发展。

第三节 公共事业管理主体及研究内容

任何一种管理都存在着管理主体、管理客体,以及管理目的和管理方法等要素。其中,管理主体决定和影响着整个公共事业管理过程和结果。我国公共事业管理主体是以政府为核心,由政府组织、事业单位和非政府组织构成的社会公共组织。

一、公共事业管理的主体介绍

一般来说,公共事业管理的主体是公共事业组织的法人。由于公共事业组织在社会结构中是一些法人团体(或法人社团),他们在从事社会公共事务的管理中具有一定的独立性,他们对其所领导的公共事业组织的生存和发展负有领导责任,因而会利用组织内部和外部的各种资源对其组织事务进行计划、组织、协调、控制和决策,以获得组织目标的实现和组织的可持续发展。公共事业管理的客体是公共事业管理活动的对象,或者说是管理的接受者,即公共事业组织所涉及的各种资源和各类事务。公共事业组织追求的是整个社会范围内的公共目标、公共福利和公共价值的最大化。

公共事业组织作为公共事业管理的主体具有如下特征:首先,它们所从事的公共事业管理源自于政府的合法授权,具有公共权力;其次,公共事业组织活跃于公益服务领域,公益服务的供给具有社会共享性;最后,公共事业本身的发展就意味着存在大量的公共事业需求,对这些需求的满足是公共事业组织存在的重要理由之一。

具体来说,国外公共事业管理的主体包括政府与非营利组织,在中国,公共事业管理还包括事业单位、社会团体、民办非企业单位以及少量的企业组织,如中国的新闻出版、机关服务及开发经营性的事业单位等。介于私人领域和公共领域之间仍存在着大量的非公非私、亦公亦私的领域。如人们普遍认为医疗卫生领域是典型的公共领域,但它的构成却是私人、营利、非营利和政府活动的混合体;城市自来水公司、天然气公司是一个经营性机构,却为我们提供大量的公共物品。在我们的现实生活中,我们一般认为经济生活大部分是私人性质的,而医疗卫生、文化、教育、科技、环保等都是公共性质的,这就是西方学者所说的志愿性社团或"第三部门"。从严格的意义上来说,从非营利组织的非营利性质及实现公共利益最大化目标的角度来看,中国的事业单位、社会团体、民办非企业单位应该归属于非营利组织中。因此总体来看,以是否营利为标准可以作为企业组织与政府部门、非营利组织的划分依据,而是否由政府举办则是政府部门与非营利部门的划分依据。需要指出的是,国外并没有公共事业管理这一概念,但国外存在着一个介于政府与市场之间的中间层,即第三部门——非营利部门。

从横向上看,公共事业管理的主体有两种类型,一种是行政性组织,它们掌握行政权力,承担着公共事业管理的行政职能,如承担教育事业管理的教育行政部门,文化事业管理的文化行政部门,医疗卫生事业管理的卫生行政部门等;另一类是社会性的组织,我们也通常把它们称为类行政组织,它们承担部分公共事业管理的职能,但它们不是政府的构成部门,不掌握行政权力,如社会中的各种行业协会、慈善机构、红十字会、城市(镇)公用事业部门(自来水、电力、煤气、公交)等。

(一)政府

政府是公共事业管理主体体系中最为基本的组织,是行使国家公共权力、管理国家公共事务的组织,具有较强的权威性。就当前中国的实际国情来看,政府仍然是公共事业管理核心主体,这主要是从中国自计划经济体制下形成的政企事一体的管理体制中沿袭下来的状况。随着改革开放以来市场经济的逐步建立与发展,政府改革逐渐向"小政府、大社会"的模式转变,首先是政企分开,广泛建立各种所有制的企业,国有企业不再一统天下。事业单位的改革也逐步展开,正在进行试点改革,目前,政府对公共事业管理领域的干预程度较强。但从长远来看,政府的职责是执行行政管理,如果同时进行公共事业管理则会导致政府不能专心于提供公共物品,而且在提供准公共物品方面也是低效率的。因此在当前的事业单位改革中,更强调改变原有"国办、国营、国养"模式,按照"事业体制、企业化运营"方向进行改革,引入竞争机制,增强服务能力,在面向市场、服务社会中不断发展壮大,以实现政府逐渐淡出公共事业管理领域的目标。

（二）非营利部门

国外以非政府组织或非营利组织为对象的"第三部门"的研究始于 20 世纪 70 年代。"第三部门"这一概念正如它的提出者 T. 列维特（Levitt,1973）等人的定义,是非公非私的,既不是国家机构也不是私营企业的第三类组织。20世纪 90 年代以来,许多发展中国家也开始对第三部门进行研究。我国实行市场经济体制以后,先是政府与企业的分离,导致了若干市场中介组织的出现;接下来事业单位与政府的脱离进一步促进了大量非政府、非企业的公共组织的发展。

非营利部门是指不以营利为目的且具有正式的组织形式、属于非政府体系的社会组织,它们提供部分公共物品与服务,强调个人奉献、成员互益等价值观念,具有一定的自治性、志愿性、公益性或互益性。美国约翰·霍普金斯大学莱斯特·萨拉蒙（Lester Salamon）教授提出非营利组织具有 5 个特征:组织性、非政治性、非营利性、自治性、志愿性。非营利组织与企业的区别不在于是否盈利,而在于它不能为了组织盈利而损害公共利益,组织运营所得利润不能用于分红,只能用于发展和扩大符合组织目标的公益项目。从这个意义上来说,我们可以将中国所特有的事业单位、社会团体、民办非企业单位,都归入到非营利组织中去。

（三）社会团体、民办非企业单位、事业单位

1. 社会团体　根据 1998 年 10 月 25 日国务院颁布的《社会团体登记管理条例》第 2 条规定,社会团体是指中国公民自愿组成,为实现会员共同意愿,按照其章程开展活动的非营利性社会组织。包括行业性社团、学术性社团、专业性社团和联合性社团。如中国消费者协会、中华全国学生联合会、中国共产主义青年团、中华全国妇女联合会等。

2. 民办非企业单位　根据 1998 年 10 月 25 日国务院颁布的《民办非企业单位登记管理暂行条例》第 2 条规定,民办非企业单位是指企业事业单位、社会团体和其他社会力量以及公民个人利用非国有资产举办的,从事非营利性社会服务活动的社会组织。民办非企业单位的特征在于它的民间性、非营利性、社会公益性、独立性。而社会公益性和非营利性是民办非企业单位区别于企业的一个基本特征。民办非企业单位的宗旨是向社会提供公益服务,通过自身的服务活动,促进社会的进步与发展,其目的不是为了营利,是民办非企业单位的最大特征。国家会在税收等方面对民办非企业单位实行一些特殊的减免政策,民办非企业单位的盈余和清算后的剩余财产则只能用于社会公益事业,不得在成员中分配。民办非企业单位在从事社会服务活动的过程中,可以根据国家的规定收取合理的费用,以确保成本,略有盈余,以维持其生存和发展。

笔记

民办非企业单位分布在社会各行各业中,每个领域都会产生和存在民办非企业;在教育事业方面有各类民办的学校,包括幼儿园、小学、中学、学院、大学及专修学院和民办培训学校等;在卫生事业方面有各类民办的门诊部(所)、医院、民办康复、保健、卫生、疗养院(所)等;在文化事业方面有民办的艺术表演团体、文化馆、图书馆、美术馆、收藏馆等;在科技事业方面有民办的科学研究院(所、中心)、民办科技传播或普及中心、科技服务中心、技术评估所等;在体育事业方面有民办的体育俱乐部、民办体育场(馆)。

3. 事业单位　在本章的第一节已经提到,根据 1998 年 10 月 25 日国务院颁布的《事业单位登记管理暂行条例》第 2 条的规定,事业单位是指国家为了社会公益事业目的,由国家机关或者其他组织利用国有资产举办的,从事教育、科技、文化、卫生等活动的社会服务组织。事业单位具有服务性与公益性的特点,服务性是事业单位最基本、最鲜明的特点,事业单位主要分布在科、教、文、卫等领域,是保障国家政治、经济、文化生活正常进行的社会服务支持系统;公益性的特点是事业单位的社会功能和市场经济体制的要求决定的。因为事业单位的职能定位首先是政府和企业不能也不适宜涉足的领域,即由事业单位管理可以较政府与企业更能降低交易协调成本,总的来说就是不属于政府行政范围,同时是企业无力承担也不愿承担的领域。

事业单位的成立要经政府相关部门审批,由机构编制部门按照国务院《事业单位登记管理暂行条例》的规定予以登记后取得法人资格事业单位。在社会主义市场经济条件下,市场对资源配置起基础性作用,但在一些领域,某些产品或服务,如教育、卫生、基础研究、市政管理等,不能或无法由市场来提供,为了保证社会生活的正常进行,就要由政府组织、管理或者委托社会公共服务机构从事社会公共物品的生产,以满足社会发展和公众的需求。事业单位所追求的首先是社会效益,同时有些事业单位在保证社会效益的前提下,为实现事业单位的健康发展和社会服务系统的良性循环,根据国家规定向接受服务的单位或个人收取一定的服务费用。

二、公共事业管理的研究内容

公共事业管理的研究内容主要分为两类,一类是对为社会全体公众提供准公共物品和部分纯公共物品的活动过程与环节进行管理,包括资源配置的管理、环境管理、需求管理以及目标管理;另一类是对公共事业管理部门本身的运营和人员配置等自身规范与发展的管理,即公共事业运行管理。

公共事业管理中的资源配置管理是指,由于公共资源的稀缺性,公共事业组织通过政府委托授权所获得的公共资源及公共权力是有限的,公共事业管理的目的则是通过对公共资源及其他社会资源进行优化配置,以有效地达成公共事业组织的目标,满足公共需求、实现公共利益、追求公共价值。

公共事业管理中的环境管理是指,公共事业组织与社会中的其他机构与组织进行互动与资源的交换,以实现公共事业目标的过程。公共事业组织目标的实现,除了利用公共资源外,还离不开其他的社会资源,特别是资金资源和人力

笔记

资源,这些资源更多的是存在于数量众多的企业与其他营利组织中。由于企业组织和其他营利组织在实现自身目标的同时,还具有一定的社会公共责任,并且企业组织和其他营利组织作为"社会人"具有内在的利他主义行为动机,因此公共事业组织可以通过环境管理从企业和其他营利组织中获得资金、人力、物质技术的支持,最终实现公共事业管理的目标。

公共事业管理中的需求管理是指,公共事业组织通过对公共需求、公共利益的研究、分析和预测从而合理设计组织目标、制定组织发展计划进行基本准备的过程。公共事业组织目标的实现,是对社会公共需求的满足。只有科学而准确地了解公共需求、分析研究公共需求、预测公共需求的发展变化,才能有效地满足公共需求,提高公共服务的满意度。随着人类活动的社会化程度提高和个人需求的异质程度增强,公共需求的多样化、复杂性也不断增加,公共需求发展变化的趋势越来越显著。因而,公共事业组织应该顺应公共需求的变化趋势,通过公共需求的研究与预测,依据不同的需求来合理安排公共事业各环节的计划与决策,提高公共服务的能力与质量,最终实现公共利益的最大化。

公共事业管理中的目标管理是指,公共事业组织以公共物品(服务)的消费者需求满足和社会公共价值为基础对其组织目标进行分类、梳理,从而使公共事业组织目标具体化、规范化的过程。由于公共需求的多样性,公共事业的目标往往也具有多样性、复杂性的特征。一方面公共事业组织通过提供给公共物品或服务来满足社会成员的公共需求,因而公共需求的满足与满意程度则成为考查公共事业组织目标的重要指标。另一方面公共事业组织通过提供公共物品(服务),一定程度上也实现了公共利益、社会公平和社会福利,因此社会福利的实现程度、社会公平程度和公共事业组织在提供公共服务过程中的责任心,也是评价公共事业组织的重要指标。

资源配置管理、环境管理、需求管理及目标管理是公共事业自身运行管理的前提和基础。公共事业运行管理是指公共事业组织对其承担的社会公共事务进行计划、决策、组织、领导与控制的过程。公共事业运行管理按照过程及内容可以分为过程管理和经营管理。过程管理是公共事业对其自身组织发展的计划、组织、领导、决策与控制等;经营管理是公共事业组织对其所承担的所有公共事务进行计划、组织、领导、决策与控制等,以实现公共事业组织目标的过程。过程管理针对公共事业自身的组织管理,是公共事业经营的基础,公共事业组织的规范、高效运转,是其有效产出——最大限度地提供公共物品(服务),满足公共需求、实现公共利益的前提。公共事业经营管理是公共事业组织借鉴与引入营利组织的商业运行机制,为有效地实现公共事业的目标而进行的一系列市场经营活动。

第四节　公共事业管理的理论基础

20世纪60年代以后,全球化、信息化、市场化的发展趋势促成了全球性的行政改革的产生与发展,即"新公共管理"运动。在这样的时代背景下,公共事业管理也随着行政改革的趋势而产生,作为一种社会管理职能逐步从政府的公共管理的分化整合中分离出来,并且得到了极大的发展。理论可以为实践提供指导作用,公共事业管理的发展,在很大程度上得益于理论的支撑。公共事业管理的研究是一个开放的领域,其知识体系呈现交叉性、辐射性和融合性的特点,随着有关理论的完善与发展,公共事业管理的领域不断扩大,管理手段与方式也不断丰富和发展。从总体上说,公共事业管理的理论基础包括公共选择理论、新制度经济学理论、多中心治理理论以及马克斯·韦伯的科层官僚理论等。

一、公共选择理论

公共选择理论是当代经济学领域中一个相对较新的理论分支与学说,其代表为美国经济学家詹姆斯·麦吉尔布坎南(James Mcgill Buchanan),产生于20世纪40年代末,形成于60年代末。公共选择是指通过集体行动和政治过程来决定资源在公共领域的分配,是人们通过民主政治过程,将个人的私人选择转化为集体选择的一种过程或机制。公共选择理论运用经济学的方法,在"经济人"的假设前提下,对政府管理出现的问题进行了分析。

市场经济使一种由市场机制即价值规律来对资源进行配置的经济体制或经济运行方式,进而实现帕累托改进和帕累托最优。然而,市场经济的运行方式存在着失灵的现象,进而导致资源无法实现最优配置,出现效率低下的现象。市场失灵是自由的市场均衡背离帕累托最优的情况。微观经济学理论设置了一系列的假设前提条件,从而证明了完全自由竞争的市场可以实现资源配置达到帕累托最优状态。但理想化的条件难以在现实的社会中实现,社会中往往存在着一些与假设条件相反的影响,导致帕累托最优难以实现。

(一)不完全竞争状态的存在

完全竞争市场须满足众多的买者与卖者的产品具有同质性、资源可实现完全流动性、信息完全性的特点,而现实社会中,存在着垄断、信息不对称等,引起社会效率的降低。

(二)信息的不完备或信息无关性的存在

1. 私人的信息获得是有限的。
2. 信息在私人交易的传播中可能发生扭曲。
3. 市场行为主体所掌握的信息是不对称的。

(三)外部效应的存在

在经济活动中,市场行为主体的活动有可能导致其他的主体在无作为的情况下获利或者利益受到损害,获得有益的影响则称为外部正效应,受到有害的影响则称为外部负效应。当经济活动中存在着外部效应的时候,说明市场机制相对于交易主体有非效率的一面,即没有达到帕累托最优的状态。

(四)公平与效率的矛盾

市场经济的运行有可能导致人们为了追求效率而忽视了公平的发展,效率与公平的平衡是市场无法自行解决的矛盾,同时市场也无法自行解决个人价值与社会价值取向产生的矛盾。

笔记

22

因此,市场经济理论中市场失灵的存在导致的真空地带,需要政府来进行弥补,对市场无法自行解决的问题进行调控。然而,政府本身的行为也存着内在的局限性,政府调控亦存在着失灵的现象。即政府为了矫正和弥补市场机制的功能缺陷所采取的立法、行政管理以及各种经济政策手段,在实施过程如无效调节和过度干预等,往往会出现各种事与愿违的结果,最终导致政府干预经济的效率低下和社会福利的损失。

布坎南的公共选择理论中提到了政府失败论,并指出政府调控失败的原因:

首先,政府对经济生活干预的基本手段是制定和实施公共政策,以政策、法规及行政手段来弥补市场缺陷。然而,政治决策是一个复杂的并且具有不确定性的过程,存在着诸多困难、障碍或制约因素,使政府难以制定并实施好的或合理的公共政策,导致了公共决策失败。

其次,政府在政治与公共权力上所特有的垄断导致了政府的工作人员缺乏竞争性的压力,并且由于其经费来源于税收,不存在营利的目标,因此在政府活动中往往容易导致成本的过大化,缺乏降低成本的激励机制,导致了公共服务和公共物品提供的数量超过最优的生产水平,进而导致社会效率的降低与公共资源的浪费。

再次,政府寻租活动的发生,由于政府所拥有的公共资源具有垄断性的特点,在个人利益最大化的人的特点下,政府官员有可能利用手中的职权,为自己谋取利益,这与政府应为社会争取社会利益最大化的宗旨是相违背的。寻租是政府干预的副产品,寻租活动的特点是利用各种合法或非法的手段(如游说、疏通、拉关系、走后门等),以获得谋取私利的特权。寻租活动导致的政府失败体现在它扭曲了经济资源的配置,甚至是资源无效配置的根源,极大地损害了社会的公共福利。

既然市场、政府同样存在着失灵的现象,这就促使了第三部门组织的产生,以弥补市场失灵、政府失败所造成的社会损失。第三部门包括:非营利组织、事业单位、社会团体、民办非企业单位等,并且介于市场与政府之间,它们在市场失灵和政府失败的领域能够发挥有效的作用,并且能够提高经济效益,促使社会公平的实现。

二、新制度经济学理论

在公共事业管理领域中,公民与政府之间存在着委托——代理的关系,委托人和代理人之间往往存在着目标冲突和信息不对称的问题。在有限理性和机会主义的"经济人"假设前提下,代理人会倾向于实现自己利益的最大化,他们往往利用信息不对称而置委托人的利益于不顾,甚至损害委托人的利益,来实现自身的利益。同样在公共部门中,逆向选择与道德风险仍然普遍存在。因此,必须通过建立公共事业管理者的责任与激励机制,强化对公共事业管理组织的监督机制,以确保公共事业管理活动达到有效的目标。

新制度经济学肯定了公共事业管理活动的主观能动性,特别是对制度供给的作用。公共事业管理的各项活动包括社会资源的配置、政策的制定与实施,组

笔记

织结构的构建需要运用新制度经济学理论进行指导,新制度经济学的观点与理论促进了公共事业管理改革的实践,进一步扩展了公共事业管理的研究范畴,使得其研究视角得以深化。

三、多中心治理理论

多中心治理理论提出应通过公共服务供给主体的多样化,即政府、市场、第三部门三大供给主体进行协同合作,建立以政府行政为主导,市场竞争机制和第三部门自治机制共同作用的多种方式并存的公共服务供给机制,最终实现公共服务效率和质量的提升。

多中心治理理论是公共管理与社会发展领域中被广泛接受的理论,旨在研究通过有效的制度安排来吸纳社会力量参与公共管理,避免"公地悲剧"、"政府失灵"等传统管理治理体系下常见的弊病。

知识链接

"公地悲剧"(tragedy of the commons)是指当资源或财产有许多拥有者,他们每一个人都有权使用资源,但没有人有权阻止他人使用,由此导致资源的过度使用,即为"公地悲剧"。如草场过度放牧、海洋过度捕捞等。

"公地悲剧"是一种涉及个人利益与公共利益对资源分配有所冲突的社会陷阱。这个词起源于威廉·佛司特·洛伊(William Forster Lloyd)在1833年讨论人口的著作中所使用的比喻。1968年时,加勒特·哈丁(Garret Hardin)在期刊《科学》里将这个概念加以发表、延伸,称为"公地悲剧"。而这个理论本身就如亚里士多德所言:"那由最大人数所共享的事物,却只得到最少的照顾。"

(资料来源:维基百科 http://www.thestateofwikipedia.com)

分权与自治的研究,其治理方式介于纯粹的私有化与纯粹的公有化两个极端之间。多中心治理理论由美国印第安纳大学政治理论与政策分析研究所的埃莉诺·奥斯特罗姆(Elinor Ostrom)与文森特·奥斯特罗姆(Vincent Ostrom)夫妇共同创立并逐渐发展。埃莉诺·奥斯特罗姆的研究证明:与政府强加各项规章以及纯粹的市场化方式相比,通过社区管理的方式可以更好地管理公共资源,可以很好地实现自治治理并提高公共服务供给的效率,避免搭便车的现象以及规避责任,实现可持续的公共收益。

多中心治理理论所包含的主要内容有:

首先,公共服务的供给主体多元化,同时主体之间存在着竞争的关系。即在社会治理中,公共物品的生产、公共服务的提供和公共事务的处理均存在着多个供给主体,而不是单一的政府及公共机构。在试图保持公共事务公共性的同时,通过多种参与者提供性质相似、特征相近的物品,从而在传统中由单一部门垄断的公共事务上建立一种竞争或准竞争机制。通过各个生产者自我约束,降低成

笔记

本,提高质量和增强回应性。

其次,公民可以根据自主意愿去选择供给主体。公民根据各个生产者的相对优势,按照自己的意愿,在各个生产者之间进行选择。

再次,治理手段多元化,同时政府与市场所运用的手段彼此可以相互借鉴与兼容。多中心治理意味着政府、市场的共同参与和多种治理手段的应用。政府垄断和纯粹的市场提供都属于单中心治理的模式,两种治理模式均存在着各自的不足。如政府垄断公共事务会造成公共物品由政府单一供给,无法满足公共物品的多样化供给和公民对公共物品的不同需求,同时会导致政府职能的扩大化,效率低下以及寻租现象的出现。由于市场是以"成本—效益"为核心的处理思路,因此,"私有化"策略在公共事务的处理方面,会导致公共性的缺失和公共利益的不足。

多中心治理模式则跳出了传统的非此即彼的思维局限,主张政府和市场既是公共事务处理的主体,又是公共物品配置的两种不同的手段和机制,主张在公共事务的处理中,既充分保证政府公共性、集中性的优势,又利用市场的回应性强、效率高的特点,统合两个主体、两种手段的优势,从而提供了一种合作共治的公共事务的治理新范式。

最后,多中心治理提出需注重政府角色的演变,强调政府转变自身的角色与任务。反对政府垄断,但并不意味着政府从公共事务管理领域中完全退出和责任的让渡,而是政府角色、责任与管理方式的变化。在多中心治理理论中,政府不是单一的主体,而只是其中的主体之一。政府的管理方式从以往的直接管理变为间接管理。在多中心治理中,政府扮演一个中介者的角色,即制定多中心制度中的宏观框架和参与者的行为规则,同时运用经济、法律、政策等多种手段为公共物品的提供和公共事务的处理提供依据和便利。

公共事业管理的产生正是基于多中心治理理论的支撑。公共事业管理是从公共管理中分离出来,专门针对公共事务中的社会事务进行管理,也就是从政府职能中将社会职能划分出来,进行更具有针对性的管理,并逐渐实现除政府管理以外的事业单位管理、第三部门管理等主体多元化,引入企业管理方法,实现管理模式和手段的多样化。

四、马克斯·韦伯的科层官僚理论

"组织理论之父"的马克斯·韦伯(Max Weber)在 19 世纪中叶提出了官僚集权组织理论,主要包含了以下的几个因素:首先,职位按权力等级组织起来,下级接受上级指挥,形成一个指挥链或等级原则;其次,实行严明的分工制度,明确规定每一位成员的权力和责任,并且把这些权力和责任作为正式职责而使之合法化;再次,行政管理人员要严格遵守官方职责的规则、纪律和制约。这些规则和制约将不受私人情感的影响,而且毫无例外地普遍使用于各种情况,具有精确性、稳定性、纪律性和可靠性的特点。

随着西方国家工业化的完成,马克斯·韦伯所提出的科层管理制(bureaucracy)则一直在西方国家政府管理中占据着主导地位。当时的西方国家正处于工业化时

笔记

代,虽然科层管理制自身亦存在着种种弊端,但科层管理制所体现的理性和效率,大大地促使了当时的工业化大生产效率的提高,社会管理效果十分显著。

社会生产力的不断发展以及第三次科技革命的到来,世界变得更加复杂多变,公众的价值取向呈现出多元化,不再满足于现状,需求变得多样化。并且随着网络的发展以及知识呈爆炸式地普及与推广,民众的素质迅速提高,民主意识、参与意识进一步增强。这种变化对政府管理提出了更高的要求,即政府必须更灵活高效,具有更强的应变力和创造力,对公众的要求更具有回应力。而传统的科层管理制度只有在按部就班的大工业生产的条件下才能发挥其长处,但在新的信息时代,追求多元,强调的是创新与个性的发展,反对千篇一律,因此科层管理制则失去了其发展的环境与基础,反而成为了社会管理发展的束缚。

随着全球市场经济的发展,竞争的意识逐渐深入人心,并且逐渐转移到社会的其他生活领域。在公共管理领域中,则要求打破政府对公共服务生产供给的垄断地位,实现政府部门内部以及与非政府部门之间的竞争。而科层官僚体制是一个单一权力中心的相对封闭结构,组织的结构是金字塔形的,上级比下级人数要少,所以会导致组织规模越大,权力越集中。这往往会使公共部门因缺乏竞争而阻碍了效率的提高。

此外,科层制管理分工严明,导致了机构职能交叉重叠,甚至出现寻租的现象,致使政府管理功能退化。

因此,刻板僵化的科层制管理,难以应对来自信息化社会的挑战,进行公共管理组织体系的创新,成为推动公共管理发展的一种重要动力,进而促使公共事业管理从公共管理中分化出来,形成独立的学科。

第五节 公共事业管理研究方法及意义

公共事业管理是一门应用性较强的指导公共事业组织进行科学管理的学科。公共事业管理的研究方法是研究主体认识公共事业管理这一研究对象的本质和规律所采用的思路和程序,是研究主体把握公共事业管理这一研究对象的途径、方法、手段和工具的总和。通过研究方法去正确认识公共事业管理。由于公共事业管理的复杂性,使得公共事业管理的研究不可能仅仅采用单一的研究方法,往往需要采用多种研究方法相结合来对公共事业管理进行研究。

一、公共事业管理的研究方法

学习与研究公共事业管理,要根据当前中国公共事业发展的实际情况出发,并借鉴与吸收世界各国在公共事业管理及相关管理的实践和理论中形成了优秀经验,研究和探索出具有中国特色的社会主义公共事业管理体制,不断完善和发展具有中国特色社会主义公共事业管理的学科体系,为促进经济发展和社会文明进步服务。公共事业管理是一门实践性、应用性的社会学科,从学科分类来看,它既是一个独立的研究领域,又是公共管理的一个重要分支学科,因此在研究方法上与公共管理有相似之处,公共事业管理主要有比较分析法、案例分析

笔记

法、系统分析法和实体分析法等几种常用的研究方法。

（一）比较分析法

比较分析法（comparative analysis method）是指将所要研究的对象与不同的或具有相似性的事物放在一起进行比较，或者将这一研究对象在不同时间和发展阶段的情况进行比较，通过比较分析事物之间存在的异同及其制约因素等，从而进一步加深对所要研究对象的了解和认识，找出事物内蕴含的本质和规律。比较分析法包括横向分析法与纵向分析法。横向分析法又称为水平分析法，是指在同一时点将所要研究的对象与不同的或相似的事物放到一起进行比较，分析其存在的差异及产生差异的原因；纵向分析法是将所要研究对象的不同时间段的状态或者阶段的实际情况进行比较，分析及预测研究对象发展的趋势。

比较分析法在公共事业管理中运用的比较多，尤其是当前中国经济不断发展以及市场经济体制不断深入的情况下，更需要应用比较分析法来对公共事业管理进行研究。我们可以运用纵向分析法来对新中国成立以来不同的历史时期对公共事业所包含的特点的社会公共事务管理模型和方法等进行比较，寻找出导致公共事业管理产生不断发展和不断演变的原因和实质，进一步加深对公共事业的管理，并根据结果预测公共事业管理的发展趋势，尽量避免走弯路。同时，我们还可以运用横向分析法，来对不同国家或地区同一时期或不同时期的公共事业管理系统和过程进行分析和比较，可以总结出不同国家或地区在不同发展时期的公共事业管理中的经验和教训，为中国公共事业管理的发展提供较强的借鉴作用。

（二）案例分析法

案例分析法（case analysis method）是提供一种真实的或者假设的公共管理场景，然后要求人们去思考问题和寻求答案。案例分析法具有较强的真实感，使研究者像是"如临其境"，对问题进行研究和分析，能够从中得到对现实的启发，给研究者和学习者留下深刻的印象。

在公共事业管理中，案例分析可以来自于实际，也可以来自于对现实的模拟，且有某种特定的研究和学习价值。案例可以是成功的或者是失败的案例，根据案例中给出的现象和情况，运用公共事业管理理论去加以说明，并从中得到启发和提示，为公共事业的未来发展提供借鉴和形成新的思维模式。

知识拓展

在公共事业管理中，案例分析法的一般过程或步骤为：发现问题→明确问题→发现问题的过程分析→备选方案（解决办法）的提出→实施步骤和计划→评估结果的基本方法与标准→反馈过程分析。通过对相应的案例发生全过程的回顾与评价，发现其成功与失败的原因，并提出相应的应对措施与建议。

笔记

（三）系统分析法

系统分析法（systematic analysis method）是政策决策中的一种重要的方法。系统分析是根据客观事物的系统特征，从事物的有机整体出发，着重分析研究整体与部分、整体与层次、整体与结构、整体与环境的相互作用和相互联系，从总体上把握公共事业管理运行的状况，进一步优化整体目标，即在假定制度不变和公共事业管理个量不变的情况下，研究公共事业管理系统发展的总体运行状况及其相互关系的一种分析方法。

公共事业管理是一个开放性和综合性的学科，是在融合了多个学科的理论知识所形成的，并且在实际管理中所涉及的范围也非常广泛，影响着个人、社会与国家的发展，因此要改进公共事业管理，提高公共事业管理的效率，就需要运用系统分析的方法，从总体上把握公共事业管理的发展方向。

（四）实体分析法

实体，是指客观存在的占有一定的空间并有一定结构和功能的物质存在。实体可以是具体的人、事、物，也可以是抽象的概念或联系。实体分析法（entity analysis method）在公共事业管理中的运用，就是将公共事业管理的主体即公共事业组织如政府、非政府组织，作为一个实体来看待，在对实体本身的特性进行熟悉和了解后，对实体存在与发展的前提条件及与环境的关系进行分析，从而认识和深化这一实体活动的发展规律。如公共事业管理机构所存在的制约因素有哪些？公共事业管理机构的宗旨和目标是什么？需要进行哪些活动？所拥有的资源和权限有哪些？面临的主要问题是什么？

在公共事业管理的研究中运用实体分析的方法，往往可以形成一套理论和技术，协助公共事业管理人员去分析本机构的管理目的、制约因素、资源和权限以及面临的主要问题等情况，从而制订并实施相应的管理方案和措施，提高管理的效率。

二、公共事业管理的研究意义

公共事业对整个社会范围内社会公共事务进行管理，其涉及面必然相当的广泛，因此在当前市场经济体制不断深入发展的情况下，要对政府的职能进行调整，并且合理确定政府、市场与第三方部门（非营利组织）之间的关系，深化政府、事业单位改革，构建具有中国特色社会主义公共事业管理体制是深化改革的迫切需要，具有十分重要的意义。

（一）公共事业管理的研究是改革的内在需求

从宏观意义上说，在现代经济学中，市场经济是一种由市场来配置社会资源的经济运行方式，在市场体制下，社会资源的配置是通过价格机制的作用来实现的，但市场调节及价格机制发生作用具有一定的前提条件，而且市场本身不是万能的，如市场不能解决宏观总量的平衡问题，不能解决国民经济的长期发展问题，不能有效地提供公共物品的生产与供给，难以解决收入分配不公的问题等。而政府作为强制实现公益的组织形式和社会机制，在实现人类的公益目标方面承担了主要的责任。但是，由于政府的组织方式只能代表大多数民众的意愿，而属于少数派的意愿，则是政府一直所无法代表的。同时，由于存在政府失灵，官

笔记

员政治、政府决策者的目光短浅和政府缺乏代表性，使政府这一以强制求公益的机制并不能完全实现公共利益，满足公共需求。市场失灵与政府失灵的存在为在政府机制的基础上衍生出第三部门创造了条件。非营利组织填充了一个无论政府还是市场都不擅长的社会位置，以自愿求公益的公共事业机制的出现，从一定程度上弥补了"政府失灵"和"市场失灵"所造成的缺陷。

具体到中国的当前国情来说，中国的传统事业管理体制在运行中依然存在着以下问题：

一是部门分割，多头管理。中国传统的事业管理体制主要是政府机构和建立对应的事业单位进行管理的，改革开放以来社会生活的丰富促进了公共事务的发展，然而政府机构和事业单位的对口管理，已构成了一种部门分割，不同程度地影响了公共事业的发展。

二是管理方式与正在形成的公共事业的基本属性不符。改革开放以来，新型公共事业的形成，从根本上决定了必须以管理社会公共事务应有的方式来管理公共事业，但目前中国公共事务管理的方式基本上还是按原有的管理经济的方式进行管理。

三是政府管理机构日益膨胀而管理效率日益降低。随着社会公共事务的日趋繁杂，以及公众对公共物品和服务要求的不断提高。而在现有的管理体制和管理方式下，不可避免地要增设政府机构和人员进行管理，其结果就是职能越分越细，机构越来越多，政府管理机构不断膨胀，管理效率却在不断降低，难以及时有效地处理所产生的社会问题。

四是政事不分，事业单位运行面临困难。事业单位是中国政府机构下对公共事务进行管理的执行机构，多年来各级政府部门都直接接管一些科研、出版、学校、医疗等事业单位，事业单位实行财政拨款和公务员编制，导致事业单位成了政府机构的一个部分或者延伸。另外，事业单位活动的行政化，阻断了公共事务与经济联系的一面，影响了科技成果等向生产力转化，效率低下。事业单位是政府公共服务任务的主要承担者，是发展社会事业、保障和改善民生、促进经济发展的重要力量。事业单位改革是落实科学发展观要求，深化社会事业体制改革，加快推进基本公共服务均等化的重大举措。

（二）公共事业管理的研究有助于公共事业的有序、顺利发展

由于公共事业管理是一门新兴的学科，对其系统研究仍处于起步阶段，开展公共事业管理的研究，有助于人们对公共事业有更清晰的了解，对公共事业管理的认识将更加深入，为中国科学的公共事业管理体制的建立起到直接的推动作用。

随着社会主义市场经济体制改革的深入，中国政府行政管理体制改革也在步步深入，当前中国政府管理改革的一项重要的任务，就是要在调整政府职能的过程中，加强社会主义市场经济条件下政府的社会公共事务管理职能，探索相应的管理方式，并积极推动事业单位体制改革，实现"政事分开"，最终形成有中国特色的社会主义公共事业管理体制，以适应经济体制改革的不断深入和社会发展的需要。

（三）公共事业管理的研究有助于减轻财政压力

公共事业管理具有的特殊性导致了其资金来源有相当一部分是政府财政，

笔记

造成了对政府财政资金的压力。由于公共事业不以营利为目标,也缺乏足够的竞争压力,因此普遍存在低效率的问题,导致了资金的压力较大。对公共事业管理的研究,可以帮助政府部门重新界定、划分、调整、收缩和转换国家的事业职能范围,进一步调整和规范国家财政性事业经费的供给范围,合理划分不同的财政预算项目,净化事业经费的支出内容,并在此基础上适当加大事业资金的供给力度,净化事业经费的支出内容,强化事业经费预算约束及其监督管理。另外,有助于探索改善管理,提高效益的发展道路,逐渐增强公共事业部门自身的"造血"功能和发展能力。

(四)公共事业管理的研究有助于社会的整体进步与发展

社会是一个政治、经济与社会协调发展的有机体,随着中国改革开放不断深入,中国的经济也获得了高速的发展,经济发展、工业化进程不断加快,相应的要求政治体制与社会的均衡发展。当前政治体制改革的基本内容是政府管理体制的改革,而社会改革的基本内容则是以科学地界定国家与社会关系为出发点的社会力量的培育和管理,以及提高人们的生活质量。研究公共事业管理问题,探寻公共事业发展的途径、方法,总结先进国家公共事业管理的经验,有助于解决公共事业发展中的困扰,促进公共事业的发展,进而为经济发展提供文化支持和科学动力,提高全民族的创新能力和自我发展能力,提高民族、国家的竞争力,促进社会的整体发展和进步。

公共事业市场化:德国公厕的经营与管理

德国的公共厕所独树一帜,不仅分布合理,而且干净卫生。那么,德国是如何把公共厕所经营管理得如此有声有色的呢?最有发言权的就是以经营厕所闻名的德国瓦尔股份有限公司,该公司在2003年战胜宝马和奔驰公司,当选德国最具创意的企业。

厕所选址市民做主

据瓦尔先生介绍,德国政府规定,城市繁华地段每隔500米应有一所公厕;一般道路每隔1000米应建一所公厕;其他地区每平方公里要有2~3所公厕;整座城市拥有公厕率应为每500~1000人一所。

德国政府将城市的公厕分为三种:一种是独立的公厕,主要分布在机场、火车站、旅游景点、商业街道等繁华地段;第二种是商店、餐馆、加油站等商业服务单位的公厕,根据德国政府的规定,这些厕所也属于公厕,市民可以就近使用;第三种是临时的移动公厕,主要是在城市举办各种活动和旅游旺季游人增多时临时建立的。

在公厕地点的选择上,除了"硬标准"外,德国政府非常重视"软调查"。德国各城市公厕管理部门在确定厕所的地点、数量、设施时,必须依靠信誉度很高的调查公司来配合完成。首先由选定的调查公司在媒体上进行宣传,使当地市民了解政府建新公共厕所的想法,然后由该调查公司出面在市民中搜集意见,并把所有的意见汇集成几种方案,然后再经市议会投票,最终决定公共厕所建在哪里。可以说,"从市民中来,为市民服务"是德国政府为公厕选址的最重要原则。

经营厕所拍卖竞争

那么谁有权经营公厕呢?在德国,任何个人和企业都有权经营公共厕所。因为德国的公共事业走的是市场化的路子,通过拍卖承包给一些企业来运作,如城市的公共交通、城市环保等都是由私人公司经营的。政府也会对一些项目进行投资参股,但是各个企业均站在同一起跑线上进行竞争。

在德国经营公共事业的企业,政府会在管理及政策上一路"开绿灯",特别是公厕的经营。因为政府认为,公厕事业实现市场化,不仅可以弥补政府资金的不足,加快城市建设速度,方便百姓,而且还可以促进公厕在节能、节水、环保等技术上的创新,同时带动企业将新技术、新发明应用到实际生活中,使科技迅速转化为生产力。

不过,以前参与公厕经营权拍卖的竞争者并不多,因此公共厕所的经营管理一直未见成效。瓦尔先生就是看准了这个市场,在1990年的柏林市公共厕所经营权拍卖会上以向柏林提供免费公共厕所为理由,一举拿下柏林市所有公厕的经营权。当时,他们的竞争对手都认为瓦尔公司疯了。他们算了一笔账,即使按照每人每次收费0.5欧元(1欧元约合人民币12元)的高价格计算,也得每年亏本100万欧元。

但事实证明,瓦尔公司不仅没有亏损,而且其经营收入还从1990年的988万欧元上升到2002年的8827万欧元,2003年经营收入估计达到了1.6亿欧元;该公司的业务也已遍布了三大洲,在德国、美国、土耳其等国建立了18家分公司。瓦尔先生手下的员工已从1990年的71人增加到560人。

厕所广告收入不菲

虽然瓦尔公司把厕所免费提供给公众使用,但由于瓦尔公司负责建造的公厕大都坐落在机场、火车站、旅游景点、商业街道等繁华地段,人员流动量大,从而使他们的公共厕所成为多种经营的载体。

首先,瓦尔公司最大的收入来自广告。在公司宣传册上,很多国际大公司都是瓦尔公司的广告客户。第一类是电子产品企业,如苹果电脑、诺基亚手机、三星电子产品等;第二类是化妆品及服装企业,如法国的香奈儿、欧莱雅;第三类是其他企业,如派克钢笔等。据一位经营户外广告的业内人士分析,由于瓦尔公司的"都市厕所"从外观看起来同其他灯箱广告没什么差别,因此选择瓦尔公司公共厕所做广告,不仅不掉价,而且还实惠。在德国柏林、法兰克福等5个城市,仅公司厕所外墙的广告收入就可超过3000万欧元。

笔记

31

其次,公司挖掘了厕所内部蕴含的商机。德国人有在厕所阅读的习惯,公司紧紧抓住了这一点,把文学作品与广告一同印在手纸上,一卷手纸印一章。另外,在公共厕所的墙上和内部的摆设上,他们也开拓出广告空间。

其三,瓦尔公司的厕所外都有公用电话,客户每打 1 分钟,他们就有 0.5 欧元左右的额外收入。国际运通卡组织也是他们的合作对象,持卡者可以用卡消费,这样瓦尔公司又有了相应的收入。不过,每人每次 0.5 欧元的厕所使用费则要由公司与政府按照规定分享。

公厕卫生依靠科技

公共厕所的卫生一直是人们最关心的问题。该公司为了打造出最干净的厕所,主要从两个方面进行了努力。

首先是运用新的科学技术,不断推出功能更强大的新式厕所。在瓦尔公司的产品陈列室,一种"都市厕所"外形很吸引人。使用时,只要在门框一侧投入 50 欧分,手指轻按启动装置,厕所的门就会自动打开。进入里面,两盏照明灯便会发出柔和的光,空调立刻把温度调到 19 摄氏度,扬声器开始播放音乐,自来水慢慢地流进洗手盆,洗手盆上方有一个装置,会把纸巾送出。使用后,"翻板式"冲洗消毒系统自动工作,仅一分钟就可以让厕所恢复清洁。这种厕所的投入每个在 5 万~10 万欧元。但瓦尔先生认为值得,因为只有这种干净的厕所才能保证广告的数量。

不过,瓦尔公司并不满足,他们专门请来意大利、日本的著名设计师,按照不同的风格和外形设计出"智慧型"、"挑战型"等不同的厕所产品。这些厕所选材考究,制作精良,获得了多项专利,2001 年还得到了欧盟的奖励。瓦尔公司之所以在厕所改进上花这么大的精力,主要是因为公司现在已经把向海外销售公共厕所作为非常重要的一项业务和收入。

其次,瓦尔公司设有专门的管理队伍,管理员每天要对当地所有的公共厕所进行 3 次检查。在柏林,公司的 20 辆公厕管理车 24 小时巡视,无论城市哪个角落的公厕出了问题,他们都能及时处理。由于"都市厕所"具有全自动清洗功能,实际的清洁工作并不多。

(资料来源:中国社会报,2005-6-1)

结合以上所给的材料,请同学们讨论并分析公共事业市场化的利弊,并结合中国的实际情况,分析中国公共事业如何实现市场化? 目前存在哪些局限性?

本章小结

公共事业管理作为研究公共事业管理实践活动及其规律的学科,是在 20 世纪 70 年代末的"新公共管理运动"之后,逐渐从政府管理的公共事务中分离出来的一部分社会性事务的管理。

笔记

公共事业管理之所以能够成为一门独立学科的内在依据是：公共事业管理是顺应时代潮流的发展而产生的，管理的内容是公共事务中的社会事务部分，是当下世界各国政府正在进行的"小政府、大社会"改革中的一个重要举措与趋势，能够使政府回归"掌舵"的角色，精简机构，减轻负担，进一步提高管理效率。使得社会事务的管理更具有针对性、时效性和专业化。随着中国社会化程度的不断提高，政府的职能管理重心也逐步从政治、经济职能转向社会管理职能，这更显示出公共事业管理学科的重要性。

本章在界定了事业、传统事业、公共事务以及公共事业的基础上，以公共事业管理的内涵特征为基础和出发点，介绍了公共事业管理的主体、研究内容，并介绍了支撑公共事业管理的理论基础，通过公共事业管理与其他管理之间的关系对比来加深对公共事业管理特征的理解。另外，介绍了公共事业管理的几种研究方法以及研究公共事业管理学科的重要意义。公共事业管理学作为一门新兴学科，在中国获得了快速的发展，并且在中国理论与实践的基础上，逐步形成了具有中国特色的公共事业管理学科体系。

关键术语

事业 facilities
事业单位 public institution
公共事业 social public affair
公共事业管理 management of social public affair

公共事务 public affair
非营利部门 nonprofit sector
社会团体 social organizations
民办非企业单位 civil non-enterprise units

思考题

1. 谈谈你对传统事业以及公共事业的理解。
2. 公共事务与公共事业的联系与区别是什么？
3. 公共事业的基本内涵与基本特征是什么？
4. 公共事业管理包含了哪些含义？
5. 如何理解公共事业管理产生的社会背景？
6. 公共事业管理的主体有哪些组织？
7. 多中心治理理论的内容有哪些？

（殷　俊）

笔记

第二章

公共事业管理职能与方法

学习目标

通过本章的学习，你应该能够了解和掌握：

1. 公共事业管理职能内涵。
2. 公共事业管理的目标和性质。
3. 公共事业管理的一般职能，包括决策、组织、领导、控制、创新。
4. 公共事业管理职能演变的特点、历程、原因和途径。
5. 公共事业管理中的听证制度、危机管理、公共项目管理方法。

章前案例

把转变职能放在更加突出的位置

2013年2月26日至28日召开的十八届二中全会审议通过了《国务院机构改革和职能转变方案（草案）》，把转变职能放在更加突出的位置，在向市场放权、向社会放权、向地方放权方面迈出了重要步伐。这透露出本轮改革的方向和重点将与以往历次改革明显不同，即改革的内涵更为丰富，不再局限于机构的调整，而重在突出职能转变。可以说，新方案抓住了行政体制改革的实质和要害，对于充分激发市场和社会发展活力，进一步释放改革红利起到了重要的推动作用。

会议中明确指出，行政体制改革不仅仅是机构改革。2003年以前人们认为行政体制改革就是要削减机构设置、压缩人员编制，把机构和人员的精简幅度作为行政体制改革力度大小的衡量指标。行政体制改革实质上还涉及机构、职能、运行机制等诸多方面，机构的调整必须通过职能转变才能发挥作用，如果不能规范政府与市场、政府与社会的权界，仅仅就机构论机构，那么机构的调整就如同堆积木，形状虽然变了，但本质没动。因为机构和人员规模的调整只是"物理性"变化，而职能转变才是"化学性"反应。物理变化只是形式上量的调整，而化学变化才是根本性的质的改变，没有职能转变这一"化学性"反应，多设几个机构与少设几个机构，其实质意义区别不大。

会议还指出，行政体制改革要以职能转变为龙头。政府职能定位是否准确，是政府能否正确行使权力、发挥作用的前提和关键。行政体制改革致力于职能转变，可以说是抓住了行政体制改革的关键。把政府职能转变放到行政体制改革突出位置的改革取向，符合当前经济社会发展的要求，符合社会

笔记

各界的共同期待。

转变政府职能，就是要以简政放权为重点，把不该由政府管理的事项逐步转移出去，推进政企分开、政资分开、政社分开，充分发挥市场配置资源的基础性作用，充分发挥公民和社会组织在社会公共管理中的积极作用；以完善政府职责体系为途径，把该由政府管理的事项切实管好，不断完善经济调节、严格市场监管、加强社会管理和公共服务，全面正确履行政府职能。

当前，我国政府已由市场发育初期的经济建设型政府向市场逐步成熟的公共服务型政府转变，这就要求政府把"效率"机制交给市场与社会，把工作重心转移到建立促进社会公平正义的制度环境上来。行政体制改革要顺应政府职能转变的趋势，正确把握好政府与市场、政府与社会之间的关系，始终把职能转变作为改革的主要任务抓紧抓好。

（资料来源：人民日报，2013-3-1（16）　内容改编）

公共事业管理职能，是指公共事业组织管理公共事业的职责和功能。由于公共事业管理组织，尤其是政府组织所承担的职责与功能，必须适应社会发展的需要。因此，处于不同历史发展时期、具有不同国情的国家，公共事业管理职能的内容与侧重点也会相应地发生变化与调整。公共事业管理组织只有合理定位其管理职能，以及正确运用公共事业管理的方法，才能最大限度地发挥其作用，实现组织目标。本章是在明确公共事业管理职能内涵的前提下，阐述公共事业管理职能转变的原因与历程，并就公共事业管理中所运用的几种重要方法进行探讨。

第一节　公共事业管理职能概述

由于与人们公共利益相关的社会公共事务往往是多样的、复杂的和变化的，这对于实现以公共利益为目标的公共事业管理提出了挑战。公共事业管理学所要关注的一个基本问题是公共事业管理组织应该做什么，或者说是公共事业管理组织所应该扮演的角色，要求对公共事业管理的职能构成进行描述、分析与解释。为了清楚地对公共事业管理职能进行阐释，有必要对公共事业管理职能的基本内涵、性质和目标、实现手段等基本问题进行逐一分析。

一、公共事业管理职能的内涵、性质与目标

（一）公共事业管理职能的内涵

所谓职能，指特定组织基于某种规定所承担的基本职责和基于自身特定结构形式所能发挥的功能作用的统称，它是职责与功能的统一。而具体到公共事业管理职能则是指，公共事业管理组织在公共事业领域处理关系到全体社会公众的基本生活质量和共同利益的社会公共事务的管理过程中，所承担的基本职

笔记

责与所具有的功能作用的统一体。

（二）公共事业管理职能的性质

公共事业管理职能具有三个方面的性质：

1. 公共性　公共事业管理职能的实现首先要考虑的是怎么在社会资源配置一定的情况下，实现公共利益最大化，公共事业管理职能的确定与实现总是以整个社会的公共利益为前提的。因此，公共事业管理职能的公共性是其最根本的属性。

2. 动态性　在不同的时期，不同的国家，公共事业管理职能被赋予的内容与含义是不一样的，需要随着社会的不同与发展阶段的不同而不断地调整以适应公共事业管理的发展，因此公共事业管理职能具有动态性的特点。

3. 有限性　尽管公共事业管理职能的发挥在整个公共事业管理过程中有着重要的地位，但公共事业管理主体所能发挥的职能作用是有一定限度的，即管理本身是存在有限性的。如当前的政府组织已逐渐从原来的全能型政府转变为有限型政府，将一些不该管或者管不好的事务交给社会或者私人组织去管理，进而能够提高效率，实现整个社会公共福利的帕累托改进。同样，事业单位和非营利组织在公共事业管理中所发挥的作用也是有限的，因此公共事业管理职能的发挥具有有限性的特点。

（三）公共事业管理职能的目标

要明确公共事业管理职能的目标，首先需要了解公共事业管理的目标，在此基础上，进一步明确公共事业管理职能的目标。

公共事业管理的目标是指公共事业管理组织希望通过从事管理活动达到的预期结果。实际上，目标是根据公共事业管理组织的宗旨来制定的，一要体现组织发展的公益性方向，二要体现评价公共活动的量化标准。同时，公共事业管理的目标不但要考虑预期结果，还要考虑应采取什么手段达到预期结果。由于公共事业领域广、范围大，不顾实际情况把所有的公共事业目标都设置成同样的标准和内容是不现实的，必须针对不同领域和不同部门制定不同的目标，再根据不同职能和层次划分成不同的分目标，并层层分解，才能顺利完成。公共事业管理活动不仅要解决现有问题，而且还需要应对未来可能出现的问题以及一些处于隐蔽状态的未暴露出来的问题，因此在制定公共事业管理的目标时应具有预见性与前瞻性，以增强社会综合服务能力，实现社会的良性发展。

公共事业管理的目标规定了公共事业的发展方向，一旦制定，就不能随意更改，但有时候在公共活动进行过程中容易出现各种各样意料之外的矛盾和问题，因此必须适时进行调整才能顺利解决矛盾，使公共活动切实为人民谋利益。即使经过了反复的论证和科学的预测，目标都不能保证完全精确，在制订目标时允许一定幅度的调整，也不失为一种科学的方法。

公共事业管理职能的目标则是在明确公共事业管理目标的基础上，对各个公共事业管理组织如政府、事业单位、非营利组织等职责与任务进行合理的定位与分工，进一步明确各自的职责与所应发挥的作用，使公共事业管理主体之间协调合理，沟通顺畅，职责明确，形成有机的统一体。

二、公共事业管理职能的内容

公共事业管理一般具有两大类职能：一类是程序性职能。由于公共事业管理从属于一般管理活动，因此公共事业管理过程中管理主体都会履行一般的管理职能，如决策、组织、领导、控制、创新等，即公共事业管理的程序性职能。另一类是任务性职能。公共事业管理具有自身的特殊性，相对于其他管理而言，公共事业管理范围、对象与作用的不同，是其职能特殊性的具体体现，这种特殊的管理职能通常称为任务性职能。

（一）公共事业管理的程序性职能

作为公共事业管理组织开展的管理活动，公共事业管理具有与其他各种管理活动相同的基本特征。公共事业管理组织也与其他的社会管理组织一样，履行着一些相同的程序性职能。这些职能反映着公共事业组织在管理社会公共事务的过程中所具有的一般性或普遍性的作用，表现的是管理活动的共性方面，也是所有管理活动中的最基本、最普遍的职能（表2-1）。

表2-1　管理的程序性职能分类表

管理职能		古典提法	常见提法	主流提法
决策	decision making			决策
计划	planning	●	●	
组织	organizing	●	●	组织
用人	staffing			
指导	directing			领导
指挥	commanding	●		
领导	leading		●	
协调	coordinating	●		
沟通	communicating			
激励	motivating			
代表	representing			
监督	supervising			控制
检查	checking			
控制	controlling	●	●	
创新	innovating			创新

关于程序性职能有许多种提法，我们可以将最基本、最普遍的管理职能归纳为决策、组织、领导、控制、创新等五个方面。

1. **决策职能**　决策（decision-making function）是管理的基本职能，决策是管理者为解决各种问题，达成特定目标而制定与选择行动方案的一项基本的管理职能，它贯穿于一切管理活动过程之中。任何社会组织的管理活动，从最高层管理者到最基层的工作者都拥有一定的决策职能,愈往高层,目标性(战略性)决策越多;愈往基层,执行性决策越多。具体的目标性决策往往是非程序性的,比较复杂,难度较大;而执行性决策则是程序性的,操作性的,难度相对较小。管理的决策职能不仅为各个层次的管理者所拥有,而且也分布在各项管理过程之中,所以它是管理活动中占有首要地位的程序性基本职能。从动态运行的角度看,公共部门的决策职能主要包括确立目标、发现问题、设计方案、最终方案的抉择与实施等一系列基本步骤与内容。

公共事业管理的决策职能具有其自身的特点。第一,公共事业管理的主体多元化促使公共事业管理决策主体的多元化,根据管理层次和内容的不同,公共事业管理决策主体可以是政府、事业单位、社会团体、民办非企业组织等;第二,公共事业管理决策的对象是限定的,即社会公共事务;第三,公共事业管理决策并非都具有强制力,负担行政职能的事业单位如气象局、地震局、中国证监委等的决策是具有强制力的,其他类型的公共组织决策是不具备强制力的;第四,由于公共事业管理的对象是与公众密切相关的社会事务,因此公共事业管理决策职能的实现强调公众的参与。

2. 组织职能 公共决策的实施要依靠公共事业组织成员的合作,组织工作正是基于人类对合作的需要而产生的。如果想要在实现决策目标的过程中产生比各个个体功能之总和更大的功能、更高的效率,就需要根据工作的要求与成员的特点,设计工作岗位,进行授权与分工,将适当的人员安排在适当的岗位上,用规章制度确定各个成员之间的职责关系,以形成一个有机的组织结构,并使整个组织得以协调地运转,这就是公共事业管理的组织功能。具体的公共事业管理的组织职能(organizing function),是在决策职能确定了公共事业管理的具体目标、行动方案与方法后,把实现目标所需的人力、物力、财力等资源进行有效配置,明确公共事业组织管理人员的责权利,在内部建立起一种合理的组织结构,并根据组织内外环境的变化而适时的作出调整,从而达到提高运行效率,实现组织目标。

在组织职能中,结构设计与人员配备是基础,而力量整合则是其核心价值所在。为了确保系统整体性功能的发挥,就需要组织机构中的各个部分实现协调运转,以及组织全体成员和谐一致地开展工作。为此,必须整合组织中的各种力量,建立高效的信息沟通网络,处理好组织的不同层级成员之间的各种关系,从组织结构上确保分散在不同层次、不同部门、不同岗位的公共事业组织成员的工作朝着同一方向、同一目标努力。

3. 领导职能 决策与组织工作做好了,并不一定就能保证公共事业组织目标的顺利实现,因为组织目标还要依靠全体成员的实际工作活动来加以实现。配备在组织机构各种岗位上的人员,由于各自的目标、需求、偏好、性格、素质、价值观、职责和信息量等方面存在很大差异,在工作实践过程中必然会产生各种矛盾和冲突。因此,需要公共事业组织中的领导者运用领导职能,通过指挥人们的行为,沟通人们之间的信息,增强相互间的理解,统一人们的思想和协调人们的行动,并激励每个成员自觉地为实现组织目标而共同努力。具体的领导职能又包括指导、指挥、沟通、协调及激励等基本职能活动。由此可见，公共事业管理的领导职能（leading function），是指在既定的环境因素和组织目标下，率领和引导组织或个人按照一定的计划或方法实现组织目标的行为过程。

4. 控制职能　公共事业管理控制职能（controlling function）是指在公共事业管理过程中，通过建立信息反馈和绩效评估机制，把决策实施过程中所取得的各种效果与所要达到的相关目标进行比较并做出评价，及时地发现和纠正各种偏差，以确保组织目标顺利实现的一种职能活动。控制包括宏观控制和微观控制两种类型，其中尤以宏观控制对组织运行及总体目标的实现影响最大。控制职能有着严格的时间性和阶段性要求，超过了一定时间或阶段，再好的控制措施也难以发挥其应有的效用。公共事业管理中控制职能的发挥一般包括确定标准、衡量成效与纠正偏差等三个步骤。在公共事业管理活动中，社会经济环境变化多端，组织内部运行结构和人员活动错综复杂，在计划执行过程中可能出现各种各样与计划不一致的情况，如果完全不加以监测和修正，是不可能实现既定目标的，因此公共事业管理控制职能显得尤为重要。

公共事业管理的所有活动都需要进行控制，无论事先制定的计划有多完备，预测有多科学，公共事业活动进行过程中总会发生一些无法预料的情况，导致行动偏离计划目标，如果不及时采取有效措施，对服务活动进行控制，行动将会离目标越来越远，不但不能顺利实现组织目标，还有可能造成严重的资源浪费，损害公共利益。公共事业活动面临复杂的内外环境，外部如国家政策调整、经济形势的变化等，内部如员工思想出现偏差，行为出现错误等，只有及时加以调整、纠正，才能保证公共事业的计划目标与社会发展情况相符合，保证公共事业的活动沿着计划顺利实施。

5. 创新职能　创新是一个民族进步的灵魂，是国家兴旺发达的不竭动力。公共事业管理同样需要不断地创新与改进，进而有效地提高公共事业管理的水平。决策、组织、领导、控制是保证社会公共事业组织实现目标所不可缺少的职能，它们属于管理的"维持职能"，主要是保证系统按预定的方向和规则进行。但是公共事业管理是处在动态环境中生存的社会管理系统，仅通过维持是不够的，还必须不断地调整系统活动的内容和目标，以适应环境变化的要求，因此需要发挥创新职能的作用。

公共事业管理创新职能（innovative function）是指公共事业组织为了发展的需要，不断主动地突破常规与旧有的约束，发现或形成独特新颖的、更有效的社会价值、新事物、新思想的管理活动。公共事业管理创新职能渗透到整个管理过程，包括管理理念的发展与创新、管理手段的发展与创新、管理内容的发展与创新等。

（二）公共事业管理的任务性职能

公共事业管理除具有一般管理学的职能外，公共事业管理还具有其特殊的职能，即社会公共事务管理的职能。一般来说，公共管理具有三大任务性职能，分别是政治职能（political function），包括保护国家的主权和安全、防御外来侵略、维护社会治安、保护人民群众的生命和财产安全等；经济职能（economic func-

笔记

tion)，包括宏观调控国家经济政策、维护市场秩序保障各方权益、优化国家经济结构、促进国际收支平衡和调节收入分配等;社会管理职能(social management function)，包括提供基础设施、发展科学、教育、文化、医疗和公共卫生建设、环境保护与污染防治、社会保障等社会事务的管理。公共事业管理任务性职能则属于公共管理职能中的社会管理职能，并且是公共管理职能中与广大人民群众关系最密切的职能。

三、实现公共事业管理职能的基本手段

为了保证公共事业管理职能的实现，公共事业管理基本手段必不可少。公共事业管理的手段是一个由多种方法或手段构成的方法体系，而要实施对各种公共事业客体的有效管理，就必须采用合理有效的方法，这是公共事业管理行为本身不可缺少的方面。当代公共事业管理的方法选择与市场经济条件下社会管理职能和方式的基本取向、发展趋势密切相关，因此在认识公共事业管理方法体系的基础上，必须把握当代公共事业管理方式的基本发展。

（一）公共事业管理基本手段的概念

公共事业管理的手段，是公共事业管理主体联系公共事业管理客体并作用于公共事业管理客体的方式，是执行公共事业管理职能的手段，是实现公共事业管理目标和完成公共事业管理任务的途径。

随着社会的发展和进步，当代公共事业管理的内容已大大超过了以往，如在中国，不仅有传统的科、教、文、卫、体，以及传统的公用事业等，而且还包含了计划生育管理、环境保护、社会保障等，尤其是随着经济体制改革而深入的政府管理方式改革，对公共事业管理正发生从对象本身的运行规律出发的变化，在方式方法上已从主要依靠直接的管理方式——凭借行政手段管理，转向了直接与间接并存，多种方法综合发展，公共事业管理手段的内涵已发生了深刻的变化，已从以往单一的方法转变为丰富的方法体系。

因此所谓公共事业管理手段，是公共事业管理者行使公共事业管理职能，实现管理目标的手段与途径的总称，是将公共事业管理者的管理行为有效地传导到管理对象上以实现特定管理目标的各种中介环节的总和，这一中介包括各种物质技术条件、技术手段以及管理模式等。公共事业管理方法是一个丰富而复杂的方法系统。

（二）公共事业管理手段的分类

公共事业管理的常用手段一般有两类:一是刚性手段，二是柔性手段。

1. 刚性手段　政府部门作为公共事业管理的主体系统之一，具有权威性，因此它拥有特定的权力对公共事业对象实施经济的、行政的、法律的强制性手段，以保证公共事业管理职能的实现，这种强制性的管理手段称为刚性手段。

（1）经济管理手段:公共事业管理的经济手段是指国家运用各种经济手段，调节和影响公共事业活动参与者的经济利益，以最大限度地调动其积极性和创造性，促进公共事业的发展。经济手段的强制性不如行政和法律手段那样强烈，主要是依靠利益驱动对公共事业活动中的各种关系进行协调。由于利益的驱动

性,公共事业组织将会根据国家对经济杠杆的调节而自觉从事某些公共活动或者不从事某些活动,而不是仅仅只执行国家下达的行政命令。

公共事业管理经济手段的形式主要有价格、税收、信贷和财政。我们知道,公共物品和公共服务由于其公益性的特点,其价格都是由国家直接制定和指导制定的,在价格杠杆的作用下,国家根据公共需求和供给能力的变化而调节公共服务和公共物品的价格,来保证公共事业的健康发展。通过对不同的公共物品和公共服务收取不同的税,使公共事业管理组织自发地进行国家鼓励的公共活动,停止国家不提倡的公共活动。通过信贷这一最灵活的经济杠杆,银行以贷款形式将社会闲散资金提供给公共事业管理组织,促进公共事业的发展。虽然在现代经济社会,公共事业的融资渠道多种多样,但政府的财政投入仍然处于最基础最主要的地位。财政的调节方式一般分为政府供应和政府补贴。所谓政府供应即政府通过财政预算直接提供科学、教育、文化、卫生等公共服务产品的资金,所谓政府补贴是指政府对从事公共事业活动的私营企业进行一定的资金资助补贴。

(2)行政管理手段:公共事业管理的行政手段指的是依靠行政机构的权威,通过行政组织系统,采用命令、指示、规定、指令性计划、制定规章制度等行政手段,对公共事业活动产生影响和进行控制。行政方法利用的是公共机构之间的相互隶属关系,以权威和服从为基本原则。

公共事业管理的行政方法具有以下四个特点:

1)权威性:行政方法是依托政府机构和领导者的权威,公共事业管理组织必须遵守上级领导机构所发布的命令和制定的政策。

2)强制性:根据行政方法的权威性,公共事业管理组织必须认真执行上级机构发出的指令和要求,否则将被追究责任。

3)无偿性:公共事业管理组织上级对下级的资源安排、调整、使用,不需要遵循等价交换原则。

4)时效性:行政方法一般是针对特定时间内公共事业的具体活动进行制定,因此,随着公共活动的变化和时间的推移,这些方法也必须做出相应的调整。

行政手段通过发布命令、贯彻实施、检查督促、调节处理四项基本程序把公共事业管理组织的思想和行动统一起来,有利于公共事业活动贯彻国家的大政方针;依靠领导的权威,充分发挥领导的决策作用;由于行政手段的时效性强,当公共活动发生突发的意外事件时,可以针对意外事件发布命令、采取措施,以及时有效地解决问题。同时,运用行政手段管理公共事业虽然可以做到令行禁止,但是由于行政方法作为一种强制性手段,不侧重考虑经济利益和等价交换原则,以集权为主,使下属的权力影响不够,很容易导致组织的活力不足,成员的主观能动性受挫等问题。

(3)法律管理手段:公共事业管理的法律手段,指的是国家根据公众的利益和需求以及公共事业发展的需要,通过制定有关公共事业的法律法规,依靠法律的强制力量,规范公共活动,处理公共矛盾,严惩违法行为,以促进公共事业的健康发展。

笔记

公共事业管理的法律手段与行政手段一样都具有权威性和强制性的特点，但程度都比行政手段深。首先，法律是国家制定或认可的，由国家强制力保证实施的社会规范，对所有公共事业组织都具有普遍约束力，因此其权威性比行政手段更加强烈。其次，法律的实施依靠国家强制力来保证，公共事业组织和机构内的任何成员都必须遵守，一旦违反，必将严惩。此外，法律手段还具有规范性和稳定性的特点。公共事业法律法规的制定是非常慎重和严肃的，一经颁布，便以明确的语言严格规范了公共事业活动参与者的权益、责任和义务，并在很长一段时间不会改变，不能随意更改，具有规范性和稳定性。

公共事业法律方法的顺利实施来源于完备的立法和健全的组织。只有建立健全公共事业法律活动的法律体系，健全国家立法和司法机构，才能科学地运用法律、执行法律，规范公共事业行为，使公共事业管理各方面明确应该做什么，不应该做什么，做了会有什么后果等，从而主动约束自己的行为，保证公共事业不偏离正道。如《中华人民共和国执业医师法》便规定了执业医师的考核和注册制度，未经医师注册取得执业证书，不得从事医师执业活动，从而提高了医师队伍的素质，保护了人民的身体健康。

2. 柔性手段　与刚性方法具有一定强制性不同，公共事业管理组织的柔性管理手段主要采用舆论宣传、解释政策、信息传播等软方式。公共事业服务于社会也依赖于全社会人民的参与，与人民生活息息相关，因此每一项公共政策要落到实处、起到作用，都必须首先使公众了解并接受，避免公共政策执行沦为"面子工程"。因此，利用新闻媒体和网络对政策进行大量的宣传，为公众详细地解释政策，才能使人们热情高涨地参与到公共活动中来，形成良好的社会风气。例如为了使广大农民接受解决农村基本医疗卫生的新型农村合作医疗制度（简称新农合），政府通过新闻媒体做了大量的宣传工作，不但使农民弄清了新农合的目的、意义和程序，让农民能放心参与享受新政策，而且也使城市居民对新农合表示理解和支持，大大地改善了农村卫生服务水平，提高了公共服务水平。此外，对于公共事业发展过程中的先进人物，典型事迹应大力予以表扬宣传，把外在的激励化为内在的驱动力，激发公众对公共事业的支持热情，将更好地实现组织的宗旨。

总之，在公共事业管理中，只用其中任何一种手段，都不能达到目的，只有把刚性手段和柔性手段结合在一起，综合管理，才能保障公共管理事业管理职能的顺利实施。

第二节　公共事业管理职能的演变

人类社会是在一定的劳动分工关系的基础上建立起来的。实际上，特定的社会能否维持、存在并取得发展，在很大程度上取决于其劳动分工关系的维持与发达程度。而分工离不开协作与控制。这样，为了维持社会性的分工，就必须产生与之相适应的、行使社会性协作与控制功能的社会管理系统，其中包括处理社会性公共事务的公共事业管理系统。从这个角度来看，无论哪个社会发展阶段，

笔记

都必须存在某种类型的公共事业管理系统,并由它们履行一定的公共事业管理职能。

一、公共事业管理职能演变的内容

(一)公共事业管理职能演变的特点

随着经济发展与社会制度的变迁,公共事业管理职能也在不断地调整与变化,这种变化从宏观上看,表现为总量的变化。公共事业管理职能从属于公共管理职能中的社会管理职能,随着历史的演变与发展,公共管理的职能重心也在不断地转变,现代公共事业管理职能逐渐成为公共管理职能的重心,相对于传统的公共事业管理职能来说,公共事业管理发挥着更重要的作用与功能。

在原始社会,由于社会生产力极其落后,并不存在专门的职能管理部门,氏族组织形成后,在生产和生活中产生了如防洪、水资源分配与管理、调节内部纠纷等简单的公共事务,因此该时期的社会管理职能也极其简单,但这些公共事务都属于社会事务,正是由于这些社会事务的产生,促使了公共事业管理的产生。劳动分工与协作是人类社会得以发展的基石,当时的社会管理职能主要表现在为了谋取生活和生产资料而协调和控制人类社会的劳动分工协作关系,而经济职能和政治职能则表现得非常微弱。这一时期的社会管理职能主要依靠个人的经验来实施,部族首领或酋长依靠传统习俗和习惯来保证社会管理职能的运行,并不利用强制手段。

在奴隶社会和封建社会,生产力发展水平和劳动分工合作在一定程度上有所提高,公共管理活动一般由国家行政部门来实施。此时政府实施公共管理活动的主要目的是为巩固其统治,因此以履行政治统治职能为主,经济和社会职能相对非常薄弱。这一时期的社会管理职能主要表现在发展教育、卫生和水利事业,如中国自汉代开始创有中央直接举办和管辖的中央官学,以及由地方政府所举办的地方官学,为国家发展教育培养人才作出了重要贡献。在医药卫生方面,早在1568年,徐春甫就在北京创立了中国最早的医学学术团体"一体堂宅仁医会",致力于提高医术治病救人;罗马帝国设立了专门的"医务总督"以防治流行病,同时还负责举行考试,批准医生开业。由于当时生产力水平较为低下,水利成为左右农业的命脉,一些大的封建帝国都设有专门的社会管理组织来管理防洪与水利灌溉,中国历来重视公共水利建设,早在春秋战国时期就修建了都江堰、郑国渠等一批大型水利工程。

随着生产力的飞速发展,人类社会迈入了资本主义阶段,自给自足的自然经济体制被市场经济体制所取代,政府的经济职能逐渐加强,政府的经济职能包括宏观调控职能和微观管理职能。在资本主义初期,政府管理主要是以经济职能为重心。最初人们普遍相信市场经济能够自我调节,政府只需充当"守夜人"角色,20世纪30年代的资本主义经济危机发生后,政府开始对经济进行积极的调控与干预,直至20世纪70年代经济滞胀发生后,调控干预程度才有所降低。政府介入经济管理的程度虽然随着经济社会发展情况而有所不同,但比之封建社会时期均有大幅度提高,在此时期,政府加强了经济调控的职能。但是,面对日

笔记

益增长的社会危机,社会管理职能在维护社会稳定方面也发挥了不可忽视的作用。这一时期,社会管理职能主要是注重提供社会福利和建立社会保障体系,如德国在 19 世纪末就开始了社会保障体系的建立,并在之后不断进行完善。

随着经济社会的发展以及科学技术的进步,人类社会已经迈入或正在迈入后工业时代,随之而来的是公共事务的多样化和复杂化,政府在承担政治职能和经济职能的同时,逐渐回归到公共管理最本质的职能,即社会管理职能,追求整体社会福利的增长,重视为民众服务,重视改善民生,公共事业管理职能也随之凸显了出来。西方各国政府的社会管理职能也是随着社会经济的发展而相应产生变化的。19 世纪中叶,为了缓和不断加剧的社会矛盾,这一阶段社会管理职能主要是注重追求社会均衡和秩序;20 世纪 30 年代后,对经济危机的反思促使西方国家在社会管理职能中更加注重社会福利和公平,保持了社会稳定和经济发展;20 世纪 80 年代以来,随着国际竞争的加剧和财政压力的加大,西方国家的社会管理职能从单纯地提供福利转向重视科学、教育和就业等方面的投资。

同时,公共事业管理职能的演变还体现在微观方面的变化,也就是公共事业管理职能自身的演变,表现为公共事业管理职能自身的内涵与管理范畴逐渐呈现出从无到有,从窄到宽的特点。

随着经济与社会的发展,公共事业管理的内容也在不断地丰富与发展,公共事业管理发展至今,主要的管理范畴包含了发展科学、教育、文化事业、促进医疗和公共卫生建设、防治污染和加强环境保护、加强社会保障等社会事务的管理。相对于传统的公共事业管理,其整体范畴从原始社会单一的内容发展至今,已获得了很大的拓展与丰富。除了公共事业的整体范畴在不断地拓展与丰富以外,公共事业各组成部分的管理范畴也获得了极大的发展和受到了高度的重视,其发展和受重视的程度也是随着经济发展的状况和社会制度变迁及社会发展状况的需要而不断变化与调整的。

以环境保护为例,环境保护属于公共事业管理的范畴,随着社会制度的变迁及工业化进程的发展,环保事业经历了一个从无到有,从有到重点发展的过程,环保事业从未像当今一样受到如此高的重视。在原始社会、奴隶社会与封建社会,由于手工作坊式的生产活动为主要形式,生产规模较小,对环境的污染程度也较低,因此在社会事务中也就没有环保这一项内容,环保事业是在资本主义工业化时期产生并逐渐发展起来的。可见,环保从本不属于社会事务中的内容,逐渐发展到成为社会事务中的重要组成部分,经历了一个从无到有的过程。

中国对环保事业的定位与理解也经历了一个由狭义到广义、由漠视到高度重视的过程。直到进入了 20 世纪 70 年代的工业化初期,中国才产生了环保事业,当时环保工作的重点是工业污染防治,即"三废"治理。因此,环保事业的范围主要涉及与污染治理和三废综合利用相关的设备或技术,当时称之为"环保工业"。进入 20 世纪 80 年代后,中国的工业得到较快的发展,生态环境保护则成为当时环保工作的重点,环保产业的范围也随之拓宽,生态保护与恢复、自然资源开发与保护活动等成为环保事业的重要组成部分。从 20 世纪 90 年代开始,环境污染防治的重点由点源转向区域、流域的综合整治,由分散治理转向集中控制,环保产业的范围也随之拓展到从城市基础设施建设方面入手,进而对环保技术设备要求大型化、系列化和配套化。

环保产业是中国21世纪的朝阳产业,它承载着促进中国经济增长方式转型与发展绿色经济的重任。自改革开放以来,中国经济得到了快速的增长,但这是依托在大量资源消耗的粗放型增长方式的基础上实现的,这也给中国带来了越来越严重的环境污染,这种增长方式是不可持续的。发展至今,中国已处于工业化发展的中期和城镇化高速发展的时期,现有的资源和环境已经难以承载传统的高耗能、高污染、高排放、低效率的经济增长方式,因此环保产业的发展是实现经济增长从粗放型向集约型转变的重要方式和手段。2009年12月中央经济会议上指出,环保产业的发展延长了传统产业链条,推动了中国循环经济发展和中国经济增长方式的转型,是实现科学发展和可持续发展的重要途径。

综上所述,可见随着中国经济的发展和时间的推移,环保事业从一开始单纯的工业污染治理到现在的综合治理,其内容和范畴在不断拓展和丰富,我们对于环保事业的定位与理解也在不断地调整和丰富,环保事业已逐渐进入人们的视野,并越来越受到公众和公共组织的重视。

以文化事业的发展为例,我们也可以看到公共事业管理职能自身内涵与范畴从窄到宽的发展历程。总的来说,文化事业发展的最初形式是语言表达,如戏曲、诗词等,往往是在一定地域范围内口口相传;随着造纸术的发明和印刷术的产生,借助纸质媒介这种形式,使得文化流传的范围更加广泛和久远;现代的电视机和收音机的发明,出现了电视媒体和广播媒体,现代的计算机以及互联网的产生,形成了网络媒体。人们的文化生活需求得到不断的满足与丰富,层次也不断地多样化,程度也在不断加深。同样,卫生事业的发展也是从之前的重中西医结合,到现在重医疗技术和设备的发展;从最初的以治疗为主,到现在的防治结合等。

因此,在公共事业管理的任务性职能中,每一项部门职能的都是随着社会制度的变迁而不断地拓展,并经历着一个从无到有,其范畴从窄到宽的发展过程。

（二）公共事业管理职能演变的三个阶段

伴随着社会政治、经济和文化的变迁,公共事业管理的职能大体经历了三个转变:

第一阶段为19~20世纪20年代。从19世纪开始,自给自足的自然经济已经逐渐被市场经济所取代,自由资本主义伴随着工业革命的发展也迅速兴起。随着资本主义经济的迅速发展,环境、卫生、教育等问题日益严重,资本主义政府为了巩固其统治和维护社会稳定,在基础设施、科学教育、社会保障和公共卫生等领域采取了一些必要措施以增进公民的福利。如美国政府相当重视基础教育,规定各州都有举办教育的责任;在公共卫生领域,美国先后成立了国立卫生研究所和公共卫生局,用以管理卫生保健工作。为了加强社会保障,社会保险制度也开始兴起,以德国为首世界各国均开始实施一系列社会保险与社会福利政策。为了解决贫困人口的住房问题,西方政府开始参与到为低收入者提供住宅的建设中来。由此可以看出,即使当时亚当·斯密的自由主义经济理论仍然是

笔记

社会的主流思潮,认为市场本身就可以自行调节社会公共利益,实现社会的协调发展,西方政府仍然对公共事业比较关注,但其关注面比较狭窄,只有在公共事业严重影响到社会经济发展时才开始关注其管理职能。这是因为受限于当时低下的生产力水平、薄弱的经济基础,社会可供分配的资源不足,使得政府无力承担更多的公共事业管理职能。

第二阶段为20世纪30~70年代。20世纪20~30年代暴发的经济危机,使资本主义世界进入大萧条时期,生产社会化和生产资料私有化这一基本矛盾的存在,导致完全依靠市场自身调节来解决经济活动中产生的各种矛盾和问题显得极不现实,而各类经济问题的产生必然会损害社会公众的利益,导致公共事业严重缺失,这就促使人们逐渐认识到由政府对经济活动进行干预和管理是十分必要的。英国经济学家凯恩斯为应对经济危机提出政府应对自由放任的市场经济进行合理的干预和调节;英国经济学家阿瑟·塞西尔·庇古(Arthur Cecil Pigou,1877~1959)在他的《福利经济学》中提出市场在社会福利供求方面存在严重的失衡,必须依靠政府采取相应措施来解决;英国社会学家霍布豪斯(Hobhouse)倡导在公共领域把国家控制和自由竞争相混合,以促进社会事业的发展。

同时,随着政府的结构和功能的日趋完善,法律制度日益健全和政治体系日益成熟,西方政府开始有能力在更多的公共领域内承担责任。另外,为了促进生产力的进一步发展,客观上也要求政府对基础设施和科学教育事业加大投入和加强管理。如瑞典政府实施的福利政策使公民"从摇篮到墓地"都有了保障;对自由经济最为推崇,认为社会福利事业属于慈善机构而不是政府责任的美国从罗斯福新政开始也有了很大改变,大力加强了对公共事业的管理。

第三阶段为20世纪70年代至今。从20世纪30年代到70年代,西方国家在科学、教育、文化、卫生、社会保障等方面的社会支出居高不下,但是经济在进入70年代以后开始出现了停滞,而通货膨胀却居高不下,致使政府的财政情况普遍恶化。在此背景下,西方学者开始对凯恩斯主义进行反思,指出以往国家干预经济的活动不但没能促进经济的健康发展,反而导致了"滞胀"现象的产生,因此应对政府的干预职能进行限制,让市场充分发挥其资源配置的基础作用。另外,在传统管理模式下,公共事业管理的服务效率低下、质量不高、成本高昂等问题也引起了公众的不满,他们要求打破垄断,对公共事业管理进行改革和创新,并希望亲自参与到公共事业管理当中来,民主参与的愿望空前高涨。

上述问题的存在促使西方政府开始探索出一种新的干预模式,即政府和市场相结合以及政府和公民参与相结合的社会管理职能,直接导致了20世纪80年代新公共管理运动的兴起。"新公共管理"强调私营部门管理的理论、方法、技术及模式在公共管理中的应用,如公共服务的供给与生产相分离,强调降低成本,从重政策转向重管理,注重绩效评估;从重视管理程序转向产出的控制和责任机制等。

随着经济社会的发展,人们对公共利益和社会福利的诉求更多,公共管理部门除了行使必要的政治和经济职能之外,回归到社会管理职能变得更加迫切。恩格斯认为,"政治到处都有,是以执行某种社会职能为基础,而且政治统治只有在它执行了它的社会职能时才能延续下去。"对于任何公共组织系统而言,社会

笔记

职能都是它们必须承担的管理职能活动。

二、公共事业管理职能转变的原因

近百年来，公共事业管理职能一直在随着社会经济的发展不停地变迁，随着当前经济、政治法律、社会文化、科技等各方面环境的演变，为了面对新变化适应新情况迎接新挑战，公共事业管理职能的转变成为全球的共同趋势。

（一）全球化进程加快，单个国家的社会管理已无力解决国际化的公共问题

经济全球化以跨国公司为主要特征，在生产、分配、交换、消费等各个环节通过对外贸易、资本流动、技术转移等把世界经济相互连接成一个整体。自第二次世界大战以来，经济全球化就一直是世界发展的一个重要趋势，从 20 世纪 90 年代开始，由于新的科技革命的推动，这一趋势发展得更为迅猛。经济全球化带来的是全球政治、文化、教育、科技等多方面的相互影响相互依存相互借鉴，全球化在带来机会的同时，也带来了公共问题的国际化，公共事业管理职能面临着更为严峻的挑战，单纯依靠政府的社会管理职能已经不足以解决这些国际化的公共问题，一些全球性的国际组织开始发挥出更大的功能，如国际红十字会、世界卫生组织、世界银行、世界贸易组织、世界动物卫生组织等。

（二）民主化程度提高，社会公众强烈要求参与到公共事业管理中来

从公共事业的发展历程来看，现代公共事业管理已远不是政府单方面的事情，一方面随着民主化程度的提高，公民对关系自己切身利益的公共事务提出了更多的要求；另一方面由于现代信息技术的发展和科学文化水平的提高，公民的自主管理能力大大加强。例如城市社区与社区非营利组织，与政府共同承担管理社区教育、社区卫生、社区治安、社区经济、社区服务等职能。

（三）传统行政思想制约了公共事业管理职能的发展

由于政府承担着大部分的社会管理职能，导致许多人盲目地认为公共事业管理等同于行政管理，只需要用行政命令的方法就能管理好公共事务，这是不正确的。行政管理的关注点在于政府组织自身和对社会事务的管理，而公共事业管理与行政管理相比，关注的范畴更大，事业单位、社会团体、非营利组织和非政府组织都在公共事业管理的范畴内，政府并不直接承担具体的公共事业管理行为，而是通过对公共事业组织进行监督和管理来达到公共服务的目的，公共事业组织才是提供公共服务开展公益事业的直接承担者。例如卫生局不能直接为病人治疗疾病，它的社会管理职能体现在对医院、妇幼保健组织、疾病防控组织的监管上。

（四）管理思想和技术手段的创新为公共事业管理职能的转变提供了保障

20 世纪 80 年代以来，公共事业管理在思想、治理模式和技术手段等方面进行了创新，出现了四种治理模式，即市场化政府模式、参与型政府模式、弹性化政府模式、解制型模式（解制型政府是指放松政府规制，使政府的活动更具有创造力、效率和效能），其改革思想包括重新定位政府角色、把公共服务市场化、社会化、地方化、引入现代管理技术、精简机构、创新人事制度等，为公共事业管理职能的转变提供了有力的技术保障。

三、中国公共事业管理职能的转变

中国公共事业管理职能的转变是在整个社会经济发展的大背景下进行的，不断发展变化的政治、经济、社会背景既存在着对公共事业管理发展的有利因素，也存在着不利因素，并且社会经济的发展与环境的变化又会不断地对公共事业管理职能提出新的要求。当前，中国正处于社会主义经济体制与秩序建立、完善的过程中，公共事业管理职能也必然随之发生转变，社会转型时期对公共事业组织的定位，尤其是对政府职能的重新定位思考是我们发展公共事业需要关注的重要问题。

（一）中国公共事业管理的特点及对其职能实现的影响

在当前中国的公共事业管理中，其主体非常单一，也就是政府仍然在公共事业管理中处于绝对的领导地位，其他的组织如非营利组织较之以前虽有了很大的发展，但相对于其他各国的普遍情况来说，中国的非营利组织仍然处于不发达状态，所发挥的影响力和作为也非常有限，一些非营利组织实际上仍然是依附于政府，成为了政府的下属执行单位，没有独立的地位，难以发挥第三方主体所应发挥的协作、监督等作用。

此外，公共事业管理主体单一必然会导致政府出现"一官多职"的现象，也就是政府部门兼有企业所有者、经营者和公共权力拥有者、享受者等多重角色，使得政府权力过度膨胀，管了很多不该管的事情，权力范围的无限性必然伴随着责任的无限性。管的范围越宽，越容易鞭长莫及，难以更好更高效率地发挥其职能作用。

因此，中国的公共事业管理职能转变，在很大程度上是逐渐实现政府职能的转变，将政府不该管或管不好的事务与职责让位于社会组织，使各个公共事业管理主体能够协调发展，达到互相监督和制约的效果。

（二）当前中国社会转型的特点及对公共事业管理职能的要求

当前中国正处于社会转型的关键时期，对公共事业管理职能也提出了更高的要求。由于国家的具体国情会影响公共事业管理职能的内容与定位，因此我们需要针对中国特有的国情下各种因素对公共事业管理职能所产生的影响进行分析。

西方发达国家从19世纪就开始了现代化的进程，大部分西方国家在20世纪已经完成了现代化的进程。中国则是在20世纪中后期才确立了现代化的目标，因此中国所面临的形势是特殊的，一方面要赶上西方发达国家的物质发展水平，另一方面又要避免重走它们在现代化进程中所走过的弯路。

在当前中国的社会转型中，政治与经济体制改革有了很大的进展，对于政府职能的转变也在逐渐的试点和实践进行当中，逐步实现将政府职能转变到宏观调控、公共服务和市场监管上来的目标也对公共事业管理职能的调整有着很大的影响。

（三）公共事业管理的效能是公共事业管理职能转变的依据

从整体上来说，公共事业是为了解决公共问题，从而实现和提高整个社会的

笔记

公共利益,而管理职能的发挥则是公共事业实现其目标的手段,公共事业管理职能的有效发挥是管理效能提高的重要保证。中国的公共事业管理发展至今,其主体和管理对象已得到了很大程度的扩张和丰富,管理手段也相应得到更新,然而,在管理效能方面仍有待提高。中国公共事业管理职能的转变不应局限于原来的机构整合与人员精简,而是应该注重质的提高,也就是在管理效能上进行提升,这是中国公共事业管理职能转变向纵深发展的必然选择。

(四)中国公共事业管理职能重心的转变

从当今西方发达国家的政府管理中可以看出,政府的社会服务职能范围和强度越来越大,即大部分西方国家政府逐渐从"管制政府"向"服务型政府"转变,这种职能的发展变化是社会发展的规律,也是人们生产生活水平提高的必然要求。当政府进行社会服务的范围拓展和效率提高时,社会发展的阻力则会减少;当社会服务的基本方面明显缺乏时,政府管理的合法性和信任度将会下降。在中国,公共事业管理的民主化与法治化已有了一定的发展,并且已经进入到了全面发展实现小康社会的关键时期,但在公共事业管理的社会服务职能方面仍然有许多的不足,如社会保障制度有待进一步完善,教育文化投入相对不足,卫生事业发展还不发达等。作为现代化建设的重要组成部分,中国从原来计划经济时代重政治职能和在市场经济发展前期重经济职能逐步过渡到重社会服务职能是中国今后很长一段时间内公共事业管理需要努力的重点和难点。

四、公共事业管理职能转变的途径与方法

(一)立足本国国情,从本国实际出发

全球化进程日益加快,各国在政治、经济、文化、科技等方面联系日益紧密,公共问题日益上升为全球问题,各国的公共管理政策也可以相互借鉴。但是,任何国家的公共事业管理都必须立足于本国国情,从本国的实际出发,随着本国经济社会的变迁而变化,否则公共事业管理不但不能为公民谋福祉,反而会阻碍社会事业的发展。纵观历史,同为西方国家的美国和英国就是根据自己本国的实际,对公共事业采取了不同的管理方式。中国的公共事业管理职能转变同样不能脱离本国国情,必须将公共事业管理同发展社会主义市场经济相结合,才能为经济发展和社会进步作出应有的贡献。

(二)与时俱进,稳步推进公共事业管理职能转变

公共事业管理职能转变不是一天两天可以完成的,必须随着公共事业管理体制改革和经济社会的发展而不断深化,但是这个过程是渐进而长期的,必须分步骤、分阶段实施。在职能转变的过程中,必须始终随着经济社会的不同而适时调整,必须随着公民的接受程度变化而平稳过渡,保持社会稳定,只有这样才能真正做到与时俱进,稳步推进公共事业管理职能的转变。

(三)引入竞争机制,公共服务社会化

公共服务社会化指的是把公共事务推向"大社会",改变由政府垄断公共物品供给的局面,把政府、市场和社会相结合,使他们共同参与到公共事业管理当中来。以市场为导向,在公共事业管理组织中引入竞争机制,鼓励社会力量兴办

笔记

公益事业,包括医疗卫生服务、文化娱乐、图书报纸、高等教育、社会保险等领域,既解决了政府供给不足的问题又能降低成本,改善公共服务效率,提高服务能力。公共服务社区化,鼓励社区积极兴办公益事业,如社区卫生服务中心、社区再就业服务中心、社区志愿者工作站等,大大提高了公民参与公共事务的热情,能更好地解决各类公共问题。

(四)重新定位政府公共管理职能

转变政府在公共事业管理领域内的垄断地位,转由公共事业管理组织来承担具体的公共事务,政府只作为公共事业组织的管理部门,对公共事业管理起决策作用,这就是我们所说的把政府公共管理职能由"划桨"的转为"掌舵"的。政府应远离那些离市场较近,能够用价格来衡量的公共服务,承担市场不愿提供或无法提供的公共服务。同时制定法律法规,对公共事业管理组织进行监督和管理,做到公共服务信息公开透明,创造一个良好的公共服务环境,使全体社会的每一位公民都能从中受益。

第三节 公共事业中的听证制度

听证制度起源于英美等国家,最初使用于司法领域,是一种把司法审判的模式引入行政和立法程序的制度。1996 年听证制度开始引入中国,最初兴起于价格听证,后在其他领域也开始施行听证制度,并成为公共权力不断扩张背景下实现民主的一种重要方式,现已逐渐发展为程序法律制度中的核心制度之一,在中国的立法、行政、司法等领域的实践中得以广泛运用,同时也成为公共事业管理的重要方法之一。

一、听证的内涵与基本原则

(一)听证的内涵

从一般意义上来说,听证是指在重大问题的决策过程中,作为一项程序专门听取相对人(多指利益相关的社会公众)的申述和辩解(护)等。听证制度通常被当做权力公正行使的一项程序,被认为是现代民主、法制和科学管理的重要标志。从公共事业管理的角度来对听证进行界定,则可将其概念表述为:听证是指以政府为核心的公共事业组织在作出影响公民或公众利益的决策之前,以听证会的形式听取利害关系人、社会各方及有关专家的意见,并据此作出公共决策以实现良好治理的一种规范性程序制度。

我们可以从以下三个方面来理解听证的内涵:

1. 听证是公共决策前的行为 听证是公共部门在公共决策制定过程中所运用的一种方式和手段,通过听证来广泛听取各方的意见,尽可能体现公众的意志,确保公共决策制定的合法性、合理性和有效性。

2. 听证涉及的主体范围较广 公共决策本身的影响范围较广,涉及的利益主体数量较多,因此为实现听证的初衷,尽量兼顾各方的利益,参加听证的代表应该来自于社会的各个领域,呈现多元化的特征,并且应根据与该项公共决策本

笔记

身的相关程度来确定不同阶层听证代表的比例。

3. 听证过程中听证代表发表意见,公共部门听取意见并作出回应 在公共决策过程中,通过听证程序,利益相关者的意见可以得到充分地表达,同时决策部门在听证过程中,需对代表提出的意见进行回应,确保听证代表行为的有效性,最终促使听证制度起到参与决策与监督的作用。听证要求行政机关在作出对公民个人自由或财产存在不利影响的决定时,应及时通知当事人,必须听取公民的意见,给予当事人充分陈述自己立场和观点的机会,并使当事人获知作出决定的理由。

(二)听证的基本原则

听证程序的基本原则始终要体现民主程度的最大化,这是听证制度的内在要义和最终目的,民主是听证制度建构和实施的最基本、最核心的要求,听证程序的每一个基本原则都将民主渗透在其中,这种渗透主要体现在以下几个方面:

1. 公开原则 公开原则是世界各国确立听证制度时普遍遵守的原则。孟德斯鸠曾经讲过,"不受监督的权力,必然导致腐败;绝对的权力,产生绝对的腐败。"因此,公开原则是听证程序的内在要求,也是其赖以建立和发挥作用的前提。听证程序的公开化可以保证公民参与行政、了解情况、发表意见,同时也可以保证行政机关广泛收集信息,作出的公共决策更公正、全面和客观,有利于加强社会对公共部门尤其是政府机关的社会监督,防止腐败。

听证程序的公开原则贯穿于听证前的公开、听证内容的公开以及听证结果的公开三个环节之中。

听证前的公开主要是指听证机关应提前告知利害关系人申请参加听证的登记方式、地址、所需申请材料及截止日期等,确定具体的听证代表后,听证机关还应履行通知义务。

听证内容的公开就是尽可能地向相对人披露所掌握的信息,包括背景、初步的成本效益分析结果、决策依据以及权利、法律冲突的解决办法。在中国,听证内容的公开一般是通过各种媒体、网络等方式提前介绍,以有利于公民有针对性的参与。

听证结果的公开主要是指听证程序实施结束后,听证的组织机关根据听证笔录作出的听证决定应对当事人公开。这些决定一般体现在听证报告中,听证会应当形成正式的听证报告,听证报告和听证笔录都应公布,以便于参与人知晓并修正笔录中的错误,也便于社会公众知晓听证组织机关作出听证决定的内容是否合法、合理。

2. 公正原则 公正原则是听证程序的根本原则,也是听证会的组织者和参与者所追求的共同目标。坚持公正原则主要是为了保护当事人在听证过程中的权利,无论是听证会的动机和效果,都应体现公正,否则听证会就毫无意义。听证会的公正性应贯穿于听证程序运行过程的始终,并应通过严格的听证规则予以保障。听证程序的公正原则应包含两个方面:一是听证程序的公正,主持听证的行政机关必须按照法定程序进行听证;二是具体听证环节的公正,通过赋予不同利益主体平等的陈述权、申辩权、质询权等,以保护不同利益群体的合法权益。

笔记

3. 回避原则　回避原则是听证程序公正性的重要保证。回避制度最早是基于公正诉讼理由而产生的一项诉讼法上的制度,后逐渐被程序法所采用。中国《行政处罚法》中"听证由行政机关制定的非本案调查人员主持,当事人认为主持人与本案有直接利害关系的,有权申请回避"的规定体现了这一原则。在听证过程中,听证主持人不能是从事听证案件的调查人员或审查人员,这是为了防止由于存在偏见或利害关系而产生的听证主持人员与调查人员徇私,或者有失职责而制定的原则。

4. 辩论原则　听证制度是从司法审判形式演变而来的行政或者立法的活动方式,在法庭上对立双方的相互辩论是诉讼程序得以实现公正的基本保障。在听证过程中,辩论原则是听证制度的重心,辩论原则的体现主要是当事人自己和代理人在听证过程中可以进行辩论,有提出意见、建议和议案的权利,有维护自身利益与公益的"言论免责权",以保证当事人的意见得到充分的陈述,以便使信息更加真实、全面、有说服力,以利于弄清事实,使公共部门作出正确的公共决策。辩论权是听证参与者的一项重要的权利,公共决策听证过程本身就是利益相关者之间的博弈过程,是就各方利益的公共决策辩论过程。通过辩论原则的实现,才能使听证制度成为公共部门与广大人民群众之间的有效沟通桥梁,达到各方利益群体维护自己实体权益的目的。

5. 法治原则　"听证"原本是司法领域的一个概念,是法院在审理案件中的一个程序,后来逐渐被广泛应用于立法和行政方面。听证制度发展至今,已经逐渐成为行政程序法的核心制度,在立法上得到确立,是现代民主社会公众参与公共决策途径与渠道的重要法律保障机制。听证制度的产生和发展有着深厚的法理基础,有关听证的具体制度、原则及程序和各方当事人在听证程序中的权利和义务等,也都以法理形式被规定下来。因此,听证制度的框架构建和具体实施过程始终应遵循法治原则,这也符合当今依法治国的基本要求,有利于公民基本权利的实现。

（三）听证的类别

我们可以根据不同的划分标准,将听证作出不同的分类:

1. 事前听证、事后听证与结合听证　事前听证是指由于一旦决策组织作出决定,就有可能使当事人立即陷入危机的情况或者可能给当事人造成不可弥补的损失,在这种情况下,公共决策组织会在作出决策和决定之前举行听证。事后听证是指行政机关作出决定之后举行的听证,这是因为作出的公共决策不会使当事人立即陷入危难或不会对相对人产生难以弥补的损失。结合听证则是将事前听证与事后听证结合进行的听证。公共决策组织有时对某些决定,事先进行非正式听证,决定后当事人提出异议时,则进行正式听证。或者当事人对公共决策组织的决定提出异议时,先进行非正式听证,若对非正式听证仍有异议时,则进行正式听证。这两种情况都属于结合听证。

2. 正式听证与非正式听证　正式听证是指行政机关在制定法规或作出裁决时,举行正式的听证会,使当事人得以提出证据、质证、询问证人,行政机关基于听证记录作出决定的程序。正式听证又被称为"审判型听证"、"准司法式听证"、"标准听证"等。非正式听证是指行政机关在制定法规或作出裁决时,只需给予当事人口头或书面陈述意见的机会,以供行政机关参考,行政机关无需基于听证记录作出决定的程序。非正式听证又称为"咨询型的听证会"。正式听证具有严格性和公平性的特点,非正式听证的则具有灵活性、效率性和广泛适用性的特点。

3. 书面听证和口头听证　以当事人陈述意见的方式为标准可以将听证划分为书面听证和口头听证两种类别。书面听证是指当事人以书面形式向行政机关表明其意见,口头听证则是指当事人以口头陈述的方式向行政机关陈述意见。采用书面听证还是口头听证取决于行政机关。

二、听证在公共事业管理中的功能定位

听证是实现问政于民、倾听群众呼声的重要方式。听证制度的功能主要是发挥听证制度应达到的功效与作用,或是达到其应实现的目的。从不同的角度进行分析,可以对听证制度的功能定位作出不同的界定,从公共事业管理的角度来定位,则听证制度的功能主要体现在以下几个方面:

(一)听证可以使公共决策的制定过程更加合理和科学

公共决策的实际效果往往需要在决策的执行过程中才能体现出来,而公共决策制定的合理性和科学性是影响公共决策执行效果的重要因素之一,然而从公共部门自身的角度来看,存在着内部的约束与限制,仅仅依靠公共部门自身难以制定出科学合理的公共决策。因此,通过听证,可以借用广大人民群众的智慧与力量,广泛听取各方的建议和意见,为公共决策制定的合理性奠定基础,从而制定出更具针对性、更准确的公共决策。

(二)听证可以提高公共部门决策的透明度,可以对公共部门的行为实行有效监督

听证制度对公共权力有规范和制约的作用,可以减少甚至杜绝公共部门以权谋私的现象。具体来说,通过听证制度,公众可以对公共部门的决策依据、决策过程进行了解,从而可以有效地行使监督权,达到合理约束公共权力的效果,以保障利害关系人合法权益,确保公共行为的合法化与合理化。

(三)增进公共部门与公民之间的良好沟通,提高公共行为的可接受度

听证制度为公众了解公共决策,参与公共决策搭建了与决策部门相互间平等对话的桥梁,通过听证对各方利益进行协调,最终可以实现社会多元利益均衡的目标。同时,参与听证过程,可以使公众进一步了解公共部门决策的出发点和处境,加强公众与公共部门之间的相互理解,使公共决策更易于被接受和顺利执行,可以化解双方因沟通不畅和信息不对称产生的误解和矛盾,从而进一步融洽公共部门与人民群众之间的关系。

三、听证的程序构建

听证的程序构建主要可分为三大部分:听证会前的准备程序、听证会中的进行程序和听证会后的后续程序。

笔记

（一）听证会前的准备程序

听证会前的准备程序包括以下内容：

1. 提出申请　申请人一般是与重大事项利益相关的经营者，或者是这方面的业务主管部门应按照规定提交书面申请材料，并等待实行听证的组织进行审核。

2. 审核申请　听证举办组织收到书面申请后，应当对申请材料是否齐备进行初步审查、核实。申请材料不齐备的，应当要求申请人限期补正。如果审核通过，则应在受理申请之日起 20 日内作出组织听证的决定，并且就听证内容与相关部门协调听证会的有关准备工作。

3. 听证代表和旁听人员的组成与产生　对于公开举行的听证会，听证举办组织应提前公告举行听证会的时间、地点和主要内容，并且根据听证内容合理安排及确定听证代表的构成及人数，按照广泛性和代表性的原则聘请听证代表。听证代表一般由经营者代表、消费者代表、政府有关部门代表以及相关的经济、技术、法律等方面的专家、学者组成，同时公民可以按规定提出旁听申请，经批准后参加旁听。

4. 提请参与各方做好会前准备工作　听证代表需要多花时间、精力去针对听证内容开展调研，广泛听取不同行业、不同阶层、不同地域等各方面的意见，尽可能客观地获取与听证内容相关的信息，力求使自己的发言更全面、更充分、更具代表性、更符合实际，切实履行自己的代表职责。听证会要尽量赋予听证主持人以中立、客观的地位及相应的权利，以保证听证会的公平、公开与公正。同时，也要对听证主持人所应具有的素质进行严格要求，规定听证主持人的责任制，以提高其主持听证会的水平，增强其责任感。听证会主持人由政府相应主管部门的工作人员兼任。

（二）听证会中的进行程序

听证会中的进行程序是整个听证程序中的核心环节，应该遵循在基本保证听证的公正、民主、效率等目标的前提下进行程序设计。参考《政府价格决策听证办法》第二十三条规定，听证会一般情况下应按下列程序进行：

1. 听证主持人宣布听证事项和听证会纪律，介绍听证代表。

2. 申请人说明定价方案、依据和理由。

3. 政府价格主管部门介绍有关价格政策、法律、法规、初审意见以及其他需要说明的情况。

4. 政府价格主管部门要求评审机构对申请方的财务状况进行评审的，由评审机构说明评审依据及意见。

5. 听证代表对申请人提出的定价方案进行质证和辩论。

6. 申请人陈述意见。

7. 听证主持人总结。

8. 听证代表对听证会笔录进行审阅并签名。

以上八条规定是听证会的基本进行程序。

（三）听证会后的后续程序

听证会后的后续程序包括以下内容：

1. 制作听证纪要　听证举办组织在举行听证会后应制作听证纪要,并于 10 日内送达听证代表。听证纪要主要包括以下内容:①听证会的基本情况。②听证代表意见扼要陈述。③听证代表对公共决策的主要意见。听证代表对听证纪要质疑的,可以向听证主持人或者上级政府主管部门反映。

2. 决策部门依据听证笔录和听证纪要制定公共决策　决策部门依据听证笔录和听证纪要制定公共决策,且必须告之利害关系人,以为其提供辩论的机会或重开听证会。若听证代表多数不同意决策方案或者对决策方案有较大分歧时,决策部门应当协调申请人调整方案,必要时由听证举办组织再次组织听证。

3. 对听证进行成效分析　听证结束后,公共事业决策部门还应组织有关专家,采用科学的衡量指标与方法,多方面、多角度地对听证进行成效分析,尤其是要根据听证的种类采用相应的成本分析方法,对听证的成本进行仔细的实际考量,并根据听证的功能需求确定合理的成本范围,进行科学的程序构建,尽可能降低成本和提高效率。最后,听证举办组织还要组织各方代表,尤其是相关资深专家,为听证的进一步发展和完善提出一些具有前瞻性和现实可行性的对策与建议。

4. 听证过程的公开化　除了涉及国家机密和商业秘密外,听证会的全过程要充分利用各类新闻媒体向社会公开。若听证过程中的主体存在违反相关法律规定,未履行其应尽职责的,有关机关应依法追究其相应的责任。

四、中国公共事业管理中公共决策听证制度

(一)中国公共决策听证制度的引入

中国听证制度从西方国家引入,听证制度在中国的首次确立是源于第八届人大四次会议 1996 年 3 月 17 日审议通过的《中华人民共和国行政处罚法》,随后听证制度在中国的价格听证、立法听证以及行政程序听证方面得到了极大的发展。听证制度可以有效拓宽民主渠道,依靠人民群众,把权力运作置于有效的监督之下,并逐渐成为中国公共管理现代化与民主化的重要标志。

中国的公共事业管理以实现社会整体公共利益的最大化为目标,然而在其具体的实施过程中,也常常存在着利益失衡的现象,即公共利益的享受者仅仅是社会的一部分公众,违背了公共事业管理的初衷,本来致力于提高整体社会福利的公共政策没有达到预期的目标,使一些真正需要得到援助的人没有获得援助,公共利益没有实现帕累托改进或者达到帕累托最优。究其原因,主要是由于没有采取有力措施使弱势群体形成正常和有效的利益表达渠道,他们的权益要求和利益调整愿望很难体现在公共政策中。政府作为权威的公共机构,应采取多元的调节手段、利用政策和法制途径对市场予以纠偏,对利益失衡予以调整,要从利益表达、利益分配、利益协调三个方面加大政府改革力度,而公共决策听证制度则是实现这一目标的重要手段。

公共物品往往区别于一般商品,消费者难以像选择私人商品一样去选择与切身利益相关的公共生产和服务事业的消费与参与机制。因此,在公共物品和服务的提供中需要引入消费者价格听证制度,以提高公共物品和服务价格决策的科学性和透明度,有效地约束公共权力的使用,进一步规范和完善公共物品和

笔记

服务的供给机制。

公共决策听证制度是在对关系到公众切身利益的中央和地方定价目录中的公用事业价格、公益性服务价格和自然垄断经营的商品价格及其他重要的商品或服务价格进行定价决策时,实行价格听证,对制定价格的必要性、可行性进行论证,吸收消费者代表、经营者代表和有关公共部门及有关专家参与决策,通过他们在听证过程中陈述意见、提交证据、论证与反驳等一系列的活动,使政府能够全面深入地掌握定价决策信息,征求各方对定价方案的态度,从而科学、审慎地做出公平合理的价格决策。

(二) 中国公共决策听证制度存在的问题

中国的听证制度仍然处于探索阶段,虽然发展较快,但因制度本身不成熟等原因,在实践中会出现一些尚待改进的问题。

1. 公共决策听证会的代表选择问题　听证会代表应具有足够的广泛性和代表性,才能从真正意义上使听证会在政策的制定过程中成为公共决策组织与民众之间的沟通桥梁。然而,中国目前的听证制度中缺乏有关听证代表的遴选程序、听证代表的比例构成以及代表的能力资格等具体操作性规定,为听证会的主办方留下很大的自由操作空间,容易出现一定的倾向性,难以使利益相关人都能在听证会上发出声音。以实现公共利益为目标的公共决策听证往往会涉及多方利益群体,在听证中,利益各方当事人需要参与和不可能人人都参与的矛盾使得听证代表的选择成为价格听证制度具体运作时所必须面对的首要问题,代表选择失当,往往导致听证会反映的意见不全面、不充分。

在价格听证中,价格听证的对象是申请人或其他相关方提出的定价方案,论证和评价定价方案的合理性是基于申请人与经营者提出的定价信息作出的,而定价信息则涉及相关价格、财务会计、企业管理、技术、法律、社会收入分配状况、社会各阶层消费能力和消费者态度等多方面内容,评价与解读定价信息的真实性、全面性需要价格听证代表具备丰富的相关专业知识和能力,在价格听证的运作实践中,保证所有听证代表都具备这种素质是不太现实的。因此,如何保证听证代表有效解读定价信息,从而正确评价定价方案,又成为听证制度是否能够有效运作的一大现实问题。

2. 公共决策听证制度中存在信息不对称　在实践中,由于决策制定者在制订方案时必然会搜集各方面的资料,对制度方案的背景了如指掌,而参加听证的公众对相关背景资料了解得不多,所以听证会极易产生信息不对称的现象。如在价格听证会中,价格主管部门提交的定、调价方案主要以企业提供的资料为依据,而这些信息普通消费者难以全面掌握,极易导致生产者和消费者之间的信息不对称的问题,使公众参与听证程序处于被动的状态,使得听证结果难以实现公正有效。

以某城市的出租车调价听证为例,在听证会前,出租车公司已经作了充分的准备,强调成本问题、城市的特殊地位问题等,来势汹汹,具有很强的进攻性,而公众参与听证实质上就成了一种被动的防守。实际上,控制公司运营成本是遏制涨价要求的关键所在,但相关商品和服务的成本资料均由经营者提供,导致听

笔记

证双方参与者信息严重不对称,公众想建议、政府想监管无从谈起。因此,听证会虽然从程序上讲是公开公正的,但信息不对称仍然损害了听证结果的公正。

3. 公共决策听证会定位不清　公用事业价格听证会在定价程序中的地位不清,导致价格听证会在定价的具体实践中流于形式。一些听证会上,虽然参会代表大都反对原有方案,但最后既定方案仍能通过,听证会公布的结果往往是行政决定的结果,而不是公开听证的结果。有的地方只是将价格听证会定位为"走过场",没有起到应有的作用。绝大多数"逢听必涨"的价格听证结果让公众失去参与的热情。价格听证会是与老百姓的生活联系最为紧密的听证会,因此也格外受到社会的关注,而听证的最终结果却基本上都是"涨",不仅与消费者的预期结果大相径庭,而且听证过程并不能给予消费者必须涨价的有说服力的解释。涨价未必就是不合理,关键问题在于听证会上一面倒的现象难以让公众心服口服。现阶段我国各地召开的价格听证会都是由地方政府或相关部门主导,其自身利益与要求涨价的利益方在很大程度上高度一致,而消费者一方实际上并没有有效的博弈能力,难免给人留下听不听证都是一样的感觉。

(三)改善中国公共决策听证制度的措施

由于上述问题的存在,严重影响了中国公共决策听证制度有效地发挥其应有的功能,因此必须对现有的公共决策听证制度进行大力度的改革,其具体措施如下:

1. 进一步明确听证代表的遴选标准,确保听证的民主性　听证代表是相关利益群体的代言人和发声人,其建议不仅仅代表自己,而是代表着广泛的相关利益群体,这样的听证才能真正体现出民主性和广泛性。因此,完善听证代表的资格要求,是保证听证会结果公平的必要前提条件。当前,在实施公共决策听证活动中,急需明确听证代表的选择标准,保证听证代表具备一定的参政议政能力,具备一定的调查、研究能力,具备良好的理解和表达能力等,才能确保他们参与听证更具代表性,能更好地代表与自己相关的利益群体,为行政决策提供真实可靠的信息和依据。因此,政府应尽加紧完善《听证条例》,对参加听证会的代表资格予以明确的规定,确保听证代表的真实性和参与的有效性。

同时,还需均衡听证会代表的人员结构,保证各利益群体参与的广泛性。首先是要确保所有受到决策影响的群体都应该有自己的代表参加。例如价格听证会,往往会涉及多方利益群体,这就要求听证会代表要覆盖与价格决策有利害关系的各方利益群体,尤其那些与价格决策有最密切、最直接联系的利益群体更应当享有优先参与权。其次,在听证中要特别保障来自社会弱势群体的参与权和话语权,体现听证公正平等的精神和原则。

2. 进一步提高听证会相关信息的透明度,适时公布听证会的有关内容　要取得公众对听证的信任,必须完善听证代表的信息公开制度,向社会公开听证会的相关信息,包括代表遴选的程序、代表的身份以及此次听证会的相关背景资料等,打破信息不对称的现象,以便让代表和社会各界人士有充足的时间去接受与了解相关的资料,提出科学合理的意见。应提前公布听证会的内容,一般要求在听证会召开的 90 天之前公布,并且在举行听证会后应及时公布听证会的过程与

笔记

结果,让公众清清楚楚、明明白白地参政议政。同时还要善于借助媒体对听证会进行积极主动的宣传,让公众充分了解相关信息,为公众解惑答疑,引导主流舆论来重建社会对听证的信心。

3. 拓宽公民参与听证的途径,激发民众的参与热情　由于受到时间、空间、效率、成本等多种因素的限制,很多民众无法直接参与到听证会中,政府应当为民众的参与、利益的表达提供更广阔的平台。例如可以充分发挥网络便捷、高效、互动的优势,收集信息、了解民意,对于没有条件或没有能力上网的相关利益群体可以通过其他方式征求意见,以便最大限度地听到不同的声音,不同的利益诉求,使听证结果尽可能符合大多数相关利益群体的意愿和要求。

4. 培育有实效的社会监督体系　听证会是政府行政决策过程中的一个重要程序,如果听证代表的意见对价格决策没有任何约束作用,公众必然认为投入时间和精力参与其中没有实际意义,听证会也必然会受到公众的冷落。因此需要建立听证代表意见的回应制度,对听证代表的意见,无论采纳与否都要公布理由,作出回应,保证消费者的意见和意愿得到充分表达,提高听证过程的透明度。同时鼓励和培育各种中间组织如消费者协会、弱者保护团体、法律援助机构、社会团体等等参与听证的过程中,对公共决策听证进行有效的监督和约束,防止"听证会"变成"听过会",甚至成为掩盖部门利益的幌子,以实现听证制度的真正功能。

第四节　公共事业中的危机管理

20世纪90年代以来,世界各国都面临着无法预料的各种重大自然灾害、人为灾难、恐怖袭击、烈性传染病的暴发与流行等公共危机的威胁,如金融危机、地震、禽流感、世界各地爆炸案等,公共危机频发给社会管理工作带来了严重的威胁与挑战。

中国的公共危机管理是在2003年非典暴发后才逐渐为社会公众所认识与接受,通过对非典危机的处理,人们逐渐认识到公共危机管理的重要性。当前全球范围的各个国家都在不同阶段出现了各种类型的危机,危机已成为我们生活中的常态,高风险社会的到来使人们意识到进一步加强公共危机管理成为一个迫切需要解决的问题。

一、危机与公共危机

(一)危机含义及特征

美国著名学者罗森塔尔(Rosenthal)指出,危机是指"对一个社会系统的基本价值和行为准则构架产生严重威胁,并在时间压力和不确定性极高的情况下必须对其做出关键决策的事件。"通常来说,危机是指个人、群体或者组织以及社会正常的生存秩序、发展进程等由于某种原因,通常是突发事件的出现,而受到破坏,严重威胁正常的生存与发展的状态。危机一般具有突发性、紧急性、威胁性等显著特征。

（二）公共危机定义及特征

公共危机是指内部或外部高度不确定的变化因素对社会共同利益、生命安全及财产产生严重威胁的一种危险境况和紧张状态的事件。公共危机是与一般危机相对应的专业术语，强调的是危机影响的对象较多或范围较大，可以是一个特定单位或领域中的一群人，甚至可以是更大范围的社会公众乃至国际社会。

公共危机与一般危机相比较，除了具备一般危机突发性、紧急性、威胁性的特征以外，还具有社会性和难控性的特征。

公共危机的社会性主要体现在它的影响相当广泛，能够对整个社会正常的秩序与发展产生重大的威胁或危害。由于公共危机的发生与发展是动态的，因此，其影响和危害也是不断扩散的连锁反应，极易迅速波及更广的范围。公共危机即使只是在某个狭小区域或为数不多的个体首先发生，但是危机事件还是会因为信息迅速传播而成为公众关注的焦点，使得更多的人在社会范围内成为危机事件的利益相关人。现实中，一个公共危机往往会引爆另一个公共危机，如当年非典的发生，导致了整个社会大众的恐慌，由于信息不对称引发了一系列的连锁反应，如板蓝根热销、哄抬物价等，形成了新的危机，需要进行相应的管理。一旦处理不当，危机事件可能给更多的人带来灾难或者其负面影响将波及更广的范围。因此，公共危机管理者必须通过调动相当的公共资源，进行有序的公共组织力量协调，积极应对和解决危机事件，并尽力在公众心理状态上和公共评价体系中消除危机带来的不利影响。

公共危机的难控性是指公共危机事件是难以预控的，有的公共危机由于技术等原因根本不可控，再加上产生公共危机的原因的多样性，自然原因（如自然灾害、传染性疾病等）、社会原因（如社会不平等的加剧）、政治原因（如政治合法性危机）以及文化原因（信仰危机）等都会酿成公共危机，并且某一公共危机的产生往往是多领域的原因合力的结果，这些都会增加公共危机管理者的应对难度。

（三）引发公共危机的因素及公共危机的分类

引发公共危机的因素主要有三种：一是不可抗拒力引起的自然灾害，如地震、干旱、洪水、飓风、泥石流、海啸、恶性疾病流行等；二是人为失误因素造成的重大事故，如飞机失事、火车出轨、煤矿爆炸、集体中毒、核泄漏等；三是人为故意因素造成的社会动乱，如民族冲突、宗教对抗、恐怖事件、武装冲突或战争等。

公共危机可以从不同的角度进行分类：从危机成因来看，可以分为自然危机（如地震、干旱、水灾、台风等）和人为危机（如社会动乱、核泄漏、战争、恐怖活动等）；从危机涉及的领域来看，可以分为政治危机、经济危机、社会危机、价值危机等；从影响的地域范围来看，可以分为国际危机、国内危机和组织危机。

二、公共危机管理

（一）公共危机管理的含义

1. 公共危机管理的概念　公共危机管理是指公共管理机构（如公共组织、第三方组织及社会力量）通过对公共危机的预测、预防、控制、处理以及达到避免、减缓危机危害和弥补危机损失的行为过程，最终实现保护公民的人身权和财产权,维护国家安全。公共危机管理是有组织、有计划、持续动态的管理过程,在这个过程中,公共管理机构对潜在或当前的危机,在危机的萌发、形成、暴发和扩散进行全过程的监测、预警、反应、报告和处置的一系列控制行动,以实现有效的预防、处理和消弭危机。需要注意的是,公共危机管理主体除了包括政府、非政府组织等公共部门,还包括企业等营利部门,甚至可以将公民个人涵盖在内。

2. 公共危机管理的特征　与其他类型的危机管理,如企业危机管理相比较,公共危机管理具有如下的特征:

(1)综合性:首先,公共危机管理是涉及多部门、全方位的管理,因为危机事件是一个综合、立体的多面体,如果处理危机的方法不当,一个危机事件常常会引发另一个甚至一系列危机事件,故公共危机管理是涉及多部门、全方位的管理。当公共危机出现的时候,如果组织动员得当,营利的企业组织、非营利组织、各种政治派别、国内国外人士、普通民众都会积极参与危机管理,共同应对危机。因此,公共危机管理的主体是多元的,由多元主体形成多元化管理。其次,公共危机管理不仅仅是政府的事情,企业和个人都要有意识地参与危机管理的各个环节,与政府形成良性互动,形成各部门、各主体间的良好协调沟通和信息共享,以有效地应对公共危机。

(2)人本性:绝大多数的公共危机事件,都直接或间接威胁到人的生命安全和生存环境,因此公共危机管理重在以人为本,当公共危机暴发时,首先需要预防、避免或减少人的生命和生存环境遭受伤害,人本性是公共危机管理整个过程和一切活动的根本出发点。

(3)影响范围广,甚至涉及国际范围:经济全球化使地球成为一个联系更紧密的整体,同时地球上的任何一次大的灾害也就不仅仅是本地的,而是全球性的灾难。在公共危机管理上,我们需要积极争取国际性的组织在资金、人员、技术、教育和培训以及道义上的支持,加强国际国内合作,充分利用国际资源解决人类面临的共同问题,以实现地区、国家之间的相互促进与共同发展。

(4)管理难度大:公共危机发生时往往非常紧急,不能按照正常的管理程序去进行分析判断和作出决策,这种紧急性首先表现为信息是极为有限的,难以搜集到全面的信息,即使得到的信息也极有可能是不准确的或者虚假的;其次是资源有限,由于时间的限制,公共危机决策无法充分利用社会和专家的智力资源,借用外脑来进行科学决策;再次是在紧急的状态下,物质技术支持系统常常无法及时提供帮助。因此,公共危机管理中的决策主要采用经验式的、非程序性的决策,而这种决策方式虽然效率较高,但往往准确性较差,并具有较大的风险。同时,在公共危机发生时,领导者即使作出了正确的决策,也难以保证决策执行的效度,如在危急的情况下物资的协调与供应是一项艰巨的任务,在非常态下管理对象的配合度也是较差的,如何克服这一系列的管理困难,是管理者面临的重大挑战。

(5)受到公众的监督与约束:公共危机管理是一项非营利性的社会活动,其消耗的资源主要是公共资源,所需的经费主要来自于国家的财政收入,属于公共财政的范畴,这就决定了行使公共危机管理权力的公职人员不能随意地去支配

60

这些费用。因此,公共危机管理活动需要公开化,并接受纳税人的监督。在公共危机管理中,如果公共管理机构接受了营利和非营利机构的捐赠,同样需要遵循公开透明的原则,接受公众特别是捐赠人的监督,用好每一分钱,使其发挥最大的效益,公共危机管理需要对社会公众负责。

(二)公共危机管理的过程

任何公共危机过程都包含了产生、暴发、结束与再生的阶段,以此循环往复。相应的,公共危机管理也不能仅仅针对公共危机发生的某一个阶段,而是应该根据公共危机发生的特点,采取"循环"的方式去进行管理。成熟的公共危机管理模式必然是一个连续的管理循环过程,本节依据美国联邦紧急事务管理局对公共危机管理过程的划分方法,将公共危机管理过程划分为危机预防、危机准备、危机回应、危机恢复四个阶段。

1. 危机预防阶段 危机预防是指某一个危机事件在发生之前,尽量采取各种措施以达到防止危机的暴发或消减危机暴发对自然、社会以及公民个人的有害影响。危机预防旨在危机发生之前遏止或遏制危机,处于整个危机管理实践序列的首位,是整个危机管理过程的开端,是危机准备、危机回应与危机恢复的基础。危机预防意味着公共危机管理主体在公共危机形成或暴发之前就已经采取相关行动与措施,而不是在危机产生之后才实施应对举措,如此可以大大降低危机暴发的概率。我们应尽量在公共危机缓和阶段及时对公共危机采取措施和处理,将公共危机遏止在萌芽之中。

危机预防阶段具有高、低两个层次的目标。高层次的目标是在公共危机形成之前消除危机,彻底避免危机,将危机扼杀于摇篮之中;低层次目标是在公共危机暴发之前提高整个社会的抵抗能力,以便在危机真正来到的时候尽可能地降低损失。

2. 危机准备阶段 当代危机管理的实践证明,随着人们知识水平与能力的不断提高,在部分领域内,通过有效的危机预防可以防止部分危机的萌生与暴发。但是,并不是所有的危机事件都能通过危机缓和行为得以避免,危机具有较强的不可预测性,因此我们必须为应对危机的暴发做好准备。

危机准备是指公共危机管理者为了应对可能发生的危机事件所做的各种准备工作,以便在危机突然暴发时可以采取有效的应对措施。在这个阶段,危机已经进入前兆阶段,但如果公共危机管理者能够注意到并及时处理的话,则整个危机局势仍可转危为安。危机准备主要从以下五个环节展开:

一是建立应急危机组织机构。主要是危机处理与协调部门等,为公共危机的应对提供组织保障。随着危机影响程度的扩大,危机应对组织之间的相互合作与协调也越来越重要。

二是建立灵敏、准确的信息监测系统,以便及时发现危机征兆。对暴发危机的可能性作出准确地判断并及时发布危机可能暴发或即将暴发的信息,以便引起有关人员或全社会的心理预期和警惕。

三是建立、健全和危机管理密切相关的法律法规、部门规章等的规范文件,形成应对危机的行为准则,使危机预防与危机管理规范化、制度化。

笔记

四是制定危机应急计划,即结合国内外管理危机的经验,制定各类危机如自然灾害危机、重大疫情危机、政治危机等应急计划和应急方案,配备好危机中和危机后处理各种问题所需的人力、物力、财力,保证危机管理者在真正面临危机时反应更为积极迅捷,同时也可以降低危机回应行为的不确定性。

五是就应急预案组织模拟演习和培训。通过模拟危机情势,防患于未然,不仅可以不断完善危机发生时的预警与监控系统,而且也能够培养社会和公众的危机意识,正如不断进行的消防演习一样,通过演练各种可能在实战中碰到的问题,培养消防人员的消防意识,使消防人员时刻做好防火的心理准备和物质准备。

3. 危机回应阶段　危机回应是指危机管理者根据事先制订的应急预案,对已经发生的公共危机事件采取应急行动,控制或者消灭正在发生的危机事件,减轻危机危害程度,保护人民生命和财产安全。

危机回应阶段是公共危机管理的关键与核心,对于无法防止的危机事件,公共危机管理者必须采取应急行动,及时应对危机,才能保证人民的生命和财产安全。然而,应急处理阶段是整个公共危机管理过程中最艰难、最复杂的阶段,公共危机管理者必须进行多方面的处理,才能尽量将危机损害降到最低限度。危机回应应从以下几个方面着手:

首先,要尽量全面、准确地搜集危机信息,识别信息的真假。危机情境下的信息搜集是困难的,搜集到的信息往往也是不完全准确的,这就需要公共危机管理者在危机暴发后的第一时间,快速、准确地搜集足够的信息,并进行分析,确定暴发危机的种类、特征、原因、程度等。

其次,要根据搜集到的信息进行危机决策。危机决策意味着决策者在有限的时间、资源、人力等约束条件下完成应对危机的具体措施,是危机处理中的重要环节,在危机状态下,危机决策者要力争做好快速决策,尽量避免过度分析,以最快的速度做出应对措施,尽可能降低危机的危害性影响。

最后,执行决策、做出回应。危机回应是危机管理者直接采取措施减少危机危害,隔离危机影响,救助危机受害者的行为,是危机管理者应对危机状况的最直接表现,也是危机决策的执行过程。由于危机种类复杂多变,危机回应的具体行动也十分复杂,它包括了许多环节,如隔离与移民、搜寻和援助、紧急救助、基本设施的提供、社会沟通等。

4. 危机恢复阶段　危机应急处理阶段的结束,并不意味着危机管理的结束,而是进入了一个新的阶段——危机的恢复阶段。所谓危机的恢复,是指通过各种措施,恢复和重建正常的社会运作和秩序,此阶段是公共危机管理不可分割的组成部分,在整个危机管理过程中有着重要的作用。虽然经过前三个阶段的共同努力,危机势态得以完全被控制,危机事件最终被解决,但是,危机事件导致组织或社会出现一种高度不稳定的紧张失衡的状态,这种状态可能会持续较长的时间,如果处理不当,危机恢复期可能成为新危机的发生期。因此,危机管理者在危机事件与危机状况结束之后必须立足于现实的危机问题,明确大规模的危机事件发生之后危机管理工作的目标取向和政策导向,为此,危机管理者需要很

笔记

好地了解、确定和解决两个重要任务：

第一，圆满处理危机善后事务。即以危机问题的解决为中心和契机，配套的解决和控制一些与危机问题相关的，可能导致危机局势再度发生的各种社会问题，巩固危机管理的成果。如危机管理者应该尽快帮助群众进行生产自救、及时提供公众生活的日常与必需物品、调查危机根源以及对危机后的社会心理、社会结构等危机后遗症进行诊断等。总之，危机管理者要从多方面重建社会秩序，恢复基础设施，创造稳定的社会秩序，以帮助公众从危机的遭遇中恢复并重建信心。

第二，危机之后进行总结分析。即危机管理者通过对危机发生的原因和危机处理过程的细致分析，总结经验教训，提出危机管理在技术、管理、组织机构及运作程序上的改进意见，进而进行必要的组织变革，最大限度地杜绝和减少新的危机发生的可能。

三、中国转型期的公共危机管理

由于具体的国情不同，公共危机发生的环境、类型以及表现形式也存在着差别，我们应该针对不同的国情而建立相应的公共危机应对管理措施。目前中国正处于社会转型的关键时期，同时也进入了公共危机的高发期。公共危机的发生具有其自身特点，我们需要针对不同的实际情况和实际需要，采取相应的公共危机管理措施。

（一）当前中国公共危机的类型与特点

1. 中国公共危机的类型　中国当前正处于城市化进程不断加快、经济增长和对外联系不断扩大的发展时期，同时又是社会关系和利益结构发生重大变化的时期，因此中国在自然领域和社会领域都面临着新的矛盾，公共危机的形成与发生是这些矛盾的集中体现。当前中国的公共危机事件层出不穷，形形色色，而且呈现出愈演愈烈的趋势，学者薛澜在《危机管理》一书中将公共危机的类型进行了抽象层面上的总结，如表2-2所示。

表2-2　中国公共危机事件分类

类型	一般冲突表现形式	引致因素
自然灾害型	环境污染、自然灾害、恶性疾病流行	环境破坏、疾病传播、各种自然突发事件
利益失衡型	罢工、集体上访、静坐、示威游行、集会	经济发展的不均衡，社会保障制度上的缺陷
权力异化型	集体上访、示威游行、暴力抗拒、刑事案件	政府权能体系中的失效，如腐败、司法权的不完善
意识冲突型	大规模群体冲突、妨碍公务	意识形态领域出现异化形成的冲突，如宗教、民族
国际关系型	国家间的紧张局势、经济制裁甚至局部战争	与中国在国际格局中的发展相关
技术灾害型	爆炸、辐射、泄漏等	技术或工业事故

笔记

2. 社会转型期中国公共危机的特点　与以往相比,中国社会转型时期的公共危机呈现出以下新的特点:

第一,危机事件涉及的领域多元化。随着社会转型的进一步深入,不仅接连发生重大的自然灾害,而且在政治、经济和社会等各个领域也都发生了程度不同的危机事件。如经济领域里由于国企改革的不到位、农村发展不足等因素引起的群体性事件、政治领域的腐败渎职现象、社会领域的非典、禽流感等公共安全事件、国际关系领域的中国驻前南斯拉夫使馆被炸、中美撞击等事件。

第二,危机事件呈现高频率、大规模特点。如矿井等重大安全事故接连不断、同类型的重大事故的接连发生、严重的治安案件数量不断增加、参与和波及群体性冲突的人数日益剧增等。

第三,危机事件的组织性、暴力性、危害性加强。据信访部门调查,近年来发生的群体性事件,绝大多数都有幕后的操纵者与组织者,因此这类事件呈现出持续性和反复性的态势,而且闹事方式不断升级,规模不断扩大,对抗性不断加大。

第四,危机波动方式多元化,震动频度增大。随着社会信息化的发展,传播渠道多元化,国内外各类反动势力就会通过各种途径来制造各种谣言,煽动群众采取过激行为,并组织地下非法活动,唯恐天下不乱。

第五,危机事件国际化程度加大。伴随着全球化的进展,危机事件的发生也具有了一定的国际性。一方面国内的个人和组织与国际势力紧密勾结,互相呼应;另一方面我国公民的人身和财产安全在国外也常常受到威胁,这样就给危机事件的应对带来更大的难度。

(二)中国公共危机引发的原因

造成这些突发事件的原因是多方面的,主要体现在以下几个方面:

1. 中国的政治经济改革逐渐步入社会结构的全面分化时期,制度变迁引起利益和权力在不同的主体之间进行重新分配和转移,形成诸多不稳定的因素,因此引起社会不稳定的个体恐怖事件或群体事件时有发生。

2. 政府职能正处于转变过程,政府的施政观念、机构职能、管理方式、行政效率尚都不能适应这种转变,因此极易出现管理的薄弱环节,甚至出现"管理真空"。一些重大生产事故频繁发生,大规模的自然灾害处理都对政府管理能力和整个社会的有序运作和发展构成极大的挑战和威胁。

3. 国家环境的影响。经济全球化、全球金融危机、国际关系失衡、恐怖主义与民族、宗教斗争愈演愈烈,突发事件在一些国家的发生频率、数量、烈度、危害性和影响面均呈上升趋势。全球联系进一步密切使得国际的重大事件极有可能波及中国,对中国产生影响,引发一些国内的突发事件。

(三)当前中国公共危机管理中存在的问题

面对转型时期出现的公共危机新特点,当前中国的公共危机管理尚不成熟,还存在着不少亟待解决的问题。

1. 缺乏有效的预控措施　公共危机的预防、预警、预控机制是中国公共危机管理中的薄弱环节。这主要体现在应急预案的制定偏重于理论,缺乏科学性与可操作性;应急处理方案偏重于处理突发性事件本身,而没有太多涉及突发性事

笔记

件引发的公共危机的应急处理,缺乏从社会学的观点和民众心理学的角度考虑的应急措施。如由于恶性疾病传播导致的某些物资的抢购等,预案本身缺乏宏观考虑。

2. **缺乏足够的危机预防意识**　无论是政府或者公众,都缺乏足够的危机预防意识,往往会等到危机暴发时才匆忙应战,陷入被动的状态,造成严重的后果和损失。

3. **危机暴发后的应急处理缺位**或者指挥不协调导致公共组织的组织、动员、协调能力没有在危机处理中发挥作用,应急疏散也遭到延误。一方面各级政府安全监管机制的缺乏,导致在遇到问题时倾向于"报喜不报忧、多报喜少报忧";另一方面各地政府的横向监管机制之间缺乏良好的沟通,如警察部门、消防部门、医院和快速反应部队在危机暴发时几乎没有机会进行沟通和磨合,以至于问题出现时容易配合不顺,沟通不畅,导致在危机处理中常常出现事倍功半的结果。

4. **危机恢复机制不健全**　这也是中国公共危机管理中的重要问题,对于危机过后吸取教训的工作没有制度化,导致不能客观地评价危机,出现总结经验教训可有可无的不良倾向,导致有些问题一出再出;危机后的心理干预和治疗也远远不够,缺乏专业心理咨询专家,使得危机造成的社会创伤难以平复。

(四)中国公共危机管理的改进措施

现代危机管理所涉及和延伸的范围已远远超越传统的危机管理中单纯的灾害控制,公共危机管理应该更注重科学化、法制化与制度化。相应的,我们应该采取以下的措施来改进中国公共危机的管理。

1. **提高公众的危机意识**　对于公共危机,我们应树立正确的危机意识,居安思危,防患于未然。最好的公共危机管理是将危机扼杀在萌芽状态,在危机暴发之前及时消除危机的根源,可以节省大量的社会资源,避免社会资源的破坏。危机给人类带来的生命、生理和心理等创伤是非常沉重的,所以应提高公众的危机意识,积极预防危机。同时,建立公共危机管理教育和训练系统,对全体公民,特别是政府公务员和学生,进行危机管理教育和危机应对模拟训练,增强公民应对危机和自我保护能力,也是提高危机管理效率的重要内容。

2. **建立有效的公共危机管理机制**　有效的公共危机管理机制包含以下四个方面的内容:

(1)建立有效的监测预警及反应机制:公共危机虽然具有高度的不确定性和突发性,因而难以预测。但是,任何危机从萌生到暴发都有一个发展过程。一般情况下,在事前都会出现一些征兆,只要人们加以关注,就有可能捕捉到。因此,在公共危机暴发前,我们应加强危机的预防预警,以最严密的制度、最精心的核查,预见可能发生的危机,尽可能减少危机的发生。通过建立危机监测预警机制、心理预警机制和危机反应机制来消除危机诱因,缓解危机压力,保障公共危机管理工作的顺畅,使公共危机暴发时可以得到从容处理,保障社会公众的利益。

(2)健全公共危机应急决策机制,提高决策效率:危机应急决策机制在整个

笔记

危机应对机制中处于主要地位,贯穿于其他各机制运行的始终,健全的决策机制是有效决策的必要条件。变被动应对为主动应对,体现了公共危机管理在战略方针与战略思想上的进步。同时,还需要完善信息发布机制,建立高效畅通的公共危机信息系统,密切监测公共环境的变化,收集处理并及时通报可能威胁社会的信息。信息是危机管理的生命,信息适时公开是公共危机管理的重要原则,也是尊重公民知情的权利,是保证人们有效参与危机管理的必要条件。

(3)健全公共危机保障机制,提高应急能力:建立常设性的公共危机管理部门,制定长期的反危机战略和危机应急计划,进一步提高公共危机应急能力是有效的公共危机管理机制的重要内容。建立一支专业、高效的公共危机管理专业队伍,加强危机管理队伍职业道德教育和专业技能教育,通过专业化运作,消除潜在的公共危机诱因,增强危机管理演练,并保持危机管理工作的连续性,降低危机管理成本,才能彻底改变政府长期扮演的临时消防队员角色。同时,还需要加强部门之间的沟通协调,政府要建立有效的沟通协调机制,加强各政府部门协调,避免因政府自身沟通协调不合理而降低公共危机管理运作的效率。确保政府同社会公共的沟通渠道畅通,建立与社会公众良好的协调机制,通过危机演练,锻炼政府与社会公众的协调沟通能力,避免由于政府与社会的协调不畅而造成的公共危机失控。

(4)建立有效的政府间合作机制和国家间合作机制:在全球化的时代,一个国家或者地区出现的危机,不可避免地会产生国际化的影响,危机管理问题一直是国际社会、国际组织和地区组织十分关注的一个问题,包括联合国在内的多个部门和其他国际组织均在积极介入国际和地区性的应急管理。在此情况下,我国政府有责任与国际组织在危机管理方面扩展合作,拓展多边合作与国际合作的能力,积极争取国际性组织和地区性组织在资金、人员、技术、教育和培训以及道义上的支持,同时加强与国际组织的全方位沟通。

3. 强化与明确政府责任 构建政府公共危机管理责任机制,将危机处理与灾后重建并举,强化危机管理过程中的政府责任。通过各层面,在不同的范围和领域,对救灾过程和灾后重建进行全方位的责任监督,克服权责不清晰、不公开,公众不理解的被动管理方式,克服"重补救、轻防范","重应急、轻跟踪"的被动管理趋势,进一步完善政府公共危机管理体制,制定切实有效地政府责任机制。应该修订公共行政绩效考评体系,在制度上为各级政府及其工作人员有效的公共危机管理业绩提供正向激励,严格执行重大事故领导与管理责任追究制度。

4. 公共危机管理主体多元化 现阶段的公共事业管理已经逐渐形成了以政府为主导,社会公众、非营利组织、营利组织、媒体组织、国际组织等社会力量广泛参与的治理模式,并已逐渐在制度上和法律上确认了各自地位和责任,为治理社会各项事务发挥自己的作用形成了规范。同样,在公共危机管理中也是如此,现代公共危机事件的涉及面、危机程度、影响范围越来越严重,因此危机管理更有赖以政府为主导,社会公众、社区、非政府组织等各方参与的合力方能妥善解决。

这里需要指出的是,非营利组织在公共危机管理方面有着自己的优势,它具有专业性,可以为社会提供各种层次、各种形式和各种性质的社会服务(不仅包括学术探讨、理论研究,而且还包括倡导环境保护、保护自然和文化遗产等),能够有效地整合社会资源,弥补政府在公共危机的应对中产生的不足与缺陷,并且在民间进行大量的宣传,树立群众的危机观念。非政府组织的地位使得它们上接触政府,下联系基层群众,能利用其广泛的社会触角和成员基础,在危机潜伏时期,大量收集信息、及早发现危机的根源和苗头,为危机的预警提供信息。同时充分发挥非政府组织的专业性特征,加强与国家相关工作部门的合作,认真研究和分析各种可能产生的危机,在危机暴发后可以实施自救,减缓专业救援的压力,并向政府提出政策建议和应对措施。

第五节　公共事业中的公共项目管理

"项目"在2000多年前就已存在,古代著名的埃及金字塔、中国的万里长城,都是国际上称颂的典型项目。虽然"项目"自古就有,但项目管理则是在第二次世界大战后才逐渐被人们认识与接受,这是由于第二次世界大战时需要在短时间内研制出新式武器,这些前所未有的项目不仅技术复杂,参与人员众多,而且时间也非常紧迫,因此需要通过项目管理来进行协调,合理安排时间,高效地完成项目。

一、项目的含义及其特征

(一) 项目的定义

关于项目的定义有多种,英国项目管理协会(APM)对项目进行了界定,并确定为英国国家标准(BS):项目是为了在规定的时间、费用和性能参数下满足特定的目标而由一个人或组织所进行的具有规定的开始和结束日期、相互协调的独特的活动集合;美国项目管理协会(PMI)在它的项目管理知识体系(PMBOK)中对项目所下的定义:项目是为了创造某项独特的产品或服务而进行的一项临时性努力。

整合上述有关项目定义的要素,我们可以将项目定义为:项目是指在一定的约束条件下(限定的时间、资源内),为了创造某项独特的产品或服务所进行的临时性任务。

(二) 项目的特征

从有关项目的定义出发,我们可以看出项目具有临时性和唯一性两个特征。

1. 临时性　每个项目都有其确定的起点和终点,通常是一次性的,大部分项目必须在一定的时限内创造出它们的产品或服务,即项目本身最终是要结束的。同时,大部分的项目团队是因项目的需要而临时组建起来的,一旦项目完成,该项目的团队也就自然解散了。尽管项目自身具有临时性的特点,但大多数项目都是为了产生一种持续性的结果而进行的,因此项目有可能对社会、经济和环境等方面产生深远的影响。

2. 唯一性　项目的唯一性主要体现在项目中包含一些以前没有做过的事情,或者尽管某项产品或服务与其他项目所属的种类一样,但它仍然可以是唯一

笔记

的。如尽管建造了成千上万座办公楼，但每一座都是唯一的——不同的拥有者、不同的设计、不同的地点，不同的承包商等，某些重复性因素的存在并不会改变项目唯一性的特征。

（三）项目的类型

项目的分类方法有很多种，从不同的角度我们可以将项目进行不同的分类。

1. **按项目规模分类** 根据投入项目的劳动、项目持续时间、项目投资额等指标，可以将项目分为大项目、中等项目及小项目。在采用这种方法对项目分类时，不同的国家、不同的行业会有不同的标准。

2. **按项目的复杂程度分类** 项目所包含的内容、技术、组织关系、人员关系的复杂程度差别是相当大的，根据这些差别，可以把项目分为复杂项目和简单项目。

3. **按项目的结果分类** 项目的结果基本上有两类，即产品和服务，项目也因此可以分为结果为产品的项目和结果为服务的项目这两大类。此外，还有项目的结果兼有产品和服务。

4. **按行业分类** 按项目所在的行业，可以把项目分为农业项目、工业项目、投资项目、建设项目、教育项目、社会项目等。

（四）项目管理

项目管理是指通过项目负责人和项目团队的努力，运用系统理论和方法对组织的资源进行计划、组织、指挥、控制，旨在实现项目特定目的的管理方法体系。项目管理诞生于 20 世纪 50～60 年代，属于应用科学，具有明显的实用性。项目管理是一种公认的管理模式，而不是任意的一个管理过程。

项目管理具有复杂性和创新性的特点。项目管理的复杂性体现在项目管理是一项复杂的工作项目，一般由多个部分组成，工作跨越多个组织，需要运用多种学科的知识来解决问题。项目管理的创新性主要是由于项目具有唯一性的特点，因此在项目管理中既要承担风险又必须发挥创新性。

二、公共项目的定义与特点

（一）公共项目的含义

公共项目又称为非竞争性项目，是政府为了满足社会公众需要直接或间接投资形成的固定资产投资项目，具有显著的公共物品性质和公益性目标。公共项目区别于竞争性项目的显著标志就是由政府负责筹集资金或直接投资，其特点是建设工期长、投资额大、投资回收期长等，因此研究公共项目建设管理问题的意义重大。

与其他一般项目相比较，公共项目具有其特殊的性质。

（二）公共项目的特点

政府是社会公共利益的代表，追求的目标是国民经济的持续增长，充分就业、物价稳定和社会经济的协调发展，实现公平与效益（率）的最佳结合。公共项目投资是政府直接参与资源配置的手段，是国家宏观经济政策的重要组成部分。在市场经济条件下，从社会产品的不同性质和政府的职能出发，公共项目具有如下特点：

1. 投资目的的社会性　政府是整个社会利益的集中代表，追求的是社会长远的、综合的及全民的共同福利，追求社会效益和宏观经济效益最大化。公共项目的目标与竞争性项目的目标不同，公共项目投资不以盈利为最高目标。竞争性项目的投资目标是追求较高的经济效益，而政府投资公共项目的目标是效率与公平，效率目标主要体现在社会资源的有效配置，促进国家或地区的经济增长。公平目标主要是指促进社会福利的公平分配，普遍改善人民的福利水平。因此，公共项目是为了满足社会公共需要而开展的。

2. 投资领域的公益性　公共项目投资的非营利性目的，决定了一般经济组织不愿涉足公共项目。公共项目投资主要用于无利润或低利润，或有风险，或周期较长，或资金不足的公共领域，投资项目的产出为非私有产品，多是由政府或其他公共机构主办的，受益的对象是广大公众。

3. 投资方向的引导性　在现代社会，公共项目的任务多通过外包和采购活动完成，在投资方向上，市场调节不可能完全符合社会的整体发展目标和规范要求，政府往往通过调节政策参数，如税率、利率、汇率、预算和货币供应量等，来引导非政府机构按照政府的意愿进行投资，起到政府杠杆调节和间接投资的作用。

4. 投资项目成本与收益构成的复杂性　由于公共项目追求的投资收益是社会收益，不仅包括经济上的直接收益，还包括整个经济体系的发展，公众文化水平和健康水平的提高，社会秩序的安定；并且公共项目所考虑的是社会成本，不仅包括直接消耗的经济资源，还包括公众所受到的环境污染、不安定的社会秩序等各种经济损失。因此，对某项公共项目所产生的投资收益和投资成本进行定量分析比一般项目的成本——效益分析难度要大得多，所考虑的因素和涉及的主体数量也更多，这都使得公共投资项目的成本与收益分析显得较为困难与复杂。

5. 公众与媒体的关注程度高　由于公共投资项目大多涉及社会公众的切身利益，并且公共项目的资金来源往往是财政税收，从根本来说与所有纳税人的利益密切相关，因此公共项目往往会成为社会舆论与公众关注的焦点。公共项目更需要注重公共关系的协调，自觉接受公众舆论的监督。

（三）公共项目的类型

公共项目包括供水、供热、道路、桥梁、隧道、公共交通、垃圾处理、园林绿化等诸多项目，并且可以具体划分为经营性和非经营性公共项目，其中经营性公共项目又进一步区分为纯经营性和准经营性公共项目。

（1）纯经营性公共项目：如收费高速公路，这类项目能够收费，有直接的财务收入，项目建成后有持续、稳定的收益，项目具备有一定的融资能力，其投资过程能够带来价值增值，投资主体可以是政府、国有企业、私营企业和外商投资。因此，这类项目可以通过市场机制进行有效配置，可以鼓励和让位于民间资本投入，也可以推行政府与市场相互合作的模式，项目融资、建设、运营均由投资方自行决策或政府与企业共同决策。

（2）准经营性公共项目：如城市供水、公共交通、污水处理等。准经营性公共项目具有收费机制和直接的财务收入，项目能够盈利，项目具有一定的公益性，但是由于政策与价格机制不完善及传统消费观念等原因,经济效益不够明显,投资与经营成本无法完全收回。如果准经营性公共项目完全由社会投资,将造成资金供给缺口或因为收费较高而不能实现普遍服务,因此可以采取政府参与投资的模式或通过政府给予适当补贴或政策优惠维持项目的运营。当然,准经营性公共项目是相对的,在价格机制不断完善或外部环境条件变化时,准经营性公共项目可以转变为纯经营性公共项目。

(3)非经营性公共项目不具有收费性或无法收费,投资所形成的固定资产在使用上是无偿的,投资不能产生直接的财务效益,此类项目建设的目的是为了获得社会效益和环境效益。由于市场调节在这类项目投资中难以起作用,投资主体只能由代表公共利益的政府来承担。

三、公共项目管理的含义及项目建设程序

(一) 公共项目管理的含义

公共项目管理是指为了满足公共需要,将管理人员的知识、技巧、工具和技术运用在与公共项目有关的一系列活动之中。中国的公共项目管理领域有着大量的投资需要通过项目来运作,涉及的项目几乎涵盖了经济、文化、科教、国防等所有重要领域,这些项目对国民经济和社会发展有着重大影响,而项目的数量、投资规模、资金来源以及管理的复杂性都大大超过了以往。

(二) 中国的公共项目建设程序

目前中国公共项目的基本建设程序主要阶段包括项目建议书阶段、可行性研究报告阶段、设计工作阶段、建设准备阶段、建设实施阶段和竣工验收阶段。

1. 项目建议书阶段　项目建议书是要求建设某一具体项目的建议文件,是基本建设程序中的初始阶段,是投资决策前对拟建项目的轮廓设想。项目建议书的主要作用是为了推荐一个拟进行建设项目的初步说明,论述其建设的必要性、条件的可行性和获利的可能性,供基本建设管理部门选择并确定是否进行下一步工作。

2. 可行性研究报告阶段　项目建议书一经批准,即应着手进行可行性研究,对项目在技术上是否可行和经济上是否合理进行科学的分析和论证。

3. 设计工作阶段　设计工作是对拟建工程的实施在技术上和经济上所进行的全面而详尽的安排,是基本建设计划的具体化,是把先进技术和科研成果引入建设的渠道,是整个工程的决定性环节,是组织施工的依据,它直接关系着工程质量和将来的使用效果。

4. 建设准备阶段　项目在开工建设之前要切实做好各项准备工作,其主要内容包括:①征地、拆迁和场地平整。②完成施工用水、电、路等工程。③组织设备、材料订货。④准备必要的施工图纸。⑤组织施工招标投标,择优选定施工单位。项目在报批新开工前,必须由审计机关对项目的有关内容进行审计证明。审计机关主要是对项目的资金来源是否正当、落实,项目开工前的各项支出是否符合国家的有关规定,资金是否存入规定的专业银行等内容进行审计。新开工的项目还必须具备按施工顺序需要至少有 3 个月以上的工程施工图纸,否则不

能开工建设。

5. 建设实施阶段　建设实施阶段主要包括以下内容：①新开工建设时间，即获批新建设项目第一次正式开始施工的日期，此后项目即进入了建设实施阶段。②年度基本建设投资额，即国家基本建设计划使用的投资额指标，是以货币形式表现的基本建设工作量，是反映一定时期内基本建设规模的综合性指标。③生产准备，即生产施工投产前所要进行的一项重要工作，主要包括招收和培训人员、生产组织准备、生产技术准备、生产物资准备等方面的内容。

6. 竣工验收阶段　竣工验收是工程建设过程的最后一环，是全面考核基本建设成果、检验设计和工程质量的重要步骤，也是基本建设项目转入生产或使用的标志。通过竣工验收，一是检验设计和工程质量，保证项目按设计要求的技术经济指标正常生产；二是有关部门和单位可以总结经验教训；三是建设单位对经验收合格的项目可以及时移交固定资产，使其由基建系统转入生产系统或投入使用。

公共项目管理是项目管理的延伸，是公共权力部门在公共资源具体的配置过程中对商业项目管理理念的一种借鉴。作为公共权力部门的代表——政府，在公共项目管理执行者的角色上要突破传统经纪人一味追求利益的思想，更多地站在一个公共事务管理者、服务者的自我定位上。

中国疾控的十年之变

自2013年3月31日国家卫生和计划生育委员会（以下简称"卫计委"）向社会发布人感染H7N9禽流感病毒以来，此后每天都有新发病例。尽管病例出现在少数地区，但较高致死率和诸多的待解谜团仍令人不安。回想起10年前"非典"袭来时的被动场景，人们在问，也在看：今天的中国政府有足够的应急防疫能力吗？

三天完成《指南》印制和诊疗培训

"与抗击'非典'时的慌乱无序相比，中国政府抗击H7N9做到了从容不迫。"美国哈佛大学公共卫生学院中国项目部主任刘远立评价说，"决策科学"、"信息透明"和"防治结合"是三个关键点，尤其是信息透明极大地增加了政府的公信力，对于动员全社会防控疫情十分有利。

2003年突如其来的"非典"疫情，考验了刚刚组建的中国疾病预防控制中心（以下简称"中疾控"）。"当时的疾控体系力量薄弱，缺乏整合资源有效应对的能力。"中疾控主任王宇说。

"非典"过后，国务院颁布施行了《突发公共卫生事件应急条例》，这是我国应对突发事件制度化进程的开始。随后，当时的卫生部成立了应急办公室，负责指导协调全国卫生应急工作，公共卫生得到了前所未有的重视，《传染病防治法》等相关法律先后被修订，监测预警和应急网络实验室检测能力迅速提高。

笔记

正是基于此，面对 H7N9 疫情，中国政府才做到了疫情防控有章可循。"从发现 H7N9 疫情到及时向社会公布，我们是严格按照相关法律法规的要求实施的。"卫计委人感染 H7N9 禽流感疫情防控工作领导小组办公室主任梁万年表示。梁万年介绍说，自今年 3 月 31 日向社会发布疫情后，在全力做好病例救治工作的同时，卫计委组织制定印发了《人感染 H7N9 禽流感的诊疗方案和医院感染预防控制指南》，对全国省级和部分有视频通讯条件的地市级医务人员开展诊疗技术培训，而这一系列工作的进行仅用了 3 天。

据了解，针对确诊病例的治疗，药品安全应急处置体系保障了应急药品的及时有效供应，截至 4 月 7 日，国家流感中心已向 409 家全国流感监测网络实验室发放了 H7N9 禽流感检测试剂盒。

国家流感中心主任、中国疾控中心病毒所副所长舒跃龙介绍，在发现病毒的第一时间，我国就已经启动了向世卫组织分让毒株的程序。"一切都是按部就班，从容有序的。"舒跃龙这样评述从 3 月份发现 H7N9 病毒至今的防控工作。

从各自为垒到整体作战

2003 年的"非典"使中国公众第一次感受到公共卫生事件对社会的冲击，危机过后，应急管理能力成为政府管理体系中首先被整修的一块"短板"。

此后，无论是中央政府还是地方政府都加大了对卫生应急工作的支持力度，直接负责公共卫生的疾控体系在机构建设、硬件建设、人员配备上都有了质的飞跃。

王宇表示，投入的增加直接改善了监测预警和应急网络实验室检测能力，对新发传染病和不明原因等疾病的监测和应对能力不断提高。

在良好的硬件平台上，按疾病种类分工负责、网络化协作、畅通信息传播等工作机制也得以建立起来。时任中疾控副主任的杨功焕带领疾控团队，2005 年就建成了覆盖 13 亿人的网络直报系统。

据王宇介绍，2005 年四川省成都、资阳等地发生不明原因的疫情后，当地在第一时间通过网络报告了疫情，中疾控第一时间派出相关专家赴四川协助调查，并迅速确诊此次疫情是人感染猪链球菌病。

2008 年，国务院宣布全国应急体系基本建立。这一应急体系被概括为"一案三制"："一案"指应急预案；"三制"则包括以政府办公厅（室）应急办为枢纽的综合协调体制，以监测预警、信息报告等为内容的应对机制，包括一系列法律法规在内的法律制度。

"在应对人感染 H7N9 禽流感疫情工作中，多部门成立的联防联控工作机制对于疫情防控工作发挥了重要作用。"卫计委疾控局相关负责人说。

人才紧缺仍是我国卫生应急工作的短板

在 2012 年末召开的首届中国卫生应急学术论坛上，中疾控副主任杨维中曾指出，目前卫生应急人才的缺乏是我国卫生应急工作的短板。

笔记

"应急医学面临的更严峻挑战是教育缺失,不仅缺专业应急人才,同时还缺教师和教材。"著名的流行病学家王声湧说。

在我国的医疗卫生体系中,特别是对基层医疗卫生机构来说,人才和资金的短缺是长期难以有效解决的顽疾。据冯子健介绍,在现有的卫生应急体系当中,基层专业技能的提高主要是通过疾控系统的内部培训来完成的。

为此,原卫生部于 2011 年公布了《医药卫生中长期人才发展规划(2011—2020 年)》,培养包括卫生应急在内的医药卫生紧缺人才成为其中确定的主要任务之一。

统计显示,我国每万人口仅有 1.4 名疾病预防控制人员,仅相当于美国的五分之一。曾参与编写规划的专家组成员张兆鹏也指出,公共卫生人才数量不足、队伍分散、素质良莠不齐是目前的不理想现状之一。

"此外,传染病防控工作能力存在地区差异,也是目前存在的问题之一。"疾控局相关负责人表示,多部门联防联控合作机制需要进一步加强,一旦部门间信息不通畅就会直接影响传染病的早发现、早报告、早处理。

(资料来源:光明日报,2013-4-19(6)

讨论题

公共卫生危机属于公共危机的一种,请结合材料谈谈 2003 年"非典"至今 10 年来中国的疾病预防控制工作的变化与改进之处。

本章小结

公共事业管理职能是公共事业组织管理公共事业的职责和功能,公共事业管理职能可以分为程序性职能和任务性职能,其中程序性职能包含决策、组织、领导、控制、创新五大职能。公共事业组织通过运用经济、行政、法律、舆论宣传等基本手段保证公共事业管理职能的实现。

随着经济社会的发展,公共事业管理职能也应与时俱进地转变,才能提供更多更好的公共服务满足公众的需求。中国在社会转型时期的背景下,其公共事业管理职能重心也应相应地作出调整,逐渐实现公共事业管理职能从原来计划经济时代重政治职能和在市场经济发展前期重经济职能,逐步过渡到当前社会转型时期的重社会管理与服务职能上来。

在公共事业管理中,可以运用听证会制度来提高公众对公共决策制定的参与度,对公共权力起到监督与约束的作用,同时在公共危机频发的时代,我们应加强公共危机管理,切实保障社会公众的生命和财产安全,发挥公共事业组织的应急管理能力,实现多主体合作协调共同参与公共危机管理。公共项目管理方法运用可以使公共项目的立项与建设更具科学性和合理性,可以有效地改善公共项目的各个流程采取的措施,从而提高整个社会的整体福利。

笔记

关键术语

决策职能　decision-making function

组织职能　organizing function

领导职能　leading function

控制职能　controlling function

创新职能　innovative function

政治职能　political function

经济职能　economic function

社会管理职能　social management function

听证　public hearing

公共危机　public crisis

公共项目　public program

思考题

1. 公共事业管理职能的含义是什么?

2. 公共事业管理有哪五大程序性职能,其含义分别是什么?

3. 公共事业管理职能演变有哪些特点?

4. 听证在公共事业管理中的功能定位是什么?

5. 中国的公共决策听证制度存在的问题及应对措施有哪些?

6. 转型中的中国在公共危机管理中存在哪些新的特点?

7. 中国的公共项目建设包括哪些程序与步骤?

（黄　莉　尹　放）

笔记

第三章

公共事业管理的过程

学习目标

通过本章学习,你应该能够了解和掌握:

1. 公共政策的概念和性质。
2. 公共政策与公共事业管理的关系。
3. 公共政策过程,即设计、执行、评估、修正与终止。
4. 公共权力与领导。
5. 领导方式与效能。
6. 公共事业管理中的激励与控制。

章前案例

2005 年 3 月 22 日,兰州大学生命科学院客座教授张正春参观圆明园时,发现园内正在进行大规模地铺设防渗膜的工程。由于担心铺设防渗膜将破坏圆明园的整体生态系统和古典园林风格,张正春立即将此事告知《人民日报》等新闻媒体。

经媒体报道后,圆明园防渗工程引发了极大的争议,环保局、文物局、税务局多家部门相继卷入争论之中。在一片激烈的争议声中,圆明园防渗工程停工。而此时,在湖底铺设防渗膜的工作已接近尾声,一切似乎都太晚了。

在专业人士先后从生态保护和文物保护角度对防渗工程提出质疑后,这一工程是怎样被决策出来的,成为争论的又一个焦点,也是这一事件引起广泛关注的深层次原因。圆明园管理者称,工程上马前经过了北京市水利科学研究所和北京市海淀区水利局十几位专家的论证,承认项目开工前忽视了环境影响评估这个环节,并称防渗也是无奈之举。"为什么当时的专家论证结果和现在的专家质疑声形成如此巨大的反差?"一位市民问道:"当时的专家论证会是否有走过场的嫌疑? 参与论证的专家是否有'御用'之嫌?"

至于圆明园管理者对程序的"忽略",更是引发各界一片质疑。在圆明园这样一个全国重点文物保护单位进行一项耗资 3000 万元的"宏伟"工程,居然疏忽了报批手续,到底应该指责管理者的无知,还是其中另有隐情?

对此,北京市环保局相关负责人接受记者采访时坦言,事实上,没有履行环境影响评估报批手续的绝非圆明园一家。通过圆明园这一事件,足见目前建设单位环境意识之淡漠,也揭示出管理体制的重大欠缺。

笔记

在北京这样一个严重缺水的城市,要恢复圆明园原有"山形水系",再现当年河流湖泊星罗棋布的美景,确实是件令管理者头痛的事。但问题的关键是,管理处作为圆明园的代管者,是否有权擅自决定"国宝"的命运。

圆明园遗址的整修,应该遵循"重建昔日辉煌"还是"保持遗址现状"的原则,这个持续多年的争论,随着防渗工程的争论再度凸显出来。中国社会科学院研究员、博士生导师叶延芳指出,文物价值和文物美在于历史原创性。圆明园的历史原创性更在于废墟悲凉的沧桑感。他认为,现在进行的修复与遗址公园的精神不符。

正如很多专家指出的,圆明园是国家的公园,还是企业的公园?是遗址公园,还是商业公园?在其基本功能定位尚未争论清楚的时候,代管者就擅自对圆明园实施改造,是否有欠妥当?

毕竟,有一点是清楚的,圆明园不是管理处的圆明园。

（资料来源:京华时报,2005-4-4）

作为一门研究公共事业管理活动和公共事业管理实践的学科,公共事业管理学综合地运用了各学科的知识和方法来研究公共事业管理组织和公共事业管理过程。由于公共事业管理学科学习和借鉴了部分企业管理方法,使得它具有显著的管理学特征且从属于一般管理过程,因而也具有政策制定、执行、领导、控制、创新等基本环节。本章通过对公共事业管理过程中的公共政策设计、执行与评估以及公共事业管理中的领导等重要的、基本的环节的探讨,使我们对公共事业管理中的公共政策、领导和控制等管理过程有一个基本的了解。

第一节　公共事业管理中的公共政策过程

现代社会中,公共问题层出不穷,而且性质越来越严重,解决和处理的难度和复杂程度较以往大大增加。公共组织及其管理者如何及时发现公共问题,提出行动方案,从而化解问题,以保证国泰民安,这确实是现代公共事业管理面临的一大难题,也是公共事业管理的重要职责所在。

公共政策是各级公共组织(尤其是政府等权威机构)在职能范围之内为了解决和处理公共问题,经过政治协调和管理过程,达成公共利益或公共目标的过程。在此过程中所制定和实施的各种行动方案以及发展出来的各项方针、原则、策略、措施、计划和行为规范的总和,是公共政策的主要表现形式。公共事业管理相对于公共管理而言既有一般性又有其特殊性,一般性主要表现为公共事业管理过程与公共管理过程的程序性职能相似,而特殊性表现为任务性职能存在差异。公共事业领域的公共政策主要是为了解决社会性的公共问题,这类公共政策我们称之为狭义的社会公共政策。此外,公共政策还包括政治政策、经济政策等其他公共领域的政策。为了区别于其他公共领域的公共政策,本章所涉及的公共政策都是指公共事业领域的(狭义)社会公共政策。

笔记

一、公共政策与公共事业管理

在公共事业管理领域中,公共政策越来越受到重视,已经成为公共事业管理学研究的核心内容之一。公共政策不仅是公共组织(尤其是政府组织)管理国家和处理社会公共事务的重要准则,而且是公共事业管理实践的灵魂。一般情况下,宏观视角的公共事业管理过程通常称为公共政策过程,而微观领域的公共事业管理过程则称为决策与执行过程。在此,我们统一用公共政策过程的概念来概括宏观和微观领域的公共事业管理的过程。

(一)公共政策概念

国外学者很早就开始研究公共政策,在对公共政策进行研究时,由于受到研究者思考的角度、侧重点、个人偏好以及所处环境等因素的影响,不同的学者对公共政策的理解也不尽相同。他们从不同的角度研究公共政策,得出了关于公共政策不同的定义。

1. 从公共政策制定过程看公共政策 公共政策研究最早是在政治学中兴起的,公共政策的早期学者兰尼(Austin Ranny)认为:"至少从1945年以来,美国的政治学家们就将他们的职业注意力主要集中于制订公共政策的过程,而不是它们的内容。"早期的公共政策研究主要是从公共政策制定的角度看公共政策,强调公共政策的政治过程。一些主张政治——公共行政分开(the politics-administration dichotomy)的学者认为:"公共政策是具有立法权的政治家制定,并由公共行政者执行的法律、法规(伍德罗·威尔逊)。"这种观点主要是将公共政策视同一些法律和法规,而这些法律与法规又是政治家们制定出来的并由(包括公共事业管理者在内的)公共管理者执行的。这种观点过于狭隘,仅将公共政策局限于公共政策的制定过程,甚至于只是一些法律、法规。也有学者从具体的制定政策的角度去界定公共政策,认为"公共政策是政府所选择去做或不做的任何事情"(Dye,1972,2)。事实上,制定公共政策的主体不只是政治家,还有各个利益团体、阶层、社会公众等;执行公共政策的不仅是(包括公共事业管理者在内的)公共管理者,也包括政治家、各利益团体和社会公众等。

2. 从公共政策的职能看公共政策 美国学者帕拉洛认为:"公共政策是对资源的战略性运用,以减轻国家的问题或政府的忧虑。"持类似观点的政治学家伊斯顿(David Easton)认为,公共政策是政府对社会上的价值所做的权威性的分配(Authoritative Allocation of Value)。此外,所谓的"价值"系社会上一般人认为有价值、想得到的有形或无形的东西,诸如权力、财富、技能、知识、安全与声誉等。这些观点强调公共政策对资源或价值的分配作用和功能。

3. 从公共政策的目标导向看公共政策 有学者从公共政策的目标和价值导向的角度去界定公共政策,认为公共政策是"执行公共计划以实现社会目标的政治决定"(Cochran and Malone,1995)。美国学者拉斯韦尔(Harold D. Lasswell)认为政策是:"一种含有目标、价值与策略的大型计划。"强调政策是为某种特定目标而制定和实施的一种计划。中国的部分学者也赞同这种观点,孙光在《政策科学》中指出:"政策是国家和政党为了实现一定的总目标而确定的行动准则,它表

笔记

现为人们的利益进行分配和调节的政治措施和复杂过程。"刘斌认为:"政策是政党或其他社会政治集团为实现一定时期的任务而规定的政治行为。"(《中国宏观政策研究》)

4. 从公共政策的全过程看公共政策 公共政策问题的提出、公共政策制定、执行、评估、调整、终结的整个过程,构成了公共政策的全部内容。持"过程论"观点的学者认为,公共政策过程是一个复杂的系统过程,不能孤立地看问题,应全面认识和掌握公共政策的整个过程。

尽管关于公共政策的定义有许多种,但是概括起来可以归纳为两大类:一类观点认为公共政策是公共决策的产品,仅局限于公共政策的制定过程与结果,这种观点包括公共政策制定过程中的政策目标选择、价值导向、法律法规等结果;另一类观点认为,公共政策是一个过程,它与公共事业管理融合在一起,难分彼此,是一种动态的过程。这一观点包括公共政策制定及其结果、公共政策作用和效果的评估等。前者强调公共政策是处理公共问题的各种行为规范和制定这些规范的选择过程,而后者则偏重公共政策的制定、执行与评估的过程。显然,公共政策的"过程论"包含更宽泛的内容。它包括了政策目标、价值取向以及公共政策的制定、执行、评估、调整和终结的整个过程。

在此,我们倾向于这样去界定公共政策:公共政策是公共行为主体(主要是公共权威当局),在职能范围内为了某一特定的目的(如解决和处理某项公共问题或满足某项公众需要,达成公共利益或公共目标),经过政治活动(或协调)所选择的行动方案并通过管理活动实现这一特定目标的过程。在公共政策过程中发展出来的各项方针、原则、策略、措施、计划和行为规范的总和是公共政策的主要表现形式。

(二) 公共政策与公共事业管理的关系

公共政策的品质和水准,与公共事业管理的绩效有关。从某种意义上讲,公共事业管理的绩效事实上是政策绩效的综合反映。因此,从公共事业管理的角度来研究公共政策,可促使公共事业管理者获取政策知识,发展公共政策分析的方法和技术,从而制定出符合实际需的政策,以有效地解决社会公共问题。

1. 公共事业管理贯穿于公共政策过程始终 从公共事业管理的过程来看,始终都包括了公共政策的过程,即设计、执行、评估和修正的循环过程;同时,公共事业管理寓于公共政策过程的每个环节中。公共政策的制定既是公共事业管理的起点,又是公共事业管理的阶段性结果或终结。一个简单的公共政策过程主要包括五个步骤:公共政策设计(公共政策问题、公共政策议程和公共政策制定)、公共政策执行(或实施)、公共政策评估、公共政策终结或公共政策调整,一个复杂的公共政策过程是由多个简单公共政策过程构成。如果初始的公共政策目标没有实现,在对原公共政策实施结果的评估基础上,对原公共政策进行调整,进而形成新的公共政策并开始新一轮循环的公共政策过程。在公共政策过程中的每一个环节,都包含有公共事业管理的过程,政策过程每个环节的终止都是下一个环节的开始,如此循环往复直至实现了总的政策目标后,该政策过程才会终止。持"静态"观点者认为,公共政策是公共政策制定(又称公共决策)的结

笔记

果,而公共事业管理是执行或实施公共政策的过程。这一"静态"观点是将公共政策过程分离为公共政策与公共事业管理两个部分,实际上公共政策设计或制定过程的本身也是一个管理过程,我们不能简单地将公共政策理解为一些法令、条例、原则、措施。这些行为规范是公共政策,但公共政策不完全等于这些行为规范。我们认为应该将公共政策理解为这些行为规范加上管理过程共同构成了公共政策,这样理解可以更准确地掌握公共政策的内涵(图3-1)。

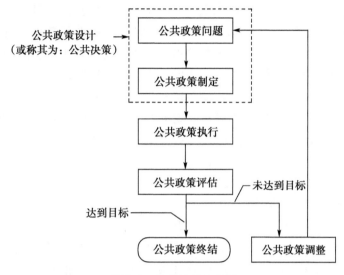

图 3-1　公共政策过程图

2. 公共事业管理是公共政策实施的重要手段　公共政策的设计制定、执行与评估过程的每一个环节过程都包含管理过程,同时组成公共政策重要内容的法规、措施、策略等行为规范,在管理过程中一直发挥着重要作用,它们不仅规范公共事业管理主体的行为,而且也是公共事业管理主体对其管理对象进行规范的手段。公共政策的目标与公共事业管理的目标是有机地结合在一起的,公共政策过程每一个阶段的政策目标决定了该阶段的管理目标。为了达到公共事业领域的政策目标,必须通过公共事业管理的过程来实现政策目标,因此公共政策决定了公共事业管理活动的方向和目标。没有公共政策的公共事业管理是没有灵魂的、盲目的行为,不仅会造成公共资源的浪费而且也无法实现公众利益的目标。公共政策过程提出的一些策略、措施应用到公共事业管理的实践中指导实践,并在公共事业管理实践中进行公共政策绩效的评估和修正,使公共政策更符合现实发展的需要。同时,在公共事业管理过程中,公共事业管理还会遇到新的公共问题,需要新的公共政策来指导解决,因此公共事业管理又是获取公共问题信息的重要渠道。通过上述分析可知,公共事业管理不仅是公共政策的源泉,而且还是实施、评估、修正公共政策的重要手段。

二、公共事业领域中的公共政策性质

公共政策是人类社会发展到一定阶段的产物,随着社会不断发展,公共政策的内容日益丰富,公共政策的过程也越来越复杂。尽管在不同的社会形态里,公

共政策的表现形式不同,但它们具有一些共同的基本性质。

（一）公共政策的利益倾向性

在现实社会中,各公共政策主体都有各自相关的利益,每个个体都因为在某一公共问题上有共同的利益而结成共同利益集团,并代表着各自的共同利益集团。当某一公共问题进入到公共政策议程时,各利益集团为了维护自身利益,纷纷通过各种方式施加影响,希望制定的公共政策对本利益集团更有利。如果某一利益集团较其他一些利益集团而言,具有绝对优势(比如,成员规模、掌握资源的多少、集团内部的一致性以及军事或政治地位等)或者具有统治地位,则该利益集团(即统治阶级)就决定了公共政策的利益导向。有些时候,为了维护优势利益集团的统治地位,缓和利益冲突,优势利益集团往往会作出某种让步、妥协,一定程度上满足其他一些利益集团的要求。公共政策实际上是这些利益集团相互斗争和相互妥协的结果。任何一项政策的制定与实施,不可能让所有人都满意,即使能使各个利益集团都满意,但对集团内部的每个人而言,满意的程度也是不同的。因此,公共政策是在满足具有统治地位利益集团要求的前提下追求社会利益最大化的,而且公共政策带有明显的利益倾向性。

（二）公共政策的目标导向性

公共政策的选择行动是一种有意识的行动。正如安德森所说的,政策是一个有目的的活动过程……我们所关心的是有目的的或者有明确方向的活动,而不是无意识的或偶然的行为。首先,由于各利益集团的价值取向存在差异,各集团要实现的目标也不一致,任何一个公共政策不可能满足所有利益集体的目标,因此公共政策主要体现了优势利益集团的价值取向。其次,即使对同一个公共问题,为了同一个目标,持相同价值观的公共政策主体在不同时期也会制定出不同的公共政策。这些不同时期的公共政策都是为实现(由总目标分解而得到的)阶段性目标而制定的,所有这些阶段性政策构成的一组政策目标都是指向总目标的。第三,任何公共政策的目标都是为了解决特定的社会问题,都是针对特定社会问题而制定的。因此,我们所说的公共政策的目标导向,实质上就是问题导向。公共政策的主要目的在于解决社会问题,如果一个社会没有任何社会问题,公共政策也没有存在的必要。公共政策所处理的公共问题可能是单一的,亦可能是一系列相互关联的社会问题。

一般而言,一项公共政策有一个或一组特定的目标;有一个基本的方针;有一条选定的行动路线或方案。公共政策的选择始终是有意识、有目的或有目标导向的。

（三）公共政策的合法性与强制性

公共政策的合法性主要是指公共政策内容和形式上的合法。在公共政策过程中发展出来的各项方针、原则、策略、措施、计划和行为规范的总和只是一些规则,指出其管理主体或作用对象应该做什么或不应该做什么。但公共政策的执行必须具有权威作保障,否则将无法实现政策目标。为了保证公共政策目标的实现,要求公共政策主体执行的政策必须符合多数人的利益,公共政策的制定、执行、评估和调整的过程必须是按照法定程序进行的活动。一般而言,公共政策系由政府机关制定、实施的。当然,这并不意味着社会其他组织对政策制定不发生影响作用。各利益集团对公共政策的影响主要发生在政策的制定、评估和调整过程。但公共政策最终是由公共权威当局颁布并实施的活动。所谓公共权威机构(public authorities)是指对公民个人的行动或私营部门和其他社会组织的行为具有治制权和合法权的机构。公共政策也包括了对公共权威当局的行为规范,并对其进行授权。

公共政策既然是各利益集团相互斗争、相互妥协的结果,那么公共政策过程决定了它是符合大多数人利益的。但社会各利益集团对同一社会问题的利益差异的存在,导致公共政策的作用对象,在对政策的服从程度上也存在不同。为了维护公共政策的权威性,公共政策的执行机构必须通过各种手段(如奖励、惩罚措施)保证公共政策的贯彻实施,这种强迫他人服从的权力即为强制权。公共政策的实施必须具有强制权作保障,这说明了公共政策在对社会生活进行干预、解决社会问题时,具有合法性和强制性。这里所说的强制性并不意味着公共事业管理过程中一定要采用强制手段,有些政策不需要通过强制手段实施,而有些政策只是在执行过程中遇到阻碍时才采取强制手段保障政策顺利实施的。与政治政策相比,公共事业领域的公共政策其执行过程较少依赖强制性手段。

(四)公共政策的稳定性与时效性

公共政策的稳定性主要体现在公共政策的基本目标是稳定的。公共政策是各利益集团斗争和妥协的结果,它反映了具有统治地位的(一个或多个联合起来的)利益集团的价值导向。由于统治集团为自己成员谋利益的目标是稳定的、长期的,为了实现一个长期的目标,将长期目标分解成多个阶段性目标,并相应制定出一系列阶段性政策,分阶段逐步实现长期目标,因而公共政策的稳定性主要表现在政策的连续性和价值导向的一致性。

公共政策的稳定性并不排斥公共政策的时效性和可变性。公共政策时效性是指公共政策作用只是在一定的时期内起作用。公共政策的时效性主要表现在:一是公共政策的作用对象随时间变迁而改变,导致公共政策的调整或终止;二是公共政策主体随时间变化,对原来公共问题的认识更深入,需要对公共政策进行调整或修正;三是随着公共政策的目标实现,该公共政策已经没有存在的价值。这个公共政策可能一开始就是一个阶段性目标,决定了该政策也是一个阶段性政策;四是公共政策产生的效果不符合原先的预期,需要对政策调整或终止。

要实现未来状态,就必须逐步改变现状,才可能最终达成未来状态,因此政策设计必须要有"变动性"与"创新性"。也就是说,公共政策要注重实际行动,要在时间、观念、行为、事务关系、人际关系等方面有所改变,以此适应和符合未来发展的要求。

(五)公共政策的多样性和多效性

随着社会生产方式的进步,人类社会逐步从低级向高级社会演进。但社会问题并没有因此减少,相反社会问题的数量和复杂程度均在增加,诸如人口膨胀、资源短缺、环境污染、大量失业劳动人口、部分地区仍处在贫困线下、交通拥

笔记

堵等问题仍不同程度地困扰着世界各国。首先,公共问题的多样性决定了公共政策的多样性。政府作为重要的公共组织,其管理的职能范围日益拓展。政府面临的需要解决的社会问题越来越多,为了解决这些社会问题,公共组织必须有针对性地推出各种政策,适应社会需求。其次,公共政策可能是针对某个社会问题提出的,但其作用则远远超出了该公共问题的范围和预期目标。公共事业管理组织为了解决各种社会问题,在它们各自的职权范围之内,针对亟待解决的公共问题制定出政策,这些公共政策实施后产生的政策效果可能是政策制定者预期的,也可能是出乎他们意料之外的。第三,某些公共问题是综合型的,它可能涉及经济、政治、社会、文化、科技、军事、外交等多个领域,我们针对综合型的公共问题制定的公共政策,也一定是综合型的公共政策,其同时发挥着多种功能。由此看见,公共组织推出的各种公共政策,因社会问题的日益复杂、政策效果的无法预测以及政策的综合功效,显示出公共政策的多样性和多效性特点。

第二节 公共事业管理的决策过程

公共政策规划与设计乃是公共组织为了解决公共问题,采取科学方法,广泛收集各种信息,设定一套未来行动选择方案的动态过程。公共政策设计包括公共政策问题(包括公共政策问题的提出、公共政策问题的分析、公共政策议程)和公共政策制定过程。也有学者将这些过程都归为公共政策制定过程或公共决策过程。

一、公共政策问题

公共政策的设计目的是为了解决公共问题,而公共问题与一般社会问题是有区别的,因此我们有必要对公共问题进行一些界定。

(一)公共问题的概念、特性及其类型

1. 公共问题的概念与特性 公共问题与社会问题有相似之处,但并非是两个相同的概念。社会问题是指由于社会的现实状态与社会公众期望之间的差距而引起(人与人、人与自然之间)的矛盾或冲突。它泛指那些由于社会关系或环境失调,致使社会全体成员或部分成员的正常生活乃至社会进步发生障碍,从而引起了人们关注、并需要动用全社会的力量加以解决的问题。由于人们主观期望与客观现实的差距是普遍而持续地存在着,社会问题因而具有广泛性和持续性的特征。同时,因为社会问题也影响了社会生活,因而它也具有社会性的特征。但并不是所有的社会问题都会转化成为公共问题,只有那些具有广泛影响,且影响程度较大,人们必须认真对待的问题,才可能成为公共问题。这就是说,社会问题中包括了公共问题。

现实中存在的公共问题往往牵涉到较为广泛的社会关系,甚至影响到为数众多的民众。这说明了公共问题具有两个基本特性:①公共问题具有影响的广泛性。这集中地表现在:它不仅仅影响单个的个人或团体,而将对多数或绝大多数人或团体产生普遍的影响。同时,公共问题可能超越地域的限制,而对一国内

部的公共生活产生相似的影响;它也可能超越国界的限制,而对人类的共同生活造成潜在或现实的影响。②公共问题具有影响的不可分性(indivisible)和"社会共享性"。这可以理解为:公共问题对所有个体或团体产生的影响都是相同的,没有一个个体或团体可以置身于这些问题之外,它超越了人为的地理界限。公共问题既包括公益问题,也包含公害问题,它们使所有社会成员都潜在地共同受益或潜在地共同受其威胁。这样,公共问题的存在就不仅仅是公众主观预期与客观现实之间的差距问题了,而是使公众在客观上潜在地、共同地受其影响;公共问题的解决也不是为了满足公众个人的利益需求,而是为了实现同样具有社会共享性的公共利益。

通过对公共问题基本特征的分析,我们可以对公共问题作一个界定:公共问题是指社会成员在公共生活中共同受其广泛影响,具有不可分性、与公共利益密切相关的那些公共性社会问题。而公共性则是公共问题区别于社会问题的最本质、最为内在的特性。

2. 公共问题的分类　为了对公共问题有一个较全面的了解我们从两个角度对公共问题进行分类。

第一,按地域和行政区划划分。人类社会是一个最大的共同体,它依次由若干共同体组成,它们包括:主权国家、作为国家组成部分的地区、在地区中扮演越来越重要角色的社区。以这一基本假设为前提,公共问题可以依次区分为:全球性或国际性公共问题、全国性公共问题、地区性公共问题和社区性公共问题。

在国家间关系相互依赖性日益加深的背景下,全球性或国际性公共问题的重要性越来越突出。全球和平与发展、全球生态和环境污染问题、人口问题、全球性疾病防治等问题,都具有明显的不可分性和公共性。它们超越了国家的地理界限,是全人类共同面临的、影响范围最为广泛的公共问题。

在主权国家内部,国家安全与社会秩序、宪法和法律的完善、宏观经济的稳定与持续发展、社会结构的分层与利益主体的分化、基础公共设施的建设与发展、基本公共服务(比如社会保障制度)的供给、人口数量与结构、环境和能源等方面的问题,都极大地影响了特定国家的公共生活和社会发展水平。这种基于国家的地理界限或以主权为标志而划分的公共问题乃是全国性公共问题。

尽管地区性公共问题与全国性公共问题在内容上基本相似,但前者更加具体,更加接近于"共同体"成员的现实需求。诸如地区社会治安状况与犯罪、吸毒等问题,地方公共设施的发展问题,健康与医疗方面的问题,城市污染问题等,都与地区的公共利益息息相关。有时地区性公共问题也会超越人为的地理界限,比如地区间市场壁垒问题、地方保护问题、地区间道路建设问题。这些问题都对特定地区或邻近地区的公众产生普遍的影响,因而也从属公共问题的范畴。

社区发展和建设是现今大多数国家面临的重要议题。一般认为,"社区的本质因素包括社会互动、地域性和共同约束等"。这三个因素决定了社区生活具有公共生活的性质,因而探讨社区性公共问题也较具现实意义。具体来说,社区性公共问题包括:社区治安和秩序问题;社区服务问题(比如社区服务项目和服务

笔记

设施为依托的社区公共福利问题);社区医疗卫生和社区文化问题;社区环境问题等。

需要说明的是,从国际组织、中央政府、地方政府、社区组织等不同层次社会管理主体的责任范围和作用空间,使每一类公共问题都对应于相应层次的管理主体。

第二,按公共问题的性质划分。按公共问题的性质,可将其分为四个不同的类别,即管制性公共问题、基础性公共问题、服务性公共问题和保障性公共问题。

管制性公共问题,即宪法及法律框架的完善问题,社会秩序的稳定或社会治安、社区治安等问题,或者是由于向社会提供的管制性公共物品(比如宪法、法律等制度)不足而造成的,或者是必须提供管制性公共物品才能得以解决的。其共同特性在于:它们以和谐的社会秩序为目标,以权威性的强制规则为后盾,也需要拥有强制性公共权力的管理主体加以解决。通常管制性公共问题具有较强的政治属性,因而不属于公共事业管理的对象。

基础性公共问题,即宏观经济的稳定、地区经济的发展、全国性或地方性公共设施的发展、社区性公共福利增进等方面的问题,它们构成了社会发展最基本的层面。而解决这些问题,往往被视为不同层次政府的传统公共责任。与管制性公共问题相比,这些问题并不需要相应管理主体凭借强制力来加以解决,而只需要适当的高绩效的制度安排和公共权威机构加以解决;此时公众也往往只是间接的受益者而非直接的受益者。

公共服务问题,即社会保障、医疗卫生、社区服务等问题,这些问题的解决,都以公众为直接服务对象,以公众现实的利益要求是否得到保障和满足为目标,此时公众是最直接的受益者,或者是这些服务的消费者。由于其服务性的特征更加明显,所以可将这类公共问题称为服务性公共问题,而服务性公共问题通常属于公共事业管理的对象。

此外,人们通常所关心的生态和环境、人口与人口结构、能源等方面的问题,其严重程度及解决与否,都构成了社会发展的"外部"环境状况。虽然解决这类问题没有解决基础性公共问题那样能够直接增加社会福利,但这些问题如果得不到妥善解决,社会发展将受到极大的阻碍,解决其他类型公共问题的意义也会因此减弱。由于这类问题具有保障社会发展的功能,所以将其称为保障性公共问题。

从横向性质上对多样化公共问题所作的划分,有助于说明不同性质社会主体的责任和作用,即管制性公共问题只能由有权实施强制的管理主体加以解决;基础性公共问题的解决更多地凭借权威性;服务性公共问题的解决则可以通过包括政府、私营部门在内的多种途径来实现;而保障性公共问题则是各种社会行为主体的公共责任之所在。

总体来说,上文所作的纵向和横向划分只是为了说明,不同层次、不同性质的社会主体在解决不同层次、不同性质的公共问题过程中,所承担的责任以及所能发挥的功能各不相同。但如何确保这些责任得到履行、确保这些功能得到发挥,则是战略性框架下的公共事业管理所要解决的问题了。

（二）公共政策问题及特点

公共问题只有当通过个体或团体的行动向政府有关部门提出,而且该公共问题又属于该部门的管理权限范围之内,政府又尝试采取干预的手段去解决时,才可能把它列入政府议程,这个被列入政府议程的公共问题就成为公共政策问题。公共政策问题在成为公共政策问题之前就已经客观存在了,而且这些问题是已经被社会上多数人察觉、认同和感觉到的,与既定的价值、规范、利益发生冲突的公共问题。

公共政策问题之所以是问题,是因为它们仍是未实现的社会需要,只有通过公共事业管理活动来实现。公共政策问题除了具有公共问题的特性外,它还具有以下的特点:①相互关联性:政策问题之间、政策问题与政策环境之间、政策问题的物质条件之间都存在相互联系,所有的政策问题构成了一个有机的整体。②主观性:公共政策问题虽然是客观存在的,但与人们对它的认知和判断有关。一个客观存在的公共问题,由于种种原因(诸如各利益集团利益协调的结果、轻重缓急的时间安排等原因)未纳入公共政策议程,该公共问题就没有转化为公共政策问题,这一"转化"过程与人们视为主观认知和判断密切相关。③可变性:随着社会发展和时代变迁,人们对政策问题的认识和这些问题存在的环境都发生了变化。政策问题的可变性不仅要求对政策设计的不断创新,而且要求对新旧政策的因果关系认真分析。

二、公共政策问题的发现、提出与确认

一个问题在经历了问题、社会问题、公共问题过程之后,能否上升为公共政策问题仍需经过公共政策问题的发现与提出阶段。

（一）公共政策问题的发现与提出

公共政策问题的发现与提出的途径主要有以下几种:第一,公共组织在公共事业管理过程中发现问题的存在,并加以注意。公共组织在公共事业管理中遇到或发现一些问题,经过分析研究,对一些重要的公共问题通过政策渠道反馈到政策决策部门,为政策决策部门修订、调整以往政策或制定新政策提供信息、依据或建议。第二,各利益集团通过政治途径反映问题。各利益集团对同一社会现象的评价各不相同,当某种社会现象与某利益集团的预期相差甚远时,该利益集团就会通过政治途径把问题反映到公共决策部门,试图争取一个有利于该集团的政策。第三,部分公民、民间组织或媒体通过呼吁方式提出问题。部分公民、民间组织或媒体通过呼吁或请愿的方式提出问题,引起有关公共决策机构的关注。第四,专家、学者通过发表学术研究成果的方式提出社会问题和解决这些社会问题的建议。

通过上述四种主要途径,将问题反映到有关的公共决策部门,只能说这些问题进入了公共事业管理者的视线,并不等于这些问题就是公共政策问题。它们可能连社会问题都算不上,或者有些可能只是社会问题但不一定就是公共问题,即使是公共问题也不一定都会成为公共政策。因此,要对那些已经发现或提出的问题按一定的标准进行判别和确认。判别和确定公共政策问题的准则如

笔记

下:①公共政策问题应是具有公共性的公共问题。公共政策问题不仅是具有一定代表性的社会问题,而且是影响较大、涉及面较广的公共问题。②公共政策问题应是影响程度大的问题。有些问题尽管是影响面很广的社会问题,但从程度上看,对多数人影响不大,这类社会问题被纳入政策问题的重要性就大大降低了。反之,对那些影响面小而影响程度大的问题则更可能成为公共政策问题。③公共政策问题应是社会公众普遍关心、强烈要求解决的问题。公共政策的价值导向作用非常重要,它必须符合大多社会公众利益。因此,社会公众普遍关心和强烈要求解决的问题反映了社会公众的利益需要,这些问题成为公共政策问题正是价值导向的结果。④公共政策问题应是政府及其公共组织职权范围内的问题。如果问题超出了政府或公共组织的职权范围,则政府或公共组织的政策干预就是一种无效行为。

(二)公共政策问题分析

科学有效的公共政策问题分析,需要对公共政策问题的历史、现状和未来发展趋势进行分析,对不同领域的公共政策问题,采取不同的方式、手段加以解决。由于公共政策问题存在地域性差异,所以公共机构制定的政策也应有差别。只有通过对公共政策问题进行地域性差异分析,才可有效地制定出差异性公共政策,使公共政策更有针对性和更有效率。

为了保证公共政策分析的科学性和准确性,必须遵循政策问题分析的准则:①客观清晰地描述政策问题。在描述政策问题时,应客观、清晰描述问题,不可以夸大、缩小或含混不清。②减少政策问题的传递层级。在政策问题的传递过程中,减少传递层级,可避免导致信息失真的干扰因素。③明确政策问题的目标。④坚持全面分析和重点分析相结合。

公共政策问题分析的一般程序包括:思考问题,划定问题边界的轮廓,收集整理有关数据、资料,列出目标,界定政策适用范围,概算成本与收益,检查并确认问题等几个环节。

常用的公共政策问题分析方法主要有:类比分析法,假设分析法,原因分析法和系统分析法。

(三)公共政策问题确认与政策议程

公共政策议程就是将公共政策问题列入公共部门的议事日程,公共部门通过讨论将其纳入公共决策阶段的过程。公共部门是指具有政策制定权限的公共事业管理机构,只有当公共问题进入政策议程后,才转化为"公共政策问题"。现实社会中存在着大量的公共问题,而公共部门掌握的公共资源和政策执行能力是有限的,这决定了不可能所有的公共问题都能进入公共政策议程,只有其中一部分满足一定条件的公共问题才能进入公共政策议程加以解决。一些公共问题之所以能够进入公共政策议程,是因为各利益集团通过对公共决策部门施加影响的结果。一般而言,利益集团的力量越强大,它要求解决的公共问题就越有可能进入公共政策议程。一个国家要使重要的紧急的公共问题能够较容易地进入公共政策议程,需具备以下几个基本条件:①必须具备问题觉察机制。②社会政治系统必须建立有利于信息传递和反馈的机制。③民主的国家政治体制。④社会各政治团体和利益集团能够发挥应有的作用。⑤有完善的社会舆论监督机制。

三、公共政策制定

公共政策制定过程是公共事业管理决策程序的最后一个环节,它包括公共政策制定的原则,公共政策制定的步骤,以及公共政策合法化等方面的内容。

(一)公共政策制定的原则

政策制定需要有一定的原则作指导,这对整个政策制定非常有益。概括起来,公共政策的制定具有以下几个原则:①公正无偏的原则(principle of impartiality)。公共政策的首要目标就是维护社会的公平和正义。在制定公共政策时,应持无私无偏的态度,对当事人、利害关系人、社会大众等,均应予以通盘谨慎的考虑。②资源集中配置原则。将稀少的资源集中于策略性的项目上。换言之,是不能将原本稀少的资源浪费于无优先性的项目上,而必须集中应用于策略性的因素。所谓策略性因素是指政策设计所涉及的关键性的、主要的及基本的因素(包括优点、缺点、机会与威胁等)。③个人受益原则(principle of individuality),即在从事政策规划时,无论采取何种行动方案解决问题,最终的受益者都必须落实到人民的身上。④延续性原则(distributive continuity),即从事政策规划时,应考虑事务的延续性,对事务及解决问题的方案,从过去、现在及未来的角度研究方案的可行性,不能使三者相互脱节,否则就不切合实际。⑤预见性或挑战性原则(challenge)。挑战性是指政策目标的确定必须稍高于政府机关现有的能力和资源,但又不能脱离现实。目标具有挑战性,就可以维持组织的活力,以避免组织的衰退,但目标的挑战性如过高而难以实现,则会导致失败。因此,目标虽然应具有挑战性,但却不能好高骛远而无法达成。⑥信息完备原则(information perfect principle)。信息完备是指应从系统整体的观点出发,使达成政策目标间的各政策手段形成信息网络从而达成相互协调的系统。除此之外,各单位的信息交换及外部反馈的影响均应加以考虑,设计者应建立内部与外部的沟通网络,以加速信息的交流,促进协调和灵活。周全而快速的协调是政策执行成功的一个重要因素。⑦一致性(consistency)原则。有三种一致性是政策设计者所不能忽略的:第一,目标和目的的一致性及目的与行动的一致性;第二,目标内在的一致性,即一项政策所包含的目标不能相互冲突;第三,政策外在的一致性,即政策不能与经济、社会等政策相冲突。⑧弹性政策原则(principle of elastic policy)。政策必须有足够的弹性或缓冲,以保证能够随着环境条件的改变而进行调整。也就是说,政策、方案及计划的设计应能够随着环境的不同而快速地调整,包括组织结构的调整、功能的变动等。要使政策具有适应性,就需通过以下途径或活动加以推动:第一,对政策实施效果进行预测,以确认政策可能面临的有利环境或可能造成危害的程度。第二,预备足够的缓冲性资源,以有效地应对未预期事件的发生。第三,发展并赋予地位给负责推动政策者,使其愿意在适当时机把握机会,并弹性地推动政策。

笔记

（二）公共政策制定的基本步骤

公共政策设计是一个系统过程,在此过程中应把握一些关键的环节。

1. 确立公共政策目标　目标是一种价值观念,是政策制定者希望通过政策实施达到的一种未来效果。一般而言,政策所要解决的问题常常是复杂的综合性问题,其目标也是非单一的,而是多目标的有机结合。因而在确立目标时,应考虑多目标间的协调,即个人目标、社会目标和组织目标之间的协调。政策目标既要体现社会公众利益,又要符合社会道德规范和行为准则,并且不能违背宪法和法律的规定。

2. 估计需要　需要是指维持现有机体美满的基本必要条件。估计需要是指对于特定群体的状况,决策者所希望予以补救的范围和程度或缺失。特定群体即指标的群体。对于标的群体的确定,政策制定者因面临的问题不同会采用不同的选择方式,有时会以"需求群体"为标的群体,而有时则会以"风险群体"为标的群体。

3. 确定要达到的目的　目的是指政策制定者所希望实现的具体成果。包括需要的数量、针对的特定人口和所需的时间。

公共政策目的的制定会受到若干因素的限制,例如经费、技术、未预期结果、未预知的机会等,目的的制定要与所能运用的经费、技术相配合。目的定得太高,缺乏充足的经费与可行的技术,便不可能实现目的。由于决策者所掌握的资源有限,不可能制定过多和过于分散的目标,所以决策者对于多元的目的要仔细考虑。

4. 设计公共政策方案　公共政策方案设计的目的,就是提供多种可供选择的公共政策方案,为最终确定一种可行性政策打基础。公共政策的制定者应清楚和明确各备选方案间的关系及备选方案的意义。在各个备选方案间,大致存在这样几种关系:互相排斥型、不同程度型、组合型。

政策方案设计包括方案轮廓设计和细节设计两个环节。轮廓设计是第一个环节,它有两方面内容:一是根据政策目标提出一种或多种大致方案;二是勾画方案轮廓,即行动原则、指导方针、基本措施或策略等。细节设计是第二个环节,在这个环节中,对轮廓方案具体化,逐步形成适用、可行、具有操作性的具体方案。

5. 评估公共政策方案　评估方案是对已经设计出的备选方案的科学性、可行性及其预期效果等内容的综合评定。评定内容主要包括:①价值评估,即目标取向评估。②效益评估分析,即政治效益、社会效益、经济效益的综合分析。③可行性评估分析,即政治、法律、经济、行政、技术、时间等方面的可行性分析等。④平等分析,方案的实施要注意社会大众平等的受益或公正的享用,即政府设计政策原则中应遵循的平等原则、公正原则、正义原则。⑤协调性评估分析,即同其他有关的政策是否配套、冲突。⑥风险性评估分析,对备选方案可能产生的各种负效应进行预测分析,采取一定的措施防范可能产生的风险。

6. 选定公共政策方案　公共政策方案的选定可分为五个步骤:第一,各种报告的准备;第二,外界评论;第三,内部的审核;第四,方案的修正;第五,反馈。

7. 设计执行　公共政策的设计执行主要包括设计执行的程序以及执行的责任。执行的项目包括：第一，叙述和说明作业程序；第二，明确执行的责任，包括活动的顺序、工作人员、空间地域、设施、财务机制、主办机关；第三，明确管制程序。涉及方案顺利有效执行的行政程序有：方案监测、经费监测。时间监测等。

（三）公共政策的合法化

合法化是公共政策设计的重要一环。公共政策合法化是指经过一系列的法定程序使公共政策方案获得合法地位，具有权威性和约束性的过程。公共政策方案制定完成后，必须经过一定的渠道转变为正式的政策才能实施，即公共政策方案须经过合法化过程才具有合法性，才能够正式实施。公共政策的合法性包括两层含义，即政治统治的正当性和政策的合法性。统治的正当性构成了政策合法性的前提。公共政策的合法性不仅应得到一国政治体系的认同，还应得到社会的普遍认可。只有具有合法性的公共政策才具有国家强制力的保证实施。

第三节　公共事业管理的执行过程

公共政策问题的解决，不仅有赖于完善的政策方案设计，更有赖于有效的政策执行。只有公共政策得到有效的执行，政策目标才能实现。

一、政策执行在公共事业管理过程中的地位与作用

政策执行是实现政策目标的唯一途径，是整个政策过程中的重要阶段。政策执行在政策过程中具有至关重要的地位与作用。

首先，政策执行是实现政策目标的根本途径。公共政策设计完成后，必须通过具体执行才能实现政策目标，解决现实的公共问题。再好的公共政策如果不付诸实施，就无法将政策设计的目标转化为现实。

其次，政策执行可检验、修正政策。实践是检验真理的唯一标准，只有通过政策执行的实践过程，才能检验公共政策设计方案是否正确，是否符合实际需求。对不符合现实状况的政策及时进行修正，使之更完善，更贴近现实也是政策执行的重要意义之一。

第三，政策执行是政策过程不可缺少的中间环节。政策执行是政策过程的必要环节，它在整个政策过程中起到了承上启下的作用。对其上一个环节——政策设计，政策执行不仅可以实现其目标，而且可以在实践中发现新的政策问题，为政策的决策者提供制定新政策的依据和反馈信息；对其下一个环节——政策评估，政策执行可以提供对原政策的评估信息，使政策评估结论更加科学有效。

二、政策执行研究的途径

公共政策制定是为了解决某项公共问题或满足某项公共需要，公共政策能否得以彻底贯彻实施关系到公共机构的威信，所以自20世纪70年代以后，政策执行的研究成为公共政策研究的热点。政策执行研究可分为两种途径。

笔记

（一）自上而下的途径（top-down approach）

自上而下的政策执行研究途径又称为"以政策为中心的途径"，该研究途径的理论思想来源于古典行政理论。古典行政理论认为行政组织为集权、层级的和金字塔形的，上下级之间形成指挥与命令关系，上级负责政策制定，下级负责执行；政治与行政分离，政治负责政策制定，行政则负责政策执行；行政管理必须遵循科学管理的原则，以提高行政效率。这种研究途径认为，公共政策是由高层管理者(政府高级官员或政治家)制定的，由下层管理者具体执行的。政治领导人形成的政策偏好随行政层次的降低而不断被具体化，并为下层管理者执行。"自上而下"途径的关注重点是高层的政策制定者，着重研究政策制定者的偏好对具体政策执行者及其对政策执行效果的影响。

自上而下的途径划分了政策制定者和政策执行者的合理界限，并指出产生这种界限的原因是管理功能的分工。它反映了政策执行的许多特质，但也存在其缺陷：①自上而下模式过于强调高层管理者的政策决定作用，容易忽视政策执行者对政策执行效果的影响作用。②这种执行途径忽视了政策作用对象对政策执行结果的影响以及多元化政府机构共同执行政策时沟通和协调的功能。

（二）自下而上的途径（bottom-up approach）

自下而上的政策执行途径以政策执行者为出发点，认为具体的政策执行者对政策的理解和他们所采取执行政策的措施，是政策执行成功与否的关键。自下而上的途径强调有效的政策执行取决于具体执行者之间协调合作的管理过程而非政策决定者的意图，主张应该给予基层管理者或具体执行机构更多的自由裁量权，使之能够适应复杂的政策环境，并采取适当的权宜措施，形成一个更能适应政策执行环境的政策执行过程。

自下而上的途径明确指出，有效的政策执行有赖于多元组织的执行结构，并强调政策执行过程是在各组织之间通过互动而达成共识基础上的自我选择的政策执行过程，即政策执行是以计划理性而非以组织理性为基础的执行过程。政策执行往往涉及许多单位与人员，而每个单位与人员对于政策实施皆有其立场、利益与看法，所以沟通协调在所难免，自下而上的执行方式，促使我们重视彼此意见与利益的沟通交流。因此，有效的政策执行必然涉及妥协、交易或联盟的活动，政策执行过程中的互惠性远比监督和控制性功能更为重要。但是，自下而上的途径也存在其缺陷：①它夸大了政策执行者的自由裁量权而对政策制定者的作用不够重视。②在强调政策执行者的主动性和互动作用的同时，忽视了政策制定者的权威作用。

三、影响政策有效执行的因素

公共政策执行的绩效受诸多因素的交互影响，这些因素可大致归纳为三个方面：公共政策问题的性质、公共政策本身的因素和公共政策以外的因素。

（一）公共政策问题的性质

公共政策问题的性质涉及该问题的复杂程度、范围的大小以及与其他问题的关联性等，政策执行的成败，与欲解决问题的性质有着密切的关系。

笔记

（二）公共政策本身的因素

任何一项政策的有效执行，首先依赖于政策的正确性，这是有效执行政策的根本前提；其次依赖于政策的明确性，明确具体的政策执行过程相对简单、容易，效果也比较明显；第三依赖于政策资源的充足性，任何政策的执行都需要一定的资源为支持和后盾，缺乏相应的资源支持，根本无法实施与最终实现政策目标。政策资源因素主要包括：①人力资源；②信息资源；③经济资源，如经费、设备、物料等的是否充足，也直接影响着政策的执行；④权威资源。负责执行政策的人员，应赋予其足够的权威，只有这样才可顺利地推动政策。

（三）公共政策以外的因素

公共政策的制定是为了影响、管制或改变标的人口的行为，或是为了引导标的人口按照政府机关所规定的目标行事。同时，也受到外界环境的反作用。因此，公共政策以外也有诸多因素会对政策的有效执行产生影响：①目标团体对政策的态度。目标团体包括意见领袖、利益团体、标的人口等，他们对政策执行所持的态度至关重要。可以通过政策宣传、教育、说服或引导等方法影响标的团体，使之对政策执行采取合作支持的态度；②执行机构之间、执行机构与标的团体之间的沟通。有效的沟通是政策执行的必要条件，沟通不仅能使标的团体清晰领会政策内容和执行指令，而且使执行机构之间保持必要的一致性、协调性；③政策执行人员的素质和工作态度。由于政策执行人员通常具有相当的自由裁量权，因此他们对政策所持有的态度直接影响着政策的执行效果。一般来说，执行人员对政策目标的认同感越高，执行时的意愿及配合就越好。反之，如果执行人员对政策目标缺乏共识，或对政策执行工作抗拒，则很难期望政策执行顺利有效。可通过加薪、升迁、给予福利等奖励的诱因，以强化执行人员的执行行为；④其他社会、政治环境对政策执行的影响，如社会舆论对政策执行支持的情况、精英分子对政策执行所持的态度，以及政府组织结构状况等都对政策执行产生重要影响。尤其是政府组织结构对政策执行影响较大，比如政府组织是否有完善的标准作业程序、组织间以及内部是否有合理的权责分配体系等，都对政策执行产生较大的影响。

第四节　公共事业管理的评估及调整过程

完整的、科学的政策过程，不仅包括合理的设计公共政策、有效的执行公共政策，而且包括对政策过程和政策效果的分析和评价，这种对政策过程和绩效进行分析评价的活动就是政策评估。

一、公共政策评估的概念和意义

（一）政策评估的概念

政策评估是利用科学的方法和技术，按照一定的标准和程序，有系统地收集相关信息，对政策过程、政策绩效进行分析判断的行为。政策评估的目的在于调整、修正政策和制定新政策。关于公共政策评估概念的内涵，不同的学者有不同

笔记

的观点。归纳起来,这些观点的分歧主要集中在评估活动的作用对象的差异上。有的观点认为政策评估主要是对政策方案的评估;也有观点认为政策评估主要是对政策问题和方案的评估;更多的观点则认为是对公共政策效果的评估,根据对公共政策效果的评估不仅可以发现政策误差和新的政策问题,而且评估结果还可作为修正或调整公共政策的依据。

实际上政策评估活动贯穿于整个公共政策过程的每一个环节,它既是对政策过程的分析评价,又是对政策绩效的分析评价。相对政策过程的评估而言,对政策绩效的评估,由于减少了一些政策过程中的不确定因素,其作用更大一些,效果也更好一些。因此,我们在整个公共政策评估活动中,应着重对政策绩效的评估。

(二) 政策评估的意义

公共政策过程是一个动态的过程,具有许多不确定因素,对公共政策过程的评估和监控是一个必不可少的过程。政策评估的意义主要表现在:首先政策评估是衡量政策绩效的基本手段;其次,政策评估是调整、修正、延续或终止政策的重要依据;第三,政策评估有利于政策资源的配置;第四,政策评估是政策过程科学化、民主化的必要途径。

总之,政策评估的基本功能在于向政府及社会提供政策绩效的资讯;重新检验政策目标及政策方案,以谋求政策改进之道;同样政策评估还可以作为形成新的政策问题或政策建议的基础。

二、公共政策评估的一般标准

对公共政策过程的分析评价,实质上是按照一定的标准对政策过程的效果进行判断的活动。没有客观具体的标准,就无法对政策过程的价值进行衡量、检验和判断。首先,政策评估者需要有明确的标准为依据;其次,客观的评估标准可减少人为因素对评估结果的影响;第三,科学合理的标准使评估者易于掌握,并能提高评估效率。

对于具体的不同的公共政策的评估,其具体标准和指标可能不尽相同,但从一般意义上讲,政策评估要注意以下标准。

(一) 效果指标

政策效果指某项政策达成预期结果或影响的程度。政策的实施可能产生正、负两方面的效果或影响,在确定政策效果指标时,应评估政策的净影响(即政策过程本身产生的影响),排除政策以外的干扰因素。

(二) 效率标准

效率是指政策产出与所使用成本间的关系,效率指标通常以每单位成本所产生的价值最大化或每单位产品所需成本的最小化为评估基础。效率可分成两大类:技术性效率与经济性效率。技术性效率指在成本受限制下,寻求政策期望影响的最大化。经济性效率指政策整体成本与整体利益间的关系,包括间接成本与所有的影响在内,亦即着重于对资源作分配及使用,并使人民因此获得的满足最大化。

（三）公正标准

公正是指政策执行后导致与该政策有关的社会资源、利益及成本公正分配的程度。一项公正的政策是努力公正、合理分配的政策。公正标准与社会上如何适当公正地分配资源是息息相关的，由于每个人、每个团体都有其不同的需求，所以任何一项政策都难以完全满足每个人或每个团体。公正标准是在符合大多数人利益的基础上，谋求社会的福利最大化。

（四）政策回应度

政策回应度是指政策实施后满足标的社会团体的需求、偏好或价值的程度。回应性标准十分重要，因为某一项政策也许符合其他所有的标准，但因未能回应受此政策影响的标的团体需求，故仍可被评估为失败的政策。

（五）生产力标准

生产力标准是衡量每项公共政策是否符合社会基本发展方向的根本标准。任何公共政策的结果，最终的衡量标准就是看它是否有利于生产力的解放与发展。

三、政策评估结果的处理方式

当对公共政策的评估完成后，依据政策评估的结果，对原政策进行处理的方式归纳起来，大致有以下四种：

（一）政策方案调整

政策执行的情况在经过监测与评估之后，发现执行有困难或是环境已发生变化，或者是人力、经费等资源不足时，就必须调整方案执行的方法、技术或程序等。

（二）政策方案持续

政策执行的情况在经过监测与评估后，经推测已初步满足标的人口的需求、价值观及机会等，即政策方案的执行已达成基本的目的，故可继续执行政策方案，不用修改政策问题、标的人口或执行人员及经费等。

（三）政策方案终止

政策执行的情况在经过监测与评估后，经推论原先的问题已获得解决或问题未获解决，反而产生了更多的问题时，应立即终止该政策方案的执行。

（四）政策方案重组

政策执行的情况在经过监测和评估后，发现问题未获解决，原因在于当初对问题界定不当、目标不明确、解决问题的方法不妥当等所引起的，就应重新建构问题，了解问题的症结，设计新的目标及新的解决方案，于是造成"政策循环"的情况。

第五节　公共事业管理中的领导

领导是管理的程序性职能之一，在公共事业管理中领导的作用显得更为重要。我们不仅要了解权力与领导的概念，而且要厘清两者之间的关系。通过对

笔记

领导的内容、方式和效能等相关知识的学习,掌握领导方式变革及效能提升的途径。

一、权力与领导

权力和领导是两个既有联系又有区别的概念,很容易产生混淆。权力是描述人与人之间影响能力的概念,领导则是指影响过程。

(一)权力的内涵与来源

权力(power)是一个人影响另一个人的能力。从一般意义上而言,权力表示由某人或某一群体(A)对他人或其他群体(B)按所需要的方式施加影响的能力。它包含三层含义:①权力是潜在的,一个人可以拥有,但不运用权力,它是一种能力或潜力。②权力存在一种依赖关系,只有当某人(或群体)A 控制了另一个人(或群体)B 所期望拥有的事物(资源、职务等物质或精神的东西)时,A 才拥有对 B 的权力,B 对 A 的依赖性越强,则在他们的关系中 A 的权力越大。③受影响者 B 有一定的行为自主权,这种自主权意味着 B 在力所能及的范围内,对自己是否愿意做某件事情有一定选择余地。B 的选择余地越大,则 A 的权力越小。反之,B 的选择余地越小,A 的权力就越大。在公共组织中,职权是制度化了的权力,它建立在法律基础之上,这种法律基础规定了一个组织的任务,并对组织成员的行为产生制约,限制了他们的选择余地。

佛兰奇(French)和瑞文(Raven)对领导权力的划分最为典型。他们将权力的来源或基础分为五个方面:强制权、奖酬权、合法权、参考权和专家权(图3-2)。

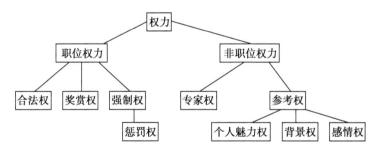

图 3-2 权力的分类图

1. 强制权(coercive power) 强制权是建立在惧怕的基础上的,组织成员如果不服从,就可能产生不好的后果。出于对这种后果的惧怕,就可能对强制性权力做出反应。强制权取决于对组织成员使用或威胁使用精神的或身体上的处罚。

2. 奖酬权(reward power) 奖酬权是与强制权相对的一种权力。人们服从于一个人的愿望或指示是因为这种服从能给他们带来益处。因此,那些能给人们带来他们所期望的奖酬的人就拥有了奖酬权力,这种奖酬可以是人们认为有价值的任何(物质或精神的)东西。奖酬权的大小取决于接受影响者追求这些奖酬的程度,也与可能给予奖酬的价值多寡有关。

3. 合法权(legitimate power) 合法权的内涵较强制权和奖酬权更宽泛。在

笔记

正式的组织中,通常获取一种或多种权力的途径是团体行为的规范(正式的和非正式的),或组织结构中的职位安排,由此获得的权力就是合法权。合法权包括组织成员对职位权威的接受和认可。

4. 参考权(referent power) 我们把一个人通过被他人仿效的方式影响他人的能力称为参考权。人们对拥有理想的资源或个人特质者的认同,导致人们去模仿这个人的行为,这个被模仿者就具有了影响他人的参考权。领导者的参考权是建立在组织成员对领导者崇拜的基础之上的,一个有超凡魅力的领导的行为,使追随者产生领袖深具能力必会成功的印象;领导者也会运用"角色塑造",形成行为范例,让追随者模仿,并改变追随者的看法、态度、价值和行为。

5. 专家权(expert power) 在专业化程度越高和分工越细的组织中,为了实现组织目标,人们对具有专门知识技能的专家依赖程度很高。我们把因具有专门知识和技能所形成的权威,从而具有影响他人的能力称为专家权。对一个组织中的领导者而言,拥有卓越的专业能力,并不足以完全影响下属,但拥有专家权对于领导者,特别是专业性组织的领导者是十分重要的。

从上述关于权力的界定可知,公共事业管理主体中的事业单位、非政府组织等公共组织,在公共事业管理的过程中更多地运用的是非强制权,即专家权和参考权。只有公共事业管理主体中的政府部门可以采用强制权,即合法权和奖惩权。

(二) 权力与领导的关系

权力与领导这两个概念密切相关。领导是领导者在各种环境中系统地影响组织成员行为以达到组织目标的过程,也就是说,领导是领导者与组织成员之间相互影响关系的确立过程。为了达到组织目标,领导者将权力作为实现目标的手段。因此,领导过程中影响他人的基础是权力,即权力是领导影响力的来源。

权力与领导的差别体现在三个方面:①目标的相容性。在权力相互影响的双方中,并不一定要求双方的目标一致,只需依赖性,而领导则要求领导者与被领导者双方的目标有相当的一致性。②作用的方向性。领导的影响过程侧重于向下属施加影响,而较少有横向和向上的影响。而权力的影响则是多向的。③侧重点的差异。领导的研究重点在于领导方式,而权力的研究重点则在于权力的获取方式。

二、领导的内容

虽然领导过程从属于管理活动的范畴,但领导只是管理过程的一部分。领导者可以利用不同的方式去影响被领导者,不同的影响方式需要的条件不同,效果也不一样,这些不同的影响方式构成了领导活动的基本内容。领导者为了实现组织目标,其工作的主要内容概括起来主要有五个方面:引导、沟通、指导、奖惩、认同。

(一) 引导

领导者为了影响被领导者(或群体)的行为,需要通过示范、身体力行等行为树立领导者的行为模式、威信等,引导人们追随领导者去实现组织目标。引导就

笔记

是使人们模仿或认同影响者的行为,领导者可以塑造某种行为模式,供人模仿。

领导者的引导作用的另一个重要内容就是决策与决策认同。领导者不仅需要设计组织目标、做出重大决策,而且要使组织成员对其设计和决策活动结果的认同。领导者需要引导组织成员参与或部分参与设计、决策过程,使他们感到自己对设计、决策有一定的影响力,并使他们认同该决策,这种认同将使他们更自觉、努力地执行该决策。

(二) 沟通

沟通就是将信息或思想传递给接收者,同时信息或思想的接收者将接收到的信息或思想经过处理后反馈给发送者的过程。简单地说,沟通就是信息传递与反馈的过程。领导与被领导者的有效沟通是发挥领导作用的必要手段。在沟通过程中,领导者需要做两件事情,一是准确地表达自己的信息或思想,使被领导者能正确领悟领导的意图。如果领导者传递给组织成员的信息或思想含混不清,就可能产生误解,使领导的影响力大大降低,甚至会出现与预期目标相反的效果。二是要注意倾听,使领导者能了解下属或影响对象的感受或思想。这一方面可以收集决策信息,另一方面也可以根据下属或影响对象的感受,调整领导方式、修正实施方案、采用新策略等。领导者为了有效地影响他人,使受影响的对象相信他建议的正确性且作为行为的依据,是使对象满足需要或达成目标的最好方式和方法。影响若要成功,必须了解对象的需要、目标和对情景的认识。而且领导者也必须用正确、清晰的表达方式,显示可信的论理和证据,与下属或受影响对象达成一致的观点。

(三) 指导

在组织中,经常用到的一种正式方式是指令。即使在人际关系导向的组织中,命令也是不可缺少的。领导者下的指令应符合三个基本条件:一是完整,二是清晰,三是可执行。同时,领导者在采用指导方式时,还应该辅之以沟通、引导等方式,帮助组织成员执行指令。指导过程中,除采用指令方式外亦可以通过教导和社会化的过程,向组织成员灌输组织期望的价值观,强化组织成员对组织的承诺和对价值的信赖。

(四) 奖惩

奖惩权是职权的重要组成部分,而奖惩权的实施是由领导者来承担的,也是领导者的重要工作内容之一。

1. 奖励　通过奖励的方式实现领导的影响作用,是现代领导过程常用的手段。领导者操纵奖酬来实现影响力,即奖酬权运用的过程,已经成为目前公共组织领导者的基本工作之一。当对象依赖影响者获得某一重要奖酬时,领导的影响作用便会产生作用。奖励包括物质的和精神的两种。这与被领导者的价值判断有关,当对象被诱导从事某一能表达其价值和理想的工作时,奖励的作用便发生了。领导者可以通过表彰、提拔、职称等奖励手段,影响下属或受影响者。

2. 惩罚　在组织中,通过惩罚违背组织规则的人,以维护组织的秩序。尽管惩罚本身不能直接使人产生领导者所期望的行为,事实上甚至可能会出现与预期相反的结果,但惩罚仍是一种实现组织目标的重要手段。因此,惩罚的作用更

笔记

多时候只是一种威慑作用。领导者在被领导对象不服从时,威胁要对他不利,而且领导者的这种威胁是可信的、可实现的,也就是被认为有能力且将要引发不良后果时,惩罚的作用便会产生。领导者作为惩罚的实施者和决定者,也不能滥用其权力。首先,应言而有信,对违反组织规则的成员,应及时予以处罚,以维护规则的权威。其次,惩罚规则应明确和广而告之,尽量使惩罚只是一种潜在的威胁而不是现实。第三,惩罚行为发生时,领导者应严格按规则办事,对所有违规者一视同仁,不可以随意处罚或有失公允。

(五)培育

所谓培育就是指领导者为了实现组织目标而采取的一种方式,使部属成员在情感上自觉服从领导的行为。培育是一个复杂的影响过程,它不仅需要改变受影响者的工作环境、思维方式、人际关系,而且需要长时间的、深层次的情感培育和积淀,才能发挥影响力。领导者为了从情感上影响下属成员,需要从以下几个方面着手:第一,注重培育友谊和信任感;第二,领导者做事应力求公正和公平;第三,注重与部属的沟通协调;第四,支持和鼓励下属参与政策制定与实施。

三、领导方式与领导效能

在领导影响力系统之中,权力无疑是一个重要的影响力来源,因为领导者毕竟是掌握和拥有某种权力的人。领导权力在某种程度上构成了领导者的基础,有效和恰当地运用权力,与领导的效能有十分密切的关系。可以从两个方面对领导方式进行分类:一是以领导者对权力运用的方式为标准来划分;二是以领导者的作风与态度来划分。

(一)以领导者对权力运用的方式为标准

以领导者对权力运用的方式为标准,领导方式大致可以分为以下三种:

1. 独裁式的领导　独裁式的领导又称为专制的(autocratic)领导,是一种传统的领导方式,这种领导完全依赖手中的权力与威势以强迫下属服从,其效果是短暂的,因为人员在高压强制下工作,心中必然会充满愤恨,只要有机会他们就会松懈下来,所谓怠工正是在这种领导方式下常有的现象。

独裁式领导方式的主要特征为:

(1)以权力威胁为基础,不以人格感召为手段。

(2)所有的政策、制度皆由领导者自己决定,下属只能奉命行事,没有参与和提供意见的机会或权利。

(3)以事为中心,追求生产成果而忽视员工的情绪与利益。

(4)采取严密的监督,时时刻刻鞭策员工服从。

(5)不以客观事实为根据,常以主观批评决定员工的工作效率。

(6)员工对领导者所指示的命令不能加以怀疑,即使命令的可行性有问题,也只有硬着头皮去干。

(7)有功则归首长独享,有过则惩罚部下,自己毫无责任。

2. 放任式的领导　放任式的领导就是主管放弃其领导任务,一切听其自然,任由部属自行处理业务;很少主动地去给予指导,除非有下属前来请示,否则不

笔记

表示任何意见;平时与员工接触很少,上下隔阂很深,彼此冷漠,感情淡薄,可以说这是一种最差的领导方式。

放任式领导的主要特征为:

(1)领导者对机关的工作不加过问,完全交由下属自行处理;

(2)领导者毫不关心下属,也不关心工作;

(3)领导者与员工的关系疏远;

(4)领导对员工的奖惩完全是被动的、刻板的,丝毫不能激发员工的工作情绪。

放任式的领导最大的缺点在于主管人员对部下的工作没有适当的指挥监督,工作人员均凭自己的意见各自为政,工作缺乏统一标准,容易形成纠纷,以导致管理的混乱。

主管人员对下属没有正确的领导,人员的思想与行动不一致,大家无法形成牢固的团体意识,组织如同一盘散沙,精神涣散,情绪低落,随时有瓦解的可能。

3. 民主式的领导 民主式的领导对下属使用鼓励和引导的方式,让大家参与工作的决策并了解如何去做工作,下属的工作潜力可以得到充分的发挥。民主式的领导被认为是一种较为理想的领导方式,它对于工作效率的增加能够产生明显的效果,在这种领导方式下,人员会产生一种喜悦感与满足感,故能自动自发地积极工作,能够充分发挥员工的工作潜能。

民主式领导的主要特征为:

(1)机关的决策制定由大家共同参与决定,领导者只是处于决策过程中的最后一步而已。

(2)决策制定以后,如果下属发现有不妥或行不通之处,可以直接请求修正。

(3)决策实行的结果,凡有功之处,领导与员工共同分享工作成果;如有过失则行政领导先行检讨,然后再去寻求造成过错的原因。

(4)对下属的奖惩是根据客观的事实及公平的标准来决定的。

(5)领导者与下属充分合作,水乳交融,没有心理上的距离感。

(6)对下属只作政策性的指导,有关工作细节则放手让下属自行处理。

(7)关心下属的生活及需要,尊重下属的人格。

(二)以领导者的作风与态度为标准

以领导者的工作作风与行为态度为标准,领导方式可分为以下两种。

1. 以人员为中心的领导 以人员为中心的领导者,把下属看得十分重要,不仅顾及他们的生活,而且让他们参与机关的决策。

以人员为中心的领导者,其主要特征为:

(1)领导关心下属的生活,如个人情况、家庭状况、工作是否满意等。

(2)下属被授予应有的权责,在其职责范围内,领导者不随便加以干预。

(3)经常与员工举行会议,交换意见,听取部下的工作报告及存在的问题。

(4)以善意的态度为部下提供指示。

(5)运用激励法则以满足部下的需要。

(6)信任下属。

2. 以工作为中心的领导 以工作为中心的领导者把工作效率看得十分重要，认为工作第一，能够达成工作效率者就是理想的工作人员。反之则是不良的工作人员，他们从不设身处地地为下属设想或考虑，只根据下属的工作表现来考核和评价下属。

以工作为中心的领导者，其主要特征为：

（1）领导者只注重工作的进程，不关心下属。

（2）工作人员的优劣，完全取决于他们的工作效率。

（3）领导与下属之间只有工作上的来往，没有其他任何的感情交流。

（4）对下属采取严格的监督，动辄惩罚下属。

（三）领导效能

组织的主体是人，而人与人之间的交互行为本质上是人员之间相互影响的过程。对于一个公共组织的管理者，特别是高层管理者而言，如何有效地运用影响力系统，整合组织中个人的努力，并使之与组织目标相结合，最终实现组织的绩效，确实是一个重要的问题，这一问题实质上便是如何实施有效领导的问题。

四、公共事业管理中的领导者

公共事业管理的领导者在公共事业管理过程中，扮演着十分重要的角色。人类社会生活的群体性、复杂性、组织性，决定了社会活动的各个领域中的参与者总有管理者与被管理者、组织者与被组织者之分。马克思曾经说过："一切规模较大的直接社会劳动或共同劳动，都或多或少地需要指挥，以协调个人的活动，并执行生产总体的运动——不同于这一总体的独立器官的运动——所产生的各种一般职能。一个单独的提琴手是自己指挥自己，一个乐队就需要一个乐队指挥。"在任何社会活动中，所有的人不是在管理别人就是受别人的管理，或者在管理别人的同时又受到别人的管理，人们都感受到管理者的存在和重要，现实生活中我们一般将公共部门的管理者称为领导。根据领导影响过程的具体行为，我们可以把领导定义为：依靠某种影响力，通过组织、指挥引导别人或整个组织实现一定目的的活动过程。由于领导活动的本质、特点是受社会生产方式和社会关系决定的，因此公共事业管理领导者的领导活动具有社会性、历史性。在不同的社会形态中，领导活动的本质、特点、目的也各不相同。

领导是组织者、指挥者和被组织者、被指挥者共同活动的过程，因此形成领导活动必须具有领导者、被领导者、作用对象和环境四个基本要素。在领导活动的这四要素中，领导者是担任领导职务的个人或集团，他们是领导活动的主体、主导方面。"领导是关键"，充分指明了领导者的重要地位，领导者依靠自身的知识、专长、智慧、能力，运用一定的职权组织领导活动，带领整个组织和被领导者去实现既定的目标。被领导者是领导活动的客体，是领导者组织和指挥的对象，同时又和领导者共同作用于领导活动的对象。在任何社会里，被领导者总是人民群众的多数，人民群众又是社会实践的主体、历史的创造者。因此领导活动中的被领导者不是被动的作用对象，而是具有创造性、能动性的作用力量，不仅作用于领导活动的对象，也作用于领导者。领导活动不仅要依靠领导者的能力、水

笔记

平,更重要的是要依靠被领导者的能动性和觉悟程度。因此,在领导活动中,领导者必须尊重和依靠被领导者,一方面把被领导者的行动纳入所需要的轨道,另一方面又要为被领导者发挥创造性完成自己职责提供必要的劳动和生活条件。作用对象指的是领导者和被领导者共同作用的客体,如国家、农村、企业、学校、军队等不同的机构、单位和行业。社会活动有政治、军事、经济、农业、工业、教育、外交等不同领域,因而就形成不同的领导活动。认识领导活动作用对象的特殊性,是进行正确的领导活动、取得成效的前提和基础。客观环境是领导活动的现实基础,包括与领导活动相联系发生影响作用的政治、经济、历史、文化传统等社会环境以及具体的上下左右的工作环境。领导活动是认识世界和改造世界的一种高层次创造性活动,它要受到历史所造成的现实环境的制约,受到各种有利的和不利的工作环境以及偶然事件的影响,人们自己创造自己的历史,但是他们并不是随心所欲地创造,并不是在他们自己选定的条件下创造,而是在直接碰到的、既定的、从过去继承下来的条件下创造的。因此领导者必须审时度势,在正确认识和利用客观环境的基础上进行领导活动,使领导活动更符合客观规律、更适应客观环境的要求。在当前改革开放的社会环境中,各级领导者应该努力树立改革、开放、商品经济的新观念,利用各种有利条件,搞好本地区、本单位的工作,推进社会改革和建设的发展。

公共事业管理的领导者是领导的一部分,也就是说公共事业管理人员是领导,但领导不一定是公共事业管理人员,领导具有更加宽泛的含义。公共事业管理领导者是指在公共部门(与私人部门或企业相对)工作的人员,尤其是指在公共部门从事公共事务管理的人员。他们的任务是执行国家政令,管理科技、教育、文化、卫生、体育等繁杂的社会公共事务,公共事业管理人员的任务是组织和管理本单位及下属单位的一般事务,人事、财务等工作。国家各级公共组织的公共事业管理人员依法行使国家赋予的公共权力,组织和管理社会公共事务,进行决策、指挥、组织、控制、检查、监督等公共事业管理活动。

公共事业管理领导者的基本职责是指政府部门和公共事业管理部门赋予这些公共事业管理领导者的职位(岗位)的工作职务和责任。一切"职位"由两个要素组成,一是"职务",二是"责任"。公共事业管理领导者的职位就是指在公共事业管理部门中所处的法律地位、担任的行政职务和应负的责任。职位和职务、责任是不可分的,职位越高,职务越大,责任也就越大。职务和责任又统称为职责,它是由职位所赋予的。任何一个公共事业管理人员担任了一定的职位,同时也承担了由这个职位所赋予的职责。担任的职位不同,所承担的职责也不同。但不论职位高低,所负责任大小,每一个公共事业管理者都应尽心尽责,做好本职工作,都要对人民对国家负责。不负责就是失职,失职应受到行政的、政治的和法律的责任追究。我国于2012年颁布实施的《事业单位工作人员处分暂行规定》,根据失职渎职造成的损失大小及情节轻重,给予法律制裁和各种行政处分。列宁说:"管理的基本原则是一定的人对所管的一定工作完全负责。"但是公共事业管理人员要完成一定的职责就必须具有一定的职权。职权是指公共事业管理人员因担任一定的职位而获得的具有法律效力的权力,职权是公共事业管理人

笔记

员履行职责的必要根据。责任和权力必须一致,只要承担了任务和责任,就应当拥有完成任务的权力,责权分离是无法完成工作任务的。但有了权,要谨慎使用,不能滥用,滥用职权,甚至以权谋私同样也会受到应有的行政处分或法律制裁。

各级公共事业管理领导者的基本职责是:规划目标、制定规范、合理用人;计划决策、组织协调、指导激励、放权考核;调查和了解情况,制定方针、路线和政策;培养、挑选、使用干部;组织和动员群众实现预定的意图和决定;进行思想政治教育等。领导的职责基本上是相同的,都要进行计划、规划、选人用人、组织协调等,只是具体规划的内容、选才的专业要求、组织协调的手段和形式有区别。人力资源和社会保障部于2011年出台了《事业单位人事管理条例》,该管理条例成为事业单位对公共事业管理人员进行科学管理的一种人事制度。

第六节　公共事业管理中的激励与控制

激励与控制在公共事业管理活动中都起着重要作用,相对于以往公共行政理论中更强调控制的作用而言,现代公共事业管理的发展趋势则更多地强调采用激励的管理手段。

一、公共事业管理的激励与控制

(一)激励及激励理论

激励从字面上看,就是激发和鼓励的过程。在管理理论中,激励是调动人们的积极性的过程,即为了实现组织目标而去影响人们的内在需要或动机,以达到强化、引导或改变人们行为的复杂过程。

关于激励的理论研究比较多,限于篇幅限制在此我们只对现代激励理论作综合框架性的概括(图3-3)。

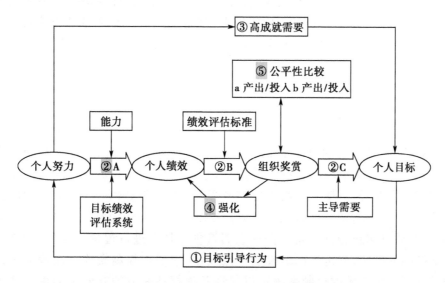

A:努力——绩效的联系　　B:绩效——奖赏的联系　　C:吸引力

图3-3　当代激励理论的综合框架图

（1）目标引导行为：这与目标设定理论一致，从目标——努力的影响过程看，目标设定对个人努力的影响至关重要。

（2）期望理论：V. 佛洛姆（Victor. H. Vroom）所提出的期望理论（expectancy theory）的主要观点认为激励受个人达成任务的努力程度与欲望的影响。当人们预期到某一行为能给个人带来既定的结果，且这种结果对个体具有吸引力时，个人才会采取这一特定行为。它包括三项变量或联系：A 为"努力——绩效"的联系。个体感到通过一定程度的努力而达到工作绩效的可能性；B 为"绩效——奖赏"的联系。个体对于达到一定工作绩效后即可获得理想的奖赏结果的信任程度；C 为"吸引力"。如果工作完成，个体所获得的潜在结果或奖赏对个体的重要程度，与个人的目标和需要有关。

（3）成就需要理论：大卫·麦克莱兰（David McClelland）等人提出的需要理论认为，在工作中人们有三种需要，即成就需要、权力需要和归属需要。高成就需要者不会因为组织对他的绩效评估以及组织奖赏而受到激励，对他们来说，努力与个体目标之间有一种直接关系，只要他们所从事的工作能使他们产生个体责任感、有信息反馈并提供中等程度的风险，他们就会产生内部驱动力。

（4）强化理论（reinforcement theory）：强化理论认为人的行为是由外部因素控制的，控制行为的因素就是强化物。强化物是在行为结果之后紧接着的一个反应，它提高了该行为重复的可能性。因此，强化理论认为行为是其结果的函数，因结果的不同而发生改变。从框架图（参见激励理论综合框架图）的第④步可以看出，组织奖赏作为强化物可以强化个人绩效。按照强化理论，管理者可以通过强化他们认为有利的行为来影响组织成员的活动。

（5）公平理论（equity theory）：斯达西·亚当斯（J. Stacey Adams）提出的公平理论认为，个人首先思考自己收入与付出的比率，然后将自己的收入——付出比与其他相关成员进行比较，如果比率与他人的相同则是公平的，否则就出现不公平。公平理论认为，每个人不仅关心由于自己工作努力所得到的回报，而且还关心自己的回报与他人回报之间的关系。当人们感到出现不公平时，就会调整自己的行为，以纠正不公平的结果。个人的不公平感将影响到此人今后的努力程度。

（二）激励与控制

激励是公共组织实现目标的有效手段之一，不论是物质的还是精神的激励方式，都是公共组织成员的一种需要，它可以推动公共事业管理者内在潜力的充分发挥，而且使公共组织更容易实现目标。但任何一个公共组织的公共事业管理活动，都必须有相应的监督控制。控制的作用就是监督各项管理活动，并通过纠正各种偏差以保证它们按预定计划进行过程。监督、检查都属于控制的范畴，只是不同的控制手段而已，它们与控制模式一起构成了控制系统。一个有效的控制系统可以保证各项行动完成的方向是朝着公共组织的目标发展的，控制系统越完善，则公共事业管理者实现组织目标的可能性就越大。

激励与控制都是公共事业管理活动的手段,激励是激发公共组织成员潜能,使公共组织的绩效最大化;控制则是监督公共事业管理活动和纠正偏差。两者在公共事业管理中是相辅相成、互为补充的有效手段。尽管当代公共事业管理的实践中更多采用激励的手段,而控制程度较以往有所削弱,但是控制过程仍是不可缺少、必要的公共事业管理手段。

二、公共事业管理的控制目标与过程

(一)公共事业管理的控制目标

所谓公共事业管理的控制目标就是在公共事业管理活动中,通过控制过程要达到的目的。控制就是为了保证公共组织实现目标,因此控制目标与公共组织的目标是一致的,即控制过程的作用就是控制公共事业管理活动的方向。从公共事业管理的具体活动内容看,要实现公共事业管理的控制目标,应从以下几个方面着手:

1. 对公共事业管理者的控制　为了实现公共组织目标,必须对公共事业管理者进行控制。对公共事业管理者的控制最常用的办法就是监督他们是否按照计划的要求去做,对出现的偏差应立即纠正,并制定出一套对公共事业管理者的科学评估体系,以制度化的方式来规范公共事业管理者的行为。对违反者予以惩处,对做得好的给予奖励。

2. 对公共事业管理资源的控制　在公共事业管理过程中,要投入一定的资源,如劳动力、原材料等资源,并转化为公共产品或服务。为了使公共事业管理成本最小,产出最大,必须对公共事业管理的资源转化过程进行控制。这种控制过程不仅可以降低公共事业管理的成本,而且使公共产品或服务的品质得到保障。通过对公共事业管理资源的控制使资源的利用更有效,同时减少不必要的浪费。公共事业管理资源控制的主要手段是财务监督、预算和支出的控制等。

3. 对公共事业管理信息的控制　随着社会发展,信息对公共事业管理的作用也越来越重要。由于公共事业管理的信息直接影响到公共事业管理的效率,因此有必要对公共事业管理信息实行控制。在公共事业管理活动中,信息可能会出现失真、不完整、不及时等情况,甚至会出现一些人为的干扰,使公共事业管理者的决策失误,并导致行为失误。对信息的控制主要是保障信息传递的安全、准确、畅通,且过滤一些错误、虚假的信息,以提高公共事业管理的效率。

4. 对组织绩效的控制　对公共组织绩效的控制,是公共组织的领导者关注的问题。要实行对公共组织绩效的控制,关键是科学评价、衡量组织的效能、效率和效益。

(二)公共事业管理的控制过程

公共事业管理中的控制过程主要有确定标准、衡量绩效(衡量工作和分析衡量结果)和采取管理行动四个环节。

1. 确定标准　在公共事业管理活动中,首先要确定评价管理活动成效的标

笔记

准。所谓标准,即评定成效的尺度。标准是控制的基础,没有标准,控制则无法实现,标准的制定与公共组织的目标是密切相关。

在公共事业管理中常用的标准有以下几种类型:

(1)时间标准:完成一项公共组织计划,应有一个时间期限和工作进度要求。

(2)公共产品或服务的品质标准:对公共产品或服务的质量和内容的要求。

(3)行为标准:制定公共事业管理者的行为准则,规范公共事业管理者的行为。

(4)绩效标准:对公共组织的投入和产出的评价标准,衡量公共组织的效能、效率和效益。

2. 衡量绩效 衡量公共组织的绩效有两类工作要做,首先是收集有关公共组织绩效的信息,并对公共组织的效果与评价标准进行比较,较准确地描述公共组织的工作状况。衡量公共组织工作效果的信息来源主要是通过个人观察、统计报告、书面或口头汇报等方式获取。其次是对公共组织的工作状况进行分析、比较并做出评价结论。衡量绩效的行为是对公共事业管理过程的控制,尽管绩效是对结果的评价,但这里所指的是公共组织阶段性结果的衡量,而不仅是对最终结果的衡量。

3. 采取管理行动 在对公共组织进行衡量绩效后,接下来要做的工作是有针对性地采取管理行动,改进公共组织的管理绩效。一般而言,可能采取的行动方案有三种:

(1)修订评价标准:对那些不可能实现的、不切实际的标准进行修正,使评估更准确,更符合实际。修订标准可以调高、调低或废弃一些指标,也可以重新增加新的指标。

(2)纠正行动:通过衡量绩效的过程后,我们针对出现的问题,纠正那些出现偏差的公共组织或其成员的行为,改进公共组织的绩效。纠正偏差的管理行为方式有:实施新公共事业管理策略、调整公共组织结构,或对公共事业管理者进行人事调整、培训等。

(3)维持原状:在衡量公共组织绩效时,发现该组织的效果较好,则没有必要采取行动来影响公共组织活动,这是维持原来的行为模式是最好的选择。

通过对控制过程的了解,可知标准的来源或依据取决于公共组织的目标确定以及根据目标制定的工作计划。因此,也有学者将标准的确定过程,排除在控制过程之外。而我们认为,控制过程的第一步是确定标准,标准是控制过程的前提、基础,也是控制过程准备阶段。控制过程(图3-4)是一个制定标准、衡量、比较和采取管理行动的循环过程。控制过程是公共事业管理过程的子过程,也可看成是公共事业管理过程的伴生过程。

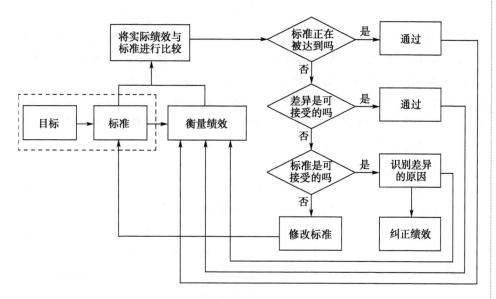

图3-4 控制过程

 章后案例

公共政策中的经济学

在山姆的课堂上,学生们低声交谈着,等着山姆的出现。高年级选修课的最后一堂课通常都是很喧闹的,可是学生们在等待的过程中逐渐地安静下来了。他们都听说山姆就要离开爱德华学校了。

当山姆最后一次走进他的教室时,看上去一反常态的疲惫。他的脸上显露出他昨晚没怎么睡觉。和他平时的步伐相比,他的动作好像迟缓了一些。他深深地吸了一口气,努力地激起一些活力。

"今天我们要谈一谈政府规定的最后一个方面,环境政策。基于你们所了解的我对公共政策的看法,你们认为我是反对环境政策呢,还是赞成呢?"

"反对!"同学们异口同声地说。

山姆转向黑板,然后又转过身来面对全班同学。

"错!"

学生们的惊喜声使他精神大振。

"当人们彼此买卖时,"他继续说,"交易是自愿的。双方都从中获益,否则就到别处做生意了。可是当一家污染者把有毒的废料排到河里或空气中时,让想喝水或想呼吸空气的人们接受这种污染,是违背他们意愿的。这是一种对空气和水的偷窃行为。好的环境政策关键在于给人们提供一种自愿的交易方式。如果你能做到这一点,你就有机会约束私利,而不是逆之行事。有谁知道欧洲人怎么去的澳洲吗?"

"坐船。"后排的一个学生说。

笔记

"哈哈,一个喜剧天才。谢谢你,杰森。对,他们是坐船去的。可是有趣的一点在于,他们许多人是以罪犯的身份去的。在18世纪和19世纪,英国把一船一船的罪犯送往澳洲,可用的不是豪华游艇。有时候多达百分之三十的罪犯死在途中。这可把许多遵纪守法的英国人吓坏了。要么出于内疚,要么出于仁爱,他们希望降低旅途中的死亡率。那么,你们有什么建议呢?"

同学们把手举了起来,一位同学建议加强营养,另一位建议提供良好的医疗设施,最后一位建议每次不要太拥挤。

"好,"山姆说,"但是要让罪犯们吃好、喝好或是为之提供良好的医疗设施或是每次少送一些罪犯的话,会使成本大增。你们可以想象,人性的慈善不可能在船长的血管里流淌不息。事实上,一些船长将给罪犯吃的食物囤积起来,让罪犯们饿死,然后当他们到了澳洲后就把食物卖掉。可爱的家伙,不是吗?所以我看他们不会热心地采纳你们拯救生命的建议。我们试试另一个办法,让我们强迫船长们更有人性地做事,让我们通过法律手段制订最低的食物标准和医疗标准。我们称之为'重手方案'。那样会管用吗?布利坦尼?"

"你可能不得不在船上派一个政府官员,以确保船长照章办事。"

"而且你还得确保那个官员不受贿或不受那些野蛮船长的威慑。"山姆说,"所以这种立法方案在理论上可能还不错,可在实践中可能不怎么管用。你觉得一个经济学家会怎样建议?好吧,我就提供一个关键的线索给你们,在罪犯运输的最初阶段,政府对私有船的船主是按人头付费的。他们支付的费用足以保证每个罪犯都有食物及医疗保障。有人最后想出个聪明的办法,不按在英国上船时的人头付费,而是按到澳洲后下船的人头付费。"

山姆停下来让同学们理解其中的道理。

"这不是一个简单、聪明、省钱且能带来改观的办法吗?我们称之为'轻触方案'。约束船长们的私利,而不是通过法律压制这种私利。这就是你能得到的最好的自控体制了。政府用不着花钱派个人在船上盯着船长的一举一动,只要给船长们自己做这个工作的动力就行了。政府也用不着费心去计算使一个罪犯得以生存所需的食品及医疗设施了,只要让当事的船长自己去算就行了。听上去挺棒的,对吧?可是好处还不止这些。通过'轻触方案',船长们就有动力去寻找新的更好更便宜的养活罪犯的方法了。也许是给犯人们更多的空间,每次少运一些犯人,但是存活得更多;也许用些新的治疗海上常见疾病的药;也许有些食品比其他食品可以使犯人更健康。如果船长们尝到甜头后,他们就会有动力不断地提高犯人在船上的存活率。而且只有他们才有能使之不断提高的各种信息,别人都没有。"

"这和环境有什么关系呢?"有人问。

"许多环境政策都是重手方案。举个例子,政府自己决定减少空气污染的最佳方法,而不是公司自己发现那种方法。就像船长一样,公司通常掌握着

笔记

106

比政府更多的信息。过去政府常常强制电厂安装一种叫空气滤清器的装置，用来清除从他们大烟囱中排放出来的二氧化硫。空气滤清器是很贵的，要耗资一百万美元以上。那也没关系，反正羊毛出在羊身上，让用电的人去背着就是了。这很好，它抑制了人们使用污染空气的能源。可是，空气滤清器就是去除烟囱中有毒物质的最佳办法吗？当时或许是最好的办法，但是就像告诉船长们让犯人存活的最好办法一样，就算当时是最明智的政策，但是没有改进的动力。最终政府通过了控制二氧化硫的最终轻触方案。政府宣布如果你想排放二氧化硫的话，你不得不为你排放的每一吨申请许可。"

"一共发放了多少个许可？"

"问得好。每个发电厂都有些麻烦，他们以前排放的二氧化硫弄不到许可。现在他们只能去争抢许可了。他们不得不想出少排放二氧化硫的方法。还有个办法就是从那些排放得少而许可证有余的电厂买许可。于是法律也就是间接地对那些不进行技术革新的发电厂处以了罚款，而奖励了那些进行技术革新的电厂。这些动力果然对二氧化硫的排放量产生了巨大的影响。而发电厂呢，现在则有动力不断开发清洁空气的省钱办法。并非人人都对这样一个结果表示满意，一些环保主义者觉得这太棒了，而其他人则在道义上对可以买到污染的权力这一观点表示反对。对某些环保主义者而言，污染是一种原罪，而不是经济活动中不可避免的成本。"

（摘自罗塞尔·罗伯茨：《看不见的心》，张勇、李琼芳译，中信出版社）

案例讨论

1. 谈谈你对公共政策与公共事业管理关系的理解。

2. 案例中的"轻触方案"和"重手方案"的根本差别在哪方面？

3. 这是一个关于环境政策的案例，同时又涉及公共事业管理过程中的控制过程。如何理解公共政策过程（即设计、执行、评估）和控制过程（即确定标准、衡量绩效、采取管理行动）的关系？

本章小结

公共政策是公共行为主体（主要是公共权威当局），在职能范围内为了某一特定的目的（如解决和处理某项公共问题或满足某项公众需要，达成公共利益或公共目标），经过政治活动（或协调）所选择的行动方案并通过公共事业管理过程实现这一特定目标的过程。在公共政策过程中发展出来的各项方针、原则、策略、措施、计划和行为规范的总和是公共政策的主要表现形式。

公共政策是人类社会发展到一定阶段的产物，随着社会不断发展，公共政策的内容日益丰富，公共政策的过程也越来越复杂。但它们具有一些共同的基本性质：利益倾向性、目标导向性、合法性与强制性、稳定性与时效性、多

笔记

样性和多效性。

从公共事业管理的过程来看,始终包括了公共政策的过程,即设计、执行、评估和修正的循环过程;同时,公共事业管理寓于公共政策过程的每个环节中。公共政策的制定既是公共事业管理的起点,又是公共事业管理的阶段性结果或终结。

一个简单的公共政策过程主要包括五个步骤:公共政策设计(公共政策问题、公共政策议程和公共政策制定)、公共政策执行(或实施)、公共政策评估、公共政策终结或公共政策调整;一个复杂的公共政策过程是由多个简单公共政策过程构成的。

权力和领导是两个既有联系又有区别的概念,很容易产生混淆。权力是描述人与人之间影响能力的概念,领导则是指影响过程。领导权力的典型划分是将权力的来源或基础分为五个方面:强制权、奖酬权、合法权、参考权和专家权。

激励与控制是公共组织实现目标的有效手段,不论是物质的还是精神的激励方式,都是公共组织成员的一种需要,它可以推动公共事业管理者内在潜力的充分发挥,而且使公共组织更容易实现目标。但任何一个公共组织的公共事业管理活动,都必须有相应的监督控制。控制的作用就是监督各项管理活动,并通过纠正各种偏差以保证它们按预定计划进行过程。

关键术语

公共政策　public policy　　　　激励　encourage

权力　power　　　　　　　　　　控制　control

领导　lead

思考题

1. 何为公共政策? 公共政策的基本性质是什么?

2. 公共问题与社会问题之间有什么联系与区别? 公共问题是怎样转化为公共政策问题的?

3. 公共政策的简单过程与复杂过程之间存在怎样的关系?

4. 权力与领导之间是怎样的一种关系? 根据权力的来源或基础可将其划分为哪几类?

5. 为什么说激励与控制是公共事业管理的有效手段? 你更倾向于用哪种手段?

(殷　俊)

笔记

第四章

公共事业绩效管理

学习目标

通过本章的学习,你应该能够了解和掌握:

1. 绩效及绩效管理的内涵及意义。
2. 公共事业绩效管理的模式及过程。
3. 公共事业管理的绩效评价方法。
4. 几种先进的公共事业绩效管理工具的运用。

章前案例

1999 年,澳大利亚联邦政府采取一系列新的措施进一步改进卫生系统的绩效评价办法与评价指标体系。应澳大利亚卫生部长会议要求,成立了"国家卫生系统绩效委员会"(The National Health Performance Committee, NHPC),负责发展和完善国家卫生系统绩效评价框架,以及制定相应的绩效指标。新的绩效框架包含的内容从原来仅仅是医院服务扩展到了整个卫生系统,涵盖了社区卫生服务、全科服务和公共卫生的内容,制定一系列相应的绩效指标,也成为 NHPC 卫生系统绩效评价框架的一项重点工作。

澳大利亚对卫生系统绩效的评价,试图测量为了改善全澳大利亚人民的健康状况,卫生系统提供高质量医疗卫生服务的程度如何,每一个人是否都享受到了同等的服务。它包含了九个方面的内容,有效性:达到所期望结果的保健、干预或行动的效果;适宜性:根据顾客需要,以及设定的标准所提供的保健或干预行动的适宜程度;效率:最有效地使用资源,达到所期望的结果;反应性:提供尊重个人和以顾客为中心的服务,包括尊严、隐私,服务的选样权,服务的及时性,医疗卫生机构的基本设施和环境,社会支持网络的可及性,以及对服务提供者的选择;可及性:在不考虑其收入、居住地和文化背景的情况下,人们在适当的地点和时间获取医疗卫生服务的能力;安全性:避免或减少由所提供的医疗卫生服务所造成的直接或潜在的伤害;连续性:不同时间各种服务项目、医疗卫生人员、医疗卫生机构之间提供不中断的、协作的保健或服务;能力:个人或服务项目所提供的以技能和知识为基础的医疗卫生服务的能力;可持续性:系统或组织机构的人力、物力配置,不断增强处理突发事件需要做出及时反应的能力。

(资料来源:http://www.chinavalue.net/Biz/Article/2008-6-11/119724_2.html)

笔记

向社会生产和提供公共事业产品是公共事业管理最直接的结果。同企业一样,公共事业产品的生产和提供也是一个投入和产出的过程,因而为了生产和提供更多更好的公共事业产品为社会公众服务,决定了公共事业管理过程必然是追求绩效的过程,是绩效管理的过程。公共事业的绩效管理是公共事业部门的内部控制过程,它既通过管理提高绩效,也通过管理来不断地对管理结果进行科学评估。因而公共事业绩效管理过程也是一个公共事业管理部门的自我评估过程,即内部评价过程,是一个以评估促绩效,绩效和评估的互动过程。

同时,公共事业管理的最终目的是保证和提高公众的基本生活质量和水平,促进社会公共利益的提高。因此,一方面公共事业管理的绩效必须以社会需求的满足程度和公共利益的增进水平为标准来进行管理和作出自我评价;另一方面其管理的最终绩效必须放到整个社会发展的背景和公众满意程度的背景下,通过客观的评价标准和方法作出评判。公共事业管理部门绩效的自我评估结果与社会评价结果相一致,是最有效率和效益的公共事业管理。

第一节　公共事业绩效管理的含义及过程

公共事业绩效理念的确立和绩效管理的形成,是当代公共事业管理的重要标志之一。绩效管理在公共事业管理部门中的应用有其特定的内涵和要求,也具有重要的价值,因而绩效管理成为推进公共事业管理部门深入改革,提高绩效的重要策略和工具。

一、公共事业绩效管理的基本内涵

(一)公共事业绩效管理的概念

1. 绩效及绩效管理的含义　绩效(achievement),从管理学的角度看,包括个人绩效和组织绩效两个方面,从字面意思分析,绩效是绩与效的组合。

绩就是业绩,体现着组织的效益目标,它又包括两部分内容,即目标管理和职责要求。组织要有组织的目标要求,个人要有个人的目标要求,目标管理能保证组织和个人向着希望的方向前进,实现目标或者超额完成目标可以给予奖励,比如奖金、提成、效益工资等。职责要求就是对员工日常工作的要求,比如业务员除了完成销售目标外,还要做新客户开发、市场分析报告等工作,对这些职责工作也有要求,这个要求的体现形式就是工资。

效就是效率、效果、态度、品行、行为、方式。效是一种行为,体现的是组织的管理成熟度目标。效又包括纪律和品行两方面内容。纪律包括组织的规章制度、规范等,纪律严明的员工可以得到荣誉和肯定,比如表彰、发奖状/奖杯等;品行指个人的行为,"小用看业绩,大用看品行",只有业绩突出且品行优秀的人员才能够得到晋升和重用。

绩效这一概念,用在经济管理活动方面,是指社会经济管理活动的结果和成效;用在人力资源管理方面,是指主体行为或者结果中的投入产出比;用在公共事业管理中来衡量公共事业管理活动的效果,则是一个包含多元目标在内的概念。

笔记

知识拓展

目标管理的由来

美国管理大师彼得·德鲁克(Peter Drucker)于1954年在其名著《管理实践》中最先提出了"目标管理"(management by objectives)的概念,其后他又提出"目标管理和自我控制"的主张。德鲁克认为,并不是有了工作才有目标,而是相反,有了目标才能确定每个人的工作。所以"企业的使命和任务,必须转化为目标",如果一个领域没有目标,这个领域的工作必然被忽视。因此管理者应该通过目标对下级进行管理,当组织最高层管理者确定了组织目标后,必须对其进行有效分解,转变成各个部门以及各个人的分目标,管理者根据分目标的完成情况对下级进行考核、评价和奖惩。

目标管理提出以后,便在美国迅速流传。时值第二次世界大战后西方经济由恢复转向迅速发展的时期,企业急需采用新的方法调动员工的积极性以提高竞争能力,目标管理的出现可谓应运而生,遂被广泛应用,并很快为日本、西欧国家的企业所仿效,在世界管理界大行其道。

(资料来源:http://baike.baidu.com/view/54093.html)

我们可以从以下几个方面来理解绩效的含义:第一,从绩效内容与外延的规定性来看。绩效反映的是组织及其人员在履行职能或岗位职责过程中,在一定时间内以某种方式实现某种结果的过程。在职能或岗位职责履行以外所产生的结果不能视为绩效。第二,从绩效产生的主体来看,绩效包括了组织整体绩效、个人绩效和项目绩效。第三,从绩效质与量的本质属性来看,绩效并不等于产出本身,也不等于任务或产品本身。绩效是投入所获得的产出及其所产生的社会效果,绩效不仅有量的规定性,也有质的规定性。第四,从绩效形成的过程来看,绩效具有一定的周期,具有投入——获得中期结果——获得最终结果的周期性发展过程,时间对绩效形成具有影响作用。

因此,公共事业管理绩效的概念是:公共事业组织在生产和提供公共服务产品过程中取得的成果及其所产生的社会效益。具体包括:公共事业管理绩效是公共事业组织在履行职能过程中取得的;公共事业管理的绩效范围,不仅包括行为本身,还包括行为所产生的效果与影响;公共事业管理绩效不仅有数量(做了什么、做了多少),而且还有质量(做得怎么样),公共事业管理绩效,不仅表现为初期结果,还有最终结果,具有绩效周期。

绩效是一个组织或个人在一定时期内的投入产出情况,投入指的是人力、物力、时间等物质资源消耗,产出指的是工作任务在数量、质量及效率方面的完成情况,由此衍生出了绩效管理的概念。

所谓绩效管理(performance management),是指各级管理者和员工为了达到组织目标共同参与的绩效计划制定、绩效辅导沟通、绩效考核评价、绩效结果应用、绩效目标提升的持续循环过程,绩效管理的目的是持续提升个人、部门和组织的绩效(图4-1)。

笔记

美国国家绩效评估中的绩效衡量小组曾对此下过一个被人们普遍认可的定义：即"利用绩效信息协助设定已达成一致的绩效目标，进行资源配置与优先顺序的安排，以告知管理者维持或改变既定目标计划，并且报告成功符合目标的管理过程。"可见，绩效管理的重点不是政府的"投入"而是"产出"，它相当程度上是根据所确定的"产出"反过来进行职责分配和组织整合，并进行管理和评估的"结果导向"过程，它既是对公共服务目标进行设定与实现的过程，也是公共事业管理部门的自我评估过程，是绩效和评估的互动过程，它寻求和代表的是公共事业管理部门追求和提高绩效的制度化。

图 4-1　绩效管理循环图

2. 公共事业绩效管理的内涵　在传统的政府管理中，虽然追求行政效率或政府管理绩效一直被列为组织的目标。但由于在设计精密的官僚制组织中，组织本身已将组织目标落实到每个组织成员并作为他们的职责，因而绩效管理更多的是考虑如何让组织成员执行命令，而不考虑政府部门在公共服务领域生产了什么、公共物品的好坏，以及在组织中与公共物品的生产和提供相联系，谁将受到奖励，谁将受到责备或惩罚，既没有将组织管理的任务明确地分解为成员的职责，也没有将结果完全地与成员所负责任相连。一般认为，绩效测量主要是针对决策者和指挥者而言的，因而组织中对各种管理方案和成员的评估缺乏必要的制度化的保证。一句话，在传统的政府管理中，缺乏行之有效的绩效管理。

公共事业的绩效管理是在政府管理改革的实践基础上形成的，其基本做法就是将公共事业组织目标分解为公共事业组织成员的职责，并与资源的配置和整个组织系统的控制、评估相结合。例如在英国的财政管理改革中，就以提高每个部门的绩效为目标，提出了在一个组织和一个制度中，各级管理者都具有如下职责：

第一，对目标有清楚的认识，在任何可能的地方都有办法去评估与这些目标有关的方法、产出和绩效。

第二，为最大限度地使用资源而明确规定的责任，包括对产出和资金价值的严格监视。

第三，有效地获取履行其职责所需要的信息（特别是成本方面的）等。

正因为如此，绩效指标被认为是测量组织在实现既定目标时所取得的进一步情况的方法。绩效管理在相当程度上被视为组织系统整合组织资源达到其目标的行为，并认为它与其他方面纯粹管理的最大不同在于，它包括了全方位的控制、监测、评估组织所有方面绩效的工作，强调系统的整合。由于管理工作的目的就是提高绩效，因而在这一意义上，绩效管理代表着公共事业组织全方位的管理工作，是公共事业组织管理者最主要的职责。

（二）公共事业管理绩效理念的树立和绩效管理的形成

公共事业管理绩效理念的树立和绩效管理的形成有其基本原因。

1. 社会发展的迫切要求　社会发展所导致的从 20 世纪 70～80 年代开始的世界范围内政府改革的直接结果。

（1）随着时代的发展，公众在各方面对政府的需求日益增加和提高，使得政府的角色越来越重要，政府承担的社会管理职能日益扩张，所提供的公共服务也日益增多。

（2）政府功能的扩张与强化必然增大政府的管理成本，形成公众负担的加重或政府财政赤字压力；另外，随着民主化的进程，公众又要求政府以最经济的手段，花最少的钱，提供更多更好的服务。因而，在不断增长的预算赤字、财政压力和公众的要求下，提高绩效就成为政府管理中必须首先解决的一个大问题。

（3）公共事业管理部门作为承担政府社会管理的主要部门，正是职能扩张最为明显的部门，也是与公众联系最为紧密并受到压力最为直接的部门，政府绩效管理改革最为主要的是在公共事业管理部门展开和进行。绩效理念及绩效管理成为了公共事业管理的重要组成部分，成为整个公共部门绩效管理的最主要体现。

2. 绩效管理成为新型公共事业管理的必然　随着公共物品理论尤其是其中的准公共物品理论的形成和发展，人们对公共事业管理规律认识不断深入，随着公共管理社会化改革的推行，以新型的公共事业产品生产和提供方式为基础，以政府为核心、包括非政府组织等在内的多元管理主体系统开始形成，绩效管理也随之成为必须。

二、公共事业绩效管理的意义

应运而生的公共部门的绩效管理，在公共事业管理中具有十分重要的意义，主要体现在绩效管理既是公共事业管理部门提高管理绩效的重要管理工具，同时也是科学的评估工具。

（一）绩效管理是促进公共事业管理绩效提高的重要的管理工具

公共部门管理客观上存在投入与产出的关系，公共部门提供公共服务的数量和质量，根本上取决于这一投入和产出的比例的高低，而绩效管理的核心正是将成本与效益相连，力求以最低的成本获得最大的效益（既有经济效益，亦包括社会效益）。因此，作为一个管理工具，在公共部门绩效管理中引入成本—效益机制是十分必要和可行的，也切实符合公共管理的基本需要。对于新型的多元管理主体、多元资金投入，以生产和提供准公共物品为主的公共事业，其本身就带有准公共性，既要注重社会公平，更须考虑资金价值的管理，这就更显出其重要和必须。

成本—效益机制对公共事业管理绩效的促进，主要表现在：

1. "结果导向"　传统的政府管理比较强调和重视投入过程，而不重视结果，更没有相应的制度化的措施对结果予以保证，虽然一直都在追求行政效率，但往往导致形式主义、浪费和官僚主义。绩效管理不否认程序和规则，但一切必须以公共产品的数量和质量是否满足公众的需求来衡量，并根据结果的需要来组织、落实和协调管理，从而为减少或克服以往管理的种种弊端开辟了一个

笔记

路径。

2. 责任机制　这是"结果导向"的体现和落实,其内容在前面已进行了阐述。责任机制内含管理人员的责任落实、资源的优化配置及整个组织系统协调等,在相当程度上,为促进绩效提供了可能。相应地,责任落实,过程和结果评估,与绩效相连的奖励或惩罚,也成为对提高管理者个人积极性的激励机制。

(二) 绩效管理是公共事业管理的科学评估工具

包括公共事业管理部门在内的整个公共部门一直存在对管理结果的评估,但是,它更多的是注意过程、投入而不重视结果。在这一情况下,在实施具体的管理措施之前往往缺乏量化指标,指标是模糊的,常常是根据最后所出现的结果再形成标准进行评估,带有随意性,也缺乏客观性和科学性,失去了评估的意义。确定科学的可量化的指标进行管理目标分解和评估是绩效管理的基本方式,作为一个评估工具,绩效管理为科学地评估公共事业管理部门的内部管理提供了可能。

不仅如此,由于公共事业管理部门管理的内容即公共事业产品的生产和提供与公众的基本生活密切相关,因而是公共部门中与公众联系最为直接和紧密的部门,也是受到公众最多关注或要求的部门。随着时代的发展,公众要求政府负责制定公共事业产品生产和提供的总体框架,并承担起以下责任:一是必须制定合理的关于公共事业产品生产和提供的公共政策;二是公共支出必须获得公众同意并按正当的程序支出;三是资源的有效率配置;四是资源必须使用在预定的结果方面。因此,就需要一定的方式对公共事业管理部门是否承担好了这些责任进行评判,如果不能测评,则很难知道公共事业管理部门是否负起了应负的责任。显然,绩效管理在公共事业管理部门中的应用,也同时为公众从组织外部正确地认识和评价公共事业管理的结果提供了可能,并在相当程度上成为公众对公共事业管理部门进行监督,促进公共事业管理部门提高绩效的有效工具。

三、公共事业绩效管理的过程

由于公共事业所提供公共服务或产品的特殊性,公共事业绩效管理是一个范围广泛、内容复杂的系统工程。公共事业绩效主要表现在管理公共事务和供给公共服务过程中的投入、产出、中期成果、最终成果及其社会影响。绩效管理工作主要集中在通过对公共事业管理活动的花费、运作过程及其社会效果等方面的测定来测量公共事业管理实现绩效目标的程度并由此划分绩效等级、发现绩效问题,从而改进绩效。公共事业绩效管理过程不是一个单一的行为过程,而是包含了确定绩效目标、阐明评估目的要求与任务、构建可量化的评估指标和评估标准、划分绩效等级、公布评估结果、运用评估结果等环节在内的综合行为系统过程。

(一) 公共事业绩效管理活动的基本过程分析

公共事业绩效管理活动过程,可以从发生顺序和功能活动两个方面进行

笔记

分析。

1. **从发生顺序的角度分析** 从发生的前后顺序来看,公共事业绩效管理是一个从绩效目标的确立到实施再到检查评估是否达到目标完整的系统过程。

(1)绩效目标的确立和分解:所谓绩效目标的确立,就是根据相关绩效信息和公共服务的要求,依据一定的指标和方法,将组织目标转化成可测量的绩效目标或指标。而绩效目标的分解,就是将绩效目标根据组织的部门和人员岗位进行分解,即转化为具体的部门和人员的责任要求,同时进行必需的资源配置。

(2)绩效目标的实施:即组织中各个部门和人员根据所承担的绩效责任,展开管理实施工作。

(3)绩效目标的评估:这一评估实际上分为两个方面:一是在实施过程中的评估,这实际上是一种根据绩效指标进行的控制反馈工作;二是在整个管理过程结束后,对最终结果是否达到目标进行的评估。

2. **从功能活动的角度分析** 从功能活动的角度看,公共事业绩效管理基本上是由绩效评估、绩效衡量和绩效追踪三个方面的活动组成的。

(1)绩效评估:即对组织绩效的评估,相当程度上,绩效评估的过程也就是组织要达到一定的目标、如何达到这一目标以及评估是否达到这一目标的系统的管理过程,是一个运用绩效评估来提高和达到组织绩效的过程。从评估的对象来看,绩效评估涉及组织活动和人员等各个方面,既可以是整个组织的绩效、计划的绩效,也可以是个人的绩效。目前在公共事业管理部门中,比较重视的是对组织绩效和个人绩效结合的评估。

(2)绩效衡量:是绩效管理的重点也是难点,是要将组织目标分解为可测量的绩效目标,因此绩效管理中的一个功能性活动,就是为了能尽可能科学和客观地进行评估,管理者必须制定一套能衡量组织目标实现程度的绩效指标体系,或者说可以衡量组织绩效的标尺,以对组织内部与外部、组织内部或外部不同时期的管理效果进行测量比较。

(3)绩效追踪:即对组织的绩效进行不间断的观察、记录和分析,以之作为改进组织绩效的依据,促进组织绩效的提高。

（二）公共事业绩效评估指标

绩效评估是整个绩效管理的核心,而绩效管理能否成功,相当程度上又取决于绩效衡量指标体系。在基本结构上,公共事业管理绩效指标与整个公共部门的绩效指标是一致的,但又有公共事业管理的具体要求。

1. **反映公共事业绩效的基本指标** 目前,从公共事业管理既要重视经济效益,更要注重社会效益的基本要求出发,公共事业组织的绩效指标一般有四个基本方面,即"4E":经济、效率、效果、公正。

(1)经济:经济(economic)指标一般是指公共事业部门投入到管理项目中的资源水准,是一个公共事业组织在既定的时间内,在获取一定的收益或得到一定的产出的情况下,花费了多少成本。作为公共事业组织来说,这一指标还包含着其支出,即取得结果的花费是不是按照法定程序进行的。经济指标关注的是绩

笔记

效管理中的"投入"项目或"投入"的方向,以及如何使投入得到最经济的利用。按法定程序进行投入,以最低的投入或成本,生产和提供了既定数量和质量的公共物品或服务的公共事业管理,在经济方面就是好的管理。这一指标并不关注服务对象问题,而是关注如何生产既保证既定公共产品的数量和质量,又消费最少的资源。经济指标通常可以用货币的形式来表示。

(2)效率:效率(efficiency)指标所要评价的是一个公共事业组织在既定的时间和预算投入下,产生了何种公共服务结果。如果说经济指标所追求的是在既定的收益下所付出的成本最小化,那么,效率指标追求的则是以一定的代价获取最大的收益。因此,效率是投入与产出之间的比例关系,它关注的同样是如何生产即手段的问题,而这种手段通常也可用货币方式进行表达。公共事业组织的效率指标通常包括服务水准的提供、活动的执行、服务与产品的数目、每项服务的单位成本等。

公共事业组织的效率包含两个方面的内容:一是生产效率,即生产和提供公共物品或服务的平均成本;二是配置效率,即公共组织所提供的公共物品或服务是否满足了利益相关者(即其利益与公共物品的生产和提供有关系的个人和群体)的不同的偏好,也就是公共事业组织所提供的公共物品或服务的项目中,如国防、社会治安、文化、教育、卫生、社会福利、环保等,其预算比例及投资的先后,是否符合公众的偏好顺序,即公众的需求顺序和需求水平。

(3)效果:效果(effect)是衡量公共事业管理结果的另一个重要指标,它关注的是通过实施管理后,公共服务的情况是否有了改善。效果指的是公共服务实现公共事业管理目标的程度,如福利状况的改变程度、公共物品使用者满意程度等。它在相当程度上,是指公共服务符合政策目标的程度。就对公共事业管理结果的衡量而言,效率指标适用于可以量化的或货币化的公共物品或服务。但在公共事业管理中,有很多服务是难以量化的,而且分配效率也不容易理解,因而只能从管理实施前后的状况或行为的改变来进行衡量或评价。效果指标能衡量出公共服务实现既定目标的程度,因此效果指标在公共管理中亦具有十分重要的地位。

效果关注的是公共事业管理的目标或结果,通常是以产出与结果之间的关系进行评价的。效果可以分为两类:一是现状的改变程度,如国民受教育的状况、环境质量变化程度、交通状况改变程度等;二是行为的改变幅度,如社会犯罪行为的改善幅度等。

> **知识拓展**
>
> ### 效率与效能
>
> 彼得·德鲁克曾在《有效的主管》一书中简明扼要地指出:"效率是'以正确的方式做事',而效能则是'做正确的事'。效率和效能不应偏废,但这并不意味着效率和效能具有同样的重要性。我们当然希望同时提高效率和

效能，但在效率与效能无法兼得时，我们首先应着眼于效能，然后再设法提高效率。"彼得·德鲁克提出了两组并列的概念：效率和效能，正确做事和做正确的事。在现实生活中，任何组织的行为，第一重要的应该是效能而非效率，应该是做正确的事而非正确地做事。"正确地做事"强调的是效率，其结果是让我们更快地朝目标迈进；"做正确的事"强调的则是效能，其结果是确保我们的工作是在坚实地朝着自己的目标迈进。

（4）公平：公平（equity）指标关注的基本问题，是接受公共服务的团体或个人是否都受到公平的待遇，弱势群体是否得到了公平对待并享受到所需要的服务。因此，公平指标是对公共事业管理最重要的本质的实现程度的衡量。在传统的政府管理中，虽然也谈及公平，但重视的是效率和效果，因而几乎没有从公平的角度对管理结果进行分析评价，公平并没有受到应有的重视。自 20 世纪 70～80 年代的政府管理改革以来，公平问题日益受到重视，并逐步成为了衡量政府管理绩效的重要指标，这无疑是一个巨大的进步。但必须指出的是，一方面公平指标在市场机制下较难进行界定，另一方面也是更为重要的是，公平的内涵是与政治和社会制度密切相连的，不同的社会制度和政治制度下，公平具有不完全相同的内涵和指向，因此公平的指标难以制定。

2. 公共事业绩效指标制定分析　尽管"4E"指标规定了公共事业组织绩效指标制定的基本内容，但相当程度上还是抽象的，只是指导公共事业绩效管理的一般性标准。在实际中，公共事业管理的对象是不同的，其管理主体系统中不同组织的性质和要求也不完全相同，因而在进行绩效评估中受到的影响或限制因素就不一样，相应地，进行绩效评估的指标乃至同一指标的量化程度也就不可能完全一致。这就是说，在具体的管理中，不同的公共事业组织或从事不同的管理活动时，还有一个绩效指标的制定问题。

在当代，公共事业管理是整个公共管理中与公众联系最为直接的部分，特定的公共事业产品生产和提供方式构成的管理体制，决定了它与私营部门相比具有公共性，而与提供纯公共物品的部门如国防等相比，又具有明显的经济性，相当程度上是纯公共管理与纯企业管理间的过渡带。因此，在公共事业管理绩效指标的制定中，必须重点考虑到以下因素的影响或制约：

（1）社会因素：公共事业产品生产和提供的最终目标是为社会服务，这是对涉及公共事业管理的一切组织的基本要求，因而应制定公平、效果等指标对其绩效进行评价。

（2）经营性因素：当代的公共事业管理一方面是整个公共事业产品的生产和提供根本上是以特定商品的形式向公众提供的，存在交易形式，不是完全免费的；另一方面不仅经营效率是非政府组织和涉足其中的企业存在的关键，而且政府机关也必须注重公共支出的资金价值。因此，必须有相应的经营性指标对绩效进行评估，甚至一些涉足公共事业产品生产的企业，如邮电、通信、铁路等，还应该根据相关的公共政策和要求，制定出特定的营利性指标进行绩效评估。

（3）竞争因素：既然公共事业产品是一种特定的商品，因而在一些公共事业产品的生产和提供中，存在着生产者争取公众的竞争。在正常的竞争情况下，生产者的竞争性强，就表示其产品的质量高，赢得了更多的公众，同时也在一定程度上显示出其管理的绩效水平高。因此，通常可以从考察竞争性出发，设定一些非财务性的绩效指标进行评估。

（4）公共事业产品的公共性纯度因素：公共事业中不同类别产品的公共性纯度并不完全一致，在非竞争性和非排他性方面的表现也不相同，即便是同一类别中的不同的具体产品的公共性也不完全相同。例如就教育产品而言，在总体上其公共性与社会科学研究就不相同，而在其内部来说，普通教育产品和高等教育产品的公共性也不同。因此，涉足具体的公共事业产品生产和提供的组织必须有符合自己产品特点的绩效评估指标。

总之，公共事业管理绩效指标的制定是一个需要具体问题具体分析的过程。当然，考虑公共事业具体情况所制定的具体的绩效指标，也有一个水平高低或好坏之分。国外学者对公共管理中绩效指标好坏评价的一些分析对我们是有启发意义的，如公共管理学者卡特（Neil Cater）就提出，好的绩效指标应符合以下标准：

第一，界定清楚而有一致性。

第二，应由组织的所有者来使用，不可依靠外人或环境因素。

第三，必须和组织的需求与目标有关。

第四，被评估的单位或个人不可影响绩效指标的运作。

第五，必须有广博性（涵盖管理行为的所有面向）和一定的范围（集中有限数量的绩效指标）。

第六，建立绩效指标所使用的信息必须正确和广泛。

第七，必须为组织的各级人员所接受，符合组织文化。

第二节　公共事业管理的绩效评价

公共事业管理的绩效评价根据评价主体不同，分为两个方面：一是内部评价。即建立在公共事业管理的绩效评价指标体系的基础上，运用各类组织普遍通用的内部评价方法，如目标管理法（MBO）、关键指标法（KPI）、平衡计分卡（BSC）、360 评价法等进行绩效评价。二是外部评价。由于公共事业管理的过程和结果是为社会提供公共产品或服务，直接关系到社会公共利益的满足，公共事业管理的绩效也最主要、最直接地表现为其是否向社会和公众提供了优质满意的公共产品和服务，是否满足了公众的需求和社会发展的需要。因此，公共事业绩效管理的好坏最主要的还是要通过社会和公众来评价。

外部评价主要有社会评价和公众满意度评价。由于公众利益客观上存在差异，因而不同的利益相关者对同一公共事业管理的绩效或结果极有可能做出不同的评价。因此，无论是对公共事业绩效管理的公众满意度分析，还是社会分

笔记

118

析,都需要以客观而科学的评价标准和方法来进行。

大学在"学"不在"大"

大学追求"大而全",与当前的大学评价体系有着直接的关系。美国等发达国家对一所高校的评价,多是通过独立于教育部门之外的专门机构来实现的,评价设计的重点不是培养了多少学生,而是培养了多少社会有用之才。换言之,考评的不是"学生数",而是学生对社会的"贡献率"。比如去年在例行考评麻省理工学院时,专门机构仅仅来了8个人,科学家、企业家、社区工作者、民调机构代表各2人,主要跟校长、老师、学生们谈话,看学校开了什么课,每堂课教什么,社会对毕业生的评价怎样。评估者静悄悄地工作了两天,大多数师生都不知道,评估就已结束,既保持了客观公正,又取得了实实在在的成效,更对高校的发展起到了很好的引领作用。

反观我国,现在评价一所大学实力强不强,往往看建筑规模、看开设专业数量、看在校生人数、看所谓的"学术成果",却极少考量或无法科学考量社会对毕业生的认可程度,这种评价"指挥棒",往往误导高校片面追求做"大"。在健康的教育中,对高校的评价需要发挥专门机构的作用。当下的中国,靠做"大"而提升排名的情结一直挥之不去,正暴露出这类机构的缺位。进一步讲,如果科学评价没有及时跟上,要求大学不追求"大",恐怕只能停留在一个号召性的口号里。

(摘自:2012年02月25日《人民日报 海外版》时事点评)

一、公共事业管理的社会评价

公共事业管理的社会评价,是从公共事业管理结果对社会发展目标所做的贡献与影响进行的评价,这是从公共事业管理外部,而且主要由非公共事业管理机构来进行的评价。这种评价是把公共事业管理的结果放在整个社会的发展中,从全社会的角度出发,分析评判公共事业管理的最终结果对社会发展目标的影响程度,从各个方面综合评价其结果对社会发展的贡献。

(一)公共事业管理社会评价指标

1. 公共事业管理社会评价的基本指标 对公共事业管理的社会评价,其基本的指标是效率(efficiency)、效果(effect)和公共职责(public duty)的履行。

社会评价中的效率,仍然是公共事业管理机构的投入和产出问题,但与公共事业管理机构内部对效率评估不同的是,社会评价中关注的效率,是公共事业管理的投入—产出与整个社会投入—产出的关系。

社会评价中的效果,主要是看公共事业组织的管理结果与目标的吻合程度,这在一定意义上是对公共事业绩效管理相关指标的认可问题,是对绩效衡量的再评价。同时,作为一种社会评价,更重要的还必须分析公共事业组织特定的管理结果对社会所产生的影响。

社会评价中的公共职责的履行，一是看公共事业组织进行管理的结果是否体现了公共事业管理的本质要求，同时要分析公共事业组织是否对管理结果负责；二是看其管理的程序是否公正并具有合法性；三是考察公共事业组织是否公开回应了来自社会各方面的要求，同时是否回答了公众的查询和提问，因为公共事业组织作为涉及公共利益的管理机构，除涉及国家机密或法律所规定的保密内容外，其工作应该是公开的。

2. 公共事业管理社会评价中的社会指标　为了保证公共事业管理社会评价的科学性和公正性，通常可以通过社会指标及相应的方法来进行。

所谓社会指标（social indicator）是指观测各部分人口的社会情况与长期变化趋势的统计数字，其中的社会情况包括特定社会中社会成员生活的外在与内在的环境。社会指标是以统计数字来表示的，社会指标既有主观的，也有客观的，既可以反映公众对公共事业管理满意程度的主观情况，也可以反映社会变化的特定内容，从而提供公共事业管理所需要的相关信息。这些信息可以大致分为两类，一类是公共事业管理的形成原因分析，另一类是公共事业管理实施的结果分析。

公共事业管理对象信息的社会指标，是构成整个社会指标体系的一个组成部分。一般来说，涉及公共事业管理社会评价的社会指标，可以以公共事业的对象为基本方面，根据公共事业产品的特点来确定具体的测量指标，如在教育、卫生、环境保护、公共交通等方面，可以确立如表 4-1 所示的这些指标。

表4-1　公共事业管理社会评价指标（例）

指标	指数
教育程度	教育事业费占 GDP 的比重、大学生毛入学率等
医疗卫生	每万人拥有病床数、每万人拥有的医生数等
基础设施	人均道路面积、人均地下排水管道长度、人均园林绿化面积等
社会保障	社会救济总人数；收养收容性社会福利事业单位个数
文化	人均公共图书馆藏书量、广播电视人口覆盖率等
公共体育	体育设施的建设、体育运动会的举办、运动会的夺金次数等
环境保护	城市维护费占 GDP 的比重；工业废水排放达标率等

必须指出的是，就我国公共事业管理的社会评价而言，由于新型的公共事业管理体制正在形成和完善过程之中，因而有关公共事业管理社会评价的指标体系建立还处于起步阶段。如何制定科学的公共事业管理指标体系，全面而正确地反映出公共事业管理对社会发展的影响和意义，是我们努力的方向。

笔记

知识链接

外包公共服务：要有足够的监督和业绩评价

在 Elliott Sclar 的《付出不一定总有回报：私有化经济》一书中，哥伦比亚大学的经济学家和城市规划专家指出：单纯的私有化不是良好的公共管理的替代品。例如在 20 世纪 80 年代，佛罗里达的 the Metro-Dade 运输公司雇用了一个私人公司来运营公交线路中的 10 条线路，并保留了 10 条条件相当的公交线路由公共部门运营以便进行比较。18 个月后的结果是，排除了经验因素：私人经营线路的投诉事件是公营的两倍，公交工具乘客人数直线下降。另外，公交公司给承包商的 40 辆新公共汽车被保养的如此差，以至于只剩 10 辆还能用。

Sclar 举的另外一个例子是几个小镇的消防部门之间的互助合同，其中一个小镇雇用了某私人公司提供消防服务。出于其利润动机，该公司每班都比周围非营利消防公司保持较少的工作人员，结果是它对邻镇消防依赖性增强了。有一天援助没有及时赶到，以至于营利性公司没有扑灭一座价值 100 万元房子的大火，该房子被烧为平地。

教训是：和私人公司签合同的市政当局必须认真明确合同条款，监督承包商的业绩，并根据合适的内部成本来测定成本以保护公众的利益，防止私人公司过分追求利润。

换句话说：必须有足够的监督和业绩评价。

（资料来源：[美]Angelo Kinicki，Brain K. Williams. Management：A Practical Introduction，2003）

（二）公共事业管理社会评价的方法

公共事业管理社会评价的基本方法，是将管理之前和管理之后的情况进行对比分析，判断和评价公共事业管理的结果对社会发展的影响，即通常所说的前后比较法。在公共事业管理的社会评价中，这一方法的运用通常有以下三种形式：

1. 简单"前—后"对比分析法　简单"前—后"对比分析法是最基本的前后比较法，如图 4-2 所示。

在图 4-2 中，A_1 代表实施管理前的情况，A_2 代表实施管理后的情况，A_1A_2 连线表示的是公共事业管理的效果。这种方法简便易行，但是由于公共事业管理不是社会政治系统中能对社会现象变化起作用的唯一因素，而社会现象的变化通常又是由多种因素引起的，因此这种简单的前后描述法难以确定所观察到的社会现象的变化究竟是由公共事业管理引起的，还是其他因素导致的，或者哪一种因素起主导作用。

2. "投射—实施后"对比分析法　"投射—实施后"对比分析法是将实施管理前的基本情况作为基点，假设没有实施管理，将原有的情况按照既有的发展趋势所可能有的发展，投射到公共事业管理实施后的评估点上，并将所得到的投影

笔记

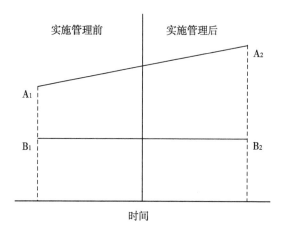

图 4-2 简单"前—后"对比分析

与管理后的实际情况进行对比,从而对公共事业管理的效果做出评价。这一方法的基本原理如图 4-3 所示。

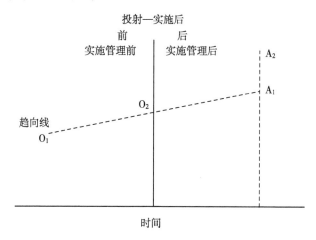

图 4-3 "投射—实施"对比分析

在图 4-3 中,O_1O_2 是根据实施公共事业管理之前各种情况建立起来的倾向线,A_1 为该倾向线外推到实施管理后的某一点的投影,即如果没有实施管理在该点会发生的情况,A_2 为实施管理后的实际情况,A_1A_2 即实施公共事业管理后的效果。可见,这种方法是在前一种方法上的改进和发展,其优点是,通过投射已尽可能将其他影响因素都过滤掉了,分析得出的结果可以完全归于所要评价的公共事业管理。运用这一方法的关键,是必须在尽可能收集公共事业管理实施前与公共事业管理目标相关环境等方面的数据基础上,建立起正确的实施公共事业管理前的倾向线。

3."有—无"对比分析法 "有—无"对比分析法是在实施公共事业管理前、后的时间点上,分别将有和没有实施管理的两种情况进行比较,然后再比较两次对比的结果,从而确定公共事业管理的效果,如图 4-4 所示。

在图 4-4 中,A_1 和 B_1 分别表示公共事业管理实施前有和无公共事业管理两

笔记

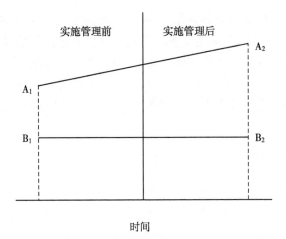

图 4-4 "有一无"对比分析

种情况,A_1A_2 为有公共事业管理条件下的变化结果,B_1B_2 为无公共事业管理条件下的变化结果,这样,A_1A_2—B_1B_2 就是公共事业管理实施后的效果。

(三)公共事业管理社会效果评价的主要内容

在公共事业管理社会评价中,在分析评价其效率和对公共事业管理职责的履行的同时,应重点对其社会效果进行分析,因为公共事业管理的效率及其公正性在一定程度上是要落实到其社会效果上的,是通过社会效果来表现的。这一社会效果评价,主要应注意在下述方面公共事业管理是否作出了贡献:

1. 公共事业管理与人们生活质量的提高　保证和提高公众的基本生活水平,这是公共事业管理最为直接的目标。在现代社会,随着经济的发展,人们对生活水平的要求日益提高,不仅在基本的衣食住行方面,更在要求健康以及丰富的文化生活等方面,而这一切主要依靠卓有成效的公共事业管理,生产和提供相关的公共事业产品来实现。例如卫生产品的提供可以改善公众的卫生保健条件,有利于提高公众的身体素质和健康水平;教育、文化、体育等产品的提供,可以提供必要的设施和机会、条件等,如建设或增加电视台、电台、图书馆、博物馆、运动场等,可以向公众提供学习、娱乐和锻炼的条件和机会,提高公众的科学文化水平,等等。所以,可以借助一定的指标和方法,从公众生活质量是否提高入手,对公共事业管理的效果进行评价。

2. 公共事业管理与社会经济增长　公共事业管理是通过实施一定的项目和进行日常管理,生产和提供相应的公共事业产品为公众服务的,其中相当一部分产品具有溢出效应,如提供教育、文化、卫生等产品,在满足公众的需求、提高其素质的同时,实际上也提高了劳动者的素质,从而也就从特定的角度对社会劳动生产率的提高起到了推动作用。因此,可对比相关的公共事业管理实施前后全社会或某一地区经济增长速度等指标变化情况,运用一定的对比方法进行分析。

3. 公共事业管理与社会收入分配改善　公共事业的基本性质是公共性,即公共事业产品的生产和提供是面向社会全体公众,是以保证和提高全体公众的基本生活为目标的。公共事业产品以特定的商品方式向社会公众提供,在一定

笔记

程度上促进了社会财富的均等分配,如在现代社会中,个人收入水平往往与其受教育的水平正相关。因此,随着义务教育这一教育事业产品的提供,必然会在一定程度上改变社会成员收入的总体格局。另外,在一些国家,在非义务教育阶段如高等教育阶段,采取奖学金等方式对来自不同社会阶层家庭的学生进行资助,也就进行了一种特定的收入分配的改变。因此,可以通过公共事业是否改变社会收入来进行评价。

二、公共事业管理的公众满意评价

公共事业管理是以公共事业产品的生产和提供为社会服务的,因而就其与公众关系的本质而言,不是管制而是服务,社会和公众的意愿与要求是公共事业管理的出发点和归宿。因此,评价公共事业管理机构绩效的优劣高下,不仅仅要看其经济指标和效率指标的高低,还必须考察其所做的工作在多大程度上满足了社会公众的需要,其绩效评估是否得到公众的认可,公众对其提供的公共服务是否满意。

(一)公共事业管理公众满意评价的产生及实质

以公众是否满意来对公共事业管理结果做出评价,这是20世纪70年代世界范围内开始的政府管理改革运动中,"行政就是服务,公众就是顾客"改革的必然结果。

在这场政府管理改革中,作为对公众民主要求的回应,同时也为了提高政府管理的效率,以公共选择、管理主义等理论为基础,以英国的政府改革为起点,一些国家开始在公共管理领域引入市场的理念和原则。一方面通过将政府与公众的关系视为产品提供者与顾客关系,树立或增强服务公众的意识,改变和强化公共部门对公众的责任机制,另一方面主张并实施打破政府对公共服务的垄断,建立公私机构之间的竞争,使公众获得自由选择服务的机会,从而迫使公共部门降低服务成本,改善服务方式,提高效率和服务质量。

公共事业管理的宗旨是向公众提供公共服务,既然在相当程度上公共事业管理组织和公众是生产者和提供者与顾客的关系,那么,公共事业组织的服务就必须围绕公众的需求进行,只有当所提供的服务满足了作为消费者的公众的需要,只有当公众对服务满意时,公共事业管理组织的服务才是良好的服务,才实现了公共服务这一特殊"商品"的价值,公共事业组织才真正产生了绩效。因此,公众对公共事业管理的满意程度,也就必然是衡量公共事业组织的绩效的指标,是将公共服务在一定程度摆上了特定的市场,用市场所要求的方法进行的一种市场检验。实际上,从公共事业管理的角度看,公众满意程度评价,是通过公共事业管理组织的服务对象,融经济、效率、效果和公正为一体所做出的评判,根本上是对公共事业管理组织绩效全面的、综合的和终极性的评价。

(二)公共事业管理公众满意度评价的基本方法

既然公共事业管理公众满意度评价在基本机制上是一种市场检验,尤其是现代公共事业产品生产和提供的特定方式本身具有经济性及与市场的联系,因而衡量公众对公共事业管理的满意程度时,可以采取以下的方法进行:

笔记

1. 通过调查,分析公众对公共事业管理的满意程度　就对公众关于公共事业管理满意程度的调查而言,这实际上是获取公众对公共事业管理的一种主观评判,这是评价公众满意程度的一个重要的指标。公众对公共事业管理的主观评价,主要来源于对公共事业产品生产和提供的亲身感受,以及根据所获得的间接的信息在其知识范围内的理性判断。这些判断或评价主要包括了公共事业产品生产和提供的公正性、效率,以及具体的产品的数量、质量等。

对公众进行调查的主体,应该是非公共事业管理组织,调查的方法可以分为直接调查法和间接调查法。

2. 对公共事业产品进行"市场分析"　公众对公共事业管理的满意程度,是通过对公共事业产品的评价来反映的。在有关法律和政策保证了公共事业产品生产和提供的公正性,并且对同一公共事业产品有一家以上的产品生产者提供,也就是公众对公共事业产品有选择自由并且能够选择时,公共事业管理机构在公共事业产品这一特定市场上的状况,也就折射出公众的满意程度,进而反映出公共事业管理的绩效。

对公共事业产品的"市场分析",主要应考察公共事业产品的市场占有率。一般来说,公共事业产品的市场占有率高,就意味着该公共事业产品适合公众的需要,质量好,同时也包括有一个良好的服务体系,这一服务体系既能及时地对公众的需求做出回应,又有应有的对具体公共事业产品的服务和售后服务——相当部分的公共事业产品本身就是一种商品,存在服务和售后服务的问题。

知识链接

病人更短的等待时间

加州 Roseville 的 Kaiser Permanente 医疗中心有一名私人医生,叫 Mark Murry,他认识到病人的等待时间已经长到不能容忍的地步,病人的非紧急治疗预约已经延长到平均55天。

发生这一现象的原因是中心的办公人员在同一时间安排了两三个病人,他们指望有些病人不会来,于是就可以随时安插治疗急诊病人。另外,在等待室里的耽搁会导致高度的紧张。当病人最后进入医生办公室时,他们变得非常愤怒,以至于 Murry 和他同事们发现自己不得不花费1/3的时间来解释或讨论让病人长时间等待和匆忙接见的原因。

考虑到这个问题,Murry 认为拥挤的病人就像一个装满货物的仓库,医生应该通过工作更长时间来消减积压时间最久的预约来清理仓库,然后让病人和他们的医生在约好的那天见面问诊。他发现这是可行的,因为尽管冬天治疗病人的工作量非常大,但医生可以通过在冬天多工作一些时间做好工作。如果一个医生需要看2500名病人,其中21名想在某天看病,并且90%的时间有16~25个病人要求约见的话,这就是个易于管理的数量。

笔记

Murry 说服门诊部的管理者试试他的"开放通道计划"系统,一年内的预约消失了,医生也有更多的时间来治疗病人,而不是匆忙地检查血压和脉搏,结论是:病人、医生和全体工作人员都更愉快了。

Murry 说,医生首先不必要积压预约,但是他们的看法是,等待的病人可以保证收入。他说:"他们认为仓库里的都是钱。"但是通过缩短周期,新系统使病人更满意,他们将不再到其他地方就医。这样,开放通道带来的收入和旧系统一样。

(资料来源:[美]Stephen P. Robbins, Mary Coulter. MANAGEMENT(Seventh Edition))

加州 Roseville 的 Kaiser Permanente 医疗中心实行开放通道计划后,在病人的满意度提升的同时,也降低了医生的工作压力,并且医院的市场占有率随之提高,保证了医院绩效水平的提高。

(三)实施公共事业管理公众满意评价的条件

公众满意程度是现代公共事业管理评价中一个全新的理念、一个重要的评价手段,要实施这一评价,至少必须具备如下的条件:

1. 建立新型的公共事业产品生产和提供体制 这里所说的"新型",基本含义是指必须拥有以符合准公共产品特点为基础而建立的公共事业产品生产和提供方式的公共事业管理体制,在这一体制中,既有以政府为核心的多元管理主体系统,又有包括公共支出、社会投资等多元的资金投入。公共事业产品的生产和提供既体现出公共性,又保持了与经济的内在联系。

2. 公共事业产品生产企业有竞争的自由和公平竞争的环境 既然存在一个公共事业产品生产和提供的特定市场,既然要让公众真正享受到优良的公共服务并获得满意,对从事公共事业产品生产和提供的组织来说,其中必须要有竞争。为此,在法律和政策构成的制度空间下,从事公共事业产品生产和提供的各类组织,不管是政府组织还是非政府组织,乃至涉足公共事业产品生产的企业组织,在获取进入生产的机会和进行顾客竞争时,不会由于组织类型的不同,也不会由于与政府的关系不同而得到不同的条件,受到不同的待遇。

3. 公众有选择的自由和必需的民主意识 要真正反映出公众对公共事业管理的满意程度,公众首先就必须有在不同的公共事业产品生产和提供者之间选择产品或服务的自由。有比较才能有鉴别,才能有真正的满意。公众的这一选择自由,既依赖于有不同的公共事业产品的生产和提供者,也取决于公众可以在不同的公共事业产品生产和提供者中进行自主的挑选,这实际上是民主的需求。同时,作为公众来说,其做出自主的选择不仅仅是一种制度安排的逻辑结果,更必须是自身民主意识的理性的必然。唯其如此,才能对公共事业管理绩效做出深入的认识和评判。

第三节　几种先进的公共事业绩效管理工具的应用

常用的公共事业绩效管理工具主要有目标管理（MBO）、关键绩效指标（KPI）、平衡计分卡（BSC）以及标杆管理（BM）等。通常情况下，人们运用的绩效管理工具主要是为了绩效体系而设计，而没有考虑这些绩效工具是否适应该组织的实际绩效管理的特点。对于公共事业组织来说，我们需要根据组织运行机制和公共产品的特点来运用这些先进的绩效管理工具。

一、标杆管理在公共事业绩效管理中的应用

要建立良好的公共事业绩效评估指标，实际上不仅需要明确组织目标，需要进行单位或组织内部的比较，而且更需要进行组织与外部的比较，从而保证所制定的绩效指标体系通过评估能真正促进组织绩效的提高，不仅仅是组织内部纵向的提高，在组织所在的地区或行为中也能获得提高。标杆管理就是具有这一功效的重要的管理工具。

（一）基准比较的基本含义及在公共事业管理中的价值

标杆管理（benchmarking management）又称基准比较，是在工商企业界形成的一种卓有成效的管理方法。标杆管理或基准比较的基本含义，是指实施基准比较方法的单位或组织，主动寻找参照对象，将其作为基准或标杆进行比较。比较对象并不一定是全面先进的，在某一方面成就突出就可以作为参照的基准。比较不是简单的参观和经验模仿，而是围绕管理需要进行深入的比较和分析，是"寻求达成卓越表现所需要的最佳经营方法、创新概念及高效操作程序的一套系统过程。"这一方法在 1980 年初期经美国施乐公司成功地发展和应用后，于 20 世纪 90 年代后期在政府管理改革中被引入公共部门的管理中，成为推动政府绩效改进的一个重要的管理工具。

从管理的角度看，所谓标杆管理，就是一种追求卓越的管理模式，即学习卓越的管理模式并将其转化，设为标杆或基准并实施管理，以提高组织绩效。从绩效管理的角度看，由于标杆的设定向组织提供了绩效改进的信息，因而组织绩效标杆的设计在绩效管理中有十分明显的作用：对一个组织来说，虽然可以在组织内部从完成既定目标来衡量绩效，但从根本上说，绩效的高低与卓越与否，实际上是与其他组织比较而言的。因此，为了真正提高组织绩效，在组织的绩效管理中，可以寻找某些表现优于自己的组织，或者在某些方面优于自己的组织作为比较绩效的对象，即绩效比较的基准，分析它们优于自己的原因，学习并引进它们先进的管理方法与程序。

标杆管理实际上是促进组织学习与改革，提高绩效的重要途径。标杆管理对于公共事业组织的价值表现在：

1. 通过标杆管理，组织可以选择标杆、确定公共事业组织中、长期发展战略，并与先进组织对比分析，制定战略实施计划，选择相应的策略与措施。

2. 标杆管理可以作为组织绩效提升与绩效评估的工具　标杆管理通过设定

笔记

可达目标来改进和提高公共事业组织的绩效,目标有明确含义,具有先进性、科学性及可行性,使单位或组织的管理者可以坚信绩效完全有办法提高到最佳。而且标杆管理是一种辨识世界上最好的公共事业管理实践并进行学习的过程。通过辨识公共事业管理最佳绩效及其实践途径,组织可以制定绩效评估标准对其绩效进行评估,同时制定相应的改善措施。公共事业组织可以明确其所处的地位、管理运作以及需要改进的地方,从而制定适合该组织的有效的发展战略。

3. 标杆管理有助于建立学习型组织　学习型组织实质上是一个能熟练地创造、获取和传递知识的组织,同时也要善于修正自身的行为,以适应新的知识和见解。而实施标杆管理后,有助于组织发现自身在提供公共产品及服务、生产流程以及管理模式方面存在的不足,并学习"标杆组织"的成功之处,再结合实际,将其充分运用到自己的组织当中。而且这种过程是一种持续往复的过程,因为组织所在的外部环境在持续改变,"标杆组织"在不断升级与更新,组织自身的业务范围和组织规模也处在不断地发展和变化中。

知识链接

施乐如何赶上竞争者

西南航空公司通过研究赛车维修站员工来学习如何缩短飞机每次停航的周转时间,丰田汽车公司管理者通过观察美国超市如何补充货架学会了零库存生产,福特从马自达(福特拥有所有权)学会了如何创造无票账单支付系统,所有这些都是标杆制定的例子。

但是,最著名的例子之一发生在 1979 年,当时施乐发现了竞争对手——日本复印机在美国市场上售价比自己复印机的生产成本还低。施乐的管理者从一家日本的合资公司,富士—施乐那里学到,由于生产和业务的明显低效率导致了施乐的成本过高,因此施乐开始按照竞争对手的标准制定了核心工作流程中的 67 个标杆,并且他们认为这些都是竞争对手有"最好表现"的工作流程。

但标杆制定不是万能的,最近施乐又发现自己落后于其他的技术公司了。

(资料来源:[美]Angelo Kinicki,Brain K. Williams. Management:A Practical Introduction,2003)

(二)标杆管理的程序

标杆管理应当根据实施管理的不同内容与特点,进行不同的设计,一般来说,适合于公共事业组织的标杆管理模式应遵循如下步骤:

1. 明确向标杆学习的内容　首先要确认公共事业组织中标杆学习资讯的使用者以及他们的需求,从而界定标杆学习的明确主题。一旦知道标杆学习的主题和需求以后,就可以确认并争取需要的资源(例如时间、资金、人员),成功地完成标杆学习的调查工作。

笔记

2. 组成标杆学习团队　虽然个人也可以向标杆学习,但大多数标杆学习是团队行动。挑选、训练及管理标杆学习团队,是标杆管理的第二步,团队成员各有明确的角色以及责任。团队也引进专案管理工具,以确保每位参与者都清楚自己的任务,而且团队要制订出重要的阶段目标。

3. 选定标杆学习伙伴　需要认定标杆学习的资讯来源,这些来源包括标杆组织的成员、管理顾问、分析人员、政府消息来源、公共事业管理的有关文献、公共事业管理报告以及电脑化的资料库等。这个阶段也包括选定最佳的作业典范。

4. 搜集并分析资讯　团队必须选择明确的资讯搜集方法,而负责搜集资讯的人必须对这些方法很熟悉。团队在联络标杆单位之后,依据既定的规范搜集资讯,然后将资讯摘要分析。依据最初的公众需求,分析标杆学习资讯,从而提出行动建议。

5. 采取改革行动　影响这个阶段的因素,是公众的需求及标杆学习资讯的用途。团队可能会采取的行动有很多种,衡量与标杆单位的绩效差距,分析差距产生的原因,从制作报告或发表成果,到提出建议,甚至根据调查搜集到的资讯具体落实一些变革。在这个阶段也要确认是否有必要采取下一步骤或适当的后续活动,如有必要,可以建议标杆学习活动继续下去。

二、平衡计分卡在公共事业绩效管理中的应用

平衡计分卡由美国哈佛大学卡普兰和诺顿教授于20世纪90年代发明的,其核心是将战略分解为财务、客户、内部流程、学习与成长四个层面的衡量指标,从而形成一个财务与非财务指标相结合的全面业绩衡量指标体系。平衡计分卡(balanced score card)简称BSC,是从财务、客户、内部运营、学习与成长四个角度,将组织的战略落实为可操作的衡量指标和目标值的一种新型绩效管理体系。设计平衡计分卡的目的就是要建立"实现战略制导"的绩效管理系统,从而保证企业战略得到有效的执行,因此人们通常称平衡计分卡是加强企业战略执行力的最有效的战略管理工具。平衡计分卡方法打破了传统的只注重财务指标的业绩管理方法,平衡计分卡认为,传统的财务会计模式只能衡量过去发生的事情(落后的结果因素),但无法评估组织前瞻性的投资(领先的驱动因素)。在工业时代,注重财务指标的管理方法还是有效的。但在信息社会里,传统的业绩管理方法并不全面,组织必须通过在客户、供应商、员工、组织流程、技术和革新等方面的投资,获得持续发展的动力。正是基于这样的认识,平衡计分卡方法认为,组织应从学习与成长、业务流程、顾客、财务等四个角度审视自身业绩。

平衡计分卡中的目标和评估指标来源于组织战略,它把组织的使命和战略转化为有形的目标和衡量指标。BSC中客户方面,管理者们确认了组织将要参与竞争的客户和市场部分,并将目标转换成一组指标,如市场份额、客户留住率、客户获得率、顾客满意度、顾客获利水平等。在BSC的内部经营过程方面,为吸引和留住目标市场上的客户,满足股东对财务回报的要求,管理者需关注对客户满意度和实现组织财务目标影响最大的那些内部过程,并为此设立衡量指标。

在这一方面,BSC 重视的不是单纯的现有经营过程的改善,而是以确认客户和股东的要求为起点、满足客户和股东要求为终点的全新的内部经营过程。BSC 中的学习和成长方面确认了组织为了实现长期的业绩而必须进行的对未来的投资,包括对雇员的能力、组织的信息系统等方面的衡量,组织在上述各方面的成功必须转化为财务上的最终成功。产品质量、完成订单时间、生产率、新产品开发和客户满意度方面的改进只有转化为销售额的增加、经营费用的减少和资产周转率的提高,才能为组织带来利益。因此,BSC 的财务方面列示了组织的财务目标,并衡量战略的实施和执行是否为最终的经营成果的改善作出贡献。BSC 中的目标和衡量指标是相互联系的,这种联系不仅包括因果关系,而且包括结果的衡量和引起结果的过程的衡量相结合,最终反映了组织战略。

(一)在公共事业绩效管理中引入平衡计分卡的意义

绩效管理为科学地评估公共事业组织的内部管理提供了可能,也为公众从组织外部正确地认识和评价公共事业管理的结果以实现对公共事业的监督提供了可能。如何有效地从理论和技术上实现公共事业绩效管理成为目前公共部门管理面临的重要课题,平衡计分卡理论与方法无疑是一个很好的尝试,平衡计分卡理论与公共事业绩效管理的价值取向是一致的。平衡计分卡的理念、管理方法和技术,已经成为了许多国家政府以及公共事业组织实施战略管理和绩效评估,以提升公共事业管理效率与效果的一种现实、有效的方法。

将平衡计分卡这一企业战略的评价体系引入公共事业绩效管理有着重要的实践意义。

1. 平衡计分卡可以为公共事业绩效管理提供战略框架 平衡计分卡使用比较量化的目标并辅之以一些定性的评估,使个人能力素质、业绩与组织目标的实现能够实现很好的整合,对组织绩效的战略化管理起着巨大的驱动作用。

2. 平衡计分卡坚持以平衡的眼光来评价公共事业的发展情况,注重组织可持续发展能力而不是简单的考虑财务状况。平衡的概念对于公共事业管理相当重要,具有宏观调控、社会管理、市场监管等职能、协调短期与长期、公平与效率、财务和非财务的关系,优化公共资源的统筹配置,使经济社会均衡的发展,这都是公共事业战略管理实现的最终目标。

3. 平衡记分卡的引入有助于服务型政府的建立 服务型公共部门应本着以人为本的理念,重视社会公众的利益,这表明政府的战略发展是和公众的利益紧密联系在一起的。平衡记分卡将公民层面置于四个层面的首位,与财务、内部业务流程、员工学习与成长等层面构成相互驱动的因果关系,体现公共事业组织向公众提供优质的服务,维护公众福祉的理念。

4. 引入平衡计分卡有助于重塑公共事业组织的组织文化 平衡计分卡的引入将在全新的意义上在公共事业组织内部不断创建着新型的组织文化和行为规范,以目标、产出成果和绩效的评估代替了传统的投入和程序控制,这意味着以组织提供服务的实际成果、业绩和公众的满意度,来界定组织存在的价值、规模和预算数量,这样,公共事业组织行为的指示器发生了根本的变化,必将形成一种新型的组织文化。

（二）把平衡计分卡引入公共事业绩效评价的基本程序

结合公共事业组织的工作特点,以平衡计分卡为基础建立的公共事业组织的绩效管理体系,一般需要经由以下基本程序。

1. 说明愿景,确定组织的战略目标和重要的绩效领域　对于公共事业组织来说,其使命是特别的、多元的,其战略部署必然有先有后,有主有次。公共事业组织应综合考虑本组织所面临的内外部实际情况,通过关键绩效指标等方法的运用,确定组织发展目标,通过相互比较,最终确定组织最为重要的相关因素。这些因素就构成了平衡计分卡系统的整体战略和愿景和各个层面,以及层面分解后的目标值、行动方案等。

2. 将战略主题转化为平衡计分卡四个层面的指标框架体系　在确定了本组织的战略目标之后,结合公共事业的特点,需要从社会公众层面、经济指标层面(财政与税收)、公共事业组织内部组织流程管理层面、公共事业组织及其成员学习和发展层面将组织的战略目标转化为可量化的指标框架体系。由于服务大众是公共事业组织的核心使命,因此应把客户维度置于平衡计分的最上端。公共事业组织在履行自身职责的过程中,必须清醒地认识所服务的客户到底是谁,充分考虑他们的满意程度(图4-5)。

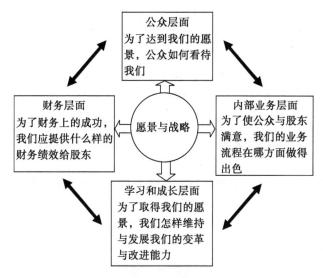

图4-5　平衡计分卡模型

3. 将组织战略目标向下分解,制定各部门的平衡计分卡,使之紧密联系。一个公共部门实行平衡计分卡后,从最高决策部门到下级的各个机构都应制订自己的平衡计分卡,在组织的各个级别层次设计平衡计分卡,所有的平衡计分卡都要以最高级部门的平衡计分卡为最高标准,挑选与自身有关的目标来发展各自的平衡计分卡。各个层次的组织的平衡计分卡的目标和指标都和最高部门的平衡计分卡相联系,把目标细化分解,制定自己的标准和绩效指标。

4. 将战略目标与公共事业组织每个成员每天的工作相联系　既然战略主题的实现基于一系列目标和行动的完成,那么它的实施就必须落实到具体的行动主体,即组织中的所有员工。平衡计分卡明确地提出,绩效管理就是要让组织的每一位员工每天的行动都与组织的使命和战略挂钩。

当前我国正处于社会转型的关键时期,在这一过程中,世界其他国家现代化过程中所遇到的问题在我国都有不同程度的显现,我国现代化的轨迹能否安全度过亨廷顿所讲的"现代性带来稳定,现代化滋生动荡"的困境,公共事业组织能否提出有效的应对之策是关键。具体到公共事业绩效管理过程中,应当尽快摒弃以 GDP 为核心的公共部门绩效考核方式,而是以社会和谐作为公共事业绩效管理首要的价值诉求,在经济持续稳健发展的基础上,协调好社会的各阶层、各个利益群体之间的关系,使经济发展的成果惠及大多数人。

三、公共事业绩效管理成功的必备条件

绩效管理在公共事业管理中占有十分重要的地位,但其实施却较之企业部门有难度。一般认为其中最困难之处在于,绩效管理的一个重要前提是必须将所有绩效都以量化的方式呈现,然后再进行绩效衡量,而公共事业组织在总体上要精确地算出投入与产出之间的数量化比例关系是比较困难的。

尽管在公共事业组织实施绩效管理有一定难度,但其仍然具备可行性。在 20 世纪 70 ~ 80 年代开始的政府管理改革中,不少国家政府绩效管理取得成效即说明了这一点。尤其是就公共事业管理来说,由于其以准公共产品生产和提供为主的特点以及相应的现代公共事业管理体制,虽然进行绩效管理时在绩效量化上较企业有难度,但却是整个公共事业管理中最容易推行的部分。

进行公共事业绩效管理既有难度但又可行,我们就要更加注意到实施过程中存在的困难之处,努力创造条件保证绩效管理取得成功。公共事业管理部门尤其是其中的政府部门要获得绩效管理的成功,必须努力创造出实施绩效管理的必备条件。

(一)组织领导必须对绩效管理的价值有足够的认识和重视,必须积极支持组织实施绩效管理

众所周知,组织领导对组织整个管理理念的确立,相应管理文化的形成,以及管理目标和规划的确立具有关键性的作用。因此,要在公共事业管理组织中推行绩效管理,组织领导首先就必须对绩效管理在整个公共事业管理中的价值有足够的认识,在这一理性认识的基础上重视对组织实施绩效管理。而且这一重视不仅仅在于向组织阐述绩效管理的重要性,更必须将其领导作用融入绩效管理的整个过程中,即从绩效目标和绩效规划的制定,到定期和不定期的审查组织及组织管理的绩效,促进组织成员关注绩效的好坏。应该说,组织高层的认可和明确的支持,可以使组织绩效改进具有合法性和有效性。

(二)必须具有制定绩效指标的专业性人才

绩效管理的关键是科学的绩效量化,尤其是对首先体现公共性并且以公共服务作为其产品的公共事业管理部门来说,科学地将绩效量化就较之企业更具难度,因而必须由专业的人员来完成。一般来说,由于绩效管理进入公共管理领域的时间相对较短,公共事业组织内部较为缺乏具有分析背景的专业人才,因此

笔记

要取得绩效管理的成功,公共事业管理部门必须首先培养或引进制定绩效指标的专业人才。

(三) 将绩效管理制度化

公共事业管理部门绩效管理的制度化,主要应具有这样一些基本要求:

一是必须确定明确的绩效目标、绩效规划和绩效衡量指标。绩效目标是整个组织进行绩效管理的起点和归宿。绩效规划是将绩效目标具体化为可操作的行动方案,它应该有不同的层次,即既有整个组织的绩效规划,也有组织中各个部门、科室的绩效规划,还必须有组织成员个人的绩效规划。绩效衡量指标不一定要面面俱到,但必须是易于理解和计算的,并且是对组织和组织成员都有意义的。

二是要有绩效规划落实的责任机制。作为一个行动方案,绩效规划的价值不在于理论而在于实践,制定从组织到部门,再到个人的绩效规划,正在于要开辟绩效落实的必备途径。同时,还必须通过阐明预期绩效,定期比较现有绩效与预期绩效的差距等方法,形成一个适合自己组织的绩效责任体系,促进绩效责任的落实。

三是形成绩效管理中心,同时不断地发现问题,提供改进绩效的机会。所谓绩效管理中心,根据不同的组织规模和绩效管理的任务,既可以是一个群体,也可以是个人,其任务主要是收集和传递绩效信息(组织内部和外部的),向高层提供绩效数据,同时绩效管理中心的存在也有助于整个绩效管理的制度化。而发现问题,则既可以通过绩效管理中心,更须让绩效管理者有意识地进行,通过绩效评估(组织的评估和根据绩效指标的管理者自我评估),发现绩效管理中存在的问题,而组织应给予必需的改进机会。这实际上是管理中的控制和反馈在绩效管理中的具体体现。

深圳公立医院医药分开两个月收入不减　民众获实惠

中新网深圳 2012 年 9 月 3 日电(郑小红　李创　卜奇文)深圳市 67 家公立医院、569 家社康中心自 7 月 1 日全面取消药品加成费用,成为全国第一个取消所有公立医院的所有药品加成的大城市。记者 3 日从有关部门获悉,两个月的改革摸索,基本实现了公立医院合理收入不减少,市民普遍得实惠的目标,遏制过度医疗的作用逐步显现,对倒逼医药市场规范经营管理秩序也起到了一定的作用。

临床过度用药得到遏制

数据显示,两个月来全市公立医院每门诊人次费用 195.9 元,环比(7、8月均值与 6 月相比,下同)降幅 2.1%;同比(与去年同期相比)降幅 4.3%;其中每门诊人次药品费用 74.3 元,环比降幅 13.0%,同比降幅 11.2%。全市社康中心每门诊人次费用 56.0 元,环比降幅 4.4%,同比降幅 4.9%;其中药费

26.4元,环比降幅16.7%,同比降幅21%。

改革后,对有深圳医保的就医人群,个人自付费用减轻了。因为医保由个人账户和统筹账户两部分组成,原来的门诊药品加成从个人账户支付,转变成诊查费后,诊查费提高部分直接从医保统筹账户支付,实际上相当于每诊疗人次个人账户支付费用减少了12元。按2011年统计口径,一年可直接减轻参保人自付费用2.09亿元。

遏制临床过度用药是取消药品加成制度的最主要目标。7~8月,深圳公立医院门诊患者抗菌药物处方比例下降到13.7%,原卫生部要求不超过20%,深圳市2011年11月为20.43%;门诊静脉输液病人比例下降到8.8%(2011年8月10.9%);药品收入占业务收入的比例("药占比")为32.5%,环比下降4.1个百分点,同比下降了4.4个百分点。

医院业务量无明显下滑

据统计,改革后全市公立医院月均门急诊总量354.9万人次,同比增幅1.7%;门急诊业务收入69533.4万元,同比增幅0.7%;社康中心月均门急诊总量207.9万人次,同比增幅11.5%;门急诊业务收入11642.5万元,同比增幅6.1%。

有关人士称,从改革制度设计本身来讲,诊查费增加部分完全可以抵消原来的药品加成费用。但此项改革的主要目的是遏制过度用药。医院减少了药物特别是高价药物的使用,使医院的药品收入有所减少;由于取消了加成,药品收入等于药品进价,药品收入多少与医院经济效益已经无关。通过这项改革,医院业务量没有明显下滑,也进一步拉开了医院与社康中心的诊查费收费差距,促进了市民小病到社区。

但是,改革后对于原来次均药品费用较高或原来平均加成率较高的医院,比如大部分市属大型医院,诊疗疑难病例多,用高价药的比例大;中医医疗机构,中药制剂原来可以按25%的比例收取加成费用。这些医疗机构的诊查费增加部分,不足以弥补药品加成的损失,但并不影响医院的正常经济运行;相反,对于大部分基层医疗机构、眼科医院、妇幼保健院等用药量小的专科医院来说,则在这次改革中增加了收入。

另外,7月份以来深圳的社会药店和一些民营医院比照公立医院药品销售价格,也进行了调价。很多药品零售企业已经提前做好转型的准备,将有些药店演化为以药学服务为主的专业药房,有些药店则向多元化经营转变。

有关负责人表示,医药分开改革是一项复杂的系统工程,根本目的是切断导致公立医院提供过度医疗服务的利益纽带关系,减少民众不合理的医疗费用支出;既要让民众受惠,又要调动医院和医务人员的积极性。因此,要让医药分开改革取得根本的成效,促进公立医院回归公益性,促进医药卫生行业健康发展,还要完善公立医院补偿机制、调动医务人员积极性和落实其他配套改革措施。

(资料来源:http://www.chinanews.com/)

笔记

讨论题

1. 对案例中,深圳医疗制度改革,试从社会与公众满意角度分析评价改革的绩效。

2. 试述推进我国公共事业绩效评估的途径与措施。

本 章 小 结

公共事业管理的绩效管理是绩效和评估的互动过程。绩效管理是各级管理者和员工为了达到组织目标共同参与绩效计划制定、绩效辅导沟通、绩效考核评价、绩效结果应用、绩效目标提升的持续循环过程。绩效管理的目的是持续提升个人、部门和组织的绩效。公共事业管理的基本绩效指标是经济、效率、效果和公正,同时应根据公共事业管理特点具体分析。标杆管理在公共事业管理中有着重要作用。

公共事业绩效管理活动过程,可以从发生顺序和功能活动两个方面进行分析。从发生的前后顺序来看,公共事业绩效管理是一个从绩效目标的确立到实施再到检查评估是否达到目标的完整的系统过程;从功能活动的角度看,公共事业绩效管理基本上是由绩效评估、绩效衡量和绩效追踪三个方面的活动组成的。

公共事业管理的外部评价主要有社会评价和公众满意评价。社会指标是社会评价科学性的重要保证,而简单"前—后"对比分析法是评价的基本方法。公众满意评价是在公共事业产品这一特定市场上的市场检验,可以通过对公众调查和特定的市场分析而进行,根本上是对公共管理机构绩效全面的、综合的和终极性的评价。

关键术语

公共事业管理绩效　public services and facilities management performance

绩效管理　effect management

绩效目标　performance target

结果导向　result oriented

责任机制　duty mechanism

经济　economy

效率　efficiency

效果　effect

公平　equity

标杆管理　benchmarking management

基准比较　standard compare

平衡计分卡　balanced score card

社会指标　social indicator

社会评价　social evaluation

公众满意评价　public satisfied valuation

思考题

1. 什么是公共事业绩效管理?其是如何产生的?

笔记

2. 公共事业绩效管理的基本过程是什么?

3. 公共事业管理的基本绩效指标是什么? 各自的基本内涵是什么?

4. 确定公共事业管理的具体绩效指标应注意什么?

5. 什么是标杆管理? 这一管理工具在公共事业绩效管理中有何作用?

6. 什么是平衡计分卡? 在公共事业绩效管理中引入平衡计分卡有什么意义?

7. 进行成功的公共事业绩效管理需要什么基本条件?

8. 什么是公共部门的绩效管理? 其是如何产生的? 有何价值?

9. 什么是公共事业管理的社会评价? 其基本方法和评价的基本内容是什么?

10. 什么是公共事业管理公众满意评价? 其价值何在?

11. 公共事业管理公众满意评价的基本方法是什么?

12. 进行公共事业管理公众满意评价的基本条件是什么?

(李增笑)

第五章

公共事业管理的权力与监控

学习目标

通过本章的学习,你应该能够了解和掌握:

1. 公共权力的形成与发展。
2. 公共权力的概念与性质。
3. 公共权力与公共责任的统一。
4. 公共责任的性质与落实。
5. 对公共权力监控的概念与监控机制。
6. 正确处理对公共权力监控中的问题。

章前案例

2012 年 6 月 5 日是世界环境日。环保部副部长吴晓青在国务院新闻办召开的新闻发布会上表示,外国驻华使领馆开展对我国 PM2.5 监测并且发布数据,在技术上既不符合国际通行的要求,也不符合中国的要求,既不严谨,也不规范。希望个别驻华使领馆尊重我国相关法律法规,停止发布不具有代表性的空气质量信息。从法律上讲,中国环境保护法和大气污染防治法等有关法律规定,国务院环境保护行政部门建立监测制度,制定监测规范,会同有关部门组织监测网络,加强对环境监测的管理;国务院和省、自治区、直辖市人民政府的环境保护行政主管部门应当定期发布环境状况公报。"根据维也纳外交关系公约和维也纳领事关系公约,外交人员有义务尊重接受国法律法规,不能干涉接受国内政。"吴晓青说,中国空气质量监测及发布,涉及社会公共利益,属政府的公共权力,个别国家驻华使领馆自行开展空气质量监测,并从互联网发布空气质量信息,既不符合维也纳外交关系公约、维也纳领事关系公约的精神,也违反了环境保护的有关规定。

吴晓青表示,从技术上讲,空气质量的监测,应该符合相关技术规范,这涉及监测点位的布设、监测人员的资质、分析方法的选择以及监测设备选型等多种因素,并采取严格质量控制和质量保证措施,才能保证监测结果科学和准确,包括国外的同行们也都知道这个要求的。

首先,用一个点位的监测数据对一个区域的空气质量进行评价是不科学的,所监测的数据不代表那个城市整体空气质量水平。"这一点,我们跟使领馆进行了沟通,他们也是承认的。"例如美国现有 PM2.5 监测点位 1000 个,法

笔记

国 700 个,英国 400 个。再例如,美国纽约城市监测点位 20 个,巴黎 18 个,伦敦 31 个,他们用这些城市点位群组成监测网络,来完整发布城市空气质量日均值和年均值。其次,用日均值来评价这个点一小时的状况,不符合国际通行监测技术规范,更不能反映整个城市的空气质量状况。

从标准上看,今年年初我们参考世界卫生组织(World Health Organization)空气质量指导值,制定了我们的空气质量标准。这个标准既考虑了我国现阶段发展水平,又初步与国际进行了接轨,这是符合我国当前实际情况的一个标准。世界各发达国家,包括美国,关于 PM2.5 的标准也是逐步提高的。比如美国 1997 年发布 PM2.5 Ⅱ 级标准的时候,制定的是 65 微克/立方米。事隔 10 年,2006 年修改这个标准的时候,才到 35 微克/立方米。因此环境质量标准的制修订要与经济的发展水平和技术条件紧密相连,而中国现在发布的新的空气质量标准,其中 PM2.5 日均值 75 微克/立方米,是根据中国的发展水平和技术条件决定的。

"大家可能注意到,北京、上海发布的 PM2.5 监测数据,与个别使领馆发布的监测数据日均值是基本一致的,但评价结果相差很大,主要原因是他们用本国的空气质量标准来评价我国的空气质量,这是明显不合理的。"吴晓青说,其他国家用 35 微克/立方米的日均值来评价,而中国是用 75 微克/立方米的日均值来评价,所以评价结果有差异可以显见。

吴晓青也表示,从环境质量监测信息的发布上看,环保部门还要进一步加大监测信息发布力度,"我们已经做了充分的准备,将及时发布和公开环境质量监测信息,从今年下半年开始,74 个城市,所有国控监测点都将陆续发布空气质量监测信息,让公众及时了解监测信息情况。而且我们发布的监测信息和数据将更加完整,更加全面,一次发布二氧化硫、二氧化氮、臭氧、PM10、PM2.5、一氧化碳共六项污染物指标的实时浓度值,并配以空气质量 AQI 指数,监测项目更全、监测点位更多,更具有代表性。"

吴晓青表示,按照新标准的要求,我国的空气质量监测数据更加精准,也更加规范,完全能够满足公众以及各国驻华机构和人员对环境质量信息的需求。所以我们希望个别驻华使领馆尊重我国相关法律法规,停止发布不具有代表性的空气质量信息。

(资料来源:中国新闻网能源频道)

第一节 公共事业管理的权力与责任

公共权力是公共组织影响其他个体或组织的能力,具有公共权力的个人或组织必须承担相应的公共责任。没有责任的权力或没有权力的责任都是不对等的,而且在这种不对等状况下公共组织的目标将无法实现。公共部门权力的增长,一方面无疑会增强政府的权能,恰当运用公共权力,可以造福于民众。但在

笔记

另一方面若对公共权力不加制约也会损害社会公众利益。在任何社会中,权力越是集中于社会上的任何一个组织或个人,就越存在着被滥用的可能性。由于公共权力的强制性和公共性特征使得公共权力较私营部门权力影响力更大、影响范围更广,一旦失去监控而被滥用,其危害也非常大。因此,授予公共组织多少权力,必须同时赋予相应的责任,而且对公共权力的行使必须进行约束和监控。

一、公共事业管理的权力及其特性

公共事业管理的权力是公共事业管理主体影响其他个体或组织的能力,是公共权力的重要组成部分,它具有公共权力的一般属性。由于公共事业管理的权力相对一般公共权力而言其作用的范围和职能不同,因此公共事业管理的权力又具有其特殊性,而公共事业管理责任就是其权力特殊性的具体体现。正因为公共事业管理的权力从属于公共权力且与一般公共权力具有相同属性,下面内容中未对两者作出区分。

(一)公共组织发展及其公共权力的形成

公共权力并不是一开始就存在的,它与公共组织的产生与发展紧密联系在一起。在不同的社会形态下,公共组织拥有和运用权力的方式不同,且对其他组织或个体的影响力也相差较大。因此,公共权力的运行方式是随社会形态及公共组织的演进而不断变化的。

在原始社会初期,人类活动已具有一定的社会性,但总的来说是小规模分散的、松散的组织形式,人们更多的是以家庭为组织单位进行活动。随着以血缘关系维系的"大家庭"出现,由众多"小家庭"构成的以血缘关系为纽带的"氏族部落组织"产生了。这些部落组织是人类活动协调、合作的初级形式,其目的在于克服人类个体体能和智能的限制,达成某些群体的共同目标。具体来说,当时氏族部落的形成主要是为了抵御外族的侵略和自然灾害的威胁。氏族内部为了实行协调和管理,设立了当时的公共管理机构,由有威望的氏族成员出任氏族首领,形成了早期的公共权力。进入原始社会末期,氏族规模扩大,氏族首领的权限逐渐增大并将权力私有化,进一步演化成为部落首领的世袭制度和以首领近亲为基础的贵族阶层形成。但这一时期的公共权力仍处于分散的状态,影响力及范围均较小。

随着原始社会的解体,进入奴隶制社会形态,由于阶级利益导致阶级矛盾激化,国家在氏族部落基础上以阶级利益为纽带发展起来,国家逐渐取代众多的部落首领的权力形成新的公共权力体系。随着国家公共权力的增大并逐渐向国家首领——君主集中,以集权制为特征的君主制度逐渐形成,君主制度的实质是将国家公共权力重新分配的私有化过程。进入到封建社会后,国家规模增大,新的权力分配体系形成。与奴隶社会相比,封建社会的公共权力体系无论是影响力和影响范围都要大得多。为了维护统治阶级的利益,公共组织必须掌握公共权力,这也促使公共权力机构发展成为更先进、复杂、庞大的公共组织体系,这时的公共权力的职能已经发生了变化,不再是过去的以社会职能为主的形式,其政治职能逐渐突出,即公共权力成为对掌权阶级有利的公共权力分配工具,并为他们攫取、维护更多的公共权力服务。尽管公共权力产生的早期是为了满足社会成员的需要,但随着公共权力的"私有化",公共权力逐渐被少数人组成的利益集团控制,并成为他们政治统治的工具。无论公共权力的职能以什么面貌出现,公共权力的政治职能以及其他职能都是依附于社会职能而存在的,因此公共权力始终都推动着社会的进步,促进社会形态逐渐由低级向高级演进。

进入资本主义社会后,为了缓和社会各阶层的矛盾,公共权力的职能逐渐转向经济职能,公共权力的分配体系也发生了较大变化。从历史发展来看,组织产生的最初原因,乃是基于人类生存的需要。随着人类社会的发展,公共组织已经从单纯的"生存"功能,转变为复杂多元的社会、政治、经济等功能。社会公众的民主意识逐渐增强,他们对公共权力的控制和约束力也比以前大大增强了。社会成员以各种方式参与公共权力的配置,使公共权力的作用朝着对自己有利的方向发展。西方资产阶级革命完成后,为了避免公共权力被少数人垄断的局面,创立了"三权分立"的国家权力架构,使国家权力划分为立法权、司法权和行政权,它们之间形成了相互独立、相互制约的关系。

（二）公共权力的内涵及其特性

从公共权力的形成及演变过程来看,与一般权力相比公共权力的获取和构成都有其特殊性。公共权力的获取一般是通过授权方式获得的,以职位权力为主,其中主要有合法权、强制权和奖惩权。

1. 公共权力的内涵　公共权力的内涵可归纳为四点:

(1)公共权力的拥有者是全体社会成员,而行使者是公共管理者。

(2)公共管理者获得的权力是由全体社会成员授权赋予的合法权力。不同层级的公共组织或同一公共组织内部的不同层级的公共管理者获得的权力,是由上向下逐级授权的权力分配方式形成的权力体系。

(3)公共权力的最终作用对象是公共事务。公共权力的作用关系非常复杂,它包括公共组织间(上级对下级或同级间)的相互作用,公共组织内部的权力分配和相互作用,也有公共组织对私营部门组织或个人的影响。不论是直接或间接的权力作用,最终都指向公共事务。

(4)公共权力的目标是谋取公共利益。

2. 公共权力的特性　与一般权力相比,公共权力具有其特殊性质:

(1)社会性:公共权力属于社会全体成员,其基本职能是社会职能,是公共组织管理的基本手段。

(2)政治性:在阶级社会中,公共权力是为统治阶级服务的,政治过程往往表现对公共权力的争夺与分配。

(3)工具性:公共权力可以作用于不同领域且可以发挥不同的职能,如果将其作用于公共事业领域,就形成了公共事业管理中的公共权力。人们争夺公共权力本身不是最终的目的,只是因为公共权力可以成为达到目的的工具。正因为公共权力的工具性,使之成为各利益集团争夺的对象,他们都希望通过获取更多的公共权力达成本利益集团目的。

(4)独立性:所谓独立性是因为公共权力的拥有者与公共权力的执行者分离

笔记

造成的,公共权力的独立性表现在公共权力与公共利益的分离。公共权力大多数时候与社会公共利益相一致,但有时也会成为危害社会公众利益的工具,故社会成员有必要加强对公共权力的监督和制约,使其符合社会公共利益的需要。

(5)多元性:公共权力可以发挥多种职能作用,是公共权力多元性的表现。

(三)公共权力与公共责任的统一

公共权力的授权必然伴随着责任的确定,公共组织在获得社会直接或间接的授权时,也就承担着相应的责任。社会公众与(具有公共权力的)公共组织的关系,是一种委托—代理的关系;社会公众授予公共组织权力,使得被授权的公共组织就成为公共权力机构,因此公共权力机构作为社会公众利益的代表行使统治权和管理权,首先必须满足社会公众的利益。

公共组织的目标就是服务于社会公众,这也是公共组织赖以生存的基础。不同的公共组织有不同的职责和具体任务,这与公共组织的职能联系在一起。从总体上看,所有公共组织(尤其是政府机构)作为整体,在被授予公共权力的同时,它们也必须对全体社会成员负责,其前提条件是不得滥用职权以及行为者能够承担责任。现实中,全体社会成员的公共利益的内容非常广泛,因此必须对众多公共组织进行责任分工和权力分解,使它们更好地为社会公众服务。

二、公共事业管理责任的性质与落实

公共权力通过授权方式分配于各部门和各层级的公共组织,由此形成了一个完整的公共权力体系。同时,拥有公共权力的公共组织也需要承担相应的公共责任。公共事业管理的权力作为整个公共权力体系的重要组成部分,与其对应的责任即为公共事业管理责任。由此可见,公共事业管理责任是指公共事业管理主体在管理过程中必须承担和履行的职责。

(一)责任的概念

责任(responsibility)的概念包含两方面的含义:主观责任(subjective responsibility)和客观责任(objective Responsibility)(Frederick Mosher,1968)。

主观责任指忠诚、良知以及认同。主观责任是道德的反映,公共事业管理者的主观责任则是公共职业道德的反映,是对责任的感受和信赖。主观责任认为,人们之所以以特定的方式行为,是因为信仰、价值观和被理解成禀性特征的这样一些源于内部力量的驱使。公共责任中的主观责任与一定的责任意识或观念相联系,是公共行政伦理的具体化表现。

客观责任的具体形式有两个方面:职责和应尽的义务。所有的客观责任都包括对某人或某组织负责,也包括对事务或人的管理和对实现某一目标负责。前者为职责(accountability)而后者为义务(obligation)。公共事业管理职责是与公共事业管理者的职业角色相联系的职能和任务,承担职权范围内的行为后果的责任,包括对其他公共组织的影响作用、组织系统内部各职位之间有序合作的责任等;义务是道义上的、以契约形式规定的或法律确定的任务内容。尽管义务与职责的概念有些相近,但它们还是存在区别的,职责强调的是对授权者负责任和承担行为后果,义务则强调责任范围以及在责任范围内需要做的事情。

笔记

（二）公共责任的性质

公共责任是指公共组织的管理者所承担的责任。由于公共组织的目标、管理活动涉及的领域以及管理方式都不同于私营部门组织,因此公共责任除了具有一般责任的性质外还具有其特殊性。由于公共责任与公共权力是对应的关系,所以在承担公共责任的同时必须赋予相应的公共权力,从公共权力的来源看,公共责任是公共组织整体上对全体国民负责任。

公共责任的性质可归纳为:

1. 公共责任是一种任务　公共责任一定是具体规定了应该做什么(或不能做什么)、需要达到什么目标、如果在行为过程中出现违规或失误应该受到什么惩罚等。在落实公共责任时,必须明确指出具体要做的事情,任何抽象的公共责任都是难以落实的。而且在赋予公共权力时,实际上对公共权力的作用标的、作用范围、作用方式、作用内容都有较具体规定,这就是与公共权力相应的公共责任。公共事业管理者应该认真履行自己承担的公共责任的任务,否则将失去公共权力或受到相应的处罚。

2. 公共责任是一种义务　公共组织或公共事业管理者在接受了公共权力之后,也就承担了为社会公众谋取利益的义务,这是公共责任目标导向的要求。在不同历史时期、不同的社会形态下,公共责任的义务内涵是不同的。例如在西方封建时代,公共责任是一种契约性义务。在契约规定的期限或条件内,政府官吏对国家最高统治者负责,存在着包括人身隶属在内的绝对服从关系;在缺乏民主与法制传统的东方封建国家,公共责任则基本上是一种道义上的义务。公共责任的全部目的就是确保官吏对君王的绝对忠诚,官吏履行着为封建帝王尽忠效力的义务。当今时代,随着世界各国民主与法制化的发展,公共权力与公共责任主体的多元化,原来的那种道义和契约性义务的作用减弱,公共责任渐渐呈现出法律性义务特性。各国公共组织及其管理者所承担的服务公众的义务逐渐由道义、契约形式转变为以法律形式加以规范,即法律义务。

3. 公共责任是一种监控与约束的条件　公共权力机关或其管理者必须按照公民的意志行使权力,公共责任明确要求公共事业管理者承担的任务必然会受到上级权力机关的监控,如果公共事业管理者未完成任务或出现违规、失职的行为,将受到监管者的处罚或制裁。由此看见,公共责任是对公共权力行使过程进行监控的前提条件,也是对公共权力进行约束的基础。如果没有公共责任,则无法追究违规违法者的责任,也无法达到警示其他公共权力拥有者的作用,对公共权力的行为约束更是无从谈起。

（三）公共事业管理责任及其落实

公共事业管理责任是公共责任在公共事业领域中的具体体现,因此它具有一般公共责任的性质。公共事业管理责任的构成要素主要包括:责任主体、责任内容和责任客体,从公共事业管理责任的构成要素来看,由于公共事业管理责任的构成要素随社会发展而不断变化,因此公共事业管理责任的性质与内涵,与其构成要素的形成和发展历程密切相关。

从责任的概念及公共责任的特性可知,公共事业管理中公共责任的两个方面(即主观责任与客观责任)在不同时期和不同社会形态下的作用是不一样的。在封建社会,公共权力的"私有化"导致公共权力主体相对单一,公共权力主要集中于封建君王及其贵族阶层的手中,一般公共事业管理者特别是中下层的公共事业管理者获得君王授予的权力较小,因而一般公共事业管理者承担的公共责任也小;加之当时民主与法制的缺乏、监控手段落后单一,公共责任的落实难度较大,连仅有的不大的公共权力也被一些官僚私有化和违规扩大了。在当时的背景下,公共责任更主要是强调主观责任的作用,即道义和契约性责任的作用。因此,历代封建君王多采取对官吏的道德伦理观、价值观的约束和驯服,使他们忠心耿耿地为维护君王的统治地位服务。

现代社会中,随着社会自治能力的提升和民主化进程的推进,公共权力主体逐步向多元化发展,尤其是在公共事业领域中公共事业管理主体的多元化特点更为显著,公共权力发挥的作用与权力分配也日趋多元化。公共事业管理的权力主体及其公共权力多元化使主观责任与权力之间的关系相对客观责任来说,联系越来越不紧密,主观责任受到的约束也相对较小。主观责任的落实主要受到一般的社会行为规范的限制,具体来说就是受制于道德伦理观念及社会习俗。由于民主与法制化进程的加快,公共权力的分配结构发生了较大变化,公共权力较以往更为分散,对公共权力的监控以及公共责任的落实较过去更重要,单靠过去以注重主观责任的方式来约束公共权力已经越来越不适应时代的要求。因此,客观责任与权力(主要是职权)的关系更密切,即客观责任是以职责为主要内容的,诸如完成任务的责任,遵守规章制度的责任,承担职权范围内的后果的责任等。因此,为了落实客观责任必须对权力的行使过程予以监督和制约,避免因权力行使不当而造成的危害,同时对那些滥用权力并造成危害后果者予以惩处。

公共事业管理组织的责任和权力,也涉及公共事业管理者个人的责任与权力。公共事业管理组织被赋予一定的公共权力和责任后,为了实现组织目标必须将公共权力和责任再一次在该组织内部进行分解。因为公共事业管理组织的任何目标都是靠该组织成员来实现的,这是具体行使公共权力的要求,也是落实公共事业管理责任的体现。任何个人不可能独立于公共组织之外而单独享有公共权力与公共责任,个人享有的公共权力与承担的公共责任是公共组织的公共权力与公共责任具体化表现,同时对公共事业管理组织的公共权力与公共责任的监控,最终必须落实到对该组织的管理者的公共权力与公共责任的监控。

公共事业管理责任的落实应从四个方面着手。首先,公共事业管理责任的分配应当清晰明确,而且分配关系是使公共事业管理的责任与其公共权力相对应,即拥有多大的权力就必须课以相应的责任。其次,公共事业管理权力及其责任的落实必须通过监控的方式实现,监控不仅可以监督和约束公共权力的行使过程而且是评价公共权力作用效果、落实公共责任一种有效方式。失去监控的权力与责任可能出现公共权力的不断膨胀、公共责任的不断萎缩,这是人们偏好权力而厌恶责任的一般表现,因此落实公共事业管理责任不能没有监控。第三,落实公共事业管理责任必须具备相应的客观条件。在进行权力与责任分配时,应考虑到拥有公共权力与承担公共责任的公共事业管理组织和管理者个人的具

笔记

体情况,对不具备承担公共责任能力的组织和个人,不能赋予其公共权力。这种承担公共责任的能力是指公共事业管理组织行使公共权力的各种资源状况,如公共事业管理组织成员的工作能力、公共事业管理组织的财力以及公共事业管理组织的其他环境因素对行使公共权力的影响等。第四,公共责任的落实需要兼顾客观责任和主观责任的落实与监控,在逐渐完善法制、加强客观责任落实的同时,不能忽视主观责任机制的建立。重视思想道德教育和宣传、树立良好的社会风气,做到以德治国,也是落实公共责任的非常重要的环节。

总之,我们对公共责任的落实应坚持以下四方面原则:公共权力与公共责任的对等;公共权力与公共责任的分配应明确;公共权力行使过程必须受到监控;公共权力机构具有行使权力和承担责任的能力。

第二节　公共事业管理权力的监控

对公共事业管理权力的作用过程进行监控,可以有效地防止公共权力被滥用。公共事业管理责任是对公共权力监控的重要依据,因此在赋予公共事业管理组织权力的同时,明晰其应有的责任和构建一个完备的监控机制是十分必要的。

一、公共事业管理权力监控的含义

对公共事业管理权力的监控是指对公共事业管理组织内部和外部的各种监控主体,采取相应的措施,对公共事业管理权力运行的合理性、合法性和有效性进行监督和控制。这个定义的内涵包括如下内容:第一,对公共事业管理权力监控的主体是多元化的。它包括具有公共权力的公共事业管理机构之间的相互监控,设立专门的公共权力监控机构对公共事业管理机构进行监控,如我国公共事业单位的上级行政主管部门、司法、审计等机构的监督,公共事业管理组织内部上级对下级或下级对上级的监控。此外,还有社会公众对公共事业管理权力机关的监督。第二,监控对象是具有公共权力的所有公共事业管理组织或公共事业管理者。第三,对公共事业管理权力的合法性、合理性和有效性进行监控。

关于监督和控制的概念有不同的理解,有的学者将监督和控制定义为两个不同的管理职能,也有学者将监督归属于控制职能的范畴。我们认为组织内部或个人主观上的控制就是通常意义上的控制,而组织外部或个人客观上的控制就是一种监督职能。因此,监督和控制的概念差异主要在组织外部控制或个人客观控制的职能定义上存在差异。我们更倾向于将监督职能界定为控制职能的一个方面。此外,还有两个需要辨析的概念,即公共权力的监控与公共责任的监控。这两个概念有相似的地方,也有不同之处。我们可以这样理解:一般监控对象是拥有公共权力的组织或个人,公共责任是为了实现组织目标而规定的具体任务和承担职责。尽管公共责任对公共权力发挥作用的范围和内容做了限定,但现实中公共权力仍有可能偏离公共责任的约束,致使公共组织无法实现其目标。因此,对公共权力的监控是落实公共责任的保障,而对公共责任的监控实质上是以特定的公共责任为依据,对特定的公共管理主体的行为进行监控,使之在

笔记

规定的范围内活动并实现组织目标。由此可见,所谓监控是对公共管理主体运用公共权力工具,以公共责任为依据,通过管理活动实现组织目标过程的监控。监控实质上是对公共管理主体存在滥用公共权力风险的控制,监控最终指向公共权力的作用过程,因此,我们认为公共权力监控相对公共责任监控的表述更准确一些。

对公共事业管理权力监控的对象主要是针对具有公共事业管理权力的组织或个人,由于任何一个公共事业管理组织都是由一个以上的公共事业管理者组成,对公共事业管理组织的权力监控实质上是对公共事业管理组织的由每个具有不同权力大小的个人构成的权力体系的监控。因此,公共权力的监控最终也要落实到对公共事业管理者个人的监控。由此可见,在公共事业管理过程中对公共事业管理者的公共权力运行过程实行控制是非常必要的,公共事业管理者个人的公共权力控制可分两个方面,即主观控制和客观控制。所谓主观控制并不是指公共事业管理组织的内部控制,而是公共事业管理者内化了的态度、价值观和信仰等因素对公共事业管理者的控制力,又称为"内在控制"。加强主观控制的手段主要是思想教育、培训等,也可以通过创造良好的工作环境和氛围来影响公共事业管理者的态度、价值观。客观控制是指公共事业管理者的外部因素对公共事业管理者的行为的约束或影响,如国家的法律法规、公共组织内部的规章制度或工作程序、社会公众的监督等都属于客观控制,又称为"外在控制"。

公共事业管理组织和公共事业管理者的内部控制与外部控制的作用是不同的。公共事业管理组织的内部控制,包括组织内上下级或同级之间的控制,但对公共事业管理者个人来说则是属于外部控制。在对公共权力实行内部(或主观)、外部(或客观)控制的选择上,有两种观点:一种观点认为内部控制更为重要;另一种观点认为外部控制更为重要。我们认为不同时期公共组织根据实际情况,在采用内部或外部控制机制上是有所偏重的。但这只是一种策略选择而已,并不能说明哪一种控制方式更重要,更不是对其中一种控制方式的否定。任何一种将内部和外部控制绝对化甚至对立的观点都是不可取的、非理性的,内部控制和外部控制具有同样的重要性。相对于公共事业管理组织的控制而言,对公共事业管理者的控制是最基本的控制过程。

二、公共事业管理权力的监控机制

对公共事业管理权力的监控不仅仅是一种形式上的监控,更是要使监控有实效,并有助于实现公共事业管理组织的目标,即公共事业管理权力监控应是有效监控。有效监控,对个人而言光靠被监控对象的主观控制是不现实的,也达不到监控效果,应加以客观控制;对公共事业管理组织而言仅靠内部控制也同样是不够的,也应加以外部控制。因此,为了对公共权力进行有效监控必须建立科学的监控机制。

(一)公共事业管理权力监控机制的需要

对公共事业管理权力监控的实质是对拥有公共事业管理权力的公共组织或个人进行监控,防止他们滥用公共权力,保证公共事业管理组织目标的实现。公

笔记

共事业管理组织的管理者为了更有效地工作,需要上一级管理者授予他们相应的公共权力。因此,公共权力都以制度化或非制度化的形式分布在各个公共事业管理部门和层级。公共权力越是分散,监控就越有必要。有些不具有公共权力的公共事业管理组织(主要是非政府组织),它们只是具有一定的公共事业管理职能,对其活动过程的监控,主要依赖内部成员来实现。它们同私营部门组织一样,只有在与其他组织或个人的活动相关时,才受到法律的规范和外部的监控。因此,这里所指的对公共权力的监控,主要是对政府权力机构和对这些机构的管理者的监控。对具有公共权力的公共事业管理组织及个人的公共权力行使过程实施有效监控,主要是出于以下几方面的需要:

首先,公共事业管理者受到自身认识水平的局限,对公共权力的行使过程无法做出正确的判断,需要外界的监督和纠正。为了弥补公共权力的执行者自身局限造成的不良后果,需要适当地分散权力,避免独裁式的公共事业管理者,而且公共权力的监控者也应该由具有各方面专长的专家组成。

其次,公共事业管理者也具有"经济人"的特点,在失去权力监督时,他们可能会利用手中的权力牟取私利损害社会公众利益。因此,应该有针对性地加以制度约束,使被监控者明白违规将受到惩罚,而且惩罚的代价比违规的收益要大得多,使违规者得不偿失。所谓制度的约束就是公共事业管理组织外部的法律和组织内部的规章。为了使监控者有法可依,必须制定完善的规章制度,同时需要监控者的尽职尽责。

第三,对公共权力监控机制的建立不仅要考虑监控效率(即降低监控成本,增进监控效果),而且要考虑监控方法的科学化。从监控成本上考虑,对公共事业管理者实行严密的监控,必然需要一定的监控成本,过高的监控成本是一种浪费,也违背了监控的宗旨。为了减少监控成本,在对公共事业管理过程进行监控时,不可能实施全过程监控,而是根据公共事业管理过程中的具体情况,选择关键的切入点和一些有效的衡量指标及标准对公共权力进行监控。

第四,对监控者必须赋予相应的权力,同时对监控者也要实施监控,这就可能产生一种循环监控的问题,使监控成本大大增加。在对监控者赋予监控权力的同时也要使监控者承担相应的责任,他们必须对授予其监控权力的主体负责,如果监控不严造成不良后果的,就要追究监控者的渎职责任。对监控者的控制往往通过被监控者的绩效来衡量监控者是否尽到责任。

第五,监控者应建立有效的信息收集和处理系统,使监控活动更准确、有效。由于监控者和被监控者之间的信息不对称,使监控者的监控效果受到一定程度的削弱。被监控者从自身的利益考虑,他们会故意隐瞒一些对自己不利的信息,阻碍监控者的有效监控。因此,公共权力监控者应经常与被监控者及相关的组织和个人保持联系,到现场参观,听取受监管组织成员的意见或建议,建立有效的监控信息收集与反馈机制。

(二)公共权力监控的类型和机制

在对公共权力监控的过程中,涉及监控主体、监控对象和监控过程。由于监控主体、监控对象以及监控过程的多样性,因此我们可以从不同角度划分出多种监控的类型。例如从公共组织行使公共权力的过程看,可以分为立法监控、执法监控和司法监控;从监控主体的划分看,可以分为立法组织监控、审判组织监控、监察组织监控、群众组织监控、新闻单位监控、公民监控等;从隶属关系上划分,可以分为上级对下级的监控(又称为"下行监控")、下级对上级的监控(或称为"上行监控")、同级之间的监控(或称为"横向监控")等;从监控手段上划分,可以分为立法监控、法律监控、执法监控、舆论监控等;从公共权力职能上划分,可以分为财政监控、审计监控等;从时间或范围划分,可以分为事前监控、事中监控、事后监控、宏观监控和微观监控等。

既要有监控又要必须是有效的监控,而且要建立一个有内在联系的、规律性的监控方式,这就是我们所说的监控机制(monitoring mechanism),也有的称为监控体系。公共权力监控机制是在严密的法律体系基础上建立起来的,即依法监控。因此,公共权力监控机制是否完备取决于是否有一个完善的、科学的法律体系。在对各监控主体依法授予监控权时,必须明确监控权力作用的目标、范围和方式等,如监控对象、监控方式、监控手段等。由于监控权力本身就是一种公共权力,因此它也同样要受到法律的约束。也就是说任何一个公共权力组织在对其他组织行使监控权力的同时,也受到其他监控主体对该公共权力组织的监控。因此,公共权力的监控体系是公共权力相互作用的结果,任何一个公共权力组织既是监控主体又是被监控对象,它们同时具有双重角色。对一个公共权力组织而言,所有该公共权力组织之外的监控主体,从不同的角度行使着监控权力,它们共同构成了一个有机整体,这一整体我们称之为外部监控机制,它指独立于一个公共权力组织之外的各种监控主体对该组织的公共权力行使过程实施监控的机制。与外部监控机制对应的是内部监控机制,内部监控机制是指一个公共权力组织在行使公共权力过程中,通过该组织内部形成的一套监控机制发挥监控作用。内部监控机制与外部监控机制相互依存、相互补充,共同构成了公共权力的监控机制。

(三) 外部与内部监控机制

对公共事业管理权力进行监控的监控机制可分为外部监控机制与内部监控机制。外部监控机制主要包括立法监控、司法监控、政党和社会团体监控、社会监控和舆论监控。内部监控机制包括结构监控、纪律监控和法律监控。

1. 外部监控机制　公共事业管理组织的外部监控是整个公共事业管理组织的运行机制和组织形式的综合表现,它反映出公共权力的分配关系、公共事业管理组织地位、作用以及其受到的制约。外部监控机制包括以下几个方面:

(1)立法监控:对公共事业管理权力的立法监控机制是指立法机构对有关公共事业物品的生产和供给的相关法律的制定和立法机关对政府管理公共事业责任的确定和对公共权力的监督。首先,立法机构对公共事业物品生产和供给责任作出法律规定。为了保证公共事业物品的生产和有效供给,根据宪法的基本精神,通过相应的立法,对有关公共事业物品的生产和供给做出基本规定。其次,立法机构对行政机构公共事业管理过程的监控。立法机构对行政机构行使公共权力和履行公共事业管理责任的过程进行监管。

笔记

在实行"三权分立"宪法原则的国家中,公共权力被分为三个部分:立法、司法和行政。这三部分权力分别由三个公共权力组织独立行使,三者之间是互相牵制、互相约束的关系。立法组织监控的主要内容一般包括:监控宪法的实施、监控立法组织制定的法律和法规的贯彻执行、监控行政法规的合法性、处理其他公共组织之间的争端等。立法机关对行政的控制,主要是通过质询、调查、弹劾、不信任表决等方式实现。这种立法机构对政府行政责任的控制,对政府按照有关法律规定履行(包括公共事业管理责任在内的)行政责任具有积极的作用。

在中国,实行的是人民代表大会制度,它既不同于西方的议会制,也不同于总统制。《中华人民共和国宪法》第 2 条规定:"人民行使国家权力的机关是全国人民代表大会和地方各级人民代表大会。"全国人民代表大会是国家最高权力机关,行使国家立法权、对重大事务的决定权、任免权和监控权。它既是议事机关,又是工作机关,不存在与其他国家机关分权的问题。《中华人民共和国宪法》第 3 条规定:"中华人民共和国的国家机构实行民主集中制的原则。""国家行政机关、审判机关、检察机关都由人民代表大会产生,对它负责,受它监督。"这明确了我国的政体,以及权力机关对行政机关进行监督的宪法依据。

根据我国的宪法。有关组织法和人民代表大会及其常务委员会的议事规则,人民代表大会监督政府的方式和内容主要有:听取和审议政府工作报告、审查和批准国民经济计划和财政预算和决算、审查政府的法规、决定和命令、视察和检查、受理申诉和检举、罢黜职务等。

(2)司法监控:公共事业管理权力的司法监控机制,就是通过司法介入,对公共事业管理主体行使公共权力,履行公共责任进行必要的监控。当公共事业管理部门实施管理需要法律协助时,当一项争端的发生而非行政者的权限所能解决时,或者当行政者在工作过程中有侵犯社会公众的合法权益时,这时候便需要司法的介入。在历史上,司法与行政原是一体,即使在当代,政府虽然分设行政部门与司法部门,但一般的行政程序,在功能上仍具有裁判效力,只是在行政程序无能为力或裁定错误时,才由法院提出补救。

正如立法对行政机构行使公共事业管理权力和履行公共责任的控制一样,法院的力量也是监督公共事业管理主体的一种重要力量。一旦公共事业管理者有违法行为,法院便采取制裁行动。一旦权限被误用或滥用,法院有最后的制裁权。宪政便是法治,因此公共事业管理部门必须受到法院的控制,而法院是否能实行有效的控制,这也关系到公共事业管理责任能否实现的一个大问题。

从公民权益的角度来看,在公共事业管理机构行使公共权力导致人民的权益受到损害的情况下,给予受损的权益以司法上的救济,这本身便是责任政府的核心要求。在司法控制的责任机制当中,政府行政诉讼责任和行政赔偿责任是最为重要的两个方面。

(3)政党和社会团体监控:政党和社会团体是公共事业管理组织外部监控机制中的重要组成部分。政党和社会团体出于本集团利益考虑,对公共事业管理权力的作用施加影响,同时为了保障本集团的利益不受损害,他们对公共事业管理权力的行使过程实施监控。就政党和社会团体而言这种监控行为是一种自觉的行为,是利益机制作用的体现。由于一些政党或社会团体的成员本身就是公共权力的拥有者,他们的利益倾向也许会影响其他政党或社会团体的利益,因此政党或社会团体对公共事业管理组织行使公共权力过程的监控是必要的,而且这种监控的力度也非常大。监控力度大的主要表现是:第一,政党或社会团体的成员分布广泛,这为监控者提供了更加充足的信息来源,使监控更为及时、准确;第二,由于政党或社会团体的监控行为是一种自觉行为,这使得监控的效率更高而且相对于其他监控形式而言其监控成本较低;第三,政党或社会团体作为监控主体,其部分成员又是公共权力的拥有者,这使外部监控内在化,监控更为直接有效。

(4)社会监控:社会监控是指社会公众对公共事业管理权力行使过程的监控,又称为群众监督。《中华人民共和国宪法》第 2 条指出:"中华人民共和国的一切权力属于人民。""人民依照法律规定,通过各种途径和形式,管理国家事务、管理经济和文化事业,管理社会事务。"第 27 条指出:"一切国家机关和国家机关工作人员必须依靠人民的支持,经常保持同人民群众的密切联系,倾听人民的意见和建议,接受人民的监督,努力为人民服务。"这为群众监督提供了最根本的法律依据。在此基础上依法建立和健全方便群众监督、保护群众监督、激励群众监督的运行机制便理所当然地提到重要的日程上。同时国家公共权力组织建立了群众监督机制,如公开听证、信访制度、举报制度、申诉制度、政务公开制度等。

(5)舆论监控:随着社会的发展与进步,舆论监控日益成为社会关注的焦点,成为社会调控公共权力关系的重要手段。

改革开放以来,中国的舆论监控有了质的进步。

第一,舆论监控逐步得到法律的保障。《中华人民共和国宪法》规定:"公民有言论、出版"等自由,在实践中取得了相当大的进展。

第二,加强舆论监督的内容已经写进了党和政府的有关文件。其中,党的十三大报告中首次使用了"舆论监督"的概念,明确指出:"要通过各种现代化的新闻和宣传工具,增加对政务和党务活动的报道,发挥舆论监督的作用,支持群众批评工作中的缺点错误,反对官僚主义,同各种不正之风作斗争。"

第三,舆论监督的制度化和法规化进程已初见成效。在包括公共事业管理在内的公共管理中发挥了重要作用。

2. 内部监控机制　公共组织的内部监控机制是公共组织结构形式和内部运行机制的综合表现,它反映了包括公共事业管理组织在内所有公共组织自身作为监控主体对组织内部各部门行使公共权力过程的监控过程。内部监控的目标是保证公共权力行使的一致性和提高公共权力活动的效率。

(1)结构监控:结构监控是一种最主要的内部监控形式,它是指与(包括公共事业管理组织的)公共组织结构形式相关的监控机制。结构监控包括两种类型:纵向监控(又称为垂直监控)和横向监控(又称为职能监控)。

纵向监控是与公共组织直线结构形式相联系的一种监控机制,调整的是组织内部指挥和服从、命令和执行的关系。主要监控内容包括:上级对下级的监控权力和责任、依法监控的法定内容、上级对下级的任免和奖惩等,也包括下级对

笔记

上级的监控。这种监控体制主要是根据隶属关系确立的层级监控机制。

横向监控是与公共组织职能结构形式相联系的一种监控机制。目的在于保证公共组织的运行效率。监控内容主要是决策、组织、协调、预算等职能部门在职权范围内对行使公共权力和承担公共责任的监控。横向监控是根据业务范围或行业范围分工协作、相互制约的监控体系,如决策部门负责决策和计划方面的监控、财政部门负责财政监控等。

(2)纪律监控:纪律监控是指在(包括公共事业管理组织的)公共组织内部设立专门的监控机构(或由有关职能部门代为行使监控),负责对该组织内其他行使公共权力的部门进行监控。纪律监控主要是对公共组织内部的规章制度的执行情况进行监控,对违反组织纪律的予以惩处,对遵守规章制度者予以奖励是公共组织进行管理的常用手段。

(3)法律监控:法律监控主要指对国家行政机关的监控。在国家行政组织内设立行政监察、监督或政法机关对国家行政机关及其工作人员行使公共事业管理权力和履行公共事业管理责任所实施的监控。其主要特点是:第一,实施监控的机关隶属于国家行政组织,一般由政府统一领导和管辖,不同于外部监控中的司法监控,但与司法监控有衔接关系;第二,监控机关依法独立行使职权,不受其他行政机构和个人的干涉。

3. 对公共权力监控的原则

(1)合法性原则:公共权力机关制定的法律法规、发布决定和命令、采取的措施等行为,必须符合国家宪法、法律及政策要求,同时也是重要的监控内容。这意味着政府机关及其工作人员在公共事业管理过程中的一切行为均须合乎国家法律,否则将追究违法者的法律责任。在强调被监控者的行为合法性的同时,监控主体,即那些具有监控权力的机关,也必须依法行使监控权,他们获取的权力是合法化的权力,而且必须依法执行合法化权力。

(2)公正性原则:对公共权力的监控必须遵循"公开、公平、公正"的原则,监控主体在实施监控过程中,对待不同的监控对象应采用统一的监控标准,不能随监控对象的变化而有所不同。做到监控活动信息公开,同时接受全社会的监督。

(3)经常性原则:对公共事业管理主体的公共权力行使过程进行监控,不是临时性的工作,它贯穿于公共权力行使过程的始终。监控本身不是目的,关键是实现组织目标,失去监控的组织是谈不上效率的,偶尔为之的监控也同样达不到监控的效果。因此,监控行为和监控方式应遵循制度化和经常性原则。

(4)广泛性原则:对公共事业管理权力监控的广泛性原则主要体现在监控主体的多元性上,同时也体现在监控客体和监控内容的广泛性上。一方面由于公共事业管理者相对其他组织或个体而言,既是监控者又是被监控者,不可能出现一个具有公共权力的管理者只是监控者或只是被监控者的单一角色的情况,因此监控者和被监控者包括了所有拥有公共权力组织或个人。另一方面公共权力运行过程贯穿于公共事业管理的全过程,所以对公共权力监控的范围涵盖了整个公共事业管理活动的过程,说明了监控内容的涵盖面非常广。

(5)系统性原则:建立一个制度化的、协调的公共权力监控机制是提高监控

笔记

绩效的保障。当今世界公共权力的运行过程日趋复杂,权力分配体系和结构也出现分化,为了提高公共权力的绩效,必须加强监控的效率和力度,使监控行为制度化,而且有必要在多元化的监控主体之间做好协调工作。制度化和统一协调的监控机制是降低监控成本、加强相互分工合作的前提条件。

（四）公共事业管理权力的监控方法

公共事业管理权力的监控方法是指监控主体为达到监控目标采取的措施和手段。从大的方面来看,公共事业管理权力的监控方法可以分为两个方面,即内部监控和外部监控。具体的监控方法主要有以下几种形式:

1. 指导　指导是上级对下级公共事业管理组织和个人进行业务和工作方式的指导,以尽量避免下级机构和个人走弯路,提高公共权力的影响力,最终实现公共事业管理组织目标的一种方法。指导包括命令、要求、指示或建议。命令是在紧急情况下处理问题的方式,具有一定强制性;要求则是上级对下级提出的工作要求,是一种制度化的任务安排;指示或建议是一种非强制性监控方式,主要是发挥下属的创造力和主动性;指导是公共组织中上级对下级进行控制常用的事前监控方法。

2. 绩效考核　对公共事业管理者实行绩效考核,是对公共事业管理者行使公共权力的行为结果和过程的一种评价,它是调整公共权力和公共责任关系的重要手段。通过绩效考核可以了解被考核者的管理素质、工作能力、工作业绩和效果等,从而达到对公共事业管理者调整的目标。例如对被考核者的奖惩、岗位的调整、有针对性地加强培训、重新分配公共权力和公共责任等,都是需要以绩效考核结果为依据的。

3. 工作汇报　工作汇报是下级定期向上级管理者反映工作情况的一种方式,也是上级了解下级公共事业管理者的公共权力行使状况和公共责任落实情况的手段。通过对下级单位(或个人)的汇报情况进行分析,上级可以发现问题,并责令下级予以纠正。

4. 预算与审计　预算是事前监控,预算不仅可以节约公共权力的运行成本,将成本控制在一定范围内,而且可以合理运用公共事业管理资源。审计则是事后监控,对公共权力的运行结果进行审计,主要是对公共部门的财务执行情况进行审验,财政支出是否超出预算范围,保证公共权力运行过程高效、廉洁。

5. 审核与批准　审核与批准是上级公共事业管理组织(或个人)对下级公共权力部门的运行过程进行事前查验的方法。审核和批准是对被监控者的未来行为进行预测、判断和做出决策的过程,是确保被监控者的行为合法、合理的有效手段。

6. 视察与调查　视察与调查是行使监控权力过程的一种方式,从公共事业管理的角度来看也是一种权力,视察与调查的目标是了解被监控对象的情况,以便作出调整性策略。调查权是各国立法机关普遍行使的一项重要监督权。调查权分为经常性的国内调查和临时性调查。调查权的行使往往由专门的调查委员会行使,调查的范围往往涉及法律执行、政府官员的违法失职行为,调查的结果可能导致对公共事业管理者的弹劾或对公共权力机构的不信任。调查的一个重

笔记

要方面是民意调查,公民的意见是十分重要的监控依据,在民主社会更是如此。民意反映了公民对公共组织的期待,对公共组织政策的评价,对公共组织行为和绩效的评估,这一方面构成公共组织公共责任的基础,另一方面是对公共权力行使过程的监控。因此,进行民意调查是促进公共责任的基础工作。需要指出的是民意调查虽然十分重要,但并不能替代公共事业管理者的理性判断,公民的期望不等于公共组织的理性行为。

7. 质询 质询是指议员对于政府的某项决策以个人或集体的名义,一般是通过书面形式,向行政机关领导提出询问或质问,要求答复。质询的内容十分广泛,凡是与政府政策、公职有关的事项均可提出质询。质询权一般分为询问和质问,后果亦不同。询问是议员向政府就某事发问,被询问的政府官员必须给予回答,但不能引起辩论。质问所提出的问题比较严重,一般需要辩论,辩论后还可能进行信任投票,如果不信任投票占多数,就会导致政府危机。质询是人民代表依据宪法和法律规定对政府机关提出质问,要求被质问机关在法定时间内以法定的形式进行答复的活动。我国质询制度的基本点包括:①提质询案的时间应在人大会议或常委会会议期间。②提质询案必须符合法定的人数。全国人大的一个代表团或者30名以上的全国人大代表,10名以上的地方各级人大代表;10名以上的全国人大常委会组成人员,5名以上的省、自治区、直辖市、自治州,设区的市的人大常委会组成人员,3名以上的县级人大常委会组成人员,有权联名提出质询案。③质询案以书面的形式提出。④质询的对象主要是政府及其有关部门,还可以质询法院和检察院。⑤受质询的机关必须负责答复。

依据全国人大组织法及地方各级人大和地方各级政府组织法的有关规定,在人民代表大会审议议案的时候,代表可以向有关国家机关提出询问,由有关机关派人进行说明。全国人大《议事规则》第41条规定:"各代表团审议议案和有关报告的时候,有关部门应当派负责人员到会,听取意见,回答代表提出的询问。质询和询问都是监督政府的形式,但是有区别的。质询带有明显的批评性质,询问只是为了了解有关情况;质询以书面形式提出,并且应符合法定人数,而询问可以由代表个人提出,不必采取书面形式;质询要求受质询的机关的领导人在会议期间答复,而询问既可以由有关领导人答复,也可以由机关的其他工作人员答复。

8. 受理申诉和控告 申诉与控告是指监控主体对公共权力机关(或个人),在执行公共权力过程中,损害公共利益的行为提出法律诉求行为。申诉是对公共权力行使过程中损害公共权益而提出的;控告是对公共权力行使过程中的违法行为而提出的。申诉和控告主体可以是公民、社会团体、政党、检察机关、纪律检查部门等。受理申诉和控告的部门是纪检监察部门和司法审判机关。

三、正确处理对公共事业管理权力监控中的问题

落实公共事业管理的责任,说起来简单,但做起来却是一件十分困难的事情。行政学家罗森布鲁姆(Rosenbloom,1997)等人曾分析了追求责任的几大困境,并作了如下分析说明。

笔记

（一）公共事业管理权力监控中存在的问题

1. 对被监控者实施监控的问题

（1）专业知识与信息不对称：公共事业管理者在其专业领域可谓是专家，外人无法挑战其专业性，也没有办法用间接的方法揣摩其决策或行动。另外，公共事业管理者掌握着一般人无法获知的信息，而这些信息通常是决策的重要基础。由于公共事业管理者有特殊的专业知识和信息，所以他们比监督者更有优势，可以躲避来自监督者的监督。

（2）专职地位的优势：绝大部分被监控对象——公共事业管理者都是全职的，而外部监督者无法全身心地观察与掌握他们所做的一切。如议会有其他许多活动，对行政监督投入的时间是有限的，而且也缺乏足够的诱因去监督政府的行政机关。

（3）人事制度的保护性质：为了减少因政治波动对政府各部门造成的冲击，各国逐渐实行公务员制度以保持公共行政的中立性。随着公务员制度的发展，美国和其他国家的人事制度对公务员的工作都采取极大的保障。虽然对公务员的惩诫和开除是有可能的，但也是相当困难的。一些情节轻微的贪污受贿行为可能倾向于不惩罚，如利用公共资源图个人之小利。但一旦诸如此类的错误累加起来，其影响是很大的。同样，除非引起民愤，公务员一般的违法行为往往不了了之。

（4）被监控者设法逃避监控：被监控者出于各种目的，如扩大公共权力、以权谋私、为自己代表的利益集团谋取利益等，他们往往会设法逃避受到的监控，这就是所谓反监控法则。反监控法则（the law of counter control）是指决策者或高级官员越是致力于控制下级的行为，下属就越致力于付出更大的心力去规避这些控制，即反监控。

2. 对监控者实施监控的问题

（1）监控者内在动力不足：监控者能否实施有效监控很大程度上取决于监控者的主观责任，即道德规范和公共责任机制。由于对监控者的行为规范不可能过于细化，给监控者留下了较大的自主决策空间，因此监控者的道德修养、敬业精神等对监控效果影响较大。但是，仅仅靠监控者的自我约束和高尚的道德情操是远远不够的，应将监控者的客观责任落实到监控的整个过程中。在监控过程中，如果将监控结果与实现监控者的利益联系起来，可以激发监控者内在的监控动力，但在监控机制中融入利益机制有一定的难度。

（2）对监控者的公共权力的监控与约束：由于监控者的监控权是一种公共权力，也同样存在滥用公共权力的行为，监控者可以通过放松对被监控者的监控而获取利益。因此，对监控者实施监控很有必要，但现实中对具有监控权的组织和个人实施监控的力度仍然不大。

（3）监控者之间的协调：公共权力分立的目的是为了落实公共责任，但立法、司法、行政三部门有各自的职能、角色和利害关系。在缺乏协调的情况下，彼此的监督制衡容易造成监督能力的丧失。

3. 政治指导的监控手段缺乏　如在美国，政治并没有为公共事业管理者提

笔记

供全面的政治指导。政党是分裂的,政治的指导是不明确的。

4. 组织结构和功能的分割问题 公共组织的权力、结构和功能是分割的,政府的功能和职责亦是重叠交叉的,而且许多问题的解决是需要不同机关彼此分工与配合,因此便产生了行政责任的多头问题(many-hands problem),责任不易明确。

5. 公共权力的监控成本问题 公共事业管理的规范和范围十分庞大,公共部门雇佣了大量的人员,从事各种各样的活动,每天花费大量的经费,这使得监督变得十分困难。

(二)正确处理监控中的问题

公共权力的监控确实存在许多问题,即使有非常完善的监控机制和监控技术,也无法杜绝违规和犯罪。但我们不能因此而失去信心,只有通过不断完善监控机制、提高监控管理水平的方式,才能逐渐实现监控目标。

解决公共权力监控中的问题必须从以下几个方面着手:

1. 建立监控机构 在公共组织自我监控和相互监控的基础上建立独立的、专门的监控机构很有必要。独立的监控机构是指在管理体制上独立于监控对象,做到监控者的人、财、物的真正独立,这种独立性可以减少来自监控对象的干扰和约束,确保监控机构独立行使监控权,并提高监控绩效。专门的监控机构是指专业化分工的监控机构,由于被监控对象分布在不同的行业或领域,因此需要有相应专业水平的监控者实施监控。这种监控职能专业化的监控方式,在一定程度上解决了被监控对象因专职地位优势而造成的监控难问题。

2. 完善监控机制 完善监控机制主要是指完善监控制度,将监控纳入法治轨道。完善监控机制的首要工作是监控制度化,制度化的目的是使公共权力在宪法和法律的范围内运行。运用法律、规章等制度化方式来规范监控主体、监控范围、监控方式、监控程序等监控行为,不仅可以落实监控者承担的公共责任,而且可以提高监控效率。在提倡被监控者承担主观责任的条件下,更加重视客观责任的作用,特别是以制度化方式规范监控者和被监控者的行为。

在监控机制中建立利益机制,使监控者的监控效果与个人利益联系在一起。对监控效果好、达到监控目标的监控者予以奖励,对滥用监控权力或监控不力造成重大损失的监控者,追究其责任、给予相应的惩罚。奖惩措施可以使监控者主动积极地加强监控,这种将监控过程、监控结果与监控者利益挂钩的办法,可以使监控机制的内在驱动力增加,使监控效果得到改善。但是,现实中监控的利益机制推行有一定困难,当监控目标与监控者自身利益没有直接关系时,奖励措施很难确定两者之间(即监控目标与监控者利益)的换算关系。一般采用对不同监控者进行比较的评价办法,判别哪个监控者更优秀并实行差别奖励的方法以鼓励先进。

3. 提高监控机构绩效 提高监控机构的绩效的一个重要方面是降低监控成本,提高办事效率。由于监控对象的多元化,且监控对象活动范围大、过程复杂,使监控难度大大增加,因此改进监控技术和方法是提高监控机构绩效的有效方法。例如对监控对象的某一行为过程采取抽样监控的方法,可以大幅度降低监控成本。

4. 发挥社会监督的作用

(1)社会公众参与监督的作用:全体社会公众是公共权力的最终拥有者,他们也同样拥有监控公共权力运行的权力和责任。加强社会公众对公共权力的监控,有助于公共事业管理者的行为规范和公共权力有效运行。

公民参与公共事业管理过程的监控,可实现以下几个方面的目的:首先,公民的参与可以反映公民的需求与偏好,使公共事业管理部门的政策与行为符合社会中的大多数公民的需求,防止监控对象损害公共利益;其次,公民参与监控是监控者获取监控对象信息并对其公共权力的绩效进行评估的重要手段;第三,公民参与监控也有利于监控者与公民的沟通、理解和相互支持;第四,社会公民的参与可促使公共组织改善工作绩效,增强公民对公共权力机关的信心、认同和支持。

(2)舆论监督的作用:舆论监督包括报刊、电视、广播等传媒对公共权力行使过程中的违法、违规行为的报道,这种监控方式的最大优点是信息来源广泛、及时,而且舆论的传播速度快、覆盖面广、影响大。尽管各媒体的报道具有一定的倾向性和局限性,但是舆论仍然是一个非常重要的社会监控手段。舆论是社会公众参与监控的桥梁,它在传播监控对象的信息、引起高层管理者和全社会公众关注方面,具有不可替代的优势。舆论监控可以在一定程度上改善监控者与被监控者之间的信息不对称问题,我们应充分发挥舆论监控作用,从法律上保障舆论报道的自由,明确舆论的监督权、批评权和采访权,建立具有权威性的新闻纠纷仲裁制度。

武汉出租车"罗生门"曝公共事业管理短板

政府称减配车符合国家标准 业内人士称装 ABS 系统是常识

2012 年 12 月 4 日下午,湖北省武汉市政府组织召开新闻发布会,就减配出租车刹车系统安全隐患问题回应社会关注。虽然生产商神龙汽车有限公司没有出现在发布会现场,但市政府有关部门负责人在回应中说,神龙公司认为减配出租车符合国家乘用车制动系统技术要求和机动车运行安全技术条件(本报视点版 12 月 5 日曾作报道)。

《法制日报》记者连日来采访了多名新爱丽舍出租车司机称,确实存在"刹不住"的情况,开车时虽多加小心,但还是会出现"莫名其妙"的交通事故。

接受记者采访的有关专家则指出,武汉出租车减配事件,反映出我国政府在公共事业管理方面的制度短板。

出租车技术标准无统一规范

在武汉市政府 4 日召开的新闻发布会现场,媒体记者们将提问的重点放在了减配出租车"为什么减掉 ABS 刹车系统(制动防抱死系统)"上。

武汉市交委副主任、市政府工作专班新闻发言人陈佑湘说,神龙公司认为,新爱丽舍出租汽车是按照国家强制性标准和相关法律法规要求生产的M1类乘用车,不论是否安装了ABS刹车系统均符合国家乘用车制动系统技术要求(GB21670-2008)和机动车运行安全技术条件(GB7258-2004)。

对此,武汉个体出租车经营者陈端邦说,既然符合国家标准,出租车版的新爱丽舍到底有没有送到国家有关部门进行检测?

《法制日报》记者了解到,《国家乘用车制动系统技术要求》(GB21670-2008)是由国家发展和改革委员会提出,具体由全国汽车标准化技术委员会归口制定。

全国汽车标准化技术委员会制动分技术委员会的林大海说,如果新爱丽舍出租车版减装了ABS系统,也就意味着车辆制动系统已发生改变,应该重新按照国家乘用车制动系统技术要求(GB21670-2008)进行检测。

在有近30年从事汽车制动研究的林大海看来,如果之前媒体报道的出租车版和公开发售版对比数据属实,武汉减配的出租车是不可能通过国家制动标准检测的。

新爱丽舍出租车版和公开发售版制动系统严格意义上讲不属一类,这一观点得到了武汉理工大学汽车工程学院副教授陈壁峰的认同。他说,ABS系统是东风雪铁龙新爱丽舍的标准配置,转化为出租车时减少了这一系统,肯定会在制动时产生侧滑,后轮抱死之后也很容易造成甩尾,安全性会存在问题。

陈壁峰说,对达到何种技术条件的车辆可以作为出租车使用,目前各地还没有统一标准。

不过,记者查阅有关资料发现,广东省佛山市和广州市已分别以政府令的形式制定了客运出租汽车车辆技术标准,其中对新增、更新的客运出租汽车必须"配置ABS防抱死制动系统、前排座位安全气囊和前、后座安全带"。

在新闻发布会上,武汉市政府也承诺将在今年12月中旬制定出出租车安全技术标准。

车型多为本地造成业内潜规则

在陈端邦看来,这次减配出租车事件,并不只是少了ABS刹车系统和EBD系统这么简单,背后是因为变相垄断导致缺少了竞争,才让减配变得肆无忌惮。

做了20多年的出租车经营,陈端邦亲眼目睹了武汉出租车市场上发生的变化。"原来武汉出租车市场是自由竞争的,有捷达车、夏利车,当然也有神龙富康车。"陈端邦说,后来不知从何时起,武汉出租车市场上就只剩下了神龙的车型。

2006年,陈端邦曾想用捷达车替换即将到期报废的富康车跑出租,但在最后上牌时遇阻。为此,陈端邦还曾到交通运输部信访,交通运输部(原交通部)在2007年向湖北省交通厅发出的转办函中称"……武汉市除'富康'轿车能作为出租车使用,其他车型都不行,此规定不符合国家政策"。

"其实，出租车多用本地造，在全国并不罕见，只是没有武汉乃至湖北全省只用一种车型这样极端。"中南财经政法大学经济法系副教授杨守信说，在上海，出租车主打车型是桑塔纳和捷达；在北京，现代索纳塔是主要车型。

出租车等公共事业管理亟待规范

陈端邦希望，这次武汉出租车减配事件，能引起有关领导和部门的重视，打破"一车独大"的变相垄断局面。

在新闻发布会上，武汉市政府承诺，从今以后将改变原有出租车更新标准，制定出租车有关安全技术标准，由出租车行业协会向全国符合技术安全条件的汽车生产企业邀标，并经过专家评审确定出租汽车车型，并报客运出租汽车主管部门备案。

"这次事件，从侧面反映出我国反垄断的制度建设是一个非常艰难的过程，尤其是对公共事业来讲。比如我们非常熟悉的电信行业、邮政行业乃至有线电视行业也都存在变相垄断，只是有时没有危及到人身安全或公共安全而被我们忽略。"杨守信指出，这种变相垄断到底是一种福利还是一种权益侵害，值得包括政府在内的每一个人深思。

在杨守信看来，公共事业的管理，从根本上讲是如何平衡市场资源配置和政府依法加强管理的问题。"包括出租车行业在内，都是一个逐渐市场化的过程，在这个过程中，就需要用改革的精神逐渐打破变相垄断的现状。"他说。

"政府一定要注意，在公共事业管理中不能设置过多的权力，注意权力的边界问题，不能让管理变成一种谋利手段，应坚决防止管理利益化。"杨守信建议，反垄断法和反不正当竞争法等基本法治精神已有，关键是要加强责任追究，让执政者不敢也不能靠管理谋利才是治本之策。

（资料来源：法制日报2012年12月7日）

讨论题

1. 公共权力的监控与公共责任落实的关系。

2. 本案例说明一个公民的监控权力遭到践踏，其根本原因是什么？谈谈你对社会公众和舆论的监控作用的理解。如何实现公民的监控权？如何完善我国社会公众监控制度和加强社会公众的监控力度？

本章小结

公共权力是公共事业管理者或公共组织影响其他个体或组织的能力。公共权力并不是一开始就存在的，它与公共组织的产生与发展紧密联系在一起。不同的社会形态下，公共组织拥有和运用权力的方式不同，其对其他组织或个体的影响力也相差较大。因此，公共权力的运行方式是随着社会形态及公共组织的演进而不断变化的。

笔记

公共权力有四点含义:①公共权力的拥有者是全体社会成员,而行使者是公共管理者。②公共管理者获得的权力是由全体社会成员授权赋予的合法权,是由上向下逐级授权的权力分配方式形成的权力体系。③公共权力的最终作用对象是公共事务,它包括公共组织间(上级对下级或同级间)的相互作用。公共组织内部的权力分配和相互作用,公共组织对私营部门组织或个人的影响。④公共权力的目标是谋取公共利益。

公共权力与一般权力相比具有三方面的特殊性:①社会性:公共权力属于社会全体成员,其基本职能是社会职能。②政治性:在阶级社会中,公共权力是为统治阶级服务的。政治过程往往表现对公共权力的争夺。③工具性:人们争夺公共权力本身不是最终的目的,而是视公共权力为达到自身目的的工具。

公共责任指公共组织的管理者所承担的责任。公共责任除了具有一般责任的性质外,还具有其特殊性。从公共权力的来源看,公共责任是公共组织整体上对全体国民负责任。

公共责任包含两方面的含义:主观责任和客观责任。公共事业管理者的主观责任是公共职业道德的反映,是对公共责任的忠诚、良知及认同;客观责任的具体形式有两种:职责和应尽的义务。

公共责任的性质可归纳为:①公共责任是一种任务;②公共责任是一种义务;③公共责任是对公共权力行使过程进行监控的前提条件,也是对公共权力进行约束的基础。

对公共权力的监控是指包括公共管理组织内部和外部的各种监控主体,采取相应的措施,对公共权力运行的合理性、合法性和有效性进行监督和控制。其内涵为:第一,对公共权力监控的主体是多元化的;第二,监控的对象是具有公共权力的所有公共组织和公共管理者;第三,监控的内容是公共权力的合法性、合理性和有效性。

关键术语

公共权力　public power　　　　权力监控　power supervision
公共责任　public responsibility　　机制　mechanism

思考题

1. 何谓公共权力? 为什么说公共权力运行方式是随社会形态及公共组织的演进而不断变化的?

2. 公共权力的内涵是什么? 与一般权力相比,公共权力具有哪些特征?

3. 何谓责任、主观责任和客观责任?

4. 公共责任的概念以及公共责任的性质是什么?

笔记

5. 结合实际谈谈主观责任在公共事业管理中的作用。

6. 如何理解公共权力的监控与公共责任的落实的关系?

7. 监督与控制作为落实责任的手段,它们之间有什么联系与区别?

8. 就公共权力监控中存在的问题谈谈你自己的看法。

9. 在公共权力的各种监控方式中,你更倾向于使用哪种,为什么?

10. 如何处理监控成本与监控目标之间的矛盾?

（殷　俊）

笔记

第六章

公共事业管理中的政府角色

 学习目标

通过本章学习,你应该能够了解和掌握:

1. 政府职能的分类。
2. 市场经济条件下政府职能的历史变迁。
3. 市场失灵与政府职能的发挥。
4. 政府在公共事业管理中的地位和作用。
5. 西方国家的政府再造运动。
6. 公共事业管理改革的趋势。

章前案例

合作医疗就是好 政府买单我看病

　　家住内蒙古乌兰察布市四子王旗查干补力格苏木三队19岁的蒙古族女孩乌日乐,在内蒙古四子王旗医院进行胆石症切除手术后痊愈出院了,她手捧合作医疗报销的各种单据,满怀激动地说:"合作医疗就是好,政府买单治好了我的病"。

　　一直在外打工的蒙古族女孩乌日乐突感上腹部、肩背部强烈疼痛,随即被送到内蒙古乌兰察布市四子王旗医院。经检查确诊为多发性胆石症,必须马上手术,可她却因家庭贫困拒绝手术。四子王旗医院的医护人员通过与她深入的交谈了解到:乌日乐家姐妹四个,母亲患病瘫痪在床已有10多年了,为了给母亲治病,父亲变卖了家里的摩托车、大部分的牛、羊等。乌日乐常年在外打工补贴家用,年迈的父亲在家照顾瘫痪的母亲。乌日乐其实感觉疼痛已经好长一段时间了,但考虑到家庭经济条件一直忍痛干活。得知这一消息,送乌日乐来检查的村党支部书记朝鲁孟,拿出随身带来的乌日乐家的户口簿和合作医疗本,用蒙语跟她说:"嘎查已为你办理了合作医疗,你治病的费用国家会按比例给你报销……"她重重地点头同意了手术。

　　随后医生耐心细致地给乌日乐做了全面的检查,四子王旗医院的医护人员不但顺利为她施行了腹腔镜胆囊摘除术,同时医院又为她减免了一千多元的治疗和住院等费用。痊愈出院时乌日乐流着感激的泪水,并用不太流利的汉语道出了她和家人的心声:"谢谢医生、谢谢护士! 合作医疗就是好,政府买单治好了我的病"。

　　　　　　　　　　　　　　　　(资料来源:中国健康护理网,2012年4月26日)

笔记

第一节　政府的性质与作用

政府是公共事业管理的核心主体,在公共事业管理中发挥着主导作用,这是由政府的性质与作用决定的。因此,在探讨公共事业管理中的政府角色问题时,首先需要对"政府"这一核心概念有一个清晰的认识。

一、政府的含义与性质

(一) 政府的概念

所谓政府,是指国家进行阶级统治和社会管理的机构,是国家表达意志、发布命令和处理事务的机关。同时,政府也可以指那些不以营利为目的、旨在追求有效增进与公平分配社会公共利益的调控活动。政府是公共事业管理的重要主体。

"政府"概念在不同层次上使用时其涵义很不相同,概括起来有以下几种:

(1)指制定规则、为居民提供服务的机构,这是最广义的政府,也可以称为"超弱意义的政府"。

(2)指治理国家或社区的政治机构,这可以称为"次弱意义的政府"。

(3)泛指一切国家政权机关。国家的立法机关、行政机关、司法机关和其他一切公共机关,这是广义的政府。

(4)指一个国家的中央和地方行政机关,如我国宪法中的"人民政府"就是各级行政机关,这是狭义的政府。

公共事业管理中的政府主体通常指狭义的政府。

(二) 政府组织与人员

作为公共事业管理主体,我国政府具体包括以下组织与人员:

(1)中央与地方行政机关:政府的公共管理权力是通过法律规定以及立法机关授权而获得的。在实际过程中,政府行政机关的公共管理权力,通常表现为以机关的名义向社会发布所管辖的行政区域或行政业务的行政规定,这种规定一般受广义政府的约束。

(2)行政首长:各国行政机关通常实行首长负责制,因而行政首长无论在名义上还是在实际执行上都是公共行政权力的一种主体。在这里,行政首长是指一种非人格化的特定的职位,而不是作为社会存在的自然人。行政首长可以分为高级政务类行政首长和政务首长以下的各级常务首长。行政首长根据宪法和有关法律的规定获得权力,在得到授权的条件下,他们可以代表政府。

(3)政府普通公务员:普通公务员人数众多,由法律保障其身份、规定其职责。他们是政府内逐级授权的最后一级,如得到特殊授权,他们有时也能代表政府。他们的主要职责,是处理政府的大量日常事务,具体执行政府决策或首长决定。由于他们实行终身制,长期在政府任职,所以他们对行政的技术程序和技术规范有较多的了解。

总之,政府的含义与性质可概括为:政府是按政治程序设立的行政机构;政

笔记

府活动的目的具有公共性;在各个市场主体的职能分工中,政府主要负责提供公共产品、执行公共政策;政府能力是有限的,如果政府介入经济社会生活的范围过宽、过深,容易产生许多消极作用;政府权力具有垄断性,权力的行使具有强制性;政府主体通常指中央与地方行政机关、行政首长和政府普通公务员。

二、政府的职能与职权

在对政府进行探讨时,我们经常会遇到一个问题,即政府的功能是什么? 在回答这个问题时,我们通常会涉及"政府职能"和"政府职权"这两个概念,两者既相互联系又存在一定的区别。

(一)政府职能

对于什么是政府职能,政府职能应该涵盖哪些领域,学术界尚未达成共识。郭宝平、余安兴等人认为对政府职能的认识大致有三种观点:一是将其视为能力与作用的结合;二是认为它体现的是职责和功能;三是认为它表现为职责和作用。本书比较认同第二种观点,即政府职能是政府机关在公共管理活动中的基本职责和功能,具体来说就是政府应该管什么的问题。它界定了政府活动的范围,是政府行为的重要依据。对于政府职能的范畴,学术界尚存不同的观点,下面是几种比较有代表性的观点:

亚当·斯密认为政府的职能主要有三个:第一,保护社会,使其不受其他独立社会的侵犯;第二,尽可能保护每个社会成员,使其不受其他社会成员的侵害或压迫,即设立完全公正的司法机关;第三,建设并维护某些公共事业或公共设施。布坎南认为政府职能可以分为三个层次:"第一,执行现行法律的那些行动。这一类行动包括霍布斯所说的君主的合法行动,即包括在我称之为'保护性国家'、诺齐克称之为'最低限度国家'和19世纪哲学家称之为'守夜人国家'的那些行动。打一个熟悉的体育比赛的譬喻,这里的任务是裁判员的任务,指定他来执行规则,督促比赛的进行。第二,包括现行法律范围内的集体行动的那些活动。……这一套活动包括提供资金,供给和提供'公众所需的商品和服务'。个人和私人团体在现行法律范围内的活动可能不足以充分供应那些商品和服务。第三,包括改变法律本身和现行成套法律规定的那些活动。……用体育比赛作比喻,这里所说的活动是指改变过去和现在实行的比赛规则的那些活动。"美国学者安德森从政府弥补市场失灵的角度出发,认为政府职能应该分为七个方面,即提供经济基础;提供各种公共商品和服务;协调与解决团体冲突;维护竞争;保护自然资源;为个人提供获得商品和服务的最低条件;保持经济稳定。世界银行1997年发展报告指出:"有5项基础性任务处于每个政府使命的核心地位,如果这5项任务完不成,就不可能取得可持续的、共享的、减少贫困的发展:①建立法律基础;②保持非扭曲性的政策环境,包括宏观经济的稳定;③投资于基本的社会服务与基础设施;④保护承受力差的阶层;⑤保护环境。在提高政府有效性上提出了一项两部分的战略,一是使政府的作用与其能力相符;二是通过重振公共活力从而提高政府能力。"

台湾学者张金鉴认为政府职能大致可以分为六个方面,即维护职能、保卫职能、扶助职能、管制职能、服务职能和发展职能。维护职能是指维护国家法典和制度的功能;保卫职能是指保卫国家和民族独立,保卫公民生命、财产和公民权利,维持社会秩序的功能;扶助职能是指扶助各界公民、公民团体、工商组织均衡发展,扶助弱者生存的职能;管制职能是指管制社会行为主体和国家公共权力主体的社会行为的职能;服务职能是指通过兴办各类公共事业,直接造福于国民的职能;发展职能是指运用各种可能的方式启发、诱导创新的意愿和积极性,促进、推动发展和进步的行为的职能。施雪华认为,所谓的政府职能是指政府的行为方向和基本任务。他认为现代政府职能主要包括四个方面,即阶级统治职能、社会管理职能、社会服务职能和社会平衡职能。李文良等人认为,WTO背景下政府职能的转变主要表现在政治职能、经济职能和社会职能几个方面。应松年等人认为政府职能包括政治职能、经济职能、文化职能和社会职能四个方面。

在这些对政府职能范畴的划分中,将政府职能界定为政治职能、经济职能、社会职能和文化职能的观点得到了学术界较多学者的认同。虽然不同学者在每个职能的内涵表述上存在一定的差异,但是其内容上基本类似。

1. 政治职能　政治职能是指政府在国家和社会中所起到的政治作用。作为政府最为古老的职能之一,它伴随着国家的产生而产生,随着国家的消亡而消亡。一般来说,政治职能包括国家保卫职能、政治统治职能、民主发展职能和社会秩序维护职能。

(1)国家保卫职能:国家保卫职能就是通过加强国防建设、开展外交等手段,保护国家的主权和领土完整,防止外来侵略,维护国家的独立和自由。

(2)政治统治职能:马克思认为,国家是阶级斗争不可调和的产物和表现,国家是进行阶级统治的工具。因此,政府必然的职能之一就是进行政治统治,镇压国内敌对势力和敌对阶级,维护政权稳定。在资本主义及其以前的社会,都是少数人统治多数人的社会。我国是社会主义国家,社会主义国家的一切权力属于人民,从而真正实现了多数人对少数人的统治。

(3)民主发展职能:与对敌对势力进行专政相对的,是在统治阶级内部实行民主,民主是文明社会发展的必然趋势。我国是人民民主专政的社会主义国家,这一国家性质决定了我们必须要实现人民当家做主,这就要求我们一方面要切实维护公民的基本政治权利,防止特权阶层的出现;另一方面要畅通公民参与的渠道,建立公民参政议政的制度渠道,保证公民的政治权利落到实处。

(4)社会秩序维持职能:社会秩序职能就是指国家通过建立完善的法律规章,确保社会上的各个主体都能够依法从事,严厉打击各种违法犯罪活动,维护公民、企业的合法权利,确保整个社会的有序运行。

2. 经济职能　从政府与市场的关系来看,市场并不是万能的,市场也存在失败的可能。弥补市场失败成为政府承担部分经济职能的原因,如防止垄断和不公平竞争、保持宏观经济的稳定、提供部分公共产品和服务等等。具体来说,政府的经济职能主要包括为市场经济提供制度基础、政府的资源配置职能、政府的分配职能、政府的调节职能和政府的稳定职能。

笔记

（1）为市场经济提供制度基础：政府为市场经济的运行提供基本必须的制度、规则以及框架。它们包括：界定和保护产权、契约的执行、公司法、金融制度、专利保护、著作版权、法律和秩序的维持。

（2）政府的资源配置职能：政府的资源配置职能指的是通过公共部门收支活动以及相应政策的制定、调整和实施，实现对社会现有的人力、物力、财力等社会资源结构与流向的调整与选择。具体来说，包括三个方面：第一是配置公有财产；第二是配置公益物品；第三是减少市场条件下产品生产和使用的负外部性。

（3）政府的分配职能：因为市场的初始分配，无法使收入、财富和福利按照社会认为符合社会公正的方式进行，这就需要政府承担二次分配的责任，通过税收、财政转移支付、扶贫、救济等方式进行分配调节。

（4）政府的调节职能：就是政府通过法律、政策或机构功能引导和调节生产者和消费者的决定，以减少垄断和负效应。比如设置公平交易局、垄断与兼并委员会、反污染立法机构等。

（5）政府的稳定职能：市场失灵会导致经济波动和周期性经济危机，因此需要政府来提供稳定的财政金融政策。

3. 社会职能 政府的社会职能是指政府为了维持正常的社会生活水平和生活秩序，增进国民福利而生产或供应社会福利性产品和服务的职能。一般来说，政府的社会职能包括提供社会保障、调节收入分配、培育公民社会、保护环境等。

（1）提供社会保障：社会保障是指国家通过立法并依法采取强制手段对国民收入进行再分配，对暂时或永久失去劳动能力及因各种原因造成生活困难的社会成员提供基本生活保障，以保证劳动力再生产，社会安全和经济有序进行的措施、制度和事业的总称。我国的社会保障主要包括社会保险（主要包括养老保险、医疗保险、失业保险、工伤保险和生育保险等）、社会救济、社会福利和社会优抚等。社会保障制度的主要目的是保障社会成员基本的生存权利，促进社会的稳定和可持续发展。建立完善的社会保障体系，保证每个公民都能享受到均等的社会保障是政府义不容辞的责任。

（2）调节收入分配：市场经济崇尚自由竞争，在竞争中部分社会成员由于天资、机遇的不同而在竞争中处于劣势地位，由此导致收入分配差距的客观存在。一定收入分配差距的存在是难以避免的，但是如果这种收入分配差距过大就容易造成社会的不稳定，从而激发社会矛盾。因此，对市场竞争形成的初次分配进行调节是国家的职能之一。如政府征收遗产税和赠与税、实行累进税收制度、实行转移收入政策等，都是政府调节收入分配的表现。

（3）培育公民社会："小政府、大社会"是未来政社关系发展的基本目标，这一目标实现的关键就在于建立一个成熟、强大的公民社会，而这又离不开政府对公民社会的支持与培育，特别是在公民社会发育的早期，政府作用显得格外重要。加大对非营利组织的支持力度、加强社区和乡村自治组织建设、创办和发展各种社会公益事业等都是政府培育公民社会的重要举措。

（4）保护环境：自然环境是人类赖以生存的基础，是实现经济社会可持续发展的必要条件。而自然环境的"公地"属性往往导致哈丁所说的"公地悲剧"，因

笔记

此保护环境就成为政府的责任之一。政府保护环境的措施是多方面的,如直接控制、罚款、补贴等均是政府常用的手段。

4. 文化职能　文化职能在政府职能中的比重正在日益增加。一般来说,文化主要涉及科技、教育、文化、卫生、体育、广播电视和出版等各个方面。文化是与经济相对应的,经济主要涉及物质文明的发展,而文化主要涉及精神文明的发展,两者相辅相成,相互促进。政府的文化职能主要包括以下几个方面:

(1)制定教育、科学、文化发展总体规划。

(2)制定和执行有关科学、教育、文化的法规、政策。

(3)建立国家知识创新体系,组织力量对国家重大科学技术研究项目进行协调攻关。

(4)指导、监督、协调教育文化科研机构有效地贯彻国家的教育、科学、文化发展规划。

(5)组织进行教育、文化、科技管理体制改革。

(6)有效配置资源,不断进行教育、科学、文化事业的基础建设。

(7)指导和规范文化市场建设和文化产业发展。

(8)促进对外文化交流等。

(二) 政府职权

政府职权是指某一职位依法具有的权力,这一权力是由法律所规定的,是与一定职位相联系的,它不同于政府职能。政府的职权是由政府的地位决定的,是由法律给予保障的。

1. 中央政府职权　根据1982年的中华人民共和国宪法第89条的规定,我国中央政府即国务院共享有18项职权。这18项职权具体包括以下6个方面的内容:

(1)制定行政法规和发布行政命令。

(2)提出议案:主要是向全国人民代表大会及其常委会提出议案。

(3)组织领导:规定各部、委的任务、职责,统一领导全国地方各级行政机关的有关工作,规定中央与省、自治区、直辖市的国家行政机关职能的具体划分,批准省、自治区、直辖市的区域划分,批准自治州、县、自治县、市的建制和区域划分,按照法律规定任免、培训、考核、奖惩、调动行政人员。

(4)管理指挥:领导和管理经济、城乡建设、教育、科学、卫生、体育、计划生育、民政、公安和司法行政、监察、对外事务、国防建设、民族事务;保障少数民族的平等权利和民族自治地方的自治权利;保护华侨的正当权利和利益,保护归侨和侨眷的合法的权利和利益;决定省、自治区、直辖市范围内部分地区的戒严。

(5)监督审计:改变或者撤销各部委发布的不适当的命令、指示和规章,改变或者撤销地方各级国家行政机关的不适当的决定和命令,审定行政机构的编制,审计各级行政机关的财务收支。

(6)全国人大及其常委会授予的其他职权。

2. 地方政府职权　根据1979年《中华人民共和国地方各级人民代表大会和地方各级人民政府组织法》的有关规定,我国地方各级人民政府主要行使以下5

个方面的职权：

(1)行政执行：执行同级人民代表大会及其常委会的决议和命令，办理上级人民政府交办的各种事宜。

(2)发布决议和命令：在本行政区域内发布决议与命令，规定行政措施。省、自治区、直辖市以及省、自治区的人民政府所在地的市和经国务院批准的较大的市的人民政府，还可以根据法律和国务院的行政法规制定行政规章。

(3)组织管理：县以上的人民政府领导所属各工作部门和下级人民政府的工作，执行经济计划和财政预算，管理本行政区域内经济、文化建设和民族、公安等工作，依照法律规定任免和奖惩行政工作人员；县以下人民政府管理本行政区域内经济、文化建设和民政、公安等工作。

(4)安全保障维护：保护社会主义全民所有制的财产和劳动群众集体所有的财产，保护公民私人所有的合法财产，维护社会秩序，保障公民的人身权利、民主权利和其他权利，保障农村集体经济组织应有的自主权，保障少数民族的权利和尊重少数民族的风俗习惯（省和自治区人民政府还有责任帮助本省或本自治区少数民族聚居的地方实行区域自治），保障妇女同男子有同等的政治权利、劳动权利、同工同酬和其他权利。

(5)监督审计：县以上人民政府可以改变或者撤销所属各工作部门的不适当的命令、指示和下级人民政府的不适当的决议和命令，监督和审计所属各工作部门和下级人民政府的财务行为与收支状况，依照法律和有关规定奖惩行政工作人员。

三、政府职能的有限性

（一）政府职能有限性的含义

政府职能的有限性也称为政府职能的限度，具体包括以下几方面内容：一是能力限度，即政府是否具备承担某些社会或市场管理的能力，如果没有能力，就最好不要干预；二是效率限度，即在市场机制、社会组织和政府行政具有相同调节能力的条件下，应当有一个成本收益的比较问题，行政干预应当以效率最高为限度；三是合法限度，即如果现存的政府行政、社会组织或市场机制在技术上都有能力，在经济上都能以低成本来满足特定的需求，那么谁能更符合法律与公正的原则，就应由谁来承担。追求"有限行政"的政府，并不等于它是一个弱政府或低效政府，相反有限政府的实质是追求强力政府和高效行政。

（二）政府行政行为无限扩大的弊端

"有限行政"提出的理论基点是政府失灵、市场失灵和公民社会自主发展。根据美国兰德公司的研究，政府行为无限制会产生以下弊端：其一，成本和收入之间的分离，即政府行政的非市场活动的一个明显趋势是成本不断增加，常出现额外成本，导致产出超出需要。其二，"内在性"影响组织目标。由于政府缺少如同市场组织那样来自于消费者或市场的目标，他们就需要发展自己组织的目标以规制组织运行。由于动力来自内部，它使政府组织偏向于内部成员收益的最大化，并导致预算增加和目标被置换。其三，派生的外在性。政府在试图减少市

笔记

场缺陷而干预经济的时候,往往产生无法预料的副作用。其四,分配不公形成特权。政府试图通过重新分配以克服市场带来的不平等,但重新分配的公共政策一般是取之于一些人而使另一些人获益,这就为不公正和滥用职权提供了机会,所以政府活动极有可能导致收入、权力方面的分配不公。

由此可见,政府的缺陷是显而易见的,政府行政行为无限扩大有着严重的危害性。

第二节　市场经济条件下的政府职能

政府职能的作用领域和范围从来都不是一成不变的,而是在不同的时代有所差异。在市场经济条件下,政府职能应该严格限定在市场失灵的范围内,也就是说市场失灵的领域正是政府职能的作用领域。

一、市场经济条件下政府职能的嬗变

在市场经济条件下,政府职能随着市场经济的发展体现出较强的阶段性特征。在不同的发展阶段,政府介入经济、社会的程度和范围呈现出较大的差别。总体来看,市场经济条件下政府职能的变迁主要分为三个阶段。

(一) 经济自由放任阶段的政府职能

从时间维度上来看,经济自由放任阶段大体上是从西方确立资本主义制度到19世纪末20世纪初。这一阶段是西方资本主义发展的黄金阶段,资本主义所崇尚的自由竞争的市场经济在短时间内创造了前所未有的社会财富。在这一时期,市场经济被资本主义社会奉为圭臬,与之相适应,政府的作用被边缘化。当时社会上流行的看法就是"政府要好,管理要少",政府应该是一种"守夜人"的角色,社会的发展进步主要依靠市场这只"看不见的手"的作用。这种思想集中反映在亚当·斯密、大卫·李嘉图和密尔为代表的古典学派和以马歇尔为代表的新古典学派的思想中。亚当·斯密在其著作《国富论》中对政府职能做了如下限定:"第一,保护社会,使不受其他独立社会的侵犯。第二,尽可能保护社会上各个人,使不受社会上任何其他人的侵害或压迫,这就是说,要设立严正的司法机关。第三,建设并维持某些公共事业及某些公共设施(其建设与维持绝不是为着任何个人和任何少数人的利益),这种事业与设施,在由大社会经营时,其利润常能补偿所费而有余,但若由个人或少数人经营,就决不能补偿所费。"由此可见,自由放任阶段政府的职能范围受到严格的限定,政府成为"守夜人"。

(二) 国家干预阶段的政府职能

从时间维度上来看,国家干预阶段大体上是从19世纪末20世纪初到20世纪70年代。19世纪末20世纪初,西方资本主义国家完成了由自由资本主义向垄断资本主义的过渡。资本主义发展中长期积累的矛盾开始爆发出来,如尖锐的劳资矛盾、巨大的贫富差距都要求政府发挥更大的作用,自由放任阶段的"守夜人"的角色越来越难以适应时代发展的要求。特别是1929～1933年的资本主义大危机,彻底宣告了自由放任主义的破产。为了渡过这场危机,西方国家开始

笔记

寻求新的经济理论,在这一背景下,凯恩斯主义兴起。不过值得注意的是并不是在大危机出现之后才开始探索新经济理论,早在危机暴发之前,西方经济学家就开始了探索。1920年,福利经济学家庇古出版了《福利经济学》,在这一著作中庇古就提出仅仅依靠自由竞争并不能导致生产资源的最优配置,政府的干预是必要的。1936年,凯恩斯的著作《就业、利息和货币通论》出版,这本书详细的阐释了政府干预经济的理由及其措施。由于凯恩斯主义适应了国家垄断资本主义的需要,在30年代的大危机中,对挽救资本主义制度起过"起死回生"的作用,因此第二次世界大战以来,凯恩斯主义一直是西方各国政府执行和扩大经济职能的理论依据。在凯恩斯主义的影响之下,"行政国家"取代"守夜人"成为西方国家政府职能的普遍模式。所谓的"行政国家",即在法制基础上以职能范围、机构与人员规模的不断扩张为显著特征的政府权能体系取代放任政府模式成为西方各国政府的发展取向。在"行政国家"模式之下,国家渗透到经济社会的各个领域,政府职能迅速扩张,人员和机构不断膨胀,西方国家开始了政府对经济、社会的全面干预。

(三)新古典主义阶段的政府职能

从时间维度上来看,新古典主义始于20世纪70年代,一直延绵至今。第二次世界大战后,西方国家在凯恩斯国家干预主义的指导下,迅速从战争的灾难中恢复,并经历了战后20年的高速发展。然而,20世纪70年代,西方国家普遍进入了以"三高一低"(高通货膨胀、高失业率、高财政赤字和低经济增长)为主要特征的"滞涨"阶段,凯恩斯国家干预主义在解决危机时显得无能为力,因此西方国家开始对凯恩斯主义失去信心,新古典主义开始兴起。所谓的新古典主义,又称新自由主义,其基本理论要点是在重申个人理性假设的基础上主张在社会经济生活中市场力量的角色最大化和政府角色的最小化。在新古典主义的影响之下,西方国家开始了一场轰轰烈烈的政府改革运动,即通常我们所说的新公共管理运动。新公共管理主张重新调整政府与市场、政府与社会的关系,减少政府职能,压缩政府的活动范围,政府只承担那些应该由自己管而自己又有能力管好的事情,更多地依靠市场机制和社会机制来提供公共服务,严格将自身职能控制在市场失灵和政府失灵的范围之内。新公共管理运动的兴起,使政府职能再次向"小政府"方向发展。

从总体来看,西方国家政府职能变迁可以大致划分为以上三个阶段,政府职能也基本上经历了由简到繁再到简的这一个过程。事实上,无论是政府还是市场,本身都存在难以克服的缺点,因此良好的治理既离不开市场的作用,也离不开政府职能的有效发挥。

二、市场失灵的范围和表现

现在越来越多的学者认识到,市场在社会资源配置中起到基础性作用,但是市场本身并不是完美无缺的,市场也存在着"失灵"的可能,而正是市场失灵的存在,为政府职能的发挥提供了空间。因此,探讨市场经济条件下政府职能问题,必须对市场失灵问题有一个清晰的认识。

笔记

所谓的市场失灵(也称为市场失败),是指由于市场内在功能性缺陷和外部条件缺陷引起的市场机制在资源配置的某些领域运作不灵。西方最早注意到市场失灵问题的是西斯蒙第,之后马尔萨斯、穆勒、霍布森、庇古等人都对市场失灵问题进行过论述。萨缪尔森和诺德豪斯认为,市场失灵包括三类:一是缺乏效率;二是不能导致社会公正或平等的收入分配;三是不能保证宏观经济的稳定和解决经济低增长问题。斯蒂格利茨将市场失灵归纳为六个方面:①规模经济及其造成的垄断对竞争的限制从而造成效率下降(损失),即不能达到社会福利最大化;②市场不能保证公共物品的充足供应;③外部经济效应的存在导致资源配置的低效率;④不完善的市场导致的市场失灵,即某些私人产品(劳务)也不能得到有效的供应,如在保险市场、贷款市场方面,很多保险项目、贷款项目,私人保险公司、银行不愿意提供;⑤市场信息是不充分、不对称的,或者说市场仅能提供有限的信息,一部分人占有更多的信息;⑥市场不能避免或解决失业、通货膨胀与宏观经济失衡的问题。

综合西方经济学家的观点,可以将市场失灵归结为以下几个方面:

(一)市场竞争容易导致垄断

市场经济的核心就是自由竞争,而竞争就必然会造成优胜劣汰。一般来说,企业越大竞争力就越强,企业越小竞争力就越弱。因此,小企业在与大企业的竞争中往往处于不利地位,容易被大企业所兼并,而这又进一步增强了大企业的竞争力,这就是市场竞争中的马太效应。因此,放任市场竞争的结果就可能导致垄断的形成,而垄断一旦形成,就会产生严重的负面影响。一方面垄断企业可能会操纵市场,排斥其他企业的进入,进而控制商品的定价权,这样垄断企业在定价时往往使商品价格远远高于成本,从而获得超额利润,直接损害消费者的权益;另一方面由于缺乏来自竞争的压力,就容易使垄断企业丧失创新的动力,从而造成企业产品更新换代缓慢,从长远来看,也会损害整个社会的利益。因此,垄断会损害市场配置资源的效率,进而给整个社会造成潜在的效用损失。

(二)市场难以保证公共物品的充足供给

根据萨缪尔森的定义,公共物品是这样一种物品或劳动,每个人对这种物品或劳务的消费并不会导致别人对该种物品或劳务消费的减少。从这一定义中可以引申出公共物品的两个特性,即非竞争性和非排他性。非竞争性是指增加一个消费者并不会减少其他消费者对该物品的消费或说新增加一个消费者所产生的边际成本为零;非排他性是指很难将拒绝为该物品付费的个体排除在对该物品的消费之外或者排他的成本是非常高昂的。一个典型的例子就是灯塔,灯塔一旦修好后多增加一个消费者并不需要额外的付出,同时灯塔的所有者也很难将那些拒绝为之付费的消费者排除在对灯塔的使用之外。类似这样的物品在社会中还存在很多,例如国防、公路桥梁、广播电视、天气预报、城市绿地等。公共物品的这种特性容易造成"搭便车"行为的存在,即大家都想从中受益,但是谁也不愿意为之付费。这就使得私人企业不愿意提供公共物品,从而造成公共物品供给不足。因此,单纯依靠市场机制很难实现对公共物品的有效供给,这也是很多政府举办公共企业的原因之一。

笔记

（三）市场竞争容易造成收入分配的两极分化

实现公正的收入分配是人们追求的价值之一，但是单纯依靠市场却很难实现这一目标。萨缪尔森早就指出："价格机制的辩护者和批评者应当认识到，有效率的市场制度可能产生极大的不平等。"这是因为虽然市场经济在本质上是平等的，但是由于人们自身条件、资源禀赋、机遇的不同，在市场竞争中就会产生收入分配的差距，且这种差距容易造成收入分配中的马太效应，即富者愈富，贫者愈贫。应该认识到社会存在一定的贫富差距是合理的，它有利于提高人们工作的积极性，但是如果这种贫富差距过大以至于出现两极分化，就会造成严重的后果。一方面贫富差距的过分拉大会造成社会的不稳定，从而影响经济、社会发展的外部环境；另一方面财富在少数人手中的大量聚集并不会自然改善整个社会的福利，甚至有可能造成市场上的有效需求不足，导致大量的人失业、生活在疾病和贫困之中。身受不公平待遇的和贫困的人们不可能长期保持和提高工作的效率，最终整个社会失去效率。因此，将收入分配控制在社会可承受的范围之内，是维持社会稳定，实现经济社会可持续发展的必要条件。但是，市场却缺乏调节收入分配的自发机制，这就为政府干预提供了理由。

（四）市场难以解决外部性问题

外部性又称外在性或外部影响，是指一个经济行为主体的经济活动对另一个经济主体的福利所产生的效应，但这种效应并没有通过市场交易反映出来。外部性分为正外部性和负外部性。正外部性的例子，比如企业进行科技创新，从其主观目的来说是为了提高企业的竞争力，但是在客观上也促进了科学技术的进步。负外部性的例子比如企业将污水排到河流中，造成下游渔业的减产，企业将污水排到河流中造成的损失不是由企业本身来承担，而是由下游的渔民来承担。因此，外部性的本质就在于成本与效用的分离。外部性的影响不是通过市场价格机制产生的，它独立于市场之外，扭曲市场价格。由于外部性的作用，市场机制不能有效地配置资源，即使在没有垄断的完全竞争的市场条件下，也不能使资源配置达到最优。外部性的范围越广，市场价格机制有效配置资源的作用就越小。既然外部性并非由市场机制而起，那么市场机制对外部性的矫正也就无能为力，因此必须借助于市场以外的力量来加以干预和纠正。对于经济主体的正外部性，政府应该加以鼓励，而对经济主体的负外部性，政府应该予以规制。

（五）因信息不完全而造成市场失灵

市场实现对社会资源有效配置的一个必要前提就在于"信息是完备的"，但这只是一种假设，现实中很难实现。首先，信息的获取是需要成本的，并且即使付出很大的成本也不一定能够获取全部的信息，因此市场上的交易者可能会选择"理性的无知"；其次，交易双方从自身利益最大化角度出发，往往会隐瞒不利于自己的信息，从而造成交易双方的信息不对称。信息不完全损害了市场资源配置的能力。例如投资者可能因为信息不完全而造成投资的盲目性。再如，假冒伪劣产品充斥市场，由于消费者不具备辨别真假物品的所有信息，有可能会造成消费者购买假货而拒绝真货，即出现"劣币驱逐良币"，从而造成假冒伪劣产品大行其道。信息不完全使得仅仅依靠市场难以实现资源配置达到帕累托最优，

笔记

这也使得政府监管成为必要。

（六）市场难以保证宏观经济的稳定

市场经济之所以能够发挥作用，在于其价格机制和自由竞争机制。当某件商品稀缺时，价格自然会上升，利润空间就会加大，这时候就会吸引更多的生产者投资该物品的生产；当某件商品过剩时，价格就会下跌，利润空间就会被压缩，甚至无利可图，这时候生产者就会转向其他领域。从这一过程可以看出，这种价格信号往往是事后的，这也决定了市场调节是一种事后调节，这种事后调节难以避免的一个弊端就是容易造成行为主体的盲动。由于市场主体是分散的，自主决策的，因此其在决策的时候往往难以知晓所有的信息，这就容易造成市场主体的盲目决策，造成社会资源的浪费。比如说当市场上猪肉价格上涨后，分散的市场主体看到养猪有利可图就会纷纷投资养猪，但是他们对市场上猪肉的需求量、未来的供给量、可替代产品的数量等信息往往都缺乏明确的认识，结果往往造成大家都投资于养猪从而造成猪肉供大于求，价格下跌，从而造成社会资源的浪费。小到养猪，大到整个国民经济，都是同一个道理。所以，单纯依靠市场经济，很容易造成市场的波动，难以实现宏观经济的稳定，这也是世界各国都采取对经济的宏观调控的根本原因。

三、市场经济条件下政府职能的作用领域

现在，大部分学者都已经认识到市场失灵的存在，正是由于市场失灵才使得政府干预成为必要。整个社会要健康、平稳的发展，一方面离不开市场基础性作用的发挥，另一方面也需要政府必要的补充，也要实现市场这只"看不见的手"和政府这只"看得见的手"的相互配合，相互合作。从这个角度来看，政府职能的作用范围即是市场失灵的范围。

根据上文对市场失灵的论述，本书认为市场经济条件下政府职能的范围主要包括以下几个方面：

（一）防止垄断，维护公平竞争

从对垄断形成过程的分析中可以看到，垄断源于竞争，反过来又阻碍竞争，降低了市场配置资源的效率，给整个社会造成潜在的效用损失。因此，如何防止垄断，维护公平竞争的市场环境是各国政府普遍关心的问题。一般来说，政府防止垄断，维护公平竞争的手段主要包括以下几个方面：

1. 制定实施反垄断法，促进公平竞争　反垄断法在市场经济发达国家被称为"经济宪法"、"自由企业的大宪章"。反垄断法的基本目的是抑制垄断行为，促进持久竞争，改善经济效能，使消费者享受较低的价格、更多的选择和更好的产品质量。反垄断基本上是一个政府微观规制问题，需要反垄断法律的支持和规范。因此，法律手段应作为政府反垄断的基本手段。反垄断法的基本内容有三个方面：一是禁止限制性协议、决议或者协同行为；二是禁止滥用市场支配地位的行为；三是企业合并控制。在加强立法的同时，各国都十分重视反垄断法的执法工作。一是确立强有力的竞争执法机关；二是规定行之有效的执法手段。在程序方面，大多数国家反垄断法都直接赋予反垄断国家机关比较强有力的调

查权。在实体方面,越来越多的反垄断法赋予行政机关对垄断的裁决权。

2. 运用经济处罚和经济调节手段抑制垄断行为　抑制垄断行为的经济手段包括两个方面内容:①对垄断(包括垄断行为和垄断获利)实施经济处罚;②政府对经济实行调节。对垄断实施经济处罚可以根据反垄断法,也可以根据行政部门所制定的处罚规则,在法制社会应以反垄断法为基本依据,以行政部门所制定的处罚规则为辅。经济处罚手段在反垄断中有其独特的作用:经济处罚手段的运用范围比行政手段广泛,在市场经济中,虽然政府不能干预非公共企业的决策过程,但无论是公共企业,还是非公共企业,只要违反政府所制定的规则,政府都可以进行经济处罚。经济处罚手段直接影响垄断者的经济利益。如果政府对垄断进行足够的经济处罚,那么可以有效地抑制和警示垄断行为。经济调节手段在反垄断中具有重要作用,经济处罚手段不能适用的经济领域大都可以运用经济调节手段,即使运用经济处罚手段的领域也同样可以运用经济调节手段,因此经济调节手段具有广泛的适用性。经济调节手段的运用乃是通过增减市场需求的办法,提高经济的竞争性来抑制垄断。就是说,经济调节手段并不是直接对垄断进行抑制,而是通过市场间接地抑制垄断。这样,就不会破坏市场经济运行的基础,但同时又可抑制垄断。经济调节手段具有更强的预防垄断的作用。

3. 用行政手段干预垄断　行政手段是指政府行政部门对垄断所实施的行政处罚手段和措施。行政处罚权有两类:一是由反垄断立法赋予行政部门的行政处罚权,这种行政处罚权是法律所授,因此具有更高的权威性;二是由行政部门自行制定的行政规则而获得的行政处罚权。行政手段在反垄断中也有其独特作用:①可以弥补反垄断法的漏洞,对于逃避反垄断法的垄断行为,政府行政部门可以实施行政处罚。②可以对处于反垄断法的适用对象之外的某些垄断行为进行约束。③在反垄断法不成熟以前,行政手段可作为反垄断法的替代手段。④在政府行政部门对经济主体具有强控制力的情况下,行政手段是一种很有效的反垄断手段。但行政手段在反垄断中存在着一定的局限性,因此行政手段只能作为反垄断的辅助手段。

(二)保证充足的公共物品供应

如前所述,公共物品的非竞争性和非排他性使得公共物品由市场供给容易造成供给不足,因此供给公共物品成为政府基本职能之一,这已经是学界的共识。即使是在主张政府作为"守夜人"的自由放任阶段,亚当·斯密也提出出于公共目的,政府有必要提供一些公共设施。然而需要注意的一点是,政府供给并不等于政府生产。事实上,公共物品内部也可以进一步细分为纯公共物品和准公共物品。所谓的纯公共物品是指严格具有非竞争性和非排他性的产品,这种物品在现实生活中非常少,国防是其典型的代表。大多数产品是具有非竞争性和非排他性两种特性之一的准公共物品,如高速公路、电影院、公共池塘等。一般来说,纯公共物品只能由政府来供给;而准公共物品既可以由政府来供给,也可以由政府通过契约外包、特许经营权等方式交给市场来生产,通过市场的竞争机制,提高供给效率。在20世纪70年代末80年代初兴起的新公共管理运动的一个重要方面就是要在公共物品生产中引入市场机制或社会机制,从而节约成

笔记

本,提高效率,如新公共管理运动提出的"掌舵,而不是划桨"、"注重妥善授权而非事必躬亲"、"市场化政府"等口号都反映了这种趋势。但是,由于准公共物品又具有较强的公共性,政府将其生产转移之后并不代表着政府责任的转移,政府还是承担有监管的职责,防止企业过度追求自身利益而置公共利益于不顾。

(三)调节收入分配,防止两极分化

市场是以竞争为基础的配置资源的方式,因此必然会导致收入分配的分化。这种分化控制在一定的范围内是合理的,如果超出一定的限度就容易造成社会的不稳定和有效需求不足,影响经济社会的可持续发展。因此,调节收入分配,防止两级分化成为各国政府普遍的职能之一。一般来说,政府调节收入分配的政策包括以下几种。

1. 增加对教育的投资力度,提高个体竞争力 在市场经济条件下,收入分配实际上是以人力资本为主要依据的,而人力资本的最主要来源则在于教育。因此,政府必须加大对教育的投资力度,这里的教育既包括基础教育,也包括对弱势群体的再教育。通过教育,提高个体参与市场竞争的能力,从而为公平的收入分配奠定基础。

2. 取缔非法收入,维护市场秩序 市场经济条件下,造成收入分配体系扭曲的一个重要原因就在于不正当的市场竞争,如投机倒把、违法经营、假冒伪劣、走私贩卖等。特别是在我国这样一个市场经济体系尚不健全的发展中国家,这类现象尤为严重。要调节收入分配,必须首先打击这些非法活动,坚决取缔非法收入,从而维护正常的市场秩序。

3. 运用税收杠杆,调节过高收入 税收手段是国家对收入分配进行调节的重要手段。国家调节收入分配的税收手段一般有纳税过程中的累进税制,消费过程中的特种消费税,财产转移中的财产税、遗产税等。国家通过税收这样一种手段,调节居民的过高收入。

4. 运用行政手段,扶持弱势群体和落后地区 行政手段也是政府调节收入分配的重要手段,行政手段最大的特点就是直接、迅速。例如增加对落后地区的财政转移支付力度,建立最低工资保证制度,建立覆盖全民的社会保障制度,加大对垄断行业收入分配的监管力度等。

(四)正确应对外部性问题

如前文所述,外部性分为正外部性和负外部性两种。正外部性本质上是个人收益小于社会收益,易于导致供给不足,造成效率损失;负外部性本质上是社会成本大于个人成本,从而造成社会福利的损失。因此,无论是正外部效应,还是负外部效应,都意味着资源配置不合理和效率损失,必须对外部效应加以矫正。虽然在某些情况下,外部性可以通过市场机制自身加以解决,例如污染河流的工厂与下游农民就如何赔偿问题达成一致,从而使该问题得以解决,但是实际上这种谈判往往会面临着交易成本过高而难以实施的困境。因此,矫正外部性最终要依靠政府。对待不同的外部性,政府采取的措施也往往会有所区别。具体来说,对于那些具有正外部性的产品或劳务,政府主要是通过进行补贴的方式加以鼓励,例如政府对学生发放奖学金鼓励学生努力学习,

政府对非营利组织的拨款,政府对科技创新的奖励等。对于那些具有负外部性的产品或劳务,政府一般会通过罚款、税收、规制等强制方式予以消除。例如对向河流中排污的企业进行罚款或是强制关闭,对烟酒等物品的消费进行征税,禁止在公共场合吸烟、保护环境等等。通过政府这种"惩恶扬善"的调控措施,使个体收益和社会收益、个体成本与社会成本趋于平衡,从而解决外部性问题。

(五)减少信息不完全

政府具有促进经济发展,维护社会安定,促进公平交易和公平竞争,促进经济效率提高的责任,不解决信息不对称问题,政府就很难履行好这些职责。信息不对称是商品交换所造成的,市场机制难以完全克服,需要借助政府力量干预,事前重点保护消费者,事后重点保护生产者,主要是保护交易中处于信息劣势的一方。政府解决信息不对称问题的途径和方法主要有:

1. 生产者必须向消费者提供足够的商品信息 政府通过法规和政策强制生产者向消费者提供足够的商品信息。政府从消费者利益出发,根据不同产品的特点,规定卖方必须向买方提供的信息内容。例如对于药品生产商,政府强令其提供药品配方、生产日期、有效期、适用范围、禁用范围、使用方法等方面的真实的、尽可能多的信息。

2. 规定各类商品的质量标准 政府以法律的形式制定各种商品的质量标准。一种商品在上市之前,必须经过国家指定的检验部门的检验,取得国家颁发的质量合格证书。这时,国家是以自己的信誉作为商品的质量保证。

3. 要求生产者和商家必须对所售出商品承担责任 政府规定生产者和商家必须对所出售的商品负责,实行商品"包退、包换、包修"的三包制度。

4. 对不公平交易者实施处罚 政府对利用信息优势进行不公平交易和不公平竞争的行为进行处罚。

5. 以法律形式维护消费者权益 政府制定和实施保护消费者权益的法律,规定消费者有安全保障的权利、获得争取信息的权利和选择商品的权利。当消费者的这些权利受到损害时,比如受到虚假广告的欺骗,可以依法追究厂商的责任。针对信息在买卖双方的不对称,国家工商行政管理部门特别禁止虚假的或欺骗性的广告宣传,禁止在广告和商品的装潢上,向消费者提供与商品实际性能不符的信息。

6. 制定经济合同法维护市场交易公平 政府制定和实施经济合同法,使市场交易双方的经济合同能够得到履行,减少或杜绝合同订立中的逆向选择问题,保障交易双方责任的履行、权利的实现。

7. 对交易主体实行监管 政府对市场交易主体的交易资格进行审查,将不符合标准的交易者排除在市场之外。

8. 搜寻和向市场提供某些方面的信息 政府可以根据上述各种方法来消除信息不对称造成的负面影响,不过政府的能力是有限的,政府干预也不能完全解决信息不对称问题。解决信息不对称问题,要依靠市场本身的力量和政府力量的分工、配合;同时,也要鼓励行业协会等民间组织参与解决信息不对

笔记

称问题。

（六）保持宏观经济稳定

由于市场经济是依靠价格机制进行调节的，因此市场的调节具有滞后性，这种滞后性容易造成宏观经济的波动，进而造成资源的极大浪费。所以，对宏观经济进行调控，保持宏观经济的稳定就成为政府的核心职能之一。政府调整宏观经济的主要措施有两种，一是财政政策，二是货币政策。财政政策是政府变动税收和支出以便影响总需求进而影响就业和国民收入的政策。政府经常使用的财政政策包括税收、国债、国家预算、购买性支出和转移性支出等。货币政策是政府货币当局即中央银行通过银行体系变动货币供给量来调节总需求的政策。政府经常使用的货币政策包括法定存款准备金政策、再贴现政策、公开市场业务、间接信用控制、直接信用控制等。在市场经济体制下，财政政策和货币政策是政府对国民经济进行宏观调控的主要手段，两个手段协调使用，可以有效地调节利率、投资、国民收入、储蓄、货币需求、货币供给，从而使国民经济达到均衡状态。两者总的政策目标是一致的，但各自的功能不同，作用机制不一，调节的着力点有别，既各有优势又各有局限。因此，在进行宏观经济调控过程中，两个手段必须注意配合使用，才能取得最佳的调控效果。

第三节　政府在公共事业管理中的地位和作用

政府在公共事业管理中处于何种地位、发挥何种作用一直都是学术界争论的焦点，对这一问题的争论必然涉及公共事业管理中政府、市场、社会之间的关系，政府在公共事业管理中地位和作用也正是这种关系的反映。

一、公共事业管理中的市场机制与社会机制

在政府与市场、政府与社会的关系中，市场与社会处于基础性的地位，政府在很大程度上是为了弥补两者的不足而产生的，因此对公共事业管理中政府角色与地位的论述首先必须对公共事业管理中的市场机制与公民社会的地位和作用进行考察。

（一）公共事业管理中的市场机制

在市场经济条件下，市场在社会资源配置中起着基础性作用，政府职能应该严格限定在市场失灵的范围之内。因此，我们在探讨政府应有的地位和作用时必须首先弄清楚公共事业为什么不能由市场来管理。

1. 公共事业的产品属性导致市场失灵　如前所述，公共事业产品主要是指各种公共物品和准公共物品，而市场难以解决这类物品的供给问题。首先来看公共物品。公共物品是指同时具有非竞争性和非排他性的物品，如天气预报、城市绿地等都属这类物品。对于这类产品，市场完全没有动力去提供该类产品，因为提供这种产品并不能给企业带来任何收益。其次来看准公共物品。准公共物品分为两类，一类是具有非竞争性但是可以排他的物品，例如义务教育等。对于

笔记

这类物品增加一个消费者的边际成本为零（或是成本非常小），但是边际成本为零并不代表提供这种产品不需要成本，如果这种产品由市场来供给，市场主体为了收回其成本，必然会对消费这种产品的公众收费，这样就会抑制对这类物品的需求，同时也造成社会资源的浪费。另外一种准公共物品具有竞争性和非排他性（或排他的成本非常高），如城市道路，这种物品容易导致搭便车行为，即人人都想消费这种物品，但是都不想为该物品付费，那么如果由市场来供给的话，必然会导致该类物品供给不足。因此，公共事业的产品属性导致了市场失灵的广泛存在。

2. 公共事业的市场供给无法保证社会公正　社会公正是实现社会稳定和可持续发展的必要条件。然而，市场是一个讲求等价交换的场所，一个人支付的越多，那么享受的服务也就越多、越好。由于个人天分、能力、机遇的不同，每个人的社会处境不同，所能支配的资源也不同，这就使得每个人的支付能力也各不相同。如果公共事业产品由市场来供给，那么每个人享受的公共事业产品就会因为其支付能力不同而有所区别。但是，为了保持社会公平，维护社会稳定，就应该使所有的人都能享受同等的公共事业产品，而不应有所差别。例如市场并不能剥夺一个儿童享受基础教育的权利，市场也不能剥夺一个病人接受治疗的权利。如果这类产品都由市场来供给，那么必然会造成严重的社会不公，影响社会的可持续发展。

3. 公共事业产品的市场供给可能会产生一定的负面影响　市场主体是以追求自身利益最大化为目标的，有时候甚至会为了自身利益不惜损害他人利益或公共利益，对此市场本身是难以避免的。因此，如果将公共事业产品交由市场来供给，同时对其监督不够完善的话，那么就可能产生很多负面影响。例如如果将基础教育完全交给市场，那么市场主体会不会为了追求自身利益而置学生利益于不顾，将公众医疗卫生完全交给市场，会不会剥夺穷人看病的权利，等等。因此，市场主体的这种趋利本性使得将公共事业产品交由市场来供给很可能会产生很多负面影响。

公共事业产品的特殊性与市场机制本身的缺陷，使得单纯依靠市场难以实现对公共事业的有效管理，这就需要寻求市场机制以外的机制来对公共事业进行管理，这就是公共事业管理中的社会自我管理和政府管理。

（二）公共事业管理中的社会机制

公共事业从本质上来说就是社会公共事务，公共事业管理也就相应地表现为对社会公共事务的管理。一般来说，社会公共事务的管理机制主要有两种，一种是公民社会的自我管理，另外一种是政府管理。在这两者中，公民社会的自我管理是基础，而政府则是在社会自我管理的基础上发挥监督、评价、调控、弥补不足的作用。公民社会的自我管理具体表现为以非营利组织为代表的社会力量在公共事业管理中的地位和作用。

非营利组织在公共事业管理中发挥着重要的作用。首先，非营利组织的管理机制与管理方式比政府灵活，能够更有效地提高公共事业产品供给的效率；其次，非营利组织能够较好地满足社会成员多样化的需求，能够在公共事业管理中市场失灵和政府失灵的领域发挥替代作用,从而弥补政府、市场在提供公共事业产品中存在的缺陷。

当然,非营利组织参与公共事业管理也存在着一定的缺陷。例如非营利组织治理机制在公共事业管理中存在一定的缺陷。非营利组织对社会公共事务的管理主要是通过非强制的措施,如宣传、教育、呼吁、直接参与等,非营利组织不具有强制力,而部分公共事业管理是需要以强制力作为后盾的,在这些领域非营利组织并不能很好地发挥作用。以环保为例,非营利组织在环保领域发挥作用的方式主要以宣传环保理念、呼吁社会公众的关注、参与治理等方式,但是它不具备对污染企业的强制权(如罚款、责令整顿),因此非营利组织作用有一定的局限性。再如,非营利组织力量有限,难以具备公共事业发展所需要的资源。尽管有的非营利组织规模已经很大,但是很多公共事业所需要的资源并不是哪一个非营利组织所能够负担的,如基础科研、教育、社会保障等,动辄需要上亿元的资金投入,只有政府才有能有足够的资源支持这些事业的发展。因此,非营利组织在公共事业管理中有可能存在心有余而力不足的状况,这也限制了公共事业管理中非营利组织作用的发挥。

因此,虽然非营利组织在公共事业管理中发挥了重要作用,但是非营利组织自身的局限性也决定了非营利组织在公共事业管理中存在诸多问题。仅仅依靠非营利组织,难以实现对公共事业的有效管理,在更多的时候,非营利组织是在政府的支持下来进行公共事业管理。因此,非营利组织也难以代替政府在公共事业管理中的地位和作用。

二、政府在公共事业管理中的地位

公共事业管理的特性及市场机制和社会机制在公共事业管理中存在的缺陷使得政府必然成为公共事业管理的核心主体,在公共事业管理中发挥着主导作用。

(一)关于政府在公共事业管理中地位的争论

对于政府在公共事业管理中的地位和作用,学界尚存争论。归结起来,主要有以下两种观点。

第一种观点认为政府不是公共事业管理的主体,公共事业管理有其特定的主体。例如娄成武、郑文范认为公共事业管理的主体是公共事业组织,而公共事业组织是一种不同于政府的公共组织。我国公共事业组织的内涵和国际上"第三部门"的概念最为接近,具体来说,公共事业组织在我国包括事业单位、社会团体(不包括民主党派等政治组织)和民办非企业单位。冯云廷、苗丽静也持有类似的观点,他们认为:"随着我国社会主义市场经济体制的建立和政府职能的转换,客观上需要一种现代的公共事业组织来从事大量的社会服务活动,以填充企业与政府都力所不及或者不适于进入的那些领域"。从这一表述中可以看出,他们也将政府排除在公共事业管理之外。持这种观点的学者一般认为公共事业的管理对象或是涉及的领域是一种特殊的对象或领域,政府和市场在这一领域中是失败的,因此需要特殊的公共事业组织来进行管理。

笔记

第二种观点认为公共事业管理的主体是多元化的,政府是公共事业管理的主体之一。例如李正明认为:"政府不仅是公共事业管理的主体,而且是公共事业管理的核心主体"。崔运武认为:"政府的基本属性职能决定了在任何一个社会中管理公共事业都是政府的一项基本职责,也是政府社会管理职能的基本内容和主要表现形式。在现代社会,政府不是管理公共事业的唯一主体,但政府的基本属性和市场经济条件下的政府的特定地位,决定了政府是管理主体系统中最为基本的组织,也是整个管理主体系统的核心。"王德清、张振改认为:"政府组织是公共事业管理主体的核心,对公共事业管理的发展方向起着决定性的作用。"郑建明、顾湘认为:"市场经济条件下政府作为管理社会事务和提供公共服务的角色定位和相应职能的确立,从根本上决定了公共事业管理的主体必须是政府"。持这种观点的学者一般认为公共事业的属性和政府的职能决定了政府不仅是公共事业管理的主体,而且是其核心主体。

(二)政府在公共事业管理中的主导地位

在学界对政府在公共事业管理地位的争论中,我们比较倾向于第二种观点,本书认为公共事业的公共性及政府的职能和性质决定了政府必然是公共事业管理的主体之一,并且在诸多主体之中处于主导地位。

政府的这种主导地位是由公共事业的性质、政府的性质和职能等多种因素共同决定的,具体来说主要包括以下几个方面:

1. 公共事业的特性决定了政府的主导地位 公共事业主要涉及各种公共物品和准公共物品,如科学、教育、医疗、社会保障、环境保护等,这些产品涉及全体公众的福利,具有很强的公共性和正外部性。从对市场经济条件下政府职能的分析来看,提供公共物品和解决外部性是政府的一项基本职能。因此,政府必然是公共事业管理的主体。从这些物品的性质来看,这些物品直接关系到社会的发展进步和人民群众的切身利益,并且投资这些物品需要大量的资金,这些资金不是非营利组织或企业所能够负担的,只有政府才有可能负担,这就决定了政府在公共事业管理中的主导地位。当然,政府并不是公共事业管理的唯一主体,非营利组织也是公共事业管理的重要主体之一,但是非营利组织在很大程度上只是政府的补充,很难想象一个国家的整个教育或是社会保障都依赖于非营利组织。因此,公共事业的特性决定了政府不仅仅是公共事业管理的主体,而且是核心主体。

2. 政府的性质和职能定位决定了政府的主导地位 政府起源于公众权利的让渡,政府存在的目的就是为了维护公共利益,而公共事业恰恰就是公共利益的直接体现,因此从政府性质与公共事业的耦合性来看,经营公共事业就成为政府义不容辞的责任。从政府职能的角度来看,政府职能包括政治职能、经济职能、社会职能和文化职能四类,而公共事业管理所涉及的科学、教育、文化、社会保障等都属于政府社会职能和文化职能的范畴,因此,公共事业管理本身就包含在政府的职能范畴之中。具体到我国目前的现实情况,在社会主义市场经济条件下,政府的主要职能是经济调节、市场监管、社会管理和公共服务。这一论断高度概括了市场经济条件下政府职能的作用领域和范围,政府的社会管理和公共服务

笔记

职能的具体表现就是政府发展社会公共事业,提供与广大人民群众切身利益相关的公共物品或准公共物品。因此,"政府基本属性的根本要求,以及政府基本职能在市场经济条件下的具体化,即市场经济条件下的政府作为管理社会事务和提供公共服务的角色定位和相应职能的确立,从根本上决定了公共事业管理的主体必须是政府。"

3. 公共事业管理其他主体的局限性决定了政府的主导地位　随着经济和社会的发展,公共事业的范围不断增大,公众对公共事业的要求也越来越高,而政府自身的供给能力毕竟是有限的。因此,公共事业主体供给多元化成为公共事业管理的发展方向。除政府之外,各种非营利组织也成为公共事业管理的重要主体,甚至私人企业也开始参与到公共事业产品的供给中来。但是,这并不是否认政府在公共事业管理中的主导地位。如前文所述,公共事业管理的特性及市场机制与社会机制在公共事业管理中存在的缺陷使其很难在公共事业管理中发挥主导作用,这就必然要求政府在公共事业管理中承担更大的责任,发挥更加重要的作用。

三、政府在公共事业管理中的作用

政府是公共事业管理的核心主体,在公共事业管理中处于主导地位,政府的这种主导地位主要通过政府在公共事业管理中的作用表现出来。一般来说,政府在公共事业管理中的作用表现在以下几个方面:

(一) 政府在公共事业管理模式形成中起着关键的作用

公共事业管理模式,是在公共事业管理过程中存在或可供选择的政府与市场、政府与社会关系的处理方式,或者说是政府与市场、政府与社会的分工方式。这一特定分工方式的形成,取决于一定历史条件下的公共需求、管理理念、政府能力和社会发育程度,但是政府的管理理念与政府能力在其中起着关键作用。在形成何种公共事业管理模式方面,公共需求的作用是最基本的动力,政府正确的管理理念对公共事业产品的提供方式有着决定性的影响,政府的财政能力和政府的组织能力起决定性的关键作用,社会发育起着辅助性的作用。

(二) 政府决定着整个公共事业管理的基本范围、基本性质和基本方向

公共事业管理的范围、基本性质和基本方向的确立必须符合公共事业发展的客观规律,必须遵从公共事业发展的客观要求,但是公共事业管理的基本范围、基本性质和基本方向的确立在多大程度上反映这一客观要求,则取决于政府的认识、政府所代表的利益制约等因素。可以说,政府决定着整个公共事业管理的基本范围、基本性质和基本方向。

(三) 政府决定着整个公共事业管理的体制和运行

所谓公共事业管理体制,是指为实现管理目标,由一定管理主体按一定原则组成,并相应具有各自的职责权限和分工的多层次的管理系统。在法制化、规范化的现代公共事业管理中,哪些组织可以作为管理的主体,各管理主体的基本地位和职责权限以及相互间的关系、整个管理体制的运行规则,都是由相关法律法规政策确定的。政府是制定公共事业管理相关法律法规政策的主体,政府决定

笔记

着整个公共事业管理体制和运行。

（四）政府是公共事业管理中其他管理主体的管理者

现代社会的公共事业管理主体是多元的，但政府居于主导地位，公共事业管理的基本规则由政府制定，其他主体主要是实施。同时，政府还负有对其他主体执行法律法规情况、供给公共物品行为等进行引导、管理、监督的责任，既包括直接的行政监督，也包括通过司法机关运用法律手段的制约。

第四节　政府再造与公共事业管理改革

20 世纪 70～80 年代，在内外环境的交困之下，西方国家掀起了一场轰轰烈烈的改革运动——新公共管理运动，新公共管理运动的核心即是政府再造。政府再造重新塑造了政府、市场与社会的关系，也深刻地改变了政府自身的运作方式，对公共事业管理改革也产生了深远影响。

一、政府再造

政府再造是西方国家适应后现代化社会的现实需要而对政府进行的深刻变革，它肇始于英美等发达国家，并很快在全球范围内蔓延，成为主导 20 世纪末全球政府变革的核心。

（一）政府再造的含义

"再造"一词是美国管理大师汉默和钱培（Hammer and Champy）提出来的。他们认为，"再造"是对组织流程（process）的基本问题进行反思，并对它进行彻底的重新设计（radical redesign），以便在成本、质量、服务和速度等衡量组织绩效的重要指标上取得巨大改善。

"政府再造"含义有别于一些国家的行政改革，许多国家的行政改革大多将改革的注意力集中于人员精简、组织结构调整以及组织的自我更新上，着重关注的是行政组织内部管理的简化，而忽视了政府与环境的关联。由于行政组织运行的惯性等众多因素的影响，这种单项直入式的行政改革由于配套改革不到位，容易出现改革中途受阻，改革难以取得实质性的成效，改革容易陷入不深入、不彻底的困境。

"政府再造"是当前人们在行政改革问题上的观念更新。依德国行政学者塞顿托夫（H. Siedentopf）的观点，"政府再造"就是通过"政府再造工程"去重塑社会，以引导、管制及控制经济、社会的发展。政府再造不只是注意政府在量方面的成长，而更注意的是质方面的改变。"政府再造"一词揭示出政府改革的本质，即政府改革将涉及国家与社会、政府与市场、政府与市民、政府与企业诸多关系的调整；涉及政府治理的观念、结构、方式和方法的变革；既涉及政府内部组织、运作程序的调整，更涉及政府外部关系的变革。

（二）"政府再造"的背景

"政府再造"在以美国为代表的西方国家兴起，并不是偶然的，而是有其特定的经济、政治、社会背景。

1. 知识经济时代的要求　20世纪70年代以来,西方社会乃至整个世界发生了一系列根本性变化,即迅速发展的技术革新,深刻地改变着人类社会;经济全球化趋势越来越明显,各国之间的经济竞争更加激烈;受过教育的公众对命令式管理产生反感,要求拥有自主权;公民关注、参与公共服务的意识增强,他们要求政府不仅是简单地提供服务,而且要求把权力赋予公民。这些给各级政府管理带来了新的挑战,要求政府对公民需求具有较强的应变能力,为他们提供更多的参与管理的机会,为他们提供高质量的公共服务。而现实中以马克斯·韦伯的官僚政治理论为基础的传统政治体制是适应工业社会的,是近乎刻板、僵化的政治体制,显然难以满足这些要求,难以适应时代的挑战。

2. 现实的政治背景　20世纪初崛起的官僚政治体制,以威尔逊、古德诺的政治——行政两分论和马克斯·韦伯的官僚政治理论为基础,它曾在打击极权主义统治者任人唯亲、滥用权力过程中成效显著,给政府工作带来逻辑规范,意味着政府组织方式的理性与效率,它是大工业社会的产物。但是,时代发生了变化,它内在固有的弱点也就凸显出来,并进一步走向它的反面:官僚政治制度极力推崇"理性"和"效率",这获得了局部效益、机械效益而损害了社会效益,获得了逻辑规范而使政府公务人员丧失了使命感和主观创造精神;官僚政治制度崇尚专门技术和条块分割的专业化单位,依靠它们来解决各种行政问题,这导致政府专业分工过细,机构臃肿不堪,部门重叠交叉,行政效率低下。总之,官僚政治制度在新的时代显得破绽百出,难以为继,一种新的公共行政理论必然会应运而生。

3. 现实的社会背景　20世纪30年代兴起的凯恩斯主义,以政府强力干预经济为特征,成为当时医治自由资本主义市场盲目竞争的良药,但同时也带来了政府对市场过度干预和国家垄断,带来了公共服务高投入低产出、高福利低效率问题。至70年代,美国出现了经济停滞、高失业与高通胀相互交织的现象,这时抗税运动席卷全国,财政危机严重,福利制度走入困境,公众对政府的信任越来越低。这使行政理论与实践急于摆脱旧体制的束缚,要求寻找新的政府运行模式。这种新模式要能使政府精干、廉价而且高效,不应再是那个满负荷运转的疲惫政府,不应再是那个只会套用规章、对公众要求反应迟缓的低效率政府。

（三）"政府再造"的核心

"政府再造"的一个核心内容就是建设具有企业家精神的政府。企业家精神的政府是20世纪80年代以来西方国家行政改革的主流指导思想,影响巨大。美国的"重塑政府运动",英国的"宪章运动",其他发达国家的以市场化、社会化为导向的行政改革运动,无不渗透着这一思想。以美国为代表的西方国家政府在面临抗税运动、财政萎缩、政府信任危机等问题的情况下,以"企业家"般的创造精神,进行以公共管理市场化为导向的"政府再造",目的是提高政府公共服务的效率与质量。

美国学者戴维·奥斯本与特德·盖布勒将改革政府包含的内容概括为10个方面:起催化作用的政府,"掌舵"而不是"划桨";社区拥有的政府,授权而不

笔记

是服务;竞争性政府,把竞争机制注入公共服务中去;有使命感的政府,改变照章办事的组织;讲究效果的政府,按效果而不是按投入拨款;受顾客驱使的政府,满足顾客的需要,而不是官僚政治的需要;有事业心的政府,有收益而不浪费;有预见的政府,预防而不是治疗;分权的政府,从等级制到参与和协作;以市场为导向的政府,通过市场力量来进行变革。

(四)"政府再造"的特征

西方国家的"政府再造"具有如下特征:

1. 与行政环境变化相适应 行政环境的变化是导致政府再造思想产生的根本原因。在新的时代,行政系统需要不断调整自身结构,以谋求与新环境的动态平衡。美国的原有行政系统是在工业化时代发展起来的官僚政治体制,但20世纪80年代以来,它机构庞大、规章繁冗、浪费严重、效率低下,越来越让美国公众失去信心,各级政府于是被迫开始政府运行新模式的探索。政府再造正好与信息社会的要求相适应,是时代变革的必然产物。

2. 着重于政府如何运作 政府再造的主要目标是化解政府在公共服务供给方面存在的危机,因而它关注的主题不是政府应该做什么,政府应该为谁服务,而是政府如何运作。用市场竞争驱动型的合同管理替代传统的官僚制管理,是政府再造运行的总体模式,合同承包、业绩评估、战略规划是政府再造运行的具体方法,与之相对应,公务人员的官僚行为也转化成为企业家行为。

3. 广泛采用私营部门的管理方式 政府再造认为,公私部门管理有相融合的一面,应将私营企业的有效管理方法引入公共部门,如打破政府垄断,通过公开竞标将公共服务承包出去,实行全面质量管理与目标管理、成本—效益分析、物质激励等等,对那些商业性公共服务,则完全采取私营化、企业化的方法去经营管理,这使政府效率大大提高,为政府管理注入了许多新内容。

4. 基于美国各级政府尤其是州与地方政府的改革实践 20世纪80年代以来,美国各级政府在面临财政萎缩、政府信任危机的严峻形势下,发挥"企业家"般的创造精神,充分利用社会已有资源,进行政府功能输出市场化的探索,从而创造出新的政府治理模式。美国各级政府的改革实践是政府再造制度设计的基础与依据。美国政府再造改革运动是自下而上的推动,各级政府改革的积极性高,改革成本小、速度快、效果好。

5. 重新探索政府与社会的关系 政府再造的实质乃是如何最妥善地处理政府与社会的关系,它对传统的政府与社会的关系进行重新界定,认为政府不应是高高在上、"自我服务"的官僚机构,而应是讲究质量、追求效率的"企业型"组织,政府公务人员应是有责任心的"企业经理和管理人员",社会公众既是提供政府收入的"纳税人",也是享受政府以公共服务作为回报的"顾客"或"客户"。政府工作应以公众的需求为导向,提供高质量、高效率的公共服务。

(五)"政府再造"的措施

西方国家政府再造采取的管理方法是:政府在提供公共服务中积极引入市场竞争机制,依托各类社会组织来克服政府垄断经营的弊端,运用合同承包、绩效测评、目标管理等方法进行管理。政府把垃圾收集、公共住宅管理、自来水供

笔记

应、邮电通讯、医疗卫生、治安交通等城市公共管理事务,通过采取合同承包、私营组织参与竞争等市场化措施,来减少政府的直接干预,提高政府效率与质量。

政府再造要求政府着力培育独立的市场主体,充分发挥各种社会力量的作用,包括发挥公营部门、私营部门、非营利组织的作用。公营部门适宜管理那些强调公平、防止歧视、政治导向强的公共服务领域;私营部门适宜经营那些有利润、能快速适应消费者需求、创新要求高的商业性公共服务领域;非营利组织适宜经营那些产生微利、解决特定社会问题的公共服务项目,如对残疾人的服务。政府与私营部门、非营利组织是良好的合作伙伴关系,维系它们的是平等的合同及相关法律。

西方国家政府通常运用以下措施来推进市场化管理方法发挥作用,这些措施可以单独使用,也可以根据需要兼而并用。

1. 资格认定　对将进入公共服务领域的社会组织进行资格审查,以保证承担公共服务任务的组织的资质,降低风险。

2. 建立准入制度　通过公正、公平、公开的准入制度,防止歧视、垄断和行政腐败。

3. 进行监督与调查　经常检查公共产品和公共服务的质量,处理各种投诉与问题。

4. 订立合同　政府与承包单位作为合同的平等双方,围绕标的、数量、质量和权利义务,确定各自的权限。政府依据合同关注公共产品与服务的质量和效果,而将操作经营的自主权留给承包单位。

5. 创立公私合伙企业　政府可与私营组织合作组建企业,以弥补自己资金不足、对市场反应迟钝等缺陷。

6. 提供补助、贷款、借款担保　政府对学校、科研单位、低收入家庭住房的开发商、非营利公司等公共服务组织进行不同的经济资助,以支持它们的正常运转,鼓励它们的积极性。

7. 给予奖赏、奖励和赠与　政府设奖鼓励,可以使个人、社会组织更有效地进入公共服务领域。

政府针对不同的社会组织和不同的公共服务项目,采用不同的管理方式:

政府通过市场准入、法律保护、监督检查等手段,准许私营部门参与竞争,政府只负责进行监督,实行间接调控。这种方式适宜于商业性公共服务领域,如供水、供电、电讯、公园管理。

政府通过签订合同、授予经营权、提供经济资助等手段,委托社会组织生产,规定公共服务的目标与要求。这种方式适宜于微利或无利经营领域,如垃圾收集与处理、医疗保健等;以及投资风险大、回收周期长的部分基础设施建设。

政府直接投资建设,直接管理经营。对投资规模和投资风险巨大、私营组织不能或不愿介入的特大公共工程,对强烈体现公共权力、政治目标的公共服务项目,如公立学校、国防设施等,政府必须直接进行投资和管理。

笔记

二、政府再造背景下的公共事业管理改革

政府再造不仅着重于政府自身运作方式的变革,更通过政府与市场、政府与社会关系的调整而重新界定了政府在公共管理中的角色,这对公共事业管理改革有深远的影响。运用政府再造理论促进公共事业管理改革,可以有以下措施:

(一)合理界定政府在公共事业管理中的职能

虽然政府在公共事业管理中发挥着主导作用,但是政府机制本身也不是完美无缺的,政府也存在"失灵"的可能,这就需要我们对政府在公共事业管理中的角色进行合理的界定。

1. 摒弃全能政府的理念,树立有限政府的理念 无论是第二次世界大战后的西方国家还是在计划经济时期的中国,在对公共事业管理中都存在着全能政府的倾向。二战后期,西方国家在凯恩斯主义的指导之下,除了加大对经济的干预之外,更是大范围地介入公共事业管理,"不仅包括提供更多的基础设施和公共设施,而且还包括为教育和医疗卫生提供广泛的支持",福利国家模式在西方迅速蔓延。在我国计划经济时期,政府对公共事业的管理主要是采取政府包办的方式,政府办事业、养事业、管事业,政府包揽一切公共事业活动,包办所有公共事业组织。政府全面参与、直接管理公共事业,产生了很多弊端,如政府规模不断膨胀、公共事业管理的低效率、公共事业产品供给不足、同一化的公共服务难以满足公众多样化的需求等等。

之所以产生这些问题,归根结底还在于全能政府的错误理念,没有正确认识政府在公共事业管理中存在的不足。因此,无论是西方国家的政府再造运动还是改革开放后我国对公共事业管理的改革,其基本思想就是要实现从"全能政府"向"有限政府"的转变,政府仅承担那些应该由政府承担而政府又能胜任的职能,正确认识政府在公共事业管理中存在的不足,改变政府对公共事业的管理方式,变微观管理为宏观调控,更多地依靠市场机制和社会力量来参与公共事业管理,从而提高公共事业管理的效率。

2. 改变政府管理方式,实现从"划桨者"向"掌舵者"的转变 政府在公共事业管理中处于核心地位,起着主导作用,但是政府起主导作用并不意味着政府的管理方式是要直接供给所有的公共事业。在政府再造运动中,一个核心的理念就是政府是"掌舵者"而不是"划桨者"。政府在公共事业管理中"掌舵者"的地位主要是通过以下几个角色体现出来:

(1)政府作为公共事业发展的规划者:从本质上来说,公共事业管理涉及提供哪些公共产品、向谁提供、如何提供的问题,也就是公共事业产品的范围、服务对象、供给方式的问题,而这些问题在很大程度上取决于政府的认知,取决于政府基于内外环境变化而做出的判断。因此,政府应该作为公共事业的规划者,对公共事业的供给规模、供给方式、供给模式等进行长远的规划。

(2)政府作为公共事业的投资者:政府承担着各种纯公共物品和准公共物品的供给,因为这些物品与公共利益密切相关,而维护公共利益是政府最主要的职能。政府在公共事业物品的供给方式上可以有所创新,但是政府不能推卸自己

笔记

在公共事业管理中的公共物品供给的责任,政府是公共事业发展、公共物品供给的重要投资者。

(3)政府作为公共事业发展的监督者:在西方国家的政府再造运动中,改革的一个重要举措就是在公共事业管理中引入企业和非营利组织等市场社会力量,实现公共事业管理主体的多元化,这也应该成为我国公共事业改革的发展方向。在现实中,部分企业、非营利组织在利益追求上可能会偏离公共事业的公共性,这就需要政府作为公共事业发展的监督者发挥作用,这种监督包括市场准入监督、产品质量监督、价格监督等。政府监督是保证公共事业公共性,防止公共利益异化的重要保障。

(4)政府作为公共事业改革的推动者:随着社会的发展,公共事业所涉及的领域越来越宽,人们对公共事业的要求也越来越高,传统的公共事业管理体制必然要随着外部环境的变化而变化,因此公共事业改革已经成为一种常态,而政府正是公共事业改革的推动者。这种推动者的职责包括修订公共事业的战略规划、改革公共事业管理体制、变革公共事业的供给模式,等等。

(5)政府作为公共事业管理政策法规的制定者:现代社会是一个法治社会,依法治国是现代国家治理的基本要求,也是公共事业管理的基础。政府要通过制定完善的公共事业管理的法律法规,确保政府、市场和社会各主体在法律法规和政策范围内活动,确保公共利益的实现。促进公共事业管理的法制建设,是政府在公共事业管理中长期而根本性的任务。

(二)充分发挥公民社会在公共事业管理中的作用

随着公民社会的发展,以非营利组织为代表的社会力量迅速崛起,它们在公共事业管理中发挥着越来越重要的作用。如何调整政府与社会之间的关系,充分发挥社会力量在公共事业管理中的作用成为改革的一个重要方面。

1. 大力发展非营利组织,鼓励公民社会的发展　在西方国家的政府再造运动中,改革的一个重要方面就是政府向社会放权,鼓励以非营利组织为代表的社会力量参与公共事务的治理,非营利组织成为弥补市场失灵和政府失灵的重要治理主体。在公共事业管理中,政府是公共事业管理的核心主体,在公共事业管理中发挥着主导地位。但是,政府绝不是公共事业管理的唯一主体,有很多涉及公众基本生活利益的事务,是政府不能干或干不好而企业又不愿干的,只能交由社会非营利组织干。从人类历史发展看,非营利组织正是为适应这一类事务管理的需要而产生的,它凭借社会权力,通过自身以市场为基础的活动,自行解决代表或反映社会公众的普遍要求。总之,在公共事业管理中,非营利组织是公共事业管理系统必要的组成部分,是政府的有益补充。因此,大力发展非营利组织,鼓励公民社会的发展,充分发挥公民社会在公共事业管理中的基础性作用,成为公共事业管理改革的一个重要方向。为此,政府应该进一步向社会放权,鼓励非营利组织发展,加大对非营利组织的支持力度,制定规范非营利组织发展的法律法规,从而为非营利组织的发展营造一个良好的外部环境。当然,政府也要加强对非营利组织的监督管理,防止非营利组织在公共事业管理中违法行为的发生。

笔记

2. 积极推行政事分开,深化事业单位改革　我国现有的公共事业管理体制是在计划经济条件下形成的,政事不分是传统公共事业管理体制最大的弊端。在这种体制之下,政府直接办事业、管事业、养事业,事业单位在很大程度上成为政府的延伸,缺乏必要的独立性。具体来说,一方面在事业单位提供什么样的公共服务、提供多少数量的公共服务、以什么样的方式提供公共服务的问题上,政府部门往往将事业单位的"事"作为"政",直接以包括行政命令、指示、规定、条例、指令性计划等在内的行政手段进行管理,这些管理直接涉及事业单位具体而微观的活动,如事业单位的目标、任务、人员编制、活动经费、岗位设置、人事任免等,均由上级行政主管部门负责。另一方面国家财政对事业单位的运行全面负责,具体表现在:一是事业单位的人员全部列入国家编制,由国家财政供养;二是事业单位所需的活动经费由财政负担;三是国家为事业单位制定了统一的事业财务制度,包括事业单位经费预算收支科目、预算级别,开展事业活动中有关事业经费的领拨、缴销、运用、管理、监督等,都进行了具体的规定。而就事业单位而言,由于人员列入国家编制,以财政支撑并接受行政指令来进行运行,也就将自己范围内的"事"作为"政",相当程度上也就成了行政管理部门的一个下级部门,因而事业单位都具有相应的行政级别,其财务制度、人事制度和社会福利制度也完全等同于行政单位,其职能行使也带有较为明显的行政性。所以,整个事业单位的运行上表现出明显的行政化特征。

这种传统的政事不分的公共事业管理体制具有很大的弊端,一方面由于事业单位成为政府的附庸,缺乏必要的独立性,从而失去了自我存在、自我发展的基础,其服务职能难以得到有效的发挥;另一方面政府直接参与、包办事业单位的管理,容易造成政府职能不断扩张,规模不断膨胀,加重了政府的财政负担。因此,对我国传统的公共事业管理体制进行改革,就成为我国公共事业管理的一个重要方面,改革的基本方向就是要实现政事分开。所谓的政事分开是指要理顺政府与事业单位之间的关系,实现政府对事业单位从微观管理向宏观调控的转变,实现事业单位的自主管理。政事分开的实质是政府对事业单位的简政放权,是政府公共事业管理方式的转变,同时也是政府与社会权力的重新划分。

(三) 积极推进公共事业的市场化改革

公共事业的市场化改革是西方国家政府再造运动的一个重要改革措施,无论是英国政府的私有化运动还是美国政府的放松管制运动,都体现了在公共事业领域中更多地依靠市场机制、更少地减少政府干预的倾向。公共事业市场化的本质是利用市场机制的作用,提高公共事业产品的供给效率。当前,这股全球性的市场化浪潮已经在我国公共事业领域得到较为广泛的应用,成为我国公共事业改革的重要方向。

公共事业市场化改革主要是出于以下几个方面的考虑。首先,公共事业市场化改革可以弥补公共事业产品供给不足。随着社会的不断发展,公共事业所涉及的范围越来越宽,人们对公共事业产品的要求越来越高,而政府的力量本身是有限的,仅仅依靠政府难以满足公众对公共事业产品的要求,公共事业产品供给主体的多元化是公共事业改革的发展方向，而市场则是公共事业产品的供给主体之一。其次，公共事业的市场化改革能够有效地提高公共事业产品的供给效率。长期以来，由于政府垄断公共事业领域，公共事业部门缺乏必要的竞争，公共事业在实际运行中缺乏有效的责任机制、监督机制和激励机制，从而造成效率低下，服务质量较差等弊端。公共事业市场化则在公共事业领域中引入了市场的竞争机制，通过各主体之间的相互竞争，打破了政府对公共事业的垄断，从而有利于提高公共事业产品的供给效率。再次，公共事业产品的价值属性使市场化改革成为可能。公共事业产品主要包括各种纯公共物品和准公共物品，其中以准公共物品为主，准公共物品一般是指那些具有非竞争性和排他性的产品，排他性就为市场机制的运用提供了条件。公共事业的市场化改革已经成为公共事业管理发展的必然趋势。

从公共事业市场化的手段来看，民营化、契约外包、用者付费、特许经营、凭单制、放松管制等都是西方国家公共事业改革的重要工具，它们在提高公共事业产品供给效率、满足社会公众多元化的需求方面起到了重要作用。然而，需要特别注意的是公共事业市场化只是一种手段，是政府提高公共事业管理效率的一种手段，而隐含于公共事业背后的公共利益是政府必须承担的责任，公共事业的市场化改革只是改变了公共事业产品的供给方式，而不能弱化政府在公共事业管理中的责任。因此，加大对公共事业的投资力度、保障公共事业产品的公平分配都是政府义不容辞的责任。同时，公共事业公共性与市场主体逐利性之间的矛盾也使得政府必须要加强对市场主体的监督，防止私人利益侵蚀公共利益。

本 章 小 结

政府是按政治程序设立的行政机构，政府活动的目的具有公共性。从一般意义上来讲，可以将政府职能划分为四个方面，即政治职能、经济职能、社会职能和文化职能。政府职能不同于政府职权，政府职能侧重于政府质的规定，而政府职权则侧重于政府质的外在表现。政府职能作用的范围是广泛的，涉及社会生活的方方面面，同时政府职能又是有限的。

市场经济条件下的政府职能范围和作用领域并不是一成不变的，西方国家政府职能的变迁大致可以划分为三个阶段，每个阶段的政府职能都表现出明显的时代特点。经过长期的理论和实践探索，目前对市场经济条件下的政府职能形成了比较统一的看法，即市场经济条件下的政府职能应该严格限制在市场失灵的范围之内，市场失灵的领域即是政府发挥职能的领域。

由于公共事业产品的特殊性与市场机制、社会机制在公共事业管理中的缺陷，使得市场与社会很难在公共事业管理中发挥主导作用，这就使得政府成为公共事业管理的主体，政府在公共事业管理中处于主导地位，发挥着核心的作用。

笔记

政府再造运动是西方国家适应信息化时代要求而进行的政府变革,它不仅仅涉及政府自身运作方式的转变,更涉及政府与市场、政府与社会关系的调整。政府再造运动对公共事业管理改革产生了重要影响,它要求政府重新定位自己在公共事业管理中的角色,并在公共事业管理中更多地引入市场机制和社会机制。

关键术语

政府　government

政府性质　government nature

政府职能　government functions

职权　authority of office

市场失灵　market failure

自由主义　liberalism

凯恩斯主义　keynesianism

新古典主义　neoclassicism

垄断　monopoly

公共物品　public goods

公正　equity

外部性　externality

信息不完全　incomplete information

宏观经济　macro-economy

非营利组织　non-profit organization

公共事业管理模式　mode of public utilities management

公共事业管理体制　system of public utilities management

政府再造　reinventing government

企业家政府　entrepreneurial government

公共事业管理改革　the reform of public utilities management

市场化管理　market-oriented management

社会力量　social forces

案例分析

新医改之后怎么改:改了基层改城市,用完计划用市场

2012 年 9 月 17 日上午,中华人民共和国国务院新闻办公室在北京召开卫生事业改革发展进展新闻发布会。原卫生部部长陈竺在会上宣称:2009 年 3 月新医改启动以来,经过三年多的努力,五项重点改革统筹推进,取得了重大阶段性成效。

三个月前,国务院医改办在其起草的一份总结报告上也作出了类似的乐观结论。国务院医改办是 2008 年 12 月为统筹协调新医改相关工作而成立的新机构,与以往医改主要由原卫生部推动不同,新医改参与部门多达 20 个,发改委系统的主导权明显增强。

但在学界、基层医改参与者中,对新医改成效的判断却有另一种声音。社科院经济研究所公共政策研究中心主任朱恒鹏在他考察基层之后撰写的

笔记

188

一份调研报告中写道：新医改加大政府对公立医疗机构的财政投入，对公立医疗机构定岗定编、财政保障医务人员工资等把公立医疗机构恢复为传统国有事业单位的做法，无助于降低城乡居民的医疗负担。

北京大学政府管理学院教授顾昕也对《南方周末》记者表示，目前在基层医疗卫生机构推行的一系列改革政策，事实上重回了计划体制，"大锅饭"的种种弊端可能卷土重来。

新医改三年，究竟在多大程度上解决了老百姓"看病难、看病贵"的难题？以政府主导的方式来推行的"药方"是否能收得奇效？

从市场化到政府主导

在过去30多年改革开放历程中，中国医药卫生体制的改革一直是民众关注的焦点。几乎每隔10年，就有一波事关改革方向的争论发生。争论的核心无非是政府主导还是市场化、强调公益性还是强调效率。

1985年启动的第一轮医改，其核心思路是放权让利，扩大医院自主权。这种市场化的改革方向成了此后20年里的主旋律。1996年，《中共中央 国务院关于卫生改革与发展的决定》下发，继续强化这一市场化方向，其中对医疗机构的改革，与国企改革思路一致，以"放权"和"医院自负盈亏"为核心。

但在权力下放的同时，政府对医药卫生事业的财政投入却逐年下降。而医院的逐利冲动演化成了种种乱象，看病难、看病贵的社会问题引发了人们对市场化医改的反思。

正是在这种背景下，政府主导派占了上风，2009年实施的新医改打出了强调公益性的旗号，试图依靠政府主导来解决难题。

在"公益性"大旗指引下，"强基层"成为新医改突破口。国务院对新医改第一阶段（2009~2011年）五项重点工作的安排中，四项皆围绕基层展开：一是加快推进基本医疗保障制度建设，二是初步建立国家基本药物制度，三是健全基层医疗卫生服务体系，四是促进基本公共卫生服务逐步均等化。这里的基层，指的是城市里的社区医疗机构和农村的乡镇卫生院。

国务院医改专家咨询组成员刘国恩对《南方周末》记者表示，基层医疗卫生服务体系是群众看病就医的重要平台，也是市场失灵的地带，加强对基层的投入，是政府公益性的体现。另外一个现实的考虑是：基层医疗机构利益纠葛比大医院少，易于推动。

"药品零差价"改革，成为撬动基层医改的第一板斧。所谓药品零差价，即取消基层医院的药品加成，将药品以进货价卖给患者，以此改变医院"以药养医"的体制，降低患者负担，解决"看病贵"难题。

但取消了占医院收入六成以上的药品加成，基层医院如何生存？"原本的思路是按15%的加价率，由财政直接补贴损失，后来发现，各地实际加价率都不一样，很难据此算出补贴数额。"中国社科院经济所公共政策研究中心主任朱恒鹏对南方周末记者说，最后不得不配套出两个办法：人员"定岗定编"和"收支两条线"。

笔记

在北京南彩镇卫生院,实行"收支两条线"后,医院的收入通过财政专户直接上缴到区财政,支出则由财政以补贴和专项资金的方式下拨。

医务人员薪酬制度也进行了调整。改革后医生的"公务员"性质更加明显,名额定岗定编,工资由区财政划拨。职称、工龄和绩效决定了不同医生的工资水平。体现医生不同工作状态、能力的绩效工资,由医院定指标考核,不同医生间最多相差几百块。"改革前医生平均工资也就两千多元,现在平均能拿到四千多元。"南彩镇卫生院副院长朱春丽对《南方周末》记者说。

一系列改革,重建了基层医院的管理制度和权力结构,院长的多项权力被上收到行政管理部门。而有了投入,基层医疗机构的硬件设施得以改善。南彩镇卫生院就重新进行了装修,增添了彩超机、全自动生化仪等医疗设备,信息系统也进行了更新,电脑里装上了全北京统一的门诊系统,方便以后医疗资源的共享。但新的"大锅饭"体制不免产生诸多问题。朱恒鹏对《南方周末》记者说,据其在安徽芜湖的调研,原来干得好的医生被"逼"走了,"改革前卫生院自主经营,好的医生年收入5万~6万元,有的甚至达到7万~8万元,改革后财政发工资,年收入仅为4万元左右。"

对于陈竺在发布会上所说的"医改三年来,基层医疗卫生机构的诊疗人次比改革前增加8.43亿,增长了28.5%"的统计数据,朱恒鹏也在基层调研中不止一次发现了"指标"背后的秘密,"为了完成门诊量的考核指标,有的医生诱导病情较轻病的病人甚至无病者多看门诊,比如建议老年人两天来量一次血压,以此加大门诊量,同时降低均次费用,同时满足了两个考核指标的要求。"

"这说明基层医疗卫生机构的效率在下降,与改革希望将患者留在基层的目标相悖。"朱恒鹏说。他在安徽芜湖县的调研数据显示,2008年到2011年以来,新型农村合作医疗参保农民和城镇居民参保者的县内住院率下降幅度较大。

药品"统购统销"

除了取消药品加成的管理制度变革,过去3年在基层医疗机构推行的"基本药物制度",亦是新医改主推的理顺"医药关系"的重要改革内容之一。

所谓基本药物,是世界卫生组织提出并倡导的概念,几经修改后的最新版本是指能够满足人群卫生保健优先需要的药品。本轮医改中,原卫生部在2009年8月发布《关于建立国家基本药物制度的实施意见》,遴选确定了307种基本药物,各地根据当地实际和群众用药习惯,平均增加210种,正式在基层医疗机构全面建立基本药物制度,与之配套的药品集中招标采购制度,也同步推行。

"推行基本药物制度,并不简单只是为了降低药价,更主要的是确保基层医疗机构的用药安全,让基层用药质量过关、可及、价低。"一位不愿具名的医改参与者对《南方周末》记者说。

笔记

2010 年,安徽省副省长孙志刚担任国务院医改办主任后,将安徽同时考察药品生产能力和价格的"双信封"招标模式,上升为国务院 56 号文在全国推广,基本药物制度的主推者也从原卫生部转移至国务院医改办。

国务院医改办提供给《南方周末》的统计数字显示,2011 年 7 月底,基本药物零差率销售在公立基层医疗卫生机构已经全面覆盖,实行新的基本药物采购机制后采购的药品价格比制度实施前平均降幅 30% 左右。

但采用这种赛马机制后,很多药企不得不压低报价,以迎合"价低者中标"的游戏规则。甚至一些药品的中标价已经明显低于成本。

中国药品企业协会会长于明德对《南方周末》记者说,招标办用"单一货源采购"和"30 天付款"的承诺吸引药企主动降价。于是,个别企业甚至不惜低于成本报价,但中标后却发现政府的采购量远远达不到承诺量,政府的付款期很慢,压力之下就用劣质药品以次充好,于是才爆发了毒胶囊等问题。

"二百多家企业集中出现问题,你说是什么问题?"他说。

而朱恒鹏的调研结果则揭示出另外一种现象,在 2009～2010 年各省实施的药品省级集中招标采购中,中标药品价格没有实质性下降,甚至相当一部分明显高于此前基层医疗机构的零售价。以陕西延安市子长县医院为例,采购额排名前 10 名的药品的总采购金额占了该院药品总采购金额的 42%,而这些药品的采购价格是市场平均价格的 4.9 倍。

"集中招标采购制度,实际上就是统购统销,强化了行政权力带来的垄断,不仅药品价格没有实质下降,反而医药企业负责政府公关的部门越来越庞大。"朱恒鹏说。

大医院改革艰难推进

推进公立医院改革试点,被列入新医改的五项重点改革内容之一。但在此轮新医改中,医改的核心命门——大医院改革,却始终推进艰难。

2009 年,国务院医改办在各地试点城市中,选出 16 个有代表性的城市,作为国家联系指导的公立医院改革试点城市,2010 年起开始正式推进公立医院改革试点。

"从 2010 年开始一直到 2012 年 1 月份,我们几乎跑遍了所有的试点城市,说得刻薄一点,公立医院改革基本没改。"朱恒鹏说。

国务院医改办主任孙志刚在 2011 年接受新华社专访时也承认,尽管公立医院改革试点工作取得了一定进展,但距离社会各界的期待还有较大差距。

中国的医疗服务提供者——医院,是一个行政和市场的奇怪结合体。根据原卫生部的数据,中国至少九成的医疗服务,由事业性质的公立医院提供,在这些公立医院里,院长由组织部任命,医生由人事局招聘,药价受发改委管制,而经营则要面向市场。

笔记

新医改方案,实质上是要给公立医院松绑,"像国企改革一样,让公立医院成为独立的市场法人主体。"安贞医院副院长周生来对《南方周末》记者说。因此,国务院在医院改革的指导方针是:政事分开、管办分开、医药分开、营利性与非营利性分开。

但目前的改革试点,真正触及体制的并不多,部分地区以"管办分开"为突破口的改革探索也阻力重重。管办分开,就是要把办医院的职能从原卫生部门分割出来,实质是为接下来的公立医院的产权改革打下基础,也为引入社会资本办医创造平等竞争环境。

未列入试点城市的成都却是推行"管办分开"力度较大的城市之一。北京大学教授、国务院医改专家咨询委员会成员刘国恩,同时也是成都医改专家咨询组组长,他认为成都"至少从形式上和框架上是最彻底的分开"。

但在参与了几轮公立医院谈判后,刘国恩明显感到了阻力:"部分年轻医生期待改革,愿意承担一定程度的不确定性换取更好的发展机会。但医务人员普遍对身份的变化感到恐惧,不愿放弃医院目前事业单位优厚的福利保障,一些既得利益的医院高层态度暧昧。"

但对于医生是改革阻力的说法,安贞医院副院长周生来强烈反对:"医生也想光明正大地挣钱,哪个国家能像我们这样三天两头殴打医生的?"

一位接近医改办的人士对《南方周末》记者说,改革实际拆解的是卫生管理部门的利益。推进管办分开,不同部委也有较大分歧,"发改委想推,原卫生部不愿意,国家方案出来后,原卫生部的人在十几个试点城市到处飞,强调不主张脱离卫生系统。"在一些地区的管办分开中,医管局依旧是卫生局的一个处。

"国务院有关部门早已意识到上述问题,在2012年刚刚发布的'十二五'医改规划及其实施方案中,已经将医院改革列为下一阶段医改的重点。"国务院医改办一位人士对《南方周末》记者说。

下一步,市场化?

2011年5月,国务院医改办牵头研究制定了《十二五医改规划》,并在3月21日以国务院名义正式印发。这份医改规划,明确了2012~2015年医药卫生体制改革的阶段目标、改革重点和主要任务:加快健全全民医保体系、巩固完善基本药物制度和基层医疗卫生机构运行新机制、积极推进公立医院改革,俗称"三医联动"。

以此为标志,新医改进入第二阶段。县医院被确定为此阶段公立医院综合改革的突破口,目前第一批311个试点县市的公立医院综合改革已经启动。

和第一阶段向上收权、行政力量强势介入不同,最近连续出台的医改文件似乎正在强化医改中的市场化方向。

2012年8月31日,国家发改委等六部门联合发布《关于开展城乡居民大病保险工作的指导意见》,将大病医保纳入社保保障范畴。指导意见的亮点在于首次将商业保险引入社保。

笔记

此前,新医改三年最值得称道的是医保制度的推进。据国务院医改办发布的报告,到 2011 年年底,基本医保已覆盖全中国 13 亿人口,城镇居民医保和新农合的政府补助标准从 2008 年的每人每年 80 元,提高到 2011 年的 200 元。

就在大病医保政策公布的同一天,北京终于出台了征求意见半年之久的鼓励社会资本办医的具体政策,政策强调民营资本可以进入各种类型的医疗机构,并将在财政税收政策上予以平等待遇。

针对这一趋势,上述的医改参与者向《南方周末》记者强调说:"医改从来也没说要排斥市场力量,这是医改一贯的思路,如果各地严格按照中央精神推进,是不会出现效率下降等问题的,但目前我们的文件都是指导性文件,允许各地试点,有的地方就会出现一些问题,我们也了解到这些问题。"

那么,"十二五"期间将重点推进的县医院改革,会延续基层医院的改革思路,还是更倾向于市场化的改革方式?

国务院医改办主任孙志刚 2012 年 6 月 18 日在哈佛公共卫生学院的演讲中提到:"今后四年,公立医院改革主要做好三篇文章,一是破除以药补医,二是创新体制机制,三是调动医务人员积极性。到目前为止我们还没有提出在大医院实行基本药物制度的打算。"

不过,医改推行部门之间仍存在不同意见,并正在进行各种试验。2012 年 9 月 17 日的发布会上,原卫生部部长陈竺明确表示,基本药物制度也必须向各级医疗卫生机构扩展。就是说要向医院扩展,从而进一步扩大基本药物制度的实施成效。

新医改的另一个压力是来自财政补贴的可持续性。"十二五"规划已经明确,未来三年政府对新医改的投入力度和强度要高于 2009～2011 年的投入水平。但在目前经济形势下行的压力下,普遍存在隐性赤字的地方政府多面临财政压力,地方消极观望,推动医改动力不足。

朱恒鹏认为,根本的解决之道是开放市场,引入社会资本办医,同时改革公立医院,使双方真正在平等环境下竞争,提高医疗服务供给数量和质量。

但要营造一个平等的竞争环境,却不是仅仅政策鼓励这么简单。公立医院在体制内不仅享受政府财政补贴和税收优惠政策,而且还拥有民营医院所不具备的体制优势。

"大量好医生集中在公立医院,最主要的吸引力不是收入,而是公立医院明显优于企业的退休保障,以及对学术地位的垄断。好的医生很看重这些。"北京三博脑科医院院长张阳对《南方周末》记者说,除此之外,在医院评级、医生评职称等方面,民营医院都属于"被忽略"的角落。

(资料来源:《南方周末》,2012 年 9 月 22 日)

笔记

讨论

1. 如何评价政府在新医改中的作用？
2. 你认为医疗改革未来的发展方向是什么？

思考题

1. 政府职能包括哪几个方面,其主要内容是什么？
2. 市场经济条件下政府职能变迁的阶段划分及每个阶段的基本特征是什么？
3. 市场失灵表现在哪些方面,政府如何规制？
4. 政府在公共事业管理中处于什么样的地位？
5. 政府在公共事业管理中的作用有哪些？
6. 西方国家政府再造的背景是什么,主要措施是什么？
7. 政府再造背景下的公共事业管理改革的基本方向是什么？

（吴湘玲）

第七章

公共事业管理中的非营利组织与事业单位

通过本章的学习,你应该能够了解和掌握:

1. 掌握非营利组织、事业单位、民办非企业单位的内涵与特征。
2. 熟悉我国非营利组织和事业单位的改革历程。
3. 理解我国非营利组织和事业单位的发展现状与发展趋势。
4. 了解非政府组织、第三部门、公民社会和志愿组织的内涵。

章前案例

跨国调查"中国母亲"胡曼莉

2001年4月,中央电视台曾播出长达2分钟的公益广告《"中国母亲"胡曼莉》,展现了一位特殊母亲收养孤儿的无私情怀和博大母爱。

胡曼莉原是武汉钢铁公司附属钢花中学的老师。1989年5月,胡曼莉为武汉钢铁公司代养了两名孤儿,后来代养的孤儿增加到6人。不久,胡曼莉的善举被武汉媒体报道。在随后兴起的全国学习道德模范的热潮中,胡曼莉成了武汉市重点宣传的典型。

1992年9月,胡曼莉创办了中华绿荫儿童村,并在武汉市民政局登记注册。1993年11月,武汉市民政局、妇联等联合举办义演,为胡曼莉收养的孤儿筹钱。胡曼莉说,义演后儿童村不但没收到钱物,反要倒贴8万元给演员做路费。为此,胡曼莉把这次义演风波告到中央。中纪委作了严肃查处,钱物被追回并交还儿童村,市妇联一名负责人被撤职。此后,胡曼莉感到无法在武汉立足,于是把中华绿荫儿童村迁到了福建省福州市。1999年,胡曼莉以美国妈妈联谊会代理人的身份赴丽江,筹办孤儿学校,收养孤儿308名。

胡曼莉给公众的形象是为了孤儿无私奉献。她在接受记者采访时说:"人的活法是不一样的,这个世界上,很多人做的是有利可图的事情,我不喜欢为钱。"胡曼莉还说,在学校里她不管钱,只管给孩子们缝补衣服和剪头发。

然而,事实无法印证她说过的话。1998年,松花江、长江水灾,美国妈妈联谊会委托胡曼莉购买一批救灾物资,包括帐篷、棉被、棉衣和大米等。胡曼莉从武汉兄弟集团购进的棉衣55元一件,但报给美国的价格是150元一件。

笔记

单这一项的差价就是 20 多万元。另外,胡曼莉买大米全是七八毛钱一斤的陈米,然后给别人报一块多,一共装了十几辆汽车。在一份胡曼莉给美国妈妈联谊会的财务报告上,有一项是收养儿童吴某的手术费 12 万元人民币,后来美国妈妈联谊会会长张春华打电话到医院查账,医院的收费是 8 万元。张春华曾经收到过一封打印好的 36 名孤儿签名的来信,信上表达了孤儿希望张妈妈资助他们每人每年 3 万元读职业中专,学制 3 年。张春华经核查发现:第一,没有人写过信;第二,在丽江念职中学制 2 年,包括学杂费、书费和食宿费,每人每年 7500 元。2001 年 6 月,胡曼莉被美国妈妈联谊会推上被告席。

　　一些接触过胡曼莉的人反映,胡曼莉并非真心疼爱孤儿,她只是以孤儿名义聚敛钱财。为了吸引游客捐款,丽江民族孤儿育幼院的大门白天总是开着,游客随时进出拍照,严重影响孩子们的学习和休息。孤儿经常被工作人员关在厨房里罚站,不给饭吃,有时候被捆着双手用竹条抽,被打完以后还不准哭。

　　记者在调查中还发现,胡曼莉在丽江购有一处私人豪宅,房子建筑面积 320 多平方米,房产证上的名字就是胡曼莉本人。而从胡曼丽正当的经济收入来看,根本没有购买高档商品房的经济实力。丽江人议论比较多的还有胡曼丽花数十万元人民币送女儿赴新西兰留学,但她说这十多万元是她和前夫"工作多年的积蓄",而高达四五十万元的担保金是"国外朋友帮助"付的。

（资料来源:《南方周末》2001 年 12 月 20 日　第 01 版　有改编）

第一节　非营利组织概述

一、非营利组织的内涵

（一）非营利组织的概念

非营利组织是个舶来语,英文为 non-profit organization(NPO)。由于传统文化和语言习惯的不同,西方各国对非营利组织的称呼也不尽一致,比较常见的有非政府组织、第三部门、公民社会和志愿组织等,这些叫法在内涵上差别不大。在中国的语言系统中,虽然没有与上述名称完全匹配的词汇,但"民间组织"这一传统提法基本上能够与之相对应,而且我国非营利组织的主管部门也大多称为民间组织管理局(处)。

20 世纪 90 年代,非营利组织研究在中国兴起。随后,指称非营利组织的概念也迅速出现,学术界对这些概念的辨析及其在中国的适用性展开了较多的讨论,但并未达成一致。在争论中,多数学者支持非营利组织、非政府组织和公民社会这三种提法。2007 年以后,国家考虑到中国的历史文化、特殊语境和现实需要,摒弃了西方国家的各种称呼,同时放弃了民间组织这一传统提法,将我国的各类非营利组织统一称为"社会组织"。

笔记

　　我国在 2006 年党的十六届六中全会公报《构建社会主义和谐社会若干重大问题的决定》中首次提到"社会组织"这一名词,并全面、系统地阐述了社会组织的发展理念,要求"健全社会组织,增强服务社会功能"、"完善培育扶持和依法管理社会组织的政策"等,公报全文共提及社会组织 7 次。2007 年党的十七大报告再次提及"重视社会组织的建设和管理"等问题。至此,国家已经把社会组织建设纳入到了社会结构调整的工作大局。2007 年以后,民政部开始用"社会组织"这个术语取代传统的各种提法。今天,"社会组织"已经成为中国各类非营利组织的正式名称。但在本章的阐述中,为了便于将中外理论兼顾统一,我们还是采用了非营利组织的提法。

　　国内外学者对非营利组织的内涵做过不少研究。实际上,各种定义都起源于对非营利组织的不同称谓及其内涵的界定。

　　非政府组织(non-governmental organization,NGO)与非营利组织基本上可以互换使用,二者的不同仅在于:非营利组织强调与企业的区别,即企业是以营利为目的的,而非营利组织不以营利为目的;非政府组织强调与政府的区别,即它不依附于政府而存在,具有相对独立性。因此,当使用的语境希望与企业相区别的时候,用非营利组织更恰当;当使用的语境希望与政府相区别的时候,用非政府组织更恰当。非政府组织的概念最在出现在 1945 年 6 月的《联合国宪章》第 71 条:"经济暨社会理事会得采取适当办法,并与各国非政府组织会商有关本理事会职权范围内之事件。此项办法得与国际组织商定之;并于适当情形下,经与联合国会员国会商后,得与该国国内组织商定之。"在联合国和世界银行等国际组织的倡导下,非政府组织成为西方国家普遍接受的提法。

　　第三部门(third sector)的概念源于西方学者对人类活动界域的划分。人类社会发展到今天已经形成了"政府—市场—社会"三足鼎立的格局,三角结构体现了社会的稳定性。传统上政府具有对社会价值进行权威分配的权力,位居第一部门;自由市场的兴起改变了政府一统天下的格局,成为继政府之后的第二部门;随着全球公民社会的兴起,社会民主与自治的力量不断增强,各类非营利组织于是成为继政府与市场之后的第三部门。所以,西方国家第三部门的概念泛指介于政府与企业之间的非营利组织,该概念最早是由美国学者莱维特(T. Levett)在 1973 年的《第三部门:回应性社会的新策略》一书中提出来的。莱维特认为,传统的政府与市场二分是不完整的,在政府与市场之间还存在大量组织,它们从事那些政府和企业都不愿做、做不好和做不了的事情,莱维特称这些组织为"第三部门"。管理学大师彼得·德鲁克也认为:"知识社会必然是由三大部门组成的社会:一是公共部门,即政府;二是为私人部门,即企业;三是社会部门。"中国特有的概念"中介组织"基本上能与第三部门相匹配,中介组织中的"中介"是介于政府和企业之间的意思,而非狭义上的居间人。

　　公民社会(civil society)是指在社会关系上属于同类的非营利组织,尤其强调这些组织以公民为主体,主张公民自治、民主治理和政治参与,由此形成与政府

笔记

和市场的区别。因此公民社会的内涵与非营利组织基本一致，但外延要宽泛些，它更偏向于强调其政治学上的意义。在中国学术界，公民社会也被称为"市民社会"，个别学者也用过"民间社会"的提法，但实际上是"civil society"这个词组的三种不同译法。有趣的是，国内学者在使用这三个译法的时候所指并不完全相同。"市民社会"来自马克思主义经典著作中的译文，由于阶级性是马克思主义的基本特征，所以这一术语传统上具有一定的贬义，很多人将之等同于资本主义社会，更有不甚了解的人将之混同于"城市居民"。

志愿组织(voluntary organization，VO)的概念在北欧和英国比较流行，它是指由志愿者自愿参与、不以获利为目的，为他人提供公益性服务的自发组织。这个称呼在内涵和外延上与非营利组织基本一致，但更强调组织的志愿性和利他主义的奉献精神。

知识拓展

网络社会组织

2013年1月15日，中国互联网络信息中心(CNNIC)在北京发布了《第31次中国互联网络发展状况统计报告》。该《报告》显示，截至2012年12月31日，中国网民数量达到5.64亿，其中手机网民规模为4.2亿，成为第一大上网终端。微博在手机网民中的使用率为54.7%，成为使用率增幅最大的手机应用。

网络的迅速普及给人们带来了一个全新的交流环境，依托互联网络平台的网络社会组织悄然兴起。所谓网络社会组织，是指网民基于网络交流和共同愿景而形成的相对稳定的利他性虚拟团体。网络社会组织在非营利性、社会公益性、民间独立性、志愿性等方面与现实生活中的非营利组织并无不同，区别在于网络社会组织没有固定的组织形态，也不需要到政府民政部门注册，成员相互之间可能素不相识，只是基于网络的交流和共同的意愿而形成，遵循约定俗成的网络规则，多数情况下是以匿名的方式参与网络交流，成员的民主、自由与开放性非常明显，进退直接用脚投票，是一种名副其实的草根性、虚拟性组织。但这种虚拟组织在共同愿景的引导下，会在网上达成共识，形成现实世界中的一致行动。

网络社会组织成员之间的交流方式主要有QQ群、微博群、网络论坛、博客空间和MSN等。网络社会组织在提供社会服务、协调社会利益、培育志愿精神、发布社会预警等方面能够发挥积极的作用。比如2008年5月12日汶川地震发生后，某网络论坛迅速成立了"援川志愿者"虚拟组织，并建立了"入川志愿者"QQ群。16日成员聚会，18日就有14名志愿者奔赴抗震救灾第一线。

但由于网络的虚拟性特点，政府相关部门对网络社会组织的监管尚缺乏有效的方法，这需要在实践中进一步探索。

（自编材料）

笔记

目前国内对非营利组织概念有狭义和广义两种界定：

狭义的非营利组织是指按照现有法律制度的规定,在各级政府民政部门登记注册的社会团体、民办非企业单位和基金会。所谓社会团体,根据1998年10月25日颁布的《社会团体登记管理条例》第2条规定,是指中国公民自愿组成,为实现会员共同意愿,按照其章程开展活动的非营利性社会组织。所谓民办非企业单位,根据1998年10月25日颁布的《民办非企业单位登记管理暂行条例》第2条规定,是指企业事业单位、社会团体和其他社会力量以及公民个人利用非国有资产举办的,从事非营利性社会服务活动的社会组织。所谓基金会,根据2004年3月8日颁布的《基金会管理条例》第2条的规定,是指利用自然人、法人或者其他组织捐赠的财产,以从事公益事业为目的,按照本条例的规定成立的非营利性法人。

广义的非营利组织等同于西方国家第三部门的概念,它包含了狭义的非营利组织,此外还包括了广泛的社会主体:①城乡社区基层非营利组织。这类组织基于兴趣爱好、互助协作、共同需求等自发建立,活跃在城乡基层社区,大多数没有登记注册,游离于政府制度规范之外,也没有进入政府的统计范围。②工商注册的非营利组织。受现行法规关于登记注册苛刻条件的限制,这些组织难以通过民政部门登记,转而以营利主体的名分到工商部门注册,但依然从事着非营利性活动。③免于登记的社会团体,共33个。主要包括三类,一是参加中国人民政治协商会议的人民团体;二是经国务院批准的免于登记的社会团体;三是中国文联所属的11个文艺家协会。免于登记的社会团体名单详见表7-1。④事业单位,主要从事从事教育、科技、文化、卫生等活动的社会服务组织,如高等院校、公立医院、博物馆等。⑤中介组织和社会企业。这两类组织是社会与市场的交集,但在实际运行中往往具有明显的营利性。

表7-1　免于登记的社会团体一览表

参加政协的人民团体 (8个)	国务院批准的免于登记的 社会团体(14个)	中国文联所属的 文艺家协会(11个)
中华全国总工会	中国文学艺术界联合会	中国戏曲家协会
中国共产主义青年团	中国作家协会	中国电影家协会
中华全国妇女联合会	中华全国新闻工作者协会	中国音乐家协会
中国科学技术协会	中国对外友好协会	中国美术家协会
中华全国归国华侨联合会	中国人民外交学会	中国曲艺家协会
中华全国台湾同胞联谊会	中国国际贸易促进会	中国舞蹈家协会
中华全国青年联合会	中国残疾人联合会	中国民间文艺家协会
中华全国工商业联合会	宋庆龄基金会	中国摄影家协会
	中国法学会	中国书法家协会
	黄埔军校同学会	中国杂技家协会
	中国红十字总会	中国电视家协会

续表

参加政协的人民团体 (8 个)	国务院批准的免于登记的 社会团体(14 个)	中国文联所属的 文艺家协会(11 个)
	欧美同学会	
	中国职工思想政治工作研 究会	
	中国职业教育社	

我们认同狭义非营利组织的概念,将非营利组织定义为:以公共服务为使命,不以营利为目的并具有民间独立性的组织。非营利性、利他性和民间独立性是非营利组织的三个典型特征,也是区分非营利组织与企业组织和政府组织的重要依据。

根据这个概念,免于登记的社会团体不属于非营利组织,虽然它在官方的分类里面被划归为社团法人,但由于其领导机构与各级政府机构同设,有一定的行政级别和行政编制,行使一定的行政职能,因此具有强烈的政治与行政色彩,在本质上很难与政府相区分,所以不列为非营利组织的研究范畴。事业单位是传统计划体制下的产物,是由政府出资且自上而下建立的,对政府具有很强的依附性,民间独立性不足,因此也不能视为非营利组织,但却是典型的公共事业组织。中介组织和社会企业在实际运行中具有明显的营利色彩,将之列为非营利组织也过于勉强。所以,本章所言的非营利组织主要指社会团体、民办非企业单位和基金会。

(二)非营利组织的特征

1. 非营利性　非营利性是非营利组织最基本的属性,也是判断非营利组织与市场组织的主要标准。非营利性并非不允许组织有自己的经营性收入来源,也不排斥使用一定比例的所得收入支付成员工资。确切地讲,非营利性主要体现在以下三个方面:

(1)不以营利为目的:非营利组织的概念很容易模糊有偿服务与营利活动的界限,误以为非营利组织不应当获得任何经营性收入,否则就难以把它和企业组织相区分。甚至有部分学者曾经将非营利组织误写为"非盈利组织"或"非赢利组织"。实际上,"盈利"与"赢利"同义,指实现利润盈余,与亏本相对应;组织收入有盈余并不意味着组织以追求利润为目的。"营利"则是旨在谋求利润,即以谋求利润为目的,这是企业等私人组织的主要特点。可见,"非营利组织"与"非盈利组织"、"非赢利组织"不能相互替代。非营利性不排斥经营、成本核算、盈利和竞争。实际上,西方国家非营利组织的大部分收入为经营性收入,以美国、英国和澳大利亚为例,其收入构成为:1995 年,非营利组织自身创收在美国为56.6%,在英国为 49%,在澳大利亚为 62.5%,排名第一;政府资助在美国为30.5%,英国为 39%,澳大利亚为 31.1%,排名第二;私人捐赠在美国为 12.9%,在英国为 12%,在澳大利亚为 6.4%,排名第三。2007 年,三个国家的非营利组织收入来源构成在排序上依然如故:自身创收在美国为 45%,英国为 43%,澳大

笔记

利亚为55%;政府资助在美国为40%,英国为45%,澳大利亚为33%;私人捐赠在美国为15%,英国为11%,澳大利亚为9%。美国甚至允许非营利组织开展项目相关性投资,如投资于建设经济适用房、投资于解决残疾人就业的公司等(图7-1)。

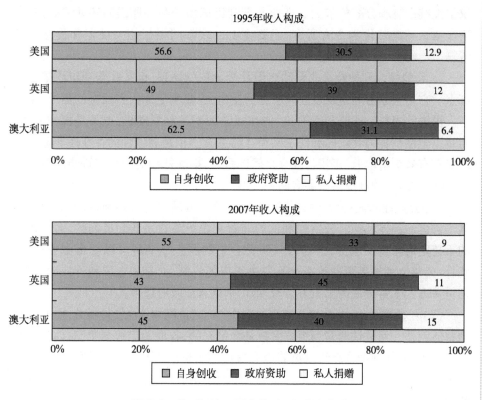

图7-1　美、英、澳三国非营利组织收入构成

(2)收入所得不能用于分红,而要用于更好地实现组织的宗旨,保证收入所得的大部分用于为社会或会员提供公共服务:有时候非营利组织的服务性收入在其日常活动开支之外仍有结余,结余在企业里面可以以分红、奖励和补贴等方式发放,但在非营利组织中是不允许的。很多国家在允许非营利组织参与经营性活动的同时,也对它们的最低年度支出有硬性规定,目的就从制度层面保证非营利组织的所得主要用于公共服务。比如澳大利亚规定,每个慈善机构每年至少需要支出其所得的85%;新加坡要求非营利组织每年至少支出捐赠和收入的80%;韩国和日本规定的比例为50%以上。不分红不意味着收入不"分配",以劳务支出的方式支付专职人员的工资福利是正常的开支,受到法律保护。因为从事非营利组织工作的人员也有满足自身生活和家庭开支的需要,理应给予合理的待遇。原则上,非营利组织专职人员的收入应当至少与社会平均收入水平相齐平。在当前我国非营利组织人才匮乏的情况下,应当允许非营利组织的专职人员获得优于社会同水平工作的待遇。

(3)组织资产不得转化为个人资产:企业和私人组织的资产属于个人产权,

其所有权归企业的所有者,产权界限明确,所有者有权按照自己的意愿进行分配。非营利组织的产权属于公益产权,资产的积聚源于公共利益,使用依其公共目的。这就是说,非营利组织的产权既不属于非营利组织,也不属于捐赠者,更不属于会长或理事层,它只属于公共利益,即属于社会。因此,任何人对公益产权都没有占有和分配的权力。即便非营利组织由于各种原因而解散或破产,其资产依然不能转化为个人所有,而要经由民政部门根据相关规定和程序统一清算。

2. 利他性 利他性是非营利组织社会价值的体现,也是非营利组织最大的亮点。它是指非营利组织以公共服务为使命,志愿满足他人和社会的需求,不以个人得失计短长。非营利组织的"内在驱动力不是利润动机,也不是权力原则,而是以志愿精神为背景的利他主义和互助主义。"正是利他性的存在使非营利组织能够有效缓解政府、市场与社会之间的张力,推动社会的和谐与进步。具体而言,非营利组织的利他性主要有两种类型:

(1)公益性利他:公益性是指实现整个社会范围内的公共利益,而非仅仅是某个群体的集体利益。公益性利他的非营利组织多数是非会员制的,向全社会的不特定对象提供服务,任何人只要符合它的服务标准都可以提出服务请求。此外,公益性利他在服务价格上不取决于市场机制,而是采取福利价或成本价;在付费方式上常表现为第三方付费,即由捐赠人或政府埋单。

(2)互益性利他:互益性是实现社会中"一定范围内"的公共利益,而非社会的整体利益。互益性非营利组织多数是会员制的,收取一定的会费,对内为会员提供服务,对外围护本组织成员的合法权益。互益不是谋求个人私利,而是谋求集体的公共利益。互益性利他的非营利组织包括各种行业协会、商会、学会和兴趣团体等。

3. 民间独立性 民间独立性是非营利组织的第三个典型特点,也是我国传统上把非营利组织称为民间组织的重要原因。民间独立性体现在非政府、非企业和志愿性三个方面。

(1)非政府:非政府性使非营利组织与政府组织相区别。非政府性意味着非营利组织是独立的法人实体,不依赖于政府而存在,它既不是政府的组成部分,也不是政府机构的延伸,而是独立存在的一种社会实体。二者在产生方式、组织性质和隶属关系等方面都存在显著的区别。政府是政治与行政组织,它的产生多是自上而下的,上下级政府部门之间往往存在隶属关系。而非营利组织是利他性组织,它的产生多数是自下而上的,相互之间没有隶属关系。西方学者在强调非营利组织与政府不同的时候,更多地使用非政府组织(NGO)这一概念,目的就是体现其非政府性。

(2)非企业:非企业这一特点与前文阐述的"非营利性"特点基本一致。非企业除了指"非营利性"之外,还表示非营利组织不依附于企业而存在,不是企业的分支或派出机构。虽然在很多时候,企业是非营利组织资金的重要捐赠者,但不能以捐赠为条件影响非营利组织的独立发展或改变非营利组织的宗旨与使命,即企业对非营利组织的捐赠应该是无偿的和不附带条件的。一些非营利组

笔记

织是由大企业出资成立的,如福特基金会和长江基金等,但这并不能妨碍非营利组织的独立发展。

(3)志愿性:志愿性表现为志愿精神和志愿者的存在。非营利组织从其发起、招募、捐赠到基本功能的发挥,都是基于志愿精神的,不存在强制性或利益的驱动,所有参与者都以其独立的意愿决定是否加入和是否退出。在一定意义上,非营利组织的大量存在就是社会独立性的最好体现,其中志愿性是独立性的前提,因为非志愿性的行为本身就失去了独立性的基础。

二、非营利组织的类型

(一)国际分类体系

西方国家以及一些国际组织曾经对非营利组织进行过分类,代表性的分类方法有联合国国际标准产业分类体系、欧共体一般经济活动产业分类体系、霍普金斯大学分类体系等。

1. 联合国国际标准产业分类体系(ISIC)　该分类体系的英文全称为“the U. N. International Standard Industrial Classification System”,简称 ISIC 体系,是联合国为了统一各国的经济活动数据而设计的。ISIC 体系于 1948 年开始采用,后经三次修订,今天已经在世界各国普遍应用。它以各类组织的“主要经济活动”为标准,将所有组织分为 17 大类,60 小类,每个小类再分为几个小项。非营利组织是 17 大类中的一类,具体包含 3 小类,共 15 项。

(1)教育:小学教育;中学教育;大学教育;成人教育及其他。

(2)医疗与社会工作:医疗保健;兽医;社会工作。

(3)其他社区与个人服务活动:环境卫生;商会与专业组织;工会;其他会员组织(包括宗教组织和政治组织);娱乐机构;新闻机构;图书馆、博物馆及文化机构;运动与休闲。

2. 欧共体一般经济活动产业分类体系(NACE)　该分类体系的英文全称为“Eurostat's General Industrial Classification of Economic Activities”,是欧共体基于 ISIC 的改进,由欧洲统计办公室设计。它根据非营利组织是否依靠捐赠,将其分为教育、研究与开发、医疗卫生、其他公众服务以及休闲与文化等,共 5 类 18 项。

(1)教育:高等教育;中小学教育;职业教育;护理教育。

(2)研究与开发。

(3)医疗卫生:医院、诊所;其他医疗机构;牙医;兽医。

(4)其他公众服务:社会工作;慈善机构;专业组织;雇主协会;工会;宗教组织和学会;旅行社。

(5)休闲与文化:娱乐机构;图书馆、档案馆、博物馆、动物园;体育组织。

3. 霍普金斯大学分类体系(ICNPO)　该分类体系由萨拉蒙与安海尔提出,并在霍普金斯大学的非营利部门国际比较项目中得到了实际应用,其确切的名称为非营利组织国际分类体系(the International Classification of Non-Profit Organization,ICNPO)。该体系结合了组织结构与活动领域的特征,简洁、全面、系统,很快得到了理论界与实践操作层面的广泛认可。目前,联合国经济核算体系也采纳了这一分类标准,并在 90 多个国家推广。ICNPO 主要是根据经济性、显著性、精确性、完整性以及组织力量 5 个标准,将非营利组织分为 12 大类,27 个小类(见表7-2)。

表7-2　非营利组织国际分类标准（ICNPO）体系

大类	小类
1. 文化和娱乐 Culture and Recreation	(1) 文化和艺术
	(2) 体育
	(3) 其他娱乐和社交俱乐部
2. 教育和研究 Education and Research	(1) 初等教育和中等教育
	(2) 高等教育
	(3) 其他教育
	(4) 研究
3. 卫生保健 Health	(1) 医院和康复
	(2) 护理中心
	(3) 心理健康和危机干预
	(4) 其他卫生保健服务
4. 社会服务 Social Service	(1) 社会服务
	(2) 应急和救济
	(3) 收入支持和维持
5. 环境 Environment	(1) 环境
	(2) 动物保护
6. 发展和住宅 Development and Housing	(1) 经济、社会和社区发展
	(2) 住宅
	(3) 就业和培训
7. 法律、倡导和政治 Law, Advocacy and Politics	(1) 公民和倡导性组织
	(2) 诉讼和法律服务
	(3) 政治组织
8. 慈善中介和志愿促进　Philanthropic Intermediaries and Voluntarism Promotion	
9. 国际　International	
10. 宗教　Religion	
11. 商业、专业协会和工会　Business and Professional Association, Unions	
12. 其他组织　Not Elsewhere Classified	

资料来源:[美]莱斯特·M·萨拉蒙著.贾西津,等译.全球公民社会——非营利部门视野.北京:社会科学文献出版社,2007.

笔记

　　国际分类体系的出现,使非营利组织的跨国比较研究有了可比性基础。但中国国情与西方各国不同,西方的分类体系并不完全适合中国。比如,西方社会历来有反国家主义传统,"小政府、大社会"是主流理念,政府尽量放手发挥社会自治与自我服务的作用,"政府—市场—社会"三角结构的划分比较明确,非营利组织承担了教育、科技、文化娱乐、卫生、体育等公共服务职能,而这些职能在中国主要是由事业单位来承担的。由于我国事业单位长期以来对政府有很强的依附性,不能将之划归为非营利组织的范畴,所以西方的非营利组织分类体系只能为我们提供有限程度的借鉴。

（二）国内分类体系

　　从理论研究与实践操作的双重意义考察,国内对非营利组织的分类最有价值的有两种。一种是先将非营利组织分为体制内和体制外两个层面,体制内再分为官方和半官方两种类别,体制外分为登记注册和未登记注册的两种。由此,第一种分类产生了官方的、半官方的、民间合法的、民间任意的四种类型的非营利组织。这种分类方式能够贴切的反映我国当前非营利组织的发展状况,理论上也不乏一定的合理性。另一种是根据是否为会员制,将非营利组织分为会员制和非会员制两种类别。这种分类兼顾了公益性与互益性,能够涵盖大部分国内的非营利组织,且目前较为流行。清华大学 NGO 研究所对此作了比较清晰的梳理,详见图 7-2。

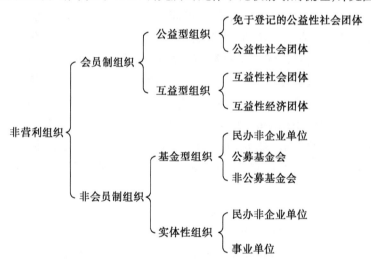

图 7-2　清华大学 NGO 研究所分类体系

　　我国民政部门对非营利组织登记管理时,首先将其分为社会团体、民办非企业单位和基金会三大类,然后根据该组织的章程、宗旨、活动领域和服务对象等进行细分。社会团体分为学术性、行业性、专业性和联合性四种类型;基金会分为公募基金会和非公募基金会,公募基金会按照募捐的地域范围,再细分为全国性公募基金会和地方性公募基金会;民办非企业单位分为教育、科技、文化、卫生、体育、民政、中介服务、法律服务、劳动、其他等十种类型。

　　2006 年年底民政部出台了新的非营利组织分类体系,该体系主要参考了联合国推荐的分类方法,为进行国际比较研究搭建了框架。自 2007 年开始,民政部用新的分类体系对社会团体、民办非企业单位和基金会进行了分类统计,按照三者的活动领域,将非营利组织划分为科技与研究、生态环境、教育、卫生、社会服务、文化、体育、法律、工商业服务、宗教、农业及农村发展、职业及从业人员、国际及涉外组织、其他,共 14 个类别。

三、非营利组织的主要活动领域

非营利组织种类繁多,活动范围广泛,在人类社会生活的各个主要方面都发挥了重要作用。但仔细地梳理会发现,非营利组织的活动领域是有规律的,它并未涉足社会的一切方面。非营利组织是在"政府—市场—社会"的三足格局中存在的,其活动边界严格与政府和市场相区别。"凡是在市场经济比较成功、企业运作比较有效的地方,非营利组织一般不发达;凡是国家利益比较突出、政府控制比较严格的领域,非营利组织一般不涉入。"即非营利组织是在政府失灵与市场失灵的条件下发挥作用的,政府失灵与市场失灵也构成了非营利组织存在的理论基础。从活动领域来看,大部分非营利组织集中于以下五个方面。

(一) 公益慈善

在人类历史长河中,慈善救济是非营利组织最早的活动领域。受传统生产力水平低下的制约,人们在天灾人祸面前显得无能为力,甚至失去了最基本的生存能力,于是互帮互助,共渡难关在人类集体生活中自发产生。古今中外都有大量的慈善组织从事这种济贫救困的活动,最早出现的一些非营利组织无一不兼具慈善救济的职能。中国古代的义庄、善堂、育婴堂等都是典型的慈善组织。在西方国家,1863 年成立的红十字会(Red Cross)、1865 年成立的救世军(The Salvation Army)、1942 年成立的施乐会(Oxfam)等,都是通过募集捐款帮助伤员、孤儿、难民等弱势群体。今天,慈善事业已经成为社会进步和人类文明的标志,很多大的财团和慈善家本着"拥巨富死者以耻辱终"的理念,纷纷成立或加入慈善救济类的非营利组织,"裸捐"现象也时有发生。这类组织的公益慈善性服务主要有面向有残疾障碍、智力障碍和心理障碍的介入性服务;面向老人、妇女、儿童的权益保护服务;面向艾滋病、白血病、唇腭裂等群体的医疗服务;面向流浪者、吸毒者、被拐卖者等群体的扶助性服务等。

(二) 环境保护

工业革命使财富与环境相背而行,很快人们认识到,环境的恶化不仅掣肘财富的增长,而且直接威胁着人类的生存。很多环境保护组织首先在工业革命最早发起的欧美国家出现,如世界自然保护联盟(IUCN/IUPN,1948,瑞士)、世界自然基金会(WWF,1961,瑞士)、地球之友(Friend of Earth,1971,美国、法国、瑞典和英国联合创立)、绿色和平组织(Greenpeace,1971,荷兰)、全球环境基金(GEF,1990,联合国)等。中国环境保护类非营利组织最早是 1978 年成立的中国环境科学学会,这是一个全国性的科技社团组织,也是我国环境学科最高学术团体和我国目前规模最大的环保科技社团组织。之后,1991 年辽宁省盘锦市"黑嘴鸥保

笔记

护协会"成立,1994年"自然之友"在北京成立,此后中国环保类非营利组织相继出现。环保类非营利组织主要从事自然生态保护、资源保护、动物保护、污染治理以及对污染受害者的救助等工作。

（三）扶贫发展

扶贫是救助贫困,发展主要指促进发展中国家的社会与经济发展。目前主要包括:发达国家面向发展中国家提供援助项目的基金会;总部在发达国家但主要在发展中国家开展援助的非营利组织;总部在发展中国家并在当地开展发展项目的非营利组织;面向国际社会提供发展援助的国际非营利组织;专门开展小额贷款等活动的发展项目组织以及草根组织等。中国扶贫发展类的非营利组织包括三类:有政府背景的全国性扶贫支持组织,如中国扶贫基金会;具有国际背景的发展型支持组织,如爱德基金会;具有本土草根色彩的基层发展型社区组织。

（四）社区发展

从事城乡社区发展服务的主要是基层非营利组织,它们以社区为活动范围,服务内容通常包括社区公益、社区互益以及社区治理三种类别。公益性服务包括社区教育、社区环保、社区养老等;互益性服务主要是兴趣性、娱乐性的社区团体;治理性服务主要有社工服务、社区自治、便民服务等。目前国内比较有名的是浙江省温州市的社区改革项目,温州市自2011年开始,将原有的5405个行政村转变成了867个农村新社区,推进以社区为基础、以社团为载体、以社工和志愿者为骨干的"三社"建设,形成社区便民服务中心、社区综合治理服务中心、社区计生卫生中心、社区文体活动中心和社区老年活动中心等五大功能性服务区,基层非营利组织在五大中心事务中发挥着重要作用。

（五）同业发展

社会分工与职业分类使不同业态的从业者有了共同的利益诉求,整合同业者的能量、实现资源共享与行为互助,是推动行业发展的重要保障。由此,很多同业类的非营利组织迅速出现。所谓同业类非营利组织是指由某一行业或职业的从业者自发组成,服务于本行业成员的组织。就其数量而言,它已经成为各国非营利组织的主体。我国同业类非营利组织数量最多的有两种:一种是各类行业协会和商会,如中国食品工业协会;另一种是各类学术性学会和团体,如中国行政管理学会。

> **知识链接**
>
> ### 宝贝回家志愿者协会
>
> #### ——在"现实"与"虚拟"之间
>
> 　宝贝回家志愿者协会是关爱儿童的各界爱心人士自愿参加的民间志愿者组织,是独具法人资格的地方性非营利社会公益团体。协会的宗旨是:关爱儿童,共筑和谐。协会为失踪儿童家长提供免费的寻人帮助,帮助走失、被拐、

笔记

被遗弃儿童寻找亲人,帮助因各种原因流浪、乞讨、卖艺的儿童回归正常的生活。宝贝回家志愿者协会发起的宝贝回家慈善基金也是国内唯一的救助被拐儿童及流浪乞讨儿童的慈善基金。此外,由宝贝回家志愿者协会建议、公安部建立的全国"打击拐卖儿童 DNA 数据库"已经联网运行。

宝贝回家志愿者协会最广为人知的是其官方网站"宝贝回家寻子网"。该网站创办于 2007 年,免费刊登寻人信息及相关的资料,给家长与志愿者提供一个信息交流的平台。目前宝贝回家志愿者已遍布全国。网站希望家长与志愿者能定期与当地福利院、救助站联系,把他们收留的孩子资料传到网上;希望爱心人士在旅游、逛街、探亲、访友之时,拿起手机、照相机把遇到的流浪乞讨儿童拍下来上传到网站,也许这里面就有家长要寻找的孩子。

截至 2013 年 1 月 20 日,宝贝回家志愿者协会共找到被拐、走失、送养、遗弃儿童 565 例。在宝贝回家的所有成功案例中,与亲人失散时间最长的是黑龙江的任某某,走失 31 年;寻找时间最短的是湖南 5 岁儿童李某某,这个孩子在网站上从登记到找到仅用了一个小时。

宝贝回家寻子网网址:http://www.baobeihuijia.com。敬请关注。

（资料来源:宝贝回家公益网站　有改编）

第二节　非营利组织的发展现状与发展趋势

一、我国非营利组织的发展历程

(一) 非营利组织的起源

不论是在西方国家还是在中国,非营利组织的发展都源远流长。在西方国家,基督教组织发起的公益慈善事业产生了广泛影响。在中国,民间自发的互助组织更是延古续今。

根据学者考证,中国突破血缘、家庭和氏族的结社活动兴起于春秋以后。在一定程度上,中国的"社会"一词正是由古代结社活动产生的。商朝在采邑制的居住单位之上普遍立有"社","社"意起于土地神,一般春秋两季"祭社",即为"社日",人们在固定的"社日"聚集、欢庆,逐渐固定为"社会"。秦汉时期,"社会"更加盛行。到了南北朝,出现共同筹资举行"社会"的组织团体,即共立之社,称为"合会"。唐以后"社"的活动基本定型,"社"也起到一种乡村基层组织的作用。实际上,"社"作为基层组织的用法一直延续至今,如"人民公社"。

中国古代的非营利组织按其活动领域可以分为五种类型:

(1)政治性结社:包括官僚体系中的朋党结社和民间的政治性团体。朋党如东汉时期的钩党、唐代的牛党、北宋的元佑党、南宋的伪学党、明代的东林党等。民间政治性团体,比如清朝的强学会、保国会、光复会等。

(2)学术性结社:学术界一般认为,严格意义上的学术性结社兴起于魏晋之

笔记

后各种形式的文人结社,如"竹林七贤"。但如果探究文化学术性结社的渊源,可以追溯到春秋战国时期的百家争鸣。古代学术性结社最发达的是以"诗社"和"文社/会"为代表的文学社团,以及后来兴起的讲学会等。

(3)经济互助性结社:中国古代薄弱的农业生产力水平导致人们的抗风险能力极低,民间很早就有自发的互助,今天人们遇到婚丧嫁娶之时的"随礼"就是古代集众人之力度过难关的体现。最早的旧式经济合作制度是"合会",俗称"蟠桃",为会员间相互救济金融的组织。所谓"合"就是集众人之资办事的意思。另一种经济互助性结社是行业性结社,行会的雏形是春秋时代的"肆",发展到后来的会馆、行会、商会等。

(4)慈善团体:传统儒家思想以"仁"为核心,"仁者爱人"。中国古代规模最大的慈善救济是国家救济的"荒政"制度。此外就是依靠家庭和宗族力量的自我救助与集体救助。佛教传入之后,其好德乐施的理念也推动了民间慈善的发展。鸦片战争后,基督教的传入对中国慈善的发展也有一定的推动作用。

(5)秘密结社:中国民间秘密结社早在先秦就有,宋、元、明时期社会上有各种"会",到清代达到鼎盛。秘密结社在统治者看来具有明显的对抗性,但多数秘密结社反映了基层群众的声音,有的时候是官逼民反或群众为谋生路的不得已之选。还有一部分秘密结社具有明显的黑社会性质。

(二)新中国成立以来非营利组织的发展

新中国成立以后,中国的社会性质发生了翻天覆地的变化,社会结构经历了重大而深刻的调整,非营利组织的发展也几经跌宕。其发展历程可以概括为以下几个阶段:

第一阶段:初始发展期。从新中国成立到1966年"文革"前。新中国成立时,社团依然是我国非营利组织的唯一代表,而且合法性程度非常低,民间组织、民间社会、市民社会、公民社会这些词语从1949年以后一直是非常敏感的字眼。新中国成立后,人民政府对社团采取了三种措施:对一部分政治倾向明显的社团,如中国民主同盟、九三学社等,确立为民主党派;对一部分带有封建色彩、宗教性质、反革命性质的组织予以取缔;改造和新建一批社会主义原则下的新型社会团体。1950年《社会团体登记暂行办法》和1951年《社会团体登记暂行办法实施细则》的出台,标志着我国初步建立了规范民间社团的管理体系。

第二阶段:停滞期。从1966年"文革"开始到1978年改革开放前。"文革"以扭曲的意识形态涤荡了法制基础上社会团体的发展之路,各类社会团体几乎处于停滞甚至倒退的境况。当时唯一兴盛的是以"红卫兵"和"红小兵"等造反派形式出现的"革命组织",这是中国社团发展史上的特殊现象。虽然这些红卫兵组织没有登记注册,但几乎符合学理上非营利组织的一切特征。但这类组织是特殊政治气候下的产物,随着中国政局的风云变幻而迅速消失。

第三阶段:复兴与调整期。从1978年改革开放到1998年三个"条例"的产

笔记

生。改革开放与拨乱反正,使民间社团的发展重新步入正轨,20世纪80年代我国再次迎来社会团体发展的高峰。为规范社会团体的发展,1989年国务院颁布了《社会团体登记管理条例》,对社会团体进行了整顿。自1989年至1998年的10年间,中国的非营利组织在结构上发生了重大变化:基金会和民办非企业单位从无到有开始出现;基层非营利组织迅速增多。在非营利组织经历了恢复与调整之后,国务院于1998年颁布了《社会团体登记管理条例》、《民办非企业单位登记管理暂行条例》和《事业单位登记管理暂行条例》三个文件,成为规范非营利组织发展的纲领。

第四阶段:法制化与多元化发展期。从1998年至今。这一阶段非营利组织的发展有四个特点:其一,法制规范日趋健全。除了1998年的三个标志性"条例"外,有代表性的还有1999年的《公益事业捐赠法》、2002年的《民办教育促进法》、2004年的《基金会管理条例》等,相关立法工作逐步完善。其二,多元化发展趋势明显。民办非企业单位已经涉足传统事业单位的所有领域,社会团体更加多样化,同业组织、慈善公益组织、环境保护组织、社区组织等种类繁多。其三,独立性与自治性增强。自1997年国务院选取温州、上海、厦门和广州作为行业协会改革试点城市以来,全国各地都在探索非营利组织的独立发展之路,部分省市,如广东省和温州市自2012年开始,已经取消了业务主管单位,为非营利组织的独立发展扫除了制度障碍。其四,承担了更多的社会职能。从中央到地方,各级政府都在探索非营利组织承接政府职能转移和政府购买非营利组织公共服务问题。2011年年底,浙江省温州市已经把83项政府职权下放给了社区和社区非营利组织。2012年2月,广东省也将政府的130多项职权转移给了非营利组织和事业单位。

（三）当前我国非营利组织的发展状况

1. 发展规模 根据历年的《中国民政统计年鉴》和民政部发布的《全国民政事业统计数据》,新中国成立后的很长一段时间里,我国仅有社会团体这一类非营利组织,且数量不多。在1988年,全国登记的社会团体仅有4446家。中国的非营利组织长期以来在政府与市场之间的夹缝中求生存,其发展空间是政府主动让渡的结果。

民政部发布的《2011年4季度全国民政事业统计数据》显示,截至2011年12月31日,我国共有各类登记注册的非营利组织45.8万个;其中社会团体25.3万个,比上年同期增长4.1%;民办非企业20.2万个,比上年同期增长3.6%;基金会2510个,比上年同期增长15.8%。

2011年,我国各类非营利组织吸纳社会各类人员就业599.3万人,比上年下降3.1%;形成固定资产1885.0亿元,比上年增长1.1%;非营利组织增加值为660.0亿元,比上年增长24.2%,占第三产业增加值比重为0.32%;接受社会捐赠393.6亿元;全年共执法检查非营利组织1917起,其中取缔非法非营利组织21起,行政处罚1896起。

今天中国非营利组织的规模已非昔比。根据民政部公布的权威数字,我国有统计数字可考的各类非营利组织发展趋势详见表7-3。

表7-3　10年来我国非营利组织数量表

类别	2002	2003	2004	2005	2006	2007	2008	2009	2010	2011
社会团体(万个)	13.3	14.2	15.3	17.1	18.6	20.7	22	23.5	24.3	25.3
民办非企业(万个)	11.1	12.4	13.5	14.8	15.9	17.2	17.8	18.8	19.5	20.2
基金会(个)		954	936	975	1138	1369	1390	1780	2168	2510

2. 分布领域　我国自2007年开始,将非营利组织分为14个大类来统计。根据民政部公布的统计数字,我国2011年各类非营利组织的分布领域为:

(1)社会团体:2011年全国共有社会团体25.5万个,比上年增长4.0%。其中:工商服务业类24894个,科技研究类19126个,教育类12491个,卫生类10776个,社会服务类33987个,文化类22472个,体育类13534个,生态环境类6999个,法律类3148个,宗教类4650个,农业及农村发展类52105个,职业及从业组织类17648个,国际及其他涉外组织类519个,其他32620个(图7-3)。

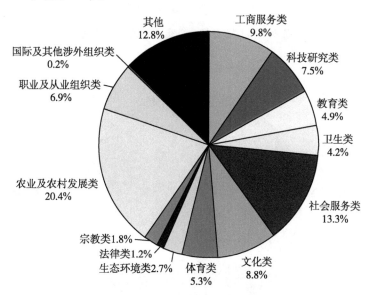

图7-3　2011年社会团体分布领域

(2)民办非企业单位:全国共有民办非企业单位20.4万个,比上年增长3.1%。其中:科技服务类10956个,生态环境类846个,教育类104894个,卫生类21573个,社会服务类31750个,文化类8827个,体育类7700个,商务服务类6897个,宗教类169个,国际及其他涉外组织类36个,其他10740个(图7-4)。

(3)基金会:2011年,全国共有基金会2614个,比上年增加414个,增长18.8%,其中:公募基金会1218个,非公募基金会1370个,境外基金代表机构26个。民政部登记的基金会183个(图7-5)。

笔记

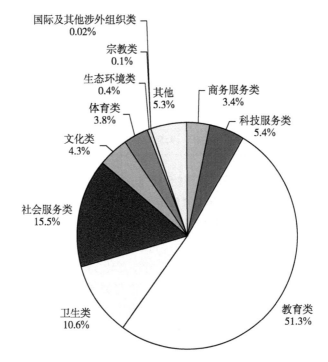

图 7-4　2011 年民办非企业单位分布领域

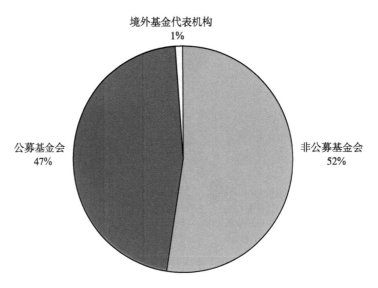

图 7-5　2011 年基金会分布领域

二、我国非营利组织发展中存在的问题

(一)先天不足,后天畸形,发展空间狭窄

我国自古就是一个中央集权的国家,集体主义是中国人普遍持有的价值理念。封建社会的统治者宣扬克己复礼、大公无私的圣人哲学,这里的"复礼"和"大公"其实都是统治者的代名词。由于中央集权与公民自治是互不相容的,所以历代的统治者都害怕民间结社的发展,担心民间的自治会削弱中央的权威,这

笔记

种担心一直遗传到今天的社会治理进程中。在古代集权体制下,中国的非营利组织先天不足、数量有限,多数集中于慈善救济和文学娱乐等几个狭窄的领域。政治性结社多在动荡年代中央集权松动的背景下才会出现,而且无一例外地成为被打击或铲除的对象。

新中国的成立为非营利组织的发展创造了前所未有的条件,国家也通过法律制度对其进行规范,使非营利组织步入了法制化的正轨。但客观而言,新中国成立以来中国非营利组织的发展可以说是后天畸形。中国的公民社会不是自下而上发展起来的,而主要是自上而下建立的结果,其出现更多的是源于政府的需要,而非社会的需要。所以我国的非营利组织受政治因素的干扰极大,独立性较差,相当一部分非营利组织成为政府的附属或延伸机构,而且内部治理结构不合理,民主机制缺乏。这些都成为制约我国非营利组织发展的主要障碍。

总体来说,中国非营利组织的发展空间是政府主动让渡的结果,是否让渡这部分空间完全取决于政府的意愿。非营利组织相对于政府而言力量非常狭小,也不具备与政府谈判的资源和能力,在社会管理制度、体制和机制尚不健全的情况下,发展空间非常有限。

(二)制度环境不健全制约非营利组织发展

在我国适用非营利组织管理的制度规范中,等级最高的是 1998 年由国务院颁布的《社会团体登记管理条例》《民办非企业单位登记管理暂行条例》和 2004 年颁布的《基金会管理条例》。这些文件都是以"条例"而非法律的形式出现,立法层次过低、权威性不足。实践中,制约非营利组织发展的最大制度性障碍有两个:一个是登记制度,另一个是管理制度。

我国对非营利组织的登记做了较为苛刻的限制。《社会团体登记管理条例》明列了登记条件和非竞争性原则。在登记条件方面,《条例》第 10 条第 1 项规定"有 50 个以上的个人会员或者 30 个以上的单位会员;个人会员、单位会员混合组成的,会员总数不得少于 50 个。"第 5 项规定"有合法的资产和经费来源,全国性的社会团体有 10 万元以上活动资金,地方性的社会团体和跨行政区域的社会团体有 3 万元以上活动资金。"仅这两条就已经把大部分基层非营利组织隔离在了法制规范之外。在非竞争性限制方面,《条例》第 13 条第 2 项规定,"在同一行政区域内已有业务范围相同或者相似的社会团体,没有必要成立的",登记机关不予批准筹备,即奉行所谓的"一地一会、一业一会"的登记原则,限制竞争的存在。《民办非企业单位登记管理暂行条例》第 13 条第 2 项、第 3 项也有类似的规定。相比而言,德国登记人数仅需 7 人(含个人和单位会员),而美国并没有明确提出人数与资金的限制。

在管理制度方面,我国规定了"归口登记、双重管理、分级负责"的管理体制。"归口管理"是指除了法律、法规明确规定免于登记的之外,其他非营利组织都要到民政部门统一登记;"双重负责"要求非营利组织既要受登记的民政部门管理,又要受业务主管单位管理;"分级管理"是指县级以上民政部门分别负责本级非营利组织的管理工作。这个体制的直接结果就是给非营利组织找了两个"婆家",而多头管理的弊端早已被管理学界所诟病。

笔记

（三）自身能力有限，内部治理机制不健全

受到前面两个不利因素的影响，我国非营利组织的自身能力有限，提供公共服务显得心有余而力不足。最主要的难题有两个：一个是资金问题，另一个是人才问题。除了具有明显政治依附性的非营利组织外，我国大部分非营利组织都表示"巧妇难为无米之炊"。与资金短缺相对应的是人才难觅，这实际上形成了一个恶性循环：资金缺乏—人才难寻—人才缺乏—资金更难获取—人才更难寻觅。

对于很多非营利组织，尤其是互益性非营利组织来说，自身能力有限很大程度上是内部治理机制不健全的直接体现。我国互益性非营利组织现在还是精英治理模式，而非契约治理模式。精英治理模式是由该领域中优势群体的负责人担任非营利组织的会长和理事层，重要决策由会长决定，必要的时候召集理事层会议，很少运行民主程序。实际上，会长和理事层所在单位把非营利组织当做谋利的工具，而非完全出于利他精神。以行业协会为例，它们的管理层是利益集中区，多数被大企业负责人所占据。会长所在单位是行业内龙头企业，理事所在单位基本上是较大企业。协会的规章制度是由理事会制定的，利益分配也是由理事会来决定，这些制度与分配方案往往对大企业是更有利的。从政治利益看，会长最有可能成为党代表、人大代表和政协委员，也最有可能获得参政议政的机会，至少能够更为便利地与政府领导接触，进而把政治利益转变为经济利益。从社会资本角度看，会长所在单位更容易掌握行业内信息，因为在人类社会金字塔组织结构中，所处的层级与信息量是成正比的；会长也能够借助非营利组织这个平台认识更多对自身发展有利的人，形成更为广阔的社会资本。正是这种不合理的上层管理结构，导致优者更优的马太效应。

民主机制是非营利组织内部治理的核心，是否能够真正将民主机制落实到位正是非营利组织的生命力所在。一些非营利组织没有运行好，正是因为缺乏一套民主机制。民主机制运用得当，每个会员都有平等的表达和获取自身利益的机会，会员自然会感觉到参与非营利组织的好处，大家会对该组织的发展群策群力、作出自己的贡献。于是，民主治理越到位，对会员的吸引力就越大，更多的社会主体就会加入到非营利组织中来，非营利组织的代表性就越强，自身的能力自然得到了提高。

案例7-1

郭美美事件与中国红十字会

2011 年 6 月 21 日，新浪微博上一个名叫"郭美美 Baby"的网友，自称是一个 20 岁的女孩，"住大别墅，开玛拉莎蒂"，用名包、名表，肆无忌惮地炫耀奢华生活。其认证身份是"中国红十字会商业总经理"。

年轻、名车、豪宅、炫富，郭美美迅速蹿红网络，同时也把中国红十字会推上了风口浪尖。如果事情属实，那么作为人道主义救助团体的中国红十字会显然完全背离了自己的非营利与公益性质。郭美美事件引发的中国红十字

笔记

会信任危机迅速发酵,质疑声不绝于耳。社会各界对各地红十字会的捐赠也随之锐减,以深圳市红十字会为例,郭美美事件发生后的第二个月,该红会的非定向捐赠减少了9成,总额只有5035元。深圳红会会长坦言:"郭美美事件让我们很受伤!"

郭美美事件发生后,国家监察部迅速组织了联合调查组展开调查。结果发现郭美美与中国红十字会无关;中国红十字会也根本就没有所谓的"红十字商会"。但调查中也确实发现了红十字会存在的问题,商业系统红十字会尤其严重,如信息不透明,特别是财务信息公开严重不足,组织管理违背程序,财务管理混乱,存在关联交易、违背公益性原则等。最终,中国红十字总会决定撤销商业系统红十字会,并对中国红十字会进行改革。2012年9月,中国红十字会总会常务副会长赵白鸽表示,中国红十字会改革即将进入实质阶段,计划于2013年启动综合配套改革试点。

(自编案例)

(四) 自上而下对非营利组织认识不足

西方社会治理模式的变迁表明,一个健全的国家管理体制是在"政府—市场—社会"三足鼎立的格局中形成的。市场会失灵,政府也同样会失灵,非营利组织的存在是对政府与市场力量都达不到或不愿达到的领域的支持,构成完整社会治理模式不可或缺的组成部分。

中国自古就存在"家国"两极格局的思想,统治者强调"国"、"家"一体化,而老百姓则强调"家"、"国"一体化;不管孰重孰轻,二者的共同之处都是没有给非营利组织留出生存空间。在政府层面,新中国成立后我国虽然看到了社会公共事务发展的重要性,但其措施并非采取发展非营利组织的方式,而是自上而下地建立了各级各类事业单位来承担社会公共服务职能。在群众层面,迄今很多中国公民不知道非营利组织、社会组织乃至民间组织为何物,也不了解非营利组织在环境保护、行业发展、扶贫开发、助残救孤等方面可以发挥重要作用。

三、推进我国非营利组织发展的思路

(一) 加大政府的财政支持力度

我国的非营利组织普遍资金匮乏,这已经是一个不争的事实。在当前各类非营利组织自身盈利能力有限的情况下,政府要通过购买服务、职能转移等方式资助非营利组织的发展,这同时也有利于推进政府管理体制的改革。

对比非营利组织发展最为成熟的美国、英国和澳大利亚可以发现,这三个国家的非营利组织在20世纪80年代起步阶段,都是以政府资助为主要的收入来源。比如1981年美国非营利组织的收入构成中,41%来自各级政府的资助,排名第一;排名第二的是服务收费,占总收入的28%;排名第三的是私人捐赠,占了20%;政府资助是个人捐赠的两倍。可以说,正是因为有了政府的大力资助,才有了今天西方国家非营利组织的繁荣与成熟。

笔记

目前国内急需政府加大资金支持力度的是公益性非营利组织和基层非营利组织,这两类非营利组织目前发展最为薄弱,但却事关群众的切实利益,是老百姓最需要的。它们受到资源、人力、政策、文化传统等因素的影响,多数处于自生自灭的游离状态,很少在民政部门登记注册,这意味着它们基本得不到政府的政策保护和政策倾斜。

政府对非营利组织的支持不仅包括直接的资金拨付,更要积极探索和善于利用奖励、补贴、资助、项目申报、公开招标、购买服务、签订协议等市场手段促进非营利组织之间竞争机制的形成。在德国和加拿大,非营利组织要获得政府的项目资金,须向政府有关部门递交详细的项目申请书和实施计划,只有它所要开展的项目符合政府的发展计划,才会得到政府的资助。美国政府主要以专项项目经费和服务外包经费的方式为非营利组织提供资金支持。前者在非营利组织当中引入了竞争机制;后者则以非营利组织的服务能力和绩效为基础。总之,正如民营化大师 E. S. 萨瓦斯所言,政府应当作为服务的"提供者"而非"生产者",应当将政府购买常态化、制度化。

(二)提高非营利组织的盈利能力

"盈利"是实现利润盈余,而"营利"则旨在谋求利润。非营利组织的典型特点是"非营利性",但非营利性并不排斥非营利组织获取合法性收入。经营收入不仅包括服务收费,也包括投资收入;也要允许非营利组织尝试吸收企业的"股权捐赠"等投资性资产。另外,要积极探索非营利组织的产业性收入,使非营利组织走出"等靠要"的旧思维,主动去创收。比如台湾非营利组织的大部分收入来自自身经营的产业,如产品收入、义卖等。

提高非营利组织的盈利能力,还需要政府增加并落实税收方面的优惠政策。目前国家对非营利组织的有偿服务收入参照企业所得来收税,这是不合理的。政府首先要扩大税收优惠的种类和范围。在目前以所得税优惠为主的基础上,在财产税、商品税、房产税、车船使用税、城镇土地使用税等方面也应给予非营利组织相应的税收优惠。其次,提高税收减免比例,政府应当加强沟通、协调,为非营利组织营造更为宽松的税收环境。再次,在条件成熟的时候考虑强制征收遗产税,包括房屋等固定资产的遗产税,作为非营利组织发展的支持资金。

政府应当创造条件鼓励成立"联合劝募组织"。世界上第一个联合劝募组织成立于 1887 年,旨在为美国淘金梦破灭后留下的十几万丧失生计的人口提供救济。今天在西方国家,联合劝募组织已经非常普遍,它们负责向社会募集资金,用于对其他有资金困难的非营利组织提供资金援助。作为一种公益性非营利组织,联合劝募组织对于缓解其他非营利组织的资金压力很有帮助。

政府应当为非营利组织开辟新的捐赠渠道,比如手机小额捐赠、地方性专项彩票等。北京红十字会正在探索手机短信捐赠,先由红十字会发布捐赠内容及电话,捐赠人可以向该号码发送短信,每发送一条捐赠 1 元。2013 年,北京还拟开通手机短信、手机支付等多种手机小额捐赠模式。

推行非营利组织的强制性信息公开制度也有利于其更好地吸纳社会捐助。郭美美事件引发的中国红十字会危机可以很好地说明信息非透明化带来的恶

笔记

果。实际上,非营利组织信息公开并不难,在制度规范到位的前提下,这仅仅是个技术上的问题。一旦非营利组织把自身的组织体系、运行机制、活动事项、财务报表、捐赠与支出等全部细目公之于众,公众自然会提高对它的信赖感和捐赠热情。

(三)规范非营利组织的内部治理结构

我国非营利组织发展不成熟的一个重要原因是内部治理结构不合理,政府应当通过规范政策、加强监督等措施完善非营利组织的内部治理结构,严格按照民主程序规范会长与理事的产生方式。所有会员都是平等的参与者,拟进入理事层的会员要以自己的发展战略为竞选资本,完全由全体会员的选票来决定理事的人选,不能以自身的背景或影响力(如龙头企业或与政府关系密切等)为依据产生。必须坚决杜绝政府行政领导兼任或对会长和理事人选做出建议,会长与理事应采取公推直选的方式产生。有必要缩短会长和理事会的任职期限,会长与理事每年重选一次,防止个别大的会员单位长期操纵非营利组织的发展。对于不遵照民主程序产生管理层的非营利组织,经整改无效的,启动取缔程序予以注销。对于缺乏利益驱动的非营利组织,应当允许会长或秘书长获得一定的收入作为回报,如果该非营利组织资金短缺,应当允许提取该组织总体经费的一定比例作为会长或秘书长的报酬。

(四)以竞争求生存,减少政府干预

竞争择优是世界万物的普遍法则,非营利组织也不例外。生存的压力才是非营利组织发展的根本动力。但在现有体制下,一方面很多非营利组织是在政府主导下产生和发展的,即便是自下而上成立的非营利组织也要听从于主管部门的管理,长期以来形成了对政府依赖的惯性思维,独立性不足。另一方面受到"一业一会、一地一会"的制度约束,几十年来各类非营利组织在同一地域范围内都是一家独大,没有竞争的压力,即便苟延残喘也依然能够在主管部门的羽翼保护下姑且存续。于是在没有竞争,同时政府保护其垄断的情况下,非营利组织失去了服务会员、服务社会的动力,自身能力发展非常不足。

政府要逐步减少对非营利组织组织的干预,最大限度地放手非营利组织独立发展。非营利组织不应以能否得到政府的认可为发展动力,而要以能否得到会员和社会的认可作为其生存的必要前提。同时有必要弱化非营利组织的党建问题。在非营利组织中强化党建,其实还是政府"泛政治化"的传统思维在作祟。在非营利组织中推行党建工作的目的是便于监督和管理,防止出现有违社会发展方向的"乱象","维稳"始终是政府首要考虑的问题。但是以党建来要求非营利组织,尽管我们想让它成为"政府—市场—社会"三角结构中的独立主体,但其结果始终是一种"依附式"发展。

此外,政府还应当取消对非营利组织负责人的政治激励。客观地讲,不应当主张非营利组织的负责人有优先成为党代表、人大代表和政协委员的优先权,这些人也可以当选,但要走正常的民主程序。很多非营利组织,特别是行业协会,会长多是大的企业家,他们对政治参与抱有高度的热情,其动力在于希望把行业协会变为一个政治利益平台,为自身企业捞取更多的资源。

笔记

最后,要转变意识,建立非营利组织的自由退出与淘汰机制。很多人担心政府放松管制对于非营利组织微弱的生命力而言是严峻的考验。实际上,这种担心是没有必要的,不管是市场领域还是社会领域,越保护越落后,这已经是我国几十年发展所证明的经验。变成完全独立的社会主体后,肯定会出现全国范围内非营利组织的大洗牌,但从长远计,这种阵痛正是重生的条件。基本可以断定的是,那些经受不住自立考验的非营利组织,要么是不能满足会员的需要,要么是不能满足社会的需要,这种非营利组织我们没有必要去扶持。这里的关键在于健全非营利组织的退出机制,简化退出方式,使能者可上、拙者可下,形成顺畅的新陈代谢。

(五)简化登记管理办法,降低准入门槛

我国相关制度规范对非营利组织登记管理的要求很严格,以致大量非营利组织达不到登记条件,游离于制度之外。根据 2005 年清华大学 NGO 研究中心的调查结果,受登记条件的限制,我国在民政部门之外,还有 10 类非营利组织:工商注册的非营利组织、城市社区基层组织、单位挂靠社团、农村社区发展组织、农村经济合作组织、农村社区的其他公益或互益组织、海外在华资助组织、海外在华项目组织、海外在华商会与协会、宗教社团,"据估计,这些组织的总体规模有200 万~270 万家。"

为推进非营利组织发展,广东省、北京市、浙江省温州市等地已经进行了初步的探索。比如温州市对非营利组织的登记管理已经大大简化,规定"除依据法律法规需前置行政审批及政治类、宗教类、社科类的社会组织外,其他社会团体、民办非企业单位均可直接向登记管理机关申请登记。"此外,还在注册资金上降低了门槛,规定"除法律法规规定的前置行政审批中有开办资金要求的外,社会团体和民办非企业单位申请成立登记时,开办资金可减至 1 万元;公益慈善类、社会福利类、社会服务类和基层社区社会组织申请成立登记的,对开办资金不作要求。"同时开始推行"建立社区社会组织备案管理制度"。广东省和温州市都率先在全国取消了"一地一会、一业一会"的限制,把竞争引入了非营利组织。

第三节 事业单位的内涵和特征

一、事业单位的内涵

事业单位及其概念为中国所特有,西方的词汇里面没有与之对应的名词。如果把事业单位翻译成英文的话,Institutional Organization 较为合适。从职能领域的角度考察就会发现,事业单位中的"事业"并非中国所特有,任何一个国家和政府都有提供公共事业产品的基本职能。区别在于,西方国家主要是通过非营利组织来承担这项职能,而我国主要是通过事业单位来实现。从社会产品分类的角度来看,人们所需要的产品可以分为三类:公共物品、准公共物品和私人物品。公共物品由政府来提供;私人物品由企业、私人组织和个人来提供;而准公共物品由公共事业组织来提供;在我国,公共事业组织主要就是

笔记

指事业单位。这也意味着,事业单位的"事业"是指没有生产性收入、所需经费由财政支出、提供准公共产品的工作,这些准公共物品包括科技、教育、文化、卫生、体育等方面。

(一)事业单位内涵的演变

事业单位这个名词在我国正式文件中出现,最早是在1955年第一届全国人大第二次会议上,《关于1954年国家决算和1955年国家预算的报告》提及"增产节约、反对浪费"的具体步骤时,第4条、第5条和第6条分别指出:"在各机关和各事业单位降低事业费、购置费和办公杂支费的开支标准。""各事业单位编制过大、各企业单位非生产人员过多以及各企业任意招收职工使企业职工超过实际需要等缺点,也应当在实行全面节约的原则下加以克服。""各机关和事业单位的各项费用定额,事业单位的人员定额,都应当根据国务院和中共中央的指示进行修订。"从这些表述可以推断,事业单位的概念在1955年以前就已经存在了,只是没有在正式的文件中出现。实际上,虽然1955年的《报告》提出了事业单位的说法,但并没有对这个概念进行界定。其实事业单位最初的内涵是约定俗成的,意指由政府举办的、履行公共服务供给职能的单位。

此后,国家多次在正式文件里对事业单位的内涵进行调整。1963年颁布的《国务院关于编制管理的暂行办法(草案)》提出,事业单位是"为国家创造或者改善生产条件,促进社会福利,满足人民文化、教育、卫生等需要,其经费由国家事业费开支的单位。"1965年的《国家编制委员会关于划分国家机关、事业、企业编制界限的意见(草案)》认为,"凡是直接从事为工农业生产和人民文化生活等服务活动,产生的价值不能用货币表现,属于全民所有制单位的编制,列为国家事业单位编制"的单位就是事业单位。在随后的"文革"期间,知识分子最为集中的事业单位也受到了最为严重的冲击,运行机制几近瘫痪。十一届三中全会后,最早在1984年,全国编制工作会议《关于国务院各部门直属事业单位编制管理的试行办法(讨论稿)》中对事业单位做了明确的界定:"凡是为国家创造或者改善生产条件,从事为国民经济、人民文化生活、增进社会福利等活动,不是以为国家积累资金为直接目的的单位,可定为事业单位,使用事业编制。"

从上述表述可以看出,我国在正式文件中主要从四个角度对事业单位的内涵进行界定:组织性质、活动领域、资金来源、编制管理。即事业单位在组织性质上是公益性的,在活动领域上集中于文化、教育、卫生、福利等方面,在资金来源上由国家财政开支,在编制上属于国家统一事业编制。

改革开放以后,特别是1992年发展社会主义市场经济以来,多种经济成分并存已经是不争的事实。一些非公有的经济成分开始进入到传统事业单位的活动领域,当时对这些组织的称呼有非国有事业单位、个体所有制事业单位、民办事业单位等。1982年出版的《简明社会科学词典》对事业单位的定义是:"从事教育、卫生等事业,不作为独立经济核算单位的部门或单位。由国家举办的事业单位,所需经费均由国库支出,收入也归国库。如学校、医院等。"这个定义特别指出了"由国家举办的事业单位"的说法,这意味着当时已经出现了各种非公的

笔记

或集体举办的事业单位。当时社会主流的看法是从举办主体和所有制的角度区分不同的事业单位。最终国家于 1996 年正式采纳了"民办事业单位"的提法,但当年中共中央办公厅和国务院办公厅又颁布了《关于加强社会团体和民办非企业单位管理工作的通知》(中办发[1996]22 号),把民办事业单位认定为非营利组织(民间组织)的范畴,并第一次正式使用了"民办非企业单位"的提法,以此取代了"民办事业单位"这一名称。

(二) 我国事业单位内涵的权威界定

尽管我国在不同时期对事业单位的界定不尽一致,民营资本进入传统的事业单位领域也在一定程度上带来了认识上的争论,但 1998 年 10 月 25 日国务院同时颁布了《事业单位登记管理暂行条例》和《民办非企业单位登记管理暂行条例》,明确区分了二者的内涵。学者之间的争论也因这两个文件的出台而基本平息。

根据 1998 年《事业单位登记管理暂行条例》第 1 章第 2 条,事业单位是指:国家为了社会公益事业目的,由国家机关或者其他组织利用国有资产举办的,从事教育、科技、文化、卫生等活动的社会服务组织。

这个定义从三个角度对事业单位的内涵作了界定:

(1)事业单位的公益性规定。事业单位是国家"为了社会公益事业目的"而建立的,其中"非营利"是对事业单位的刚性规定。

(2)事业单位的资金来源是公有资金,这也决定了事业单位的公共属性和社会服务职能。

(3)从业范围的列举,即事业单位"从事教育、科技、文化、卫生等活动"。从业范围的列举明确了我国事业单位的服务领域。

同时颁布的《民办非企业单位登记管理暂行条例》也对民办非企业单位做了界定,该条例第 1 章第 2 条规定,"本条例所称民办非企业单位,是指企业事业单位、社会团体和其他社会力量以及公民个人利用非国有资产举办的,从事非营利性社会服务活动的社会组织。"对比而言,民办非企业单位与事业单位的定义体现了二者的一个共同点和一个本质区别。共同点在于其基本属性都是"非营利性",这一点是刚性要求。一个本质区别是资金来源不同,民办非企业单位资金来自非公有资产,而事业单位的资金来自公有资产。

二、事业单位的特征

(一) 公共性是事业单位的基本属性

1. 事业单位的职能是公共服务 在公共服务方面,事业单位与政府履行着类似的职能。在人类历史的大多数时候,政府是公共服务的单一主体,但政府在公共服务职能方面存在软肋,即"以层级节制、命令服从为特征的机关并不适宜技术性、服务性事务的运作,上述事务从政府机关剥离出来按照专业化原则独立运作,更有助于公共服务的达成。"即政府作为一个宏观管理者,在具体的公共服务项目上并不具有优势。对此,法国行政法学提出"技术分权"的说法,技术分权的优点在于"公务的管理避免一般行政、特别是政治因素的干扰,可以发挥技术人员的优势。"我国政府建立事业单位的重要意义就在于为政府承担技术性、服务性公共服务事物,正是基于这种考虑,事业单位最初出现的时候是与政府紧密联系在一起的,成为政府公共服务职能的延伸。

2. 事业单位是公共组织　　如果按照"政府—市场—社会"三角结构来分析社会治理模式,显然事业单位应当划归于"社会"类别。这里的"社会"主要包括四类主体:社会团体、民办非企业单位、基金会和事业单位。民政部已经明确将前三类命名为"社会组织",具有准公共性。至于事业单位是否也是准公共组织,理论界存在较大的争议。我们倾向于把事业单位归类于公共组织,虽然事业单位提供的产品也是准公共物品,但不能仅以产品的性质来界定组织的性质。政府提供的物品除了国防等属于纯公共物品外,更多的也是准公共物品,但政府依然是公认的公共组织。同样的道理,虽然事业单位提供的物品具有典型的准公共属性,但从其建立的主体、资金的来源、从事的职能领域等方面,都可以认定其公共组织的性质。

3. 事业单位的人员是公职人员　　我国在编制类别的设计中专门列出了"事业编制",多数情况下事业编制参照公务员编制,其资金主要来自于财政开支,享受不同于企业等私人组织员工的社会保障与福利待遇。虽然事业单位人事制度改革已经推行了 30 多年,相关文件也都提出了建设性的改革思路,比如引入聘用制,但中国的事业单位与国家机关之间存在自上而下的延伸关系,这种关系可以延及到事业单位的人事关系中,事业单位主要负责人的任用也要接受政府指导。即便是聘任制下的事业单位员工,依然是以国家财政资金为其收入来源,更何况聘任制不同于劳动合同制。

(二)非营利性

事业单位是公益性组织,以公共服务为宗旨,具有典型的非营利性。我国在计划体制下之所以建立事业单位,就是为了配合国家计划体制对公共服务的需要。可以说,我国的事业单位自建立之日,便确定了其非营利性与公益性。

另外,根据《事业单位登记管理暂行条例》第 3 章第 15 条的规定:"事业单位开展活动,按照国家有关规定取得的合法收入,必须用于符合其宗旨和业务范围的活动。事业单位接受捐赠、资助,必须符合事业单位的宗旨和业务范围,必须根据与捐赠人、资助人约定的期限、方式和合法用途使用。"从这条规定可以看出,事业单位的非营利性同非营利组织的非营利性具有同样的内涵,都不排斥获取合法性收入,只是要求这种收入要用于与组织宗旨相关的公共服务项目中,不能用于分红,更不能将组织的资产转移为个人资产。

(三)从事限定的服务领域

《事业单位登记管理暂行条例》采用了列举的方式来界定事业单位,即指从事"教育、科技、文化、卫生"等领域的公共事业组织。虽然我国的事业单位在实际运行中早已经超出了这四个领域,比如体育和经济发展等方面都有事业单位的存在,但事业单位的主体还是最为集中地体现在"教育、科技、文化、卫生"方

笔记

面。"从计划经济的 20 世纪 60 年代到改革开放之初,再到 20 世纪 90 年代明确
建立社会主义市场经济体制目标之后,无论政策性文件、学术论著、词典等工具
书,还是 1998 年发布的《事业单位登记管理暂行条例》,均把事业单位主要活动
领域定位在科教文卫等领域。"这四个领域是关系到国计民生和人民福祉的公共
服务部门,这也体现了事业单位在国家社会管理体系中的重要地位和作用。正
是这种活动领的稳定性,使事业单位始终能够维持其组织特征的连续性,并由此
产生一个特定的概念:事业。由此,事业单位也随着该领域的发展而不断壮大,
据不完全统计,我国有事业单位 130 万个,其中独立核算事业单位 95.2 万个,纳
入政府事业单位编制的员工近 3000 万,各项事业经费支出占国家财政支出的
30% 以上。由于"教育、科技、文化、卫生"对国家发展和社会进步的重要性,事业
单位的状态极其稳定,是我国各项改革规划中最迟的一块,可以说是计划体制在
当代保存最为完整的一方净土。

第四节　当代中国事业单位改革

一、当代中国事业单位改革的历程

中国事业单位改革是在经济与政治体制改革的大背景下展开的。20 世纪
70 年代末,中国的改革首先在农村经济领域展开,随后扩展到城市经济方面。经
济体制改革引发了政治体制和行政管理体制的变革,由此释放了社会自主发展
的空间,牵引了非营利组织和事业单位改革的进程。总体而言,当代中国事业单
位改革肇始于 1978 年,经历了四个发展阶段,今天已经进入了最为关键的攻
坚期。

(一) 破冰阶段:1978 ~ 1985 年

1978 年,由《人民日报》等八家在京报社联名向财政部提交了一份报告,要
求在报业类事业单位实行"企业化管理",财政部批准了该报告,并提出在《人民
日报》等新闻类事业单位实行"事业性单位、行政性管理、企业性经营",这是我国
事业单位改革破冰的标志性事件。当年,中央电视台引进了一部海外动画片《铁
壁阿童木》,这是一部卡西欧公司免费赠送的动画片,但捆绑播放了卡西欧电子
表广告,这成为新中国电视节目中的第一个广告,体现了事业单位"企业化管理"
的新特色。随后的 1979 年 1 月 4 日,《天津日报》刊登了蓝天牌牙膏广告,成为
中国第一条商业性报纸广告。同年 4 月,财政部颁布的《关于报社试行企业基金
的实施办法》提出报社在财务上实行企业管理办法。至此,新闻出版类的事业单
位改革拉开了序幕。

破冰阶段的事业单位改革一个典型特点就是市场化改革取向。国家采取了
向事业单位放权让利的方式,推动事业单位面向市场提供公共服务;同时,通过
财务上的企业化管理,鼓励事业单位成为自收自支的社会主体。这意味着政府
计划下的事业单位管理体制开始主动的、试探性的松动,其基本方向就是市场
化。正如世界银行的研究所言:"尽管没有明确的战略,而且改革措施的实施也

笔记

往往基于短期考虑,但过去20年的事业单位改革仍然有一个大体可辨的方向。总体上看,改革使得事业单位越来越不像政府机关,越来越像企业,这也就是改革的市场化方向,或者人们常说的'推向市场'。"

（二）系统推进阶段:1985～1993年

1985年开始,国家相继颁发了《中共中央关于科学技术体制改革的决定》(1985年3月)、《关于艺术表演团体的改革的意见》(1985年4月)、《关于卫生工作改革的若干规定的报告》(1985年4月)、《中共中央关于教育体制改革的决定》(1985年5月)、《关于体育体制改革的决定》(1986年4月)等文件,分别对科技、文化、卫生、教育、体育等传统的事业单位进行改革。1987年党的十三大明确了事业单位自主经营、自主管理的原则,提出了人事制度改革的总体构想,开启了事业单位人事制度改革。1992年的中共十四大提出,要按照机关、企事业单位的不同特点,逐步建立人事制度。

系统推进阶段的改革主要内容有:初步理顺了科教文卫体等管理体制,调整了机构设置;调整了事业单位与政府的财政关系;通过《民法通则》(1986年)明确了事业单位的法人地位;强化机构编制管理,制定下发了医疗、药检、档案管理、气象台站等事业单位的机构编制标准;适当下放事业单位的组织人事管理权限;对国家机关所属事业单位进行了清理整顿,实行归口管理;按照邓小平"尊重知识、尊重人才"的思想,为知识分子成长创造条件,恢复了职称评审工作,开始推行专业技术职务聘任制,建立了政府特殊津贴制度,出台了专业技术人员和管理人员辞职辞退暂行规定;人才市场开始出现;事业单位后勤社会化也进行了初步的探索。

（三）全面推进阶段:1993～2007年

1993年,八届全国人大一次会议的《政府工作报告》明确要求"事业单位要按照政事分开和社会化的原则进行改革",这标志着事业单位改革的原则初步确立。同年,党中央发布《关于党政机构改革的方案》和《关于党政机构改革方案的实施意见》,把"政事分开、推进事业单位社会化"作为明确的改革方向,并要求各级党政机关尤其是中央和省级机关减少对事业单位的直接管理,有条件的事业单位要下放。1995年全国事业单位机构和人事制度改革会议在河南郑州举行,"郑州会议"正式开启了全国事业单位人事制度改革的试点工作。1996年中央机构编制委员会与原人事部共同颁布了《关于事业单位机构改革若干问题的意见》,提出按照发展社会主义市场经济的要求对事业单位进行改革,使事业单位改革与市场经济体制改革配套进行。中共中央办公厅、国务院办公厅《关于印发〈中央机构编制委员会关于事业单位机构改革若干问题的意见〉》(中办发[1996]17号)提出,事业单位要"坚持社会化的发展方向","遵循政事分开、推进事业单位社会化的方向"。1998年发布的《事业单位登记管理暂行条例》对事业单位的界定用了"为了社会公益目的"、"社会服务组织"等词语。

可见,在全面推进期除了"市场化"理念外,"社会化"改革取向成为当时事业单位改革的基调。与"社会化"改革相伴随的是事业单位"非营利性"定位的

笔记

确立。对于事业单位的"非营利"属性,不仅理论界达成了共识,国家在科技、卫生领域改革中也引入了"非营利"概念。比如2000年《国务院办公厅转发科技部等部门关于深化科研机构管理体制改革实施意见的通知》(国办发〔2000〕38号)提出将事业单位性质的公益类科研机构"按非营利性机构运行和管理"。同年由原卫生部制定的《关于印发〈关于城镇医疗机构分类管理的实施意见〉的通知》(卫医发〔2000〕233号)将全国的医疗机构分为非营利性与营利性两大类。"现今主张以'非营利机构'作为我国事业单位改革目标模式的意见,已经成为主流观点进入政策规划的领域。"

随着经济发展与社会结构之间张力的拉大,我国已经明显感觉到了事业单位改革的紧迫性。2002年党的十六大报告再次强调"按照政事分开原则,改革事业单位管理体制";十六届三中全会提出"继续推进事业单位改革";十六届四中、五中全会要求"加快推进事业单位分类改革"。

(四) 深入攻坚阶段:2007年后

2007年党的十七大报告肯定了"加快事业单位分类改革"的任务与方向,分类改革正式启动。十七届二中全会通过的《关于深化行政管理体制改革的意见》第一次对分类改革做了明确的阐述,即"按照政事分开、事企分开和管办分离的原则,对现有事业单位分三类进行改革",即"主要承担行政职能的"、"主要从事生产经营活动的"和"主要从事公益服务的"。该意见还要求"推进事业单位养老保险制度和人事制度改革,完善相关财政政策。"2008年国务院决定在浙江省、广东省、山西省、上海市和重庆市进行事业单位改革试点。随后,事业单位的改革首先在文化、卫生领域深入展开。与之相对应,我国出台了《关于文化体制改革中经营性文化事业单位转制为企业和支持文化企业发展两个规定的通知》(2008年10月)、《关于深化医药卫生体制改革的意见》(2009年4月)和《关于印发公立医院改革试点指导意见的通知》(2010年2月)。

知识链接

公立医院改革试点

20多年来,我国的公立医院名为"公立",实则"功利",公立医院"营利"已经是客观的事实。全国各大中型城市,在最漂亮的地标性建筑里总能找到公立医院大楼的身影。

2010年2月23日,原卫生部等五部委联合发布《关于公立医院改革试点的指导意见》,选定16个城市作为公立医院改革试点地区。这16个城市是:东部地区的上海市、深圳市、厦门市、潍坊市、镇江市和鞍山市;中部地区的洛阳市、芜湖市、马鞍山市、七台河市、鄂州市和株洲市;西部地区的南充市、遵义市、昆明市、宝鸡市和西宁市。这次改革的第一条便是"坚持公立医院的公益性质,把维护人民健康权益放在第一位。"

笔记

这次改革首先对饱受诟病的"以药养医"机制"开刀"。《意见》提出,改革以药补医机制,逐步将公立医院补偿由服务收费、药品加成收入和政府补助三个渠道改为服务收费和政府补助两个渠道。对公立医院因取消药品加成而减少的合理收入,采取增设药事服务费、调整部分技术服务收费标准等措施,通过医疗保障基金支付和增加政府投入等途径予以补偿。此外,非公立医院在医保定点、科研立项、职称评定、继续教育等方面,与公立医院享有同等待遇;在服务准入、监督管理等方面一视同仁。鼓励社会力量举办非营利性医院,在区域卫生规划和医疗机构设置规划中,要给非公立医院留出足够空间。同时,建立医患纠纷第三方协调机制,发展医疗意外伤害保险和医疗责任保险等。

改革的主要内容有6点:①强化区域卫生规划。合理确定公立医院功能、数量和规模,优化结构和布局,完善服务体系。②改革公立医院管理体制。探索政事分开、管办分开的有效形式,探索建立医院法人治理结构。③改革公立医院补偿机制。探索实现医药分开的具体途径,逐步取消药品加成政策;落实中医药扶持政策。④改革公立医院运行机制。深化公立医院人事制度和收入分配制度改革,加强公立医院内部管理,落实各项医院管理制度。⑤健全公立医院监管机制。完善公立医院绩效考核制度,加强医疗安全质量和经济运行监管。⑥形成多元化办医格局。鼓励、支持和引导社会资本进入医疗服务领域,为非公立医疗卫生机构经营创造公平竞争的环境。

(资料来源:关于印发公立医院改革试点指导意见的通知,卫医管发[2010]20.2010-2-11)

2011年3月,中共中央、国务院颁布了《关于分类推进事业单位改革的指导意见》(中发[2011]5号),(即俗称的"五号文件")提出"在清理规范基础上,按照社会功能将现有事业单位划分为承担行政职能、从事生产经营活动和从事公益服务三个类别。对承担行政职能的,逐步将其行政职能划归行政机构或转为行政机构;对从事生产经营活动的,逐步将其转为企业;对从事公益服务的,继续将其保留在事业单位序列、强化其公益属性。今后,不再批准设立承担行政职能的事业单位和从事生产经营活动的事业单位。""五号文件"对三类事业单位的改革提出了较为详细的指导性规划,成为推动我国事业单位改革的纲领性文件,也标志着我国改革开放以来继农村改革、国企改革、行政改革之后,第四次体制改革的全面展开,成为"我们党不断完善改革总体布局的又一重大决策。"为贯彻五号文件的精神,国务院办公厅又颁布了以"分类推进事业单位改革的10个配套文件"为核心的37号文件,全面、完整、系统地阐述了事业单位改革的具体意见。分类改革也成为未来中国事业单位改革的基本方向。

2012年11月8日中国共产党第十八次全国代表大会召开,再次把事业单位改革列为重要内容,提出健全事业单位的民主制度、推进事业单位分类改革、深化工资制度改革、建立和完善社会保险制度、推进人事制度改革等要求。未来五

笔记

年,事业单位改革将进入攻坚阶段,涉及分类标准、工资制度、养老制度、人事制度、职称制度等一系列方面,"剥离"、"重塑"的阵痛在所难免。方向是明确的,但路途是艰辛的。

二、中国事业单位改革的方向

(一) 分类改革是总体战略

事业单位是与计划体制绑定在一起的。在国家计划的"总体性社会"里,事业单位的规模迅速膨胀。但自1992年以后,社会主义市场经济逐步建立和完善,计划体制已经失去了赖以存在的经济与社会基础,事业单位的改革开始提上日程。

分类改革的提法早在20世纪90年代中期就进入了政策议程,比如《关于事业单位机构改革若干问题的意见》(1996年7月)提出"根据事业单位的不同情况,分类进行改革。"但分类改革成为事业单位改革的指导原则是在2000年以后才逐步达成共识的。2004年的《政府工作报告》指出,要"积极稳妥地分类推进事业单位改革";2005年的《中共中央关于制定国民经济和社会发展第十一个五年规划的建议》再次提及"分类推进事业单位改革";2006年的《国民经济和社会发展第是一个五年规划纲要》强调"加快推进事业单位分类改革";2008年的《关于深化行政管理体制改革的意见》把事业单位的分类改革具体分为承担行政职能的、从事生产经营的和从事公益服务的三类。这个分类也成为2011年中央"五号文件"的基础。

事业单位的从业范围涉及教育、科技、文化、卫生等诸多领域,显然这些领域各自有其不同的运行规律和特殊要求,统一的事业单位改革难以适应所有职能分工的需要,分类改革不论从理论上还是在实践中都是一个合理的选择。分类改革"能够从事业单位职能、组织、运行方式等的复杂性、多样化出发,将政事分开、社会化原则融入推进战略之中","因而,分类改革自然成为事业单位改革实施层面的战略原则。"

目前理论界的争论不在于是否要分类改革,而在于分类的标准。迄今的争论呈现出四种观点:"二分法"以世界银行为代表,从法律意义上把事业单位分为直属事业单位和独立事业单位两大类;"三分法"以政府机构为代表;"四分法"是部分学者的观点,即以是否使用公共权力和是否属于社会公益性服务为标准,将事业单位划分为行使公共权力的事业法人、既行使公共权力又提供公益性服务的事业法人、直接关系公共利益及具有对社会普遍服务义务的事业法人和一般公益性服务的事业法人。2011年我国官方明确提出分三类推进事业改革,自此分类改革成为未来我国事业单位改革的总体战略。

(二) 理清关系是关键

受传统计划体制下"总体性社会"的影响,我国在与事业单位改革相关的政社关系、政事关系、事企关系、管办关系、事社关系上依然处于"剪不断、理还乱"的境况。各种关系错综复杂,使得事业单位改革备受羁绊。这些复杂的社会关系实际上涉及政府、社会、企业三者之间宏观关系的调整。事业单位是"社会"领域的一个类别,但特殊的发展历程导致事业单位与政府、企业和其他非营利组织存在一定的交叠。这意味着我国事业单位的改革必须以社会管理体制改革为背景,理清各种关系是改革成败的关键。在诸多关系中,政事关系问题尤为突出。有国外学者把中国的事业单位"描述为类似经合组织国家中的'政府机构'"。甚至国内也有学者认为事业单位从本质上来说就是政府部门,"从性质上分,政府可以分为行政单位和事业单位。"学者赵立波做了一个有趣的问卷调查,其中问及您认为"事业单位最像什么机构"时,首选认为"像政府机构"的占到了59.3%,这体现了中国民众对事业单位的基本看法。其调查结果详见表7-4。

表7-4　事业单位最像什么调查表

选项	第一选择	第二选择	第三选择	加权分
政府机构	651	58	37	2105
非营利组织	141	205	109	942
企业	98	153	67	667
谁也不像	132	77	96	646
其他	35	9	8	131
缺省	40	595	780	

（资料来源:赵立波.事业单位社会化与民间组织发展研究.济南:山东人民出版社,2010）

政事不分主要表现在三个方面:

(1)职能不分:我国的事业单位由政府建立,政府出资,政府任命主要领导。政府是事业单位的"所有者";事业单位成为政府机构的延伸。很多事业单位承担了政府执法、监管、审批等职能。

(2)机制不分:虽然事业单位是明确的事业单位编制,但事业单位的领导很多是国家公务员编制,而且可以与公务员平行调任。此外,部分事业单位的内部治理依然套用行政系统的级别分类,不仅待遇"参公",而且运行机制也"参公"。在与行政机关的关系上,比较依附于归口的政府部门,比如学校对教育部门的依附、医院对原卫生部的依附等。

(3)人员不分:我国在事业单位的人事制度方面,最初实行的是机关事业单位人事制度。1993年《国家公务员暂行条例》出台后,公务员行政编制与事业单位编制明确分开,但行政事业一体化的问题并没有解决,人事关系上的行政干预依然存在。

除了最根本的政事关系外,政社关系、事企关系、管办关系、事社关系等也都事关事业单位改革的成败。在一定程度上可以说,事业单位改革就是理顺各种关系的改革,理顺了各种关系也就宣告了事业单位改革的成功。

(三)建立科学的法人治理结构

从事业单位改革系统推进的进程来看,一旦分类改革和理顺关系达成阶段

笔记

性目标,事业单位就失去了对政府的依赖,其内部治理问题将成为最紧迫、最严峻的问题。为防止出现治理真空,政府应当在分类推进事业单位改革的进程中循序渐进地引入法人治理结构。

我国《事业单位登记管理暂行条例》(1998 年)确立了事业单位的法人地位,《民法通则》(1986 年和 2009 年)第 3 章第 2 节和第 3 节把法人分为企业法人、机关法人、事业单位法人和社会团体法人四个类别,这个规定使事业单位作为独立性的法人实体具有了法律上的依据。但《民法通则》的法条表述过于简单,只有一句话,即"具备法人条件的事业单位、社会团体,依法不需要办理法人登记的,从成立之日起,具有法人资格;依法需要办理法人登记的,经核准登记,取得法人资格。"这个表述只是一种法人资格的认定,并不涉及法人的日常治理问题。由于缺乏法律上的具体规定,事业单位法人在实际运行中往往依附于政府机关法人,缺乏自主发展的独立性。中国社会自主力量的兴起不断推动着事业单位向一支相对独立的社会力量发展,因此有必要对事业单位的出资、决策、管理、监督四个角色进行界定,形成权力机构、决策机构、执行机构和监督机构分工协作的法人治理结构。

法人治理源于现代企业制度。虽然事业单位与企业的性质不同,但在独立自主的发展要求上是一致的。实际上,我国在社会团体的治理中早已引入法人治理结构,运行效果良好,这表明在准公共部门采取法人治理结构是可行的。2007 年深圳市推出的事业单位改革方案,就尝试了建立事业单位法人治理结构的做法,实践证明是有效的。法人治理结构可资借鉴的有理事会、董事会、管委会等多种模式。根据中国非营利组织发展实践的经验,理事会模式比较符合中国的国情,应当成为重点培育的法人治理结构。但随着改革的深入和市场化、社会化取向的发展,也应当积极探索董事会模式和管委会模式的运行机制。另外,由于事业单位从事行业的特殊性,政府的指导不可或缺,所以在改革中应当注意法人治理结构与党管干部原则的衔接,在独立自主与行政指导之间形成合理的接洽点。此外,在法人治理结构的基础上,还要进一步探索高效协调的治理机制,重点研究选人用人机制、分配激励机制、管理运营机制和监督机制,使独立的法人治理结构和高效协调的运行机制相得益彰。

知识拓展

理事会治理模式

1998 年以后,我国在社会团体中采用了理事会治理模式。该模式下的组织治理主要由三部分主体构成:理事会(长)、执行层(长)、监事会。

理事会类似公司中的董事会,是组织的决策机构,由多名理事组成。理事会的成员包括政府登记(或主管)部门代表、出资人代表、服务对象代表、专家学者代表等。理事会与执行层权力分立,实行理事会领导下的执行长负责制,即理事会处于权力的核心地位,对执行层(长)起支配作用。理事长由理事选举产生。理事会会议实行一人一票的投票决策制,须有一定比例的理事出席方能参加。理事会决议须经出席理事半数以上通过才能有效。如果理事会讨论的问题与其理事有利益关系,相关理事应当回避。

执行层(长)由理事会聘任、评估和解聘。执行长在理事长的领导下,负责组织的日常运营,对理事会负责,具体执行理事会的决策。执行长不再由政府主管部门任命,没有行政级别,其去留取决于理事会和全体员工的选票,这迫使执行长以组织利益为核心考虑问题,而非仅仅迎合政府行政首长的意愿。

为了对理事会、理事长和执行长的权力形成有效制约,理事会治理模式下一般设有监事会。监事会与理事会任期相同,是内部监察组织。监事在举办者、出资者和单位雇员中产生,或由捐赠人、登记(或业务)主管单位选派。相关制度应当赋予监事会相应的监督权,例如监事会可以检查组织的财务和会计资料,可以列席理事会会议,并有权向理事会和执行长提出质询和建议等。

显然,事业单位在理事会模式下成为一个自治组织,政府对事业单位的影响只有两条渠道:其一,政策上的引导;其二,参与理事会。这两种方式都不是对事业单位的直接干预。目前在事业单位中推行理事会制度尚待解决的一个问题是理事会与党组织的关系问题。

(资料来源:田凯.中国非营利组织理事会制度的发展与运作.经济社会体制比较,2009(2):139-143.有改编)

(四)完善事业单位的法律规范

事业单位改革需要在完备的法律框架内有序推进。遗憾的是,我国目前还没有规范事业单位发展的法律,只有一部《事业单位登记管理暂行条例》。在现有的法律中,具体条文涉及事业单位的有《民法通则》、《劳动合同法》和各类《税法》等,但这些法律条文的针对性并不强,多数只是对事业单位有所提及,没有详细的阐述。

实际上,在任何改革与立法的进程中都存在一个悖论,即一方面改革需要法律环境的支持,如果没有完备的法律规范,改革将无序可依、乱象丛生;另一方面,改革本身就意味着打破既有的规范,重塑运行机制,这又决定了完备的法律环境几乎不可能建立。立法的严肃性与改革的不确定性是难以兼容的。我国目前事业单位改革的做法是,暂时不在法律层面做权威性规范,毕竟改革正处于"摸着石头过河"的阶段,很多关键要素尚不明确。在没有权威的立法规范的情况下,为了有序推进事业单位改革,国务院从全局高度出台了一系列指导意见,在改革期间兼具指导性与约束性的作用。同时,国家也允许地方在可控制的范围内进行大胆的尝试。

在分类改革、理顺关系和科学的法人治理结构取得标志性成果之后,应当立即把立法工作提上日程。未来的立法可以从两个方面加以考虑:①社会管理体制层面的立法,即宏观层面的立法。我国目前在政府和市场之外的社会主体有

笔记

四类：事业单位、民办非企业单位、社会团体和基金会；可以按照四类主体的不同特点分别立法。比如在事业单位管理方面，把《事业单位登记管理暂行条例》完善、提升为《事业单位法》。随着事业单位市场化和社会化改革的深入展开，也可以考虑把事业单位、民办非企业单位和社会团体联合立法，形成一部《社会组织法》。②从具体的职能领域角度立法。由于事业单位主要活跃在科技、教育、文化、卫生等领域，四个领域的界限非常明确，所以可以针对这四个领域分别立法。究竟采取哪一种方式，或者是综合采取两种方式，这完全取决于未来几年事业单位改革的具体需要。

2011 年，中央"顶层设计"已经确定了我国事业单位改革的时间表：2011 年至 2015 年，主要完成分类，部分事业单位转为企业或划归政府行政机构；2016 至 2020 年，建立和完善事业单位的管理体制和运行机制，形成中国特色的公益服务体系。改革与利益的调整是孪生的，困难与阻力在所难免，很多理论难题的破解需要学术界、政界与事业单位的共同努力。

案例7-2

"成"、"败"博士点

三所大学，两个博士授权资格，一个倒霉蛋出局：10 年了，徐州师范大学第三次申请博士点资格，仍然以失败告终。

2009 年 2 月 25 日中午，原本志在必得的徐州师范大学"申博团"得知，在第二轮投票前 20 分钟，37 名江苏省学位委员会评委中的 26 名更改了投票意愿，首轮投票排名第二的徐州师大被排名第三的徐州医学院取代。而博士点资格只有两个，徐州师大出局，"申博团"成员掩面而泣。

3 月 3 日，徐州师大教授委员会 47 名教授联名呼吁全体教授停课示威，抗议评审结果不公。很快，抗议标语挂满学校。校方高层希望能平息事端，但显然愤怒压过了一切。江苏省政府高度重视此事，教育厅正副厅长 6 日到徐州师大指导工作。

"整个教育体系已经是这个样子，各种不同档次的学校有各个不同的待遇，都按计划挂钩指标。在整个计划、挂钩之风盛行的当下，失去博士授权资格，意味着连带失去所有的机会，甚至是失去那些学科人才。没有博士点，什么都没有你的，评奖、报项目、划拨资金等等，有博士点和没有博士点完全不一样。我们现在整个院系一年只有几十万元的研究经费，申博成功，那就是上千万元的投资。"徐州师范大学数学系一位教授坦承。

教授们并不讳言学校为申博砸下的人力物力。10 年来，为了冲博一事，徐州师大招兵买马，对于这所并不闻名于全国的省属高校来讲，所做之事不可谓不多。为了吸引旗帜性的学科人才，该校甚至在徐州郊区兴建了一片别墅群，作为物质条件授予愿意前来的知名学者。该校引进的 7 名旗帜性学科带头人此次全部名列申博学科以及支撑学科之中，正可谓志在必得。

笔记

申博失败后,主要院系领导已经感觉大势将去,教科院院长自称没法去和教授们谈,"怎么谈呢? 他们都是功成名就的人物,可能说走就走,等到和我谈时那就是要我签字同意的时候了。"教科院院长段作章说,"一切都结束了。"25 日,段作章收到一条短信:我们在最不会输、最不能输、最不该输的情况下莫名其妙地输掉了,很冤……很悲痛,大家都为申博努力多年,结果却是一场空,游戏终于结束了。

(资料来源:南方周末,2009-3-26,新闻版.有改编)

案例讨论题

结合材料及本章内容,谈谈你对徐州师范大学"申博"失败的原因分析。

本章小结

非营利组织在我国的传统名称叫民间组织,现在的正式名称为"社会组织"。由于传统文化与语言习惯的不同,非营利组织在西方国家有不同的称谓,如非政府组织、第三部门、公民社会、志愿组织等,这些名词的内涵各有侧重。

非营利组织的概念有广义和狭义之分。广义的非营利组织泛指政府组织和私人组织之外的所有社会组织。狭义的非营利组织是指按照现有的法律制度的规定,在各级政府民政部门登记注册的社会团体、民办非企业单位和基金会。我们认同狭义非营利组织的概念,将非营利组织定义为:以公共服务为使命,不以营利为目的并具有民间独立性的组织。

非营利组织具有非营利性、利他性和民间独立性三个典型特点。非营利组织有不同的类型,我国将非营利组织划分为科技与研究、生态环境、教育、卫生、社会服务、文化、体育、法律、工商业服务、宗教、农业及农村发展、职业及从业人员、国际及涉外组织、其他,共 14 个类别,它们主要在公益慈善、环境保护、扶贫发展、社区发展和同业发展五个领域活动。

非营利组织自古有之。中国古代的非营利组织主要表现为政治性结社、学术性结社、经济互助性结社、慈善团体、秘密结社等几种类型。经过新中国成立以后 60 余年的发展,我国的非营利组织在规模和活动领域方面都有大幅度拓展,但依然表现出先天不足、后天畸形,发展空间狭窄、制度环境不健全、自身能力有限、内部治理机制不健全,自上而下对非营利组织认识不足等诸多问题。为此,需要从政府财政支持、自身盈利能力、内部治理结构、引入竞争机制、简化登记管理办法等方面支持和培育非营利组织。

事业单位是中国特有的概念,它是指国家为了社会公益事业目的,由国家机关或者其他组织利用国有资产举办的,从事教育、科技、文化、卫生等活动的社会服务组织。

笔记

公共性是事业单位的基本属性,此外事业单位的典型特征还表现为非营利性以及从业领域的限定性。改革开放以来,我国的事业单位改革经历了四个发展阶段,现在已经进入了深入的攻坚期。

我国的事业单位改革已经确定了分类改革的总体战略,理顺关系是改革成功与否的关键。此外,要建立科学的法人治理结构和完善事业单位的法律规范,从内外结合的角度保障改革的顺利进行。

关键术语

非营利组织　non-profit organization,NPO　事业单位　institutional organization

思考题

1. 如何理解非营利组织的概念和基本特征?
2. 我国非营利组织发展中存在哪些问题?
3. 如何完善事业单位的内部治理结构?
4. 应当从哪些角度着手,推进我国非营利组织的发展?
5. 我国事业单位改革的未来方向是什么?

(薛　泉)

笔记

第八章

公共事业中的公共物品管理

学习目标

通过本章的学习,你应该能够了解和掌握:
1. 公共物品的基本概念和类型划分。
2. 公共物品的生产与提供的形式及途径。
3. 公共事业管理中公共物品的供给主体与形式。

章前案例

　　公厕是相对于家庭私人厕所,供社会公众在社会环境中共同使用的方便场所,是私人厕所作用在社会环境中的延伸。

　　当个人在离开家庭,产生方便需求时,人们不愿意也不可能将私人厕具随身携带;不愿意也不可能为了自己外出需要方便,而在某些地点建设一批公厕,因为一是个人不能保证自己的社会活动范围,二是个人也没有能力为了自己的需要,在城市范围内投资建设一批厕所。因此,个人在外实现方便需求的这种愿望,只能由某一个能代表众多人的这种共同愿望的组织来实现,而这个组织通常意义上就是政府。当政府为了实现公众这个共同的愿望,在城市合理地规划和建设了一批厕所时,这批厕所就成为能为广大公众共同服务的公共厕所,公厕也就成为了一种公共物品。

第一节　公共物品的含义与类型

　　物品这一基本要素,是人类社会赖以存在与发展的物资资料的基本表现形式。马克思将商品作为其经济学的研究起点,其他经济学理论也把财富的基本表现形式——物品作为研究的基本对象或前提。同样,公共物品和准公共物品是公共事业管理的基本对象和重要内容,不同公共事业部门对不同类型的公共物品进行管理。

一、公共物品的概念及特征

(一) 公共物品的概念

　　经济学理论将物品分为两大类别,即公共物品(public goods)和私人物品(private goods)。公共物品和私人物品是两个相对的概念,其中公共物品是指由

笔记

公共部门提供的、用于满足社会公共需要的物品或服务;私人物品则是指由私人部门提供的,通过市场机制充分发挥作用,满足一部分人或少数人甚至个别人需要的物品。

美国经济学家保罗·萨缪尔森将公共物品定义为:"公共物品是那种不论个人是否愿意购买,都能使整个社会中每一个成员都能获益的物品。私人物品恰恰相反,是那些可以分割、可以供不同人消费,并且对他人没有外部收益或成本的物品。高效的公共物品通常需要政府提供,而私人物品则可由市场进行有效的分配。"

(二)公共物品的特征

公共物品具有两个基本特征:

1. 受益的非排他性(non- excludability) 公共物品的非排他性表现为一部分人享用公共物品带来的效用时不能排除其他人同时从该公共物品中获得效用。例如每个公民都可以无差别地受益于国防所提供的安全保障,都可以免费从天气预报中获得气象信息等。

2. 消费的非竞争性(non- rivalness) 公共物品的非竞争性是指同一单位的公共物品可以被许多人消费,它对某一人的供给并不会减少对其他人的供给;某一个人分享公共物品利益并不影响其他人分享利益,即每增加一个单位的消费量其边际成本为零。例如国防、治安、政府的法规、法令等,一经政府提供出来,消费者就只能接受,没有选择的余地。

(三)对公共物品的进一步理解

"公共物品"这一概念是经济学理论中的基础性概念,但现有文献对这一概念的理解却存在着很大的分歧,萨缪尔森(Paul A. Samuelson)、马斯格雷夫(Richard A. Musgrave)、布坎南(James M. Buchanan)、马莫洛(Elisabetta Marmolo)等人在这一概念上均发表了各自的观点。总的来说,对公共物品的众多理解大致可分为两类,即分别从物品本身的客观技术特性和供给方式这两个方面来对公共物品问题进行研究,对公共物品的这两种理解也构成了公共物品理论研究中的两个平行发展的方向。

1954 年,萨缪尔森发表了经典性的《公共支出的纯理论》一文,对公共物品的性质及其有效供给问题进行了详细的理论探讨。萨缪尔森首先将物品分为"私人消费品"(private consumption goods)和"集体消费品"(collective consumption goods)两类,"私人消费品"指的是"该物品的消费总量等于所有消费者的消费之和",与此相对应,"集体消费品"则指的是"每个人对此类物品的消费不会减少任何其他消费者的消费",也就是说,任何一个消费者所可能消费的数量都与该物品的消费总量相等。后来萨缪尔森又发表了《公共支出理论的图解》,对其理论用图形的形式进行进一步的阐述。这次萨缪尔森使用了"公共消费品"(public consumption goods)来代替在前一篇文章中所使用的"集体消费品"一词,在这篇文章中,"私人消费品"被定义为"像面包那样,其总量可以在两个以上的人之间进行分配的物品,如果一个人多吃一片就会有其他人少吃一片。""公共消费品"指的是"露天马戏表演和国防之类的,可以提供给每个人,而由个人根据自

笔记

己的偏好来选择是否消费的物品"。公共消费品与私人消费品的区别在于其总量和个人消费量之间是相等而不是相加关系。与1954年的文章相比,萨缪尔森在这篇文章中对私人消费品的定义明显指的是被后来的经济学家称之为"消费的竞争性"的概念,而在1954年的文章中"集体消费品"的定义指的又是"消费的非竞争性",所以萨缪尔森所给出的关于公共物品的明确定义就是指具有消费的非竞争性的物品,这是物品本身所具有的一种技术特性。但是在后来关于公共物品有效供给的探讨中,萨缪尔森认为分散的价格机制无法使公共物品的配置达到最优,原因在于理性的个体有动机隐瞒自己对公共物品的真实偏好,以达到"搭便车"的个人效用最大化目的。然而,"搭便车"的可能性直接源自于物品消费的非排他性,物品消费的非竞争性只是"搭便车"的一个必要条件。也就是说,存在"搭便车"的可能性必须是那些既具有消费的非竞争性,又具有消费的非排他性的物品。因此,尽管萨缪尔森明确给出的公共物品的定义是具有消费的非竞争性的物品,但在后面的讨论中所指的实际上是同时具有消费的非竞争性和非排他性的物品。

马斯格雷夫在萨缪尔森的基础上对公共物品问题作了进一步研究,提出了"有益物品"(merit goods)这一概念,将物品分为公共物品、私人物品和有益物品三类。马斯格雷夫将"有益物品"定义为"一种极其重要的物品,当权威机构对该物品在市场机制下的消费水平不满意时,他甚至可以在违背消费者个人意愿的情况下对该物品的消费进行干预"。私人物品是指那些通过自由竞争的市场机制可以达到最优配置状态的物品,这类物品是传统经济学理论讨论的重点,而公共物品和有益物品则属于例外的"非私人物品"(non-private goods),这一类物品无法由市场机制来实现最优配置,通常情况下是通过政治体系来提供的,在这个意义上,"非私人物品"也可以被称为"政治经济物品"(political economic goods)。马斯格雷夫的贡献在于,在非私人物品中作了"公共物品"(public goods)和"有益物品"的区分。两者的区别在于供给者是否尊重消费者的个人意愿和消费偏好,前者是政府在尊重个人偏好的前提下提供的,而之所以需要由政府来提供则是由于公共物品本身技术上的特性使得市场无法提供最优数量;但有益物品指的则是政府根本不考虑,甚至违背消费者的个人偏好而强制个人消费的政治经济物品。公共物品存在的根源在于该类物品客观上的技术特性,即物品本身所具有的消费的非竞争性和非排他性。而有益物品存在的原因则完全是由于主观上的价值判断,认为市场机制无法提供符合这种判断标准的物品数量。也就是说,对于有益物品而言,市场机制即使是有效率的,也会是"不满意的"。消费者对于公共物品有自主选择消费或不消费的权利,但是对于有益物品消费者却没有这样的选择权,有益物品带有消费的强制性。

布坎南认为萨缪尔森对物品的"两分法"过于简单,对于纯公共物品和纯私人物品之间的"混合物品"的研究不应该被忽略,因此提出了"俱乐部理论"。新古典经济学是以产权私有(个体所有)为基础的,所有物品和服务的消费都被认为是完全个人的行为,而对于共有产权的情况几乎没有什么深入的研究。他的"俱乐部理论"正是从物品的"共同拥有"这一角度对物品的集体供给方式进行

笔记

研究,布坎南认为"俱乐部物品"能够涵盖从萨缪尔森的纯私人物品到纯公共物品的所有情况,弥补萨缪尔森"两分法"的不足。

布坎南将"俱乐部"(club)定义为"一种消费、所有权——会员之间的制度安排"(consumption ownership-membership arrangements)。俱乐部可以适用于从纯私人物品到纯公共物品的所有情况,纯私人物品就是最优会员数量为1的物品,而纯公共物品则是最优会员数量为无穷大的物品,因此萨缪尔森所讨论的私人消费品和公共消费品只是俱乐部物品的两个极端情况。严格意义上的纯私人物品和纯公共物品都十分少见,绝大多数物品都介于这两者之间,即具有某种程度上的"公共性",其最优的消费集体成员数量大于1而小于无穷大。俱乐部理论的核心问题是决定俱乐部的最优规模(成员数量)和成员对俱乐部物品的最优消费之间的相关关系(arrangement)。

布坎南的俱乐部理论中隐含的一个限定条件为,俱乐部物品对于俱乐部以外的消费者是可以有效排他的,因而俱乐部物品都是具有排他性的物品。布坎南承认这一理论无法应用于具有非排他性的物品,但他同时又认为,物品的非排他性与产权制度的缺失有很大关系,在适当的产权制度下,几乎所有的物品都可以实现有效的排他,单纯由于本身的技术特性而无法实现排他的物品在现实中少之又少。

俱乐部理论中隐含的另外一个限定前提条件为,所有成员对俱乐部物品的偏好是相同的,从该物品中获得的效用相等,因而对俱乐部物品供给成本的分担方式也是均等的。如果放宽这一限定条件,只假设俱乐部物品对成员的效用大于零,则成员间对俱乐部物品供给成本的分担方式就不会再是均等的了。此时俱乐部成员必须进行集体决策以决定他们对俱乐部物品供给成本的分担方式,这样就不可避免地要产生成员间达到一致所需的"谈判成本",这种成本会随着俱乐部成员数量的增加而急剧增大,当"谈判成本"超过了成员从俱乐部物品中获得的收益时,俱乐部也就无法继续存在了。

因此,布坎南的"俱乐部物品"是对这之前公共物品理论的一种简化,首先以排他性的前提简化掉了公共物品供给中的"搭便车"问题,其次又以个人偏好相同的假设简化了公共物品的成本分担问题,而这两个问题正是公共物品有效供给中的关键所在。在布坎南的俱乐部理论中,物品本身没有"私人"和"公共"之分,只有一种"俱乐部物品",物品的"公共性",也就是提供这一物品的俱乐部的规模,是俱乐部成员在自身效用最大化的过程中均衡的结果。物品的"公共性"是在供给过程中决定的,与物品本身的技术特性完全无关。这种与萨缪尔森截然不同的分析方法对以后公共物品的理论研究产生了重要影响。

马莫洛采用宪政经济学(constitutional economics)的分析方法,提出了一个宪政意义上的公共物品理论。马莫洛认为,物品的供给决策有两个层次,首先是全体消费者在宪政层次上对物品的供给方式进行的决策。公共物品对应于政府供给,私人物品则对应于市场供给。因此物品供给方式的决策也就同时决定了物品的"公共性"。换言之,所谓"公共"和"私人"只是指不同的供给方式,而与物品本身无关。只有物品的"公共供给"和"私人供给",而无所谓"公共物品"和"私人物品"的区分。例如个人从市场上购买的牛奶无疑是一种典型的私人物

笔记

品,但如果政府免费向贫困家庭的儿童提供牛奶,则此时的牛奶就完全是一种公共物品。物品供给的第二个决策层次是"后宪政层次"(post-constitutional level),传统经济学所论述的效率问题正是对应于这一层次,消费者效用的最大化和生产者利润的最大化是这一层次上的核心问题。从马莫洛的这一理论中得到的一个重要推论,或者说这一理论的一个前提条件为:消费者用以进行集体决策的宪政制度必须是完善的,能够真实完整地表达个体消费者对物品的偏好,并且能够在"全体同意"的原则下作出决策。也正因为如此,马莫洛强调在宪政经济学中公共物品供给的关键问题不再是效率,而是制度设计,没有有效的集体决策制度,公共物品是无法有效供给的。

很少有一个概念像"公共物品"这样在经济学文献中有如此多的解释,这种状况一方面说明"公共物品"这一概念的重要性正吸引着经济学家们越来越多的注意力,另一方面也说明目前对这一概念的理解仍然存在着很大的分歧。对"公共物品"的理解应把握以下几点:

1. 公共物品这一概念是和特定的集体(集团)联系在一起的,只有在明确的集体中考察公共物品才有意义。例如国防一般被认为是典型的公共物品,但这种公共物品只对本国的居民有效用,而对其他国家的居民则没有什么效用,在战争时甚至可能是一种极其有害的物品。布坎南的"俱乐部物品"也说明了这一点,公共物品必然是某一集团的公共物品,是有一定的范围的。

2. 公共物品与政府这两者之间并不存在必然联系。公共物品理论试图解决的是如何以集体(多人)的方式共同供给物品,集体供给并不等同于政府供给,尽管政府是现实中公共物品的一个重要供给者。经济活动中存在着多种形式的集体,政府只是其中的一种。

3. 现有文献中对公共物品的理解大致可分为两类,第一观点是从物品本身的属性,即消费的非竞争性和非排他性入手来研究公共物品,着重于公共物品供给的效率;第二种观点认为所谓"公共"和"私人"只是指物品的供给方式,与具体物品本身无关,这种观点侧重于公共物品在社会公平、收入分配等规范性方面的意义。这两种观点构成了公共物品理论研究中的两个方向,并且仍然在各自平行地发展之中。

案例8-1

关于阜阳奶粉的评论

2004年,发生了举世震惊的安徽阜阳劣质奶粉事件。由于安徽某农民的举报,市场销售和贩卖劣质婴儿奶粉的行为得到暴露,在新闻媒体和国务院调查组的多次深入调查和密切关注下,不法商贩和相关责任人受到了法律的制裁。仅在阜阳地区,受劣质奶粉危害而住院的婴儿就达189名。而且这些劣质奶粉还流入了其他省份,造成了广泛而恶劣的后果,引发了全国范围内对于奶粉质量的大检查。

笔记

对于这次事件,某著名学者在一份影响甚大的刊物上有详尽的评论。他认为:"在消费意义上,奶粉是一种私人物品,但在市场意义上,它也是公共物品。任何公共物品,都可能导致公共问题。要解决公共问题,就需要有一个良好的公共空间,让各个方面来表达各自的意见和利益,在自由、开放、公平的公共空间里,消费者、生产厂商和政府官员,都能够多方面了解有关奶粉的信息,更好地理解奶粉的问题,并采取相应的有利于自身利益也有利于公共利益的对策。高质量的公共空间,可以说是高质量的奶粉市场的公共智慧基础。"

(资料来源:毛寿龙.劣质产品的终结之道何在.南方周末,2004-5-13(1))

根据公共物品的定义和特征,我们可以较容易地判断公共物品范畴。以上案例中某学者提出"在消费意义上,奶粉是一种私人物品,但在市场意义上,它也是公共物品。"这一观点值得商榷。从奶粉的商品属性看,它具有严格的消费排他性和明显的生产竞争性,属于私人产品。对消费者而言,消费奶粉必须要付费,并且独自享受和承担消费后果。劣质奶粉所引发的后果(如造成"大头婴儿"和其他婴儿身体健康的损害)也只能被这些奶粉的消费者所承担,其他社会大众没有受到伤害。因此,把握公共物品的含义应从该物品是否具有非排他性和非竞争性入手,而不应仅仅看该物品是否受到公众的广泛关注。

案例8-2

公用物品和公共物品

某新闻媒体在对网吧、超市、饭店等公共场所的卫生状态进行采访后,在一则新闻中写道,"公共马桶蹲着用,这是因为人们担心卫生安全。但是,每天与人进行'亲密接触'的公共物品还有很多:网吧里的电脑键盘、小饭店的菜单、大卖场里的手推车和购物篮、公交车上的抓手,等等。"

(资料来源:公共物品卫生状况令人担忧——民众健康安全尤为重要.http://www.xawb.com/news/2004-4-11.html)

以此可以看出新闻记者显然混淆了日常公用物品和公共物品的含义。在日常生活中,大家都要用到或者接触到的一些"公用物品",如文章中提到的"网吧里的电脑键盘、小饭馆的菜单、大卖场里的手推车和购物篮、公交车的抓手"等,它们虽然要被许多人使用,但应该注意的是,在每个消费者使用这些产品或享用这些服务时,它们是具有严格排他性和竞争性的,因此这些物品是典型的私人物品。新闻记者的错误之处在于将经常被多人使用的公用物品看作是公共物品,这是对公共物品含义的曲解。不过值得注意的是,公用物品和公共物品的外延中往往会有相互重叠的地方。因为公用物品与公共物品一样经常被人们使用,

笔记

这在一定程度上混淆了公共物品和公用物品的界限。但是如果严格按照公共物品的标准去划分某个物品，那么就可以将公共物品和公用物品正确区分开来了。

姗姗到来的《民办教育促进法》

2002年12月28日,《民办教育促进法》经九届全国人大常委会审议通过,该法明确规定:民办学校在扣除办学成本、预留发展基金以及按照国家有关规定提取其他的必需费用后,出资人可以从办学结余中取得合理回报,取得合理回报的具体办法由国务院规定;民办学校学生享有与公办学校学生同等的社会权利。

此前,该法草案曾经全国人大常委会三次审议讨论,都因"在几个重要问题上意见分歧",而未能通过。

在民办教育20多年的发展中,能否取得"合理回报"一直是投资者、办学者关注的热点,也可以说是一部分投资民办教育事业者的一块"心病"。在过去,我国管理民办教育的法律依据只有《社会力量办学条例》。该条例第6条规定:社会力量举办教育的机构,不得以营利为目的。第37条规定,教育机构的积累,只能用于增加教育投入和改善办学条件,不得用于分配,不得用于校外投资。显然,这样的规定难以调动社会资金向教育投放的积极性。

从1980年代起,我国的民办教育日渐兴旺。统计数字表明,截至2000年,我国民办教育机构有6万多所,在校学生1000多万人。

（资料来源：贾维茵. 姗姗到来的"民办教育促进法". 南方周末, 2003-1-1）

最近几年,关于教育领域的话题相当热门,社会各方的意见冲突也很强烈。归结起来,主要有这样几方面的问题:是否应当发展民办教育? 民办教育对公立教育的冲击和民办教育发展的边界在哪里? 高等教育是否应该提高收费? 怎样的教育价格才是合理的? 教育产业化是否是教育发展的一个方向? 等等。这些争论最后都涉及同一个问题,即教育是否是公共物品或准公共物品;作为公共物品或准公共物品的教育,其提供方式和价格应该怎样选择。这是面对教育中存在的诸多问题所必须要回答的问题。在国外,关于教育性质的争论也一直在进行,战后西方教育领域的改革围绕着教育尤其是基础教育的提供方式等问题展开。

在国内,大多数学者倾向于将义务教育定义为公共物品,而将义务教育阶段以外的教育,包括高中和大学教育定义为准公共物品。这些学者的理由是,教育是一项有着明显外部性的事业,教育的意义不仅仅在于提高个别公民的文化素质和生活劳动技能,而且关系到一个国家整体的文化素质和科技实力,进而影响到该国经济是否能够持久保持竞争力。同时,教育公平是最基础的公平,即起点公平,没有教育公平,许多处于社会底层的人就将失去向上流动的机会,因此也

笔记

将引发社会不稳定。

多数学者认为,相对于高等教育,基础教育的公平效应和对提高国民素质的作用更为显著,因此基础教育应当被称为纯公共产品,而高中以上的教育可以称为准公共产品。但是,应当注意的事,在一些发达国家(尤其是北欧国家)以及一些强调社会公平的国家,如朝鲜、古巴,则显然将包括大学在内的教育这种公共物品的地位提得更高,而一些不发达国家和自由主义流行的国家,甚至不重视初等教育的公共物品性质。我国历史上也有对教育经费全部或主要由政府提供的时代。这些实践证明,包括教育在内的多种社会产品,是否属于公共物品、准公共物品或者私人物品,并不是绝对的,它们的界定会受到一个国家社会制度、经济发展水平、政府政策导向和文化传统、社会舆论等多方面因素的影响。

在社会现实生活中,究竟什么物品可以算作公共物品往往存在广泛争议。上述案例中提到了著名学者、新闻媒体和政府官员所表述的各自关于公共物品的一些看法,在他们眼中,奶粉、公共场所的物品、教育等物品都或多或少具有公共物品的属性。但是他们的看法是否正确,换句话说,案例所涉及的几种物品,到底哪些属于公共物品范畴,在现实生活中如何界定公共物品,都需要我们进一步加以分析。

二、公共物品的分类

(一)按公共物品的性质划分

根据竞争性和排他性的有无可以将物品分为四种不同类型:

第一类是同时具有非排他性与非竞争性的纯公共物品(pure public goods),指任何一个个人对某种物品的消费不会减少其他人对这种物品的消费,纯公共物品同时具有非排他性和非竞争性。

第二类是同时具有排他性与竞争性的纯私人物品。

第三类是具有非排他性与竞争性的共同资源,即在消费上具有竞争性,但是却无法有效地排他,有学者将这类物品称为共同资源(common resource)或公共池塘资源物品(common pool resource)。

第四类是具有排他性与非竞争性的准公共物品,有学者将这类物品形象地称为俱乐部物品(club goods),如表8-1和图8-1所示。

表8-1 产品分类及其特征

	排他	非排他
竞争	纯私人产品 1. 排他成本较低 2. 由私人公司生产 3. 通过市场分配 4. 通过销售收入融资 如:食品 鞋子	混合产品 1. 产品利益由集体消费但受拥挤约束 2. 由私人公司或直接由公共部门生产 3. 由市场分配或直接由公共预算分配

笔记

续表

排他	非排他
	4. 通过销售收入融资,如对该服务使用权的收费或通过税收筹资 如:公共公园、公共游泳池、公有财产资源
非竞争　混合产品(俱乐部产品) 1. 含外在性的私人产品 2. 私人企业生产 3. 通过含补贴或矫正税收的市场分配 4. 通过销售收入融资 如:学校、交通系统、保健服务、接种、有线电视、不拥挤的桥、私人游泳池、高尔夫球俱乐部	纯公共产品 1. 排他成本很高 2. 直接由政府生产或与政府签约的私人企业生产 3. 通过公共预算分配 4. 通过强制性税收收入筹资 如:国防

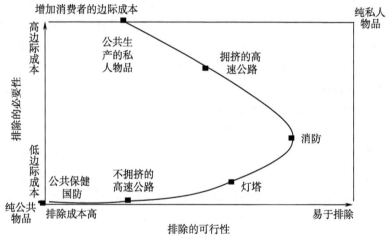

图8-1　不同类型的公共物品

上述四种类型的物品,除纯私人物品外的其他三种类型都属于公共物品。其中,共同资源和俱乐部物品统称为“准公共物品”,这两种类型的准公共物品介于纯公共物品和私人物品之间,即不同时具备非排他性和非竞争性。准公共物品一般具有“拥挤性”的特点,即当消费者的数目增加到某一个值后,就会出现边际成本为正的情况,而不是像纯公共物品,增加一个人的消费,边际成本为零。准公共物品到达“拥挤点”后,每增加一个人,将减少原有消费者的效用。公共物品的分类以及准公共物品“拥挤性”的特点为我们探讨公共服务产品的多重性提供了理论依据。

（二）按公共物品的使用区域划分

1. 全球性公共物品　全球性公共物品指以全球为收益范围,世界各国公民都能无差别共同消费的产品和服务,如温室气体减排等。由于气候环境影响全

笔记

世界,温室气体减排具有全球公共物品的属性。欧美等一些发达国家以减少温室气体排放、应对全球气候变暖、保护地球的名义,提出将在国际贸易活动中实施碳关税的措施。碳关税是进口国对出口国出口的商品按照其碳排放的强度征收关税的做法,它并非是解决温室气体排放问题的有效手段,实际上更多的是一种绿色贸易壁垒。协商与谈判则是提供温室气体减排这一全球公共物品的解决之道,强调"共同而有区别的责任的原则"、"能力支付原则"、"可持续发展原则"应是气候性全球公共物品提供中的应对策略。

2. 全国性公共物品 全国性公共物品指受益范围在全国,任何本国公民都能够共同消费的产品和服务。例如国防、外交、基础性科学研究、空间探索、海洋开发等。比如政府为保护国家的安全稳定,每年支付一定比例的国防开支,国防就是一种公共物品,全社会共同消费,且不会因某些人自我防护系统较为完善而削减国防开支。道路也具有同样的特性,但这时要强调"度"的问题。一条道路在不十分拥挤的情况下,公众可以自由通行,因而具有完全的非竞争性。

3. 地方性公共物品 地方性公共物品指其受益范围仅限于本地,具有消费的非排他性和非竞争性的产品,例如医疗卫生、城市消防、治安警察、城市公共交通、公用事业、城市公园等。地方性公共物品是相对于全国性公共物品而言的,它的存在形态和受益范围局限于或主要局限于一个特定辖区。

地方性公共物品包括的范围很广,按其存在的形态分类,可以划分为有形的公共物品,如公路、交通标志、街道照明等;无形的公共物品,如政府发布的政策、环境保护、医疗保健、天气预报等。

按照公共物品的特征,还可以将其分为纯地方性公共物品和准地方性公共物品。纯地方性公共物品是指在特定的辖区内具有效用的不可分割性和消费上具有完全非排他性和完全非竞争性的物品。消费的完全非排他性和完全非竞争性指一个人对某种公共物品的享用不会影响其他人对该公共物品享用的数量和质量,不会产生使用上的拥挤现象。

准地方性公共物品是指那些虽具有效用的不可分割性,但并不具有消费上的完全排他性和完全竞争性的公共物品。在现实生活中,大多数的地方性公共物品都是准地方性公共物品,如公路、桥梁、有线电视节目等。准地方性公共物品大致可分为两类:一类是所谓的拥挤性公共物品,其特点是使用上具有开放性,但在消费者数目达到一定临界值便产生了消费上的竞争性(拥挤);另一类是所谓的俱乐部公共物品,其特点是使用上具有非开放性,即仅供符合某些规定资格的少数人享用,具有非竞争性但不具有非排他性。典型的拥挤性地方公共物品是城市道路,典型的俱乐部公共物品是城市之间的高速公路。仅对特定区域的人们开放的学校和海滩、不对外营业的游泳池,幼儿园也是俱乐部公共物品的例子。例如城市里的公共汽车站牌、邮箱等,由于具有很大的广告效益,许多企业家都乐意提供这类公共物品以达到广告效应。另外,诸如文化艺术、体育其本身有较强竞争性商品属性的,也可逐步让由私营经济部门来做。目前在国外某些项目,如体育比赛、博物馆以及国内的甲A联赛商业化后收益和效率都有明显

笔记

的提高。

需要指出的是,纯公共物品与准公共物品的划分是相对的。在一定的技术条件下,两者可以互相转化。比如某些电视频道,以前由于技术所限,不得不向公众无偿提供,但随着科技的发展和进步,电视台有能力将不付费的消费者排除在外了,其公共物品的性质也就不复存在。公共物品的范围随着技术的发展和进步有逐渐缩小的趋势。在发达的资本主义经济中,大量使用有线电视使电视收视收费变得容易,电脑的产生及应用使繁杂的财务工作变得简单,使用自动售票机使地铁高峰期售票所产生的拥挤现象迅速化解。收费的便利使得公建或公助私建私营这种更有效的经营方式成为可能。因此,随着技术的进步及其在公共设施上的推广应用,西方国家纷纷将宜于由私人经营的某些公用设施租赁、拍卖或转让给私人经营,从而大大提高了这些部门的经营效率。技术进步能够降低产权的排他费用,影响公共物品和私人物品之间的界分。一些学者注意到非排他性的技术原因,认为只要不可测度全部成本和效益并根据来源分别核算,或测度和核算成本太高,就会出现外部性。例如弄清从邻居接种牛痘行动中受益以及这种好处在邻居眼里的价值是极其费事的。再如,测量和评估工厂排泄物对他人的影响,可能极其昂贵,或者压根就不可能。技术原因导致的外部性,有望通过技术进步得以消除。例如测量技术和信息技术的进步,倾向于消除一些外部性。一旦测量技术发生变革,例如改良的计算机和通讯技术,能够有效实施排他,外部性就能够转变为内部化的收益和成本。新技术的出现可能会使公共物品转变为私人物品,新知识的运用能够实现外部收益的内部化,特定集体物品的私人供给成为可能。

（三）按公共物品的内容划分

1. 物质性公共物品　物质性公共物品指某类可以通过一定的物质载体来实现公共利益的产品,如基础设施(交通、农田水利、电力等)。这些产品的提供会因地域和经济发展的差异而呈现区域性特质,需要分类别分层次提供。

2. 非物质性公共物品　非物质性公共物品通常以公共服务的形式出现,公共服务就其整体而言多数具有公共物品的性质,按照竞争性、非竞争性、排他性、非排他性的物品属性对公共服务产品进行归类,可以把公共服务划分为私有私益、私有公益、公有私益、公有公益产品。显然,私有私益产品是纯粹的私益性物品,如市场上的肉、菜;而公有公益物品则是纯粹的公益性物品,如国防、社会治安。私有公益物品和公有私益物品,则是非纯粹的公益物品或非纯粹的私益物品,按照经济学分析的惯例,分别称之为俱乐部物品(可以低成本的排他)和公共池塘资源物品(竞争性和非排他性),总称为准公共物品。

例如上海浦东罗山市民会馆按照不同的社区公共服务物品的性质,将已经开发的41个公共服务项目分为4类:第一类:求助热线、服务查询、法律咨询、健康咨询、社保咨询、心理咨询、户外健身、体育比赛、棋牌、图书阅览、歌咏会、拳操、晚会共13项。

第二类:半自理、非自理老人居家护理,自理老人托老服务、下岗职工社区护

243

理培训、生活用品调剂共4项。

第三类：家政服务、出诊、医疗站、社工培训、评弹、图书租借、有声读物共7项。

第四类：自理的老人院舍服务、托儿服务、钟点工服务、餐饮服务、小卖部、家电修理、管道装配、钥匙开锁、钢琴教育、艺术教育、文化教育、电脑培训、职业培训、生育咨询、健身房、影视、舞会共17项，并据此分类定价的准则，制定公共服务收费标准。

（四）按公共物品的表现形式划分

1. 有形公共物品 有形公共物品也称为硬件公共物品，即"看得见、摸得着"的公共物品，是人们生活的直接或间接必需品，直接关系到公众的福利与社会公平。如灯塔、路灯、公共图书馆、公路等。

2. 无形公共物品 无形公共物品也称为公共服务或者公共服务软件，如政府的公共政策（包括法律、规章、制度等）、公共设施（包括国防、外交、治安、消防、环保、气象预防、义务教育、社会保障与福利等）和公益部门的公共服务（如社会援助、慈善活动等）。

此外，按公共物品的供给主体划分，可以将其分为政府提供的公共物品和私人提供的公共物品，以及政府与私人混合提供的公共物品；按公共物品的生产经营形式划分，可以将公共物品划分为政府所有并经营、政府所有并管理，委托企业经营的公共物品、政府与企业共同所有、共同经营的公共物品。

医疗是公共物品吗

很多人认为，医疗服务应该由政府免费提供给每一个人，因此当然是公共物品。这是犯了望文生义的错误，公共物品不是指政府生产或提供的物品，而是指一类特殊的物品，一般的物品我用了你就不能用，如这个苹果我吃了你就不能吃，但有一类物品我使用既不排斥也不减少你使用，如导航的灯塔、音乐等。

从这个定义看，许多公共卫生服务（预防医学）都是公共物品，如采取确保水源的清洁无污染等措施以防止传染病的流行，就是公共物品，通常也是由政府提供的。至于具体疾病的医疗（治疗医学）都不是公共物品，例如使用的检查设备，如X线、CT、MRI等和服用的治疗用药物，这些物品在性质上与苹果并无差别，不可以多人共同使用，不具有公共物品的非排他性和非竞争性两大基本属性，所以不属于公共物品。

因此就医疗而言，只有一部分预防医学服务是公共物品，但这并不妨碍风行世界的政府供应医疗模式，欧洲是典型。在欧洲，由政府生产或提供医疗服务。这种由政府生产或提供医疗服务有两种模式，一种是德国式的社会保险模式，另一种是英国式的公费医疗模式。

笔记

　　1883 年,德国颁布了世界上第一部《疾病保险法》,建立了法定医疗保险,是强制性的保险,所有符合条件的人员都必须参加,法定投保人包括公司雇员、农民、残障人士、大学生等,最新规定的缴费率为本人工资总额的 14%(雇员、雇主各缴纳一半),缴纳给法定医疗保险机构。德国的法定医疗保险机构有 200 多家,法定投保人可以自由选择,但一旦选定投保机构,看病时不能随便选择医院、医生。月收入超过某一水平的高收入医生、企业主等人可以不参加法定医疗保险。目前德国国民超过 90% 都参加了法定医疗保险,其余人则参加包括私人医疗在内的保险。

　　德国医疗保险实行"团结原则"。月收入低于某一水平的雇员和多子女的雇员,可以不缴纳法定的医疗保险费,但一样可以享受各种法定的医疗服务,这是相当于政府向富人征税补贴穷人。德国医保是现收现付的,参保人马上可以享受法定的医疗服务,但参保的年轻人健康状况好、生病少、对医疗服务需求小,老年人健康状况差、生病多、对医疗服务需求大,这就意味着年轻人(下一代)补贴老年人(上一代),健康者补贴生病者。所以"团结原则"包含着三种补贴,对被补贴者而言,法定医疗保险是福利。

　　英国医疗保健服务的法律依据是 1948 年的《国民保健法》,根据该法,所有英国人都可以享受免费医疗,为患者提供假肢、助听器、轮椅和救护车服务都是免费的。不过,牙科手术、视力检查和配眼镜要收费,对医生开的药要付处方费。英国的医疗保健服务还包括学校卫生、家庭卫生、环境卫生、食品安全、药物安全等,这些基本上都可以看作是公共产品,许多人可以同时享受,由政府提供是很合适的。

　　英国医疗保健的费用 80%~90% 来自于政府税收,其余部分来自处方费和其他收费项目的收入以及国民保险费(英国国民缴纳的社会保障税)的调剂。

　　德国模式和英国模式有一些表面上的差别,前者是社会保险,有专门的医疗保险机构,费用主要来自社保税(公共财政也要补贴一部分),相当于政府强制私人购买医疗服务;后者是公费医疗,由原卫生部统一负责,费用主要来自公共财政,相当于政府以公共财政直接提供医疗服务。因此,这两种模式本质上都是政府以所征的税(社保税或一般税收)来提供医疗服务,事实上,政府所提供的医疗服务是由私人生产、政府再向私人购买,并不是由政府直接生产。

　　这两种模式面临着医疗支出膨胀的共同问题:医疗支出膨胀。例如从1960 年到 2006 年,德国法定医保住院医疗费用翻了 63.1 倍。这是由政府供应模式的内在激励机制决定的,无论市场模式还是政府供应模式,医院和医生均有动机增加医疗费用,但在市场模式下,个人要对自己的钱负责,在政府供应模式下,花费由所有人分担,自己承担的部分微不足道,个人不仅没有动机减少反而有动机增加医疗费用。

　　医疗作为福利,基本与公共物品不相干,政府供应模式,就社会成本而言,不仅不是免费的,而且还很昂贵。(本文来源:《东方早报》)

笔记

目前,中国的一些民众认为教育改革和医疗改革是不成功的,这与改革当中我们对物品、对相关部门的性质定位不准确有关,如果说我们把医疗和教育,特别是义务教育,真正当作一种准公共产品来提供,那么就不会出现这样的现象。医疗部门和教育部门特别是国有部门,应该属于一种公共部门,可以适当收取一定的费用,但是这个费用不能以营利为目的,在运营过程中存在的缺口可以由政府给予补助和补贴。

我们曾经一度提出要实现教育的产业化,给人的直接感觉是,产业化就是市场化,特别是高等教育,市场化就是营利化,如果把教育产业化定义为以盈利为目的、以赚钱为目的,就会失去其公共物品的特性,所以出现乱收费现象,且越收越高。在医疗方面,群众看不起病,就连普通感冒进一趟医院也要几百块钱,而且中央有关部门一再强调药品要降价,结果药品改换头面后其实际价格并未降低。所以医疗改革和教育改革要成功需转变观念,仅仅中央政府,或者一部分人转变这种观念还不行,还需要所有提供公共物品和准公共物品的部门都转变观念,当然政府补贴也要相应跟上。前些年,西部地区的孩子由于交不起学费而辍学的现象屡见不鲜,家长、学校和当地政府三方各有说法,家长的观点是我没有钱,小孩上不起学;学校说办学得有钱,不收学费没法办学;那些经济比较落后的地方政府连工资都发不下来,更没有钱拨给学校了。所以这就需要明确基础教育的公共物品性质,由中央政府通过财政的转移支付来解决这些问题。现在中国义务教育具备了无偿性、强制性的特点,即接受义务教育是不花钱的,另外在义务教育阶段,小孩不上学,小孩的监护人是违法的,政府应该追究监护人的责任。

第二节 公共物品的生产与供给

公共物品的生产和供给,是公共物品整个提供过程中的关键阶段。公共事业主体如何实现公共物品的充分供给,首先涉及公共物品的生产。

一、公共物品的生产

公共物品的生产大致有以下三个方式:

第一种生产方式是政府直接生产公共物品,可以是政府花钱举办企业,所生产出来的公共物品一般是通过无偿或者收取低于成本价格的费用,提供给社会公众。政府直接生产公共物品往往运用的是行政手段,因此市场机制在公共领域难以甚至无法发挥作用,生产与供给的效率得不到体现,往往出现效率低下、"吃大锅饭"的现象。所以全世界范围内的公共行政体制改革中,都涉及公共物品提供的改革问题,即尽量减少政府直接生产公共物品,克服由政府直接生产导致的效率低下的问题。

第二种生产方式是政府间接生产,即政府与私人企业通过合同约定,由政府出资,私人企业进行生产;或者通过投标招标的形式来供给公共物品,如防洪大堤工程。这种生产方式既提高了公共物品供给的效率,又相应减轻了政府的负担。但通过这样的方式供给公共物品需要注意生产过程中的监管问题,避免出现"豆腐渣工程"。

第三种生产方式是政府授权经营,一些公共设施、纯公共物品或者准公共物品,本着节省成本和提高效率的目的,由政府授权私人企业建设、管理和经营,政府通过补贴的形式提供经济资助,委托私人生产,建成以后,由私人来经营和管理,并允许经营者收取一定的费用。

某些行业只能由政府生产和提供,如自来水的供给,它属于自然垄断行业,也是公益性行业,确保用水安全、提高用水的质量、保证水资源充分供应对于公众的生活来说至关重要,这种类型的行业需要政府来提供保障,不适合由私人企业来提供生产和供给。

二、公共物品的供给

(一)公共物品供给的目标

1. 公共物品供给的社会目标　公共物品的提供是为了稳定社会秩序,促进国家与社会更好地发展,人民群众的生活水平得到改善。因此,实现公共物品的有序供给是以达到以下的社会目标为前提的:

首先是保障社会的基本功能。随着社会发展,工业化与城市化发展速度不断加快,而城市化的发展中也包含了城市系统中公共设施的发展与完善,如公交系统、供水系统、道路修建等,这些城市公共设施都是基本的公共物品。一旦公共物品的供给没有满足城市发展的需要,则会导致群众的不满意度上升甚至引起一系列的社会问题。此外,城市的基础教育、公共图书馆、博物馆、体育馆、文化馆等都能够给人们提供很大的便利,这些也属于无形公共物品的供给。

其次是保障基本的社会绩效。当社会的生产力发展水平与社会发达程度达到一定水平时,那些属于市场失灵、且政府提供更有效率的物品都应纳入到公共物品的供给范围中来,以保证这些物品供给的数量与质量。

再次是保障社会成员的基本权益。公共物品的供给应尽量以维护全体社会成员的权益为目标,尽量避免在公共物品的供给中出现不合理的排他性。

2. 公共物品供给的经济目标　从经济角度分析,公共物品供给属于整个社会生产供给的重要组成部分,公共物品供给首先需要满足消费者对公共物品的需求。事实证明,人们对公共生活环境与公共物品的需求与经济发展水平和人们的生活水平正相关,随着社会经济的不断发展和人们生活收入水平越来越高,公众对公共物品需求的数量与质量也会不断提高。

其次,公共物品供给可以实现资源的优化配置。资源是稀缺的,稀缺的资源需要在公共物品生产和私人物品生产之间进行合理配置,合理与优化的公共物品供给可以优化社会资源配置,实现社会生产效率的提高。

再次,公共物品供给可以更好地促进私人物品的生产,为私人物品的生产提供有力的支持。公共物品供给如公共交通设施、公共通讯、公共安全、自然环境的保护、供水供电等,这些公共环境设施的有效提供,可以促进私人物品的生产。

此外,从宏观上来说,公共物品供给可以实现经济的平衡。政府可以利用公

笔记

共物品供给来扩大社会需求、弥补市场失灵、改善宏观经济运行状况。如社会保障的提供,可以有效地调节经济运行,当经济萧条时,政府通过增加社会保障支出来刺激有效需求,扩大人们的消费支出,以促进经济的发展。相反当经济繁荣时,则可以减少社会保障支出,从这个意义上说,社会保障可以成为有效的经济调节器。

（二）公共物品的供给形式

公共物品供给主要分为纯公共物品供给和准公共物品供给。纯公共物品一般由政府直接的、无偿的供给。而准公共物品,可以由政府直接供给,也可以采取市场混合供给的方式,利用市场机制,收取一定的费用,进而提高供给效率。例如高速公路,一般都是国家建设,有的是地方政府建设,由于财力所限,也可以允许私人贷款建设高速公路,建成后相应地收取一定的费用,通过这种市场机制,可以快速地将高速公路建起来。当然高速公路收费也引起了一定的争议,存在乱收费现象,这就就需要建立透明的制度,同时政府必须加强监管。

在准公共物品供给中,当经济发展到一定阶段或者政府财力达到一定的水平的时候,也可以由政府无偿的供给。比如义务教育就是无偿供给。一些发达国家的教育甚至高等教育也几乎不收费,医疗也不收费,这些尽管是从特性上来看是准公共物品,但是也可以由政府无偿地提供与供给。

三、公共事业管理中的公共物品供给

管理公共物品是公共事业部门的重要职能。公共物品具有与私人物品完全不同的两个明显特征,即非竞争性、非排他性,这两个特征决定了公共物品的供给与消费具有较强的外部性,私人供给公共物品无法实现私人收益与社会收益、私人成本与社会成本的统一,因而缺乏必要的激励和动力。具有非竞争性和非排他性公共物品的供给只有由政府来垄断经营。

需要注意的是,政府并非唯一可以供给公共物品的主体,随着经济增长与社会变迁,由政府完全垄断公共物品生产与供给的弊端越来越明显。政府在公共物品供给上的垄断地位,使得其缺乏竞争意识、降低成本的动力不足,会导致政府对于公共物品供给中出现低效率,数量往往超过或者达不到最佳的生产水平,导致公共资源配置的不合理。为了弥补政府单一供给公共物品的缺陷,公共物品的供给同时可以由非政府主体来提供,如俱乐部产品的供给和非营利组织对公共物品的志愿性供给等,体现了公共事业管理中公共物品供给主体的多元化。公共物品的性质决定了公共物品可由多主体(政府、市场和非营利组织)来供给,如非竞争性、非排他性的公共物品一般由政府提供;而非竞争性、可以排他的准公共物品,可以通过市场机制供给;但竞争性、非排他的准公共物品,由于很难实现排他,一般由政府和非营利组织提供。

总的来说,公共事业管理中公共物品供给方式主要有三种:政府供给、市场供给和非营利组织供给,这三种供给方式各有优劣。

（一）政府供给

政府采取的供给方式主要有以下几种:

笔记

1. 公办公营式　公办公营,即由政府通过直接开办、控制、经营的机构或企业供给公共物品。采取这种方式供给的公共物品,一般是盈利甚微,甚至是无利可图而又关系民生的,具有极其显著的"外部性"特征的物品,如机场、邮政、自来水、部分隧道等。对这类公共物品的供给实行公办公营,有利于政府根据财政能力和实际需要统筹安排。

2. 公办商营式　公办商营,即政府拥有全部或部分股权,由法人团体以商业形式经营,自负盈亏。采用这种方式的主要是那些盈利率不高或盈利前景不明朗,但投资庞大的公共物品,如香港出口信息保险局、香港工业村公司、香港土地发展公司、九广铁路公司经营的铁路等。

3. 专利经营式　专利经营,即在政府监管下由私人资本通过投标取得政府特许的专利经营权来经营某项公共物品的生产与供给。目前,以这种方式供给的公共物品包括公共汽车、电车、缆车、渡轮、电话电报、海底隧道等。政府则通过法制化的管制计划或专门法例,如《公共汽车服务法案》、《管制计划协议书》等,对这类公共物品的生产者进行规制。

4. 私商经营式　私商经营,即将某些公共物品的生产和供给完全交由一些私人机构经营。目前,香港煤气供应和集装箱码头是不受香港政府调控的两类公共物品,其收费标准完全由市场供求关系和竞争情况调节,不必经由政府批准。一般而言,这类公共物品属于准公共物品,具有排他性和非竞争性,采用这种方式供给公共物品,既可以减轻政府监管及财政方面的沉重负担,又可以提高公共部门的经营效率和经济效益,满足消费者和投资者。其供给特点为:

第一,香港政府公共物品供给的"决策"职能和"执行"职能是相对分离的,公共物品的政府供给也并不等于公共物品完全由政府直接生产。公共物品的政府供给职能,是指政府必须负责向社会最终提供一定数量和质量的公共物品,而公共物品的政府生产,是指不仅供给公共物品所需的资金来源于政府预算,而且其生产还是在政府的直接经营下进行的。有了这种区分以后,政府直接生产公共物品成为政府供给公共物品的形式之一,而政府供给则不一定必须采取政府直接生产的形式。

第二,香港政府比较成功地将市场机制引入公共物品领域。在传统观点下,公共物品生产、供给会产生行政垄断、官僚主义、低效率、高成本。香港政府在公共物品的供给中,打破了公共物品生产的政府垄断,将市场机制引入公共管理的传统领地,使行政机构与公营机构之间、公营机构之间、私营企业与公营企业之间在公共物品的供给当中形成竞争关系。

第三,私营企业介入公共物品领域的深度和广度逐步加大。随着人们对公共物品需求的数量和质量日益增加,单靠政府提供公共物品显然不够,而且即使假定政府有实力来保证公共物品的供给规模,也不可能完全解决公共物品供给结构上的矛盾与失衡。因此私营企业在公共物品供给上的介入,不仅减轻了政府的财力负担,更通过引入竞争机制提高了公共物品供给的效率和质量,而且有利于公营企业提高经营效率,不断完善自己的供给行为,从而为消费者获得更好的产品供给和稳定的公共物品价格创造了良好的基础。

笔记

知识链接

公共物品私人供给中的政府作用

公共物品可以进一步细分为纯公共物品、准公共物品和共同资源。对于纯粹公共物品如法律制度、公共治安、国防等应该由政府完全供给。而对于一些准公共物品可以采用私人供给的方式。但是某些公共物品由私人供给决不意味着要完全脱离政府,相反政府在公共物品的私人供给中发挥着至关重要的作用。政府的作用主要集中在以下几个方面:

首先,政府要为公共物品的私人供给者提供制度激励,这包括对公共物品产权的界定以及给予某些激励措施等,从而为私人提供公共物品创造良好的制度环境。正如诺曼·尼科尔森所指出的,政治过程在任何情况下都将通过对关键性经济制度的影响来塑造私人的选择。而产权作为一种强制性的制度安排,私人无法进行界定,只能由具有"暴力潜能"的政府来界定。而且由于某些公共物品具有高成本、非营利性等特点,政府可对公共物品的私人供给者给予补贴或其他优惠性政策。

其次,私人提供公共物品可能会出现某些负外部性问题,对此政府要进行必要的规范制约。具体来说,正如政府提供公共物品会产生垄断等负外部性一样,私人提供公共物品也可能会产生垄断等负外部性问题。私人取得某一公共物品的产权后,可形成某种垄断优势。私人凭借这种垄断优势,可能会提高此公共物品消费的准入价格,如提高高速公路的收费等;还有可能不对消费者提供完全信息,从而欺骗消费者;再者,此公共物品在使用过程中还可能产生环境污染等负外部性。针对上述问题,政府有责任对公共物品的私人供给者进行必要的规范制约,以切实保护消费者的权益。

政府允许私人提供某些公共物品,决不意味着政府在此方面的责任让渡。因为无论是纯公共物品,还是准公共物品,其目的都是为了满足公众需要,实现某种公共利益,因而具有公益性质。而公共物品的私人供给者,由于理性经纪人的特点,再可能由于制度约束的缺失,可能会做出某些有违公共利益的行为。而且像政府提供公共物品会出现"政府失误"一样,私人提供公共物品同样会存在低效率等情况。因此,出于公益的目的,政府的干预行为是非常必要的。为此,政府必须加强对私人提供公共物品的制度约束。

再者,在私人提供公共物品的过程中,政府有必要对公共物品的消费者给予某种支持。因为公共物品的消费者一般是分散的,而且同样由于理性经济人的原因,消费者容易陷入集体行动的困境,不太可能形成强有力的集体行动同公共物品的私人供给者讨价还价。在这种情况下,政府有必要为消费者提供信息以及其他必要的支持。如组织消费者成立关于该种公共物品的消费者协会等,以采取有效的集体行动,加大同公共物品私人供给者谈判的筹码,促使私人提高其所提供的公共物品的品质。

笔记

（二）市场供给

随着社会与经济的发展,私人企业介入公共物品生产可以有效地提高公共物品供给的效率。如私人组织可以通过 BOT 模式,即私人组织提供公共设施可以拥有建设权和一定期限的经营权,在特许期满后,需要将提供的公共物品的经营权交回授权机关。需要注意的是,市场供给公共物品的可能性是受到客观条件限制的,即这一类公共物品具备较低的排他成本(exclusion cost),从而私人组织可以通过获得公共机构的授权能够适当制定"价格"、收取费用。另外,公共物品的供给需要有合适的制度安排,即公共机构与私人组织之间建立起包含着参与约束和激励相容约束在内的委托－代理关系,使公共机构与私人组织构成合作提供公共物品的最优组织形式。公共物品市场供给的方式有:

1. 联合提供　联合供给是指在公共部门供给基本公共物品的同时,私人组织可以提供与该类公共物品相关的产品,从而完善公共物品的供给。公共物品的消费与私人物品的消费并不是具有严格的界限,在很多的情况下,公共物品的消费与私人物品的消费是互补的。如无线传送的广播电视信号是公共物品,但是信号转换成广播电视节目需要有收音机、电视机等接收设备,而这些接收设备一般都是按私人物品来提供的,提供这类私人物品是提供广播电视信号这类公共物品的一个补充。

联合提供的意义在于它可以通过公共物品与私人物品的价值关联来激励私人提供公共物品的积极性,在较小的规模上提供区域性公共物品。这种制度的设计,既减少了政府及其他公共组织提供公共物品的负担,又提高了公共物品的经营管理效益,更能满足公众对部分公共物品的特殊偏好。

2. 俱乐部提供　俱乐部供给模式适合的是具有非竞争性但可以实现排他的一类公共物品。这一类物品作为私人物品来设计供给制度,是低效率的。如公园若由私人占有和消费,显然是效率极低的,因而应当作为公共物品来提供和消费。具体来说,可以修建公园围墙,给出排他条件,只对付费者提供该公共物品,实现公共物品的俱乐部提供。

（三）非营利组织供给

非营利组织提供公共物品应该成为公共物品供给的一种重要方式。人类行为的动机有两个:即利己动机和利他动机。理论、实验和经验证明,人们并不总是"搭便车",在很多条件下人们能够积极合作,克服"搭便车"行为,从而自愿提供公共物品。非营利组织的存在正是以利他动机为基础的,每年都有大量的民间资金捐赠给慈善事业或文化教育团体等非营利组织,通过将提供志愿委托给集体选择的非营利组织的途径来实现私人的资源供给,这就为公共物品的提供引入了一种新的模式。慈善活动主要活跃于教育、科技、助残、扶贫等文化和社会福利领域,慈善活动显然是一种非营利行为,它募集的大量基金用于对社会弱势群体的扶持与救助。

由上可见,公共物品供给的政府一元主体在现实经济生活中是不能完全胜任公共物品提供职能的,实际上公共物品不仅可以由市场供给,而且非营利组织也是提供公共物品的重要主体。各国的实践证明了这些非政府供给形式的有效

笔记

性,从事实上否定了公共物品只能由政府单一主体垄断供给的传统观点,为公共物品的供给主体的多元化提供了实证性支撑。

四、公共物品有效供给的条件与方式

(一)公共物品的市场均衡

关于资源最优配置的市场原则是否适用于公共物品的生产和消费,是研究公共物品时需要解决的一个前提问题。公共物品的市场均衡如下:

如图 8-2 所示,d_1,d_2 是公共物品的个人需求曲线,D 是公共物品的市场需求曲线。由于公共物品具有非排他性和非竞争性,所有个人对公共物品愿意支付的价格等于每个人愿意支付的价格的总和。公共物品的市场需求曲线不像私人物品市场需求曲线那样通过水平加总求得,而是通过垂直加总求得。公共物品的市场供给曲线可以由生产公共物品的边际成本曲线表示,如图 8-2 中的 S 曲线所示。

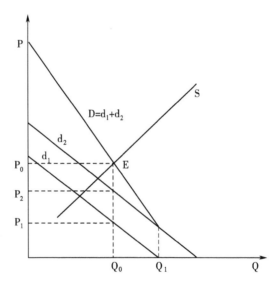

图 8-2 公共物品的市场需求曲线

公共物品的需求曲线和供给曲线的交点决定公共物品的均衡数量和均衡价格,如图中的均衡产量 Q_0 所示。图中公共物品的市场需求曲线 D 和供给曲线 S 决定的数量 Q_0 是社会在有限的资源下所提供的公共物品的数量,价格等于边际成本时公共物品数量达到最优价格 P_0。

萨缪尔森认为,在满足生产函数符合新古典经济学的规模收益不变和边际收益递减、消费者的无差异曲线为正常的凸性,以及所有物品为私人消费品这三个条件的情况下,社会最优状态可以通过以价格为核心的分散自发的市场机制来实现。生产者之间的完全竞争可以保证产品以最低成本生产并且以等于边际成本的价格出售;而消费者之间的完全竞争可以保证在既定收入水平和价格的条件下实现各自的效用最大化。正如斯密的"看不见的手"的作用一样,每个人在追求自利最大化的过程中也达到了社会最优状态。萨缪尔森认为,这种完美状态得以实现(即使

是在理论上)的一个重要前提是价格可以正确反映每个人对物品的偏好,或者说个人在寻求自身效用最大化的过程中有动机显示他对物品的真实偏好,这一偏好是达到社会最优状态的必要条件。在存在集体消费品的情况下,如果能够将集体消费品的数量保持在最优水平,上述社会最优状态也能够实现。但是依靠分散决策的价格机制无法使集体消费品的数量保持在最优水平,原因在于消费者的"搭便车"动机,即理性的个人有降低或隐瞒自己对集体消费品偏好的动机。因此在存在集体消费品的情况下,以价格为核心的市场机制无法达到帕累托最优状态,出现了"失灵"。"搭便车"动机的存在同样也使得政府采用"福利税",即按照消费者的效用来征税的公共物品供给形式无法达到最优的供给数量。

（二）纯公共物品提供方式

一般而言,纯公共物品只能由政府来提供而不能由市场来提供,这是由市场运行机制和政府运行机制的不同决定的。政府主要是通过无偿征税来提供纯公共物品,但是,征税是可以精确计量的,如按率征收或定额征收,而公共物品的享用一般是不可以分割的,无法进行单个量化。

1. 林达尔均衡(Lindahl equilibrium)　如果每一个社会成员都按照其所获得的公共物品或劳务的边际收益的大小来提供自己应当分担的公共物品或劳务的费用,则公共物品或劳务的供给量可以达到具有效率的最佳水平。实现林达尔均衡需要一定的前提条件:

第一,每一个成员都愿意真实披露自己可以从公共物品或劳务的消费中获得的边际收益,而不存在隐瞒或低估其边际收益从而逃避自己应分担的成本费用的动机。

第二,每一社会成员都清楚地了解其他社会成员的嗜好以及收入状况,清楚地掌握任何一种公共物品或劳务可给彼此带来的真实的边际收益,从而不存在隐瞒个人的边际收益的可能。

例如一个社区共有 3 户居民,出于防盗的考虑,需要安装防盗监控器,每个监控器 450 元,假设安装 1 个监视器的社会边际收益为 750 元,而其社会成本只有 450 元,因而一个监视器都不装是无效率的。如安装第 2 个监视器的边际收益为 600 元,安装成本不变,则依然应安装。依此类推,第三个监视器的边际收益为 450 元,边际成本等于边际收益,则 3 个监视器就是最佳安装数量。此时,3 户居民为此共支付 1350 元,而总收益也为 1350 元。

2. "免费搭车者"问题　"免费搭车者"(free rider)在经济学中被定义为不付出任何代价便可获得消费满足的人及其行为。一般是出现在公共物品的消费中,产生的原因是由于公共物品效用的非排他性,由于公共物品的这一特征,拥有或消费公共物品的人不能或很难将他人排除在对公共物品消费获得的效用范围之外。这一特征及其相应的问题被形象地称为"搭便车",从而使一些人或者群体在公共物品的消费上倾向于寻求不付出任何代价则可以获得公共效益。

人数越多的社会或者公共环境下,人们就越有可能通过"搭便车"的方式,来享受通过其他人的捐献或者市场供给而提供的公共物品或服务的效益。免费搭车对于理性经济人来说,是一种明智的选择。只要有公共物品或服务的存在,免

笔记

费搭车者的出现将不可避免。

一旦所有的社会成员都选择免费搭车的行为方式,将会导致公共财政资金来源的短缺,政府难以提供公共物品或服务。并且通过自愿捐献和成本分摊的合作性融资的市场供给方式不能保证公共物品或服务的有效供给。因此,只有依靠政府部门使用非市场供给的方式——公共财政来解决公共物品或服务的供给问题。政府部门一方面以强制征税方式取得收入,另一方面又将征税收入转用于公共物品或服务的供给。

缙云县景禾畜禽专业合作社

缙云县碧虞村位于缙云的西北部,地处山间盆地和河谷平原地带,群山环抱,绿水长流,交通便利,该村特色农产品是麻鸭。近年来该村随着农业产业结构的不断调整和深入,在麻鸭产业带动下,以肉鸭、肉鸡为主的家禽产业发展快速,家禽养殖收入已逐渐成为该村农民收入的重要来源。但在发展过程中,存在着养殖规模偏小、销售不畅、价格不稳、信息不灵等产销不衔接情况,以及缺少技术服务、家禽品种混杂等问题。该村民主任虞永亮为解决这类问题,在2001年以股份制形式组建了浙江五莲农牧有限公司。浙江五莲农牧开发有限公司初创时主要从事饲料销售、兽药经营和禽苗贩销,为解决农民养殖所需的禽苗,在2002年创办了英国SM3樱桃谷肉鸭种鸭场和苗鸭孵化厂。2006年12月,为了使广大农民养殖户进行有序生产,发挥更大的生产效益,又成立了缙云县景禾畜禽专业合作社。2010年2月,为了更好地发展农民养殖业,解决合作社社员养殖资金周转困难,依托景禾畜禽专业合作社成立了缙云县五云镇欣禾农村资金互助社。形成了从种鸭饲养、良种繁育与推广、商品鸭回收与加工的产、供、加、销一条龙产业链。浙江五莲农牧有限公司是当地一家有实力的农业龙头企业,缙云县景禾畜禽专业合作社依托浙江五莲农牧有限公司强大的资金、技术、人才支持,以解决社员(养殖户)融资困难为出发点,创新融资方式和经营方式,发展互助资金,有力地促进社员增收,合作社、公司发展壮大。缙云县景禾畜禽专业合作社在工商局注册,统一注册商标名称为五莲星,主要经营范围包括畜禽、水产养殖;水果蔬菜种植;饲料、畜禽销售等,地址是缙云县五云镇碧虞村白路畈。

缙云县景禾畜禽专业合作社从原来的7人发展到入社成员110人,出资总额50万元。内部组织机构成立了6人的理事会、4人的监事会、335人的社员代表大会,并完成了各机构人员的选举配置,建立有效的民主管理机制和监督机制,同时根据合作社生产经营的需要,分别成立了生产部、技术部、销售部、财务部,落实专职人员,各司其职,全面开展生产经营业务。并且相继制定了社员入(退)社管理制度、财务管理制度、现金管理制度、决策议事制度、社员学习制度等一系列内部管理制度,该社管理机构健全,管理制度完善。

为了更好地体现合作社共同生产、经营、服务的互助性经济组织性质，发挥合作社为社员及关联农户提供产前、产中、产后服务的作用，一是统一建设标准化养殖示范基地。共建设了160亩的生产示范基地，养殖量20万只，承担了合作社养殖新技术的试验、新品种的引进和新成果应用工作。二是制定了统一的产品质量标准。三是统一开展各类技术服务。该社与缙云县家禽研究所合作，为社员提供免费的技术指导、技术咨询、技术培训和技术交流等服务。四是统一养殖物资的采购和配送。五是统一销售。

积极帮助周边农民提高养殖技术，采购生产资料和销售产品，在完成该社员产品销售的基础上，为其他养殖户销售肉鸭76万只，带动其他养殖户587户，该社所采购的物资以同等的条件提供给其他养殖户，统一采购、配送，全年共为该社社员及相关养殖户节约开支25万元，得到合作社技术、种子种苗、农资等服务的非成员1600户，该社在缙云县家禽研究所的帮助下，共举办了养殖技术培训班，现场会8场，参加培训的社员和其他农户达1200人次，免费发放各类技术宣传资料1500余份，为提高农民的养殖技术起到了很好的促进作用。

该合作社到2008年年底，全年共生产销售肉鸭55.5万只，水产总产量40吨，实现经营收入807万元，利润50.8万元，分别于2007年和2008年各返还社员35万元。社员养殖户比其他养殖户养殖收入增加43%，合作社成立以来，共带动非社员农户587人，该合作社采用"五莲星"商标统一销售产品、统一销售社员产品比例达到73%，社员标准化生产产品产量为总产量的68%，统一为社员采购养殖投入品占85%。因为运行效果明显，经营业绩良好，还被县农村局评定为四星级农民专业合作社，是缙云县农村专业合作社中星级级别最高的一家。

讨论题

试结合本章的内容进行分析，案例中所提到的合作社属于哪一类物品？

本章小结

本章主要是介绍了公共物品的概念、特征以及类型划分，公共物品可以进行以下的分类：一是纯公共物品，即同时具有非排他性和非竞争性，以及效用的非排他性；二是俱乐部物品，其特点是消费上具有非竞争性，但是却可以较轻易地做到排他；三是共同资源或公共池塘资源物品，与俱乐部物品刚好相反，即在消费上具有竞争性，但是却无法有效地排他。其中，俱乐部物品和共同资源物品通称为"准公共物品"，介于纯公共物品和私人物品之间，即不同时具备非排他性和非竞争性。在此基础上，阐述了公共物品可以由多个主体单独或者混合生产与供给，以及供给中可能出现的问题，并且针对公共事业管理中公共物品的供给进行了论述。

笔记

关键术语

公共物品　public goods　　　　　　混合产品　club goods

纯公共物品　pure public goods　　　林达尔均衡　Lindahl equilibrium

准公共物品　quasi-public goods　　免费搭车者　free rider

私人产品　private goods

思考题

1. 区分纯公共物品与纯私人物品的基本标准是什么？

2. 尽管生产纯公共物品的边际成本总是为正，但是一些消费者可以零边际成本地享用纯公共物品，这是为什么？

3. 公共物品供给的方式有哪几种？它们分别适用于哪种状况？

4. 如何实现纯粹的公共物品或服务的配置效率？

5. 请列举还有哪些物品属于准公共物品，他们有什么共同的特征，并谈谈准公共物品供给的特殊性。

6. 请阐述教育和公共医疗卫生作为公共物品的特殊性。

7. 什么是林达尔均衡？

8. 什么叫免费搭车者？如何解决免费搭车者问题？

（蒋守渭）

笔记

第九章

公共事业部门战略管理

通过本章的学习,你应该能够了解和掌握:

1. 理解战略管理的概念与内涵;掌握公共事业部门战略管理的属性及其兴起背景。

2. 理解公共事业部门战略管理的过程模式;掌握公共事业部门战略管理实施的基本阶段及其技术与方法。

3. 理解公共事业部门的战略类型,能结合实际选择适当的战略。

4. 理解战略管理用于公共事业部门的积极意义及其限制与困难。

章前案例

《健康中国 2020 战略研究报告》发布

在 2012 年 8 月 17 日开幕的"2012 中国卫生论坛"上,时任卫生部部长陈竺代表"健康中国 2020"战略研究报告编委会发布了《"健康中国 2020"战略研究报告》。

2008 年,为积极应对我国主要健康问题和挑战,推动卫生事业全面协调可持续发展,在科学总结新中国成立 60 年来我国卫生改革发展历史经验的基础上,原卫生部启动了"健康中国 2020"战略研究。该研究历时 3 年多,由全国人大常委会韩启德和桑国卫副委员长领衔,广泛吸纳公共政策、药物政策、公共卫生、科技支撑、医学模式转换以及中医学等 6 个研究组 400 多位专家学者参与,系统深入地研究了对推动卫生改革发展和改善人民健康具有战略性、全局性、前瞻性的重大问题,提出了"健康中国"的战略思想,并以总报告和促进健康的公共政策研究、药物政策研究、公共卫生研究、科技支撑与领域前沿研究、医学模式转换与医疗体系完善研究以及中医学研究等 6 个分报告的形式,阐述了新时期我国卫生事业发展所面临的机遇与挑战,明确了发展的指导思想与目标,提出了发展的战略重点和行动计划以及政策措施等。

陈竺部长认为,"健康中国 2020"战略研究提出的"健康中国"这一重大战略思想,为把提高人均预期寿命纳入"十二五"国民经济和社会发展主要目标体系提供了重要循证依据,为实现卫生事业发展和国民健康水平提高提供了重要抓手,对科学制订我国中长期卫生发展战略目标和战略步骤意义重大。他要求,卫生系统要以"健康中国"战略为导向,切实把"健康中国 2020"

笔记

战略研究成果纳入到各项具体工作中,努力开创中国特色社会主义卫生事业发展新局面。

（资料来源：http://health. sina. com. cn/news/2012-08-17/145145084. shtml，有删改）

战略一词原本是一个军事术语，后来被引入管理领域之中。作为一种区别于其他管理的途径与方法，战略管理被广泛接受，甚至逐步形成了管理学的一门新的分支学科——战略管理学。本章从战略与战略管理的基本内涵与概念入手，界定公共事业部门战略管理的属性、解析公共事业部门战略管理的过程与方法，介绍公共事业部门战略管理的基本类型、探讨公共事业部门战略管理的优势与问题。

第一节　战略管理与公共事业部门战略管理

战略管理作为一种管理途径与方法，是本源意义上的战略被吸纳为现代企业管理理论的一个重要成果，有着深刻的内涵。20 世纪 80 年代前后，在环境变迁和角色转变的压力下，公共部门进一步引入和改造了战略管理这一概念，具有独特属性的公共事业部门战略管理逐渐丰富和发展起来。

一、战略管理概述

战略（strategy）一词源于希腊语"strategos"，原本是一个军事术语，意指为赢得战争而制定军事计划和指挥军队的艺术和策略。德国军事理论家卡尔·冯·克劳塞维茨（Carl Von Clausewitz，1781～1831 年）在《战争论》中指出，战略包括两个层面的含义，不仅强调"战略为了达到战争目的而对战斗的运用"，而且认定"战略必须为整个军事行动规定一个适合战争的目标"。

在漫长的历史发展中，作为一项重要的思想财富，战略的概念由军事领域逐渐扩大到其他领域，被广泛应用到政治、经济、社会、科技、管理等各个领域。20世纪 50 年代，战略开始进入工商业的管理领域，逐渐成为管理"手段"或"方法"的代名词；随着战略理论进一步向多学科渗透发展，其在实践应用方面变得用途广泛，导致了西方 80 年代企业战略管理时代的来临。与此同时，西方的一些政府机构、教育系统以及原卫生部门也都开始研究和引入战略管理。正如斯蒂芬·罗宾斯教授在 1994 年出版的《管理学》中的描述："战略计划已经超出了工商企业的领域，包括政府机构、医院、教育组织在内，都在制定战略计划。"迄今为止，无论在私营领域还是公共领域，战略管理概念都得到了充分的运用，其内容不断丰富和发展，逐步形成了一门新的管理学科——战略管理学，并在现代管理理论和实践中占有重要的地位。

（一）战略与战略管理

现代管理理论所指的战略，是指一个组织的总体目标，它涉及一个时期内带

笔记

动全局发展的方针、主要政策与任务。相对地,实现组织总体目标的措施、方法、技术,就是策略。

什么是战略管理(strategic management)?不同学者有着不同的见解。《战略管理思想》一书的作者费雷德·大卫教授将战略管理定义为:一门着重制定、实施和评估管理决策和行动的具有综合功能的艺术和科学,以保证在一个相对稳定的时间内达到组织目标。彼得·德鲁克则认为战略管理是管理者的分析式思维,他指出:"战略管理不是一个魔术盒,也不是一组技术。战略管理是分析式思维,是对资源的有效配置,计划不是一堆数字。战略管理中最重要的问题是根本不能被数量化的。"格里高利·G·戴斯在他的《战略管理》一书中这样定义战略管理:战略管理是一个组织为了创造和维护竞争优势而采取的分析、决策和行动;战略管理是制定、实施和评价使组织能够达到其目标的,跨功能决策的艺术与科学。管理学家亨利·明茨伯格梳理了各派理论家们的观点,认为:一方面各学派对于战略管理的理解与认识各有所长,但还没有形成一个完整的共识,都是局部的思想;另一方面在如下几个要点上,战略管理理论家们有一些一致的看法:战略与组织、环境都有关系;战略的本质是复杂的;战略影响着组织的整体利益;战略包括内容和程序;战略不是完全深思熟虑的;战略存在于不同的层次;战略包括不同的思想过程等。

梳理、归纳不同学者的观点,战略管理可以这样定义:战略管理指的是规划、执行、控制组织战略的过程,亦即管理者在环境研判的基础上,确立组织总体目标、发展组织能力、选择适当政策,以集中组织的努力、达成组织目标的行为过程。概而言之,战略管理在强调外部管理、强调长期、整体目标及其实现,以及围绕战略来整合组织的努力与行动等方面,凸显了自身特点并区别于其他管理途径与方法。

(二)战略管理的基本内涵

1. 战略管理是未来导向的,它着眼于长远的、总体的谋略　战略管理的出发点就是根据外部环境的变化来为组织确定未来的发展、规划蓝图。从某种意义上来讲,战略管理是在组织的现在与未来之间架起桥梁。通过战略管理将指向未来的战略理念贯穿于组织的所有人员和机构,使之理解组织的环境、要求和目标,也就是说,战略管理通常涉及或关注组织发展的总体格局,关注组织的长远发展。

2. 战略管理是一个持续性和循环性的过程　由于组织外部环境是不断变化的,因此战略管理是一个持续不断的过程。战略管理要密切关注内、外部环境的变化,预测其发展趋势,以便及时调整战略管理的目标,使之对内、外环境的变化应对自如。

3. 战略管理具有外向性,是外部环境的管理,同时也是由外向内的过程所谓外向性,是指战略管理是在面对复杂多变的环境时,通过制定战略,利用外部机会化解或回避外部威胁,从而促进组织成长的发展。相当程度上,战略管理就是一个组织面对外部世界,寻求成长和发展机会及识别威胁的过程,是外部环境的管理。战略管理是从注重外部环境,寻求机会与回避威胁开始的,通过环境评

笔记

估,确定战略规划,然后将这一战略目标贯穿于整个组织的结构调整、人员安排和资源配置,进行整个组织管理运行的。从组织过程来看,这是一个从外在环境的观点来看组织问题,而不是从自己组织内部的需求去解释外在问题。

4. 战略管理是直觉和理性分析的结合 一般来说,促成管理决策形成的人的思维因素主要是两种,即理性思维和直觉思维。在前者的推动下,决策是一个理性过程,它包括一些步骤,而在后者的推动下,决策主要是一种创造性活动过程,更多地表现为一种艺术。战略管理从决策的角度可以视为进行重大决策的客观、逻辑的方法,因为它旨在对定性和定量的信息进行分析,以便在不确定的情况下作出决策。然而,战略管理决策的制定又不仅仅是靠理性分析,因为战略管理是面向未来的,是首先关注复杂多变的外部环境的,而未来是不定的,外部环境也是处于发展变化中的。因而战略管理不是一种采用精密、明晰方法的纯粹科学研究。经验、判断、感觉甚至直觉都成为战略管理决策中至关重要的因素。

5. 战略管理是战略性的思维方式 作为战略管理的战略性思维应当具有以下特征:超前意识、长远意识、全局意识、创新意识和权变意识。其中权变意识是指任何理论或成功的经验,都是在特定的时期、条件和环境下得到的,战略决策者必须根据本组织的具体情况、组织文化、目前条件和未来环境的新变化作出权变的决策。

(三)战略管理在私营部门的兴起与发展

现代战略管理兴起于 20 世纪 50 年代,首先发端于美国企业的长远发展规划;60 年代后,日本企业提出了经营战略的概念;70 年代后,企业管理逐步进入了"战略制胜"的新时期;80 年代以来,战略管理日益成为现代企业经营管理过程的核心内容,并产生了很大的经济和社会效益。

20 世纪 50 年代以来,伴随着科学技术的日益进步,企业的生产效率和人们的生活水平也在不断提高,市场提供的产品日益丰富,顾客的个性化需求越来越成为趋势。以往的生产导向型企业竞争形态日益被市场导向型所取代,"商场如战场"越来越成为企业经营管理者的深切体会,迫使他们不得不思考企业的生存与发展问题。加之某些企业赖以生存的自然资源面临日益枯竭,社会、政府的环保要求不断提高,许多企业和行业正面临着生存与发展的巨大压力。在这种多重挑战下,一种重视企业环境研判、着眼于企业长期生存发展、谋求企业革新方向的管理思维,开始受到重视。先进企业纷纷开始了谋划长远发展的"规划"行动,战略管理逐渐发展起来。

私营部门的战略规划是战略管理的最初形式。战略规划着眼于从战略的高度确立组织目标或任务,但并不涉及计划的执行和评估。20 世纪 80 年代前后,随着人们对战略及其运行规律的认识深化,对战略的运用不再停留于仅仅进行规划,还注意了根据战略规划的要求对整个战略规划的执行、控制和评估,也就是说,是将战略观念贯穿于组织的所有部分以及管理的全过程,使战略的运行构成了一个完整的管理过程,形成了战略管理。这样,在管理领域内,战略管理代替了战略规划,战略规划成为了战略管理的一个组成部分,它与执行、评估合在一起,构成了一个完整的战略管理过程。

二、公共部门战略管理的兴起

(一) 公共部门战略管理兴起

战略规划和战略管理在现代企业经营管理中获得巨大成功,引起了公共管理研究者和实践者的深刻关注。在以企业精神来推动政府改革的"新公共管理"运动蓬勃开展中,战略管理作为一种新的管理途径或思维方式,不断被引入和应用到包括公共事业部门在内的公共管理领域,公共部门战略管理(strategic management of public sector)随之兴起。休斯在《公共管理与行政》一书中确认,"公共部门战略规划途径兴起于80年代初,比私人部门战略规划途径的兴起晚了十余年;而公共部门战略管理途径的采用比私人部门仅仅晚了几年。"

(二) 公共部门战略管理兴起的原因

保罗·C·纳特(Paul C. Nutt)和罗伯特·W·巴可夫(Robert W. Backoff)在《公共和第三部门组织的战略管理:领导手册》一书中,着重从组织机构自身的扩展和需求方面分析了公共部门战略管理兴起的诱因。我国学者主要从四个方面去研究公共部门引入战略管理的内外部因素——复杂的不确定性环境的挑战、政府改革的产物、新公共管理主义的推动与私人部门战略管理的示范性影响等。

我们认为,公共部门战略管理兴起的原因,总体上可以理解为传统公共管理的缺陷以及战略管理的特有功能。传统公共管理的缺陷,核心地表现在传统公共部门特别是政府部门的内部管理取向上,过分关注行政过程和日常管理,不去考虑组织的外部环境、长远目标以及如何通过资源的优化去实现组织的价值和目标,忽视了自己应如何代表社会公共利益,以及怎样在变动的环境中扮演好自己的角色等。公共部门重视战略管理,就是凭借战略管理特有的功能和用途克服这些缺陷。具体而言,公共部门战略管理兴起和发展的原因来自以下两个方面的压力:

1. 环境变迁的压力 现代社会,公共部门的环境变得更加复杂动荡和不确定,政治、经济、文化、技术、社会生活诸方面都在发生巨大而深刻的变化,公共部门管理的难度是空前的,特别是信息化、全球化进程的加速和知识经济的要求,政府等公共部门面临着前所未有的来自国内改革的压力,以及如何应对国际化和国家竞争力的压力。从管理角度来看,任何组织总是力图从各个方面降低或减少环境的复杂性和不确定性。在平衡的环境中,这并不困难;但在动荡的环境中,组织就必须建立一个更有适应性的反应系统。而战略管理恰恰能够保证组织与其环境之间形成良好的战略配合,从更宏观的视野、更长远的角度制定发展战略,增强组织的竞争力,使组织的能力与环境的要求相匹配,同时安排组织内部的结构与程序,以使其随战略选择而成长,发展出新的、能应对未来挑战的能力。

2. 角色变化的压力 在福利国家时代,与国家干预理论相适应,政府在社会管理中扮演着十分重要的角色,直接导致政府本身大而不当、机构臃肿、效率低下。从20世纪80年代以来,"大政府"的观念受到越来越多的质疑,"小政府"无论在理论或实践上均获取了人们的广泛认同和支持。以政府为代表的公共部门

笔记

的职能、角色、地位、组织结构及其社会关系都已发生巨大变化,公共部门经常面临重组、合并和私有化的威胁,并被置于通过与私营部门竞争来提供公共物品和服务的境地,在公共服务中落实市场机制是许多西方国家政府再造中的鲜明主张。另外,政府是公共利益的代表,其治理活动要兼顾整体利益与局部利益、长远利益与眼前利益,因此,政府等公共部门就必须以系统的、长期的、发展的观念来制定组织的发展战略,正确确定自己的职能、角色、地位、组织结构及其社会关系。

三、公共事业部门战略管理的特殊属性

公共事业部门战略管理(strategic management of the public sector)是(公共部门)战略管理方法、理论在公共事业部门管理中的应用,其技术程序与步骤与私人部门战略管理别无二致,因此公共事业部门战略管理必然具备一般战略管理的基本特征。但是,公共事业部门既区别于私人部门,又区别于纯粹的公共部门的特殊属性,决定了公共事业部门战略管理具有自身的属性特征。

(一)公共性

公共事业部门是公共部门的一个重要组成部分,公共部门存在和发展的核心原因是社会的公共利益需要。提供公共服务、实现和发展公共利益是公共事业部门的重要角色责任,因此公共事业部门战略管理不可避免地具有强烈的公共性特征。这就是说,公共事业部门战略管理,必须坚守社会正义、促进社会公平、增进公共利益、扩张公共福利。以改革和发展我国医疗卫生事业为例,无论是"发展卫生事业、保障和促进人民的健康"的宗旨确立,还是"建立覆盖全民的医疗保障制度"、"推进公共卫生服务均等化"的政策选择,或者加大政府投入、建立基本医疗卫生服务体系、实施重大疾病救助等,都充分体现了卫生事业战略管理的公共性特征。

(二)权威性

公共事业部门常常是接受政府部门的授权、委托或许可而开展相关工作,因而具有直接或间接地以国家为后盾的政治权威,因此公共事业部门实施战略管理时必然具有一定的权威性特点。首先,公共事业部门实施战略管理的资源筹集具有一定的权威性。公共事业部门所需的资源大多是依靠国家财政的拨付或资助,在特别的情况下,甚至可以借助国家强制力获取,诸如收取教育附加、水利建设基金等各种途径。其次,公共事业部门战略本身具有代表国家或地区利益和行为倾向,具有一定的权威性。在特定的公共事业部门战略下,为了达到社会整体利益提升的目的,某些群体、相关产业的或者其他地区的短期利益即便遭受损失,也必须承受。比如在新医改条件下,引入社会资本参与医疗卫生事业作为发展医疗卫生事业的一项战略时,公立医疗机构就不得不放下身段参与到市场竞争之中。

(三)依从性

公共事业部门战略管理还必须受制于法律、法规的规范,因而具有依从性,这是公共事业部门与私人部门在进行战略管理时的又一重要区别。一般地,法治行政是现代公共管理的首要原则之一,相应地,"法无禁止即自由"和"法无授权即

禁止"分别成为私人部门与公共部门活动的基本法则。这便意味着,公共事业部门在接受政府部门的授权、委托或许可因而具有权威性的同时,其角色责任、职能范围、管理权限等,都必须依法律授权而决定,公共部门战略管理亦应依从而不可突破上述原则或法则。举例来说,一个农产品加工企业,不仅可以自由地通过战略管理将其业务逐步拓展到贸易、零售领域,也可以转移到钢铁、电子等产业;而一所公立社区卫生服务机构,则不可自由地通过战略管理把其主要业务转向职业教育,或者拓展到房地产开发上来,除非法律法规授权或者经由政府依法许可。

(四) 模糊性

公共事业部门战略管理的目标确定具有模糊性特征。首先,由于公共事业部门所处的政治环境具有复杂性、多元性和不确定性,以及不同的利益集团对政治的各个方面具有不同程度的影响,加上政治的不断变迁等,公共事业部门通常同时具有很多模糊的、往往处在不断变化中的目标,这些不同的目标以及长期与短期的目标常常相互冲突且难以界定。其次,对于公共事业部门的价值目标来说,公共性和公平是最重要的,公共事业部门必须公平地对待每一位服务对象并为其提供服务;但是在市场化需求下,公民对公共物品的需求越来越呈现出多样化和个性化的趋势,同时公共事业部门越来越处于与私人部门竞争提供公共物品的位置,因此效率的提高也为公共事业部门战略管理所关注。故此,公共事业部门在体现公平和公共性的同时还必须做到高效,而公平与效率又往往是冲突的,公共部门的战略管理目标往往要在公平与效率的冲突中进行权衡判定,从而使其具有了模糊性。正如保罗·C·纳特和罗伯特·W·巴可夫所说:"组织的公共性越高,其目标也越模糊不清。"

(五) 参与性

以为公众服务、维护和增进公共利益为角色责任的公共事业部门,其所作所为密切关系到社会公众的切身利益。在政治民主化的潮流影响下,公共事业部门运作的公开化、透明化越来越成为社会公众的普遍要求。公共事业部门实施战略管理,无论在内容还是过程上都必须保持一定的公开性,鼓励并创造条件让公民参与、监督、检查,以赢得社会公众的支持、达到公共事业管理的目标。

第二节　公共事业部门战略管理的实施

公共事业部门战略管理的实施,即公共事业部门战略管理过程,可以从广义和狭义两个层次来理解。就广义来说,公共事业部门战略管理的实施指的是一个包括战略制定、战略落实和战略效果评估及其改进的完整过程,也即公共事业部门在环境研判的基础上,制定战略规划,并通过建立和发展行动的能力与机制,将战略规划转化成为现实绩效的过程。狭义的含义,则仅指广义过程中战略落实的过程。本节从广义的层次来理解公共事业部门战略管理的实施。

一、公共事业部门战略管理过程

在理论上,目前人们对公共事业部门战略管理实施阶段的划分是不一致的。

管理学者布莱森将公共事业部门的战略管理分为开始制定战略计划并取得一致意见、明确组织权限、阐明组织任务和价值、对外界环境进行评价、对组织内状况进行评价、确定组织面对的战略性问题、制定战略——处理问题、制定有效的未来的组织蓝图等八个步骤;而美国学者奥斯本和盖伯勒则将公共事业部门战略管理的步骤划分为内外形势分析、判断鉴定组织面对的要害问题、确定组织的基本任务、整合组织的基本目标、绘制蓝图——成功的景象、制定实现这个蓝图和目标的战略、排列战略时间表、测量评价最终结果等九个步骤。

为简化论述起见,我们从整体上把公共事业部门战略管理过程(strategic management process)划分为三个阶段:战略制定、战略实施和战略控制。科学地制定战略是公共事业部门实施战略管理的首要阶段,其核心产出是形成战略规划,为下一阶段阶段的实施提供"路线图"。战略制定过程当然重要,但如果科学的战略不能得到很好的落实,再好的战略也注定要失败。正如亨利·明茨伯格所说:"战略制定者的绝大多数时间不应该花费在制定战略上,而应该花费在实施战略上"。欧文·E·休斯在《公共管理与行政》一书中,也强调了战略落实的重要性,他引用Nutt 和 Backoff 的话说,"在公共部门实施战略会更加困难,因为公共性随之而来的是限制、政治影响、权力局限性、审查以及无所不在的所有权。"而战略控制,则是公共事业部门在战略绩效评估的基础上进一步改进战略、取得更好的未来绩效的依据和基础。概而言之,上述公共事业部门战略管理的实施所包含的三个阶段,相互联系和不可分割,具有同等的重要性。套用戴明环的观点,从一个长期的过程来看,上述三个阶段,共同形成一个循环的、持续上升的过程(图9-1)。

在实际的公共事业部门战略管理过程中,环境研判是公共事业部门制定战略规划的前提性工作,因而也是公共事业部门实施战略管理的真正起点。鉴于这一前提性工作本身的高度复杂性,并且对公共事业部门所制定的战略规划是否科学可行具有决定性影响,我们在具体解析公共事业部门战略管理实施过程的三个阶段之前,予以专题论述。

二、环境研判

环境研判的基本任务是运用系统思考和特定的分析模式或工具,既研究分析公共事业部门的外部环境因素及其对公共事业部门的压力要求和发展趋势,又研究分析公共事业组织自身在这一特定外部系统背景下的优势与不足,从而把内外环境结合起来,判明组织内外部的优势与弱点、机会与威胁等相关信息,以便公共事业部门制定出科学可行的战略规划,作出最适宜的有效回应。可以说,严谨的环境研判是公共事业部门战略管理的基础。

(一)公共事业部门的环境要素

公共事业部门的环境是一个由多种交互作用的因素构成的系统,包括外部环境和内部环境两个大类,他们共同而动态地作用于公共事业部门战略管理全过程。根据这些环境因素对公共事业部门决策的影响程度,又可以将其分为一般环境和具体环境。一般环境指作为整个公共事业管理部门决策背景的环境因素,如社会文化心理、公共管理文化观等;而具体环境则指对公共事业管理部门

笔记

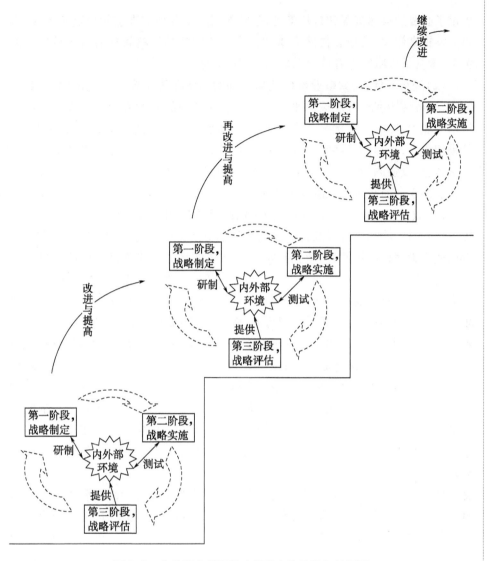

图 9-1　公共事业部门战略管理实施阶段与过程图

的决策、管理发生直接影响的因素,如组织资源等内部环境。

　　1. 公共事业部门战略管理的外部环境　从外部环境来说,私人部门战略管理的外部环境一般可以从六个方面来描述:人口环境、社会文化环境、政治(法律)环境、技术环境、经济环境和国际环境等。公共事业部门战略管理的外部环境与私人部门战略管理环境有一些共同方面,但差别也很明显。我们认为公共事业部门战略管理的外部环境范围十分广泛,主要的因素有:自然环境、经济环境、政治(法律)环境、社会环境、文化环境、国际环境等。

　　(1)自然环境:自然环境是指影响并制约公共事业部门战略管理的自然资源和地理位置等因素。一般来说,特定的自然环境一方面常常对某些公共需求具有决定性影响,例如在长江中下游沿江地区,血吸虫病是该地区居民健康的重要威胁之一,因此加强血吸虫病的防治必然是当地公共卫生事业发展所面临的一个重大需求内容;另一方面特定的自然环境又为公共事业部门战略管理的实施提供了必要的自然资源和自然条件,公共部门战略管理如果能契合这些条件,必将能够提高效率。因此,自然环境和公共事业部门的战略管理有着十分密切的关系,常常是战略制定者首要考虑的外部因素之一。

(2)经济环境:公共事业部门战略管理的经济环境主要包括经济制度、经济实力、经济结构和经济发展水平等。公共事业部门战略的制定要考虑社会的经济承受能力、经济发展状况。同时,经济环境也会影响公共事业部门战略实现的效果和程度,是确保战略能够顺利实施的保证。当前我国正在建设的医疗保障制度,之所以强调"低水平、广覆盖"、"多类型"的目标,一个重要的决定性因素就是受制于当前我国的经济发展水平。

(3)政治(法律)环境:公共事业部门战略管理的政治环境主要包括政治制度、政治结构、法律规范以及公共事业部门本身拥有的一定政治影响力。和私人部门战略管理相比较而言,政治环境对公共事业部门战略管理的影响要复杂得多。这是因为公共事业部门不仅受到政治环境的制约与规范,必须回应政治、法律力量和来自政府的指令等权威网络的需求,同时还要面对来自社会公众的要求与压力,公共事业部门必须采取行动、作出反应,以满足社会公众的需要。

(4)社会环境:公共部门战略管理的社会环境主要包括社会人口规模、职业构成、社会福利和保障体系,以及一些伦理规范等。同私人部门一样,社会环境也是公共部门战略管理外部环境中十分重要的一个因素。因为作为战略制定者不仅要考虑战略制定与执行的社会氛围和具体社会关系,同时还要考虑战略效果必须体现社会发展的基本方向和价值问题。社会环境影响公共事业部门战略的制定、执行和效果,公众和社会的认同程度常常是公共事业部门战略管理的重要环境因素。

保罗·纳特和罗伯特·巴可夫着重研究了公共事业部门战略管理的政治与社会环境。他们认为,根据公共事业部门在以下两方面的感受,即社会公众对其回应权威网络的期望(外部回应度)和采取行动的压力的大小,可以将公共事业部门所面临的战略管理环境分为骚动的环境、平静的环境、局部平静的环境和动荡的环境等四种类型(图9-2),甚至由此发展出了与之相对应的公共事业部门不同战略(公共事业部门战略类型在第三节专题介绍)。

(5)文化环境:公共事业部门战略管理的文化环境包括历史传统、人文背景、社会道德观念和教育水平等因素。文化环境为公共事业部门的战略管理提供精神动力和智力支持,同时社会文化的价值取向也会在战略中体现。文化环境对公共事业部门战略管理的影响没有上述四种环境那么显著,但它对战略的影响是潜在的和深远的。例如与欧陆国家相比较,美国的公共事业部门战略管理,在总体上更趋向于效率的价值追求。

(6)国际环境:伴随着全球化、市场化和信息化的浪潮,国际环境对公共事业部门战略管理的影响日益深刻。当今的国际环境总体趋势已经显露出来,但是其还是处在不断变动之中。公共事业部门的战略管理既要顺应当代的国际环境的总体趋势,也要根据具体情况不断的调整战略目标和途径选择。

2. 公共事业部门战略管理的内部环境 公共事业部门战略管理不仅受到外

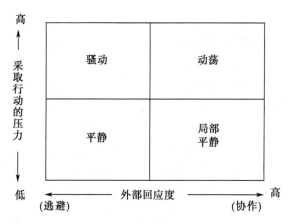

图 9-2 保罗·纳特和罗伯特·巴可夫的公共事业部门战略环境四分图

部环境的影响,而且还受到内部环境的制约。外部环境和内部环境共同作用于公共事业部门战略管理的全过程。从公共事业部门的内部环境来看,最重要的影响因素主要集中于组织结构、组织资源和组织文化等三个方面:

(1)组织结构:包括组织各部门的职能关系、组织的管理、组织的结构层次等。通常情况下,一个组织有序、结构适宜、信息传递及时和管理有效的组织,是公共事业部门战略管理的良好内部环境。在这样的组织内部环境中,战略才可能得到正确的执行和实施。因此,组织结构形成的内部环境对公共事业部门战略管理的优势和劣势,对公共事业部门的战略管理形成制约和影响。

(2)组织资源:组织资源包括组织的有形资源和无形资源。组织的有形资源是指公共事业部门中一些相对较为容易确认的资产,例如公共事业部门所拥有的物资资源、财力资源等,它们在公共事业部门战略管理中提供着必要的物资和财力保证。组织的无形资源是指公共事业部门中那些难以量化确认的资产,例如公共事业部门的声誉等,它们是从潜在的方面为公共事业部门战略管理提供资源的支持。

(3)组织文化:组织文化是公共事业部门所有成员共同享有的组织信仰、价值观和行为准则。组织文化对于公共事业部门战略管理的作用主要体现在以下几个方面:一是对公共事业部门战略管理者和整个战略管理过程起到精神支柱的作用;二是为公共事业部门战略管理建立一个目标和方向,形成组织成员统一的意志;三是在规范和约束整个组织成员行为的同时,也教育成员,让战略管理顺利得以执行和实施。

(二)公共事业部门环境分析工具——SWOT 分析

1. SWOT 分析的基本含义　SWOT 分析(SWOT analysis)是目前战略管理与规划领域中广泛使用的环境分析工具,也是公共事业部门战略制定的一个有效方法。其主旨是通过给出一个有关组织内外环境的有效的信息,清晰地展示现有情况下组织的优势(S,strength)与不足(W,weakness),将组织内部的资源因素与外部因素有效的匹配起来,并激励组织调动其优势,最大限度地利用机会(O,opportunity),规避风险(T,threat),从而制定良好的组织战略。

2. SWOT 分析法的使用　编制 SWOT 矩阵图(图 9-3)是 SWOT 分析的基本方法。具体来说,SWOT 矩阵图由九个格子组成,构建 SWOT 矩阵一般有如下 8

笔记

个步骤：

(1)列出组织的关键外部机会；

(2)列出组织的关键外部威胁；

(3)列出组织的关键内部优势；

(4)列出组织的关键内部弱点；

(5)将内部优势与外部机会相匹配,形成 SO 战略；

(6)将内部弱点与外部机会相匹配,形成 WO 战略；

(7)将内部优势与外部威胁相匹配,形成 ST 战略；

(8)将内部弱点与外部威胁相匹配,形成 WT 战略。

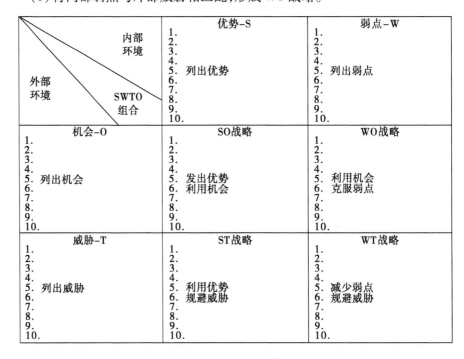

图 9-3　SWOT 矩阵图

在 SWOT 分析过程中,最重要的就是确定什么是关键的内部因素和外部因素,因为所谓内部优势和弱点、外部机会和威胁,是由关键问题构成的或由关键问题为形式表现的。对关键问题的确定,要求环境研判者要有良好的判断力。良好的判断不仅来自知识、经验,更要靠理性思维能力和非理性的直觉能力。因此,这也是整个 SWOT 分析中最为困难的部分。

三、战略制定

在完成环境研判这一前提性工作后,公共事业部门实施战略管理阶段性任务便转移到战略制定上来了。战略制定阶段的核心产出是形成战略规划,因此也被称为战略规划(strategic planning)阶段。

(一) 战略规划及其特点

1. 战略规划的概念和价值　战略规划是在环境分析的基础上拟定战略的过

笔记

程,也是将战略意图转化为战略决策的过程。战略规划是公共事业部门实施战略管理的核心环节之一,从整体上确定了公共事业部门战略管理的总体方向、基本轮廓和实施依据。因为从横向看,战略规划的确定,有助于各项具体的管理工作的开展,如公共事业部门及其产品市场的定位、资金筹措、设备购置、人员配置等之间的相互协调;从纵向看,战略规划的确定,有助于正确处理长远需要和眼前需要、长远发展和眼前生存的关系,减少和避免短期行为的干扰,保证组织长期稳定的发展。

2. 战略规划的特点　作为一个产生组织战略的过程,战略规划也是一个决策过程。但必须注意的是,战略规划所面对和处理的决策议题和一般政策规划的议题是存在差异的。一般来说,战略规划的决策议题具有三个基本属性:一是稀有性,即战略决策所要处理的问题通常是没有先例的,因而这一决策是不寻常的,相当程度上具有创新性,是一个通过一定程序充分发挥决策者直觉和管理艺术的过程。二是重大性和长远性,即战略决策议题通常是涉及全局和长远发展的重大问题,就公共事业部门来说,通常表现为一定区域内科、教、文、卫、体及其他公用事业等整个领域或行业中长期发展的问题。三是指导性,战略规划的确定,意味着相应的各项较低层次的决策方向以及具体管理工作的基本框架也就随之确定。

从产出结果来看,战略规划作为战略制定活动的直接结果,一般来说应包含如下的基本内容:①战略目标与战略范围,即说明公共事业部门通过战略管理所要达到的目标,规定组织与环境之间发生作用的范围。②确定功能战略,即描述实现战略目标的关键点及其实施步骤。③资源配置,即要阐明如何部署资源。④最佳协调作用的机制,即建立资源配置与竞争优势相互协调的作用机制。⑤说明环境变化的趋势,并为环境突变配置必要的应急战略,避免过于僵化而陷入危机或困境。

从战略规划的层次来看,公共事业部门中的战略规划,大致可划分为三类:第一类是涉及全国的全行业中长期战略规划。这是最高层次的应用,通常需要广泛的公民参与,且在战略实施过程中必须有相应的组织之间高度的合作与协调。第二类是在地区性,如省一级战略规划。这是根据最高层次的规划并针对本地区的实际需要,而所作出的应用型中长期规划。第三类是局部地区的应用,这实际上是一种战略议题管理。即是公共事业部门根据本身的性质和法定管理范围,从上述战略规划中选择特定的议题,形成相应的计划进行管理,而非全面性的战略规划。

战略规划反映了战略制定者的价值观念。对公共事业部门来说,决策者必须树立正确的价值观,在公平与效率上做出恰当的平衡。比如在制定公共卫生事业发展战略规划时,尽管追求效率具有一定的正义性,但公平性特别是对于弱势群体的关怀与照顾常常更值得重视,因为其关乎生命与健康。

(二) 公共事业部门战略规划过程

综合不同学者的解析,我们认为公共事业部门的战略规划过程主要包括以下逻辑步骤:

笔记

1. 理解历史,确定理想   这一步骤的目的在于使战略决策者与其他参与者取得共识,决定公共事业部门的发展方向。具体包括三个方面的工作:一是要回顾公共事业部门的历史渊源和创办理念;二是要明确政治、法律、政府指令等权威网络对于公共事业部门的限定性要求;三是要确认自己作为公共组织的使命与理想。为此,我们应回答一些基础问题,主要包括但不限于以下几个方面:

(1)我们是什么样的组织,我们应该做什么,我们追求的主要价值是什么?

(2)我们所要满足的社会及政治需要是什么,法律法规的规范是什么? 或者说,我们组织的服务对象是什么、服务对象需要什么、我们应当而且能够进入什么样的服务领域?

(3)我们应该通过什么样的方式和行动去满足这些需求?

(4)我们应如何处理与战略存在利益相关对象的关系?

(5)我们进行行动时不同于其他组织的条件是什么?

2. 评价现状,确定战略议题   这一步骤的任务是通过关键事件找出公共事业部门的现状与理想之间的差距,分析研究产生差距的根源,利用 SWOT 分析工具,清晰地展示现有情况下组织的优势与不足以及来自外部环境的威胁和机遇,并通过一定的方式确认战略议题及其优先秩序。

3. 设计和评估备选战略   这一步骤的主要工作是在前述工作的基础上,结合 SWOT 分析所揭示的战略类型,设计并综合分析各种可能的备选战略,为下一步战略选择提供基础。

4. 战略选择与战略具体化   这一步骤的主要任务包括两个要点,一是要在充分考虑备选战略的可能性与可行性之后,作出适合组织发展使命的战略选择;二是要准确、清晰表达战略,形成战略规划,包括战略目标与指标及有关的重要步骤、责任、期限和所需要的资源、组织结构等。

四、战略实施

战略实施(strategy implementation)阶段是将战略规划予以落实、执行和逐步实现战略规划目标的活动,是公共事业部门实施战略管理的行动阶段。

(一)战略实施与战略规划的关系

战略实施是战略规划的延伸,战略规划和战略实施既有区别又有联系。两者在以下几个方面(表9-1)存在着显著的差别。

表9-1   战略实施与战略规划的区别

比较项目	战略实施	战略规划
工作阶段	行动中管理和运用力量	行动之前部署力量
工作目标	效率	有效性
工作性质	行动过程	思维的过程
工作技能	激励和领导	直觉和分析
工作范围	多数人之间的协调	少数人之间的协调

笔记

（二）战略实施的关键要点

公共事业部门战略实施是一项实践性很强的管理活动,涉及组织管理的方方面面,以下是公共事业部门推进战略实施时需要特别注意的几个关键要点:

1. 明确实际目标与进展指标　尽管我们在战略规划阶段对战略目标有了明确的界定,甚至规划了一定的行动计划来分期实现阶段目标,但是这些目标绝不可能自动实现。彼得·德鲁克说过,"经营目标当然不是列车时刻表,它可以被比作轮船航行的罗盘。罗盘是准确的,但在实际航行中,轮船可能偏离航向很多英里。"因此,在公共事业部门战略实施阶段,有必要结合实际进一步明确各部门、各阶段的具体目标,发展出可供观察与考核的进展指标,既考虑到战略管理的总体任务,又考虑利益相关者的诉求,从而保证战略得到更好的实施。加拿大Carleton 大学的 Mose N·Kiggundu 教授认为,"有效的战略管理,需要整合和平衡实际目标与进展指标。对管理者来说,一种可能的选择就是确保战略管理目标有效实施同时,也满足利益相关者当前的要求。这样他们才可能愿意为战略管理漫长而不确定的行程付费,因为他们相信组织的实践能力。"

2. 进行有效的资源配置　资源配置是战略实施中的一项中心活动,是战略规划得以成功执行的保障。布莱森(John·M·Bryson)在《公共和非营利性组织的战略规划》一书中明确提到,"要建立足够的人力、时间、注意力、金钱、行政和支持服务以及其他一些资源来保证成功的战略实施。"与此同时,战略管理还要求组织资源能够按照一定的优先顺序进行合理配置。对于公共事业部门战略实施来说,在分配资源时,总体上应向以下三个方面倾斜:一是要倾向于远景贡献大的组织行动,以发挥资源的引导作用;二是倾向于对关键战略的支持,以发挥资源对战略成功的保证作用;三是倾向于风险程度较高的领域,防止风险实际发生带来的打击。

3. 建立有效的组织结构,使组织机构与战略相匹配　组织结构通常既是战略实施的有效手段,又是战略管理的客观成效。"战略决定结构"是战略实施阶段所必须依据的原则,不同的战略要求不同的组织结构与之相适应,一个好的战略需要通过相应的组织结构去执行。美国管理学家托马斯·丁·彼得斯和小罗伯特·H·沃特曼提出了能适应战略时代的新型组织结构至少要满足三个要求:一是履行基本职能的效率要求;二是不断创新的要求;三是面临重大威胁时能作出起码的反应,以避免僵化的要求。

4. 重视领导的作用　执行战略规划需要有人来领导,这个领导权并不是那些具有领导气质的个人所掌握的一种神秘力量,而是一项管理职能。对于公共事业部门来说,领导者在战略实施中的重要作用,可以从对外、对内两个方面来概括。对外而言,领导者第一要扩散组织的独特能力,即让外界了解公共事业部门通过战略实施能够完成一系列特定任务的能力,赢得立法部门的认可、行政部门的支持以及利益集团和公众的赞同;第二是要为公共事业部门战略实施争取政府和社会的资源支持,包括争取资金、人员、权力和场地等。对内而言,领导者主要有以下两个方面的功能:第一是向组织灌输战略价值观念,包括战略规划所界定的组织使命、目标和角色定位,并将其与组织的生存需要和个人利益需要相结合起来,调解部门之间、组织与个人之间的各种冲突,形成有利于战略实施的

笔记

组织气氛。第二是设置激励机制,结合组织成员个人偏好、人际关系等创设激励措施,引导组织成员为战略实施贡献力量。

（三）战略实施的基本手段

战略实施的过程中,达到同一个目的可能有不同的手段,或者为达到设定的目标必须结合多种手段。战略实施的主体可以根据需要对各种手段进行挑选或组合,基本手段主要包括以下几种:

1. 政治手段　公共事业部门战略实施的最直接最有效的手段就是依靠政治权威,这种手段一般采取政治指令、规定和制度等形式来实现。政治手段具有强制力和权威性,最易使战略得到推行,因为下级对于上级的行政命令一般都要不折不扣地执行,否则会受到一定的处罚。如果行政命令是适当的、周密的,那么采取政治手段将会收到最好的效果。但很少有行政命令能面面俱到,而且下级人员是被动地执行命令,因此沟通与反馈是运用政治手段实施公共事业部门战略规划中值得注意的重要问题。

2. 法律手段　法律是规范人们行为的强制性手段,具有普遍约束力。在条件成熟时,一旦公共事业部门的战略规划上升到法律层面,那么就具有强制执行力,成为公共事业部门战略实施的便捷而有效的手段。而且法律在较长时期内都是稳定的,不会朝令夕改,因此公共事业部门运用此手段贯彻落实战略规划具有成本较低的特点。但法律手段也存在一定的问题,它属于一种基本的行为规范,对于讲究细节的公共事业部门战略实施来说可能适用性不强,特别是运用这种手段时要注意其适用范围。

3. 激励手段　无论是私人组织还是公共事业部门,在推动战略规划落实的过程中,都不可避免要考虑激励问题。但对于公共事业部门来说,有效的激励显得较为困难。有研究发现公共事业部门的成员对于金钱激励的偏好比不上私人部门,他们更注重工作的稳定性、被委以重任、得到上级的赏识等,这些相对于私人部门来说要复杂得多。此外,领导者要给予员工奖励需要一定的时机,并非随时都有机会,所以短期内组织成员很可能感到一种挫败感,失去工作的动力。但是一旦组织找到适当的激励方式和时机,有效地触及组织成员的兴奋点,那么这种手段必将发挥巨大的作用,有利于促进战略规划的有效推行。

4. 组织文化手段　组织文化是组织成员共有的一整套假设、信仰、价值观和行为准则,是在长期的组织活动中形成的。组织文化看似是个时髦名词,但在公共管理实践中早就实际运用了。一个组织通常有着自己的行事风格和组织关系,形成绝非一朝一夕,改变也不是轻而易举。有的组织可能人情味浓一点,偏重亲和氛围的人际关系,而有的组织则更偏重管理的效率和科学化,两种气氛的截然不同令这两类组织各有不同的行事风格,甚至管理效果。因此,公共事业部门实施战略管理,应重视借助其自身特有文化的推力作用。

五、战略控制

公共事业部门战略管理肇始于应对环境变化的需要。实际上,环境的变化是贯穿于整个战略管理过程中的,既不但在战略规划制定过程中,也在战略规划

笔记

的实施过程中。当组织内外环境发生变化时，制定和实施得再好的战略也可能会过时。因此，对战略实施进行同步绩效评价与过程控制，就成为战略管理过程的一个重要环节。从控制机制的角度来看，战略绩效评价为战略过程控制提供了信息和依据，是管理者调整、修正甚至终止战略实施的前提和基础。

公共事业部门战略控制（strategic control）的基本活动主要包括三个方面：一是考察战略管理的环境变化状况与战略规划的适应性，着重考察现行战略规划所依据的环境因素中有关机会与威胁、优势与弱点是否发生变化，发生了何种变化。二是衡量战略实施绩效，将战略规划的预期目标和战略实施的实际进展与结果进行比较，研究实际所取得的成绩，其中的关键问题是确立绩效评价的指标。一般的评价指标可以从财务评价、顾客评价和时间进度评价等角度来开发。此外，还应该回答以下有关战略规划本身的一些关键问题：战略是否恰当？风险程度有何变化？时间进度是否应当调整等。三是采取控制措施。即在前述两项工作的基础上，对现行战略实施做出战略持续、战略修正、战略重组或是终止战略的决定。

第三节　公共事业部门的战略类型

了解公共事业部门的战略类型，有利于我们区别不同的环境为公共事业部门选择和确定适当的战略。本节选择介绍了两个重要视角的相关理论，其一是保罗·C·纳特与罗伯特·W·巴可夫的研究成果，其二是戴维·奥斯本和彼德·普拉斯特里克的5C战略理论。

一、公共事业部门的战略类型

美国学者保罗·C·纳特和罗伯特·W·巴可夫在《公共与第三部门的战略管理》一书中，总结了关于私人部门战略类型划分的研究成果，并以此为据探索了公共事业部门的战略类型（strategy types）。

保罗·C·纳特和罗伯特·W·巴可夫认为，战略是与环境相匹配的，人们可以根据环境的类型来确定战略。对私人部门来说，环境的类型是通过市场变动情况和竞争者的行动来界定的，然而对于公共部门而言，由于社会公众需求的变化常常通过立法、行政部门施压于公共事业部门，要求公共事业部门采取行动，作出反应，以满足新的需要，因此对变动的社会需求的关注取代了对市场变化和竞争者的关注。他们认为，根据公共事业部门在以下两方面的感受，即社会公众对其回应权威（立法、行政部门）网络的期望（外部回应度）和采取行动压力的大小，可以将公共事业部门所面临的战略管理环境分为骚动的环境、平静的环境、局部平静的环境和动荡的环境等四种类型，并由此发展出了与之相对应的公共事业部门不同战略（图9-4）。

（一）高行动性战略

在骚动的环境下，公共事业部门的高行动性战略包括支配者和指导者两种战略类型。支配者战略强调用行动应对快速出现的新需要，极少考虑对合法权威的回应。该战略的动机是自由选择行动并使行动与责任分开。在我国2000

273

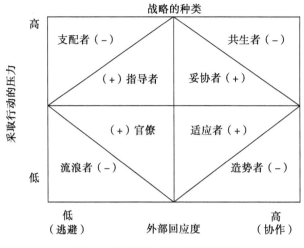

图 9-4 公共事业部门的战略类型

年前后,卫生事业改革政策还不太明了的时期,某些大型公立医院面对强劲的高端医疗需求,置卫生行政部门的要求于不顾,纷纷开设"豪华病房",以较高服务价格筹集发展资金,就是这种战略的实际应用体现。

指导者战略属于中等到高度行动取向的战略,能增加对重要需求的回应度,对其行动承担中等的责任。这种战略,常常是骚动环境下社会公众对其回应外部权威网络要求不断走高时被采用,由支配者战略转变而来。例如 2005 年前后,社会舆论对公立医院不公益的批评日益强烈,"豪华病房"逐渐寻找理由成为某些重大疾病提供特别服务的"特需病房"了。

(二)低行动性战略

与低行动性战略相适应的是局部平静的环境。包括造势者和适应者两种战略类型。造势者战略实际上是不采取行动的战略。这种战略的制定者研究每一个信号,以确定行动是否有保障,并不断公告将要采取的行动,但不能对问题进行定性,也没有对问题进行优先顺序的排列,结果日常工作被大量不重要的问题充斥,宣称要做的事情与其能做的事情之间有相当的差距,因此事实上很少将这些行动付诸实施,公共事业部门显得不负责任。实践中,采取这种战略的公共事业部门并不鲜见,他们总是不停地列出问题清单,但从不着手处理。

当局部平静的环境下,采取行动的压力进一步增加时,公共事业部门的造势者战略就不得不向适应者战略转变了。我们可以认为,适应者战略中包含着一些造势者战略的成分,但不同之处在于适应者战略为问题议程注入了更多的行动成分,从而使得采取适应者战略的公共事业部门比采用造势者战略的公共事业部门略微负责。一般当组织能对外界需求作出适度回应,并且它面临的环境仍处于可预测状态时,适应者战略仍是一种有效的战略。

(三)行动与回应度的结合

行动与回应度的结合包括流浪者、官僚、妥协者和共生者四种战略。有些公共事业部门,由于立法目标的不明确等原因,所面临的环境要求也很少,就有可能会采取流浪者型战略,这是偷懒型的战略。例如某些社会团体,在平静的环境下,自己的使命非常模糊,仅做一些表面工作,以营造他们正在做工作的气氛,并逐渐习惯于这种无所事事的状态。

官僚战略要求公共事业部门只为非常明确的需求采取适度的行动,并且只按照事先规定的流程和标准作出适度的回应。在平静的环境中这是最低限度可以被接受的战略。例如某些公共事业部门,为保护组织的生存,在资金紧缩时期不被裁撤,其所有工作可能就是争取预算最大化或隐瞒未用资金。

当公共事业部门面临明显的行动需求时,就必须采取比官僚战略更为积极的战略——妥协者战略。在组织资源有限的情况下,某些公共事业部门常常采取只满足重要顾客的需要,或者只满足确有需要的顾客的战略,让顾客互争而坐收渔人之利。妥协者战略通常比官僚战略要复杂得多。如果这些需要特别紧迫,就需要对资源重新分配并制定出新的计划。当新的需要以越来越快的速度出现时,采取行动的呼声会变得非常刺耳,从而打乱对各个局部领域排列优先顺序的规则,最后造成不可能重新分配资源,妥协者战略就转变为共生者战略了。

共生者战略是最主动的战略。当环境处于动荡状态,而且各种社会需要变化迅速时,就必须通过合作才能对形势作出回应,那么组织就需要采取共生者战略。

(四) 战略转换

公共事业部门不会长期采取同一战略,而是要经历一系列战略姿态的转变,如从适应者战略转向妥协者战略,或从指导者战略转向妥协者战略。其中,要证明向共生者战略转变的正当性相对较难,要维持共生者战略也很难。一般而言,当组织所处的环境非常动荡,而且其权威网络中的重要人物也认识到这一情形时,组织才可以继续维持共生者战略。当然,高效的组织会在认识到环境的动荡时,以共生者战略取代妥协者战略。

二、戴维·奥斯本和彼德·普拉斯特里克的 5C 战略

戴维·奥斯本(David Osborm)和彼德·普拉斯特里克(Peter Plastrik)基于自己的战略定义,围绕政府再造提出了五项战略。本节引入这一内容,试图为理解公共事业部门战略类型提供另一视角的参考。

"我们所说的战略,并不是指详尽的计划……是指利用关键的杠杆作用支点进行根本变革,使得变革的'涟漪'(ripple)波及整个组织,并影响其他方面……政府再造者所面临的挑战,都是利用杠杆作用(leverage)将很少的资源积聚为巨大变革的良机。讲究战略意味着运用一切可能的杠杆作用,以一种能够变革每个人的行为模式的方式来改变制度中的动力机制。"奥斯本和普拉斯特里克将战略分为五种类型,当然每种类型又包括若干个不同的途径和多种工具,为记忆方便取其首字母命名为 5C 战略。事实上,从实际应用的角度来看,公共部门战略还包括五种策略的某种组合。

(一) 核心战略:明确组织目标

确定组织的目标涉及政府的核心职能,即掌舵职能,所以叫"核心战略"。比较而言,其他四种战略更多地关注于改进划桨职能。核心战略革除了那些对有效的公共目标不再起作用的职能以及私人部门能够做得更好的职能。实施核心

战略的三个基本途径是:

1. 准备行动 一旦领导者准备行动,就必须剔除那些对核心目标不再有用的职能——通过放弃、出售或者转移给其他机构。其工具主要有绩效和项目评估、优先选择审查、日落原则、资产出售、准私有化方法以及授权代理。

2. 掌舵与划桨分离 即将政策与规章制度制定的角色同服务提供及执行角色分离开来,并将不同的服务职能和不同的执行职能分属不同的组织,以便有助于每个组织只专注于达成一个明确的目标。其工具主要包括灵活的绩效框架、竞标等。

3. 改进目标 其工具包括结果目标、掌舵组织、战略开发、绩效预算、长期预算等。

当然,这三种途径并没有先后之分,而且对政府再造者来说,需要从解决最迫切的问题入手。

(二)后果战略:创设绩效后果

后果战略的主要特征是通过引入以绩效为基础的激励机制,建立自我驱动的动力机制。引入后果战略的三个基本途径是:

1. 企业化管理 这是实施后果战略最强有力的一种途径,因为它所产生的竞争是一种自动的、持续不断的过程,无需签订合同,没有强加后果,政治家们甚至不参与决策。当然,它并非适合所有的公共事业组织。企业化管理的工具主要有公司化、企业基金、使用者付费以及内部企业化管理等。

2. 有序竞争 企业化管理的适用范围毕竟是有限的,在某些情况下,财政底线并非是衡量成功最适当的指标。例如对环境保护、公园管理、公共安全维护等公共事业组织活动来说,并不能在市场上向顾客收取费用,尽管此时有序竞争所产生的后果不如企业化管理的结果那么自动,但却更为有力。有序竞争要求政府与潜在的提供者(私人公司或公共机构)以绩效为基础展开合同竞争。如果不可能签订合同,公共官员可通过竞争标杆进行绩效测量并与其他相类似组织的绩效进行比较,这样就能产生心理和财政上的后果。其工具主要有竞标、竞争标杆等。

3. 绩效管理 这是当企业化管理和有序竞争都不适合时的选择,它是利用绩效测量、绩效标准、奖励和惩罚达到激励之目的。我们要注意到,一方面公共机构的绩效通常都是依据其过去的绩效记录或者预先设定的绩效目标来测量的,这样就可以知道其绩效是否改进或达到了既定目标。但由于没有竞争者与之比较,因而无法知道其他组织是否做得更好,或者其绩效究竟好到何种程度。另一方面绩效管理改进绩效的过程通常较为缓慢,绩效管理的主要工具有绩效奖励、精神补偿、奖金、增益分享、节余共享、绩效工资、绩效合同与协议、效率红利、绩效预算等。

上述三种途径并不是互相排斥的,那些以公共企业运作的公共组织或以合同方式竞争的公共组织通常都要使用许多绩效管理的工具以使其竞争优势最大化。事实上,所有公共组织都应该使用绩效管理。

（三）顾客战略：将顾客置于驾驶员的位置上

组织不仅要循着命令链对其行为绩效负责，也要对其顾客负责，这也可以视为产生后果的一种途径，所以说，顾客战略是建立于后果战略基础之上的。公共组织对顾客负责，这样就会改变其行为模式，这是一种强有力的变革杠杆。核心战略界定了公共组织对什么负责，后果战略改变了负责的方式，而顾客战略则研究对谁负责的问题。实施该战略首先要界定顾客、执行者及权益相关者，而界定组织的主要顾客是最关键的一步。所谓主要顾客，就是组织的工作主要用来帮助的个人或团体。次要顾客是指组织的工作使之受益的其他个人或团体（但是不如主要顾客那么直接）。执行者是指那些应当遵守法律和规章制度者，如高速公路巡警队的驾驶员，但他们不是顾客。权益相关者是指在公共系统或公共组织的绩效中，有一定利益关系的个人或团体，如公立学校的教师，或涉及工厂安全机构的工会。一些权益相关者可能是顾客，也可能不是。

实施顾客战略的三种途径是：

1. 顾客选择公共组织　这主要用于服务职能，而非政策职能，在执行职能方面的作用也非常有限。其工具主要有公共选择制度、顾客信息系统和经纪人制度等。

2. 竞争性选择　通过允许顾客控制资源，并将其置于相互竞争的服务提供者之中，把顾客战略与后果结合起来，其主要工具有竞争性公共选择制度、代金券和补偿计划。

3. 顾客质量保证　即制定顾客服务标准，并对那些很好地满足了顾客需要的组织进行奖励，否则将对组织进行惩罚。这是绩效管理的顾客方案。其主要工具有顾客服务标准、顾客赔偿、质量保证、质量检查员、顾客申诉制度等。

（四）控制战略：将控制从高层和中央移走

控制战略通过组织等级往下实行控制，有时往外延伸到社区。这样就改变了公共体制和公共组织控制的位置和形式，它用一种建立于共同愿景、价值和公开绩效期盼基础之上的新体制取代了传统官僚控制体制。当然，只有当组织中的人明白并致力于共同的使命和目标，并对自己的行为负责的时候，控制战略才能发挥作用。控制权转移的三种途径是：

1. 组织授权　所谓组织授权，即通过废除规则和其他控制来对这些组织进行授权，这些规则和控制常常是中央行政机构、立法部门、行政部门及高层政府强加于组织的。其主要工具有行政控制分权、放松管制、现场管理、选择推出或特许制度、再造实验室、豁免政策、政府间放松管制等。

2. 雇员授权　即通过减少或废除组织内部的层级管理控制，并将权力往下推行至一线雇员。其工具主要有减少管理层级、组织分权、工作团队、劳资伙伴关系、雇员建议计划等。

3. 社区授权　即将公共组织对决策、资源和任务等的实质性控制权转移给社区。其工具主要有社区治理机构、合作规则、社区投资基金、社区管理组织、社区-政府合伙公司等。

（五）文化战略：创造企业家文化

与上述四种战略相比，文化战略比较弱，究其原因，主要在于它产生结果较为缓慢，而且如果不使用其他战略，文化战略最终也会碰壁，因为组织的目标、积极性、责任和权力机构会继续传递着相反的信息。政府再造者们在使用上述 4C 战略时也发现，旧的文化慢慢衰退并折损了这些战略的力量，而且文化并不会温顺地屈从于其他战略所强加的形式，相反却采取人们未曾预料的形式，如温和的抵制、分崩离析甚至是意志消沉。这也说明了通过前面 4C 战略所进行的变革难以持久，除非 4C 战略成为组织文化的一部分，再造者需要明确的战略来再造组织文化，因此文化战略是必要的，但不是充分的。最终，要改革公共部门，必定需要所有五种战略。变革文化的三种途径是：

1. 改变习惯，创造新经历　该途径强调将雇员置于挑战工作习惯的新经历中，以促使产生新的行为方式。改变习惯的工具主要有知遇顾客、在顾客的位置体验、职位轮换、实习期和见习期、竞赛、交流组织经历、重新进行工作设计等。

2. 撼动心灵，缔结新盟约　即说服雇员放弃原有的承诺，并开发新型的、截然不同的承诺。撼动心灵的过程具有强烈的个体性，领导者要承认并满足人们的需要。其工具主要有新符号、新故事、颂扬成功、珍视失败、仪式、投资工作场所建设、重新设计工作场所等。

3. 赢得心智，开发新的心智模式　以此来帮助雇员重新理解组织的目的、作用、目标、价值、原则和战略（即组织所要达到的目的如何达到）。其主要工具有设定绩效标杆、学习型团体、产生使命感、建立共同愿景、明确表达组织的价值和信仰、使用新语言、给新成员导航等。

需要说明的是，这三种途径不像其他战略所分析的那样，不可能只择其一二，便能获得成功，而必须兼顾三者。

（六）应用战略组合

为了实施战略推行的"最优化"，应该预先了解各战略之间的相互影响以及如何整合才最为有力。因为人们在实践中就会发现，各种战略往往相互交叠，一些措施使用的不止一种战略，各种战略也会很自然地走到一起，几乎就像配套措施一样。为此，以下组合形式是很好的选择：

1. 在使用核心战略将掌舵与划桨区分时，也使用后果战略和控制战略来转变划桨组织的行为模式。

2. 配套使用后果战略和控制战略，不要顾此失彼。

3. 在要求组织对顾客负责时，也要为绩效设定后果并加以控制。

4. 在使用核心战略来改善掌舵时，也使用绩效管理（后果战略），以将所需要的结果转化为划桨组织的目标。

5. 要不厌其烦地开发企业文化，并将控制权交给雇员。

要将多种战略用连贯、互补的方法整合起来，最简单的方式是使用一种能迅速发挥两种或三种战略作用的工具——"元工具（meta-tools）"。据估计，英国的改革者们使用了所有的这些元工具，如表 9-2 所示。

表9-2　五C战略组合的元工具

元工具	所用战略
绩效预算	核心战略,结果战略
灵活绩效框架	核心战略,结果战略,控制战略
竞标	核心战略,结果战略
公司化	核心战略,结果战略,顾客战略,控制战略
企业基金	核心战略,结果战略,顾客战略,控制战略
内部企业管理	核心战略,结果战略,顾客战略,控制战略
竞争性公共选择制度	结果战略,顾客战略
代金券和补偿计划	结果战略,顾客战略
全面质量管理(TQM)	顾客战略,控制战略,文化战略
企业流程再造(BPR)	顾客战略,控制战略,文化战略
选择退出或特许制度	核心战略,结果战略,顾客战略,控制战略
社区治理机构	核心战略,控制战略

第四节　公共事业部门战略管理的问题与改进

战略管理作为一种管理工具,在包括公共事业部门在内的公共部门管理中得到了高度重视和广泛应用。公共事业部门需要战略管理,而且战略管理已给公共事业部门带来显著的积极效果。当然,反对和批评的声音也从来没有停止过。综合国内外学者的意见,我们认为公共事业部门应用战略管理的积极效果以及对公共事业部门应用战略管理的批评,可以做如下概括,但有些结论还需要时间来进一步证明。

一、公共事业部门战略管理的正面效果

许多学者对战略管理在公共事业管理部门中的作用给予了充分的肯定。有的学者认为,战略管理的应用可以解决下列组织与管理上的问题:可以解决组织的重要问题;可以透过政府单位,改善沟通;可以加强组织以及规划;可以解决跨部门的功能问题;可以强化整体管理能力;可以建立全面性的优先顺序;可以建立团队;可以强化整体管理能力;可以发展可行的决策制定过程;可以改善组织绩效等。

综合而言,战略管理对公共事业部门有下列正面的效果:

1. 有利于公共事业部门明确战略性发展方向　战略管理聚焦于公共事业部门本身的能力与外部环境,对于组织未来发展的远景提供了战略性的、前瞻性的思考,为组织的发展明确了战略方向。

2. 有利于指导公共事业部门确立配置资源的优先顺序　任何组织都是在资源稀缺的状况下进行运转的,在资源有限的情况下,如何将有限的资源运用于发展的关键领域是管理者必须进行的困难选择。借助战略管理,组织可以有效地将有限的资源用于战略性、关键性的发展领域。

3. 强化了公共事业部门对环境的适应能力　战略管理十分重视对环境的感

笔记

知、分析与判断,十分重视对外部环境变迁的管理。这种特性有助于组织在动荡、多元、复杂环境下的运作和管理,有助于强化组织的适应能力。

4. 为公共事业部门改革与发展制定了追求卓越的标准 战略管理为组织设计了一套未来发展的远景,可以为组织的运作制定追求卓越的标准,为组织发展科学定位。

5. 为公共事业部门提高绩效提供了评估和控制的基础 战略管理十分重视战略执行与评估问题,从而为组织的绩效评估、实施控制奠定了良好的基础。

二、公共事业部门战略管理的限制与困难

学者们对于战略管理及其在公共事业部门中应用,有相应的两类批评意见。就战略管理在公共事业部门中的应用而言,的确存在着许多的限制和困难,主要包括:

1. 公共事业部门与私营部门之间差异明显 公共部门和私营部门的界限是明显的,在环境、交易和程序等方面都有着或大或小的区别,有的区别是根本性的。战略管理在私营部门屡屡取得佳绩,并一再表明是一种相当有效的模式,但如果完全照搬到公共事业部门,肯定会产生问题。

2. 公共事业部门战略管理存在责任悖论 有人认为,公共事业部门应用战略管理,在政治控制方面存在问题。即如果战略是组织制定的,当其内容损害了政治官员的利益时,公共事业部门及其领导者就面临被追究责任的问题。那么,他们何苦还要实施战略管理呢?

3. 公共事业部门战略管理存在目标设定困难 有人认为,公共事业部门的组织目标常常含糊不清,应用战略管理没有意义。

4. 公共事业部门领导者任期的短暂很难发展长期战略 许多公共事业部门的领导是有任期的,在有限的任期之内,是很难发展长期战略的。

当然,针对上述批评有一些学者进行了回应。我们认为,上述问题的焦点还是集中在公共事业部门与私营部门的差异上,这确实是公共事业部门应用战略管理必须正视的关键。然而,这并不意味着公共事业部门不能实行战略管理,恰恰相反,战略管理在公共事业部门领域仍然有着重要价值和良好前景,只要它符合实际,不僵化、不教条,它的价值将会越来越明显。

章后案例

《“健康中国 2020”战略研究报告》解读

1. 制定健康领域的战略规划对于很多国家以及国际组织来说,并非罕见 20 世纪 70 年代由世界卫生组织倡导的“阿拉木图宣言”就提出到 2000 年实现“人人健康”的目标。进入 21 世纪时,联合国又提出了以反贫困为核心的“千年发展目标”。美国从 20 世纪 70 年代末开始制定与实施了“健康人

笔记

民1990"、"健康人民2010"、"健康人民2020"战略规划,恐怕是目前世界上在健康领域规划周期最长、指标最全面、涉及部门最多的一个国家。泰国的"30泰铢计划"(全民健保计划)、墨西哥的"大众健康保障"计划也属健康战略规划之列。

2."健康中国2020"战略的提出背景与主旨 "健康中国2020"是在顺应世界卫生发展大势、分析研究中国当前和未来10年所面临的主要健康挑战上、客观存在的主要薄弱环节、我们拥有的主要优势等基础上制订出来的。"健康中国2020"是一项旨在全面提高全民健康水平的国家战略,以全面维护和增进人民健康,提高健康公平,实现社会经济与人民健康协调发展为目标,以公共政策为落脚点,以重大专项、重大工程为切入点的国家战略。"健康中国2020"提出,卫生事业发展要坚持以下四个方面的原则,一是坚持把"人人健康"纳入经济社会发展规划目标;二是坚持公平效率统一,注重政府责任与市场机制相结合;三是坚持统筹兼顾,突出重点,增强卫生发展的整体性和协调性;四是坚持预防为主,适应并推动医学模式转变。

3."健康中国2020"战略的目标体系与主要特色 "健康中国2020"战略构建了一个卫生发展综合目标体系,将总体目标分解为可操作、可测量的10个具体目标和95个分目标。10个具体目标是:国民主要健康指标进一步改善,到2020年,人均预期寿命达到77岁,5岁以下儿童死亡率下降到13‰,孕产妇死亡率降低到20/10万,减少地区间健康状况的差距;完善卫生服务体系,提高卫生服务可及性和公平性;健全医疗保障制度,减少居民疾病经济风险;控制危险因素,遏止、扭转和减少慢性病的蔓延和健康危害;强化传染病和地方病防控,降低感染性疾病危害;加强监测与监管,保障食品药品安全;依靠科技进步,适应医学模式的转变,实现重点前移、转化整合战略;继承创新中医药,发挥中医药等我国传统医学在保障国民健康中的作用;发展健康产业,满足多层次、多样化卫生服务需求;履行政府职责,加大健康投入,到2020年,卫生总费用占GDP的比重达到6.5%～7%,保障"健康中国2020"战略目标的实现。

"健康中国2020"的主要特色表现在三个方面:一是注意了系统性,例如既涉及传染性疾病又涉及慢性非传染性疾病的控制;二是突出了"预防为主"的方针和中医药作用的发挥,与正在进行的医药卫生体制改革相辅相成;三是强化了政府的作用。

4."健康中国2020"的战略重点 "健康中国2020"战略依据危害的严重性、影响的广泛性、明确的干预措施、公平性及前瞻性的原则,筛选出了针对重点人群、重大疾病及可控健康危险因素的三类优先领域,并进一步提出了分别针对上述三类优先领域以及实现"病有所医"可采取的21项行动计划作为今后一个时期的重点任务,包括针对重点人群的母婴健康行动计划、改善贫困地区人群健康行动计划、职业健康行动计划;针对重大疾病的重点传染

笔记

病控制行动计划、重点慢性病防控行动计划、伤害监测和干预行动计划；针对健康危险因素的环境与健康行动计划、食品安全行动计划、全民健康生活方式行动计划、减少烟草危害行动计划；促进卫生发展，实现"病有所医"的医疗卫生服务体系建设行动计划、卫生人力资源建设行动计划、强化基本医疗保险制度行动计划、促进合理用药行动计划、保障医疗安全行动计划、提高医疗卫生服务效率行动计划、公共安全和卫生应急行动计划、推动科技创新计划、国家健康信息系统行动计划、中医药等我国传统医学行动计划、发展健康产业行动计划。

5. 保障"健康中国 2020"实现的政策措施 "健康中国 2020"战略提出了推动卫生事业发展的 8 项政策措施。一是建立促进国民健康的行政管理体制，形成医疗保障与服务统筹一体化的"大卫生"行政管理体制；二是健全法律支撑体系，依法行政；三是适应国民健康需要，转变卫生事业发展模式，从注重疾病诊疗向预防为主、防治结合转变，实现关口前移；四是建立与经济社会发展水平相适应的公共财政投入政策与机制，通过增加政府卫生投入和社会统筹，将个人现金卫生支出降低到 30% 以内；五是统筹保障制度发展，提高基本医疗保险筹资标准和补偿比例，有序推进城乡居民医保制度统一、管理统一；六是实施"人才强卫"战略，提高卫生人力素质；七是充分发挥中医药等我国传统医学优势，促进中医药继承和创新；八是积极开展国际交流与合作。

（资料来源：http://health.sina.com.cn/news/2012-08-17/145245085.shtml）

讨论题

1. "健康中国 2020"战略在加强卫生事业管理、促进卫生事业改革与发展中有何意义与作用？

2. 就公共事业部门怎样制定战略来说，本案例给了我们哪些启示？

3. 你认为有效实施"健康中国 2020"战略应该怎么做并注意哪些事项？

本 章 小 结

公共事业部门战略管理作为一种具有独到属性的管理途径与方法，虽然还面临某些局限与问题，但有利于公共事业部门有效提高环境适应能力，有利于准确定位其自身角色，在明确改革与发展方向和合理分配资源的基础上，提高管理效率与效益。本章从战略与战略管理的基本概念与内涵入手，界定了公共事业部门战略管理的属性、解析了公共事业部门战略管理的过程与方法，介绍了公共事业部门战略管理的基本类型、探讨了公共事业部门战略管理的优势与问题。

笔记

关键术语

战略　strategy

战略管理　strategic management

公共部门战略管理　strategic manage-
　ment of public sector

公共事业部门战略管理　strategic
　management of the public sector

战略管理过程　strategic management

process

SWOT 分析　SWOT analysis

战略规划　strategy planning

战略实施　strategy implementation

战略控制　strategy control

战略类型　strategic types

思考题

1. 公共事业部门战略管理的属性包括哪些？

2. 公共事业部门战略管理的过程是怎样的？

3. 如何理解保罗·C·纳特和罗伯特·W·巴可夫的公共事业部门战略
类型？

4. 5C 战略的内容是什么？

5. 公共事业部门战略管理的正面效果与限制各是什么？

（辛昌茂）

第十章

公共事业管理的治理模式创新

学习目标

通过本章的学习,你应该能够了解和掌握:

1. 公共事业管理模式及运用。
2. 公共事业民营化。
3. 公共事业管理的顾客导向。

章前案例

公共事业运营市场化,绝不是"大撒把"

赤峰市新城区自来水污染导致4322人就医,一个城市的供水系统之脆弱由此暴露。痛定思痛,在这起严重污染事件中,需要反思和警醒的,恐怕远不止一场大雨和一个企业的失职。在涉及百姓安危的领域,我们究竟还有多少随时可能发生的事故隐患呢?

供水、供电、供气等公共设施,关乎百姓生产、生活、生命、健康,其重要性不言而喻。目前,一些地方的公共事业正在进行市场化改革。而在改革过程中,配套措施是否跟上,监管是否到位,关系到公共设施安全与否,与百姓利益息息相关。

据了解,新城区被污染的、属于民营企业的取水井,近乎于北方农田里的灌溉机井,处于裸露状态,且无人员值守。若要"大事化小",这或许可称"企业失职",而失职本身,暴露的是公共事业市场化改革中责权利关系模糊不清和政府监督职能的缺失。

必须明确的是,对涉及千家万户、百姓利益的公共事业服务,市场化的改革绝不是政府撂包袱、大撒手。企业的天性在于追求利润最大化,这就与公共事业服务的公益性存在一定矛盾,因此在公共事业服务市场化改革中,政府不应简单地"退出",而应从一个原先的"经营者"转变为一个"严格的监管者"。这不是可有可无的义务,而是不可推卸的职责。

明确企业在公共事业服务中的责权利关系,也是必不可少的一环,而"罪罚相当"理应成为其中基本原则之一。而现在,企业一旦成了"惹祸"的孩子,政府往往被迫成为"平事"的家长,最终的结果是,用纳税人的钱去填补本该企业承担的责任。更有甚者,一些肇事企业往往借着政府被问责,轻易地顺势逃脱了惩罚。

笔记

284

还要看到的是,政府是监管者,企业是被监管者,二者直接面对面,不仅容易产生利害纠葛,而且容易使"大责任"分解到小部门,在人力物力上使监管无法落实。如何使监管更有力有效,应成为一个着力研究的课题。其中,借鉴国外经验,给公用事业投保,让"第三方"分担责任、保障公共利益,恐怕不失为一条途径。

(新华《每日电讯》2009 年 8 月 6 日第 003 版)

第一节　公共事业管理模式

公共事业管理模式是在公共事业管理中,在多种因素的影响制约下,所形成占主导地位的管理主体及其组合方式。这些管理主体和其组合方式会随着社会经济的发展而不断地演变,其实质就是在一定的条件下,公共事业管理过程中政府与社会、政府与市场的关系。

一、公共事业管理模式的基本内涵

(一) 模式的基本概念

模式在《辞海》中一般意义上的解释是:"可以作为范本、模本、变本的式样。"模式的英文对应单词是"model",是指模型、原型、样式、模范、典型、榜样等多种含义。但《辞海》也指出,作为术语时,模式在不同的学科有不同的含义。

在公共事业管理学科中,我们可以将模式界定为:模式就是构成一个事物的因素及其各因素之间的关系,以及在这一关系下各因素的活动方式,它是既有的,能对现实做出规定并产生影响。因此,模式中所存在的因素以及因素之间关系的变动,均有可能构成模式的变动与创新。

(二) 公共事业管理模式

从产品供给的角度来看,公共事业管理的核心问题就是如何更好地生产并向公众提供公共事业产品。在这一过程中,谁来承担公共产品的生产和提供,生产者和提供者是一元还是多元,生产者和提供者是否可以分离,他们之间的关系如何,如何对它们进行分工。对于这些问题的解决及作出的相关规定,就构成了公共事业管理模式。也就是说,公共事业管理模式是在公共事业产品的生产和供给过程中,承担主体构成及其相互关系的组合方式。

公共事业管理模式从本质来说是指公共事业管理过程中存在或可供选择的政府与市场、政府与社会关系的处理方式,或者说是政府与市场、政府与社会的分工方式。政府与社会、政府与市场关系的确定,从根本上决定了公共事业管理过程中各公共事业产品提供者功能的定位、参与程度和参与方法,由此构成了特定的公共事业管理体制。

二、公共事业管理模式的历史发展过程

历史发展从近代到当代,从古典自由市场经济到现代市场经济,包括公共事

业管理在内的整个公共事务管理,经历了由保守模式到国家干预模式再到市场模式的历史演变。西方国家对公共事务尤其是狭义的社会公共事务管理的变化,比较典型地反映了这一历史进程。在西方国家,对我们所说的公共事业的管理更多的是表述为对一定的公共事务,即社会性公共事务的管理,也就是我们所称的公共事业管理。

(一)公共事业管理的自由主义模式

公共事业管理的自由主义模式,是在古典自由主义经济时期逐渐形成的。这一模式的基本特点是政府对社会公共事务进行统筹,但其职能是非常有限的,并且市场也不介入这一领域,当时的公共事业产品基本上由社会自行提供。

在自由主义经济时代,西方各主要市场经济国家以亚当·斯密的思想"管得最少的政府是最好的政府"为指导,实行的是自由放任的政策,对国民经济和社会生活的干预较少。在公共事务领域,政府的职能被严格定位于以下三个方面:第一,保卫国家安全,使其不受外来侵略;第二,防范个人和企业在追求自身利益时发生损害社会的行为;第三,保护私人财产不受侵犯和市场机制免受破坏。因此,虽然政府还是会出面建设和维护某些私人无力办或者不愿办的公共事务,如道路、桥梁、运河、港湾等,但从总体上来看,虽然公共事务属于政府管理的范畴,但政府的公共事务管理职能是有限的。而互益性的公共事务通常是由社区自行解决,即今天所说的那些以准公共产品为主的公共事业产品基本上是由社区自行生产和提供的。

因此,考察古典自由市场经济时期的公共事业管理,政府、市场与社会在提供公共事业产品中的关系定位分别为:政府在社会公共事务管理中承担有限职能;市场和私人很少涉及社会公共产品的提供;数量有限的社区公共事业产品供给基本由社区自行解决。从政府角色定位方面来看待公共事业管理模式,这一时期的公共事业管理模式被称为公共事业管理自由主义模式。

(二)公共事业管理国家干预模式

公共事业管理国家干预模式产生与发展于20世纪30年代至80年代,又称为官僚模式、科层模式。是一种政府依靠庞大的官僚组织对社会生活进行全面干预并垄断公共事业管理的模式或方式。在这种模式下,市场对公共事业产品的生产和提供是间接的,社会力量的参与是极为有限的。

公共事业管理的国家干预模式是在1929～1933年世界经济危机的背景下形成的,其目的是致力于解决经济危机所带来的包括社会性事务管理的各种问题和困境。20世纪30年代,第一次世界经济危机产生,而以放任和自由为基本特征的传统政府管理方式已难以解决深刻的经济危机及其所引发的社会危机,因而以罗斯福为首的新政府从凯恩斯的经济学说出发,强调政府的作用与力量,认为只有通过政府对经济和社会的全面干预才能解决当时所面临的危机,使国家和社会走出困境。由此,逐渐形成了公共事业管理政府干预模式,并且世界各国纷纷效仿建立起国家干预制度,体现在公共事务领域则表现为政府积极干预并直接生产和提供公共产品。如美国在这一时期全面介入社会生活领域,大力发展公共事业,包括提供卫生实施、为医学、科学和技术研究提供经费;加大社会保障力度、提供一系列救济、进行大型基础设施建设,为教育提供经费支持等。

笔记

此后,在世界其他国家,如英国、瑞典等纷纷制定了"从摇篮到坟墓"的福利计划,积极推行福利国家政策。

(三) 公共事业管理市场模式

公共事业管理的市场模式是一种在政府主导下,多元主体参与公共事业产品生产和提供的模式。这一模式形成于 20 世纪 80 年代之后,是在对公共事业国家干预模式改革的基础上产生和逐渐形成的,并成为当前各国公共事业管理发展的趋势。公共事业管理市场模式的基本特点是政府、市场和社会共同负责公共事业产品的生产和提供,政府、市场、社会分权,政府不再垄断公共服务的供给过程,市场和社会直接参与公共事业产品的生产和提供。

进入 20 世纪 80 年代以来,由于客观环境的发展与变化,公共事业的国家干预模式难以适应客观环境的要求,成为完成公共事务管理目标的阻碍:首先,从政府组织自身的管理来看,干预模式下的政府实行的是韦伯的科层官僚体制,由于科层官僚制严格的层级节制关系,导致了政府组织结构重叠,机构庞大,日益刻板僵化与动作迟缓,使政府难以灵活主动地应对信息社会的变化、竞争活跃的市场经济以及公众日益多元化的公共需求。由于政府部门机构膨胀,政府的管理成本大幅度增加,财政不堪重负,政府机构之间协调困难,极大地降低了行政效率。这一切大大地影响了政府基本功能的发挥,尤其是公共事务管理职能的实现。其次,从政府与社会的关系来看,国家干预模式下的政府垄断了公共事业产品的供给过程,这样面对社会对公众日益增长的公共消费需求,一方面政府自身负担沉重,在公共服务过程中难以提供足够的财力支持;另一方面使政府组织外的其他社会组织,特别是非营利组织难以得到充足的发展,导致了社会公众对于公共产品尤其是作为保证公众基本生活质量的公共事业产品的需求难以得到满足,使福利国家面临前所未有的危机。

因此,从 20 世纪 80 年代起,以英国政府的撒切尔夫人改革为起点,逐步波及其他国家并最终形成世界性的政府管理改革,公共事业管理改革成为政府改革的基本内容。公共事业管理改革主要是依据公共选择理论与新公共管理理论来进行的。从政府社会管理和公共服务改革角度的来看,公共选择理论对政府公共事务管理改革最直接的促进在于布坎南关于准公共产品概念的提出,并对公共产品生产和提供主体多元化的必要性和合理性进行了论证。而新公共管理理论作为 20 世纪 70 年代中期以后公共管理领域的一种思潮,在指出公共部门与私营部门之间在管理上并无本质的差别,以及私营部门管理在创新能力、经济、效率、质量、服务水平等各个方面具有优越性的观点基础上,提出要借用私营部门的管理模式来重塑政府,以解决政府由于职能扩张和机构膨胀而面临的财政、管理和信任危机。同时,新公共管理理论认为,公共组织可以分为政策型、服从型、服务提供型等类型,其中,只有政策型公共组织属于完全意义上的政府组织,其他类型公共组织则属于政府外组织,各自承担着不同的组织职能,活动于社会的不同层面,在公共产品的生产和提供中具有不同的地位。

各国政府在这股新思潮的影响下,通过重新认识和界定市场经济条件下的政府与社会、政府与市场的关系,从减轻财政负担,提高公共服务的效率,并进而提高公共服务质量以回应公众要求出发。在如何管理好公共事务上,提出了公共管理社会化的原则,并以公共管理的市场化作为实现社会化的核心。这样,在将政府的主要职责放在公共政策的制定和监督公共政策执行的基础上,政府大规模地削减政府职能、精简政府机构、放松管制,一方面在包括公共事业产品生产和提供的整个公共领域,积极推行国有企业的私有化,使包括水、电、煤气、公共交通等的公用事业以及铁路、航空等涉及公众基本需求的行业成为改革的重点;另一方面支持和鼓励非营利组织的发展,通过成立政府执行机构、政府合同出租的方式,让这些组织在教育、科学、文化、卫生等领域承担起监督管理以及直接生产和提供公共事业产品的责任,最终在对公共事业的投资、监管以及产品的生产和提供上,形成多元化。这在一定程度上减轻了财政的负担,同时能有效地提高公共服务的质量,满足多元化的公共需求。经过改革,逐步实现了公共事业管理的国家干预模式向市场模式的转变。

在参与公共事业的非营利组织活动领域方面,在政府积极支持非营利组织发展并制定了制度化管理的基础上,西方国家非营利组织获得了迅猛的发展。这些组织作为独立的社会组织,广泛介入了公共生活领域,在公共事业管理方面承担起了重要的作用。包括教育、医疗卫生、科研、环境保护、慈善事业等方面。这些组织在很大程度上承担了公共事业产品的生产和提供,弥补了市场与政府部门的不足,执行了市场不能完成的和政府部门不能有效完成的某些社会职能。这些组织作为现代公民社会最为重要的组织载体,在公共事业领域中的地位日益突出,正在促成政府、市场和社会良性互动的格局,即新的社会治理模式的形成。

三、公共事业管理模式的影响因素

公共事业管理模式是一定的社会、经济和政治等综合因素作用下的产物,并随着社会经济的变化而演变发展。从公共事业管理模式演变和发展的进程看,社会经济发展对公共事业管理模式的决定,主要是通过以下因素及其相互影响而形成的。

(一) 公共需求

无论是在哪种公共事业管理的模式下,其中心任务都是为了更好的实现产品的生产和提供,而其关键则是要明确应该进入的主体并规范相应的关系,形成一个能达到目标的公共事业产品生产和提供的制度。虽然公共事业管理模式本质上是政府与社会、政府与市场的关系,即政府、社会组织和市场都是进入公共事业管理领域的可能主体,但谁应该进入,根本上则是决定于公共消费需求的程度。

公共需求对公共事业管理模式的决定,在公共事业管理模式的形成和演变中有比较明确的反映。在早期,虽然公共事业管理的保守模式是在亚当·斯密的自由主义经济理论的指导下形成的,但从根本上来说则是由于一定时期的社会经济发展程度而决定的。由于受当时社会经济发展的限制,公共需求也相对不够丰富,国家统筹的要求并不明显,政府足以应付现代化程度不高的情况下对基础设施的需求。因而,对有限公共需求的满足,或者交由社会自行解决,或者由能力有限的政府有限度地承担,从而构成公共事业管理的保守模式。

当公共需求随着社会经济的发展和民主化程度的提高而日益强烈时,政府就必然扩大和加强自身的社会管理职能,进而导致公共事业管理模式的相应变化。虽然在20世纪30年代,公共事业管理模式由保守模式转变为国家干预模式的直接原因是对经济危机的解决,但之所以在解决经济危机的同时开始全面干预社会领域,也在于当时经济危机和社会危机是相伴而生的,而社会危机的产生则是源于公共事业产品的供给难以满足公众新的需求。

同样,公共事业管理模式从国家干预模式向市场模式的转变,根本上也在于既有的公共事业产品的提供方式,即政府作为几乎是唯一的公共事业产品生产者和提供者的现实,难以满足社会经济快速发展、科学技术飞速进步。在民主化浪潮高涨的条件下,尤其是在公共需求个性化和多元化出现的条件下,公众对公共事业产品数量和质量的要求不断提高,从而不得不调整政府职能,最大限度地整合社会资源,形成新的公共事业产品供给制度,以满足公众日益增长的普遍需求。

所以,一个社会的公共事业管理模式,是随着一定社会经济发展条件下公众公共消费需求的变化而变化的,公共需求是决定公共事业管理模式发展演变的根本因素。

(二)主体意识

主体意识是指一定条件下社会对公共事业管理相关问题的认识,其中的核心是一定的主体对公共事业管理相关问题的认识能力。公共事业领域内公共需求的产生,并不必然导致这一需求成为必须处理的公共性事务,然后以生产和提供公共事业产品的方式予以解决。在这一过程中,除了受一定的社会经济发展条件的限制外,至为关键的就是主观对客观的认识,并首先体现为政府是否对这一公共需求有意识,以及在准确地把握一定的客观条件基础上形成可行的公共事业管理目标,并对可以采取的管理方式有必要的认识。实际上,这是主体的一种基于一定社会认识条件和经济发展条件基础上,并立足于经验和专业知识的认识能力。其中最为重要的就是政府对社会公共事务和公共事业管理的认识能力。如上所述,至为明显的是在公共事业管理市场模式的形成阶段,西方各主要国家正是在相当程度上注意到了公共需求的变化,在改革政府管理方式、提高公共服务质量、满足公众需求的目标下,通过公共选择理论和新公共管理理论与实践的互动,明确了公共事业产品生产和提供主体多元化的必要性和合理性,政府以外的组织进入了公共事业产品领域的可能性,以及公共事业产品生产和提供方式及其不同组合的多样性和丰富性,从而为公共事业管理模式的转化打下了一个坚实的理论基石。

(三)政府能力

在一定的公共需求产生和管理主体对此有必要认识的基础上,公共事业管理模式形成取决于涉足其中的主体的能力。在可能涉足公共事业管理领域的主体中,作为社会中最具有权威性和强制性的组织,政府能力无疑具有决定性的地位。这里所说的政府能力,主要是指政府生产和提供公共产品的能力。政府能力是涉及政府的各方面因素有机构成的结果,也是各因素相互作用的最终体现。从构成

笔记

因素来看,政府能力既与政府自身的个性因素有关,如政府自身组织的完备有效性、效益意识的明确性、地位的牢固合法性、竞争力的持久有效性,形象的良好性等,还与其他非个性因素有关,如政府所处的环境、拥有的资源及资源的整合程度和方式等。正是在这两类因素的基础上,形成了政府进行公共产品生产和供给过程中的组织能力、管理能力等,这是影响公共管理模式形成最为重要的能力。

（四）社会发育程度

社会发育程度主要是指作为社会组织载体的非营利组织等的发育程度。从公共事业管理模式的历史演变可以看出,作为政府与社会关系一极中社会主要代表者的非营利组织,作为公共事业管理模式中的一个可能的管理主体,非营利组织的发展对整个公共事业管理模式的形成有着至关重要的作用。在早期阶段,发育程度有限的非营利组织承担者社会基层有限的公共事业管理职能。在国家干预阶段,政府对社会事务的全面负责和直接介入,压抑了非营利组织的发展,而非营利组织的发展不足反过来强化了政府对公共事业的全面垄断。在市场化阶段,在重新认识政府与社会关系的基础上,政府基于公共事务管理社会化的理念和要求所确定的支持和鼓励非政府组织发展的政策,促进了非营利组织数量的快速增长和涉足领域的扩大,从而使新的公共事业管理模式的形成成为可能。

四、中国公共事业管理模式的发展趋势

随着中国的经济不断发展和居民生活水平的不断提高,社会公众对公共事业的需求日益多元化,并且对公共事业各行业提出更高的要求。因此,国家财政难以满足人们日益增长的公共事业需求,公共事业社会化生产和提供日益成为一种趋势,公共事业社会化改革成为必要并越来越引起公众的关注。建立符合市场经济要求的公共事业社会化管理体制是中国正在进行的一项重大的制度创新。

首先,政府发挥主导作用是前提。政府应管好该管的,避免公共事业管理出现空当、公共服务的提供出现真空地带。维护公共事业的公共性,保障人民的基本公共服务需求,是政府管理的主要职能之一。因此,政府在公共事业管理中需发挥其特有的职能,除了在公共事业中加大资金投入力度之外,还应致力于提高公共服务的质量和公共资源的优化配置,建立和完善决策、执行、监督相协调的权力运行机制,深化改革,提高绩效。

其次,积极探索购买服务的模式,通过发展相关产业和引入竞争机制来提高公共服务质量,逐步实现公共事业的社会化生产和供给,满足公众个性化、多样化的需求。利用政策这把杠杆来撬动巨大的市场资源。利用相关政策优惠鼓励民间资本参与社会事业发展,降低进入公共服务生产与供给领域的门槛标准,简化投资审批程序,进一步增加融资渠道,支持各类创业主体进入公共服务的供给领域。

同时,需要尽快完善和落实相关政策,支持非营利组织和社会公益力量参与公共事业的发展。政府应搭建更多平台,有效动员和综合利用社会资源,多方筹集社会事业发展的资金,加强和改善基本公共服务的供给。发挥第三部门和社

会公益力量的作用,进一步促进公共事业管理效率与质量的提升,弥补市场失灵和政府失灵。

第二节　公共事业管理中的公共服务民营化

纵观世界,各国政府在发展中逐渐形成"小政府、大社会"的管理模式,同时,随着社会的发展,公众的社会需求日益多样化,对公共服务的数量和质量提出了更高的要求,公共服务民营化也逐渐成为当前各国政府发展公共事业的一种趋势和必然。

一、公共服务民营化的基本含义

公共服务民营化是指以政府为主导,通过政府更多地利用市场或者非营利组织以及营利组织来实现公共事业管理的社会化和市场化,执行具体的公共项目,参与公共服务的生产及供给,以满足公众需求。在公共产品或服务的生产和财产拥有方面减少政府的作用,增进社会其他机构作用的过程。

公共事业管理中的公共服务民营化旨在打破政府垄断公共事业产品提供和管理的局面,引进竞争机制,构建政府、非营利组织及营利组织相互合作的公共服务体系。政府为安排者,则只充当"掌舵人"的角色,非营利组织和营利组织则为生产者,实现"划桨"的功能,社会公众则为消费者,给予公众更多的选择空间,使公众自主选择公共服务主体,通过刺激竞争提高公共服务质量。

公共服务的民营化根本问题不在于公对私,而在于消除垄断以实现竞争,最终促进公共服务提供的质量和数量的改进。公共服务民营化只是一种手段,而不是目的。其目的是在不扩大政府规模,不增加公共财政支出的情况下,改善公共服务的提供,提高行政效率,增强政府能力。在公共服务民营化过程中,政府的生产性功能转向民间部门,使民间力量得到有效的释放和发挥,并纳入国家建设和社会发展的体系,使政府的单一中心治理模式变为政府、社会、市场的多中心互动治理结构,从而达到善治的目的。因此,公共服务民营化最显著的特征就是将市场机制引入公共领域,其基本原理就是政府同私人企业以及独立组织订立一定的契约合同来提供服务。

二、公共事业管理中公共服务民营化的原因

(一)"政府失灵"的存在

从政府供给公共服务的角度来讲,传统经济学理论认为市场组织运行有其缺陷,如无法有效或者充足地供给公共物品、在提供公共服务方面缺乏动力、容易产生外部负效应等,统称为市场失灵,私人提供公共物品会导致资源配置的损失,这就为政府以垄断的方式提供公共物品和服务提供了依据。然而在现实中政府在供给公共物品和公共服务方面也存在着不足。在凯恩斯主义经济政策和福利国家政策的指导下,西方国家政府职能急剧扩张,机构规模迅速膨胀,由于政府部门的权威性使其拥有垄断性和官僚主义,政府供给公共物品和公共服务时实际所达到的结果

往往与公众对于公共物品和公共服务需求的预期容易产生不一致和不对称。因此，在政府财政支出大幅度增长的同时，公共服务供给的效率和结果却不尽如人意。第一次世界大战前，美国政府支出不到国民产出的10%，而到1998年已达国内生产总值（GDP）的21%。纳税人在支付不断增长的税收前提下，反而要接受政府提供的低质量的公共物品和公共服务，纳税人渐渐会对政府产生不满和抵触缴税，这就导致了政府的信任危机、财政危机和管理危机的出现，即政府失灵的产生。

公共选择理论认为，政府失灵的原因在于政府官员和政府组织都是理性自私的经济人，他们以追求自身效用最大化为出发点，追求预算的最大化，并不断扩张组织规模，所以政府并不能通过有形的手实现资源配置的帕累托最优，具体表现为：无效率、人浮于事、生产率低下；产品和服务质量低劣；营利性政府企业持续亏损和债务增加；缺乏管理技能或足够的管理权限；对公众缺乏回应性；设备维护质量低下；资本投入不足；管理方法和产品过时，缺乏营销能力；资产未充分利用或使用效益不佳；存在违法经营行为；存在盗窃和腐败现象等等。虽然上述的种种弊端在民营部门也同样存在，但一旦民营部门经营不善，则会被兼并或者破产，而政府部门经营不善不仅不会被兼并，而且可能会获得更多的预算，以提高绩效，结果反而导致更多的资源被浪费。

（二）社会对公共服务需求的多元化

从社会对公共服务的需求的角度来看，随着社会的发展，公众的社会需求日益多样化，这对公共服务的数量和质量提出了更高的要求，但是由于政府自身财力和能力的限制，无法及时有效地满足公众的公共服务需求，对公众的回应性降低，所以政府垄断性的生产、供给公共服务并不是唯一有效的途径，实现公共服务供给方式的多元化成为必然的选择，这时公共服务民营化就成了公共服务改革的必然趋势。

三、公共事业管理中公共服务民营化的目标

实行公共服务民营化的主要目的在于两个方面：第一，利用市场经济的"经济原则"与"效率原则"，改善并提高政府公共服务的水平和质量；第二，对某些政府职能和政府业务给予删减或终止，以此来缩小政府活动和政府职能的范围。

具体地说，公共服务民营化有以下目标：
（1）减少政府开支，减轻政府财政负担；
（2）增加政府收入；
（3）减少政府在经济和其他方面的干预；
（4）建立和强化市民社会，弱化政府的社会角色；
（5）改革官僚制，获得公众支持；
（6）提高公共服务的质量和人民生活水平。

四、公共服务民营化的过程及管理

公共服务民营化不仅是一种经济行为，而且是一种政治行为，政府需要不断地努力和采用渐进的策略来推进民营化，包括深入研究以获得内部支持，开展宣传来争取外部配合，推进税收改革以鼓励民营化，加强立法以扫除障碍等等方面

笔记

的工作。黎民学者在《公共管理学》中指出,政府在整个民营化的过程中起着组织和管理的作用,其具体内容包括:

(一) 树立民营化的坚定的政治决心

这是实施公共服务民营化的最重要前提,否则民营化过程难以获得成功。

(二) 对全过程作出明确的责任分工

公共服务民营化是一个极端复杂的过程,需要权威、资源、有识之士等多方面的配合,且经常需要咨询专家。

(三) 对民营化项目设定清晰的目标

在公共服务民营化过程中,由于存在着许多可取但又相互冲突的目标,必须对目标的设定予以足够的关注,使改革目标明确清晰。

(四) 选择合适的民营化形式

公共服务民营化的选择,必须仔细分析行业状况和发展趋势,别处的经验,政治因素,雇员关系,可能引起的竞争程度,财政状况,可能实现的经济收益和其他收益估计,以及民营化的目标等等重要因素,在此基础上从各种公共服务民营化形式中选择一种或几种,或者精心设计一个多种形式的有机结合体。

(五) 进行必要的立法改革

公共服务民营化可能需要用新的法律来保护私人投资者,需要允许公共服务的契约外包,以及出售自然资源等国有资产或长期使用基础设施的特许权,这些都需要对现行的有关立法进行改革。

(六) 设定良好的民营化程序

为公共服务民营化过程设定清晰、透明的良好程序,用公开、公平的标准来审核投标者资格并从中选拔获胜者,设置合理的时间表,确定有关经营绩效、支付额和未来投资要求的明确标准。包括竞争性招标、通告、标价和竞标者公示、监督等。

(七) 聘用职业评估专家,评估原有公共服务机构待售资产和公共服务企业的价值

评估可以使用很多方法进行,例如打折现金流、清算价值、替换价值、账面价值或者比较价值。但是,最有效的尺度是通过拍卖、招标、股份公开出售等竞争过程而确定的市场价格。

(八) 解除来自公共服务组织内部的阻力

通过允许公共服务内部成员与外部企业公平竞争,妥善安置被裁人员,设置再培训项目,保留养老金,提供社会保障,发掘成员的企业家潜能,帮助再就业等方法,善待组织内现有成员。

(九) 克服来自公众的障碍

公共服务民营化并不必然意味着一切由市场定价,还有其他形式,例如必要时可对消费者提供各种补贴。应努力消解公众对公共服务民营化可能伤害弱势群体的担心。

(十) 向公众普及民营化方面的知识

应当让公众了解什么是公共服务民营化,为什么要实施公共服务民营化,公共服务民营化有望解决哪些问题,公共服务民营化的长、短期效果如何,怎样推

行公共服务民营化,民众将从中将获得什么收益等,从而获得公众的支持。

五、公共服务民营化的局限性

在肯定了公共事业管理中公共服务民营化在公共事业产品的生产和提供上的优势后,我们也应该清楚地认识到,公共服务民营化同样存在着局限。首先,政府部门与市场部门存在着差异性,包括运行机制、主体定位、追求的目标、绩效的衡量等方面都存在很大的不同,因此要想真正地实现公共部门的民营化难度较大。其次,从公共服务民营化自身的特点来看,民营化本身也存在着需要改进的问题,因此公共服务民营化是否完全比公共机构提供公共服务具有更高的效率,更节省经济成本,仍是一个需要验证的问题。具体来说,公共服务民营化在现实中可能出现的问题主要体现以下几个方面:

(一)公共责任与公共利益取向的缺失

非政府部门的营利取向,极有可能造成民营化的公共服务在最高效率、最低成本的指导下,追求利益的最大化,而忽略了社会责任和公共利益的实现。

(二)公共服务的不公正

在公共服务转至非政府部门后,使用者的付费能力将决定其获得服务的数量和质量,而那些付费能力低或无能力付费者,往往只能得到较劣质的服务,甚至无法获得服务,由此导致社会服务等级化。

(三)管理困难问题

在公共服务民营化的过程中,由于信息不对称,政府部门往往缺乏对被委托者的有效监控,在此情况下,便容易出现"逆向选择"和道德风险问题。

随着公共服务民营化问题的不断暴露,在对政府公共服务民营化改革进行反思的基础上,人们开始超越市场与政府的二元对立,走向对待市场与政府的一种平衡立场,从单纯追求政府效率,转变为兼而关注公民权利与意愿。因此,公共服务民营化并非只是通往市场的单行道,而是动态发展的,未来的公共管理者将会根据服务成本与公民满意度等各种因素综合考虑使公共服务在公私部门之间进行来回移动。

案例10-1

水源之地遭污染　特许经营陷入是收权还是放权
——黑龙江:公共事业民营化带来的尴尬

国务院鼓励和引导民间投资健康发展的4条政策发布之后,鼓励民间投资的"新36条"进入最后修订阶段。民营企业进入供水、能源等基础性行业,涉及重大公共利益,如何平衡各方利益,既保障供应和服务质量,又保护投资者的利益,成为亟须解决的问题。而作为直接消费者的群众的质疑则更加直白:将这些制约我们生活命脉的公共产品交给民营企业,能放心吗? 为此,《法制日报》记者历时3年半的时间对黑龙江省龙江县自来水民营化的发展进行跟踪调查,从他们的7年发展历程中,来探究隐藏在公共事业经营背后的利益纷争。

笔记

一家半路"杀"出的民营企业,"垄断"了黑龙江省龙江县的自来水市场。然而接下来,这家名为莫斯科太阳公司的民营公司,却接连遭遇了令人尴尬的两难现实:一方面由于当地有关部门的"甩手",没有执法保障的自来水经营面临窃水、拒缴水费等各种挑战;另一方面,由于水污染事故的出现,原本50年的特许经营权,在第5年被取消,700万元的"收购费""覆水难收"。水源地全部归政府"占领"、全县的自来水设施归民营企业私有、撤回特许经营权的诉讼在县市两级法院来来去去、百姓喝着不知道是否达标的自来水,拒缴水费——这就是自2008年7月7日,黑龙江省龙江县水务局撤回莫斯科太阳公司供水特许经营权后,龙江县水业迄今为止的僵局。3年半的时间,《法制日报》记者几进龙江县对此进行跟踪调查,如今那里的情况依旧"复杂"。

矛盾 执法申请当地政府没有批复

2004年5月15日,黑龙江省龙江县水务局与莫斯科太阳公司签订了《供水授权特许经营合同》和《龙江县自来水公司产权出售合同》。两份合同签订之后,龙江县国营自来水公司被以700万元的价钱卖给了民营企业莫斯科太阳公司。这700万元用来补发了龙江县国营自来水公司职工的欠薪、付了龙江县国营自来水公司改制职工的补偿——作为"卖家"的龙江县政府"名利双收"。"买家"莫斯科太阳公司则注资千万余元,信心满满地组建了龙江县宏源供水有限公司,扛起了龙江自来水的这面"大旗"。

老化的管网、枯竭的水源、需求的增加,这都是莫斯科太阳公司在签订特许经营合同前预知的困难。但是,龙江县有关部门的"甩手"却让龙江自来水的这个新任"掌门人"始料未及:自2004年以来的5年时间里,企业的行政执法申请,无一回复。

据知情人士透露,由于没有执法保障,企业面对窃水、拒缴水费等行为时只能任其泛滥。同时,由于自来水管网覆盖内的自备井遍地开花,在龙江县的水费收取中,特业(餐饮、洗浴、洗车等)占0.1%;企事业单位占15%;居民占84.9%。而房地产开发必缴的给水配套费等城市基础设施配套费,干脆成了龙江县招商引资的优惠——不收!

其实,在龙江县这些问题的存在并不是一个新鲜话题。早在两年前,《法制日报》记者就曾为此实地采访过龙江县的有关部门。

2008年4月2日,《法制日报》记者到龙江县调查,向时任主管自来水工作的副县长问及问题所在,这位副县长重复最多的一句话是:政府与他们(指莫斯科太阳公司)有合同,一切按合同办。

"政府只卖企业,没卖行政执法权。"莫斯科太阳公司下属的直接负责龙江县自来水供应的宏源供水有限公司总经理祝兆鹏对副县长的话不以为然,他说,"5年来,我们面对偷水、拒缴水费的问题向政府提出执法申请几十次,龙江县政府无一答复。"当时,祝兆鹏还特地为记者翻出了十多份宏源供水有限公司向龙江县水务局报请的申请行政执法的文件。"没有行政执法的前置,法院的门我们进不去。"祝兆鹏说。

对于宏源供水有限公司的说法,龙江县水政水资源办公室主管执法的副主任黄振予以了否认:"宏源供水公司历年报上来的执法申请我们都认真处理了。我们的行政程序是:受理——调查——呈报。宏源公司的执法申请我们都分批呈报给了县政府。""县政府批复了多少起?"记者问道。"没有批复,县政府一起都没有批复。"黄振回答。

诉讼　官司难了水源地遭殃

虽然龙江县政府对企业的执法申请一件都未批复,但是两者还算"相安无事"。然而,两年前的一场水污染事故的出现,打破了这种表面的宁静。2008年6月29日,龙江县暴雨成灾,当天14时至16时30分,降水量达96毫米,受水源地南侧大庆路的阻挡,积水无法及时排泄,致使水厂水井被淹,牲畜粪便随同雨水一起,渗透到地下,严重污染了水质;2008年6月30日,龙江县卫生局对被污染水源供水区域内居民饮用水进行抽样检验,结果为两项指标不符合相关规定;2008年7月1日,龙江县质量技术监督局抽样送黑龙江省齐齐哈尔市检验,结果不符合规定。据此,2008年7月7日,龙江县水务局签发龙水字【2008】15号文件——《龙江县水务局关于撤回莫斯科太阳公司供水授权特许经营权的决定》。在"决定"中有这样一句话:本决定在行政复议和诉讼期间不停止执行。据此,龙江县有关部门派员"占领"了水源地。

2008年9月25日,龙江县水务局又对莫斯科太阳公司下发了解除合同通知书。由此诉讼开始。

撤回特许经营权的诉讼,你来我往打到了现在;解除合同的诉讼法院压根就不受理,原因只有一个——要等行政诉讼结果。龙江县的水务民营化就此触礁。

就在龙江县政府与企业剑拔弩张之时,频频易主的龙江自来水水源地的环境每况愈下——间隔数百米的两个水源地之间是一个长年关而不停就地取土的砖厂;向北200米是一个掘地不停的白土厂,挖出的大坑深达30米至40米,占地有数个足球场之大;向南不足300米则是养鸡场、屠宰场、垃圾场、粪堆、死狗,臭气熏天;两个水源地之间原有的300多株大树被砍伐殆尽,三座公共厕所历历在目……2010年3月22日,《法制日报》记者在龙江县政府"占领"的水源地见到,工作人员把狼狗牵进水源地核心区,问及为什么,答曰:配种。

这就是以地下水和地表水为饮用水水源的龙江县水源地现状。问及责任所在,龙江县法制办主任于兴辉的回答是:谁收水费就是谁的责任。而记者翻阅自来水水源地的相关保护办法发现,水源地保护唯一的责任人却表明是政府。

触礁　谁来提供自来水

5年的"折腾"换来如此局面,可谓令人痛心,但是里面的孰是孰非,却耐人深思。

笔记

"龙江县水行政管理机关直接作出撤销行政许可的决定,属于违法行政,违反行政许可法的规定,应该属于无效的行政行为。"对此,中国法学会会员、行政法学博士生导师张平直言不讳,依据我国行政许可法第六十七条的规定,取得直接关系公共利益的特定行业的市场准入行政许可的被许可人,应当按照国家规定的服务标准、资费标准和行政机关依法规定的条件,向用户提供安全、方便、稳定和价格合理的服务,并履行普遍服务的义务;未经作出行政许可决定的行政机关批准,不得擅自停业、歇业。被许可人不履行前款规定义务的,行政机关应当责令限期改正,或者依法采取有效措施督促其履行义务。张平说,城市供水的经营属于该条款中所规定的"直接关系公共利益的特定行业",莫斯科太阳公司在依法取得"特许经营权"后便成为该项特殊行政许可权的被许可人。

"虽然出现了水污染事故,但是该事故的定性尚不明确,到底是属于人力不可抗拒的自然灾害事故,还是属于被许可人人为失职、渎职造成的事故,应该由有关部门就事故的性质予以确定。"张平进一步表示,即便水污染事故最终被确定是人为原因造成的,那么作为城市水行政管理机关,也应该按照行政许可法的该条款规定,首先进行"限期改正";即便"限期改正"之后仍然无法达到预期效果,也只能是"依法采取有效措施督促其履行义务",而不是"直接一棍子打死,剥夺其已经取得的特许经营权"。"退一步讲,即便真的要取消该项行政许可,也需要依法履行撤销行政许可的程序,进行相关的调查、取证、听证、控辩及仲裁,最终裁定是否撤销,而不是由某一机关直接作出终极的撤销决定。"张平说。

而龙江县老百姓面临的现实问题是,莫斯科太阳公司被撤销特许经营权后,供水系统到底应该归谁?张平认为,现在既然龙江县有关部门已经撤销了被许可人的特许经营权,也就是撤销了莫斯科太阳公司通过其资产向所有水用户供水的经营权利,所以被许可人现在应该做到的就是关闭其所有资产,停止向用户供水。"如果被许可人的资产依旧在运转,依旧在向用户供水,那么被许可人就属于违法行为,属于违法经营城市供水业务。"但是,在龙江县水务局与莫斯科太阳公司签署的《产权出售合同》中,记者发现,龙江县自来水公司的所有资产及土地使用权、地面建筑物及附属物、自来水相应供水设备等物资已经全部出售给了被许可人。

也就是说,整个龙江县的城市供水系统已经被以出售合同的形式卖给了被许可人。

"虽然龙江县水行政机关单方面收回被许可人的特许经营权,但是已经出售给被许可人的上述资产依旧还是被许可人的,这些资产不论是从民法还是从物权法的角度来说,都还是被许可人的资产,是受法律保护的。"张平告诉记者,即使如此,莫斯科太阳公司要想继续向龙江县用水的用户提供供水服务,龙江县的水管理行政部门或是上级机关就必须重新设计、建造一套新的供水系统,并且在施工过程中还必须得保证被许可人原有的设备管线的完整性,毕竟这些设备管线已经都属于被许可人的私有财产,是受法律保护的财产。"退一步讲,被许可人现在完全有权关闭其所有设备,因为这些设备的所有权已经发生了转移。如果谁要是使用暴力抢夺这些资产,其所有人可以在法律允许的范围内实施正当防卫,或者是依法向司法机关投诉。"张平说。

也有人提出,该如何破解尴尬也许很重要,但老百姓用水问题更重要。

（资料来源:法制日报,2010-6-25(4)）

六、公共服务民营化在中国的运用

公共服务民营化是政府职能向社会和市场的转移,它赋予政府职能新的内涵,即从划桨向掌舵转变。划桨是政府直接生产和提供公共服务,掌舵是政府对公共服务项目进行决策和监督,在此过程中,强化政府的掌舵功能,转移划桨功能,使政府由公共服务的直接提供者变为促进者和发包人。具体而言,政府应在以下几个方面发挥其公共政策功能,起到宏观调控、政策引导、依法监督的作用,确保公共服务民营化的顺利进行。

（一）消除不合理的管制,为公共服务民营化创造良好的法律制度环境

公共服务的民营化改革实际上是政府管理体制的改革,所以应解决行政管理中的审批事项过多,审批范围过宽,办事效率低下等问题,这就需要在消除不合理管制的前提下以立法为先导,依法行政,制定和实施相关法律和政策,为公共服务民营化创造公平、有效、竞争的发展环境,在资金、税收、价格、土地、项目招投标等方面给予私营部门公平机会。应以发展为主题,充分利用资本市场的融资功能来鼓励私营部门积极筹集公共服务事业发展所需的资金。应确立公平、合理、透明、科学的程序,吸引各相关方包括消费者、运营者和来自民间的社会中介组织参与和监督公共服务项目的决策和投标,以程序的公正来防止其中不规范行为的发生,维护公共利益。制定和实施有关的法规和政策对私营部门的投资权、经营权和收益权进行界定和保护,为公共服务民营化提供制度激励。

（二）完善政府的监管机制,对公共服务民营化进行必要的规制

由于公共服务的公共性,所以离不开政府的有效参与,民营化并不表示政府责任的转移,公共服务民营化后,政府责任依然存在。

由于公共事业是服务于每一位公民的,因此在保证民营化高效运作的同时,还需要由政府来监管以实现兼顾社会公平的目的,即保证公众的利益不因公共服务提供者的趋利性而受到侵害。所以,应建立完善的政府监管机制,对公共服务民营化进行必要的规制。建立公共服务定价机制,根据各地不同情况和公众可承受能力,通过专家论证、召开价格听证会等形式,吸引利益相关方共同参与对公共服务的合理定价,并进行严格监督执行。建立和完善公共服务民营化的绩效评估制度,通过设立公共服务质量投诉机构和利用社会中介组织定期对民营化所表现的绩效进行科学评估并公布于众,采取奖优罚劣的形式对民营化中

笔记

出现的服务数量不足、质量低劣、漫天要价等损害公众利益的行为进行整改。

真正的公共服务民营化,并不会造成政府功能的弱化,而是减少了政府活动的范围。政府仍需要承担政策说服、政策规划、目标制定、监督标准拟定以及执行、评估及修正等功能,因此民营化的成功,是建立在一个健全的政府功能的基础上。

(三)给予公众某种补偿,实现普遍服务

为公众提供公共服务是政府的职责,进行公共服务民营化改革之后,尽管公共服务中的提供者为私营部门,但公共服务的公共性要求政府要为社会提供普遍服务,所以政府应给予公众某种支持,避免其陷入集体行动的困境。定期发布关于公共服务民营化的相关信息,为公众提供咨询,避免出现信息不对称的情况。帮助公众组建相关的自治性组织,加大集体行动的力量,以维护公众自身的利益。政府还应对某些弱势群体予以补助,使其能消费到具有普遍性质的公共服务。

第三节　公共事业管理中的顾客导向

"顾客导向"的提出是公共管理由古典官僚模式向新公共管理模式进行范式转换的一部分,将顾客概念引入公共管理与市场模式和企业管理的引入紧密关联。

在公共管理领域中最早引入"顾客"概念的是美国的华根海姆(Georg·D·Wagenheim)和诺瑞克(John·H·Reurink),他们论述了公共管理中顾客服务的前景:第一,"顾客服务"是一种主要着力于满足顾客期望的管理战略,这个战略是基于组织能够通过满足顾客需要从而实现高效率、高效能地提供公共服务的目标基础上的;第二,认为和顾客合作并且提供顾客所需要的服务比尝试尽力去支配和控制顾客更加有效;第三,顾客是公共组织存在的原因和服务的焦点。用公共管理的观点来看,政府存在的目的就是满足顾客的需求。

自20世纪80年代初以来,英国、新西兰、澳大利亚和美国等国的政府相继推行了政府改革,企图改变传统的政府管理模式。各国政府改革的共同趋势都是在公共管理中引用工商管理的方法和技术,例如全面质量管理、顾客导向等。其中,顾客导向管理思想的引入导致了政府管理模式的根本变革。1990年以来,各国进行的政府改革均十分重视顾客导向,目的在于改变传统的政府权威心态和政府为尊的状况,为公民提供更好的服务。

一、公共事业管理中的顾客含义

在公共管理中,"顾客"一词是个比拟的说法,将政府与公众之间的关系比拟为市场中企业与顾客的关系。对企业而言,顾客是指具有消费能力或消费潜力,会购买产品或服务的人,购买者是否满意,决定着企业的兴衰存亡;"顾客导向"理念的核心内容是以顾客为尊,追求顾客的满意度,从而获得顾客的最大支持以求得企业的生存和发展,这一理念早已成为市场经济中屡试不爽的法则。

对于政府机关来说,顾客是指对公共政策和公共管理行为产生影响的人,他们对公共管理的满意与否,决定着政府的品质与命运。顾客导向改变了传统公共管理模式下政府与社会之间的关系,重新对政府职能及其与社会的关系进行定位。政府不再是高高在上、自我服务的官僚机构,政府公务人员应该是负责任的"企业经理和管理人员",社会公众则是提供政府税收的"纳税人"和享受政府服务的"顾客"。

二、公共事业管理顾客导向的内涵

公共事业管理中的顾客导向,是指公共事业组织及组织成员站在顾客的立场上,仔细评估组织的管理绩效,以追求顾客满意为基本目标。

具体而言,公共事业管理顾客导向的内涵包括:

（一）站在顾客本位进行思考

公共事业组织关心的是顾客而非自身,重视的是问题而非产出。公共事业组织将关注的焦点对准顾客的需要,政府职能、政府行为、政府改革等都要紧紧地围绕着顾客来展开,一切从顾客需要出发,一切以顾客的需求为转移,并以顾客的满意度作为政府运行的最大使命和考评标准。

（二）将顾客视为主要资产

公共事业组织真正的资产是顾客,而不是追求收支平衡、提高利润等。公共事业组织一旦失去顾客,也就失去了它全部的资产。顾客导向的政府把顾客视为组织的主要资产,政府就像管理其他资源一样对顾客进行管理。

（三）公共事业组织所追求的目标是顾客的满意程度

公共事业组织的工作重点在于达到顾客的合理预期和愿望,努力做到顾客至上,民众优先,针对顾客的需求生产和提供公共事业产品和服务,为顾客创造利益和价值。

（四）建立与顾客之间的长期互动关系

公共事业组织不仅根据顾客的需要来设计、提供理想的公共产品和服务,而且重视与顾客的直接互动,随时了解顾客的期望,并将其作为改进工作和管理的方向。

三、公共事业管理中公共服务顾客导向的必要性

经济学理论假设认为,个人都是理性经济人,都会积极地从自身利益出发来行事,以实现个人利益的最大化,理性经济人假设基本成为了经济学和政治学研究的逻辑起点。理性经济人假设对人性的分析无疑是深刻的,但它并不能涵盖人性的全部。人无疑普遍具有一种追求自身利益最大化的倾向,同时人性的另一面还在于人追求伤害的最小化,而且这一点在现实世界中还更为普遍。很多人甚至是大部分人可能并不具备追求自身利益最大化的条件,甚至一部分人也没有这样的动机。在这种情况下,很多人就将目标转向了对自身既有利益的维护,即追求伤害的最小化,尽力避免预期或不预期的因素对切身利益的伤害。

公共产品的"不可逃避性"是指由于公共产品的公共性,无论是具有正外部性的公共产品,还是具有负外部性的公共产品,公共产品的融资、生产、提供、消费都是和社会公众的切身利益息息相关的。这就是说,公共产品对于社会公众

来说具有不可逃避性,个人几乎不可能逃避公共产品所带来的影响。具体来讲,公共产品一般是通过社会公共税收来进行生产和提供的。税收来自社会公众,那么用来自公众的税收生产什么公共产品、生产多少、为谁生产等这些问题就和社会公众的切身利益无法分割了。无论人们愿意与否,公共产品的生产是通过消耗社会公共税收来进行的,作为纳税人已经不可避免地参与了这一过程。同时,对于那些具有负外部性的公共产品来说,这种负外部性带来的成本也不可避免地由社会公众承担。而且就目前情况来看,公共产品一般是由公共部门提供的,与社会力量相比,公共部门具有一种"暴力潜能",它能通过运用公共权力来对社会资源进行权威性分配。在这种情况下,公共产品的生产和提供在某种意义上对社会公众来说就是强制的和不可逃避的。

公共产品具有不可逃避性,而理性经济人在追求利益最大化的过程中,往往更倾向于追求伤害最小化。因此要塑造一个透明、参与型及回应性的责任政府,同时要加大公民参与公共产品供给的程度,并且引入顾客导向以维护公众的公共利益。

针对公共产品的不可逃避性,为了增进和维护社会公共利益,除了在宏观层面上增强政治的民主性之外,还要在微观层面上推进治理模式的创新,以便于在公共产品的生产和提供过程充分维护公共利益奠定坚实的制度基础。

四、顾客导向对公共事业管理的积极意义

公共事业管理中引入顾客导向具有十分重要的意义,对公共事业管理的效能和服务质量的提高将产生重大的影响。

(一)顾客导向的优点

一个政府要实现良好的管理,重要的前提之一是在于它应是一个受顾客驱使的政府,满足顾客的需要,而不是官僚政治的需要。政府不是凌驾于社会之上的封闭的官僚机构,而是负有责任的"企业家",公民则是其"顾客"或"客户"。将顾客导向引入公共事业管理中,对公共事业管理的效能和服务质量的提高可产生重大的影响。顾客导向的公共事业管理组织有如下七个方面的优点:

1. 顾客导向的组织可促使服务提供者对顾客真正负起应有的责任;
2. 顾客导向的组织使组织成员在决策时,能减少政治因素的不当干预;
3. 顾客导向的组织可激发出组织成员更多的创新行为;
4. 顾客导向的组织可对民众提供更广泛的选择;
5. 顾客导向的组织其产出较能符合大众的需求,不容易形成浪费;
6. 顾客导向的组织能培养顾客的选择能力,并协助其了解本身应有的地位和权益;
7. 顾客导向的组织可创造出更多公平的机会。

(二)顾客导向的变革

顾客导向的公共事业组织管理,与传统的公共事业组织管理有着实质性的不同,它意味着公共管理理念和管理方式的巨大变革。这种变革具体体现在以下几个方面:

1. 从管理目标由专家决定,转变为对公民需求的考虑,即以民众的需要和价

笔记

值作为组织行动的指导,使公共资源的投入与执行政策的过程,均能达到顾客期望的结果。

2. 从以成本效益为基础的效率标准,转变为对服务质量以及民众评价的重视。

3. 从依法行政转变为"产品质量"的评估与改进,即从消极的控制转变为积极的服务。

4. 管理理念由控制员工转化为获取员工的认同。

5. 从对特定"功能"、"权威"及"结构"的服从,转变为对"使命"、"服务"、"顾客"以及成果的高度认可。

6. 从责任由法规强制,转变为组织内部人员自主性的建立和认同。

7. 由一味地遵循"法规"、"程序",转变为对问题彻底理解并找出解决问题的方法。

8. 从"一条鞭式"的管理,转变为寻求民众的支持与认同。

建立顾客导向的公共事业管理组织,可以显著提高服务绩效、融洽社会关系,较好地满足社会公众的多样化需求,同时可以促进公共事业管理组织服务质量、服务效率的提高。

五、西方国家的顾客导向改革及其对中国的启示

(一)"顾客导向"在英国政府改革中的应用

20世纪80年代随着西方国家政府改革的兴起。在新公共管理运动中,最先在公共服务中引入顾客导向的是英国的梅杰政府。以撒切尔夫人为首的保守党政府大力推行的以市场为取向的行政改革,在公共经济和效率方面取得了显著的成就。但同时另一个问题也变得日益突出——如果改革继续以经济和效率为重点,必然导致牺牲质量和公共服务而追求开支节省的指责,政府就会失去公民的支持。1991年7月,撒切尔首相的继任者梅杰就以政府白皮书的形式提出"公民宪章"。目的在于促使政府各部门提高效率,改进服务,重塑政府在公众中的形象。所谓公民宪章,就是用宪章的形式把政府公共部门服务的内容、标准、责任等公之于众,接受公众的监督。实现提高公共服务水平和质量的目的。公民宪章的理念在于通过公开承诺的方式,在缺乏竞争的垄断性公共服务部门中引入激励机制。因为将公共部门的职责和服务内容公开化,有利于公众对公共部门实施更好的监督和减少公务员的懒惰行为。

公民宪章要求政府部门在设计部门服务宪章时必须包括以下六个内容:①明确的服务标准。包括服务效率、质量等方面的具体要求和公务员在与公众打交道时的行为准则。②透明度。有关公共的信息必须公开、透明。包括服务的内容和运营状况、特定服务项目的开支与成本状况、管理机关和承担服务的具体机构、后者的服务水平和质量等方面的信息。③顾客选择。在可能的情况下和与服务对象协商的基础上,应向公众提供选择服务机构的机会,充分发挥内部竞争的作用以提高服务水平和质量。④礼貌服务。公共服务人员必须礼貌对待公民,一视同仁地向公民提供服务,尊重公民的隐私权、文化、宗教信仰和人格尊

笔记

严。⑤完善的监督机制。建立方便有效的公民投诉受理机制,包括明确的补偿标准、便捷的受理程序、方便的投诉渠道等,可能时设宪章电话专线。⑥资金的价值。推广和完善合同出租制度,展开公共服务领域的公私竞争,以竞争求质量,以竞争求效益,实现公共资源的充分利用。

(二)"顾客导向"与美国的政府再造运动

美国的政府再造运动是以1993年初副总统戈尔的《国家绩效评鉴报告》为蓝图的。该报告第二部分以"顾客至上"为题提出了四条具体建议。包括:①倾听顾客的声音,让顾客来选择;②使公共组织之间相互竞争;③创造市场动力;④利用市场机制解决问题。1993年颁布的《政府绩效与结果法案》要求联邦部门普遍实施顾客满意度调查。

1993年9月,克林顿发布了第12862号总统令。要求联邦机构设定"顾客服务标准",公开接受公众监督。"公务官员必须推动一场革命,实现联邦政府做事方式的根本转变。这要求对行政机构的管理和动作实践进行持续性改革,使公共部门的服务赶上或超过私营部门的水平。"总统令的主要内容包括服务标准设定、顾客服务状况报告、顾客服务规划三个方面,并对落实的时间做了具体要求。顾客服务标准设定包括以下八个方面的具体要求:①明确部门的服务对象或顾客;②通过顾客调查确定公共服务的类型和质量,了解他们对现有服务的满意程度;③设定服务标准和评价服务质量的尺度;④设立顾客服务标杆,比较部门绩效和私营部门的最佳绩效;⑤对第一线雇员进行调查,确认部门绩效差距的成因,探讨赶超私营部门最佳绩效的途径;⑥在服务提供机构和服务提供方式等方面给予顾客充分的选择权;⑦确保顾客在接受服务和信息方面的便利;⑧建立有效手段处理好顾客投诉。

1994年,有100多个联邦公共服务部门制定并公布了服务标准。美国国家绩效评论出版美国有史以来第一本政府的服务标准手册——《顾客至上:为美国人民服务的标准》介绍政府各部门制定服务标准的情况。1996年,联邦政府共有200多个机构,全力执行3000多种服务标准。此外,联邦政府各机构亦通过电子邮件及计算机网络,将各种业务尽可能地合并。例如民众可在土地管理局或林务局一次性办妥土地图册、垂钓信息以及导游许可证等多项隶属不同单位的业务。美国民众亦可经由计算机网络办理多项行政事务。例如民众可透过网络从企业咨询处得到相关问题的解答,亦可以从网络下载国税局的报税表格,或是打印中小企业处的贷款表格。

1995年,社会安全局的免付费电话和服务质量。经数家知名的管理调查公司一致评定为全美第一。许多大型企业组织,例如得州仪器公司、国际商务机器公司((IBM)等,都学习社会安全局的服务经验。同时,为方便公众对公共事务的参与,90年代初,美国在俄亥俄州哥伦比亚市建立了世界上第一个"电子市政厅",它通过一个双向的通讯系统,使居民可以经由电子设备真正参与地方计划委员会的政治会议。居民只要在家中按一下按钮,就马上能对地方分区、建立高速公路等建议进行投票,还可以参与讨论,发表广播演说。

(三)对西方国家政府"顾客导向"改革的借鉴

我们在借鉴西方政府改革成功经验的同时,也要吸取他们的教训,避免重走他们走过的弯路。通过考察西方国家改革的经历可以看出，以顾客为导向的服务机制的建立，天然是对政府权力的一种有效制约和对其他主体的有效保护，有助于平衡政府过于强大的权力和市场及社会过于狭小的权力之间的矛盾。一方面公共事业管理的过程中引入这种服务机制和竞争机制，赋予公众以自由选择权，可以打破垄断，增强政府管理的透明度和责任感；另一方面这种服务机制引入了明确的目标，以公共事业部门的绩效为基础，并通过市场竞争来提供公共产品和服务，公共事业部门的绩效也会得到大幅度的提升。

　　长期以来，中国公共事业管理附属于政府管理，缺乏服务机制，尽管有官员是"人民的公仆"之说，但实际生活中公众却连市场经济条件下的"顾客"地位也无法拥有，许多政府机关"门难进"，政府官员"脸难看"，到政府部门"事难办"，成了通病。这几年来，政府的服务机制开始逐步建立，如"一站式办公"和"服务大厅"等就是典型的例子。但"顾客导向"理念的一个重要前提是存在成熟、理性的顾客群体，现代民主社会的发展理应伴随着具有顾客意识的公民群体的不断壮大。伴随着中国商品经济的发展，社会公众的顾客意识与主体意识也越来越强烈，因此需要在公共事业管理中引入顾客导向，以满足社会公众日益增长和多元化的公共需求。"顾客导向"要求深化政治、行政体制改革，推进中国社会的民主化进程，改变公民权利和义务的不对等状态。在政府进行改革的同时，应积极推动独立的社会非政府组织的发展，加强外部监督。另外应注意的是，在了解顾客和顾客需求的基础上，科学合理地确定公民意见在政府工作中的适当比重也是中国公共事业管理改革的一项重要内容。

 章后案例

上海医药卫生体制改革方案广征民意

　　2011年3月16日，上海医药卫生体制改革方案（征求意见稿）向社会公示。上海医药卫生体制改革方案包括《中共上海市委 上海市人民政府关于贯彻〈中共中央 国务院关于深化医药卫生体制改革的意见〉的实施意见（征求意见稿）》和《上海市深化医药卫生体制改革近期重点实施方案（征求意见稿）》，从昨天起至3月22日在中国上海门户网站、市发展改革委门户网站、市卫生局门户网站公示一周，广泛征求市民意见，进一步修改完善。

　　市卫生局介绍，上海医药卫生体制改革方案按照"保基本、强基层、建机制"和"打基础、管长远、可持续"的要求，力求为居民提供安全、有效、公平、可及的基本医疗卫生服务，加强健康管理，提高居民健康素质和生活质量，使居民主要健康指标达到世界先进水平。

　　根据方案，上海医药卫生体制改革将更加注重制度建设，在卫生管理、医疗资源整合、家庭医生、住院医师规范化培训、老年护理保障制度等方面进行积极探索。卫生服务理念将从治病为中心向健康为中心转变，优先发展公共卫生和社区卫生，降低全社会的疾病负担。

上海医药卫生体制改革将更加注重民生为本,使居民减少发病、病有所医、就医便捷、减轻负担,尤其是郊区农民、外来从业人员、重病大病人员等弱势群体将成为主要受益人群。具体措施包括:

基本公共卫生服务项目在国家九类 21 项基础上增加为 42 项,重大公共卫生服务项目在国家 9 项基础上,新增新生儿疾病筛查、社区居民大肠癌筛查、60 岁以上老人接种肺炎疫苗三个项目。2011 年起按常住人口标准,各区县人均基本公共卫生服务经费标准应高于 50 元。

职工医保、居民医保、新农合统筹基金最高支付限额分别提高到职工年平均工资、城镇居民人均可支配收入、农民人均纯收入的 6 倍以上。职工医保统筹基金最高支付限额从 7 万元提高到 28 万元。居民医保和新农合住院费用平均报销比例达到 70% 左右。

基层医疗机构配备 307 种国家基本药物和本市增补的 381 种药品,全部实行零差率销售。实行单一货源承诺、量价挂钩的集中招标采购办法,降低基本药物价格。

实施郊区三级医院"5 + 3 + 1"项目,健全社区基层医疗服务网络,打造"1560"就医圈,即居民步行 15 分钟可到达最近的医疗机构,通过公共交通工具 1 小时可到达三级医院。

逐步取消公立医院特需床位,剥离"院中院"。各级医疗机构不得采取与经济创收直接挂钩的分配方式,建立过度医疗行为认定机制,严禁院内"假出院"等弄虚作假行为,规范抗菌药物使用。所有自费药品和医用材料应由医院提供,并明确规定自费费用占总费用的比例,严格考核。

此外,上海还将在近期推出一系列方便就医的举措,如推行门诊预约、"一站式付费"、网上查询检验检查报告、增加慢性病患者配药量等,减少患者排队和往返次数;二三级医院增加专家门诊,社区卫生服务中心开设周六门诊,缓解看病难。

(资料来源:解放日报,2011-3-17)

材料分析题

如何更好地在医药卫生体制改革中体现群众的切身利益和要求,切实解决"看病难、看病贵"的问题。

本 章 小 结

公共事业管理模式是在公共事业产品的生产和供给过程中,承担主体构成及其相互关系的组合方式。公共事业管理模式包括自由主义模式、国家干预模式、市场模式三大模式,公共事业管理模式的发展决定于公共需求、主题意识、政府能力、社会发育程度四个因素。

笔记

公共事业管理的民营化和顾客导向是对公共事业治理模式的创新，民营化则是在市场经济和"新公共管理"运动的推动下，在公共事业管理中引入企业管理模式，旨在消除官僚主义的弊端，提高公共服务的质量和效率。

顾客导向则是强调公共事业管理的服务性，致力于改变原有的政府权威心态和政府为尊的状况，以人为本，采取企业中"顾客是上帝"的理念进行公共事业管理，提高人民群众对公共事业管理的满意度，切实保障人民群众的利益。

关键术语

公共事业管理模式　social public affair management model

民营化　privatization

政府失灵　government failure

顾客导向　customer orientation

不可逃避性　un-escapable nature

思考题

1. 公共事业管理模式的自由主义模式、国家干预模式、市场模式的特点是什么？

2. 公共事业管理模式的影响因素是什么？

3. 实行公共事业民营化的原因与目标是什么？

4. 如何实行公共事业民营化的过程与管理？

5. 实行公共事业民营化的局限性有哪些？

6. 顾客导向的含义是什么？

7. 实行公共事业管理顾客导向的必要性是什么？

8. 简述顾客导向在西方国家的运用及借鉴。

（彭　聪）

笔记

第十一章

西方国家公共事业管理

学习目标

通过本章的学习,你应该能够:
1. 掌握当代西方国家公共事业管理改革的原因和主要内容。
2. 熟悉西方国家公共事业管理的发展阶段及其主要特点。
3. 了解我国公共事业管理体制改革的现实需求与发展趋势。

章前案例

公共健康中的国家干预与个人自由

20世纪初至20世纪50年代,美国公共卫生领域盛行的理念是"信仰的自由是绝对的,行动的自由则不是。"正如密尔所言:"文明群体中的任何一个成员,之所以能够对其施用一种权力以反其意志而不失为正当,唯一的目的只是要防止对他人的危害。"

1901年到1903年之间,天花在美国泛滥,仅波士顿就出现了1596例感染和270例死亡病例。1902年,马萨诸塞州卫生委员会发布命令,要求所有成人都必须种痘,拒绝种痘者将处以5美元的罚款。亨宁·雅各布森认为种痘是个人自由,拒绝了这一命令,因此他被法院判处罚款5美元。雅各布森不服,向联邦最高法院提出上诉。联邦最高法院支持马萨诸塞州的这一命令,并宣称:"在任何一个负有保障成员安全的秩序良好的社会中,个人关于自身自由的权利,在处于公共危机状态时需要从属于某种限制。这种限制是通过国家干预的形式来行使的。"

类似的案例还发生在1952年。一名刚出生的婴儿患有胎儿成红细胞增多病,需要立即输血以挽救生命。但孩子的父母是耶和华作证派成员,他们基于宗教信仰而坚决反对为自己的孩子输血。于是州审判法院为这个孩子指定了一个监护人并为婴儿输血。父母为此向伊利诺伊州最高法院提出上诉。伊利诺伊州最高法院支持州审判法院的判决,并宣称:"信仰自由以及父母照料和培养孩子的自由应该受到最高程度的尊重,但不论是信仰权还是父母权都不是不受限制的。父母有折磨自己的自由,但他们无权给自己的孩子带来折磨。"

西方国家在公共卫生领域支持个人权利至高无上的观点也是由来已久

笔记

的。1924 年,美国弗吉尼亚州通过了一项决议法案,认为对"弱智者"和"不能胜任生活者"实施绝育是合法的。该法案由州议员,主管癫痫患者和弱智者聚居区的奥利布·斯特罗德起草。在这之前,弗吉尼亚聚居区的首任主管阿尔伯特·普利迪就在未征得他人同意的情况下对 75～100 名年轻妇女以治疗"骨盆疾病"为理由实施了绝育手术。斯特罗德和普利迪都相信优生学,他们要"清除精神有残疾的人"。绝育法案颁布后,第一个受害者是一名叫凯丽·巴克的 18 岁女孩。巴克没有任何精神疾病或不能胜任生活,但巴克生活在单亲家庭,她的母亲靠卖淫养活三个孩子。后来巴克被州政府强行带走,交给多布夫妇收养。巴克 17 岁时被多布的儿子强奸并且怀孕了。多布夫妇与两名医生共同证明巴克是弱智者,适用绝育法案并对她强制实施了节育手术。后来,数以万计的妇女被强制节育。直到 1974 年,弗吉尼亚的绝育法案才被废止。

凯丽·巴克的案例引发了公共卫生领域个人权利至上的强烈主张。1948 年发布的《国际人权宣言》和 1950 年《欧洲人权公约》都表达了国际社会对公民基本权利进行捍卫的决心。1950 年的美国人权运动则直接挑战了"政府可以为公民的最大利益而行动"的理念。20 世纪后半叶,西方国家普遍认为,在公共卫生领域应当将公民的自由放在第一位,不应未经有行为能力的道德主体的同意而强制性地对一个人采取强制措施。

于是,在西方国家的公共卫生领域形成了截然对立的两派。主张公共健康至上的观点认为,在公共健康和公众福利受到威胁时,公民的基本自由权利应受到必要的限制。而主张公民自由至上的观点主张,任何行动的权威只能来源于有行为能力的道德主体的同意。公共健康与个人自由之间的张力成为公共卫生事业领域的一对矛盾。

国家到底应该优先考虑公共健康,还是优先考虑公民自由呢?

资料来源:

1. 托马斯·帕克. 刘璐等,译. 开庭:改变人类进程的 115 件世纪大案. 北京:海潮出版社,2000

2. 绪宗刚. 公共健康与公民自由:张力与平衡. 昆明理工大学学报,2010(1)

3. 史军. 以公共健康之名干预个人权利何以可能. 自然辩证法研究,2007(6)

公共事业是中国语境下的专业术语,西方国家没有与之相对应的概念,比较相近的概念是公共事务(public affairs)、第三部门(third sector)等。概念上的不对等并不妨碍公共事业作为政府与社会基本职能领域的存在,诸如科技、教育、文化、卫生、医疗、社会保障等公共事业项目是任何一个社会都不可或缺的重要组成部分。就其基本运行模式而言,自工业革命以来,西方国家逐渐形成了以政府为主导,政府、非营利组织以及部分营利组织共同提供公共事业服务的格局,不同时期政府执政理念的差异形成了西方国家公共事业管理的不同发展阶段。

在本章的阐述中,考虑到"西方国家"这一概念在地理、政治、意识形态等层

笔记

面的含义不尽一致,而且其数量庞大、类别各异,无法悉数论及,所以我们选择以美国和英国为主要表述对象,同时尽量兼顾其他西方国家。

第一节　西方国家公共事业管理的发展历程

一、自由放任时代的西方国家公共事业

工业革命标志着西方国家自由放任时代的到来。与时代需求相顺应,1776年,苏格兰人亚当·斯密(1723~1790年)出版了《国民财富的性质和原因的研究》。也是在同一年,美国的开国元勋发表了《独立宣言》。"这两大思想成果的同时出现,也许并不是一种巧合。当美利坚合众国开创人在不列颠帝国的苛政之下大声呼唤自由之时,大英帝国的亚当·斯密也在倡导一种伟大的革命信条,呼吁将贸易和工业从封建桎梏中解放出来。"时代特征造就了这两部重要文献的共同之处,即都强调一个在当时非常流行的观点——放任公民各行其是,而无需让政府这双大手来摆弄人们的行为,其结果往往是最好的。按照亚当·斯密的说法,每个人都是利益最大化的追求者,他并不企图增进公共福利,也不知道能够增进多少;他所追求的不过是自己的安全与私利;但其结果往往比他在真正出于利他本意的情况下,能够更有效地促进社会的利益。

斯密的经济理论很快上升为一种政治哲学,并构筑了早期西方国家执政理念的基础。由于市场作为"看不见的手"能够实现社会"普遍的丰裕",所以"管的最少的政府,就是最好的政府"一时间成为全社会笃信的箴言,政府也被形象地比喻为"守夜人",其职责仅限于三项基本义务:"第一,保护社会,使其不受其他社会体的侵犯;第二,设立严正的司法机关,以保护社会上的每一个人;第三,建设和维持公共事业和公共设施。"这里的公共事业和公共设施包括医疗、教育、公共交通等方面。虽然建设和维护公共事业和公共设施被明确地列为政府的一项职责,但政府真正管理的公共事业并不多。英国"19世纪中叶时,政府的视野是很有限的,主要的兴趣就在外事活动和维持治安。"美国直至19世纪中叶内战前,各级政府"只是在资本短缺、交通运输能力不足而阻碍经济发展和工业化时,才发挥一定的作用。"而大量的公共事业产品,如供水、电力、公共交通、教育等,最早都是由私人组织提供的。政府与其他公共组织的机构设置都不发达,在公共事业产品供给中扮演的角色并不突出。

在自由放任时代,政府之所以扮演"守夜人"角色,主要受制于以下两个因素:其一,社会生产方式简单,生产力不发达。作为主体的农业生产方式是一种自给自足、自我封闭式的小生产模式,发达的市场经济还没有出现,社会也没有发展出复杂的社会事务。所以,从需求与供给的角度看,当时的社会还不需要政府公共权力的过多供给。人类社会发展史的基本规律就是,任何农业国家都不存在产生大政府的社会经济条件,西方国家也不例外。当然,自由放任时代是尾随工业社会而来的,工业时代的社会变迁决定了政府的职能增长是一个必然的趋势,这在西方国家随后的发展中迅速得到印证。其二,自由主义思潮的兴起。

在经济思想领域,斯密为政府的职能做了明确的限定;在政治思想领域,霍布斯、洛克、孟德斯鸠、卢梭等人论证了人民主权的正当性。自由主义思潮力图使人们坚信,社会发展是社会自主发展的过程,政府是"必要的邪恶"。

当然,在自由放任时代,政府也并非对公共事业活动放任自流。任何一个时代、任何一个政府,都具有推进公共事业发展的职能,只是在程度、方法和侧重点上有所不同而已。以美国的教育事业为例,1787 年颁布的《西北条例》确立了鼓励教育发展的政策,规定国会要在设计西北的领土板块时,将土地先分为镇区,再把镇区分成地段,每 16 个地段就要留出一个用于提供免费教育,在语法学校的奠基石上还要写上送给下一代的寄语。1862 年通过的《莫里尔土地划拨法案》规定,联邦政府必须为各州提供土地,用于建设农业和机械技术学院。在此法案的规范之下,美国成立了一些著名的学府,如康奈尔大学、威斯康星大学、伊利诺伊大学等。1867 年,美国国会成立了教育办公室。1890 年,国会列支部分资金用于政府土地学院的发展,这个开支项目一直持续至今。1917 年的《史密斯-休斯法案》开创了联邦的第一个教育资助项目,主要用于发展职业教育和专业培训。1852 年马萨诸塞州首先开展义务教育,到 1918 年密西西比州完成义务教育计划为止,美国实现了全面的义务教育规划。此外,美国政府在其他公共事业领域也采取了必要的管制措施,如 1827 年提出的森林保留地可持续生产运营计划,并在 1890 ~ 1920 年发起了自然保育斗争,以加强所有自然资源地保护和使用;1899 年颁布了《河流与环境法》;1887 年建立的州际贸易委员会,是为了公共利益而对铁路、公路、公共交通等部门的开业、运营和价格等方面进行审查;1906 年通过的《食品与药物法》专门针对食品与药物工业的某些方面提出规范措施。

自由放任时期处于欧洲重商主义晚期,而在美国则是刚刚摆脱了英国的殖民统治。在欧洲重商主义时代,政府不仅对社会经济的干预无孔不入,而且深入到私人事务领域。斯密的自由经济理论可以看作是对重商主义的反抗,他力图从理论上证明建立一个小政府的正当性,最终开启了一个新的历史时代。美国长期受到英国的殖民侵略、压迫和剥削,其结果正如有的学者所言,"这个前英国殖民地要建立一个名副其实的政府是不可能的。"虽然美国在开国之初就有以汉密尔顿为代表的大政府观和以杰弗逊为代表的小政府观之争,但汉密尔顿在 47 岁时与亚伦·伯尔决斗时被刺死,其影响力远不如杰弗逊。

自由放任时代终结了政府全能的神话,并使自由市场理念在西方国家深入人心,其影响至今依然见诸政府发展公共事业的基本思路与战略框架。即便在凯恩斯主义盛行的福利国家时代,自由市场理念依然不乏支持者。今天新自由主义思潮盛行,其各种理论派别的思想根源总能追溯到以亚当·斯密为代表的自由放任时代。

二、福利国家时代的西方国家公共事业

世界上公认的第一项福利政策是英国 1601 年颁布的《济贫法》,该法案成为 20 世纪 30 年代之前英美国家福利政策的样板。但作为"福利国家"

笔记

（welfare state），有学者认为它最早起源于 19 世纪 80 年代的德国。当时的德国正处于铁血宰相奥托·冯·俾斯麦执政时期。迫于工人运动的压力，俾斯麦认为建立养老金是一件在政治上有利可图的事情。然而大部分欧洲国家福利计划的发展是在 20 世纪初，其基本规律是，越是自由放任思想强烈的国家福利计划出现越晚。"英国的第一个福利计划仅仅在第一次世界大战前才得以实施，而美国则一直到 20 世纪 30 年代的罗斯福时期才开始出现。"福利国家在西方普遍推行是在 1929 年经济危机之后，特别是凯恩斯主义出现之后才迅速流行起来。

1929 年 10 月 24 日，美国爆发了席卷资本主义世界的经济大危机，这也是迄今为止资本主义世界最严重的一次经济危机。这场危机导致大量企业破产、经济持续衰退、金融体系崩溃、失业剧增、生产相对过剩、社会分崩离析。虽然经济危机于 1933 年结束，但随之而来的大萧条却一直持续到 1941 年。经济危机及其引发的社会危机和政治危机让人们对亚当·斯密的自由市场经济理论产生了怀疑。人们发现，"没有什么看不见的手，从来没有过。我们现在必须提供一只真实的、看得见的指导之手，来执行那种认为是由神话式的、不存在的、看不见的力量去完成而从未完成的任务。"面对危机，美国富兰克林·罗斯福总统启动了"3R 革命"：改革（reform）、复兴（recovery）和救济（relief），其核心是摒弃"守夜人"的政府理念，扩大政府职权。罗斯福开创了国家强力干预经济与社会的先河，也预示着一个国家干预的时代即将到来。

如果说罗斯福总统的改革是在实践层面结束了亚当·斯密的自由放任时代，那么约翰·梅纳德·凯恩斯（1883～1946 年）则是从理论上彻底颠覆了自由市场经济理论，推翻了传统的"守夜人"政府理念。1936 年，凯恩斯出版了《就业、利息与货币通论》，提出了一套全新的宏观经济理论，倡导政府通过货币政策和财政政策干预经济，顺应了罗斯福新政的需求，并很快成为西方各国政治与经济领域的"统治"思想，同时也正式宣告了凯恩斯主义"大政府"与"福利国家"时代的到来。在凯恩斯主义盛行之时，以费边社会主义为代表的社会思想家也有力地推动了福利国家的发展。

福利国家时代社会变革的标志是罗斯福总统的"新政"（new deal）。新政包含了一系列公共事业项目的投入，通过推出"新政"，政府进入了金融、股票、抚恤金、住房、就业、公共工程开发等传统私人事业和公共事业领域，"公共工程项目通过建设道路、街道、学校、公园、游泳池和游乐场为改善美国人的生活质量作出了极大的贡献。"在机构设置方面，新成立了联邦住房管理局（1934 年）、社会保障管理局（1935 年）和全国劳动关系委员会（1935 年），分别负责住房保障、失业保险和劳资谈判等问题。此后，公共投入成为政府发展公共事业的一项基本职能，其中包括社会保障，失业补偿，对有子女家庭的补助计划，对老年人、盲人、残疾人的补助计划等内容。《1935 年社会保障法》明确了联邦、州和地方政府建立福利政策的基本框架；提出了解决贫困问题的方略；为特定的贫困居民提供政府补助；通过向企业征收工薪税确保失业救济项目；建立信托基金来支付将来的福利开支。该法案于 1950 年和 1965 年两次修订，分别又增加了残疾人保险和医疗健康保险项目。

笔记

美国的全国学校午餐规划

美国的全国学校午餐规划最初是由国会作为"一项国家安全措施"提出来的,其目的一是确保全国儿童的健康与福利,二是推动国产农产品的消费。1946年,这项规划通过全国学校午餐法案得到了永久性的批准。迄今,美国有99%的公立学校和83%的私立学校参加了全国学校午餐规划,每天花掉政府41亿美元(1992年)。

学校提供午餐所需要的开支,既可以从联邦政府那里获得现金补贴,又可以从农业部获得捐赠。对学校而言,全国学校午餐规划是作为一项权利而享用的,这意味着联邦基金必须提供给所有具备资格的学校。学校收益的核算方式采用的是一个三级补偿体系:对家庭收入处于或低于贫困线130%的儿童,学校为其提供免费午餐;对家庭收入处于贫困线130%～185%的儿童,学校为其提供减价的午餐;对家庭收入高于贫困线185%的儿童,学校为其提供全价的午餐。据统计,有一半以上参与这一规划的儿童得到了免费或减价的午餐。

全国学校午餐规划要求学校午餐提供下述食物:1/2品脱的流体牛奶;2盎司的蛋白质(肉、鱼、2个鸡蛋、4勺花生油或者1杯干的蚕豆或豌豆);3/4杯由蔬菜或水果或者二者皆有的食物(果汁等于此分量的一半);每周8份面包、通心粉或细粮。这个食谱反映了这样一个目标:在一周之内,儿童将至少得到食物专家所推荐的饮食供应标准(这个标准是满足健康人所必需的数量)的1/3,以获得蛋白质、维生素和矿物质等基本营养成分。美国农业部的研究表明,低收入家庭的儿童靠全国学校午餐规划提供了每天营养摄入量的1/3到1/2以上。

全国学校午餐规划是1946年实施的,但时至20世纪80年代,更多的人已经从关注儿童是否得到了足够的食物转变为关注儿童得到的食物是否提供了充足的营养。因为人们发现,学校儿童的肥胖现象已经达到了一个空前的高度。进一步的研究发现,学校午餐满足了维生素、蛋白质和矿物质的需求,但与饮食指导方针相比较,脂肪超标25%、饱和脂肪超标50%、钠超标100%,且胆固醇的含量过高。另外,铁和维生素的含量并没有提高。很多人开始质疑农业部推出学校午餐计划更主要的目的是为了推动国产农产品的消费,"一些学校在它们的菜谱中注入了高脂肪含量的农场剩余产品,如黄油、干酪、鸡蛋和加工食品——因此,它们在降低了食物成本的同时也降低了饮食的质量。这个项目在更大程度上是一个农业支持目,而不是一个营养项目。"越来越多的人和非营利组织倡议改革现行的全国午餐规划,鼓励购买低脂肪含量的牛奶、肉类和禽类产品,并扩大新鲜水果和蔬菜的供给。

最终,《为美国人的健康而健康饮食法案》经过比尔·克林顿总统签署后正式成为法律。该法案再次批准了儿童营养规划,但要求学校采用当时最新

笔记

的"营养标准菜谱计划"体系,并要求学校使用计算机来跟踪学校午餐规划所包含的营养成分。

（资料来源：［美］理查德·J·斯蒂尔曼二世.竺乾威,等译.公共行政学：概念与案例.第7版.北京：中国人民大学出版社,2004:683-706）

林登·B·约翰逊总统是罗斯福的追随者,面对美国社会公共事业项目供给不足的状况,他号召建立一个伟大的社会。"伟大社会"包含了一套完整的公共事业发展规划,其内容主要有废除公共设施使用的种族歧视、建立联邦对教育事业的援助、建立医疗照顾项目为老年公民提供服务、强化医疗保险和医疗补助项目、支持平等就业、控制空气污染、发展公共广播事业和增加社会保障等方面。在诸多公共事业领域,约翰逊最关心的是消除贫困和种族歧视、关心病人和医疗服务、发展大众教育等,可以说,这些都是公共事业领域最为重要的内容。而1964年的《民权法案》从法律层面确保了公共事业享有权的全民平等。在约翰逊总统执政期间,政府还开创了三种全新的福利形式：食品券、医疗补助和医疗保险,三者都是在1965年启动的。食品券发放给失业者和贫民；医疗补助的内容包括家庭补助、补充性保障收入、食品券补助,后来该项目成为政府所有福利支出中比重最大的一项；医疗保险包括健康保险(HI)和补充性医疗保险(SMI),HI是针对老年人的强制性保险,资金来自收入所得税,而SMI是自愿参保,是对HI的补充,患者要支付规定范围内医生诊疗费的80%。此外,"联邦政府对老年人、盲人和残疾人的补助,被并称为新的补充性保障收入的项目,这使得受惠者的数量成倍增长。"后来的尼克松总统和卡特总统都力图发展家庭援助计划(FAP),但因各种阻挠没有付诸实践。

罗斯福的"新政"和约翰逊的"伟大社会"标志着美国"福利国家"的基本框架已经建成,"大政府"取代了"守夜人",成为公共事业领域最活跃的主体。除了由市场为人们的日常生活提供一些具体服务外,政府承担了大量的社会职能,进入了公共事业的各个领域。对当时的政府而言,"满足公众的共同需求就是对他们行动的最终检验和评价。"

在同一时期,大部分西方国家也相继迈入福利国家行列,其中瑞典因其"从摇篮到坟墓"的福利国家计划而备受关注,成为福利国家历史上的典型案例。时至今日,很多关于福利国家的专业术语依然与瑞典分不开,如"瑞典病"就是指"瑞典所经历的因税赋过多而不堪重负,以及因各种慷慨的津贴、不断增长的赤字、累积的债务所导致的对经济发展动力的抑制。"在英国,公共事业规模的膨胀与美国有所不同,除了经济危机的因素,更重要的原因是第二次世界大战时期的无奈之选。二战期间政府控制了主要工业部门的生产,战后又承担起了重建社会的责任,在土地和公共事业发展中实行配给制,把公共交通、医疗服务、公共健康和贫困救助等各项计划全部收归中央统一管理。所以,英国公共事业的发展格局是在战争中确立并在战后获得广泛认可与普遍推广的,当然这也为撒切尔夫人执政之前政府的低效与臃肿埋下了隐患。

笔记

知识拓展

福利国家的瑞典模式

从 19 世纪 70 年代到 20 世纪 60 年代末,瑞典的人均国民生产总值年均增长 2.5%,超过美、英、法、西德等主要发达的工业国家。在社会改革方面,瑞典建立了被称誉为"福利橱窗"的福利国家制度。这种既保持经济持续增长,又保证收入相对公平的发展之路,被学者概括为"瑞典模式"。

瑞典模式最为人称道的是其"福利国家"制度,该制度始于 1932 年社民党执政时期。其基本原则是在个人、阶级和地区之间实现平等分配,消除或削弱收入差异。瑞典的福利国家带有平均主义倾向,内容包括:

1. 医疗保险制度　瑞典的医疗保健服务由地方政府举办,包括:①医疗服务与医疗保证;②病休津贴与家长津贴。瑞典全国社会保障局对病休职工提供现金补助,数额最多不超过工资的 90%。在生育和哺乳孩子时,父母双方都享受家长津贴,以及在孩子成长过程中的一些阶段享受家长津贴,以保证家长在孩子成长过程中给予必要的照顾。

2. 老年保障　主要内容是退休金制度和养老设施。瑞典退休工人可以享受基本退休金、补充退休金和一般退休金。基本退休金为退休者提供基本生活保证,其数额每个人相同,与退休前的工薪水平无关。补充退休金反映了退休前的技能、劳动和收入差异,相当于退休前 15 个最高收入年份年收入的 60%。一般补助金是对不能获得足够补充退休金或只能取得部分补充金的退休者的"补偿"。此外,还有特别的养老服务,包括住房津贴、家庭服务和养老院等。

3. 失业救济　劳动就业问题是在由劳资双方代表参加、政府直接参与和监督下的劳动市场管理委员会中进行协商。在增加就业机会方面,政府举办公共工程,以工代赈,以及对企业提供订货和财政补贴等。对于失业者,则由失业保险社发给失业救济金。

4. 住宅福利设施　内容包括提高居住质量、房租补贴和其他住宅福利。从 1945~1975 年,每间房间占用人数从 0.99 下降到 0.62,有沐浴设备的住宅从 28% 上升到 87%,有卫生设备的从 36% 上升到 95%,有暖气热水的从 46% 上升到 96%,有自来水和排水系统的从 66% 上升到 95%,住宅设备得到很大改善。政府还对住宅建造提供贷款,对居民提供房租津贴。

此外,政府对农场实施各种形式的补贴。在解决地区间收入差异方面,政府规定缩小富裕的南部工业地区和贫困的北部林业地区之间的收入差异,对到北部投资设厂的私营企业给予财政补贴。

名目繁多的福利项目不可避免地推动了税负的增加,削弱私人积累财富的积极性,从而减弱了生产发展的动力,福利边际效率开始下降,福利国家的瑞典模式日趋黯淡。

(资料来源:徐海.瑞典模式的盛衰和思考.上海经济研究,1990(4):58-61)

笔记

　　不管是美国、瑞典还是英国，福利国家时代的西方国家公共事业都是在政府主导下发生与发展的。在此过程中，政府不但起到了主导作用，更重要的是政府俨然成了公共事业产品的直接生产者，充当了公共事业发展的主体。虽然福利国家的出现被一些人西方学者讥讽为资本主义国家向社会主义的靠拢，但这种"靠拢"更确切地说是一种无奈之举，是西方国家在"内忧外患"的经济、政治约束下的现实选择。在凯恩斯主义出现之后，这种现实选择获得了理论支撑，以至于福利国家在西方延续了近半个世纪之久。但不可否认的是，在一个国家或地区的"历史—社会—文化"三维格局中，"社会"的发展战略主要取决于"历史"与"文化"。欧美国家自由放任的民族性格决定了一旦条件具备，它们马上就会再次向自由市场回归，这在随后的新自由主义时代表现得淋漓尽致。但是，毕竟福利国家时代开创了政府供给公共事业产品的先河，此后关于市场与国家在公共事业发展中的定位及作用的争论从未休止。争论至今，其结果并非一胜一负。一个基本事实是，今天的西方国家出现了国家与市场混合发展的格局，公私利益与公私组织日益混淆，"这两部分的参与者和行动者现在是如此紧密地联系在一起，以至于很难确定两者的边界在哪里。""无论市场的性质是什么，市场机制都与政府控制结合在一起。"可以说，这种混合发展的现实，是自由放任时代与福利国家时代的历史与文化惯性在今天的交融。

三、新自由主义时代的西方国家公共事业

　　新自由主义出现在 20 世纪 30 年代以后，是一支坚持自由市场理念、反对凯恩斯主义的经济学派。但由于当时凯恩斯主义占据了福利国家的思想霸主地位，新自由主义并没有进入主流经济学派之列。1974～1975 年的经济滞胀与政府财政压力迫使人们深刻反思凯恩斯主义的政策主张，也为新自由主义的重新抬头创造了机会。

　　新自由主义（neoliberalism）是一种思潮，而非一个独立的学派，它是经济学界对伦敦学派、现代货币学派、理性预期学派、供给学派、弗赖堡学派、公共选择学派和产权经济学派的总称。之所以把这些学派都归于新自由主义，是因为它们有四个方面的共同点：①推崇市场之上，反对国家干预；②主张私有化，反对公有制；③主张全球自由化，反对建立国际经济新秩序；④主张福利个人化，反对福利国家。新自由主义倡导的所谓市场化、私有化、福利个人化等基本观点，成为当代西方国家公共事业改革的指导思想。

　　1979 年，英国保守党领袖玛格丽特·撒切尔夫人入主唐宁街 10 号，标志着一个新的改革时代的到来。撒切尔夫人奉行尼斯坎南的新保守主义思想，开启了大刀阔斧的政治、经济与社会改革。在美国，1981 年新当选的美国第 40 任总统，共和党人罗纳德·里根，以米尔顿·弗里德曼的新自由主义思想为指导，掀起了一场声势浩大的"里根革命"。英美的改革运动迅速席卷了欧洲的法国、德国、荷兰、挪威、瑞典，并蔓延到新西兰和澳大利亚。这次改革浪潮使自由市场理念重新回归了正统地位，在"凯恩斯主义"统治了资本主义世界半个世纪后，历史的钟摆再次偏向了（新）自由主义。无独有偶的是，在这次市场经济回归的浪潮中，前苏联和东欧社会主义国家也开始向市场经济转轨。同样是在 1979 年，中

笔记

国也迈出了改革开放的第一步,而且在随后的 30 余年时间里逐步打破了计划体制一统天下的格局。新加坡、智利等国通过市场化改革也实现了经济的起飞。撒切尔夫人开启的这股改革的浪潮至今依然没有消退,1989～1991 年加拿大政府推出的"公共服务 2000 计划",1990 年瑞典的福利改革计划,1991 年英国首相梅杰的"下一步行动计划"和"公民宪章运动",1993 年美国总统克林顿的"重塑政府"改革,1997 年英国首相布莱尔的"第三条道路",2007 年英国布朗首相的教育与医疗改革计划,2010 年英国首相卡梅伦的"大社会运动"等,在欧美所有主要的改革措施里,几乎都体现了向自由市场经济回归的重大制度调整。

撒切尔夫人及其继任者的改革可以概括为,确立和规范公共服务供给的市场竞争机制。在撒切尔夫人之前的大半个世纪,英国的第三次国有化浪潮把很多公共事业部门和公共产业实现了国有化,撒切尔夫人改革的首要工作就是把国家货运公司、英国航空公司、英国天然气公司,以及通讯、交通、公房等全部实现私有化。继而又通过签约外包的方式,把固体垃圾清理、街道清扫、住房服务、法律服务、学校卫生与饮食服务等公共项目承包给私人组织,鼓励私人资本投资公共事业。在最低收入保障、公共医疗卫生服务、老年人社区照顾等方面设置了政府服务的门槛。至撒切尔夫人卸任前,英国公共事业供给的市场机制已经初步形成。1990 年年底,梅杰出任英国首相,他坚信"国家干涉是罪恶的根源",认为"公众支持的是建立一个更小的政府,应该把政府提供的公共服务放在一个比较合理的位置上。政府管理的范围缩小了,公共财政开支也会受到控制,这样政府税收减少就有了长久的保证,从而可以提高国家的国际竞争力,激励个人努力奋斗。"1997 年,工党领袖托尼·布莱尔上台,结束了保守党长达 18 年的执政历史,但却依然延续了保守党对公共事业领域市场化改革的取向。布莱尔以"第三条道路"为理论指导,教育、就业、社会保障、医疗服务等公共事业的私有化或市场化改革稳步推进。之后布朗和卡梅伦在严峻的经济危机和财政赤字压力下,试图进一步缩小政府对公共事业的投入。卡梅伦发起的"大社会运动",其核心是将政府权力和资金更多地下放给社区、慈善机构和公众,让他们在社会公共服务的供给中承担更多的责任,从而提高公共服务的效率和质量,建立一个"更大、更强的社会"。此外,卡梅伦沿袭了撒切尔夫人执政以来的私有化道路,决定将部分国有资产,如公路网络向私人资本出售,以充分利用民间资本提升公共事业服务的水准。虽然英国对公共事业服务的市场化改革不遗余力,但统计数字还是印证了"瓦格纳定律"关于公共支出不断膨胀的基本法则。时至今日,英国政府在公共事业项目上的开支依然是有增无减。当然,这并不妨碍它的改革努力及其对其他西方国家的辐射效应。

知识拓展

瓦格纳定律

　　1871 年,德国财政学家阿道夫·瓦格纳(1835～1917 年)在考察了欧洲国家、美国和日本的公共部门开支历史记载后,认为自己发现了政府职能不断扩大及政府活动持续增加的规律,命名为"政府活动扩张法则"(The Law of Expanding State Activity)。该法则认为,公共开支随着 GDP 的增加,不仅在绝对的意义上,而且在相对的意义上都会导致公共部门规模的扩大。换言之,公共部门在经济活动中的数量和所占的比例具有一种内在的扩大趋势,因此公共开支将不断膨胀。瓦格纳列举了各种公共开支的需要,包括基础设施、人口密度、文化、安全、社会正义等,以此来解释自己的理论。20 世纪 70 年代初,财政学家伯德(Bird)1971 年在解释瓦格纳对财政理论的贡献时,将上述结论称之为"瓦格纳定律(Wagner's Law)。"

瓦格纳定律在其产生之后的 100 余年中,持续得到强有力的统计验证。在此期间,大多数国家的政府规模都已经扩大了,其中工业化国家在 1880 年左右开始扩大,发展中国家在 1940 年以后开始扩大。公共支出占国民生产总值的比重原来多位于 5%~10% 之间,到 20 世纪 80 年代中期,发展中国家上升到平均 20% 左右,工业化国家为 30%,有些国家则超过了 50%。20 世纪 80 年代中期以后,随着新自由主义时代的到来,西方国家普遍采取民营化政策,缩减公共部门规模及其开支,部分国家的公共支出比重上升的趋势有所减弱,但公共开支总量增长的趋势并没有逆转。

瓦格纳定律的贡献在于,在崇尚节约开支和廉价政府的传统政策理念下,以明确的方式强调了公共支出不断增加是不可避免的长期历史趋势。

美国当代的公共事业改革肇始于"里根革命"。20 世纪 80 年代初,福利国家在美国达到了顶峰,美国政府认为"如果说有什么错的话,那么政府就有责任去努力纠正它。"政府这只"看得见的手"包揽了大量的公共事业服务。但是里根认为,一个基于更小的政府和更大市场的美国才是理想的美国,各种社会问题的根源在于政府高额的开支和对私人市场的过度干预,美国应当从大众福利国家模式中迅速撤退。可见,里根的执政理念是对"行政国家"和"大政府"的颠覆。但与英国私有化道路不同的是,里根政府将减税作为改革的第一要务,同时通过"以工作换福利"政策减少领取福利的人数。"里根革命"对公共事业服务供给的影响是,除了政治上过于敏感的社会保障、医疗照顾、退休金项目等维持原状外,与社会救济、社会服务、公共项目等相关的开支大幅度减少,很多福利项目被削减,环境保护也变成了资源开发,传统上神圣不可侵犯的公共土地和荒地也被内政部出售。可以说,在很多公共事业领域,美国开始从福利国家的行列中退出,美国联邦政府在公共事业发展中的作用降到了最低点。由于里根政府在减税的同时大幅度增加国防开支,在克林顿入主白宫前,政府的财政赤字已经非常严重,这迫使克林顿政府下决心尽快结束福利政策,但因共和党操纵国会,该设想最终没有成行。即便如此,克林顿政府还是在 1996 年签署了福利改革法案,对各州的补助项目采取了更为严格的约束条件,如规定不得连续两年领取现金补助,一生中享有福利的总年限不得超过五年,领取福利的妇女若生育更多的孩子则不得领取额外现金补助等。此外,政府还通过卫生维护组织(HMOs)控制医疗支出,要求病人去规定的医院和医生那里就医,并要求医生优先开价格便宜的药,从而减少医疗支出成本;病人手术前或进一步治疗前要获得该组织的核准,如果病人擅自到规定以外的医院就医,就必须多支付一定的费用。显然,这时的美国政府已经感觉到,传统的福利政策只是一种慷慨的"施舍",容易刺激人的惰性。相反,采取"工作导向的福利政策"(welfare to work),设置新的游戏规则,发挥价格信号的导向作用,将福利中心变为职业中心,这些措施都能够有效节约成本,同时也鼓励人们去自立自足。克林顿的改革方案于1997年实施后成效显著,领取福利的美国人比例在1993~1998年间减少了37%,达到了1970年以来的最低,为2%左右。医疗保险费用也大幅度减少,联邦财政由赤字变为盈余,这在一定程度上宣告了以弗里德曼为代表的新自由主义的胜利。当然,由于选票掌握在公民手中,这些市场化的公共事业发展路径也受到了一定的阻挠,如《病人权利法案》的通过宣告了HMOs的瓦解。

在新自由主义大行其道的同时,学者对政府改革的质疑之声也从未停止过。很多学者不断拷问公共事业产品市场化改革带来的政府职能定位问题,从而形成了反对市场化取向的又一轮浪潮。这在很大程度上改变了小布什与奥巴马总统在公共事业产品方面的供给模式,增加了政府供给或参与的力度。例如小布什为提高全美基础教育质量,颁布了《不让一个孩子掉队》的法案,旨在增加教育公平,提高所有学生的成绩水平;奥巴马总统认为教育事业改革的重点为学前教育、教学评价体系、学校制度创新、高等教育以及教师政策等五个方面,并于2010年向国会递交了《改革中小学教育蓝图》,同样将教育机会公平作为重要内容。在医疗卫生事业方面,2009年奥巴马提出了新的医改目标,即扩大医保范围,提高医保质量,提高公平性。2010年,奥巴马签署了新的医保法案,对收入水平处于贫困线以下133%~400%的个人和家庭提供免费医保。这些数据表明,当前西方政府正在加大对公共事业领域的投入力度,但这是否意味着新一轮"大政府"理念正在重新抬头尚需进一步观察。也许更客观的现实是,西方国家正在整合市场与政府的双重力量,既发挥政府的主导作用,又充分利用市场的竞争机制。例如奥巴马在推进基础教育改革的同时,也采取了"角逐卓越"计划,该计划在教育系统引入竞争,刺激州与州之间的教育竞赛,胜出的州可以获得联邦政府的教育改革专项经费,在2010年该项经费是43.5亿美元。

新自由主义时代西方国家的公共事业改革迄今仍在继续,虽然其势头没有20世纪90年代那么猛烈,似乎进入了平缓的调试期,但局部领域的公共事业改革始终没有间断过。特别是在2007年至今的全球经济危机背景下,很多国家都在探索经济复苏与公共事业增长的两全之策。

第二节 西方国家公共事业管理的改革

一、当代西方国家公共事业管理改革的成因

1. 缓解财政危机的压力 西方国家经过半个世纪的福利国家时代,政府已

经习惯于对经济与社会事务的过度干预,这导致政府规模不断增长,公共支出有增无减。再加上 1973～1974 年和 1979～1980 年两次石油危机的打击,西方国家的经济陷入了滞胀的困境,财政赤字危机频发。经济合作与发展组织成员国由 20 世纪 60 年代没有财政赤字(个别国家还有财政结余),到 1975～1978 年财政赤字平均占GDP 的 3.9%。多数国家在 20 世纪 80 年代的财政赤字都在 3%～4%,1983～1986 年平均达 5%～6%,个别国家甚至超过 10%。财政赤字几乎成了困扰所有西方国家政府的噩梦。以英国为例,1979 年撒切尔夫人执政前,政府的公共事业开支占国民生产总值的 43%。虽然历任英国首相的改革都剑指财政赤字,力图缩小政府公共事业开支,但时至今日依然没有好转,卡梅伦执政后的首次公开演讲就坦言,"就未来而言,我们面临着一些深刻而紧迫的问题——庞大的赤字、深刻的社会问题以及需要改革政治制度。"因此西方学者普遍认为,"无可否定的事实是,席卷西方世界的行政改革主要由严重的财政赤字所引发,大规模地削减预算无疑构成了大多数行政改革的主要动因。"与此同时,社会公众普遍将政府提供医疗、健康、教育等公共事业产品视为自身的基本权利,这导致政府削减财政开支缺乏选票的支持,毕竟没有人愿意主动减少自身从政府获取的福利,这就形成了政府缩减赤字的两难问题。一个悖论是,如果政府财政持续赤字,依然无法获得公民的选票。在面对"工作更好,成本更少"的两难要求中,西方国家开始寻找既能保证公民享有公共事业服务权利,又能有效减少财政压力的良方。

2. 自由市场理论的回归　在西方国家,自由主义始终是经济理论的一个分支,并随着社会的现实需求而时隐时现。自由主义普遍提倡市场的主导地位,反对国家干预,主张建立一个"小政府"。弗里德里希·哈耶克(1899～1992 年)在其经典畅销书《通往奴役之路》中尖锐地指出,通向极权残暴和经济无效的道路是由对自由市场和私人企业制度进行温和干预的种种善意所铺设而成的。即使在福利国家时代,自由主义也始终没有淡出人们的视角。例如米尔顿·弗里德曼(1912～2006 年)于 1962 年出版了经典著作《资本主义与自由》,该书成为后来西方国家新公共管理改革的理论指南。今天的自由主义是以新自由主义思潮的面貌出现的。在新自由主义时代,学者们除了从纯粹经济理论方面重新审查和论证市场的优越性外,还有学者从经济与政治相结合的角度,用经济学视角分析政治问题,其中尤以罗纳德·科斯的新制度经济学理论和詹姆斯·布坎南的公共选择理论为代表。

西方国家公共事业改革的直接推动力源自新公共管理理论的兴起。新公共管理理论的核心就是管理主义和市场化取向,它吸收了新自由主义思潮的主流观点,以管理主义为导向,推崇市场化的政府改革之路,重新将竞争、绩效和私人部门的管理方法引入政府部门。托马斯·彼得斯和罗伯特·沃特曼于 1982 年出版的《追求卓越》一书,激起了人们对顾客理念的重新思考。戴维·奥斯本和特德·盖布勒于 1992 年出版的《改革政府》更是直指公共部门的管理问题,提出了政府重塑的 10 项要求。时任美国总统的克林顿说,每一位当选官员都应该阅读本书,我们要使政府充满新的活力,就必须对政府进行改革,本书为我们提供了改革的蓝图。不仅如此,英国政府还请《改革政府》的作者到伊丽莎白二世中心为公务员们讲授"新"的管理方法。"未来的公共部门无论是在理论上还是实

笔记

践上都必然是管理主义取向的。"新理论的出现和市场观念的复苏使人们再次相信,市场在资源配置方面比政府计划具有天然的效率。

3. 反国家主义的传统 在大部分欧洲国家,特别是"盎格鲁-撒克逊"文化的传统国家,长期以来个人主义处于社会主流位置,国家观念比较淡漠。即便欧洲曾经盛行过重商主义的国家干预政策,但亚当·斯密的自由市场理论早已将国家至上的理念涤荡殆尽,欧洲人对个人自由的追求与对国家干预的厌恶早已升华为西方世界的历史文化与社会传统。今天的欧洲国家,在经济联系日益密切的同时,国家之间的政治界限开始被经济条约松动,国家主义已经很难在以自由市场著称的西欧国家盛行。

在美洲大陆,美国宪法基于约翰·洛克的政治思想和加尔文的宗教理念而构建,体现了强烈的反国家主义传统。美国《独立宣言》早已申明了"政府的合法权力源于被统治者的同意"的观点;而亚伯拉罕·林肯在葛底斯堡演讲中用"民有、民治、民享"来概括政府存在的价值。"美国宪法这一建国的核心框架文件只字未提公共服务、预算、行政部门、计划,也就是公共行政。相反,1787年宪法通过联邦制度、分权、定期选举、列举权力、权利法案等,这些都旨在削弱而不是增强公共权力等,政府通过与人民签订严格的'社会契约',为人民提供防御、法庭、外事、贸易关系、铸币和其他为数不多的东西。"不仅如此,美洲大陆三个多世纪的移民潮和美国建国后百年间的国民生活进一步强化了国家作为"邪恶的"化身而没必要存在的观点。一个体现就是,"在19世纪30~40年代,3/4的联邦雇员是邮政工作者,到内战以前,仅邮政部门的人数就占了整个联邦政府增加人数的85%。"一直到19世纪末20世纪初,随着拓疆时代的终结、大量移民的增加、工业技术的发展、劳资矛盾的突出以及海外市场的拓展,美国才产生了建立文官制度、外交机构和军事机构的需要。

虽然西方国家出现过福利国家时代,但反国家主义传统一旦遇到适宜的条件,就会重新占领意识形态的顶峰,新自由主义和新公共管理理论的出现可以看做是反国家主义传统在新的历史时期的胜利。虽然西方理论界仍然有凯恩斯主义的支持者,但在可预见的未来,反国家主义传统无疑会继续主导整个西方世界的公共事业改革。

4. 社会危机的出现 面对信息化、全球化和现代科技的发展,以及由此带来的社会结构的快速转型,西方国家各种公共问题频发,而政府在应对这些问题时却力不从心,传统的政府官僚体制在急剧的社会变革中步履维艰,这导致公众对政府的期望值大大降低。乔治·弗雷德里克森的研究成果也表明,工业化和科技的发展不仅实现了社会的进步,而且引发了很多社会公共问题,产生了更为复杂、动荡和多元的环境,这导致政府职能的碎片化和治理难题,成为引发信任危机的重要根源,西方社会在进入20世纪80年代后普遍出现了信任危机。美国总统克林顿执政后曾明确告诫,"我们不仅面临着巨大的预算赤字和投资赤字,由于联邦政府的绩效赤字,我们还面临着巨大的信任赤字。除非我们解决这一问题,否则其他问题都无从解决。"

除了信任危机外,当前西方国家最紧迫的社会问题就是人口老龄化。在美国,最典型的就是"婴儿潮"时期出生的人已经进入了中老年阶段,医疗保健和社会保险等方面的公共需求将出现可以预料的激增。所谓"婴儿潮"是指 1945~1960 年的"生育高峰",这产生了 20 世纪 60~70 年代美国人口众多的一代,当时的中学和大学都挤满了学生,对教育资源构成直接的挑战,这迫使政府不得不进行教育事业改革。而这些人在 2010 年左右开始陆续退休,再加上今天人们健康理念的增强和医疗条件的提高,老年人口比重将继续增加,这又会给政府的医疗卫生事业带来危机。对此,政府似乎已经无力也无意继续采取福利国家模式来加以解决,市场化改革成为必然的选择。

二、西方国家公共事业管理改革的内容

(一) 公共事业民营化

近代以来的西方社会是一个宪政主义与管理主义持续博弈的发展过程,宪政主义代表了行政至上理念,强调社会正义、平等和民主;而管理主义则代表了自由市场理念,强调效率、经济与效果。从当代西方国家社会改革的实践与理论发展来看,管理主义已经重新占据了主流位置,以新公共管理为代表的政府与社会关系理论在新自由主义时代得到了普遍的认同,并在英美国家付诸实践。但反对的声音也随之而来,如美国学者罗伯特·登哈特在《公共组织理论》与《新公共服务》等著作中从多个层面批评了新公共管理的不足,强调公民参与的价值,"我们必须相信,民主的结果需要民主的过程"。登哈特试图以新公共服务来取代新公共管理。国内也有学者直言"现实的发展已经证明,新公共管理运动是不成功的"。尽管人们对新公共管理褒贬不一,但必须承认的是,新公共管理重塑了当今西方国家的治理模式;公共服务的民营化、合同外包、用者付费等改革方略无一不是新公共管理的重要内容。

美国 1992 年的一项社会调查显示,民营化(privatization)的首要原因是削减政府内部支出;其次是财政方面的外部压力。民营化研究专家 E. S. 萨瓦斯认为,政府机构、公共企业和政府资产在公共服务中出现的各种弊端,如人浮于事、效率低下、产品和服务质量低劣、公共企业持续亏损和债务增加、对公众缺乏回应性、存在盗窃和腐败现象等,都是民营化的理由。之所以出现这些弊病,"主要原因是政府活动是由垄断者实施的,它们缺乏有效利用资源和节约的动力,且不会因绩效不佳受到惩罚。……诚然,这些现象在民营部门同样存在,但民营部门经营不善要么被兼并要么破产,而政府部门经营不善不仅不会被兼并,而且可能获得更多的预算——期望借此提高其绩效,尽管这种做法往往是徒劳的。"总之,公共部门绩效不佳及其导致的各种问题是西方国家进行民营化改革的重要推动力。各国将公共事业民营化的方式有出售、无偿赠与和清算等多种方法,但在实践中,西方国家主要采取了出售的方式。

西方传统的公共企业是公共事业产品供给的主要提供者,活跃在邮政、交通、电讯、能源、排污等各个领域。这些企业按成本定价,不以营利为目的,弥补了公共事业产品私人供给不足的问题,同时也成为政府解决就业难题的重要工具。但是多数公共企业连年亏损经营,需要政府补偿亏损,而且缺乏衡量经营绩

笔记

效的利润指标。在政府财政赤字严峻的时代,这些公共企业的去留成为争论最多的话题之一。其结果是,"公共部门最显著的改革之一就是公共企业的重构。"从英国的民营化进程来看,撒切尔夫人第一届任期中,英国的公共企业在国内生产总值中的比重从11%降到了2%;就业人数从180万人锐减到不足40万人。与此同时,在其他国家也已经有7000多个公共企业被民营化了。

英国政府受到复苏国内经济、缓解财政压力、提高政治声望和提升政府内在绩效等多方面因素的影响,1979年保守党上台后便开启了公共事业民营化之路。最早实现民营化的公共企业包括电报公司、无线电公司和英国航空公司;紧随其后的是英国电信公司、英国石油公司;到20世纪80年代末,供气、供水、供电等行业也完成了民营化。政府通过民营化获得了大量收入,收入最多的一年是1992~1993年度,为81.84亿英镑。最后,英国政府将那些经营不景气的国有资产也实行了民营化,包括英国煤矿、英国铁路公司、皇家文书局、邮局和核电公司。最终,就连政府科学实验室也被出售,英格兰的"国家工程实验室"被卖给了西门子的子公司"评估服务有限公司";"运输研究实验室"卖给了由科研人员与运输业代表组成的非营利组织"运输研究基金会"。

英国公共事业民营化改革的主要方式有三种:①公共企业在股票市场上市,这类公司包括电信、煤气、水、电、钢铁公司等。②贸易销售,以这种方式销售的公司有英国铁路公司、全国巴士公司、皇室兵工厂、英国煤矿公司、国家货运公司、政府化学试验室等。③私人筹资创议,即私人公司应邀参加公共事业项目的设计、出资、生产和管理,之后将这些项目租借给政府部门。在西方各国,英国民营化之路走得最彻底,玛格丽特·撒切尔在推行民营化之初就明确了改革的目标,即长期目标是重塑人们的观念,让所有人都相信只有自由市场才是社会发展的长久动力;中期目标则是确保民营化道路不可逆转,即使有一天工党取代保守党上台执政,也将无法扭转民营化的方向。保守党的努力是成功的,经过长达18年的持续民营化改革,工党布莱尔执政后,虽然有心并曾经发誓将民营化的企业重新收归国有,但却遭到大批选民的抵制,最终也只能继续沿着保守党的方向循序改革。

与英国相比,美国的公共企业比较少。美国认为公共企业的存在导致不公平竞争,所以到20世纪50年代,联邦层面的公共企业从不到60家下降到不足20家,州和地方的公共企业数量也不多,全国只有1万个左右。但即便如此,民营化在联邦、州和地方等各级政府层面都屡见不鲜。实际上,美国联邦政府的民营化最早出现在1955年,当时的预算局颁布了55-4号公告,允许政府依靠私人组织来提供产品,但真正大规模的民营化是在20世纪80年代以后。联邦政府先后出售了联合铁路运输公司、海军航空兵设备中心、建筑贷款保险公司、学生贷款联社等。联邦最大的一笔国有资产民营化是1998年出售了加利福尼亚油田和天然气田,涉及金额36.5亿美元。在州一级,纽约州出售了长岛铁路货运业务和部分心理医疗设施;密歇根州以2.55亿美元的价格出售了意外事故基金等。在地方政府层面,纽约市政府出售了电视台、2家电台、联合商城饭店等。

在西方国家民营化的浪潮中,新西兰这个澳洲小国因其激进的新公共管理改革举措而备受瞩目。新西兰的民营化改革采取了分步推进的方法,具体方法为,首先区分了政府部门的商业性功能和非商业性功能,然后将政府原有的商业部门改造成公共企业,以营利为目的,参与市场竞争,实行公司化管理。一旦这些公共企业能够正常参与市场独立运营后,政府再通过出售资产和出售股份的形式,将这些公共企业私有化。对于政府中的非商业部门,新西兰也引入了市场理念,采用了执行代理制,公共服务的出资、购买与供应等环节相对分离。另外还引入了用者付费机制、价格机制和合同制等市场运营方法。在日本,虽然民营化在历史上有过先例(如明治时代钢铁企业的私有化),但与行政改革相伴随的大规模民营化发生在 20 世纪 80 年代,以"Big Three"为代表,即日本电信电话公司(NTTPC)和日本烟草专卖公司(JTSPC)于 1985 年实现民营化,日本国有铁道公司(JNR)1987 年实现民营化。其他国家,如德国、法国、荷兰、西班牙、奥地利、意大利等,也都陆续开展了民营化改革。在 20 世纪最后的 20 年里,民营化浪潮席卷了主要的西方国家。

知识链接

《民营化与公私部门的伙伴关系》
——民营化理论的经典之作

该书作者 E. S. 萨瓦斯(E. S. Savas)是美国纽约城市大学巴鲁克学院教授,民营化大师,曾任职于美国联邦、州和纽约市等各级政府部门。他致力于民营化改革 30 余年,并在包括美国在内的 49 个国家中亲身进行民营化实践,积累了大量宝贵的实践经验,是民营化的先驱和主要倡导者。其著作《民营化与公私部门的伙伴关系》系统梳理了民营化的理论与实践,具有里程碑意义。全书分为三大部分:民营化的背景、民营化的理论、民营化的实践。

自 19 世纪 70 年代末以来,全世界范围内掀起了汹涌澎湃的行政改革浪潮,在此过程中,民营化的影子随处可见——更多依靠民间机构,更少依赖政府来满足公众的需求。在产品的生产和财产拥有方面减少政府作用,增加社会其他机构作用的行动,这就是民营化。民营化的核心是在公共服务中引入竞争机制,因为没有任何逻辑理由证明公共服务必须由政府官僚机构来提供,摆脱困境的最好出路就是打破政府的垄断地位,建立公私机构之间的竞争。

在民营化的理论部分,该书阐述了民营化的动力、政府增长的原因及后果、物品分类和提供机制等问题。萨瓦斯认为,民营化运动的主要推动力量为现实压力、经济、意识形态、商业等方面的动力和平民主义的影响。推动政府增长的主要因素有三个:一是社会对政府服务的日益增长的需求;二是服务生产者对政府服务日益增长的供给;三是政府公共服务效率的降低。萨瓦斯分析了 10 种公共服务供给机制,即政府服务、政府间协议、政府出售、合同承包、补助、凭单、特许经营、自由市场、志愿服务和自我服务。最后,萨瓦斯

笔记

从实践操作层面,将民营化归纳为三大类:①委托授权。它要求政府持续的、积极的介入,因为国家依然承担全部责任,只不过把实际生产活动委托给民营部门。委托授权通常通过合同承包、特许、补贴(补助或凭单)、法律授权等形式来实现。②撤资。这意味着放弃某一企业、某一职能或某一资产,这同样需要政府采取直接的、明确的行动。与委托授权不同的是,撤资总体上说是一次性工作。企业可以作为一个继续经营的实体被出售或赠与他人,也可以采取清算的方式,即关闭并出售剩余资产。③政府淡出。淡出是一个消极和间接的过程,即政府逐渐被民营部门取代。换言之,随着市场发展越来越能满足人们的需要,国家逐渐走向消亡。政府淡出可以通过民间补缺、政府撤退和放松管制等形式来实现。每一大类中包括了多种具体的方式,民营化形成了由一系列具体机制和方式构成的系统。

(资料来源:[美]E. S. 萨瓦斯. 周志忍,等译. 民营化与公私部门的伙伴关系. 北京:中国人民大学出版社,2002)

公共事业民营化的实质是打破垄断,将竞争和市场机制引入政府部门、公共事业部门和国有资产领域。西方国家在市场经济领域普遍具有反垄断的传统,一旦某家私营企业出现垄断,就会触犯相关的法律条款,美国早在100年前就制定了《谢尔曼反托拉斯法》(1890)和《克莱顿反托拉斯法》(1914)。但对于公共部门,人们却习惯了垄断的存在,不仅如此,还把垄断看作是公共部门有效提供社会服务的关键和必需。很多人认为,公共部门存在的基础就是垄断性权力的获取,政府的本质特征是以暴力作为后盾的,因此政府和公共部门与生俱来就是垄断性的。然而,这种意识又与一个基本的常识相背离,即如果缺乏竞争和自由选择,社会主体就缺乏改进服务的动力,由此公众利益必然受损。市场理念之所以备受推崇,从根本上也正是因为竞争和自由选择的存在。西方国家公共事业民营化的实践表明,公共服务供给的高效率不是公与私的问题,而是垄断的问题,政府垄断才是政府公共服务绩效不佳的主要原因。"公共垄断者与私营垄断者的行为不会有什么区别,其原因并非垄断组织的雇员特别贪婪和腐败,而是因为在相同的大环境的激励下,人们必然做出相同的反应。所以,垄断机构具有低效、无能和缺乏回应性的天然倾向。"以詹姆斯·布坎南为代表的公共选择学派早已从理论上论述了公共部门的自利性与低效率问题,即政府本身也是一个利益体,公务员也是理性经济人。我们不应当认为一个理性逐利者一旦进入公共部门就会变成一心为民的道德模范,趋利心依然是公共部门规避风险、逃避追责的根源所在。因此,相应的解决之道也许只能是引入竞争、打破垄断,西方国家公共事业民营化就是这种理念的一次尝试。

公共事业民营化的结果在西方国家引发了两种截然不同的评论。反对的观点认为,民营化虽然在个别领域促成了成本节约和管理的改善,但并没有带来预期中的良好绩效,特别是没有人确切地知道民营化到底为纳税人节省了多少钱。不但如此,民营化中的政府腐败问题却更加严重。1983~1990年之间,美国的国防合同外包中,100个最大的外包商有25个因采购合同欺诈而被定罪,其中有几个还不止一次。在美国司法部展开的"歪风治理"行动中总共收回2400多万美元的罚金,判定了100多件贪污罪。因为在合同定制中政府的主导作用非常明显,承包商为了获得合同订单很容易萌发贿赂政府的动机。此外,政府关心的是预算的获取而非有效的利用,承包商的选择问题对政府而言不是合同外包的重点。支持民营化的论点认为,民营化从两个方面重塑了政府:其一,在政府部门引入竞争机制,从根本上改变了传统的政府管理模式,这一点具有决定性意义;其二,民营化也确实节省了政府在公共事业上的成本开支,比如疗养院成本减少45%,公园和娱乐的成本减少20%~30%,日托服务节约45%等。世界银行对4个国家12个公共企业民营化前后的绩效进行了比较分析,发现其净利润都有大幅提升,平均上升幅度为26%。

从更长远的角度看,我们固然需要关注民营化中的成本节约问题,但通过民营化打破政府对公共事业产品供给的垄断,意义更加深远。应当客观地承认,政府自身就是一个最大的利益体,政府公务员同样是理性自利者,在政府垄断经营的公共事业产品领域,由于缺乏竞争,失去了价格信号的引导与优胜劣汰的考验,政府最有可能凭借自身的权威性与强制力后盾成为最大且最低效的公共服务提供者。竞争才能择优,这不仅仅是自然界的生存法则,而且是包括人类社会在内的世界万物之通则。

(二)引入市场机制

1. 客户竞争　客户竞争就是在公共服务供给部门引入竞争机制,打破公共部门垄断。新公共管理理论认为,与私营企业相比,政府明显的短板就是低效率,其根源并非私营与公营的差异,而是垄断与竞争的区别。如果私人部门缺乏竞争,也照样存在低效问题,这可以从公共企业的垄断经营中得到证实;同样的,公共部门也未必是低效率的代名词,如果在公共部门中引入竞争机制,照样可以提升公共部门的绩效。其基本逻辑是,竞争产生压力,压力提高绩效,绩效决定生存;政府部门若无法提供足量优质的公共产品,就意味着其存在的价值受到质疑。固然,从理论上讲,公共部门的绩效之源应当是公共服务的神圣使命,而非迫于外界压力,但新公共管理理论不承认政府部门及其公务员的利他之心,认为基于美德的治理是不可靠的;相反,基于竞争而产生的生存压力才是最好的保障。

在英国,《1980年教育法案》废除了教育部门限制学生就读辖区内学校的权力,这意味着该法案允许学生和家长自由选择就读的地区和学校,同时也允许学校挑选自己认为满意的学生,双向选择强化了学校的危机感和竞争力。此外,英国还强制学校组建董事会,为学校脱离政府管理并走上市场化创造条件。特别是在1992年教育改革后,英国政府的教育主管部门的权力被大量削减。以前地方教育机构对学校日常管理有很大的权限,甚至可以直接操控学校的发展,如规划辖区内的学校分布、任命校长、确定课程设置和教学方法等。改革后,校长由学校董事会任命,预算由学校自己编制,而那些办学经费依靠私人捐助和投资的学校则取得了完全独立的市场地位。

笔记

此外,英国政府将强制性竞争招标制度引入公共事业产品领域。英国自《1980 年地方政府计划与兰德法案》和《1988 年地方政府法案》就确立了强制竞投(CCT)制度,该法案明确规定,市政服务在生活垃圾收集、街道清理、公共建筑清扫、车辆保养维修、地面维护和饮食服务等六个方面必须要通过竞争性招标来实现,外国公司也被允许参与竞标。在医疗卫生方面,国民保健署将竞投制度引入医疗卫生服务领域,吸引了很多大型公司参与到医疗服务的竞投项目中。如果投标项目属于政府的原有服务内容,则政府相关部门需要与国内外公司平等竞争。在竞争中,政府部门没有特权。比如威斯敏斯特市议会管理者就是通过组成 MRS 公司,经由公开竞争招标赢取了"垃圾收集"的竞投。在强制性竞争招标的同时,英国在很多领域甚至推出了"整体服务竞争",进一步将公共部门置于如履薄冰的境地。由于公共部门可能同时也成为竞标者,所以对于竞标中的违规行为,英国指定由上级管理机构负责监管。

在美国,客户竞争最典型例子的就是排污交易系统和教育券的推行。排污交易系统源自 1990 年的《洁净空气法案修正案》第四款,该系统允许每家企业每年排放一吨二氧化硫,一吨以内的排量不受处罚。为此,企业可以选择引进节能项目、安装烟尘过滤器、燃烧低硫煤等方式,这样做就会将二氧化硫的排量控制在一吨以内,省下的排量可以卖给超标排放的企业。当然,企业也可以选择不限制排量,但超标的排量需要购买别的公司省下来的指标,否则将受到重罚。作为配套系统,政府授权芝加哥贸易委员会(CBOT)建立了一个排量交易所,所有企业都可以在此购买和出售排放量。至少前期的评估结果显示,排污交易系统是成功的,"排污量的减少已经达到预定目标并且超额完成,而所花费的成本远远少于没有交易系统的情况下所需要的成本。"在教育领域,与英国政府直接采取法律规范打破垄断的方式不同,美国实行的是教育券制度。教育券最早是由米尔顿·弗里德曼在 1955 年提出并做理论论证的,20 世纪 80 年代成为各州教育政策的重要组成部分。传统的美国公立学校是由地方政府垄断经营的,学生只能在规定的学区就读规定的学校,没有择校的权利。学生也可以到私立学校就读,但必须自己支付大量的费用。实际上学生交了两次费用,一次是要为他逃避的公立学校交税,另一次是要向选择的私立学校交学费,显然这是不公平的。美国政府给学生家长发放可以在任何一所公立或私立学校使用的教育券,由家长自主择校并把教育券交给该学校。学校拿到教育券后,到政府部门兑换对应数额的资金,每张能够兑换的资金数额相当于州政府花在一个学生身上的教育经费。这意味着,办学好、招生多的学校能够获得更多的政府资金支持,而办学质量差的学校则得不到更多的教育券,自然也就得不到更多的政府资金。教育券的引入实现了教育系统的市场竞争。虽然教育券自出现之日就备受诟病,但这对于学校平等竞争、排除种族歧视、帮助低收入家庭学生入学等都是非常有用的。

显然,客户竞争机制的引入,打破了公共事业产品的垄断供给。这意味着不能高效优质提供公共事业产品的组织将得不到政府的支持,这就给公共事业组织敲响了生存的警钟。虽然不断有学者阐述公共事业产品垄断经营的优越性和

笔记

必要性,强调公平性与公共服务均等化的价值,但相对于越来越高的公众要求,公共事业产品的垄断经营不论在服务质量上还是反应能力上都存在明显的不足。况且并没有确凿的证据表明在公共事业服务中引入客户竞争带来了更大的社会不公平。从理论上来说,客户竞争恰恰是实现公平的必要工具,更何况客户竞争机制是在政府主导下实行的,而确保公平是政府的天职。

2. 合同外包　合同外包(contracting out)是指"建立一个可靠的、有效的、竞争性的、公开的公共采购体制,把提供公共物品和服务的生产转包出去,通过合同形式购进中间形态的产品与服务,并终止供应的垄断现象和其他保护形式。"换言之,合同外包是政府以订立合同的方式与私人组织或非营利组织合作,把原属政府的部分公共服务职能转移给社会主体,然后政府购买其服务的公私合作模式,其形式是合同购买,目的是节约成本,方式是打破垄断。通过合同外包,西方国家实现了公共产品的生产者与购买者分离。政府不再是公共产品的生产者,而仅仅扮演了购买者的角色。购买者决定生产何种物品,生产者负责提供符合合同标准的产品。合同外包是英美国家在公共部门引入市场机制的又一重要方式。

西方国家的合同外包最早出现在 1935 年,当时的美国艾森豪威尔总统推行了部分商业活动合同外包计划。今天西方国家比较流行的合同外包有两种类型,一种是政府与那些无法完全私有化的公共事业组织之间签订合同,然后政府购买其服务。在这种类型中,政府保留对公共事业组织的所有权,但让私人企业负责经营,产品由政府统一购买。在英国,《1980 年土地法案》、《地方政府计划》、《1982 年竞争法案》等法律为合同外包提供了保障。1989 年,英国颁布了《为病人工作》白皮书,规定卫生部门代表辖区公民,作为卫生服务的购买者;医院作为医疗服务的提供者,是独立的受托人,根据与政府签订的购买合同销售自己的医疗服务。英国政府还规定,地方政府不得长年累月地使用自己的雇员从事市政服务工作。在美国,这类合同外包的服务项目还包括医院、教育、废水处理、资源回收、垃圾掩埋、竞技场所、车辆维修设施、飞机场、会议中心等,甚至监狱也被外包或出售。

政府合同外包、购买服务的另一种方式是政府直接与纯私人企业签订服务与购买合同。在这种类型中,企业并非政府所有,政府与私人企业签订外包合同是为了利用私人组织的高效率,而私人企业也同时获得了大量的政府订单。英国环境部发表的调查报告显示,有 220 家公司在地方当局的部门运作,从事建筑物清洗、垃圾收集、餐饮、体育、休闲、车辆和场地保养等行业的服务。这些公司中 1/3 是大型企业,有 1000 多万英镑的营业额;1/3 有 100 万至 1000 万英镑的营业额,另外 1/3 是小公司。在美国,1996 年洛克希德-马丁公司与安达信咨询公司投标管理得克萨斯州 5.63 亿美元的福利基金,被看做是美国私营公司进军公共事业领域的标志。通过合同承包的方式参与公共服务的私营公司,比较有名的还有美国就业公司,是专门为失业者介绍工作的专业公司;儿童综合服务公司,为处于危险期的儿童提供服务;马克西姆公司,为人类服务机构提供管理与信息咨询,并经营福利与就业项目;国际青年服务公司,为接受审判的青年人提

笔记

供必要的支持。根据 1987 年的一项社会调查表明,99% 的美国政府实施过合同外包,其范围涵盖了健康保健、医疗服务、住房管理、收养服务、公共交通、劳工关系、图书馆、博物馆与文化设施、校车服务、污水处理、动物管理等 200 多种。在丹麦,多数城市与一家私人企业福尔克公司签订合同,购买消防服务。在瑞典,大约有 2/3 的居民从私人承包商那里获得消防服务。

合同外包的最大好处是节约成本。新自由主义时代的公共部门管理者认为,市场机制具有与生俱来的高效率和低成本,将公共事业项目外包给私人组织,既给政府卸掉了包袱,又能节约公共开支。"美国、加拿大、英国、德国、日本、瑞士等国运用公共官员调查、对比研究、跨部门计量经济模型等方法,对合同承包进行了大量研究。这些研究表明,在服务水平和服务质量保持不变的前提下,将管理与监督合同实施的成本计算在内,合同承包平均节省约 25% 的费用。三类不同的研究方法所取得的结果高度一致且相互印证。"与成本直接相关的是服务的质量,即服务成本的降低可能带来公共事业产品的质量随之降低,这是很多人反对合同外包的主要原因。但从西方国家合同外包的诸多检验指标来看,合同外包并没有导致服务质量的降低,而且承担合同外包的私人企业也并没有压低工人的工资。这表明比较而言,传统的公共部门在提供公共服务的时候是低效且浪费的,这也是需要政府部门认真反思的。根据民营化理论,合同承包良好绩效的原因并不在于公共服务的主体姓公还是姓私,而在于公共服务的供给机制是垄断还是竞争。当然,合同外包并不是解决政府不良绩效的万能药方,能否节省成本和提高服务质量取决于外包前的科学测算和合同的有效规范。"如何选择承包商,以及外包合同的实施机制对于最终的实施结果至关重要。"

3. 用者付费　用者付费主要是针对准公共物品供给采取的改革措施,传统的公共事业产品恰恰是准公共物品的典型代表。西方学者的研究成果越来越多地倾向于支持将政府提供的公共事业产品进行收费的做法。理查德·罗斯指出:"今天的先进工业国家中往往有 2/3 的公共开支被分配给了那些可以被市场化但是却没有市场化的计划,也就是分配给了私人利益。"如果能够将政府支付转变为用者付费,不但能有效地减少政府开支,缓解财政赤字的压力,而且也避免了公共事业产品可能存在的过度供给与过度消费的问题。

根据物品的消费特征和排他性两个维度,可以将物品分为私人物品(private goods)、可收费物品(tool goods)、共用资源(common-pool goods)和集体物品(collective goods)四类。私人物品是排他可行的纯个人消费品,如矿泉水;可收费物品是排他可行的纯共同消费品,如教育;共用资源是排他不可行的纯个人消费品,如海水;集体物品是排他不可行的纯共同消费品,如国防。在福利国家时代,西方国家并不严格区分各类物品的类别与属性。受福利国家制度的影响,政府往往将各种物品混合在一起,笼统归为福利物品(worthy goods),比如教育、食品、公共住房等原本可以收费的物品,都以福利物品的形式存在。由于传统的福利国家强调公共交通、教育、医疗、食品等个人和可收费物品具有毋庸置疑的价值,这类消费理应受到鼓励,因此其结果是政治决策者"决定提供福利物品或鼓励福利物品的消费,最终导致了对私人个体和企业的直接补助或者政府直接生产服

笔记

务。这方面的例子非常多:竞技体育、露天体育馆、文化中心、博物馆和展览馆等通常都是用税金建立的,其运营也需要纳税人的补助。农业和其他企业得到了政府的拨款和补贴。私人接受福利支付和多种类型的社会服务,如公共住房、医疗卫生、就业培训和日托服务等。"显然,所谓的福利物品,大部分都是公共事业产品。于是在福利国家制度下,公共事业产品的供给成为政府的职责,也成为政府开支的主要部分。

实际上,如果忽略了个人物品和可收费物品的排他性,不对这两类物品收费,或不足额收费,其产品供给必然达不到最佳效率,毕竟稀缺性是对人类社会发展的永恒羁绊。相反,超额消费、恣意浪费和资源枯竭可能与福利物品相伴随。美国学校免费午餐项目就发生过令人震惊的丑闻。由于午餐是天上掉下来的免费馅饼,学生并不珍惜,以至于大量食品被浪费。医疗产品也同样经历了这个过程,本来医疗产品是个人物品,但福利国家认为医疗服务具有正外部性,一个病人的康复对周围所有人都有好处,所以医疗保健成为公民权利,享受政府补贴,甚至是免费,其结果必然是医疗服务需求爆炸式增长。"一旦个人物品和非纯粹的可收费物品享受充分补贴或被无偿提供,即物品的排他性被抛弃时,它们就被视为共用资源,由此产生共用资源伴随的种种问题。无节制消费此类物品面临的约束仅仅是物品自身的枯竭和获取成本。以医疗为例,护士、医生和床位会枯竭,而挂号的麻烦、无休止的排队和填写报销申请的繁琐程序等,构成了免费获取可收费物品的成本。"

特许经营是用者付费的一种制度安排。政府将具有排他性的公共事业产品交给某个私人企业垄断性经营,规定该企业提供某种特定的公共事业产品,并按照政府的指导价格销售。特许经营与合同外包的区别在于,合同外包是政府付费购买服务,而特许经营是消费者付费购买服务。通过用者付费发挥价格杠杆在公共事业需求与供给中的协调作用是特许经营的最大优点,因此它最适合可收费的公共事业领域,比如道路、桥梁、公共汽车、污水处理、自来水等。在法国,城市间的收费公路可以由私营企业投资、建造、拥有、管理和保养,一定年限后归还给政府。英吉利海峡的海底隧道,也是英国政府和法国政府提供的一种特许经营。私人收费公路在美国也重新出现了。此外,美国的高速公路及其沿线、公园、体育馆、飞机场等地的餐饮服务也是采取特许经营的方式来经营的。

(三)鼓励社会自助

1. 自我服务　在任何社会形态中,家庭(或个人)都是一个基本的社会单元,同时也是一个最基础的自我服务单位。家庭自古以来就在住房、养老、健康、教育等方面发挥着重要的作用。在福利国家出现之前,很多公共事业产品的供给都是通过自我服务的方式获得的。迄今依然有很多美国家庭由于不满学校教育的不足,将孩子留在家中不去上学,由家庭承担起了教育子女的职责。美国自我服务式的"家庭教育"在 35 个州是合法的,这种方式也受到了美国宪法第九修正案关于公民权利规定的保护。在"家庭学校"接受教育的美国儿童从学龄前儿童到 12 岁的都有,总数超过 100 万人,大约占到美国所有同年龄段儿童的 2% 左右。家庭养老同样是一种传统的自我服务项目,在西方国家也不例外。美国人大约每 8 个人中间,就有 1 个人直接从事照顾老年人的服务。在日本,70% 以上

笔记

的老年人与自己的子女生活在一起。

自我服务也发生在社区事务中。由于社区不仅是一个地理概念,更是具有共同经济、文化和生活习惯的公民的聚居区,社区成员在情感和日常生活上的联系使得社区更加关心自己的居民,关心社区内的共同事务。受政府公共事业供给能力不足的制约,在美国越来越多的自助集体组织开始履行基层政府的职能,为社区提供垃圾清理、积雪清除、志愿救护车服务、街道与公园的清洁和维护、巡逻服务、提供诸如指示牌、长椅、避雨亭、售货机等沿街便民服务。为发展社区自我服务,小布什总统提出了"以忠诚为基础"的社区服务理念,鼓励社区慈善活动,并为此提供一定的联邦补助金。小布什还在白宫建立了一个社区活动办公室,负责推进社区自助建设。

2. 以私补公　随着政府日渐淡出公共事业领域,很多人感受到政府提供的公共产品难以满足自身需要。私营企业捕捉到这种信息之后,就会采取措施满足公众的需求,并在此过程中营利。由于私营企业的高效与优质,公众可能更愿意转向这些私营部门寻求服务,从而放弃接受政府提供的服务,这种由私营企业取代公共部门提供公共事业产品的方式就是以私补公。以私补公在多种公共事业产品中得到了体现。在美国常见的类型包括定点服务出租车和小公共汽车等便民事务。此外,一些城市中还出现了教育领域的以私补公,很多父母不满公立学校的教学模式,让自己的孩子从公立学校转到私立学校就读,这里面不乏大量低收入家庭。私人保安的出现也是以私补公的结果,由于美国的传统治安保护难以确保公众的安全感,私营保安队和巡逻队的规模呈不断扩大的趋势。

西方国家为了更快地推进公共事业改革,在以私补公的进程中有时候会非常主动,"政府撤退"与"放松管制"是两种典型的方式。政府撤退又称政府卸载,即任由那些经营不佳的公共企业和国有资产自生自灭,政府不再提供补助措施,从而让它们在市场竞争中自我淘汰,在此过程中也诱导了私营企业的跟进补缺。换言之,政府撤退就是政府运用市场机制实现公退私进的过程,由于这个过程是市场自由竞争与优胜淘汰的结果,因此表面上的市场选择取代了实际上的政府选择,政府将改革产生的矛盾转嫁给了市场,避免了政府直接出售产生的麻烦。英国的医疗服务就是以私补公的一个例子,受预算削减和公共医疗服务质量下降等因素的影响,英国私营医疗服务系统重新出现,越来越多的人开始转向私营医疗机构获取帮助。放松管制是政府对垄断部门经营的公共产业,在准入机制上予以松绑,放宽私营企业进入公共领域的门槛。美国的邮政服务是最老牌的垄断性公共部门,随着政府对邮政行业管制的放松,很多私营快递公司迅速出现,并占据了较大的市场份额,由私人公司投递的快件和包裹数量急剧增长,以至于美国邮政服务局不断宣称自己排他性经营权的存在及其价值,并且力图阻挠竞争对手使用客户的邮箱设施,但最终没有成功。

实际上,以私补公是典型的市场行为,是社会自我满足的一种简单方式,只是其中的产品类型符合准公共物品的部分属性,而这些物品在福利国家时代是由政府直接供给的,没有释放出私人企业发展的空间。以私补公现象也再次表明,政府与企业在社会产品的提供方面主要的不是政府失灵或市场失灵的问题,

笔记

而是一个此消彼长的博弈过程。在这个过程中,政府拥有对社会价值进行权威性分配的权力,因此它既可以选择像前苏联那样,对社会产品采取完全供应的模式;也可以选择像福利国家那样,对公共事业产品部分供应;还可以选择新自由主义模式,主要由社会供应。选择何种模式取决于政府的执政理念,因此可以说,以私补公是政府主动选择的结果,是政府权力的主动让渡。

3. 发展非营利组织　除了与私人组织合作外,政府与非营利组织的合作也越来越普遍。非营利组织的公益性与产品的准公共性特征,为二者的合作创造了天然的有利条件。很多非营利组织也将自身的责任定位于公共服务方面(如健康与人群服务领域)。在政府的外包合同中,非营利组织是政府的一个重要合作伙伴,提供政府委托的心理健康护理、扶助弱势群体、改造不良青年、抵御艾滋病、发展公共教育与卫生保健等服务项目。非营利组织提供公共事业产品的同时也获得了政府的资金支持,成为其生存的重要收入来源。有统计数字显示,美国政府已经成为非营利组织最大的收入来源,占到其总经费的 2/5 乃至一半以上。另有研究发现,美国政府在健康保健(不含医院)、社会服务、住宅与社区发展、雇佣与培训、艺术与文化等所有公共事业项目的开支中,有 42% 给了非营利组织,还有 19% 给了营利组织。

今天西方国家非营利组织已经发展为名副其实"第三部门",成为介于政府(第一部门)和企业(第二部门)之间的庞大社会主体。调查发现,美国非营利组织的总量在 200 万个以上,其中可以认证身份的非营利组织有 160 多万个,占美国所有类型组织的 6% 还多。如果将美国的非营利组织组成一个国家的话,其国内生产总值将超过世界上的大多数国家,包括澳大利亚、加拿大、印度、荷兰和西班牙。非营利组织在美国提供了 110 万个就业机会,这是美国农业就业人数的 3 倍多,超过建筑业、交通与通讯、金融保险与房地产等各个领域的就业人数。此外,非营利组织还雇佣了 630 万名全职的志愿者,两者加起来达到了 1720 万人,相当于美国领取报酬人员与志愿者人数的 11%。另据莱斯特·M·萨拉蒙在 20 世纪 90 年代对 22 个国家的非营利组织的研究结果,这些国家的非营利组织"是一个 1.1 万亿美元的产业,它雇用了相当于近 1 900 万个全职工作人员。这些国家的非营利支出因而平均达到国内生产总值的 4.6%,非营利就业占所有非农业就业的近 5%,占所有服务行业就业的 10%,占所有公共部门就业的近 27%。"而且在非营利组织中就业的人有 2/3 集中在三个公共事业领域:"教育占 30%;卫生健康占 20%;社会服务占 18%。"法国非营利组织的活动领域,排在前四位的分别是文化娱乐、教育研究、卫生保健和社会服务。英国的非营利组织服务领域排在前列的为:文化娱乐、教育研究、健康、社会服务、发展和住宅等。日本非营利组织服务的前三位是卫生保健、教育和社会服务。可见,非营利组织已经成为公共事业产品供给的重要主体。

美国的非营利组织在环境保护、教育发展、医疗保障等各个领域,都是一个非常活跃的主体。环保领域具有代表性的非营利组织有全国野生动物保护协会、绿色和平组织、自然资源保护协会、环境保护基金会、野生动物保护者组织、地球之友、马鲛鱼俱乐部、荒野保护协会、科学工作者关怀联盟等,这些环保类非营利组织经常组织请愿、集会、游行、示威等活动,公开宣传环境危机,激发人们

笔记

的环境保护意识。到本世纪初,美国的全国性环保组织成员有 950 万人,地方环保人员就更多了。在环保类非营利组织的宣传与带动下,有 3/4 的美国人认为环境问题已经到了非解决不可的时候,为此可以不惜一切代价,另有 2/3 的美国人认为自己是环境主义者。随着环境保护意识的深入人心,这些环保组织对于联邦政府制定环境政策的影响也越来越大。在教育科学领域,大多数教师都加入了自己的协会,比较有代表性的有全国教育联合会、美国教师联盟、美国大学教授联合会等,这些协会在大多数地区都具有集体谈判的能力,迫使学校和纳税人在教师工资、教室改善、教学科目等方面做出让步。这些非营利组织还充当政治利益集团,游说国会、白宫和教育部。实际上,美国之所以在 1979 年成立教育部,很大程度上也是因为卡特竞选总统时对教育团体许诺的结果。医疗保障方面,非营利组织甚至直接参与了相关法案的制定,成为典型的政治利益集团。如克林顿总统执政时期签署的《家庭与医疗休假法案》就是在儿童保护基金会、美国天主教会、青少年协会、美国犹太妇女委员会、美国退休人员协会、全国独立企业联合会、商会、全国经销商联合会等支持或反对的非营利组织的论战中出台的。

> **知识链接**
>
> ### 欧美国家反对动物实验的非营利组织
>
> 欧美国家反对动物实验的历史由来已久。早在 1824 年,英国伦敦就成立了防止虐待动物协会(RSPCA),它是全球历史最悠久、最著名的动物福利组织,每年获得各界捐赠的经费超过 8000 万英镑。该协会致力于借助各种合法手段防止虐待动物,提高人们的仁爱之心,减轻所有动物遭受的苦难。
>
> 19 世纪后期,英国把对动物的同情和伦理关怀扩展到动物实验领域。早期有代表性的反动物实验组织有:英国维多利亚保护动物免予解剖协会(1875 年)、人道联盟(1891 年)、新英格兰反动物解剖协会(1895 年)、英国废除解剖联盟(1898 年)、英国保卫动物及反动物实验协会(1906 年)。美国最有名的该类组织是美国国家反动物实验协会(NAVS,1883 年),这是一家非营利的教育组织,反对把动物实验用于产品测试、研究或教育等任何目的,同时提倡素食。
>
> 动物实验给动物带来了巨大的痛苦,但又是人类发展所必需的。英国目前仍接受烟草实验、化妆品实验、遗传实验、有毒物质实验等项目使用实验动物,但已经减少了使用灵长类动物。1991 年英国成立了实验动物委员会,对所有研究人员、研究计划、研究机构均加以严格审查,审查的内容包括研究目的和对动物造成的痛苦,从而决定是否核发实验动物的执照;内政部设有 21 个稽查员,追踪所核准的各项案件是否按计划执行。一些赞同反动物实验的公司采用了一种"固定截止日期"的方法,宣布在某个特定的日期之后,他们将不再使用某个经过动物实验的药物成分。

1959 年就有人提出了动物实验替代方案,但直到 1980 年才受到广泛的关注。现有的替代方案主要有:活体外实验(如细胞培养、组织培养);电脑模拟;在无痛觉的动物身上测试;人类自愿者(须严格监控,确定自愿者的健康不受损);在教学上使用录音带及动物模型;医学预防策略;临床病理研究等。

(自编案例)

在英国,非营利组织不仅提供了大量的公共事业服务,而且在新公共管理改革初期,一些市场至上理念的支持者发起成立的各类学术团体,还担当了改革的理论先导和旗手,公开向政府干预体制宣战。比如 1977 年成立的亚当·斯密学会和 1995 年成立的经济事务学会都非常明确地把自身的使命定义为市场理念的推广。在德国,病人每 10 个住院日,就有 4 天是在非营利组织中度过的,有 50% 的受照顾居民住在非营利疗养院中,60% 的居民住房及其维护都是非营利机构提供的,在所有日托服务中有 1/3 是非营利机构提供的。在法国,有 55% 的受照顾者住在非营利疗养院,每 10 个体育爱好者中就有 4 个是非营利运动俱乐部的成员,每 5 个小学和初中生中大约有 1 个在非营利学校就读。在美国,医疗行业中 50% 以上的病床设在非营利医院,50% 左右的高等学校、95% 的交响乐团以及 60% 的社会福利机构都是非营利机构。在日本,75% 以上的大学生就读于非营利学校,40% 以上的病人住院日是在非营利医院度过的。在意大利,21% 的幼儿园是非营利性的,41% 的居住设施是非营利性的。

但政府与非营利组织的合作也受到了很多批评,认为双方的合作是一种"致命的皈依",因为"杰出的非营利组织事实上成为政府的代理人,接受政府的强制性规制,而这些规制扼杀了它们的创新精神,阻碍了它们寻求更好的办法帮助最需要的人的努力。"换言之,非营利组织为了获得政府的资助而失去了独立性,偏离了自身的使命。这种批评虽然理论上可能成立,但却缺乏经验材料的支持。从更加现实的角度来看,即便非营利组织因接受政府资助而偏离了自身的使命,但作为与政府合作的服务项目,非营利组织在政府资金的支持下,提供了更多的公共事业产品,也更多地满足了社会的公共需求,这对于社会整体利益而言仍然不失为一个好的选择。

(四) 政府主导

尽管在新自由主义时代,政府倾向于将各种公共事业产品转由社会自主提供,但这并不意味着政府的全面撤退。相反,受到选票归属的影响,西方国家在公众瞩目的公共事业领域还是发挥着主导作用,即便是前文所述的民营化、合同外包、购买服务等举措,也都是在政府的政策引导和规范下展开的。区别只在于,主导而非主体,主体当然意味着主导,在福利国家时代,政府是公共事业产品的直接生产者(主体);而在新自由主义时代,政府由生产者变成了间接的协调者与中介员(主导)。在公共事业领域,就政府而言,角色的差异性远没有角色的共同性更重要,即不管作为生产者还是协调者,政府的主导性在任何时代的公共事业发展中都具有共通性且必不可少,离开这一点就无法实现公共事业产品的有

笔记

效生产和供给。纵观近代以来西方各国行政改革的历史可以发现,政府加大对公共事业的投入力度是一个普遍的趋势。

以美国为例,政府在教育、社会福利和社会保障等领域的作用虽然历经微调,但主导作用依然非常明显。美国人普遍把教育置于公共事业产品的核心位置,州与地方政府是教育发展的主体,教育上的开支是州与地方政府最大的支出项目。"联邦政府承担的教育经费比例增加到了大约9%,但州和地方政府仍然是教育经费的主要来源——大约分别占从幼儿园到12年级经费的47%和44%。"联邦政府对教育的关注也长期存在,开国伊始,美国联邦政府就成为教育事业的主要支持者,在美国政府最早的公共事业发展计划中,包含大量的教育事业发展政策。迄今美国的部分高等院校,如美国军事学院(西点军校)、美国空军学院、美国海军学院、美国海岸警卫学院、美国商业海事学院、格朗德学院和霍华德大学等,仍然由联邦政府资金直接资助。1965年,为了实现全国教育机会均等,国会通过的《中小学教育法》(ESEA)将联邦的教育投入增加了一倍,重点资助不富裕的学区。里根时期是美国政府从公共事业领域全面撤退的时期,但针对美国中小学生成绩下滑的严峻现实,全国成立了几十个教育委员会,各州也颁布了相关法律,重点针对教育标准、课程建设和教学创新等问题进行规范和指导,形成了美国教育改革的第一次浪潮。进入20世纪80年代,虽然政府在教育领域引入了灵活的竞争机制,但不管是教育券还是政府特许学校,都无一例外的是以政府为主导。今天的美国联邦政府、州和地方政府都普遍加大了对教育事业的支持力度,对每所公立学校的中小学生投入,平均每年都在1万美元左右;有3/4的大学生在公立学院和大学中接受公立高等教育。

在法国,教育事业属于"公务法人"组织的一个职能领域,而"公务法人"本身就是行政机关,主要从事教育、医疗、科研、图书馆、博物馆、文化中心等公共事业活动,其成员都属于公务员。在正式任职的公务员体系中,仅从事"国民教育和青年及体育"事业的公务员比例就达到了61.8%,此外还有80余万人的医疗机构公务员。日本与法国类似,很多从事公共事业工作的人员属于国家公务员系列。日本的国家公务员分为一般职和特别职,其中一般职中包括大学教授、副教授等7.2万人,医护人员6.3万人,事务次官、大学校长、研究所所长、医院院长等1700人。

社会福利与社会保障同样是美国政府发挥主导作用的主要领域。今天,大约有1/3的美国人能够以某种形式享受政府提供的福利,而且所有人都有权利申请社会保险,不管他们的收入或财产是多少。总体而言,美国的社会福利可以分为两大类,一类是政府固定支出项目,这类福利不以收入或贫困状况为依据,如社会保障、医疗保险、失业补偿、政府退休人员福利、退伍军人福利等,这部分受益者占据了政府福利对象的大多数,其中社会保障与医疗保险两项支出占到该类福利总支出的85%左右,社会保障更成为联邦预算中最贵的支出项目,而且被认为是神圣不可侵犯的。"政治家通常把它称为美国的'第三条轨道'——触动它,就要灭亡。"另一类是低收入者的政府补助项目,如现金补助(贫困家庭临

笔记

时补助计划、补偿性保障收入、收入所得税抵免等)、医疗保险(医疗补助、军人补助等)、食品福利(食品券、学校早餐与午餐、妇女儿童食品补助等)、住房福利、教育补助、工作培训及其他,其中支出最多的一项为医疗补助,占到所有该类支出的30%左右,是否能够获得这类福利取决于生计调查(non-means-tested)的结果。由于很多福利项目在不同人群中是重叠的,一个人可能有资格获取不止一种形式的福利,因此很难确切地统计出政府福利项目实际资助的人数。但是根据估计,美国有超过半数的家庭(包括个人)享受了政府的福利项目。虽然美国的大部分福利支出没有转移给穷人,但全部福利支出占据了联邦政府总支出的60%以上。

在社会保障方面,1983年美国成立了国家社会保障改革委员会(NCSSR),由里根总统任命同样数量的共和党人和民主党人组成。NCSSR的改革方案是:增加社会保障税收,将其提高到当前雇员和雇主共同缴纳15.3%的水平;建立退休储备金,为2010年以后"婴儿潮"的退休人员做准备;建议国会立法,把退休年龄逐渐从65岁提高到67岁。2001年的小布什总统再次任命了一个改革委员会,承诺不会削减社会福利水平,有序调整生活成本,保持税收稳定,禁止社保基金进入股票市场等。

不仅如此,历史比较研究可以发现,西方国家政府在公共事业领域的主导地位和作用并非哪个时代的专利。应该说,在主要的公共事业领域,西方国家政府都是一个"大政府"。新自由主义时代的政府"瘦身"并没有改变政府的公共服务使命,相反各项反对福利国家的改革项目都指向政府能够更好地提供公共服务和促进社会发展。这也是为什么在每个时代,貌似大刀阔斧的改革计划,却总是体现出默契的连贯性的原因。

第三节　西方国家公共事业管理改革的启示

以1979年英国撒切尔夫人的市场化改革为开端,当代西方国家的公共事业管理改革已逾30载,迄今依然在延续,而在此过程中最引人瞩目的是20世纪最后的20年。同任何一次社会改革一样,这30余年的改革在高歌猛进的同时也备受指责,批评的声音从来没有间断过。争议的存在恰恰是社会进步的标志,西方的理论与实践可以让我们更客观、更冷静地审视当前中国公共事业管理面临的问题和可能的发展方向。

如果以亚当·斯密的自由放任时代为起点纵向观察,我们看到的不仅仅是西方的公共事业改革之路,更是一部波澜壮阔的政治经济史。可以这样说,西方国家公共事业改革的每一项战略规划都植根于各国自身的"历史—社会—文化"环境,都是基于自身独特的国情。只是比较而言,西方世界在社会基本政治制度、经济体制、文化历史等方面具有更多的相似性,因而其公共事业改革表现出了较大的共性。客观地讲,科学的管理原则能够超越政治、地域与意识形态的藩篱而远播四方,在世界经济与信息技术全球化的今天,中国也面临着很多与西方国家类似的问题,我们应当借鉴西方公共事业管理改革的有效经验,推进我国公

笔记

共事业的持续、健康、快速发展。

一、政府的主导不可或缺

近代以来的西方国家公共事业改革历经"自由放任—国家干预—市场导向"三个大的发展阶段,体现了自由放任时代、福利国家时代和新自由主义时代的不同特征。从表面上看,今天市场导向的改革战略似乎是对自由放任时代的"否定之否定",达到了自由市场模式的新阶段与新境界,但实际上在这个蜕变过程中,西方国家并没有彻底摆脱福利国家的影响,相反政府始终处于公共事业发展的主导地位,而且这种主导性丝毫没有减弱,政府在公共事业领域的投资也是有增无减,区别只在于投入的方式不同。另外,三个阶段的不同点还表现在,自由放任时代,特别是新自由主义时代的西方政府只是主导而非主体,而福利国家时代的西方政府不仅主导而且还充当了主体,即政府自身成为公共事业产品的生产者。

可见,西方国家政府在公共事业发展中的主导地位是一贯的,政府可以放弃自己在公共事业产品供给中的主体地位,但主导地位,即政府作为宏观调控者、政策供给者、服务联络者和合作促成者的地位是无论如何也不能放弃的。因为公共事业产品涉及教育、医疗、科技、文化、体育、社会福利与慈善等诸多领域,这些都是关系到国计民生的重要领域,政府放弃了对这些领域的主导性,也相当于放弃了自己的执政权,因为公共事业领域的服务质量最能够决定选票的去向,也是最能够赢得民意的社会部类。

在我国,保持政府在公共事业发展中的主导地位,除了民意方面的考虑外,更是我国特殊的历史与社会因素的要求。中国在儒家文化的影响下,形成了国家至上的传统行政理念,所谓"修身、齐家、治国、平天下",修身与齐家的最终落脚点都在于国家与天下,集体主义与国家理念已经顺着几千年的历史脉络潜移默化到了每一个中国人的血脉中。在中国的历史与文化视野下,由国家或集体提供公共事业服务是毋庸置疑的一个常识。改革开放以前,我国建立了高度集中的计划经济体制,这被西方学者称之为"总体性社会",即国家垄断了一切生产资料和生活资料,国家与集体承担了包括生老病死在内的一切社会公共产品,这进一步强化了当代中国人的国家供给意识。所以,当前中国的每一项公共部类的改革,如果离开了政府的参与,都可能引发公众的心理恐慌,需要认真对待与周密考虑。

此外,受到生产力发展水平以及区域经济不平衡的影响,我国当前的各项公共服务还没有达到健全与完备的程度。不论是教育科研、医疗卫生还是社会保障等方面,总体而言供不应求。在这种情况下,如果改革过程中缺乏政府的主导作用,一旦完全放开,将产生供求失衡的矛盾。在当前以稳定和发展为主旋律的社会主义市场经济转型与结构调整时期,公共事业产品供给的缺乏必将掣肘整个社会的发展。因此,中国公共事业管理体制改革必须在政府的主导下才有可能成功,同时也要注意政府主导与政府主体的区别。

二、引入市场竞争机制

在公共事业产品供给中打破垄断、引入市场竞争机制，是当代西方国家公共事业改革改革的核心和主旋律。不管是经济学家的新自由主义，还是政治经济学家的公共选择，或者是公共行政学者的新公共管理，他们都在一个基本的出发点上达成了共识，即政府公共服务的低效源于政府自身的垄断地位，竞争择优是一条亘古不变的自然法则。从西方各国公共事业管理体制改革的实践层面考察，不论是欧美国家还是澳洲大陆，不论是委托授权、政府撤资还是政府淡出，市场竞争机制的引入都是最重要的战略性因素。

中国自 20 世纪 80 年代开始，关于政府与市场关系的争论就从来没有休止过。最早的争论围绕着经济发展问题展开，探讨的是经济发展中政府与市场的定位问题。今天，在发展社会主义市场经济成为广为认同的中国特色之路后，争论的焦点似乎更应当转向公共事业领域，即在公共事业领域政府与市场如何分工协作的问题。实际上很多学者已经发现，公共事业领域不是要不要市场的问题，而是引入市场机制的条件、方式和配套机制的改革问题。西方国家的改革理论与实践为我们提供了可资借鉴的经验，但究竟哪些方式更适合中国，这还需要理论上的认真探讨和实践上的科学实验。

必须承认的是，一方面中国正在积极地探索公共事业管理体制市场化改革的出路，另一方面我们改革的步伐却总是踌躇不前。受到政治与意识形态因素的影响，特别是出于社会稳定的顾虑，我国在很多公共事业领域依然延续着政府的主体性供给地位，大部分公共事业产品，要么由政府直接提供，要么由政府授权的事业单位提供。在我国的政府与事业单位改革没有取得实质性突破的情况下，事业单位的供给只是一种变相的政府供给而已。在教育和医疗卫生领域，私人组织只是在有限的范围内提供产品，我国将这类组织称为民办非企业单位。受到政策资源、社会认同以及自身定位等方面的限制，民办非企业单位的公共事业产品供给在数量与质量上都处于竞争劣势地位，在这些传统的公共事业领域引入国际资本的成功案例更是凤毛麟角。

此外，在很多时候，政府主导俨然成了政府指令与政府控制，这实际上归根到底还是政府垄断，有意无意地曲解了市场竞争机制与政府主导之间的协作关系。这种扭曲在面对中国社会转型过程中越来越多的社会问题时，必将成为公共事业发展的绊脚石。随着中国人口老龄化、农民市民化以及城乡社会改造等社会问题的出现，中国社会对公共事业产品的需求会越来越大，政府可能再也无力延续"统筹兼顾"的发展理念。引入市场机制为政府减负，同时在政府的主导下保证市场机制在公共事业产品供给中的公平与效率，必将成为中国政府的路径选择。这种选择实践得越早，带来的震荡就会越小。

三、连贯且完备的法律保证

西方国家的公共事业管理改革无一例外的是在法制框架内完成的，而且其

笔记

法律框架具有连贯性与完备性。虽然在政治体制上，多数西方国家是两党制或多党制，但不管是哪个政党上台执政，也不论政府在公共事业改革方面的理念是否存在冲突，一个共同的规律是都保持了法律的延续性、连贯性与全面性。以美国的环境保护事业为例，从凯恩斯主义的福利国家时代，到推崇自由市场的新自由主义时代，环境政策始终一以贯之。比如，1970年颁布了《空气洁净法案》，使得48%的污染物在30年间全面减少；《1972年水污染控制法案》禁止向通航水域排放污染物，授予环境保护署制裁污染公司的权力，加强联邦政府支持市政当局建立污水处理厂的资金支持；1973年《濒危动物保护法案》授予鱼类和野生动物保护组织确定濒危物种的权力，并允许这些组织管制人类在濒危动物栖息地的活动；1974年的《安全饮用水法案》规定，环境保护署有权力制定全国水质的最低标准，这使30多年来美国的水质有了明显的改善；《1976年资源保护和恢复法案》，授予环境保护署鉴定有毒物质的权力，其结果是10年内美国有毒化学物的排放量减少了一半；1980年的《全面环境应急法案》建立了一个"超级基金"，并要求环境保护署承担清理垃圾掩埋点的责任；1987年的《全球气候保护法》将环境保护的视野拓展到了国际环境问题；1988年的《海洋倾倒法》、1990年的《石油污染法》以及1992年的《综合水法》等从行业环境的方面提出了各个领域的环境保护措施。1996年颁布的《饮用水安全法案修正案》要求供水组织提供水质与污染物的年度报告。到目前为止，美国关于环境方面的法律与政策已经形成了一套完整的体系。

中国自1992年发展社会主义市场经济以来，特别是1997年中共十五大明确提出依法治国理念后，法制建设的步伐明显加快。在公共事业发展领域，我国早在1998年就通过了《事业单位登记管理暂行条例》、《民办非企业单位登记管理暂行条例》和《社会团体登记管理条例》；此外还颁布了《红十字会法》（1993年）、《捐赠法》（1999年）、《工会法》（2010年第三次修订）等，《民法通则》及其他法律条文中也都涉及了公共事业管理问题。地方政府也配套出台了相关政策规范，如《北京市博物馆登记暂行办法》（1993年）、《上海市医疗机构管理办法》（1997年）等。应当说从我国目前的法律法规种类来说，公共事业的相关立法已经比较完备。

但目前存在的主要问题有两个：一个是相关法规文件的权威性问题；另一个是法律文件的有效执行问题。中国现有的相关法规文件，多数以"条例"的方式存在，在国家法制轨道的层级上地位较低，属于程序性的行政法规，其发布机关为国务院，而非国家立法机关。这个特点导致各类法规文件的约束力不强，没有权威性。而且经过十几年的社会变革与发展，我国的公共事业组织在类别、结构和服务领域等方面都发生了较大变化，原有条例没有得到及时的更新，很难适应当前的公共事业管理改革。在权威性不足的同时，执行力度也大打折扣。传统的提法是"有法可依、有法必依、执法必严、违法必究"，如果说"有法可依"还差强人意的话，那么后面的"有法必依、执法必严、违法必究"在实践中却带有很大的主观性。所以，实现法制的连贯性和完备性，加强执法力度才是关键。最重要的是，我们不仅应当学习西方国家的法律规范，更应当学习西方国家的法制传统

笔记

和法制理念,要让法制理念成为一种公民信念,正如美国著名行政法学家哈罗德·J·伯尔曼所言:"法律必须被信仰,否则它将形同虚设。"

四、充分发挥社会组织的作用

西方国家的公共事业管理改革与非营利组织发展几乎是一个同步的过程。20世纪80年代新自由主义在西方盛行的时代,恰恰也是其非营利组织迅速膨胀的时代。西方国家政府也充分发挥了非营利组织在公共事业产品供给中的作用,通过政策鼓励、组织培育、项目合作等方式支持非营利组织的发展。从世界范围来看,各国非营利组织的活动领域有较大的一致性,"主要集中在以下四个方面:教育科研、医疗卫生、社会服务、文化娱乐。非营利机构运营支出的80%是用于这四个领域。其中,教育科研占总支出的近1/4,且大多数用于研究生教育。医疗卫生的支出超过非营利机构运营支出的20%,主要是投在医院和诊所。社会服务占去近20%的比例,主要涉及家庭咨询、戒毒、日托等各种服务。最后,大约16%的非营利机构运营支出用于文化娱乐,包括交响乐团、艺术博物馆、体育俱乐部等。""第三部门"的概念非常形象地概括了西方非营利组织的社会地位,即非营利组织已经成为继政府、企业之后的第三大社会力量。

非营利组织在中国的规范名称叫"社会组织",这主要是考虑到我国特殊的文化与语言习惯。中国自古就存在大量的社会组织,而且在不同的历史时期都发挥了重要的民间互助作用。然而,在传统政治集权与一元统治的历史中,我国的社会组织先天不足、后天畸形。皇权政治下的社会组织发展受到严格的限制,数量最多的社会组织主要集中于慈善救济、经济互助与文化娱乐三个领域。而当代的社会组织又受到了计划经济体制的排挤,长期以来在政府与社会的夹缝中求生存,其发展空间完全取决于政府是否能够主动地让渡。这导致我国的社会组织独立性不足、职能领域狭窄、社会地位低下等问题,难以在公共事业领域发挥作用。

另外,我国社会组织的公众认同度比较低,这可以从社会对社会组织的捐助角度做一个比较:1997年,美国人向正式注册的非营利组织的捐款达到了1430亿美元,其中有1090亿美元是个人捐赠。而在中国,2004年"中国富豪榜"前100名,有70%在"中国慈善榜"中没有出现,出现的少数前百名富豪,捐赠额也只有其财产的百分之几。同样在2004年,国内工商注册的企业超过了1000万家,但有捐赠记录的企业不超过10万家,99%的中国企业没有对社会组织进行过捐赠。另据上海慈善总会的统计,只有不到1%的上海企业家对社会组织有过捐赠。根据目前国内最大的慈善组织——中华慈善总会的统计数据显示,他们所获捐赠的70%都是来自国外和港台的,国内富豪的捐赠仅占15%还不到。

发展社会组织,我国首要的问题是重新界定国家与社会的关系,而非仅仅重新定位政府与市场的关系。事实上,社会组织在中国并非没有市场和需求,而是长期以来相对于政府的从属地位使它难以获得独立发展的空间。自1988年开始,我国历次政府行政改革都把转变职能作为中心工作,但这种职能转变一直是框定在政府与市场关系范围内的职能转变,在职能转变的利益纠葛中,自始至终都是政府与市场的互动博弈,似乎政府转变或转移的职能就是交给市场自由行使的权利。职能转变是对的,但是政府没有看到在职能转变中还应当有一个重要角色,即社会组织。确切地讲,由于政府与社会组织在公益性定位以及产品的准公共性特征方面具有一致性,政府职能转变后,相应的政府角色更多的应该让社会组织来承担,只有那些直接与市场行为相关的职能才是交给市场组织来承担的。因此在中国,培育与发展社会组织是一个与政府行政改革协同的推进过程。只有摆脱政府与市场关系的争论这条老路子,把注意力转移到政府与社会关系的争论上,把焦点集中于社会管理体制创新上来,才能真正解决中国社会组织的发展问题,同时也解决了政府行政职能转移的问题。

五、加速社会经济发展的阶段性转型

西方国家的公共事业管理改革是与其时代大背景联系在一起的,社会转型一方面需要公共事业管理改革的配合,另一方面也为公共事业管理改革提供了必不可少的外部环境。从西方国家的实践来看,其公共事业管理改革的历程同时也是社会经济改革的历程,是依托于宏观社会改革大系统中的子系统。不论是自由放任的市场经济理论、国家干预的福利国家理论、新自由主义思潮还是新公共管理理论,都是直接指向经济改革或行政改革的,而非主要针对公共事业改革。所以在一定程度上,西方国家的公共事业管理改革是社会经济改革与行政改革的副产品。更确切地说,它是行政改革的直接结果。

由此可见,在不触动社会经济体制或政治体制的前提下进行公共事业管理改革,很难取得理想的效果,充其量只能算是表面上的小修小补,难以深入到体制层面。实现公共事业管理改革,需要跳出公共事业领域来寻找答案。必须认识到,当前社会经济发展与政治体制变革的阶段性难题——文化的变迁、法制的漏洞、体制的缺陷和机制的不足等,才是制约我国公共事业发展的关键问题。因此,公共事业管理的改革需要更加宏观的视角,加速我国社会经济发展的阶段性转型,实现经济与社会、文化协调发展才是根本之策。

与此同时,在改革的过程中需要把绩效放在优先考虑的位置。对公共事业领域而言,绩效包括了经济、效率、效果、公平和灵活等指标。以效果为导向也是当代西方国家公共事业改革的一个重要方向。在某种程度上,同时追求这 5 个指标是有内在矛盾的,但注重绩效的公共事业需要政府在上述指标上同时提出要求。实际上,在一些重要的公共事业领域,这些指标是可以同时实现的。比如英国政府自1992 年推出了学校绩效的联合列表,这是一个包括了上述 5 种要求的综合列表。其中一项要求是考核在 GCSE 考试中成绩在"C 级"以上的学生比例。其结果是,学校普遍在"5C"指标上取得了快速进展,当年该项指标的考核合格比例就从38.3%提高到了43.5%,学校也开始更加关注那些在 C ~ D 边界线上的学生。显然,问题的关键不在于是否能够做到高绩效,而在于是否能够合理地确定制度规范。注重绩效要求政府在推进公共事业发展过程中,避免社会经济体制与政治体制阶段性特征导致的副作用,始终保持公共事业产品供给的优质与高效。

纽戈勒德市垃圾处理的合同外包

纽戈勒德市位于大都市区,人口约为 10 万。该城市分为商业区与居民区,每个区都面临清理固体垃圾的问题,因为至少有80%的垃圾由设在路边的垃圾桶收集。当地政府想了很多方法来减少垃圾清理的费用,比如用 2 人手工操作车代替了 3 人自动后卸式卡车,把清洁工由原来的 43 人减少到 25人。但即使如此,垃圾收集的费用每年还是达到了 150 万美元,这些钱都是由税款来支付的,不像其他城市那样另外向市民收取。然而改革的效果并不好,因为采用手工操作的垃圾回收方法虽然减少了成本,但其操作效率并不高;清洁工人减少后,每名工人的劳动强度明显增大,这导致事故频发,仅去年一年就发生了 22 起工伤,为此市政府额外支出了 1.8 万美元。

纽戈勒德市的市政经理维勒克鲁斯提出了两条建议:是否可以考虑与政府以外的单位签订居民区垃圾清理合同? 是否可以考虑向居民收取每个月10 美元的垃圾清理费? 对于第二条建议,市政预算部主管纽豪斯提出了反对意见:本市的大部分税收来自商业部门,而非居民个人;原来的垃圾清理费用由税收支付,这意味着其成本是由商业部门买单;现在要给居民收单独的垃圾清理费,相当于把成本由商业部门转移到了居民头上,这势必遭到居民的反对。

但城市经理和市长没有听纽豪斯的建议,还是决定向居民收取垃圾清理费。在与私人部门签订合同方面,市政府决定将商业区的垃圾清理和居民区的垃圾清理分开对待:①商业区垃圾由一家清洁公司全部负责。为了与私人垃圾清洁公司签订服务合同,政府做了很多工作,如制定、修改计划,登分类广告,设计能筛选出低收费、高质量服务的程序,要考察报价并审核报价人的资格,避免低水平服务,监督合同实施,这包括检查服务质量、处理服务投诉、提供合同报酬等。②居民区的垃圾收集继续由市政府来承担。因为向居民收取垃圾清理费后,居民对垃圾清理的要求更高,而且居民手中掌握着决定政府命运的选票。

改革的结果整体而言并非不理想。首先,投资收益基本持平,各项决策不会在财政上有所收益,至少 5 年内是这样。而为居民购买新垃圾桶的支出远远超过了购买新装运车的费用。值得安慰的是,司机的生产率提高了 25% ~30%,手工操作也更便宜,新垃圾桶的成本回收后可能会开始赚钱。其次,市民不满额外的垃圾清理费用,其副作用是投票人现在强烈反对市议会对普通税收收入做任何变动,因为垃圾清理费已经使大家认为政府额外收了很多钱,这导致普通税收增长几乎不可能,严重影响了政府其他方面的开支。再次,在商业区通过报价竞争进行垃圾清洁服务也被拒绝了,因为预计政府提供该服务的开支与标价相当,且州已经禁止各城市把商业区的清洁服务排他性地特别授予某个公司或个人。

　　有时候企业化政府容易忘记一个事实——即其主要的使命不是营利而是服务于市民。

讨论题

试结合西方国家民营化的理论与实践,谈谈你对这一案例的看法。

(资料来源:竺乾威,马国权. 西方公共行政案例. 上海:复旦大学出版社,2002(48-61))

本 章 小 结

　　西方国家的公共事业管理经历了自由放任时代、福利国家时代和新自由主义时代三个不同的发展阶段。在自由放任时代,西方国家秉承"小政府"理念,很少干预公共事业的发展。在福利国家时代,西方国家秉承"大政府"理念,不仅在公共事业的发展中居于主导地位,而且成为公共事业产品供给的主体。在新自由主义时代,西方国家把市场竞争机制引入公共事业领域,通过打破垄断来提高公共事业产品供给的效率,减少政府的财政压力。

　　当代西方国家公共事业管理改革有其必然性,应对严重的财政危机是最主要的原因。此外,西方国家具有自由主义传统,加之反国家理念是很多国家意识形态的主流,这为重塑政府的公共事业职能提供了可能,社会危机的出现则进一步加剧了西方国家改革公共事业管理的紧迫性。

　　当代西方国家公共事业管理改革的经验主要有民营化、引入市场机制、鼓励社会自助和以政府为主导等。民营化的方式有出售、无偿赠与和清算等方法,但在实践中主要的做法是出售公共企业。引入市场机制与民营化的实质都是打破垄断,但具体方式不同,主要包括客户竞争、合同外包和用者付费等。社会自助是政府鼓励社会主体自我服务和私人组织民间补缺,同时注重发挥非营利组织和社区服务的功能。而政府主导则是任何一个时代,西方国家发展公共事业的共同特征,否则政府的合法性地位将受到质疑。

　　西方国家公共事业管理的理论与实践值得我国借鉴。我国在探索中国特色公共事业发展之路的时候,应当充分发挥政府自上而下的主导作用,大胆引入市场竞争机制,建立连贯且完备的法律制度,充分发挥社会组织在公共事业产品供给中的作用。最重要的是,重新定位政府与社会的关系,协同推进社会管理体制创新与政府职能转移,加速我国经济与社会发展的阶段性转型。

关键术语

笔记

福利国家	welfare state	民营化	privatization
新自由主义	neoliberalism	合同外包	contracting out

思考题

1. 结合西方国家公共事业管理改革的历程,分析应当如何定位当前中国国家与社会的关系?

2. 当前我国公共事业管理体制存在哪些亟待解决的问题? 应当从哪些方面着手推动我国公共事业管理的发展?

3. 试比较自由方式时代与新自由主义时代西方国家公共事业管理改革的异同?

4. 如何理解当代西方国家公共事业管理改革的成因?

5. 请结合时代背景,评价西方国家公共事业管理改革的举措。

（薛　泉）

笔记

第十二章

中国公共事业管理的改革与发展

学习目标

通过本章的学习,你应该能够了解和掌握:
1. 中国公共事业管理的发展历程和改革历程。
2. 中国政府职能现状和调整。
3. 中国公共事业管理存在的问题。
4. 中国公共事业管理改革的目标及相应措施。

章前案例

大屏幕上不断滚动着最新的数据,成都市所有市管公立医院的院长们坐在会场第一排,有的人兴奋不已,有的人且喜且忧,有的人则如坐针毡,这些平素里说一不二的医院"当家人"现在面临着"丑媳妇见公婆"的时刻。

这是成都市医院管理局(下简称医管局)的医院运营情况分析会,屏幕上滚动的数据涵盖了所有医院的门急诊量、出院人次、住院手术台次等工作量指标和住院病人例均费用、平均住院日、药占比例等病人负担指标,并按照高低进行排序,每个医院的管理者都清楚地知道自己医院目前的水平处在哪个位置上。

这样的"暴晒"大会每个月都要经历一次,排名靠后的院长们每次都觉得脸上火辣辣的,他们不仅要接受晒指标、晒排名,更要当众接受调查和批评,找出落后的原因,责令整改。

"整个过程绝对不好受,对院长而言,这是特别没有面子的事。但正是这样清晰明了的方式,更能让医院的管理者快速找出自身原因,提升自己的能力和效率,在竞争中求发展。"成都市医管局副局长何杰笑着说。

这是成都市成立医管局,实行管办分离以后,对医院监管的一个缩影。公立医院改革,一直都是医改中最难啃的"硬骨头"。按照原有的机制,公立医院的举办方和监管方都是卫生行政部门,"亲儿子"观念让公立医院成为温室里的花朵,提升服务水平的内生动力欠缺。

2010年1月,成都市探索"管办分离"的公立医院改革新机制,成立了医院管理局,将过去卫生局举办和管理市属公立医院等职能职责划转市医管局,而卫生行政部门则主要承担制定医疗卫生发展规划、行业准入标准等工作。成都市属12家公立医院在权力下放后,拥有了更大的自主发展空间,同

笔记

时，也面临着激烈的市场竞争。每一家市属公立医院都依据自身特色开展了一系列便民惠民措施，降低患者的看病成本，而这些经验也在成都各医院得到了普及和推广。据医管局最新数据显示，在软硬条件未发生根本变化的前提下，2011年上半年，门急诊量同比增长了23%，出院量同比增长了30%，住院手术台次同比增长了14%；市管公立医院药品收入占业务收入的比重达到40.1%，同比下降了1.11个百分点，其中三级综合医院的比重为40.69%，同比下降了1.19个百分点；12所医院平均住院日为12.8天，同比下降了1.1天，其中三级综合医院为12天，同比下降了1天。医管局副局长何杰直言，2010年市管公立医院医疗服务供应的增量，相当于成都新建立了一家三级综合医院。

管办分开、打破行政体制坚冰，成都医改的探索与改革正从各个层面突破医药卫生的旧体制，尤其是突破不适合医院改革与发展的传统体制。在全国2011年医院改革创新亮点交流会上，卫生部医管司司长张宗久感慨地说，成都公立医院改革的大胆探索与尝试将为全国医院改革的政策设计提供借鉴。

（资料来源：新华月报）

第一节 中国公共事业管理的发展历程

在新中国成立前，由于国家贫弱，政府所办的公共事业十分有限，科教文卫体等事业活动主要由外国教会、商人、私人基金会等组织或个人供给。随着国家的发展和社会分工的深入，社会活动主体日益分化，需求日益多样化，私人活动和社会资源的市场配置难以满足整个社会生存和发展的需要，这催生了政府作为社会中心主体，运用公共权力，对部分社会资源进行非市场化的公共配置。原来主要依靠民间组织资助的学校、医院等公共事业组织，逐步转向接受政府资助，甚至成为政府的附属机构。新中国成立以来，我国的公共事业取得了飞速的发展，公共事业管理体制也不断完善，其发展历程大体经历了计划经济体制下的公共事业管理和改革开放以后的公共事业管理两个阶段。

一、计划经济体制下的公共事业管理（1949～1978年）

计划经济体制下的公共事业管理，也可视为传统的公共事业管理体制。在新中国成立之初，各级政府先后采取了一系列公有化措施，逐步建立起了高度集中统一的公共事业管理体制，政府成为公共事业管理活动的唯一主体，控制了一切人权、物权和财权。政治上高度集权，经济上是完全的计划体制。在这一阶段，政府公共事业管理主要是采用集中管理方式，即由各级政府办事业，养事业，包揽一切公共事业活动，包办所有公共服务组织，科技、教育、文化、卫生、公共住

笔记

宅、社会保障、基础设施等都成了政府的统管范围。

在这种特定的计划经济体制下,对非政治、非经济的关系到人民大众基本利益的社会公共事务是以"事业"来代表,并以"事业单位"体制进行管理的。当时的事业管理体制,是基于指令性计划经济体制建立的,其基本特征是:国家包办、政府部门分类统管、财政统包供给,各事业单位仅仅是政府部门的附属物,事业发展和运营直接受制于政府部门。以卫生体制为例,从 1952 年起国家开始大力发展公立卫生机构,建立全国各级的基层卫生组织,中央及各行政区卫生部门有计划地健全和发展卫生院所,所需经费根据国家财政情况,由中央与地方政府逐步解决;实施公费医疗制度,各级政府将公费医疗、预防经费列入财政预算,由卫生行政机构掌握使用。60 年代末开始,全国农村合作医疗发展很快。农村合作医疗是人民公社社员依靠集体力量,在自愿互助的基础上建立起来的一种医疗制度。但它当时并没有真正从建立农村医疗保障制度的角度入手,没有从合作医疗基金筹集、管理、分配、使用,从供方、需方、第三方的权利责任等关键环节上去规范,因此它的基础是脆弱的。在 80 年代初农村推行家庭联产承包责任制以后,全国实行合作医疗的生产大队由 1979 年的 90%,很快下降到 5%。

计划经济体制下公共事业管理的特点具体表现为:

1. 高度行政化　政府不仅建立一系列相应的事业机构,而且直接举办各项事业,统管各项事业,直接控制事业单位的运行。各级政府都设立了相应的事业行政管理部门,分头统管各类事业单位。政府充当着事业举办者、所有者、行政管理者、经营者或运行管理者等多种角色。同时,由于各类事业机构之间没有比较明确和规范的责、权、利划分界限,造成政事不分与政事一体化。行政管理部门主要采取行政管理方式来管理各类事业单位,科研机构、学校、医院、剧团、运动队等事业单位的目标、任务、人事编制、活动经费、岗位设置、人事任免等,均由上级行政管理部门负责。事业单位具有相应的行政级别,事业单位的财务制度、人事制度、社会福利制度等管理制度也无异于行政单位。国家通过行政管理系统,采用行政命令、指示、规定、条例、指令性计划的行政手段,来直接领导和管理其所属的各类事业单位。

2. 主体单一化　在计划经济体制下,由于所有制结构单一和事业活动的非产业化,私人及其他社会团体失去了兴办公共事业的空间,国家成为唯一的事业主体,通过政府的事业职能部门及其所附属的事业单位来完成国家的事业计划。国家财政统包供给各项事业经费,而且为事业单位制订了统一的事业财务制度。也就是说,国家包办了一切公共事业。

3. 资源配置非社会化　由于国家财政无偿供给各类事业经费,造成事业单位的行政化与福利化。具体表现为:一是国家为科教文卫等各项事业制定发展规划,并为各事业单位下达指令性计划,各事业部门和单位的任务就是要完成国家事业计划。事业单位丧失了自主决策权,割断了与市场的联系。二是事出多门。各部门、各地区、各单位建立各自所属的事业体系和事业单位,使国家办事业变成了部门办事业、地方办事业、企业办事业、事业办事业、行政办事业等"政出多门"、"事出多门"的事业发展格局。各事业部门和单位之间互相分割、互相封闭、互不开放、资

笔记

346

源不能共享,导致了事业单位的相对封闭、重复建设和效率低下。

4. **职能扩大化**　国家统包统管、政事不分,泛化了国家的事业职能范围。对各项事业的界定不准确,导致了政企不分、政事不分、企事不分,既阻碍了有关产业的健康发展,又扩大了国家事业职能的范围。事业资源配置与利用的非社会化、事业运行机制的非效率化、事业管理的非法治化等更加剧了事业单位职能的扩张。

计划经济体制下,我国的各类事业单位既无自主权,又没有实质性责任,更无'断炊之虞',形成了各事业单位对上级'等、靠、要',吃国家财政'大锅饭'的格局。随着"一五"计划的完成,生产向社会化和专业化发展,我国的这种组织管理方式的弊端也日渐暴露出来。如改变所有制过急过快,布局上集中过多过大,工作上统得过多,管得过死,机构繁杂,脱产人员过多等。

传统的公共事业管理体制在"文革"期间遭受了严重破坏,资源短缺严重。1978 年以后,经过解放思想、拨乱反正、落实政策、组织整顿,各级政府逐步重建了原有的公共事业组织机构,恢复了集中管理的公共事业管理方式,政府公共事业管理混乱的局面得到控制,公共事业又逐步转入发展的轨道。

二、改革开放以后的公共事业管理(1978 年至今)

十一届三中全会后,我国开始实行改革开放政策。随着改革开放的展开,政府公共事业管理方式创新也开始步入一个新的阶段,在具体措施上,主要是采取了"放权"、"让利"、"协作"三大举措。

放权,就是针对政府公共事业集中管理方式所造成的各种弊端,采取"放权"、"搞活"等改革措施,政府逐步扩大各类公共事业单位的人权、事权、财权及其他各项管理自主权,增强公共事业管理的灵活性与生命力。如在卫生领域,试行了院长负责制、岗位责任制,扩大了医疗卫生事业单位的自主权,提高了医院的管理水平。财政部门改革了事业经费拨款办法,对各类事业单位实行全面预算包干,突破了多年形成的统收统支的传统,调动了事业单位职工的积极性,扩大了事业单位资金使用的自主权,增强了事业单位自我发展和适应环境变化的能力与活力。

让利,就是鼓励和支持各类公共事业组织挖掘潜力,开展多种经营,增加收入,增强自我解困和自我发展的能力。如在卫生事业领域,过去长期片面强调医疗是社会主义福利事业,以为收费越低就越能体现社会主义制度的优越性,致使医院长期大额亏损,难以为继。改革开放后,国家开始改革医疗收费制度,调整收费范围、项目、标准和办法,并要求个人负担部分卫生费用等。另外,国家采取多种优惠政策和改革措施,推动各类事业单位开展多种形式的经营创收活动,促使一些事业单位主动扩大服务领域和范围,增加新的服务项目,提高服务质量、水平和效率,改善事业单位的运行机制和成本补偿机制,促进部分事业单位实现企业化、产业化和市场化。

协作,即采取开放、协作、联合等改革措施,初步改变公共事业组织单一化的行政隶属关系、投资渠道和服务对象,鼓励和支持事业单位对外开放,面向社会,以提高公共事业资源的利用效率,推动公共事业的社会化。各级各类学校、医院、图书馆、文化馆、研究所及其他各种事业单位,大部分先后对社会开放,并积极开展多种形式的联合办学、联合办医、科研协作等,促进了事业资源的合理流动和利用。如卫生事业领域,开始面向社会创办各种形式的医疗协作体,如办分院、协作医院等,突破条块分割的封闭式卫生体制,大大提高了卫生资源的使用效率。这些改革措施,有效地调整了各类事业单位的服务面,促进从业人员的合理流动和事业资源的优化配置与合理利用,在不同程度上提高了各类事业单位的社会化程度,增强了事业发展的活力,淡化了单一的行政隶属关系,增强了事业单位对于市场的适应性,有利于事业单位进一步转换运行机制。

1992 年,邓小平同志南巡讲话指明了中国改革的方向,1993 年党的十四大明确提出我国经济体制改革的方向是建立社会主义市场经济体制。与这一改革方向相对应,政府公共事业管理方式创新也进入到了一个新的阶段。截至 2010 年底,全国共有各级各类学校 53.1 万所,专任教师数为 1413.9 万人。全国各类文化机构 31.35 万个,从业人员 210.79 万人。中国科技人力资源总量达到 5100 万人。各类体育场馆已超过 100 万个,社会体育指导员超过 65 万人。全国医疗卫生机构达 95.4 万个,床位数达 516.0 万张,从业人员 862 万人。总体上讲,已经形成了比较完整的教育体系,全民族的文化素质显著提高;建立了门类比较齐全的科学研究体系和科技服务体系,科技创新能力不断增强;建成了大批的文化基础设施和各种类型的文化服务机构,人民群众的文化生活日益丰富;建立了基本的公共卫生体系和医疗服务网络,人民健康状况明显改善;其他公益事业也取得了显著进步。

第二节　中国公共事业管理的改革历程与概况

从 1978 年开始,尤其是随着 20 世纪 90 年代以后建立社会主义市场经济体制改革的逐步深入,中国的政治、经济和社会的一切领域,都发生了巨大而深刻的变化。20 世纪末,随着经济领域里社会主义市场经济体制框架的初步形成,政治领域里发展社会主义民主和依法治国改革方向的确定,一场以政府机构改革为标志的政府管理体制改革揭开了中国改革进程的重要一页。这一次政府改革在继续进行政府经济管理改革的同时,明确提出了政府社会管理改革的任务,即要"按照社会主义市场经济的要求,转变政府职能,实现政企分开,把政府职能切实转变到宏观调控、社会管理和公共服务方面来。"

一、我国公共事业改革的四个阶段

1. 重建和探索阶段(1978～1984 年)　从 1978 年十一届三中全会开始,我国进入了公共事业管理体制重建和初步探索改革之路的时期。经历了长时间的经济停滞,国家经济发展战略决定了这个时期的改革目标是提高各类公共事业机构的活力和效率。科技领域率先对其事业部门管理体制的改革进行了探索,一方面对既有的科技组织体系进行恢复和整顿,另一方面围绕创办科研——生产联合体、实行科研技术成果有偿转让、实行技术合同制以及科研机构内部实行课题组自由组合等开展改革试点,为此后的深层次体制改革提供了改革试验经验。在教育领域，国务院批转教育部《关于一九七八年高等学校和中等专业学校招生工作的意见》，恢复了中断10年的高考，并开始实施《中华人民共和国学位条例》等。在文化领域，国家逐步放松了在文化建设体制、文化载体建设等方面的严厉管制，扩大了文化产品的供给数量和种类等。在医疗卫生领域，从公共卫生部门改革入手，在发展全民、集体医疗卫生机构的同时，鼓励和允许个人开业行医，重视农村地区的医疗体系建设，并推进卫生立法工作。

此阶段改革的主要特点在于：一是迅速恢复已有的公共服务管理和事业部门的活动，尽快满足社会发展步入正轨以后对于公共服务的迫切需要，维持市场和社会的正常运转；二是在现有的公共服务供给空白区和薄弱领域，有限度地允许个人或社会参与供给，并给予一定的政策发展空间；三是公共服务部门的管理体制基本上还是停留在计划经济时代的"二位一体"管理体制，即对于跨地区的公共事业项目，一般都是由中央各部委立项、出资建设以及以中央计划单列的形式统一管理和运营。对于地区内，或者省内项目，一般都是由地方立项、报批，然后由地方财政出资建立和管理及运营。

2. 深入与拓展阶段（1985～1992年）　1985年是我国公共事业体制改革具有标志性的一年，在这一年里，在初步探索和试点取得成功的基础上，改革在各个领域、部门和事业机构当中全面展开，形成了一种全方位联动的改革态势。这次改革的重点在于组织体制、管理模式和运营机制的同步改革，体制创新有所加强。在这一年里，先后颁布和施行了《中共中央关于科学技术体制改革的决定》、《中共中央关于教育体制改革的决定》、《关于艺术表演团体改革的意见》、《中共中央关于体育体制改革的决定》和《关于卫生工作改革的若干政策问题的报告》，全面拉开了公共事业部门改革的序幕。

这一阶段改革的主要内容是下放权力、扩大事业单位管理自主权，对事业单位进行清理、整顿，并实行归口管理。主要特点在于：一是从投资机制入手，改变财政大包大揽的局面，对与市场机制接轨的部门引入社会资金、银行和社会融资等丰富供给渠道和新建"体制外"的公共服务部门，努力适应社会多层次需要。对公益性部门提高财政拨款力度，相应建立组织内部竞争机制和承包责任制等，从内部搞活入手促进公共服务供给能力的提高，满足日益增长的社会需求。但是对于这些部门类别并未做具体的区分，对于地方引入投资多元化依然有所限制。二是放松管制程度，扩大公共部门管理自主权，支持公私部门的合作关系，引入市场机制，按照市场需求有控制地扩大公共服务和产品种类，同时允许公共部门采取灵活多样的方式开展与事业相关的多种经营，补充经费不足的问题。

3. 改革攻坚阶段（1993～1998年）　1992年党的十四大提出的关于建立社会主义市场经济体制改革目标，标志着我国公共事业改革进入了一个新的阶段。这个阶段改革的重点在于将公共事业部门改革与以转变政府职能为核心的行政机构改革相联系，提高了公共事业部门改革的整体性和联系性。

以事业单位的机构改革和公共服务领域的开放为契机，国家结合调整和优化政府职能的改革，加快了公共服务管理体制的实质性改革步伐。在1993年行政机构改革之后，原有各专业经济部门全部改为行业总会、经济实体。由此原来

笔记

的"条条"的行业垂直领导就逐渐转变为总公司为主的联合企业,由外部管理转为内部管理。虽然公用事业的管理体制没有发生根本性变化,但是电力、石油、铁路、航空等行业通过改组公司制度,逐渐形成了占据市场主导地位的大型集团企业,为目前基础设施的市场结构提供了条件。1993 年,中共中央、国务院发布了《中国教育改革和发展纲要》,国家体委发布了《关于深化体育改革的意见》等。1996 年,中共中央和国务院印发了《中央机构编制委员会关于事业单位机构改革若干问题的意见》,对我国公共事业部门改革的目标和推进方式做出了明确的规定。

在此期间,市场经济体制的提出和逐步建立,呼唤着事业单位的机构和人事制度要与市场经济体制相配套,1996 年《中央机构编制委员会关于事业单位机构改革若干问题的意见》确定了事业单位机构和人事制度改革的基本思路:确立科学化的总体布局,坚持社会化的发展方向,推行多样化的分类管理,实行制度化的总量控制。

这一期间,改革的主要内容是放下权力,扩大事业单位管理自主权;进行事业单位人事制度改革,推进聘任制、辞职辞退制、特殊津贴制;建立人才市场;启动公共事业社会化、产业化;进行工资分配制度改革,强化分类管理;以社会公共需要为标准,重新确定国家财政中公共事业的供应范围等。

这个阶段改革的主要特点在于:一是放在大的行政机构改革背景下进行,通过权力下放到地方政府,放松管制范围,部分领域可以有选择地向社会开放管制方式,变审批制为备案制,并尝试建立新型的行政管理体系,开始探索对传统的事业单位供给体制进行反思,引入市场化机制对现有事业单位进行转制改组,增强财政资金的使用效率,提高公共服务部门的管理效能。二是在公共服务领域引入市场招投标的竞争机制,扩大基础建设的资金融通渠道和方式,加快包括道路、通讯、医疗、教育等基础公共服务管理的市场化进程,满足市场经济快速发展和大众日益增长的需求。三是逐步建立专门的监管性机构,通过权力分配和制度建设加强对涉及公众利益范畴的"公共服务"的管制,包括对证券、银行、保险、环保等领域的管理,政府有关监管机制也加大了对"无形公共服务产品"的质量监管,或者称为社会性监管。

4. 改革全面推进阶段(1998 年至今)　　自 1998 年党的十五届三中全会以来,事业单位机构和人事制度改革开始进入到探索建立与社会主义市场经济体制相配套的事业单位机构和人事管理体制的新阶段。1998 年《事业单位登记管理暂行条例》、《民办非企业单位登记管理暂行条例》颁布,从立法高度初步明确事业组织的分类及各类事业组织(事业单位、民办非企业单位)的性质、法人地位、管理体制等。2000 年后,教育、科技、卫生等事业单位人事制度改革办法和加快推进事业单位人事制度改革办法等陆续出台,标志着事业单位人事制度改革向纵深推进的开始。

这一阶段,事业单位机构改革随着行政体制、经济体制以及科研、教育、文化、卫生等各项体制改革的进程逐步推进,并在改革过程中,根据事业单位的不同情况,先易后难、分类进行改革。在农村税费改革过程中,逐步理顺了乡镇事

笔记

业单位管理体制,规范了乡镇事业单位的机构设置,精简压缩了乡镇事业单位财政供养人员。事业单位人事制度改革按照"脱钩、分类、放权、搞活"的基本思路,全面建立和推行人员聘用制;初步建立了选人用人实行公开招聘或考试制度、辞聘解聘制度;初步建立了岗位管理制度;对事业单位领导人员实行了直接聘任、推选聘任、委任等多种任用形式;加大人才培养投入,推动人才培养投入主体多元化和市场化;大力发展并规范人才市场,鼓励人才合理流动,逐步实现人才资源配置的社会化、市场化;进一步深化事业单位内部分配制度改革,扩大事业单位的分配自主权,坚持以岗定薪、按劳分配和按生产要素分配相结合、效率优先兼顾公平的原则,积极探索岗位工资、技术要素参与分配、资本参与分配、津贴部分统筹、绩效工资、计件工资、年薪工资等多种分配形式。

党的十六大报告强调:"按照政事分开原则,改革事业单位管理体制"。按照这个精神,各省区市都选择了一些领域和若干地市开展分类改革的综合试点,其中进展较快的省已完成试点,将进入总体推进和配套改革阶段。各地开展事业单位分类改革综合试点的主要做法有:①合理划分政事职责,把事业单位承担的行政职能划归行政机关,把机关承担的一些辅助性、技术性、服务性职能交给事业单位;②推进事业单位社会化,建立事业单位法人登记制度,鼓励支持事业单位实行横向联合,变事业单位由国家举办、靠国家花钱为"花钱买服务";③对重复设置、业务相近、规模过小、任务已完成或严重不足的事业单位予以撤销或合并,将主要从事生产经营活动的事业单位转制为企业,部分具有行政职能的事业单位并入行政机关。

2007 年 10 月,党的十七大明确提出,要加快行政管理体制改革,建设服务型政府。要抓紧制定行政管理体制改革总体方案,着力转变职能、理顺关系、优化结构、提高效能,形成权责一致、分工合理、决策科学、执行顺畅、监督有力的行政管理体制。健全政府职责体系,完善公共服务体系,推行电子政务,强化社会管理和公共服务。加快推进政企分开、政资分开、政事分开、政府与市场中介组织分开,规范行政行为,加强行政执法部门建设,减少和规范行政审批,减少政府对微观经济运行的干预。规范垂直管理部门和地方政府的关系,加大机构整合力度,探索实行职能有机统一的大部门体制,健全部门间协调配合机制。精简和规范各类议事协调机构及其办事机构,减少行政层次,降低行政成本,着力解决机构重叠、职责交叉、政出多门问题。统筹党委、政府和人大、政协机构设置,减少领导职数,严格控制编制,加快推进事业单位分类改革。

2008 年 2 月 27 日中国共产党第十七届中央委员会第二次全体会议通过《关于深化行政管理体制改革的意见》,对我国事业单位改革的纵深推进做了如下部署:要求按照政事分开、事企分开和管办分离的原则,对现有事业单位分类进行改革。推进事业单位养老保险制度和人事制度改革,完善相关财政政策。明确事业单位的概念和定位,也就是改革后的事业单位应具备什么样的特点和条件。强调注重总体规划、统一推进和综合协调,选择合理的投资模式,充分认识事业单位的经济属性和社会属性,事业单位要面向社会服务,确立"顾客为导向"的公共服务模式,创造我国事业单位市场化改革的制度环境。

笔记

2011年3月23日,中共中央、国务院出台了《关于分类推进事业单位改革的指导意见》,为推动公益事业更好更快发展,不断满足人民群众日益增长的公益服务需求,就分类推进事业单位改革提出:分类推进事业单位改革,是深入贯彻落实科学发展观、构建社会主义和谐社会的必然要求,是推进政府职能转变、建设服务型政府的重要举措,是提高事业单位公益服务水平、加快各项社会事业发展的客观需要。必须从改革开放和社会主义现代化建设全局的高度,充分认识分类推进事业单位改革的重大意义,切实增强责任感和紧迫感,坚定不移地把这项改革推向深入。

2012年11月,党的十八大将社会管理与民生并列为社会建设的重要内容。关于社会建设,报告中提出两个必须:必须以保障和改善民生为重点;必须加快推进社会体制改革。指出了社会体制改革的"四个加快":一是加快形成党委领导、政府负责、社会协同、公众参与、法治保障的社会管理体制;二是加快形成政府主导、覆盖城乡、可持续的基本公共服务体系;三是加快形成政社分开、权责明确、依法自治的现代社会组织体制;四是加快形成源头治理、动态管理、应急处置相结合的社会管理机制。

二、中国的政府机构改革与职能调整

国务院机构改革是深化行政管理体制改革的重要组成部分,按照精简统一效能的原则和决策权、执行权、监督权既相互制约又相互协调的要求,着力优化组织结构,规范机构设置,完善运行机制,为全面建设小康社会提供组织保障。改革开放以来,中国分别在1982年、1988年、1993年、1998年、2003年和2008年进行了六次规模较大的政府机构改革。1982年,国务院100个部门裁了39个;1988年,国务院组成部门、直属机构由原有的67个减为60个,国务院人员编制比原来减少了9700多人;1993年,国务院组成部门、直属机构从原有的86个减少到59个,人员减少了20%;1998年,国务院40个组成部门,仅保留29个;2003年,设立国务院国资委、银监会,组建商务部、国家药监局、安监总局等。

2003年的政府机构改革是一个转折点,之后的政府机构改革,以科学发展观为价值导向,以建设服务型政府为目的,以全面促进经济建设、政治建设、文化建设、社会建设为目标,以全面履行政府的社会经济职能为基本途径。正是在这个意义上,党的十七大报告中提出,"加快行政管理体制改革、建设服务型政府"。2008年十一届全国人大一次会议通过了关于国务院机构改革方案的决定。这次国务院机构改革的主要任务是,围绕转变政府职能和理顺部门职责关系,探索实行职能有机统一的大部门体制,合理配置宏观调控部门职能,加强能源环境管理机构,整合完善工业和信息化、交通运输行业管理体制,以改善民生为重点加强与整合社会管理和公共服务部门。目前,国务院组成部门为27个。

1. 科技管理机构和职能调整 1998年国家科委改为科学技术部,并对其原有职能进行调整。目前主要职能包括:

(1)牵头拟订科技发展规划和方针、政策,起草有关法律法规草案,制定部门规章,并组织实施和监督检查。

笔记

（2）负责组织制订国家重点基础研究计划、高技术研究发展计划和科技支撑计划,负责统筹协调各类研究。

（3）组织科技重大专项实施中的方案论证、综合平衡、评估验收和制定相关配套政策。

（4）负责编制和实施国家重点实验室等科技基地计划,拟订重大创新基地建设规划,参与编制国家重大科学工程建设规划,提出科研条件保障的规划和政策建议,推进国家科技基础条件平台建设和科技资源共享。

（5）制定政策引导类科技计划并指导实施,拟订高新技术产业化政策,指导国家级高新技术产业开发区建设。

（6）组织拟订科技促进农村和社会发展的方针政策,促进以改善民生为重点的农村建设和社会建设。

（7）拟订促进产学研结合的相关政策、制定科技成果推广政策,指导科技成果转化工作,组织相关重大科技成果应用示范,推动企业自主创新能力建设。

（8）提出科技体制改革的方针政策和重大措施建议,推进科技体制改革工作,审核相关科研机构的组建和调整,优化科研机构布局。

（9）负责本部门预算中的科技经费预决算及经费使用的监督管理,提出科技资源合理配置的重大政策和措施建议,优化科技资源配置。

（10）负责国家科学技术奖评审的组织工作,拟订科技人才队伍建设规划。

（11）制定科普规划和政策,拟订促进技术市场、科技中介组织发展政策,制定科技保密管理办法,负责相关科技评估管理和科技统计管理。

（12）组织拟订对外科技合作与交流的政策,负责政府间及国际组织间科技合作与交流工作。

2. 教育管理机构和职能调整　1998年国家教委改为教育部,并在1998年、2008年两次调整职能。目前教育部的主要职能是:

（1）拟订教育改革与发展的方针、政策和规划,起草有关法律法规草案并监督实施。

（2）负责各级各类教育的统筹规划和协调管理,制订各级各类学校的设置标准,指导各级各类学校的教育教学改革,负责教育基本信息的统计、分析和发布。

（3）负责推进义务教育均衡发展和促进教育公平,负责义务教育的宏观指导与协调,指导普通高中教育、幼儿教育和特殊教育工作。

（4）指导全国的教育督导工作,负责组织和指导对中等及中等以下教育、扫除青壮年文盲工作的督导检查和评估验收工作,指导基础教育发展水平、质量的监测工作。

（5）指导以就业为导向的职业教育的发展与改革,指导中等职业教育教材建设和职业指导工作。

（6）指导高等教育发展与改革,承担深化直属高校管理体制改革的责任。

（7）负责本部门教育经费的统筹管理,参与拟订教育经费筹措、教育拨款、教育基建投资的政策。

（8）统筹和指导少数民族教育工作,协调对少数民族和少数民族地区的教育援助。

(9)指导各级各类学校的思想政治工作、德育工作、体育卫生与艺术教育工作及国防教育工作,指导高等学校的党建和稳定工作。

(10)主管全国的教师工作,制订各级各类教师资格标准并指导实施,指导教育系统人才队伍建设。

(11)负责各类高等学历教育招生考试和学籍学历管理工作,制订高等教育招生计划,参与拟订普通高等学校毕业生就业政策,指导普通高等学校开展大学生就业创业工作。

(12)规划、指导高等学校的自然科学和哲学、社会科学研究,协调、指导高等学校参与国家创新体系建设和承担国家科技重大专项等各类科技计划的实施工作,指导高等学校科技创新平台的发展建设,指导教育信息化和产学研结合等工作。

(13)组织指导教育方面的国际交流与合作,制定出国留学、来华留学、中外合作办学和外籍人员子女学校管理工作的政策,规划、协调、指导汉语国际推广工作。

(14)拟订国家语言文字工作的方针、政策,制订语言文字工作中长期规划,制订汉语和少数民族语言文字规范和标准并组织协调监督检查,指导推广普通话工作和普通话师资培训工作。

(15)负责全国学位授予工作,实施国家的学位制度,负责国际间学位对等、学位互认等工作。

(16)负责协调我国有关部门开展与联合国教科文组织在教育、科技、文化等领域的国际合作。

3. 文化事业管理机构与职能调整　文化事业管理的大格局未变,但行政机构和职能作了适当的调整。由文化部、广播电影电视总局和新闻出版署等分别实施文化系统的管理。

文化部的职责是:

(1)拟订文化艺术方针政策,起草文化艺术法律法规草案。

(2)拟订文化艺术事业发展规划并组织实施,推进文化艺术领域的体制机制改革。

(3)指导、管理文学艺术事业,管理全国性重大文化活动。

(4)推进文化艺术领域的公共文化服务,规划、引导公共文化产品生产,指导国家重点文化设施建设和基层文化设施建设。

(5)拟订文化艺术产业发展规划,指导、协调文化艺术产业发展,推进对外文化产业交流与合作。

(6)拟订非物质文化遗产保护规划,组织实施非物质文化遗产保护和优秀民族文化的传承普及工作。

(7)指导、管理社会文化事业,指导图书馆、文化馆(站)事业和基层文化建设。

(8)拟订文化市场发展规划,指导文化市场综合执法工作,负责对文化艺术经营活动进行行业监管。

(9)负责文艺类产品网上传播的前置审批工作,负责对网吧等上网服务营业场所实行经营许可证管理,对网络游戏服务进行监管。

(10)拟订动漫、游戏产业发展规划并组织实施,指导协调动漫、游戏产业发展。

(11)拟订文化科技发展规划并监督实施,推进文化科技信息建设。

(12)指导、管理对外文化交流和对外文化宣传工作。

4. 卫生事业管理机构和职能　原卫生部根据以农村为重点、预防为主、中西医并重、依靠科技与教育、动员全社会参与、为人民健康服务、为社会主义现代化建设服务的工作方针,进行了机构和职能调整。将药政、药检职能交给国家食品药品监督管理局;国家卫生检疫、进口食品口岸卫生监督检查检验,口岸检疫传染病和检测传染病名录的制定、调整的职能交给国家出入境检验检疫局负责;医疗保险职能交给人力资源和社会保障部。将卫生建设项目的具体实施、质量控制规范的认证、教材的编写、专业技术培训及考试和卫生机构、科研成果、相关产品的评审等辅助性与技术性及服务性的具体工作交给相关事业单位和社会团体。目前卫计委的主要职责是:

(1)推进医药卫生体制改革。拟订卫生改革与发展战略目标、规划和方针政策,起草卫生、食品安全、药品、医疗器械相关法律法规草案,制定卫生、食品安全、药品、医疗器械规章,依法制定有关标准和技术规范。

(2)负责建立国家基本药物制度并组织实施,组织制定药品法典和国家基本药物目录。组织制定国家药物政策。拟订国家基本药物采购、配送、使用的政策措施,会同有关部门提出国家基本药物目录内药品生产的鼓励扶持政策,提出国家基本药物价格政策的建议。

(3)承担食品安全综合协调、组织查处食品安全重大事故的责任,组织制定食品安全标准,负责食品及相关产品的安全风险评估、预警工作,制定食品安全检验机构资质认定的条件和检验规范,统一发布重大食品安全信息。

(4)统筹规划与协调全国卫生资源配置,指导区域卫生规划的编制和实施。

(5)组织制定并实施农村卫生发展规划和政策措施,负责新型农村合作医疗的综合管理。

(6)制定社区卫生、妇幼卫生发展规划和政策措施,规划并指导社区卫生服务体系建设,负责妇幼保健的综合管理和监督。

(7)负责疾病预防控制工作,制定实施重大疾病防治规划与策略,制定国家免疫规划及政策措施,协调有关部门对重大疾病实施防控与干预,发布法定报告传染病疫情信息。

(8)负责卫生应急工作,制定卫生应急预案和政策措施,负责突发公共卫生事件监测预警和风险评估、预防控制与应急处置,发布应急处置信息。

(9)起草促进中医药事业发展的法律法规草案,制定有关规章和政策,指导制定中医药中长期发展规划。

(10)指导规范卫生行政执法工作,按照职责分工负责职业卫生、放射卫生、环境卫生和学校卫生的监督管理,负责公共场所和饮用水的卫生安全监督管理,负责传染病防治监督。

(11)负责医疗机构医疗服务的全行业监督管理,制定医疗机构医疗服务、技术、医疗质量和采供血机构管理的政策、规范、标准,组织制定医疗卫生职业道德规范,建立医疗机构医疗服务评价和监督体系。

(12)组织制定医药卫生科技发展规划,组织实施国家重点医药卫生科研攻关项目,参与制定医学教育发展规划,组织开展继续医学教育和毕业后医学教育工作。

(13)指导卫生人才队伍建设工作,组织拟订国家卫生人才发展规划,会同有关部门制订卫生专业技术人员资格标准并组织实施。

(14)组织指导卫生方面的国际交流合作与卫生援外有关工作,开展与港澳台的卫生合作工作。

(15)负责中央部门有关干部医疗管理工作,负责国家重要会议与重大活动的医疗卫生保障工作。

(16)承担全国爱国卫生运动委员会和国务院防治艾滋病工作委员会的具体工作。

5. 社会保障管理机构和职能调整 2008 年,根据第十一届全国人民代表大会第一次会议批准的国务院机构改革方案和《国务院关于机构设置的通知》(国发[2008]11 号),设立人力资源和社会保障部,为国务院组成部门。主要职责:

(1)拟订人力资源和社会保障事业发展规划、政策,起草人力资源和社会保障法律法规草案,制定部门规章,并组织实施和监督检查。

(2)拟订人力资源市场发展规划和人力资源流动政策,建立统一规范的人力资源市场,促进人力资源合理流动、有效配置。

(3)负责促进就业工作,拟订统筹城乡的就业发展规划和政策,完善公共就业服务体系,拟订就业援助制度,完善职业资格制度,统筹建立面向城乡劳动者的职业培训制度,牵头拟订高校毕业生就业政策,拟订高技能人才、农村实用人才培养和激励政策。

(4)统筹建立覆盖城乡的社会保障体系。统筹拟定城乡社会保险及其补充保险政策和标准,组织拟订全国统一的社会保险关系转续办法和基础养老金全国统筹办法,统筹拟订机关企事业单位基本养老保险政策并逐步提高基金统筹层次。拟订社会保险及其补充保险基金管理和监督制度,编制全国社会保险基金预决算草案,参与制定全国社会保障基金投资政策。

(5)负责就业、失业、社会保险基金预测预警和信息引导,拟订应对预案,实施预防、调节和控制,保持就业形势稳定和社会保险基金总体收支平衡。

(6)会同有关部门拟订机关、事业单位人员工资收入分配政策,建立机关企事业单位人员工资正常增长和支付保障机制,拟订机关企事业单位人员福利和离退休政策。

(7)会同有关部门指导事业单位人事制度改革,拟定事业单位人员和机关工勤人员管理政策,参与人才管理工作,制定专业技术人员管理和继续教育政策,

笔记

牵头推进深化职称制度改革工作,健全博士后管理制度,负责高层次专业技术人才选拔和培养工作。

(8)会同有关部门拟定军队转业干部安置政策和安置计划,负责军队转业干部教育培训工作,组织拟订部分企业军队转业干部解困和稳定政策,负责自主择业军队转业干部管理服务工作。

(9)负责行政机关公务员综合管理,拟订有关人员调配政策和特殊人员安置政策,会同有关部门拟定国家荣誉制度和政府奖励制度。

(10)会同有关部门拟订农民工工作综合性政策和规划,推动农民工相关政策的落实,协调解决重点难点问题,维护农民工合法权益。

(11)统筹拟订劳动、人事争议调节仲裁制度和劳动关系政策,完善劳动关系协调机制,制定消除非法使用童工政策和女工、未成年工的特殊劳动保护政策,组织实施劳动监察,协调劳动者维权工作,依法查处重大案件。

(12)负责本部和国家公务员局国际交流与合作工作,制定派往国际组织职员管理制度。

第三节　改善中国公共事业管理的相应措施

当前进行政府社会管理改革,建立政府公共事业管理模式,就是要在调整政府职能的过程中,充分注意社会主义市场经济条件下的政府社会公共事务管理职能,探索相应的管理方式,充分发挥政府在公共事业管理中的核心作用,并积极推动事业单位体制改革,实现政事分开,最终形成中国特色的社会主义公共事业管理体制,以适应经济体制改革的不断深入和社会发展的需要。

一、当前中国公共事业管理存在的问题

经过 30 多年的改革与发展,我国的公共事业管理体制在取得了辉煌成就的同时,运行中仍然存在的一些问题,具体表现为:

(一)管理体制不顺,布局不够合理

改革后,很多事业单位仍由国家机关单一举办,存在政事不分、职能交叉、机构重叠、社会功能行政化等问题,管理方式和手段陈旧单一。目前我国公共事务管理的方式基本上还是按原有的管理经济的方式进行管理,即主要是通过制定和实施年度计划、审批基本建设项目、制定设施标准等,没有遵循社会公共事业运行的内在规律。事业单位在机构设置和人员配置上缺少总体规划,条块分割、不成体系、机构臃肿、重复分散等问题明显,对不断变化的社会需求缺乏灵敏的反应,规模效益不足,不利于及时有效地处理所产生的社会问题。

(二)忽略市场的调控作用

由于长期受到计划经济的影响,人们在思想中已形成了与传统公共事业管理相匹配的观念,而事业单位提供的各种服务与产品,都属于社会福利性及公益性,没有充分体现市场化和商品化。这些理念既是在传统事业管理中形成的,也是对传统公共事业管理体制的如实反映,由此造成我国公共事业管理与社会经

笔记

济缺乏必要的联系,影响了公共事业的经营与发展,同时也制约了"非事业"产业的经济增长速度。

(三)改革目标不明确

在我国,公共事业管理的体制创新尚属于开拓性事业,没有前车之鉴可供参考。因此,在公共事业管理改革初期,基本采取"实验性改革"方式,且改革目标不明确。由于改革模式的模糊,缺乏科学界定与合理划分,也没有及时调整"政事"各方的权责利关系,因此不能做到有规划、有步骤地简政放权。由于公共事业管理改革的自发性,既不能改变传统事业的根源,也无法真正解决存在的问题,更没有做到政事分离,反而将不同性质的社会组织职能混淆,造成体制的冲突与混乱。现阶段,对传统的公用事业是否应纳入公共事业的范畴,应该如何从公共事业管理的角度进行管理等还不是很清楚,从而造成了某些管理的空白或管理方式与对象属性的不对应。

(四)建设资金投入不足

公共事业的发展需要大量的资金支持,例如基本公共服务的提供、更换公交车辆、管网工程建设、城市供水供热、燃气管网建设与维修、广场修建等。但是我国公共事业的投资主要来自财政拨款,缺乏多渠道融资,存在严重的资金短缺问题。因此,公共事业企业大多处于亏损经营状态,企业缺乏自建资金,制约了各项事业的顺利发展。

(五)制度建设滞后,缺乏规范性管理力度

无论是实体公共事业管理,还是当前网络世界中虚拟的公共事业管理,再加上以国际互联网为基础的跨国公共事业管理,在我国都缺乏必要规范管理。一方面由于政府的精力有限,难以及时对新思想、新事物、新技术做出反应,缺乏工作主动性,尤其是制度管理不足,无法调动规范管理的积极性;另一方面随着社会团体日益增加,公共事业家族有所扩大,随之而来的是工作不对称问题,现存的制度规范与实践的需要相脱节,也是我国公共事业管理中不容忽视的问题。

(六)部门分割,多头管理

我国传统的事业管理体制主要是由政府机构和对应的事业单位进行管理的,改革开放以来社会生活的丰富促进了公共事务的发展,然而政府机构和事业单位的对口管理,已构成了一种部门分割,不同程度地影响了公共事业的发展。如在卫生事业方面,地方政府、部队、农垦系统、林业系统等不同系统分别有自己的医疗机构,相当程度上形成了利益冲突,如在医政管理方面,卫生行政部门、各系统管理部门多头管理,各自为政,这就难免互相掣肘,影响了管理的效果。

长期以来,由于政治和公共管理传统的影响,以及特定的历史原因的制约,我国在客观上存在着所谓的强政府弱社会,或大政府小社会的状况,政府承担了本来应该由社会自我管理的事务,加大了政府管理的成本。改革开放以来,这一状况虽有所变化,但还没有获得根本的转变。实际上,这也正是新中国成立以来进行了多次政府机构改革,但始终走不出"精简—膨胀—再精简—再膨胀"怪圈的一个重要原因。另外,当代世界范围内,伴随着民主化的发展,公共管理社会化已成为政府改革的重要途径和目标,也是公众的基本要求。当前我国传统事

业管理体制与新型公共事业的矛盾,以及新型公共事业管理体制建立的迟缓,不仅在一定程度上影响了公共事业的发展,而且影响了正在进行的政府管理改革及科学的调整国家与社会的关系,乃至社会的全体协调发展。

二、中国公共事业管理体制改革的目标

遵循市场经济发展的一般规律,借鉴发达市场经济国家公共事业管理的先进经验,结合中国公共事业管理体制发展的实际情况,可以从以下几个方面确定中国公共事业管理体制改革的目标,即构建现代公共事业管理制度。

(一)政事分开

市场经济条件下的现代公共事业组织是具有独立的法人资格,具有民事权利能力和民事行为能力,享有法定权利与义务的实体,与政府机关、企业具有相同的法律地位,拥有合法的独立财产,在目标设置、人员编制、任免、经费、工资分配等方面拥有自主权,可以依法面向社会自主开展公共事业活动,政府部门不再是公共事业组织的举办者或所有者,不再具有对公共事业组织的行政管理、经营管理等职能。政府的公共事业管理职能从微观管理转向宏观调控,政府部门不再采用行政命令、指示、规定、条例、指示性计划等行政手段来直接领导和管理公共事业组织,而应从提供公共服务、创造优良的运作环境着手,从而实现政事分开。只有这样,才能充分调动和发挥各类公共事业组织及其人员的积极性、主动性和创造性,增强公共事业组织适应市场经济环境和自我发展的能力和活力,提高公共事业服务的效率、质量和水平,推动整个社会的发展和社会主义市场经济条件下现代公共事业管理制度的不断完善。

(二)责任明确

公共事业管理制度根据影响组织结构的各种因素,按照效能、统一、科学、合理的原则,将公共事业组织内部各要素通过权变、系统地分析、考察,进行新的设计、安排,改变传统体制下事业单位结构单一、陈旧,组织混乱、低效,事出多门,责权利不清,人浮于事的状况。通过不同的组织结构设计明确了各职能部门的权利、责任、目标。只有这样,现代公共事业组织才能在瞬息万变的市场中动态地把握社会需求,从而及时、准确地调整自己的服务方向和服务产品,调整和制定自己的发展方针和发展规划,从而提高现代公共事业组织的效率。

(三)多元投资

公共事业组织面临的经济、社会环境具有多元化特征。利益主体多元化是市场经济条件下的新生事物,监督主体多元化是民主、法制社会下的必然产物。在多元化的大环境、大背景下,公共事业组织也具有多元化的特征,根据社会共同需要为社会提供多元服务,满足社会多种需求。根据"谁受益,谁投资"的原则,需要公共事业组织为其提供产品或服务的实体就应为现代公共事业组织投资,所以社会投资与补偿是公共事业组织经费来源的主要渠道。在政府直接或间接投资兴办各项公共事业,并对其生产经营成本进行必要和适当的补偿之外,公共事业组织在市场经济条件下有一定的经营收入,具有一定的自我补偿能力,也是投资主体之一。另外,现代公共事业组织的深入发展,还应有政策、法律等

方面的保障。因此,公共事业政策补偿也是现代公共事业组织的多元投资主体之一。从财政投资与补偿、公共事业经营补偿、社会投资、公共事业政策补偿等不同层面与角度,构建了多元化的公共事业投资与补偿机制。只有这样,现代公共事业组织才能实现多方筹集资金,充分调动全社会兴办公共事业的主动性、积极性和创造性,促进各项公共事业的全面发展。

(四) 科学管理

公共事业组织在管理方面也具有不同于传统体制下事业单位的特征。公共事业组织应在包括公共事业领导制度、人事制度和财务制度在内的整个管理体系方面做出新的制度安排。通过公共事业组织各方的共同推选,形成科学、民主的领导决策权力机构,取消事业单位的行政级别和行政隶属关系,保证公共事业组织的独立决策、独立经营的科学性。建立健全完善的用人机制,通过人才市场择优聘用公共事业组织所需人才,建立公共事业组织内部的人才管理制度,引入竞争机制,实施多样化的劳动分配制度和社会化的劳动保障制度等,充分调动组织内部各级各类员工的积极性、创造性。同时,建立规范化的国有资产管理制度、公共事业组织的成本核算制度和经费收入与支出管理制度,促进国有资产的合理有效利用,注重公共事业的整体投资效益。

(五) 多元约束

公共事业组织是在整个开放的社会大环境中运作、经营的,除了完善的自我约束之外,来自组织之外的其他约束同样是其独立经营、合法存在的保证。传统体制下的事业单位因只受上级行政部门的单一领导,对它的监督也是单方面的,而且力度不够。缺少约束、监督不力导致了传统体制下事业单位的动力不足,事业组织的运作效果不佳,严重制约和束缚了事业组织功能的发挥和其自身的发展,从而影响了整个社会的需求和发展。现代公共事业组织通过实行公共事业目标约束、公共事业财务约束、公共事业民主监督与法律约束等多元约束与监督管理,确保现代公共事业组织经营运作的合法性和各项公共事业的健康发展。

三、改善中国公共事业管理的措施

(一) 完善公共事业管理的法律支持

十八大报告再次强调:全面推进依法治国,法治是治国理政的基本方式。在市场经济条件下,中国公共事业的改革与发展离不开法律的支持。

首先,明确事业单位的法人地位,保障其合法权益。在我国,负责公共事业管理和运营的大量事业单位,其合法权益有哪些,如何维护这些合法权益,有哪些义务,又如何很好地履行义务,这首先取决于公共事业单位法人地位的确认。通过在法律上加以完善,确认事业单位的非政府、非企业的性质,确立其独立的事业主体地位,使其拥有必要的独立财产,具有必要的权利、行为和独立承担相应责任的能力,可以依法自主地开展活动,有助于实现国家事业所有权、经营权与监管权的分离,为实现政事分开、管办分开奠定基础。

其次,健全公共事业的法律法规体系。当前在相关法律规范中,层次较高的立法比较少,具体的行政规章比较多;全面系统的法律法规少,部门的规定多。

这一状况对公共事业的整体发展和规范是不利的。因此,要加强以下几类的立法工作:一是公共事业的组织法规。二是事业单位的行为规范。三是鼓励公共事业的发展、保护公共事业单位权益的法律。提升事业单位运用法治思维和法治方式深化改革、推动发展、化解矛盾、维护稳定能力。

(二) 深化行政体制改革

我国的公共事业管理现状决定了行政体制改革对其有至关重要的影响。十八大报告指出,要按照建立中国特色社会主义行政体制目标,深入推进政企分开、政资分开、政事分开、政社分开,建设职能科学、结构优化、廉洁高效、人民满意的服务型政府。深化行政审批制度改革,继续简政放权,推动政府职能向创造良好发展环境、提供优质公共服务、维护社会公平正义转变。这对从根本上改善我国公共事业管理具有重要意义。

此外,稳步推进大部门制改革,健全部门职责体系。大部门体制,就是指把业务相似、职能相近的部门进行合并,集中由一个大部门统一行使。一方面可以精简政府机构,减少部门之间的职能交叉和权限冲突,简化公务手续;另一方面也可以减少横向协调困难,裁撤议事协调机构,有利于建立统一、精简、高效的符合市场经济和民主法治要求的现代化政府体制。例如整合社会救助、社会保险、社会优抚、社会福利等的大社保管理模式;突出文教卫公共产品的管办分离,政事分开,形成大文教卫管理模式等。整合农业、交通、社会保障、能源、国土资源、文教卫等管理要素,形成大部门体制的普遍化,提高行政活动的效能性、协调性,促进和完善中国公共事业管理体制的改革与发展。

(三) 推进事业单位分类改革

事业单位是经济社会发展中提供公益服务的主要载体,是我国社会主义现代化建设的重要力量。改革开放特别是党的十六大以来,各地区各有关部门积极探索事业单位改革,不断创新事业单位体制机制,稳步推进教育、科技、文化、卫生等行业体制改革,积累了有益经验,取得了明显成效,为进一步推进改革奠定了基础。事业单位提供公益服务总量不断扩大,服务水平逐步提高,在促进经济社会发展、改善人民群众生活方面发挥了重要作用。逐步建立起功能明确、治理完善、运行高效、监管有力的管理体制和运行机制,形成基本服务优先、供给水平适度、布局结构合理、服务公平公正的中国特色公益服务体系。

划分现有事业单位类别。在清理规范基础上,按照社会功能将现有事业单位划分为承担行政职能、从事生产经营活动和从事公益服务三个类别。对承担行政职能的,逐步将其行政职能划归行政机构或转为行政机构;对从事生产经营活动的,逐步将其转为企业;对从事公益服务的,继续将其保留在事业单位序列、强化其公益属性。今后,不再批准设立承担行政职能的事业单位和从事生产经营活动的事业单位。细分从事公益服务的事业单位。根据职责任务、服务对象和资源配置方式等情况,将从事公益服务的事业单位细分为两类:承担义务教育、基础性科研、公共文化、公共卫生及基层基本医疗服务等基本公益服务,不能或不宜由市场配置资源的,划入公益一类;承担高等教育、非营利医疗等公益服务,可部分由市场配置资源的,划入公益二类。

笔记

在进行事业单位分类的基础上还要逐步分流,减少政府举办性质的公共事业单位及人员。这样可以有效的收缩国家公共事业管理的职能范围,减轻公共财政负担,从而加大对重要公共事业的投入,提高其发展水平。总之,应按照确立科学化的总体布局及实现制度化的总量控制要求,确定公共事业管理机构和人员编制。

(四)形成政府主导、覆盖城乡、可持续的基本公共服务体系

建立健全基本公共服务体系,促进基本公共服务均等化,是构建社会主义和谐社会、维护社会公平正义的迫切需要,是全面建设服务型政府的内在要求,对于推进以保障和改善民生为重点的社会建设,对于切实保障人民群众最关心、最直接、最现实的利益,对于加快经济发展方式转变、扩大内需特别是消费需求,都具有十分重要的意义。

基本公共服务,指建立在一定社会共识基础上,由政府主导提供的,与经济社会发展水平和阶段相适应,旨在保障全体公民生存和发展基本需求的公共服务。享有基本公共服务属于公民的权利,提供基本公共服务是政府的职责。基本公共服务范围,一般包括保障基本民生需求的教育、就业、社会保障、医疗卫生、计划生育、住房保障、文化体育等领域的公共服务,广义上还包括与人民生活环境紧密关联的交通、通信、公用设施、环境保护等领域的公共服务,以及保障安全需要的公共安全、消费安全和国防安全等领域的公共服务(图12-1)。基本公共服务均等化,指全体公民都能公平可及地获得大致均等的基本公共服务,其核心是机会均等,而不是简单的平均化和无差异化。

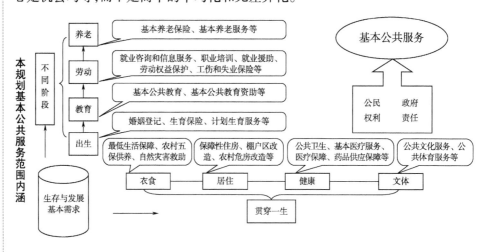

图12-1 国家基本公共服务范围内涵

基本公共服务体系,指由基本公共服务范围和标准、资源配置、管理运行、供给方式以及绩效评价等所构成的系统性、整体性的制度安排。具体包括:①供给有效扩大。政府投入大幅增加,基本公共服务预算支出占财政支出比重逐步提高。基本公共服务国家标准体系和标准动态调整机制逐步健全,各项制度实现全覆盖。创新公共服务供给方式,实现提供主体和提供方式多元化。②发展较为均衡。资源布局更趋合理,优质资源共享机制加快建立,县(市、区)域内基本

公共服务均衡发展基本实现,农村和老少边穷地区基本公共服务水平明显提高。③服务方便可及。以基层为重点的基本公共服务网络全面建立,设施标准化和服务规范化、专业化、信息化水平明显提高,城乡居民能够就近获得基本公共服务。④群众比较满意。城乡居民基本公共服务需求表达机制有效建立,服务成本个人负担比率合理下降,绩效评价和行政问责制度比较健全,社会满意度不断提高。

知识拓展

《国家基本公共服务体系"十二五"规划》指出,"十二五"时期,政府提供如下基本医疗卫生服务:

◆ 为城乡居民免费提供居民健康档案、健康教育、预防接种、传染病防治、儿童保健、孕产妇保健、老年人保健、高血压等慢性病管理、重性精神疾病管理、卫生监督协管等国家基本公共卫生服务;

◆ 实施国家免疫规划,艾滋病和结核病、血吸虫病等重大传染病防治,农村妇女住院分娩补助、适龄妇女宫颈癌乳腺癌检查等重大公共卫生项目;

◆ 实施国家基本药物制度,基本药物全部纳入基本医疗保障药物报销目录,并实行零差率销售;

◆ 为公众安全用药提供保障,确保药品质量和安全。

(五) 健全公共事业运行制约和监督体系

公共事业的运行涉及群众的切身利益,应该用制度管权管事管人,保障人民知情权、参与权、表达权、监督权。要确保决策权、执行权、监督权既相互制约又相互协调,确保国家按照法定权限和程序行使权力。坚持科学决策、民主决策、依法决策,健全决策机制和程序,发挥思想库作用,对于损害群众利益的做法都要坚决防止和纠正,建立健全决策问责和纠错制度。推进公共事业管理运行公开化、规范化,完善各领域办事公开制度,健全质询、问责、经济责任审计、引咎辞职、罢免等制度,加强党内监督、民主监督、法律监督、舆论监督,让人民行使监督权力。通过实行事业目标管理、事业编制约束管理、事业评估制度等,强化公共事业的监督与规范。

(六) 加强和创新社会管理

加快形成科学有效的社会管理体制,完善社会保障体系,健全基层公共服务和社会管理网络,建立确保社会既充满活力又和谐有序的体制机制。提高社会管理科学化水平,必须加强社会管理法律、体制机制、能力、人才队伍和信息化建设。改进政府提供公共服务方式,加强基层社会管理和服务体系建设,增强城乡社区服务功能,强化企事业单位、人民团体在社会管理和服务中的职责,引导社会组织健康有序发展,充分发挥群众参与社会管理的基础作用。完善和创新流动人口和特殊人群管理服务。即从社会各方面寻求改革与创新,不断完善中国

笔记

的公共事业及其管理体制。

公共事业管理体制的改革与发展,是一项长期性、复杂性的艰巨任务,只有加快改变观念,深入研究现代化公共事业组织,并以我国实际国情及事业单位特点为出发点,统筹规划、科学安排,多谋民生之利,多解民生之忧,解决好人民最关心最直接最现实的利益问题,在学有所教、劳有所得、病有所医、老有所养、住有所居上持续取得新进展,推动我国公共事业管理的创新,促进公共事业管理的有序开展。

"财政饭"不能成"闲饭"

近日,上海市青浦区城管大队招收新人的消息在网络上被热议。这家单位今年计划招收城管队员60名,却引来数百人报名,最终有180人通过笔试进入了面试环节,其中包括2名博士、119名硕士。城管岗位为何能吸引如此多的高学历人才?城管大队负责人分析,除了对城管工作有一定兴趣外,主要原因还是城管有正式编制,又参照公务员待遇。

相比之下,去年年底哈尔滨市向社会公开招聘环卫工的案例,更是将"编制"的魅力体现到极致。这次招聘引来超过11000个报名者,其中拥有本科学历的约3000人,拥有研究生学历的29人。之所以如此火爆,一个重要原因是这次公开招聘的环卫工人有事业编制。

这些现象的出现,社会各方认识并不一致,但有一点却没有争议:在创业困难重重、就业压力巨大的状况下,整个社会对"体制内"身份有着高度的认同感。甚至有人发出"死也要死在编制里"的惊人之语。

如此多的人争吃"财政饭",成为我国财政供养人员规模庞大的推动力之一。据清华大学公共管理学院教授、廉政与治理研究中心主任程文浩研究,1998年以来我国经历了几轮大的机构改革,但无论从财政供养人员的绝对数量还是从财政供养率这一相对数量来衡量,我国财政供养人员规模仍然偏高。

据介绍,我国的财政供养人员主要由三部分组成,一是供职于党委、人大、政府、政法机关、政协、民主党派及群众团体等公共机构的人员,二是各类事业单位人员,包括教育、科研、卫生等领域,此外就是党政群机关和事业单位的离退休和长期休养人员。

程文浩认为,在确保能满足社会公共服务需要前提下,财政供养规模应控制在经济发展和财力水平能够承担的范围之内,不能寅吃卯粮、透支未来。

真正在一线向社会直接提供公共服务者相对不足,"官多兵少"、"头重脚轻"问题突出,"吃空饷"五花八门。

相对于财政供养的规模大小,公众对"质"的担忧更为突出:公职人员是不是精干、勤勉?能不能高效地履行职责?有多少只拿钱不干活吃"闲饭"的人?

笔记

程文浩认为，我国财政供养人员总量相对可控，但领导职务人员比例过高，而真正在一线向社会提供公共服务者却相对不足，"官多兵少"、"头重脚轻"的问题突出。人员结构的整体失衡影响了财政供养人员总体的工作绩效。

有人曾质疑，四川某县总人口仅7万多人，竟有1正16副县长。对此，该县政府在正式声明中提到，在政策规定领导职数范围内配备的正副县长有10名，此外，还有4名挂职副县长，1名兼任副县长，以及1名正县级非领导职务。

这并非个案。近年来，有些地方乱设机构、乱定级别，领导职数和公务员人数超标，一些乡镇干部好几百人，一些地方政府正副秘书长就有十几个。有网友评论，一个县该是个多大的"庙"，竟供奉这么多的"菩萨"？这么多的副职，都得有相应的收入和待遇，超出承受能力的"吃财政饭"人员，以及教育、管理、监督等方面的成本，让财政不堪重负。

程文浩说，我国财政供养人员存在"短缺"，主要是指政府在社会保障、科研、教育、医疗卫生、文化等公共领域的投入仍显不足。但也还存在着大量"过剩"，目前政府的职能和机构设置存在上下级政府部门对口管理和同级党委和政府部门对应的状况，既"上下对口"，又"左右对齐"，造成机构重叠、职责同构、资源空耗。机构林立又导致政出多门，相互推诿，彼此影响干扰，降低了政府的效能。

在财政供养人员中，另一群体的存在则更令群众不满，那就是大量"吃空饷"群体的存在。这些年，各种被曝光的"吃空饷"五花八门：比如"旷工饷"，一些人无正当理由，长期旷工，却连续多年工资照拿不误；"病假饷"，长期病事假或超假不归；"多头饷"，经商办企业或在企业兼职，一人领取双份工资；"冒名饷"：一些本不属于财政供养的人员，冒用他人名义领取财政工资……

北京大学廉政建设研究中心主任李成言指出，表面看彼此有差异的各种"吃空饷"形式，其性质是一样的——都是拿着工资不干活，或拿着工资干其他活。归根结底，"吃空饷"都是公共权力的滥用，主要原因是有些地方人事管理制度不健全，编制不透明，对人事和财务状况的监管不力。

推进事业单位改革，改变"政事不分"、"事企不分"，是优化财政供养人员规模和结构的重中之重。

财政供养体制改革的着力点在哪儿？程文浩说，虽然社会上习惯把财政供养人员等同于党政干部，但实际上事业单位人员才是财政供养人员的主体。推进事业单位改革，是未来优化财政供养人员规模和结构的重中之重。要改变"政事不分"、"事企不分"状况，使更多事业单位在市场中自力更生，减轻财政供养负担。

今年4月，北京市就表示，严控机构编制，今年不再新设事业单位，不再新增事业编制；确因工作需要的，在现有机构编制总量内调剂解决。据了解，北京按照社会功能将现有事业单位划分为承担行政职能、从事生产经营活动和从事公益服务三类。

笔记

程文浩说,应推动经营性事业单位不再继续依赖财政供养,而是真正走向市场,以便集中财政资金和人员编制进一步加强公共教育、社会保障等薄弱环节。

他认为,如果仅仅是以严格总量控制、适度增加编制的方法,这固然能够在短时期内抑制财政供养规模膨胀,但从长远来看会不适应经济社会发展的需要。因此,如何建立更为科学的财政供养规模形成机制,在防止规模过快扩张的同时,优化财政供养人员的结构和功能,是需要深入思考的问题。

李成言则强调对权力的约束和监督。他说,要建立严格的行政问责机制,从源头上杜绝财政供养的各类违规现象。比如"吃空饷"现象,有"吃空饷"者,就有"发空饷"者,不仅要让"吃空饷"的人和单位受到惩罚,更要让那些提供便利的人受到惩治。

(资料来源:人民日报,2013-5-20(18),有删减)

案例讨论题

结合材料及本章内容,试分析怎么才能建立科学的财政供养机制,优化财政供养人员的结构和功能,使"财政饭"不至于变成"闲饭"?

本章小结

中国的公共事业管理体制的发展历程,经历了计划经济体制下的公共事业管理和改革开放以后的公共事业管理两个阶段。计划经济体制下的公共事业管理的特点表现为:高度行政化、主体单一化、资源配置非社会化、职能扩大化。

改革开放以后,政府公共事业管理主要是采取了"放权"、"让利"、"协作"三大举措。经历了重建和探索阶段、深入与拓展阶段、改革攻坚阶段、改革全面推进阶段几个阶段,政府职能不断调整,形成了当前中国的科技、教育、文化、卫生、社会保障等公共事业的管理体制。

我国的公共事业管理体制仍然存在的一些问题,在今后的改革中,必须坚持以政事分开、责任明确、多元投资、科学管理、多元约束为目标,采取完善公共事业管理的法律支持,深化行政体制改革,推进事业单位分类改革,构建基本公共服务体系,健全公共事业运行制约和监督体系,加强和创新社会管理等措施。

关键术语

笔记

公共事业管理体制　public affairs administration system

分类改革　classification reform

基本公共服务　basic public services

政事分开　separating the functions of government from those of institutions

管办分离　the departure of government and administration

思考题

1. 计划经济阶段的公共事业管理体制的基本特征是什么？

2. 为什么要深化公共事业管理体制改革？

3. 政府机构改革与公共事业管理的关系是什么？

4. 基本公共服务的地位和作用是怎样的？

5. 我国公共事业管理体制发展到现在经历了哪几个阶段？

6. 当前我国的公共事业管理还存在哪些问题,该如何改进？

（张　仲）

笔记

第十三章

公共事业部门管理

学习目标

通过本章的学习,你应该能够了解和掌握:

1. 科技事业的内涵、特征及目标管理模式。
2. 卫生事业的内涵、特征及目标管理模式。
3. 教育事业的内涵、特征及目标管理模式。
4. 文化事业的内涵、特征及目标管理模式。
5. 体育事业的内涵、特征及目标管理模式。

章前案例

21世纪人类健康进步的贡献和非典危机的暴发,反映了公共卫生的作用,公共卫生事业作为公共事业管理中重要的组成部分,其投入对国家社会经济发展和政治及宏观经济的稳定具有不可忽视的作用和不可取代的贡献。理论研究和实证研究揭示了政府公共卫生投入与健康指标的关联,政府为全体人民提供基本公共卫生产品的必要性。而政府提供基本公共卫生服务和保障基本公共卫生产品供给的重要前提是确保政府预算对公共卫生的投入,使其对人民健康产生积极的正向促进作用。明确各级政府在公共卫生中的责任,实行分级管理和考核监督机制,是急待研究和解决的问题。进一步加大政府对公共卫生政府投入水平和改善投入机制,是今后强化中国政府公共卫生职责的一个突破口。

按照公共事业所包含的基本范畴,公共事业主要由科技事业、教育事业、文化事业、卫生事业和体育事业构成。与之相对应,公共事业管理则可以划分为科技事业管理、教育事业管理、文化事业管理、卫生事业管理以及体育事业管理。由于各行业性质与特点不尽相同,相应的事业部门性质与特点也都有差别,本章将对公共事业管理所涉及的这些基本和重要部门的管理分别进行介绍和分析。

第一节　科技事业管理

科学技术是第一生产力,发展科学技术事业是人类社会生存与发展的共同

笔记

需要和共同目标。在现代社会中,科学技术已经成为了继土地、资本、劳动之后的第四种重要的生产力要素,它推动着社会经济的发展,不断地改变着人们的生活方式和思维方式,提高了人们的生活质量和水平。科技发展带来人们生理、心理和精神价值的深化、广化和优化。

要促使科技、经济和社会的协调发展,促进科学技术获得更快更好的发展,并且能迅速转化为先进的生产力,首先需要掌握科学技术活动的基本特性,了解公共事业组织在科技事业发展中的地位和作用,并通过管理和规范来不断完善现代的科技事业管理模式。

一、科技事业管理的基本内涵

(一)科技事业管理的内涵

科技事业管理是公共事业组织依照科学技术自身的发展规律和特点,运用管理科学的理论与方法,对各项科学技术活动进行组织和筹划,以求在时间和经济上最合理、最有效地达到预定的科学技术发展目标。在长期的发展过程中,科技事业管理自身形成了丰富的内容。

(二)科技事业研究的划分

科学技术对于现代社会发展有着重要的推动作用,科学技术由无数具体的科学技术事业产品构成,并渗透到社会的各个领域。按照科学技术研究活动的性质,可以将其划分为:

1. 基础科学研究　基础科学研究是以自然现象和物质运动形式为研究对象,探索自然界发展规律的科学。它主要研究自然科学中的基本问题和基础理论,基础研究需要回答"是什么"、"为什么",基础科学研究是整个科学技术的理论基础,对技术科学和生产技术起指导作用。与具体的技术研究相比较,它提供的是物化的可能,是科技与经济发展的源泉和后盾,是新发明或技术研究的先导。

2. 应用技术研究　应用技术研究主要是进行技术发明活动,对应于基础科学,它主要是回答"做什么"、"怎么做"的问题。它在基础科学研究的基础上,根据现实的需要综合利用知识,将科学研究提供的物化可能变为现实。这一类研究活动的特点是直接针对现实的社会,尤其是企业的需要,产品容易商业化和市场化,并通过市场方式提供。

3. 公益性研究和技术推广　公益性研究主要是指一些涉及公众整体利益,难以分割的技术研究和运用,如气象服务、灾害研究等方面的技术和研究等;技术推广主要是指涉及公众利益和社会整体利益的社会经济发展的技术,如农业方面的种子改良技术等,这些技术是社会发展的一种基础性需要。在一定程度上,公益性研究和技术推广都属于技术研究或技术发明的范畴,但由于涉及公众的共同利益和社会发展的基本需求,因此难以实现市场化。

总的来说,科技事业研究主要分为两大类,一类是以满足社会共同需要为主要目标的科技活动,这一类研究致力于解决整个人类社会生产和发展的基本问题,需要反映的是整体社会的共同利益要求,并且这一类科技事业研究难以量化或商品化,一般不以市场的方式提供。另一类是以满足企业或市场需要为主要目标的科技活动,这一类科技事业研究一般可以直接提高企业的生产效率和产品的市场竞争力,从而为企业带来利润。

二、科技事业产品的公共性分析

科技事业产品作为公共事业产品的一部分,具有准公共性的特征。但是,因为科技事业研究具有不同的类别,而不同类别的科技事业研究,其准公共性仍然存在着差别。

(一)非排他性和非竞争性的差别

非排他性和非竞争性是公共物品的基本特征,在科技事业研究中,基础科学研究和公益性和技术推广研究的产品,具有较强的非排他性和非竞争性。以基础科学研究为例,基础科学研究所得出的科学定律、规律和原理,其表现形式是抽象的,反映人类在认识自身和世界本质方面的不断深化和突破。科学技术研究的基本目标是对人类未知领域的探索而不是盈利。因而科学定律、规律和原理一经得出或验证,是公开发表和公布的,难以商品化和市场化,任何人都可以学习和应用,任何个人的学习和应用不会影响到他人的学习和应用,具有非排他性和非竞争性。

需要注意的是,应用性技术研究不仅具有一定的排他性,而且具有一定的消费竞争性。应用性研究的成果是具体的,有时还具有独创性,并且大都可以商品化,且其中一些技术商品在现代社会是受到专利保护的。因此,虽然一项技术可以在一定范围内共享,但这种共享是受专利法或技术转让合同保护的,而且基于市场竞争的需要,一项技术的使用范围是有限的,具有消费竞争性。因此,应用性研究的公共性较为不明显。

(二)科技事业研究具有突出的外部收益

外部性也是公共物品的一个基本的特征。所有的科技事业研究均具有较强的外部收益。科技事业研究会给整个社会的各个生活领域乃至全社会带来生活质量和生产效率的提高,从而在一定程度上推动了社会的前进。具体来说,基础性研究、公益性研究和技术推广的外部效益要高于应用技术研究的外部效益。

三、科技事业管理的主体

现代社会科学技术的生产者是多元的,既可以是政府的科研部门,也可以是企业,还可以是其他专门从事科学研究的非政府机构,因此科技成果的提供也可以有公共提供(政府提供)、市场提供和混合提供三种基本方式。由于基础科学研究、人文社会科学研究和技术推广的成果具有非排他性和非竞争性,必须采用公共生产和公共提供的方式。而以营利为目的的企业,一般只愿意投资与自己的生产有关的应用性研究。

(一)科技管理体系

总体来说,中国的科技发展管理体系模式是高度集中型的。在这种模式下,中国政府将科技活动管理、相关的生产活动管理和资源分配的最终权力集中在特定的权力部门,其他部门负责制定和实施相应的政策或短期项目。科学技术管理的组成结构分为三个层次:最高决策机关——国家科技教育领导小组;执行层和协调层——科学技术部、其他部委及地方的科技管理部门;具体科研机构(高等学校、研究院所、企业等)的管理层。三个层次有机结合,共同构成中国的科技管理体系。

(二)科研体系

中国的科研体系主要由国有研究开发机构、高等学校、企业等方面的科技力量共同组成。

1. 国有研究开发机构　国有研究开发机构是中国研究开发的重要力量,涉及范围主要包括国有企事业单位科技研究与技术开发机构。按学科分组包括数学、信息科学与系统科学、力学、管理学等 57 门学科;按机构服务的国民经济行业分组,包括农业、林业、畜牧业、渔业等 75 个行业;其地域范围遍及全国各个省市自治区。

2. 高等学校　和世界上其他许多国家一样,中国在许多科学研究领域,尤其是自然科学基础理论研究以及人文科学领域,高等学校进行的研究工作是其很重要的组成部分。

3. 企业　在计划经济时期,中国的科研资源主要分布在独立的科研院所,科研工作也主要在独立的科研院所和高等学校中进行。随着中国科技体制改革的深入,中国的科研主体已经实现了从独立的科研院所向企业的战略转变。

(三)科技中介机构

根据国家科技部的界定,科技中介机构是指为创新主体提供社会化、专业化支撑和促进创新活动的机构。它在促进科技成果快速转化、降低科技创新成本、提高科技成果交易效率和有效规避技术创新风险等方面发挥了独特的作用。科技中介组织按其对科技活动的参与形式,可以分为三类:一是直接参与服务对象技术创新过程的机构,如生产力促进中心、创业服务中心、工程技术研究中心等;二是主要利用技术、管理和市场等方面的知识为创新主体提供咨询服务的机构,如科技评估中心、科技招投标机构、情报信息中心、知识产权事务中心和各类科技咨询机构等;三是主要为科技资源有效流动、合理配置提供服务的机构,如常设技术市场、人才中介市场、技术产权交易机构等。

科技中介服务机构为科技创新活动提供了重要的支撑性服务,在有效降低创新创业风险、加速科技成果产业化进程、全面提升国家创新能力方面,发挥着不可替代的关键作用。由于我国科技中介服务组织发育时间不长,从总体上来看,仍处于起步阶段,服务能力远不能满足科技发展的要求。

四、科技事业管理的目标管理模式

根据中国当前的实际情况,虽然政府在科学技术事业管理中起着主导和规范科技市场的作用,但如果政府在科技事业管理中干涉过多,则会导致高度集中的科技管理体制。随着经济体制改革的不断深入,市场经济在中国的快速发展,

笔记

高度集中的科技管理体制会导致科研开发与生产相脱节,科研机构缺乏自主权,科研人才使用不合理等种种缺陷。

为在当前激烈的国际竞争中抢占科技创新的先机,我们需要对科学技术事业管理体制进行改革,要与不断发展的市场经济体制相适应,促进科技事业的发展。因此,我们需要在重新界定、调整和收缩国家科学技术事业职能范围的基础上,将现有的大部分科技事业单位逐步推向市场,并促进各类科技人员合理流动,大力充实和发展企业的研究与开发队伍,不断增加企业和民间的科技投入,使科学技术融入经济发展过程,加速实现科学技术成果的商品化与市场化,推动国民经济增长方式的转变,实现科教兴国的战略。

具体来说,我们需要针对不同的科技事业研究的特点来进行相应的改进。首先是基础性科学研究、社会公益性研究,他们都有着基础性和为整个社会发展做奠基的作用,但同时又都存在着难以量化和市场化的特点,这类研究应该由国家来提供,一般应归类于事业组织。

其次,在新的科技事业管理体制下,独立研究机构和高等学校的科研机构等,将成为专门从事上述研究的主力军。此外,要推动科研院所与高等学校多种形式的联合,通过优化组合,为科研人才互相合作提供平台,优化科研资源的利用和效率的提高,促使科研水平的进一步提高。

再次,对于应用性科学研究,针对其容易市场化的特点,国家应逐渐引导企业成为开发应用研究的主力军,建立相应的研究与开发机构,加大科技投入,推动企业技术进步、创新。国家不必直接举办这类研究活动,而是给予研究机构一定的鼓励和支持,如各种产业政策和税收优惠政策等,并建立相应的规范制度,科学引导、有序进行改革与转变。

第二节　卫生事业管理

新中国建立以后,国家十分重视改革和发展各项医疗卫生保健事业,基本建立起与社会主义市场经济体制相适应、与经济社会发展相协调的比较完善的全国城乡医疗卫生网络,医疗卫生服务质量和服务水平显著提高,逐步实现人人享有初级卫生保健服务的目的,大大提高了国民的身体素质、健康水平和预期寿命。中国经济发展到现在,卫生事业已成为整个公共事业的重要组成部分,它既关系到每个公民的利益,也影响着国家和社会的发展,因而政府必须根据卫生事业产品的基本特点和要求,介入卫生产品市场,以相应的卫生产品的生产和提供政策为依据,构筑起现代卫生事业管理模式。

一、卫生事业管理的含义及基本内容

(一)卫生事业

1. 卫生事业的概念　卫生事业是指通过对疾病的诊治与预防,通过对公共环境条件的改善,为增进人民健康所采取的组织体系、系统活动和社会措施的总和,这些组织和活动以追求社会效益为目的,由政府领导并提供必要的经费补

助,卫生事业具有较强的公益性质。

2. 卫生事业的特点

(1)卫生事业以维护和增进人民健康为目的。

(2)卫生事业的系统性和复杂性:卫生事业涵盖了多个子系统,包括卫生管理系统、卫生服务系统、医疗保障系统、卫生执法系统、医学教育系统和科研系统等,其中的任何一个子系统又可以进一步细分形成多个下一级系统。卫生事业改革常常遇到牵一发而动全身的局面,卫生事业的发展是整个系统功能的发展,了解卫生事业的系统性有助于我们从整体上认识卫生事业各个子系统之间的关系。现实中,由于卫生事业发展面临着人民群众医疗需求的增长和医疗资源有限的矛盾,它决定了卫生事业的制度设计、目标实现、现实运行会遇到许多困难,面临十分复杂的局面。

(3)政府在卫生事业中发挥着主导的作用:维持生命健康是人类生产活动的前提条件,也是人类最基本的权利。由于疾病发生的不可预测性使得仅仅依靠个体和家庭没有办法满足保障健康的需求,并且一些传染病和疫病更不是单靠个人就能解决,而是需要动用全社会的力量,由政府来主持预防和解决。政府在卫生事业中发挥作用的形式有很多,其中最重要的两点是:一是设计卫生制度和政策,并管理卫生机构;二是为卫生事业的运行和发展提供资源上的帮助。

3. 卫生事业的重要性　健康是人类追求的永恒主题,是人全面发展的基础。卫生事业涉及千家万户,关系亿万群众的根本利益。发展医疗卫生事业,实现人人公平享有基本卫生保健的目标,是人民群众最关心的现实问题之一,对提高全体国民健康素质、维护社会公平正义、保障公民基本权益、促进社会和谐稳定,都具有十分重要的作用。随着社会的发展进步和人民生活水平的不断提高,人民群众对卫生服务的需求越来越高,对卫生事业的发展关注度亦不断提升,卫生事业的地位也将越来越高,作用日益凸显。

(二)卫生事业管理

1. 卫生事业管理的内涵　卫生事业管理是指卫生事业组织包括政府、卫生行政部门及其他有关部门根据卫生事业的规律和特点,将卫生资源进行优化配置,及时合理地提供给全体人民,并对维护和增进人民健康的组织体系、系统活动和社会措施进行管理。卫生事业管理致力于最大限度地保持和促进人民的健康,并且促使卫生资源的合理利用,建立和保持整个卫生系统的高质量和高效率,保持社会各阶层在卫生筹资和健康状况上的公平性。

2. 卫生事业管理的对象

(1)各种卫生机构及相关机构:包括卫生服务和提供机构、卫生行政机关、医疗保险管理经办机构、药品和卫生材料的生产和经营机构、医学教育和科研机构、为卫生事业发展提供财政和政策支持的政府机构等。卫生事业管理活动,就是通过调整这些机构之间的关系,规范这些机构的行为,提高卫生工作的质量,保证卫生工作的效率和公平,保证社会的卫生安全。

(2)卫生服务的提供者及相关人员:包括提供卫生服务的各级各类卫生技术人员,卫生行政人员、医疗保险机构的经办人员、接受卫生服务的各类人员,都是

笔记

卫生事业管理的对象。卫生事业的管理过程,就是通过调整这些人员之间的关系,规范这些人员的行为,实现卫生服务的质量、效率和公平,保证社会的卫生安全。

3. 卫生事业管理的内容

(1)优化卫生政策:卫生政策是指政府为保证人民健康而制定的方针、措施和行为规范。卫生政策对卫生事业发展的影响是巨大的,一个国家或地区卫生事业发展的成败得失,很大程度上取决于这个国家或地区卫生政策的优劣正误。因此,卫生事业管理首先是对卫生政策的管理,卫生政策管理包括卫生政策的研究制定、实施和政策分析评价。

(2)合理配置卫生资源:卫生事业的运行和发展需要运用大量的卫生资源,这些资源包括人、财、物、技术、信息等,卫生事业管理就是要科学地管理这些资源,合理地配置这些资源,实现卫生资源的优化配置,提高资源利用效率,提升卫生服务的质量。

(3)科学地编制和实施卫生计划:科学编制卫生计划是卫生工作的首要职能,也是卫生事业管理的主要内容,卫生事业管理通过正确的卫生计划明确发展目标,选择适当的行为规范和措施,规定合理的卫生资源投入,保证卫生工作沿着正确的轨道前进。

(4)提升卫生系统功能:卫生事业管理所针对的上述机构和人员,组成了复杂的系统和体系,如医疗服务体系、医疗保险体系、卫生管理体系、公共卫生体系、卫生监督执法体系等,这些体系共同组成了卫生系统。卫生事业管理追求的是这些体系的良性互动和有机配合,追求系统功能的整体优化和系统产出的最大化。

二、卫生事业产品的公共性分析

在1997年颁布的《中共中央国务院关于卫生改革与发展的决定》中明确指出,"我国卫生事业是政府实行一定福利政策的社会公益事业",这句话概括了我国卫生事业的根本性质,明确了卫生事业具有公益性,政府必须实行一定的福利政策,卫生事业不能以营利为目的。

但卫生事业又不是纯粹的福利事业,不可能采取由政府全部包办的办法,卫生事业的运行和发展需要政府、市场、社会各种力量都来发挥作用。根据具体的情况,有些卫生领域以政府发挥作用为主,有些卫生领域则适宜由市场来发挥主要作用,如重大疾病的预防和控制以及中低收入群众的基本医疗保障就需要政府来组织并提供资助,而一部分医疗服务的提供则适宜充分发挥市场的作用,一些政府机构从事活动的传统领域,也可以向社会第三部门开放,如非营利性医疗保险的经营管理就可以向社会第三部门开放,可以由社会第三部门组织管理部分非营利性的医疗保险机构,与政府部门办的医疗保险机构展开竞争。

卫生事业具有公益性主要表现在以下两个方面:

(一)卫生事业产品具有突出的外部收益

相对于卫生事业的内部性来说,其外部性特征更为突出。卫生事业产品的

笔记

374

内部性是指医疗卫生机构通过收取与成本相适应的费用,提供医疗服务来帮助病人治疗身体病患、延长生命并提高生活质量。而其外部性则是指医疗卫生机构通过对病人的诊治、疾病的预防、卫生环境条件的改善等,使病人个体免除和避免了病痛,挽救了生命,增长了人们的健康知识,从而提高了劳动力素质,有益于社会生产的发展和社会的稳定进步。尤其是卫生防疫机构进行的对诸多恶性流行性疾病的大面积防治,如对小儿麻痹、白喉、肺结核、天花等的防治,虽然花费的成本很小,却可以大大减少人口的死亡率和社会的治疗费用,而且一些疾病具有传染性,如不及时治疗和控制,不仅会危及被感染者的生命,而且还会传染他人并进而形成该病的蔓延,产生可怕的负外部效应。因此,卫生事业产品具有突出的外部性。

(二)卫生事业产品具有一定的非排他性和消费竞争性

不同行业的卫生事业产品之间在排他性和竞争性上的差异是很大的。一般来说,突发事故救护是纯公共物品,具有非排他性和非竞争性;卫生防疫和医学研究中的基础医学研究如病理研究等,也具有非排他性和非竞争性,属于准公共物品。然而,在现代社会中,随着公众卫生消费需求的提高和个性化、层次性的出现,与医疗资源的有限性产生矛盾,因而在卫生事业产品上也存在着消费竞争性,如医疗资源较好的三甲医院往往是"一床难求",优质的医学人才也倾向于在这类医院就业,而社区医院则显得有些冷清,这一方面说明了医疗资源配置不平衡,另一方面说明了公众对于卫生事业产品的需求层次提高,社区医院则难以满足他们的医疗需求。

三、卫生事业管理的主体

卫生事业管理主体根据其层次和功能不同可以划分为三类:

(一)卫生行政部门

卫生行政部门是在卫生管理方面行使国家政权的公务机关,是各级政府根据国家卫生事业管理的方针政策,管理全国或地方公共卫生、编制卫生规划、制定卫生法规和监督检查的机构,包括卫计委和地方卫生部门,即政府机构。卫生行政部门主要是对卫生事业进行较为宏观的管理,包括规划、准入、监管、卫生经济调控、发布医疗卫生信息、促进公平竞争以及其他一些事项。

具体来说,其职责就是制定中长期卫生事业发展规划和年度实施计划,制定卫生资源配置标准和卫生区域发展规划;并建立和完善有关法律法规和管理制度;依法行政,实施卫生监督,规范医疗服务行为;制定和实施卫生筹资等卫生经济政策,确保公共卫生服务和弱势人群基本医疗服务的供给,促进健康公平;定期发布医疗机构服务数量、质量、价格和费用信息,营造和规范医疗服务领域有序、平等竞争环境,促进医疗卫生服务多样化和竞争公平化等。

卫生行政部门介入卫生事业管理具有其必然性。首先,卫生事业产品具有较强的外部性,无法完全按照市场规则来配置资源,因此必须由卫生行政部门的介入来对卫生事业产品的提供进行管理和干预。其次,在医疗行业中,正常情况下,医生掌握医疗专业知识要比病人多得多,这就造成了医生提供医疗服务时,与病人之间信息不对称,而信息不对称可能导致市场失灵。如果掌握病人信息的医生完全从经济利益出发,就会把花钱多、盈利高的医疗方案介绍给患者,而信息不对称使患者通常只能从医院的信誉、医生的信誉等出发去选择相对应的医院,而无法凭借专业知识作出科学合理选择,使得医生的过度治疗方案往往得以实行,从而形成垄断利润。因此,医疗卫生产品中的信息不对称要求卫生行政部门的介入进行调控,维护医疗市场的公平,保障患者的利益。

(二) 卫生事业组织

卫生事业组织又称为卫生业务组织,是开展业务工作并向社会提供卫生服务的各类专业机构。卫生事业组织不以营利为目的,提高全体人民健康水平是其根本宗旨。卫生事业组织包括医疗、预防、妇幼保健、医学教育、医学科研和城乡综合性医疗卫生服务机构等。

(三) 群众性卫生组织

卫生工作与群众运动相结合是我国卫生工作方针之一,也是我国卫生事业取得成就的重要原因。群众性卫生组织,又称为卫生中介组织,是发动群众参与,开展群众性卫生工作的组织保证。这类组织可为三类:由国家机关、人民团体的代表组成的群众性卫生机构;由卫生专业人员组成的学术团体;由广大群众卫生积极分子组成的基层群众卫生组织。在我国影响比较大的群众性卫生组织有爱国卫生运动委员会、中华医学会、中华全国中医学会、中国医师协会、中国中西医结合研究会、中国药学会、中华护理学会、中国防痨协会、中国红十字会、卫生工作者协会、中国农村卫生协会、中华预防医学会、全国中药学会,初级卫生保健基金委员会等。

公共卫生工作涉及每个人的健康与利益,发挥社会中介组织的作用,实现社会的广泛参与,是卫生工作公益性质的主要体现。有关研究表明,不健康的生活方式、行为或者习惯是当今许多需要控制疾病的主要影响因素,要改变人们的生活方式,必须从民众自身做起。特别是在一些高危行为控制和干预工作中,社会中介组织和民众自身的参与可以起到政府起不到的作用。因此,必须大力推进政府与社会中介组织的合作、引导、支持民众的参与。

四、卫生事业管理的目标管理模式

虽然近年来中国进行了一系列卫生事业管理体制改革试验,但并未取得实质性的突破进展。要使卫生事业摆脱困境,走上健康发展的道路,就必须从根本上改革传统卫生体制。按照国家发展各项卫生事业的基本战略方针,根据市场经济和卫生事业发展的一般规律,借鉴国际先进管理经验,结合中国卫生改革与发展的实际情况,中国现行卫生事业管理体制改革的基本目标是在重新界定、调整和收缩国家卫生事业职能范围的基础上,确保国家公共卫生事业和重点卫生事业的优先发展,将现有绝大多数国家卫生事业单位逐步推向社会和市场,从而实现举办主体和投资主体的多元化,医疗卫生机构的企业化,国民医疗卫生保障的社会化,基本医疗保障服务的福利化与公益化,特殊卫生服务的商品化与市场化,卫生发展目标的多元化,并大力发展各类卫生产业,繁荣和规范各类卫生市

笔记

场,更好地满足人们日益增长的卫生保健生活需要。

具体来说,中国卫生事业管理目标可以体现在以下几个方面:

(一) 医疗机构的管理模式

在市场经济条件下,医疗机构应该实行企业运营的模式,其经费应主要来源于经营收入。由于医疗服务是一种特殊的商品,极易产生信息不对称和道德风险的问题,因此医疗服务也不能完全实现市场化,其价格应受到政府的监控。根据不同的医疗服务对象,医疗机构可以采用不同的方式提供医疗服务。第一,各类医疗机构可以根据政府合同为其服务对象提供免费医疗服务;第二,可以根据与社会医疗保险机构等第三方的协议,为其服务对象按约定价格和约定的质量提供基本医疗服务;第三,其他特殊医疗卫生服务的价格则可以完全实现市场化。

医疗机构成为独立的经营实体之后,应实现政医分开,政府不再直接经营医院。按照建立现代事业制度的设计构想,各级政府有责任建立以财政投入为主体的社会化医疗保险制度和机构,其性质可以是政府机构,也可以是现代事业机构,其职责是负责筹集和管理社会医疗保险金,并作为中介来沟通和协调医患双方的关系。在这种新的医疗服务管理模式下,由政府或医疗保险机构出面与医疗服务机构签订委托服务协议,医疗机构按照协议为受保人或投保人提供服务,医疗费用按医疗保险制度规定由有关各方支付。这样既可以使医疗机构实现产业化,使医疗成本得到及时有效的经营补偿;又可以有效地约束医患双方的供求关系与行为,减少浪费,提高服务效率、质量与水平。除了上述强制性的政府医疗保险体系之外,居民还可以自愿选择购买其他各种商业性的医疗保险,从而扩大保障范围,提高保障水平,并从中得到相应的补偿。

(二) 卫生防疫与保健机构的管理模式

公共防疫与保健服务属于社会公益事业,不能实现商品化。相应的卫生防疫与保健机构也属于现代事业组织,其经费以财政投入为主,同时接受社会各界捐赠。

(三) 社会医疗保障机构的管理模式

在市场经济条件下,实行公共事业预算与社会保障预算相分离,并在此基础上建立以财政投入为主、企业投入、个人投入等多元化投入的社会化医疗保障体系。政府可以成立相应的管理机构,同时取消原来的公费医疗制度及相应的管理机构。

第三节 教育事业管理

教育是一种人类所特有的培养人的社会活动。当前,中国改革开放和现代化建设事业进入了一个新阶段,建立社会主义市场经济体制,加快改革开放和现代化建设步伐,进一步解放和发展生产力,使国民整体素质和综合国力都迈上了一个新台阶,这对教育工作既是难得的机遇,又提出了新的任务和要求。在新的形势下,必须加快教育事业的改革和发展,进一步提高劳动者素质,培养大批人才,建立适应社会主义市场经济体制和政治、科技体制改革需要的教育体制,更好地为社会主义现代化建设服务。

一、教育事业管理的含义

(一)教育事业管理的基本内涵

教育有广义和狭义之分。广义的教育是指所有能增进人们的知识和技能、影响人们思想意识和道德品质的活动;狭义的教育则主要指学校教育,即教育者根据一定社会或阶级的要求,有目的、有计划、有组织地对受教育者的身心施加影响,把他们培养成为一定社会或阶级所需要的人的活动。

教育管理也有广义和狭义之分。广义的教育管理包含教育行政和学校管理,它是对整个国家的教育行政系统及各级各类学校组织进行教育投资、教育督导、教育结构管理方面的计划、组织、指导和控制,从而实现为国家培养人才的目标。狭义的教育管理是指学校管理,它以专业类学校和企业类办学为自己的管理对象,它的管理类型主要包括:学校的管理原则、管理过程、全面质量管理、管理制度和管理机构及领导人员,以及学校内部与外部关系的管理,目的是有效地实现学校的教育目标。

(二)教育事业管理的内容

中国的教育体系由四部分组成,即基础教育、中等职业技术教育、普通高等教育和成人教育。

基础教育指学前教育和普通初等、中等教育。初等教育(小学)为六年制;中等教育分为初级中学和高级中学,通常各为三年。另外有少数把小学和初中合并在一起的九年一贯制学校。

中等职业技术教育主要包括普通中等专业学校、技工学校、职业中学教育,以及多种形式的短期职业技术培训。

普通高等教育指专科、本科、研究生等高等学历层次的教育。

高等教育中大学专科学制为 2～3 年,本科学制通常为 4 年,医科为 5 年,此外有少数工科院校实行 5 年制,硕士研究生学制为 2～3 年,博士研究生学制为3 年。

成人教育包括各级各类以成人为教学对象的学校教育、扫盲教育和其他形式的教育。

(三)教育事业活动的类别

根据教育事业活动目的和功能,可以将教育活动划分为以下三大类别:

1. 以满足社会共同需要为主要目标的教育活动 这里的社会共同需要,是指为保证社会的稳定和发展,其社会成员必须具有的最基本的素质要求。在现代社会,这一社会共同需要是由社会发展程度和公共财政能力所决定的。根据社会和经济发展的需要,以及公共财政所能提供的支持,国家通常规定公民有义务接受一定程度的教育——义务教育,义务教育阶段的教育经费主要由公共财政负担。义务教育主要是普通教育,其内涵包括作为特定社会的公民道德教育、知识和能力教育、体育,以及相应的法制教育、国防教育等。此外,一些特殊教育

笔记

也由公共财政负担。

2. 以满足个人需要为主要目标的教育活动　包括满足个人及家庭的物质生活提高的需要和家庭精神生活提高的需要。就前者而言,在现代社会生活中,个人及家庭的各种物质需要得到满足的程度,越来越取决于个人及家庭接受各种相关教育的程度。这主要体现在,随着人类社会知识的积累和技术的发展,职业对就业者素质的要求越来越高,因而个人就业的机会在相当程度上取决于个人的就业能力,在相当程度上也取决于个人受教育的程度,个人及其家庭成员的文化教育水平也就成为决定其经济收入水平的一个重要因素。就后者而言,现代社会精神生活水平的提高,既是一种经济消费,又是一种知识消费,既需要消费者付出一定的时间和金钱,又需要消费者拥有相应的知识和文化。因此,个人和家庭成员的文化教育水平,也就决定了其精神生活提高的可能。这类教育活动的经费显然不适合由公共财政来负担。

3. 以满足企业需要为主要目标的教育活动　在市场经济条件下,企业作为独立的市场主体,必须以各种形式参与市场竞争,而随着科学技术的发展,现代企业之间的市场竞争虽然与企业的规模和企业的资金等密切相关,但在相当程度上更取决于企业科技实力、生产效率的提高,这些因素无不与企业员工的文化素质、技术能力和教育水平的高低有关。就此而论,现代企业之间的竞争实质上是人才竞争,是科技与教育竞争。因此,为了保证企业的生存和发展,企业就必须不断地开展企业教育活动,以提高员工的素质、能力和水平,这些教育的基本形式有企业常设的职业学校,以及不定期的员工培训等。同时,适应企业专门的职责技能的养成,通常在义务教育阶段之后,社会也有一些专门针对企业需要的教育活动,如职业学校、区域性的技术学院的教育活动等。这类教育活动是一种以满足企业生存和发展需要为主要目标的教育活动,在其外部收益中最直接的受益者首先是企业本身,因而在公共财政能力有限的情况下,这类教育经费也不应进入公共财政支出。

二、教育事业产品的公共性分析

现代社会的教育事业,是一个由不同层次、不同类别的教育活动构成的庞大的体系。由于各层次教育活动的目的和功能不同,在一定的条件下,不同层次和不同类别的教育活动及其产品的公共性是不一致的,必须根据一定的标准来对具体的教育活动进行划分。同时,这些不同层次和类别的教育活动由于其目的和功能的不同,其公共性的程度也不尽相同。

（一）教育事业产品具有一定的非排他性和一定的消费竞争性

教育事业产品的非排他性主要表现在一定的范围内,一个人消费教育产品,并不排斥其他人同时消费。如在现代教育中,在班级教学这种特定的教育模式下,班级中的某一个学生听课,并不影响班级中的其他同学在同一时间同一范围听课,即具有非排他性。但这种非排他性是属于有限的非排他性,限制在一定的范围内,由于教师声音的传播范围有限,并且学生的基础不同,班级教学下的教师也必须针对程度不同的学生进行"因材施教"。教师的精力是有限的,而且虽然现代科学技术的发展带来的教学手段的扩大使教育的受益面成倍地增加,但由于教育是一种集知识、道德和情感等在内的传授活动,教师与学生的直接面对面的教育和交流是不可缺少的。因此,为了保证教育效果,就需要增加班级,增加支出,这就产生了排他性。

教育事业产品又具有一定的消费竞争性。这一竞争性表现在随着消费者(学生)的增加,教师数量、教学设施等也就必须相应增加,从而使教育的总成本增加,但在一定的范围或历史时期中,教育的投入是有限的,即教育产品的供给能力是有限的,而教育需求却在增加,于是产生了教育产品量的需求竞争,加之消费者对教育产品质量的要求,数量有限的优质教育产品必然引发消费竞争。教育事业产品的竞争是一种特殊的市场竞争。

(二)教育事业产品具有外部收益性

教育是一种同时具有内部收益和外部收益的过程和活动。人是教育的对象,因而教育事业的直接结果首先是体现在受教育者身上,这是教育事业产品的内部收益。这一内部收益表现为受教育者在接受教育后,增加了知识、掌握了技术,从而提高了适应社会和获取工作的能力。相应来说,随着个人教育程度的提高和能力的增强,用人单位获得的是质量相对较高的劳动力,因而愿意支付更高的劳动力价格,受教育者也能获得较高的报酬。

同时,在现代社会,教育事业作为一种公共事业,其目标建立在个性发展需求和社会发展需求的有机结合上,因而教育在产生内部收益的同时,也通过对受教育者的培养,在让其适应社会获得自身发展的同时解决了社会发展的需求。这就是教育事业产品的外部收益。社会所有的政治、经济和文化活动都是人的活动,因此教育的外部收益也表现在社会的经济、政治和社会发展的各个方面。

三、公共事业组织在教育事业管理中的作用

我国教育事业管理体系由教育行政组织机构、学校组织机构和教育中介机构共同组成。

(一)教育行政组织机构

一个国家管理庞大的教育事业,除了要依靠学校这一基层的教育管理组织运营外,还要依靠各级各类教育行政机关。在我国,最高的教育行政管理机构为教育部,教育部以下有各省、自治区和直辖市的教育厅(局),省以下有市、县、区等教育管理机构,所有这些教育行政管理机构综合在一起,构成了我们国家庞大的教育管理网络,正是通过这一网络,国家的教育事业才得以维持、运转和发展。

教育行政组织是国家领导和管理教育事业的专门职能机构。在国家行政组织中,教育行政组织肩负着特定的使命,即规划全国和各地区的教育事业,指导、协调各级各类教育和学校工作,主管各项教育事宜。社会中各种团体、企业事业单位的各界人士,国家和政府中所有机关、部门,都在关心和支持教育工作,有的还依法直接举办各种教育事业。这就要求教育行政组织既要依靠社会其他组织,又要发挥主管机构的统领作用。

（二）学校组织机构

学校作为基层教育组织负有开展教育教学活动、传播文化和知识的职能，同时也负有对学校这一机构的人、财、物等进行有效管理的职能。没有后一种职能，学校的前一种职能也就无法真正实现。

（三）教育中介机构

教育中介机构是指处于学校、政府之间、具有独立的地位，为国际、国内的教育文化发展和交流提供服务的法人实体。美国加州大学洛杉矶分校高等教育和社会学教授伯顿·克拉克将介于国家和高校之间的教育中介机构称为"缓冲组织"（buffer organizations），认为它可以发挥学术权威在国家官僚和高校之间的协调作用。美国当代著名教育家欧内斯特.L.博耶博士概括了教育中介机构的三种功能：

1. 影响政府的决策。教育中介机构可以扮演一个压力团体的角色，代表高校对政府施压，从而对政府的政策产生影响。

2. 担任执行政府决策的责任，完成或部分完成政府下达的任务。

3. 提供服务，特别是为个体提供服务。

中国现有的教育中介机构可分为三种类型：第一，教育评估中介机构，如高等学校与科研院所学位与研究生教育评估所、上海高教评估事务所、江苏省教育评估院等；第二，教育服务性中介机构，如各种各样的人才交流会、留学服务中介、教育国际交流有限公司以及现在广为流行的家教中心等；第三，教育行业协会，如教师工会、教育学学会、课程与教学专业委员会、心理学学会等。这些中介机构分别起着评估、服务、交流的作用，已成为教育系统的一个不可分割的部分。

四、教育事业管理的目标模式

实现社会主义现代化，科技是关键，教育是基础。为了确保教育事业优先发展的战略地位，努力提高全民族的整体素质，把沉重的人口负担转化成巨大的人力资源优势，使经济建设转到依靠科技进步和提高劳动者素质的轨道上来，实现科教兴国的战略目标，就必须进一步改革我国教育事业管理体制，逐步建立起与社会主义市场经济体制相适应的现代教育制度。根据市场经济条件下国家教育事业职能范围的重新界定和建立现代事业制度的设计构想，借鉴各国发展教育事业的先进管理经验，结合中国教育改革和发展的实际，中国现行教育事业管理体制改革的基本思路为：在重新界定、调整和收缩国家教育事业职能范围的基础上，确保国民义务教育、特殊教育和国家重点教育事业优先发展，并大力发展各类教育市场，实现教育事业活动的市场化和产业化，促进各类教育事业的全面发展。

具体来说，首先是改革基础教育管理模式。基础教育是提升全民族基本素质的重要依托，在市场经济条件下，举办基础教育理应是政府行为，其经费应以财政拨款为主，但应实行政教分开，建立新型的学校管理体制。其次是改革高等教育管理模式。根据中国教育发展的实际情况，高等教育仍应以政府办学为主，同时鼓励和支持社会力量办学，坚持"两条腿走路"，最终形成国立、公立与私立三足鼎立的格局。再次是改革职业技术教育管理模式。在市场经济条件下,职业教育和成人继续教育等将在现代化建设中发挥十分重要的作用,但因其性质、目标、功能、特点等各异,国家不能包办这类教育事务。按照建立现代事业制度的设计构想,这类教育机构应以地方和社会举办为主,地方政府可以举办少数示范学校,但应实行政教分开。

第四节 文化事业管理

文化是人类物质文明与精神文明的总和,文化事业管理的状况和水平可以直接影响到一个社会文明发展的程度。在现代社会,文化事业活动的内容日渐丰富,在社会生活中占有重要的地位,同时文化事业活动也是经济增长的重要方面。文化事业产品具有鲜明的准公共物品特征,但具体到不同的文化活动,其准公共性又具有明显的差异。

一、文化事业管理的含义及基本内容

文化事业管理是文化行政部门或文化事业单位依据国家和所属地方的方针、政策、法律、法规,对各项文化事业实行规划、组织、调控、引导和监督的行为过程。

文化事业管理有两项基本任务:一是对文化事业机构和设施的管理;二是为社会主义精神文明建设创造文化条件。

文化事业管理涉及的内容很多,从工作内容看可分为艺术管理、群众文化管理、图书馆和美术馆管理、文物管理、新闻出版业管理、版权管理、广播、电影、电视事业管理等;从工作性质看又可分为队伍管理、业务管理、经营管理、市场管理、外事管理、财务管理、技术管理、安全管理等。在现代社会,随着社会进步和经济的发展,尤其是科学技术的日新月异,公众对文化事业活动的要求日益提高,文化事业活动的内容日益丰富,样式也日趋繁多。这些内容丰富、形态繁多的文化活动,根据其活动的目的和功能,大致可分为公益性文化活动和营利性文化活动两大类别。

(一)以满足社会共同需要为主要目标的公益性文化事业活动

公益性文化事业活动,是指一个国家或社会中,每一个公民都应该享有而且能够享有的文化生活,或者说是以大众为活动主体的,主要以满足社会共同的文化需要为目标的文化事业活动。现代社会的公益性文化事业活动,主要有以下基本内容或活动形式:一是公共图书馆,即面向社会,向公众提供图书资料服务的图书馆。这是公众获取知识和信息,接受教育的一个重要渠道,也是一个国家或地区社会经济文化发达水平的重要标志。二是文物、博物馆和纪念馆。三是公众文化事业,通常由群众性的文化事业机构及其活动组成,如我国的群众艺术馆、文化站及其开展的活动等。

(二)以满足个人需要为主要目标或具有营利性的文化事业活动

现代经济发展尤其是在科学技术水平提高的前提下,面对公众文化需求的

笔记

多元化,也就使社会能在保证公众基本文化需求的基础上,在相当程度上针对不同群体乃至个人的需要,提供相应的文化消费。在现代社会中,还存在着这样的文化活动,即活动的目的是以满足一定的群体或个人的文化消费需要为主要目标,并主要关注个人的享受需要和发展需要层面的文化需求。由于主要是针对个人文化消费,因而这类文化产品具有较明显的商品性,具有营利性,并形成了相关的文化市场。这类以满足个人文化需求为主要目标的或具有营利性质的文化事业活动,主要有这样一些基本内容或活动方式:一是新闻、出版和广播电视事业;二是影视音像业;三是演出业;四是娱乐业。需要说明的是,新闻、广播电视事业作为现代传媒,虽然相互间有各自不同的服务对象定位,在同一行业中的不同的主体也有自己的服务对象定位,但在相当程度上还是大众传媒,即应面向社会公众,以满足社会共同需要为目标。同时,也正是由于存在这种广泛的社会需求,因而其自身具有较强的发展能力,可以进行企业化经营。

二、文化事业产品的公共性分析

虽然文化事业按其活动的目的和功能,其产品可以分为公益性文化事业产品和营利性文化事业产品,但由于文化事业活动的特点,使其产品具有公共事业产品的基本特点——准公共性。文化事业产品的准公共性与教育事业产品的公共性有相似之处,体现在下述的两个方面:

(一)文化事业产品具有一定的非排他性和一定的消费竞争性

文化事业产品的消费大多具有无形性、延伸性、渗透性的特点。在一定范围内,如一个人看电视、听广播、看电影、看演出、看展览,并不影响其他人,即在一定范围内,一个人消费文化产品时,并不排斥其他人同时消费,因此文化事业产品具有非排他性。但是,这一非排他性是有限度的。比如一定设备下的电视、广播的覆盖面是有限的,超过设备技术限制,电视、广播的传播质量必然下降;如演员的声音和演出动作的可视听范围是有限的,展览场地的可容纳范围也是有限的,因而当消费者人数增加到一定数量时,必然需要增加演出场数和展出场数。另外,报刊、公众文化事业活动等也都存在相似的情况。

文化事业产品的竞争性,表现在随着消费者增加到一定量,总成本也必然相应增加,而文化需求的满足又是与一定的社会进步相联系的,是以经济的发展为基础的,因而相对于公众不断增长的文化需求,文化事业产品的供给能力是有限的。这样,在文化事业产品供给能力有限的情况下,必然产生需求竞争,如优秀或可视性强的演出和影视作品、时尚的娱乐项目等的消费就存在竞争。

这里要指出的是,由于文化事业产品还具有层次性、多样性的特点,许多消费项目是在满足公众基本文化需求的基础上,针对公众的不同层次和不同样式的文化需求的人进行生产的,如娱乐业就具有这样的特点,因而这类文化产品具有更强的排他性和更强的竞争性,而且这种竞争基本上就是一种市场竞争。此外,一些具有营利性的文化事业产品的竞争也基本上是市场竞争,如大多数的报刊。正因为如此,现代社会中文化事业较之教育事业总体上具有更强的产业特征,文化产业这一概念已得到广泛的社会认同。

笔记

（二）文化事业产品具有外部收益性

在市场经济条件下,文化事业产品的消费是一种大众的消费。文化事业产品的生产首先是针对公众不同层次的需求展开的,文化事业产品的社会功能也是通过文化消费主体的消费来实现的,即文化事业产品的外部收益是通过内部收益来发挥的。文化事业产品的内部收益,表现为公众在消费文化事业产品后,精神享受和文化娱乐的需求得到了满足,提高了文化素质,为激发创造性和劳动积极性提供了重要条件,促进了自身的全面发展。

文化事业产品的外部收益主要表现在以下几个方面:

1. 社会的优秀文化遗产将通过文化活动,尤其是有引导的文化活动得到继承和发展;同时文化事业产品的生产和提供的过程也是一个实践过程,正是在这个过程中,符合时代发展的又有自己民族特色的当代文化得以形成。

2. 与民族的、现代的、大众的、健康的文化形成和发展相伴随,公众在消费文化事业产品,满足自己精神文化需求的同时,也陶冶了情操、提高了文化修养,进而构成一个良好的社会文化氛围。这不仅有助于公众自身创造力和工作积极性的激发,也有助于公民道德素养的提高,进而有利于社会的稳定。

3. 正因为在现代市场经济条件下,文化事业活动与经济有更紧密的联系,因而也是社会经济发展的一个增长点。

总之,在现代社会中,作为上层建筑的文化事业对社会经济发展起着十分重要的推动作用,成为社会进步和经济发展的重要推动力量。正因为如此,现代社会中一个国家或地区文化事业的发展水平成为该国家或该地区经济发展水平的重要标志,体现着该国家或该地区的文明程度。

三、公共事业组织在文化事业管理中的作用

公共事业组织中的文化事业管理组织,是指国家为了发展社会主义先进文化,由国家举办或者其他组织利用国有资产举办的主要从事社会公益文化活动、为社会公众提供文化服务,独立于政府和企业之外的非营利组织。文化事业组织具有社会服务性、非营利性和非政府性的特征。

文化事业管理组织具有以下三种主要形态:

（一）文化行政组织

文化行政组织是行使文化管理职能的行政组织,承担着国家文化事业的规划、组织和调控等职能。

从文化行政组织的横向结构来看,文化行政组织按管理对象的不同区分为各类行政管理部门,包括文化、新闻出版、广播电影电视等;按功能可分为决策部门、执行部门、监督部门和反馈部门。从文化行政组织的纵向结构来看,可以将其分为四级,包括从中央到基层的各级文化行政组织,即高层、中层、低层、基层。其中每一层级履行的职责和发挥的功能各不相同。一般而言,高层负责制定长远规划、总目标及方针政策;中层负责制定具体目标,执行上级的决策,协调下级的活动;低层负责贯彻执行上级的决定,组织协调本地区、本单位的工作;基层负责落实上级的决定,开展具体的工作。

笔记

（二）文化事业单位

文化事业单位是指受国家各级文化行政部门直接管理的生产文化产品和提供文化服务的独立的社会组织。具体包括：音乐、歌舞、戏曲、话剧、杂技等艺术表演团体，地方公共图书馆、博物馆、文化馆等，文学艺术、文物研究单位，画院等。文化事业单位既不同于文化行政管理机关，也不同于文化企业单位，其资金主要由国家财政拨款（目前也有些单位实行自收自支），没有创利创税任务，服务对象是全社会的公众。

文化事业单位主要是为全社会提供公共文化服务，它必须由政府主导。但是，由于公共文化产品有很大一部分属于准公共物品，因而在相当的程度上具有经营性意义，特别是如文化馆、艺术馆等设施。一方面由于它们的容量有限，因而在服务对象达到一定程度之后，出现功能饱和，不能再为更多的人提供服务，形成"拥挤"现象。为此必须采用一定的手段加以限制，这种限制的有效方法就是出售入场券，以此来调节接受服务的"量"。另一方面这些公共服务设施本身具有可经营性，它们通过经营可以提高现有设施提供服务的质量，如可以通过限制人数而使享受服务的消费者更好地接受服务，可以用经营的办法增加收入，用以保障设施的维护，以提高服务品质等。但是，我们必须注意到，不论其经营成分有多大都不能改变其公共服务的性质，不能使公共服务设施成为单纯牟利的工具。

（三）文化中介机构

文化中介机构是指在文化经济市场中，为交易的双方提供信息、促成交易而收取佣金等报酬的文化服务机构。具体涉及文化信息、文化产品、文化人才、文化生产传播的资料、设备和技术等文化市场要素，从事文化的策划、居间、行纪、代理、咨询、出租等经纪活动，由自然人、法人在取得必要的文化经纪资格证书、在工商行政管理局注册登记并领取文化中介机构的营业执照而成为文化市场的经营型主体。其形态包括文化个人独资企业、文化经纪人事务所与文化经纪公司。文化中介机构是文化商品交换发展到一定阶段的必然产物，其市场功能主要有以下几个方面：一是扩大文化信息传播渠道，加速文化商品流通；二是促进文化资源合理配置，拓展文化再生产规模；三是开发文化专业市场，建构支柱文化产业格局；四是引导文化经济消费，培育文化消费群体；五是推动文化事业体制的转换，健全社会主义文化市场体制。

在计划经济文化体制向市场经济文化体制的转轨中，文化中介机构已经并将继续发挥着重要的转换功能，从而对于充实、健全社会主义文化市场体制起着不可替代的作用。

四、文化事业管理的目标模式

按照国家发展各项文化事业的基本战略目标，根据市场经济和文化生产发展的一般规律，借鉴世界各发达市场经济国家发展各类文化事业和文化产业的先进管理经验，结合我国文化事业管理体制改革和发展的实际情况，我国现行文化事业管理体制改革的基本目标是：在重新界定、调整和收缩国家文化事业职能

笔记

范围的基础上,进一步深化我国现行的党务文化宣传事业、政务文化宣传事业和社会公共文化事业的管理体制改革,以及其他各项相关管理体制的配套改革,在确保国家政治文化事业、公共文化事业及其他各项国家重点文化事业发展的基础上,将现有绝大多数国家文化事业单位逐步推向市场,使其实现企业化、产业化、民营化、社会化与市场化,从而促进我国各类文化事业和文化产业的全面发展,有效地满足人们日益增长的各种文化生活需要。

第五节　体育事业管理

一、体育事业管理的含义及基本内容

(一) 体育及体育事业

体育是以人体活动为基础的事实和现象。人体活动是人类生存和发展过程中的一种自然现象,自从有了人类,人体活动就存在于人类的生产和生活活动中。伴随着人类生存状况和生活条件的改善以及人类文明的进步,人体活动的方式、内容和意义发生了变化,逐渐偏重于竞技、健康、教育、娱乐休闲等人体活动,也就是现代所称的体育。

在中国,体育事业是指由国家或社会兴办的,为全体公民或社会某一部分人提供体育产品或服务的公益性体育事业单位及其开展的各项活动,它不以营利为目的。

随着我国社会经济的发展和政府改革的深入,体育事业发生了很大的变化,主要体现在以下几个方面:首先,政府对体育事业的财政支持已经无法满足群众日益增长的体育需求;其次,体育事业受到一些发达国家寻求社会服务事业市场化改革潮流的影响;最后,曾经被认为是纯公共物品的体育服务性质已经发生了很大的变化,体育事业内部有些部分已经不再具有纯公共物品的性质,逐渐具有准公共物品或私人产品性质。

(二) 体育事业管理的内涵

体育事业管理是各级政府及其体育行政部门和各种体育事业单位对体育相关领域内的活动和事务进行组织协调、统筹规划、服务监督的行为,包括宏观体育行政和微观体育管理两个层面。

体育行政是政府对体育事业的宏观管理,是各级政府及其体育行政部门以体育法律和法规为基本依据,以整个国家的体育事业为管理对象,对有关体育行政系统和体育企事业单位的事务进行决策、组织和调控的行政行为。政府或体育行政部门通过出台体育法规政策、制定长远和阶段性发展规划、提出体育各相关领域发展的指导性意见及行业技术标准等各种手段,综合运用行政、经济、法制、教育、技术等手段,达到政府或体育行政部门的目标。体育行政的特点是宏观性、间接性。

体育事业单位对自身活动的管理是体育事业管理的微观层面,其管理内容主要涉及体育事业单位的管理原则、管理制度、管理机构及人员、运行机制和对具体体育活动的组织与协调等。其目的是为了在各种约束条件下,最有效地利

用各种资源实现体育事业单位的自身管理。

总的来说,体育事业管理的总目标是对体育领域各种活动的管理,涉及体育意识、体育人口、竞技运动水平、体育设施、体育投入、体育产业、体育科技、体育管理体制等内容。可以看出,体育事业管理的内容非常庞杂,体育事业管理必须由政府、有关部门和单位共同完成,体育行政离不开体育事业单位的支持,体育事业单位的管理也离不开政府的引导。鉴于中国体育事业的客观现实,以及体育事业管理体制转轨时期的历史情况,这里侧重从宏观视角阐述体育事业管理的主要内容和问题。

二、体育事业产品的公共性分析

公共体育产品是比较典型的准公共物品,其准公共性主要表现在以下三个方面:

(一)公共体育产品具有部分非排他性

在一定范围内,当一个人消费体育产品时,并不排斥其他人同时消费这一产品;当消费者人数增加到一定数量时,必然要增加场地设施等成本,或者限制参与人数,因此这一非排他性是有一定限度的。

(二)公共体育产品具有消费竞争性

公共体育产品具有消费竞争性表现在随着消费者的增加,总成本也必然会增加。相对于公众不断增长的、多样化的、多层次的体育需求,体育事业公共物品的供给能力是有限的,这种供求矛盾必然导致需求竞争和消费竞争的出现。

(三)公共体育产品具有外部收益性

体育活动尤其是公益性体育活动,在满足全体社会成员的体育消费需要的同时,提高了全社会成员的身体素质与健康水平,不同层次不同需求的体育活动的开展,也推动了体育产业与体育市场的发展,能给予公众不同于文化艺术享受的另一种感性艺术享受。特别是当代表国家比赛的运动员在奥运会等重大国际赛事中取得优异成绩,能起到振奋民族精神、提升国家形象、扩大国际影响的特殊效果,这种收益是难以用物质的尺度来衡量的。

三、公共事业组织在体育事业管理中的作用

公共体育管理部门主要由政府体育管理部门和社会体育管理部门组成。

(一)政府体育管理部门

政府体育管理部门又分为两个子系统,即政府专门体育管理系统和政府非专门体育管理系统。

政府专门体育管理系统由各级体委组成,称为体委系统,是体育管理的主系统。在政府专门体育管理系统内,最高领导权力属于国家体委,国家体委是国务院主管全国体育工作的职能部门。在这个系统内,下一级体委接受上一级体委业务上的指导,同时受该级人民政府在人事、财务等方面的行政领导。如省、直辖市、自治区体委受国家体委的业务指导,又受所在省、直辖市、自治区人民政府的行政领导。

笔记

政府非专门体育管理系统是指在国务院所属的其中一些部委下设的体育管理部门,如国家教委设有体育卫生司,统管全国学校体育。国防部和卫计委也设有体育管理部门,负责本系统的体育工作。在大多数部委中不设体育管理部门,但设有体育事业单位,如各行业体协。各行业体协在所属部委领导下,作为中华全国体育总会的团体会员,负责开展本行业的体育运动。

（二）社会体育管理部门

社会体育管理部门也分为两个子系统,即社会专门体育管理系统和社会非专门体育管理系统。社会专门体育管理系统是由专门从事体育管理工作的社会组织构成的。下设三个子系统,即中华全国体育总会系统、中国奥委会系统和中国体育科学学会系统。社会非专门体育管理系统内容更为广泛。某些群众性组织虽然不是专门的体育组织,但它们下设体育部门,如工会下设宣教文体部、共青团下设军体部、妇联也设有体育部门,它们分别负责职工、青年和妇女中的体育工作,并与其他类似组织构成了社会非专门体育管理系统。

四、体育事业管理的目标模式

按照国家发展各项体育事业的基本战略方针与目标,根据市场经济和体育活动本身发展的一般规律,借鉴世界各发达市场经济国家发展各类体育事业和体育产业的先进管理经验,结合我国体育改革和发展的实际情况,中国现行体育事业管理体制改革的主要目标是:在重新界定、调整和收缩国家体育事业职能范围的基础上,确保社会公共体育事业、学校体育事业及其他各项国家重点体育事业的优先发展,将现有大部分国家体育事业单位逐步推向市场和社会,使其实现产业化、市场化与社会化,并大力发展各类体育产业,繁荣体育市场,促进各类体育事业、产业的全面发展,更好地满足人们日益增长的各类体育生活的需要。

卫生事业：赢得民众"好心声"

青海高原特殊的地理环境和气候,让生活在这里的广大人民群众长期受到高原多种疾病的困扰。党的十七大以来,青海省委、省政府和全省卫生战线始终坚持把做好医疗卫生工作作为抓好民生工作的重要内容,把保障全省各族群众的健康作为一切工作的出发点和落脚点,以深化医药卫生体制改革为契机,以提高全民健康水平为抓手,不断顺应人民群众的新期盼,书写了青海省医疗卫生事业发展的新篇章。

"春风化雨悄入户,暖人心田细无声。"如今,全省覆盖城乡的医疗卫生服务体系基本形成,疾病防治能力不断增强,医疗保障覆盖人口逐步扩大,基本药物制度初步建立,卫生事业得到全面发展,人民群众健康水平显著提高,在青海省卫生事业焕发出新生机的同时,老百姓也实实在在地享受到了福利,赢得民众"好心声"。

走出青海特色的医疗改革之路

"这里的医疗设备和城里医院的一样好,什么医疗检查都能做,以后再也不用跑到城里看病了!"在门源回族自治县青石嘴镇中心卫生院,一位正在检查身体的病人朴实的一句话,印证了青海省实行医药卫生体制改革以后全省医疗卫生事业得到的长足发展。

从2009年起,在青海省医疗改革工作中,"保基本、强基层、建机制"三项基层医疗改革像是一场"悄悄的革命",让全省各族群众人人享受和拥有了良好的医疗保障。青海省充分发挥医疗改革主战场和主力军作用,大力发展医疗卫生事业,跳起摸高,一路赶超,三年医疗改革五项重点任务全面完成,"十二五"医疗改革工作开局良好。不断健全全民医疗保险制度,新农合参合率巩固在98.3%,人均筹资标准提高到400元,政策范围内住院费用报销比例提高到76%,分别较2007年增长了2.7个百分点、345.7元和37个百分点;初步建立国家基本药物制度,实现基层全覆盖并实行零差率销售,药价平均降幅达49.45%,累计减轻群众医药费用负担11.3亿元;健全完善基层医疗卫生服务体系,多渠道筹资35.6亿元,改扩建基层医疗卫生机构3429所,配备基本诊疗设备3万余台(件),培训各级各类医疗卫生人员3.2万人次,村医补助标准大幅提高到人均1.5万元,城市社区卫生服务中心、乡镇卫生院和村卫生室标准化率分别达到100%、91%和100%,基层医疗机构诊疗量、住院人次分别同比增长32.6%和54.5%,次均门诊和住院费用分别同比降低47.3%和58.5%;促进城乡基本公共卫生服务均等化,人均补助标准提高到40元,服务项目增加到14类;积极推进公立医院改革,西宁市、格尔木市公立医院改革试点工作取得突破性进展,14所县级公立医院综合改革试点全面推进,并扩大到全省所有县级公立医院。青海省在大幅度提高城乡居民医疗保险筹资标准、建立大宗非基本药物和一般医用耗材集中招标采购新机制、建立基层医疗卫生机构人事分配和经费补偿新机制、建立公立医院"四个分开"管理体制、全面推进县级公立医院综合改革、促进人才向基层合理流动、行政村卫生室标准化建设等七个方面走在全国前列。

百姓健康保障全面提速

一座座现代化医院拔地而起,一所所乡镇卫生院面貌一新,一位位医生和蔼可亲,一个个病人笑脸盈盈……发展为要,改革先行。青海省积极发展壮大卫生资源总量,配置结构布局逐步优化。

数据是最有力的佐证——党的十七大以来的五年间,全省卫生事业费支出199亿元,较前五年增长了2.3倍。全省卫生总费用由2007年的36.7亿元增长到94.8亿元,占GDP的比例由4.6%提高到7.02%,高于全国平均水平1.4个百分点,人均卫生费用略高于全国平均水平,农牧区卫生资源占有量由20%提高到38%。政府卫生支出比例由41.6%提高到46.4%,高于全国平均水平17.8个百分点;社会卫生支出由25.3%提高到27.1%,低于全国

笔记

平均水平8.8个百分点;个人卫生支出则由33.1%下降到26.5%,低于全国平均水平9个百分点,卫生改革发展让人民群众健康之路越走越宽广。

"现在政策好,连生孩子都不用自己花钱了。"在共和县恰卜恰镇卫生院,刘良兵的妻子顺利产下了一个女婴,他在产房外对记者说。五年间,青海省统筹各项卫生事业协调发展,人民健康指数步入快速改善期。完善基本公共卫生服务体系,重大疾病专病专防策略有效落实,妇女儿童健康状况明显改善,爱国卫生运动和全民健康教育行动扎实开展,卫生执法监督力度进一步加大,强化食品药品监管,保障了公众饮食用药安全。出色完成了玉树抗震救灾医疗卫生救援和灾后重建医疗卫生保障任务,依法科学处置重大疫情,保障了人民群众身体健康和生命安全。持续改进医疗服务质量,医疗服务便民惠民措施全面推行,中藏医药特色优势充分发挥,卫生科技与人才培养步伐加快,党的建设、党风廉政建设、行业作风建设、卫生文化建设为推进卫生改革发展提供了精神动力。人民健康水平不断提高,人均期望寿命由70.34岁增长到72岁;婴儿、孕产妇死亡率分别由22.8%和88.50/10万下降到14.16%和44.60/10万,缩短了与全国在主要健康指标上的差距。

大手笔力促卫生事业迈进新阶段

五年前,许多农牧民家庭看不起病,不敢看病,因病致穷、返贫的现象十分突出。如今,只要揣着医疗保险证、新农合证就可以不用先交一分钱住院。在巨变中,人民感受到了温暖。当前医疗改革已逐步进入深水区,群众对医疗改革的期待和愿望越来越高。对此,省卫生厅厅长马海莉充满信心,"我们将在党和国家、省委省政府的坚强领导下,以维护和增进人民健康为宗旨,以推动卫生事业科学发展为主题,以深化医药卫生体制改革为主线,以健全全民医疗保险制度、扩大基本药物制度覆盖面和深化公立医院改革为重点,进一步巩固完善基层医疗卫生机构运行新机制,促进基本公共卫生服务均等化,加快建立基本医疗卫生制度,不断提高人民群众健康水平。继续突出公共卫生、农村卫生、社区卫生、中藏医药和人才培养五大战略重点,统筹推进疾病防控、卫生应急、妇幼保健、爱国卫生、卫生监督、医学科教、食品药品安全监管等各领域卫生工作协调发展。积极转变卫生事业发展方式,促进卫生资源结构优化和科学配置。大力加强卫生系统党的建设、党风廉政建设、行业文化建设和医德医风建设,为推进卫生改革发展提供精神动力。"

"到2017年,覆盖城乡居民的基本医疗卫生制度全面建立,基本公共卫生服务更加同质均等,基本医疗服务更加公平可及,全民医疗保障水平更加普及提高,药品供应保障体系更加健全完善,人民健康主要指标达到或接近西部地区平均水平,全省人均期望寿命达到73岁,婴儿死亡率降低到14%,孕产妇死亡率降低到35/10万。卫生总费用占生产总值的比重保持在7%以

笔记

上,个人卫生支出占卫生总费用的比例控制在25%以下。城乡居民医疗保险人均筹资标准提高到500元以上,基本公共卫生服务人均补助标准提高到60元以上,全省县级综合医院二甲水平达标率达100%,每所乡镇卫生院至少拥有2名全科医生,城市每万居民拥有2~3名全科医生,千人病床数达到4.2张,千人执业医师数、注册护士数分别达到2人和2.3人,努力实现病有所医、改善民生健康新突破。"

看五年,催人奋进;展未来,满怀豪情;青海省医疗卫生事业必将迈步走向更加美好的明天!

背景链接

五年探索为民生

健康是人类永恒的追求,关乎个人的幸福,也关系到千千万万个家庭的幸福。党的十七大以来,省委、省政府始终坚持以人为本,加大民生投入,把健康问题纳入经济社会发展的全局统筹谋划,确立了把基本医疗卫生制度作为公共产品向全民提供的基本理念,提出了实现人人享有基本医疗卫生服务的奋斗目标,为经济社会的可持续发展奠定了坚实基础。这是一张令人振奋的"民生答卷",也是老百姓得到的最大实惠之一。

关键词一:健康改善

5年来,我省城乡居民健康状况不断改善,集中体现在国际公认的综合反映健康水平的人均期望寿命、婴儿死亡率、孕产妇死亡率三个重要指标上。

关键词二:疾病防控

5年间,面对各种重大突发公共卫生事件的严峻挑战,我省疾病防控从疲于应付到从容应对,从被动迎战到主动出击,从各自为战到多方联动。

关键词三:资源利用

一直以来,"看病难"就是困扰百姓求医问药的突出问题。为了解决这一难题,5年来,我省不断加大投入,完善各种形式的医疗服务,医疗资源短缺问题基本得到解决。

关键词四:医疗保障

5年来,我国面向全民的基本医疗保险制度从试点到全面铺开,从保基本到医大病,为全省各族人民构建了抵御疾病风险的安全屏障。

关键词五:基本药物

基本药物制度在基层医疗卫生机构的全面实施,大幅度降低了基层群众的用药负担,并逐步规范了基层医务人员的用药行为。

关键词六:医疗服务

笔记

如今,一个覆盖城乡居民的医疗卫生服务体系已经初步建立,真正实现了慢性病能防、大病能治、城乡居民看病就医有保障的良好格局。

(资料来源:青海日报,2012-11-8(5))

案例讨论题

1. 谈谈你对卫生事业管理知识的了解。
2. 案例中青海省卫生事业改革为何取得了成效?

本章小结

科技事业分为基础科学研究、公益性研究和推广以及应用性研究,科技事业管理能够满足社会共同的需要和企业发展的需要。科技事业产品属于准公共物品,具有突出的外部效益,其中,前二者具有较强的非排他性和非竞争性的特点,后者则具有一定的排他性和竞争性。开展科技事业可以由多个主体构成,促使科技事业发展必须明确科技事业管理的目标管理模式。

由于卫生医疗自身所具有的特点,卫生事业管理具有一定的复杂性和难度。卫生事业的发展能够推动国民健康素质的提高,具有深远的影响。卫生事业具有突出的外部效益和部分排他性以及消费竞争性。按照卫生事业目标管理模式来对卫生事业体质进行改革,能够有效地提高医疗卫生管理效率,合理使用医疗卫生资源。

教育事业分为基础教育、中等职业教育、普通高等教育和成人教育四大部分。教育事业根据社会共同需要、个人需要和企业需要,还可以分为不同性质的教育活动,但都具有较强的外部效益,具有部分排他性和部分消费竞争性。为了确保教育事业顺利发展,造福千秋后代,则应对教育事业进行不断的改革和设立目标管理模式。

在现代社会中,文化内容日渐丰富,在社会生活中占据了重要地位,文化事业具有鲜明的准公共物品特征,主要分为两大类:公共性文化事业和营利性文化事业。推动文化事业的市场化发展能够进一步丰富文化事业的内容,并有效地满足人民日益增长的各种文化生活需要。

大力发展体育事业能够极大地提高国民的身体素质,体育事业具有部分非排他性和消费竞争性以及外部收益性的特点,属于准公共物品。促使体育事业实现产业化、市场化和社会化,能够进一步繁荣体育市场,促进各类体育事业、产业的全面发展。

关键术语

科技事业　public science and technology service

卫生事业　public health service

教育事业　public education service

笔记

文化事业　public cultural service　　　　体育事业　public sport service

思考题

1. 科技事业管理的主体、内容并对其公共性进行分析?
2. 卫生事业管理的内涵、特点并对其公共性进行分析?
3. 卫生事业管理的目标管理模式是什么?
4. 教育事业按活动目的和功能是如何分类的?
5. 简述教育事业的公共性分析。
6. 简述文化事业的类别、公共性分析。
7. 简述体育事业的公共性分析、目标管理模式。

（彭　聪）

笔记

第十四章

社区公共事业管理

学习目标

通过本章的学习,你应该能够了解和掌握:

1. 社区、社区的基本要求、社区与社会的关系。
2. 社区公共事业管理的概念界定、特征与功能。
3. 社区公共事业管理的内容。
4. 社区公共事业管理的模式。
5. 社区公共事业管理的发展趋势与改善措施。

章前案例

　　党的十八大报告指出:"在城乡社区治理、基层公共事务和公益事业中实行群众自我管理、自我服务、自我教育、自我监督,是人民依法直接行使民主权利的重要方式。"明确要求"改进政府提供公共服务方式,加强基层社会管理和服务体系建设,增强城乡社区服务功能……充分发挥群众参与社会管理的基础作用。"

　　社区治理被第一次写入了党的纲领性文献,为社区建设进一步指明了方向、目标和任务。健全社区服务体系、创新社区管理服务、增强社区自治和服务功能,是当前和今后一个时期全省城乡社区建设的重点工作任务。

　　(参考资料:社区治理的"锦江经验"为推进全省社区社会管理创新发展开启"智慧大门"《四川日报》2013 年 2 月 18 日第 003 版)

第一节　社区与社区公共事业管理的含义

　　社区作为城市的细胞,是社会构成的重要组成部分,在构建和谐社会的建设管理中起着重要的基础性作用,承载着千万人基本生活的保障。随着大量社会管理、社会服务、社会保障的功能逐渐从政府和单位中剥离出来,社区作为城市的基层组织,在社会管理、社会服务以及社会保障中发挥着越来越重要的作用。社区对于人们的生活保障越重要,社区公共事业管理的科学性、有序性也就越发重要。社区公共事业管理是我国新时期探索实现基层公共管理和培育社会自治能力的一种新型治理模式。

笔记

一、社区的概念及内涵

（一）社区的概念

"社区"是一个社会性的基本概念,在现代社会发展中已经成为了一个比较普及的名词。而社区这一名词的由来,最早是由德国社会学家斐迪·滕尼斯在其著作《社区与社会》一书中提出的。英译本的书名为《Community and Society》这里面的 Community 就是我们现在所称的"社区",指的是共同体和亲密的伙伴关系。"社区"的称谓是在 20 世纪 30 年代初,由费孝通等学者根据滕尼斯的原意翻译过来的,费孝通也是最早使用中文"社区"的学者。

在当今的社区管理学研究中,不同学科领域的学者根据不同的研究需要,从不同的研究角度和侧重点来对社区进行定义,有的学者将社区看作是研究的对象,有的学者则将社区作为一种描述、分析和解释社会问题的方法;有的学者将着眼点放在社区中人们的归属感上,有的比较注重社区的地域因素,有的则从社区的边界问题出发,因此导致了社区概念界定存在着不一致。

世界卫生组织于 1974 年集合社区卫生护理界的专家,共同界定适用于社区卫生作用的社区(community)定义:"社区是指固定的地理区域范围内的社会团体,其成员有着共同的兴趣,彼此认识且互相来往,行使社会功能,创造社会规范,形成特有的价值体系和社会福利事业。每个成员均经由家庭、近邻、社区而融入更大的社区。"

根据当前中国社区的发展状况,城市中的居住社区涵盖的意义带有很强的行政色彩。早在 1954 年 12 月,由全国人大常委会第四次会议通过的《城市街道办事处组织条例》就确立了"城市街道——居民委员会"的社区管理体制。《民政部关于在全国推进城市社区建设的意见》中指出:"社区是指聚居在一定地域范围内的人们所组成的社会生活共同体"。该文件还明确指出了城市社区的范围,"目前城市社区的范围,一般是指经过社区改革后做了规模调整的居民委员会的辖区。"

在本章中,我们主要从公共事业管理的角度来对社区进行定义。从公共事业管理的视角看,社区是基层生活的公共基础机构,具有以人为本的主体性、公共性和社会性的特性。

我们将社区定义为:在一定地域内发生社会活动和社会关系,通过特定的生活方式,形成某种内在的互动关系和共同文化维系力,并具有成员归属感的人群所组成的相对独立的社会生活共同体。这一定义包含了这一人类群体及其活动区域。

（二）社区的基本构成要素

随着工业化和城市化的发展,社区的形成与发展也逐渐引起了社会学家、人类学家的普遍关注,其内涵也得到了不断的丰富和扩展。从 20 世纪 50 年代开始,由于联合国的推动,社区发展在世界范围内得到推广。社区更因此成为社会学、管理学、经济学等众多学科共同关注的焦点,成为当今社会一个广为使用的话语体系。

尽管学者们对社区的定义与理解有不同的认识,但一般而言,社区所包含的基本构成要素主要包含以下四个方面:

1. 地域要素 社区通常指以一定地理区域为基础的社会群体,即社区具有一个相对稳定、相对独立的地理空间。任何一种社区都存在于一定的地理空间中,而不管其规模大小。大到一个城市,小到一个村庄都可以称作社区。因此,地域是社区概念中首要的因素。

2. 人口要素 人口是社区的重要因素,社区都有以特定社会关系为纽带形成的一定数量的人口。任何一个社区都是由一定数量的人口所构成,并形成社区开展各种活动的主体。社区人口通常有人口数量、人口构成和人口分布三个要素。根据这三个要素对社区进行普查,就可以清楚地了解某一社区的人口要素状况。

3. 社区认同要素 生活于该地域的人们具有一种地缘上的归属感和心理、文化上的认同感。在社区的共同生活中,人们基于某些共同的利益、面临共同的问题、表达共同的需要而产生了某些共同的行为规范、生活方式及社区意识,这些形成了社区人群的文化维系力。

人们在社区中同别人有着各种各样的社会关系(血缘、地缘、业缘和友缘),社区中存在着各种生产和服务设施,这些关系和设施在很大程度上满足了人们的生理、心理和自我发展的需要,同时社区居民习惯以社区的名义与其他社区的居民沟通。随着时间的推移,社区居民形成一种社区防卫系统,居民产生明确"归属感"及"社区情结",表现为希望自己所在的社区能变得更加繁荣,或者不愿意迁移到别的社区中去。

4. 社区互动要素 社区的核心内容是社区中人们的各种社会活动及其互动关系。社区内居民在经济、政治、文化等各项活动和日常生活中产生互动,形成了各种关系,如社区居民的衣、食、住、行、育、乐皆需与他人共同完成,相关的经济、交通、娱乐等系统也因此而形成。社区经由不同的社会系统发挥功能,满足居民生活必需,建立社区规范。

(三)社区与社会的关系

1. 从范围上来看,社区是居住在一定区域内的人们所构成的基层生活共同体,如城市的小区、村庄或者乡镇,但这些形态都包含于社会中。因此,社区是构成社会的重要组成部分,社区的人口是社会总人口的一部分,而社区的管理机构也从属于整个社会管理系统,整个社会是由若干个不同类型的社区组成。

2. 从内容上来看,社区是一个具有较完整的社会结构体系的小型"社会"。社区是由一定的人口、生态、组织、文化所组成,具备社区的主要因素;同时,社区还包含着多种社会关系、多种社会群体、多种社会组织和多种社会活动,因此形成了社会的一个缩影,是社会的真实写照。当前大量的社会管理、社会服务、社会保障的功能从政府和单位中不断剥离出来,让社区来承接,这就有力地提升了社区的功能,丰富了社区的内容,拓宽了社区的工作面,使社区从微观的层面担当起了造就大社会的重任,成了能协调和凝聚方方面面的中心和功能比较齐全的"小社会",其管理内容和承担的责任也逐渐变得多样化和复杂化。

3. 从两者相互影响的程度来看,由于中国正处于经济的黄金发展时期,同时也是各类社会矛盾和社会问题凸显的时期,社会转型必然会造成利益格局的变化和社会阶层的变化。地位下降会引起人们心理的落差,收入差距会使人们产生不满的情绪,紧张和高强度的工作会增加人们的精神压力,价值观念和生活方式变化会给人们带来许多的不适应,人口流动频率的加快会使城市管理的难度加大,这些影响社会稳定的因素虽然都在社会中有所反映和体现,但也会最直接体现在社区的管理和日常生活中。社区往往处于所有社会矛盾和社会问题的最前沿,成为各种社会矛盾和社会问题的交汇点。社区只有提前做好防范工作,才能最大限度地把各种问题消化在基层,才能从根本上维持社会的安定和有序发展。

4. 社区是基层民主政治建设的一个强有力的平台。居民自治,是在基层实行直接民主的一种最好形式。通过社区建设工作的推进,社区成为基层民主自治的一个坚实的平台,社区也成为居民从参与管理社区事务走向参与管理社会事务和国家事务的起点。

需要指出的是,社区作为社会的重要组成部分和社会的"缩影",并不能完全反映社会的全部内涵。社会也不是众多社区的简单拼凑,而是各种社会单位、社会现象和社会关系有机结合而形成的整体,所以社会有着超越各个具体社区的性质和特征。

二、社区公共事业管理

社区公共事业管理和所提供服务的水平能够直接反映一个国家的行政管理水平和文明程度,反映一个国家国民的基本素质,也反映了一国居民的根本需要。政府对公众各方面的服务最后会通过社区工作得到具体体现,如市政建设,公用事业、居住环境,医疗保健,养老保险,生活服务,尤其是将来的社会保障福利体系等,最终都是通过社区公共事业管理得以实现的。

(一) 社区公共事业管理的概念界定

社区公共事业管理是一个发展着的动态历史范畴,在不同的历史条件、文化传统中的表现形态和功能也不尽相同。其内涵与外延是相当丰富的,因此社区公共事业管理的概念具有时代色彩,随着社会和经济发展而发展,其内涵不断得到丰富。

社区公共事业管理,指在政府及其职能部门的指导和帮助下,动员和依靠社区职能部门、社区单位、社区居民等各方面的力量,对社区的各项公共事务和公益事业进行一系列管理与自我管理活动的过程。

我们可以从以下几个方面对社区公共事业管理的概念进行理解:

1. 社区公共事业管理的主体来自于多方面,呈现出多元化的特点。社区公共事业管理的主体主要是履行社会职能的各类社区公共事业管理组织和机构。具体来说包括:社区领导机构(党委、政府领导机关、作为政府派出机构的街道党工委和街道办事处)、居委会、驻街道的企事业单位、社团组织以及社区全体居民。它们发挥的作用体现在:在社区公共事业管理中起主导作用的是政府(起倡导、协调、监

笔记

督、调控的作用）；社区建设与管理的主管部门是民政部门；社区建设与管理的依托和主体是街道、居委会组织；社区建设支持者是企事业单位；社区建设的中介力量是社团组织；社区建设的基础是居民。各部门具体职能如表14-1所示：

表14-1 社区各部门职能

组织名称	性质	地位与功能
街道党工委	中共区委派出机构	在街道社区的各类组织体系中处于领导核心地位，对街道社区的政治、经济、行政和社会各项工作进行政治领导
街道办事处	区政府派出机构	权力来自于区政府，街道社区所有事务的管理主体，既行使行政管理职能，也行使大部分社会管理职能
居民委员会	基层群众性自治组织	成员为居民民主选举产生，实际工作中处于街道办事处的下属地位，承担大量行政性事务和社会管理事务
社会团体	非营利组织	社区社会组织，承担有限的助人、自助职能，缺乏严密的组织制度，在社区中发挥的作用较弱

2. 社区公共事业管理的内容是社区中的各项公共事务和公益事业。包括了社区卫生管理、社区教育管理、社区社会保障管理、社区物业管理、社区服务管理、社区经济发展促进等具体内容。

3. 社区公共事业管理的目标是促进社区的和谐发展和最终实现社区的群众自治管理。社区公共事业管理需要不断满足和丰富社区居民的物质和精神文明生活需要，全面提高社区居民的生活质量和社区居民的素质；随着当今社会城市化的高度发展，城市居民的文化素质、民主参与意识与自治意识也在不断增强。因此，作为社会缩影的"社区"，走向民主自治是社区公共事业管理体制的基本发展方向和必然趋势。社区居民是社区公共事业管理的对象，同时也是社区公共事业管理的主体，既在社区公共事业管理中有权对社区建设与管理提出要求，又要为社区的建设与管理尽自己的义务。

（二）社区公共事业管理的特征

社区公共事业管理的特征主要体现在以下五个方面：

1. 区域性　社区具有较强的地域界定，一般来说，社区公共事业管理是在社区的区域之内进行的，社区公共事业管理的过程也是通过社区内的各类管理主体进行自我组织、自我服务和自我管理来实现的。以街道党工委和街道办事处为主导的社区公共事业管理，本着为社区居民服务的精神，通过协调各方面的力量，对社区内的各项公共事务进行管理，积极开展教育卫生、文娱体育、社区服务、社区社会保障、环境绿化养护、市容整治、治安联防以及相关政策的下达与宣传等管理活动。

2. 服务性　社区公共事业管理属于基层管理，是一项群众性的工作，应本着以人为本的服务意识,维护社区居民的根本利益,切实解决居民日常碰到的各种困难与不便,提高居民对社区的认同感和满意度。社区居民的参与支持是提高社区公共事业管理水平的坚实基础,社区居民的参与热情高,社区公共事业管理工作就能得到顺利的开展。社区工作好坏的重要标志,是社区居民对其所生活的社区的认同感和归属感的强弱。因此,只有不断增强服务意识,促使居民增强对社区的向心力和凝聚力,才能从根本上解决社区的矛盾和困难。

3. 层次性　社区公共事业管理是一个管理系统,具有层次性。例如在城市社区公共事业管理系统中,就分市、区、街道、社区居委会几个不同的管理层次,不同层次的管理者扮演着不同的角色,各司其职、各负其责。如果社区公共事业管理层次不清,职责不明,就会出现管理角色越位、缺位、错位等现象,不利于实现社区公共事业管理整体目标的实现。需指出的是,由于受传统因素的影响,目前我国的社区公共事业管理带有一定的行政性,政府的管理职能较强,社区的自治职能相对较弱,政府越位管理时有发生,但随着改革的深入,社区公共事业管理将日益实现民主自治管理。

4. 复杂性　社区公共事业管理的复杂性是由社区的人口要素、结构要素和社会心理要素决定的。

一是社区人口往往具有密度高,流动性大,外来人口的数量不断增加的特点;社区中存在的可变因素使社区难以实现统一管理,增加了社区公共事业管理的复杂性和难度。

二是社区结构的异质性程度高,这不仅表现在各社区单位的性质、行政级别、规模、从事的工作等各不相同,也表现在社区居民的异质化程度的逐步提高,他们在年龄、职业、教育程度等方面都有很大的差异。另外,社区居民中住房富余者,将房屋出租也会导致大量的借居者及外来人口进入社区,进一步加剧了异质化的程度。由于社区存在着异质化的特点,使得社区公共事业管理的复杂性增加。

三是社区的社会心理特征是交往意识淡薄,首先由于社会竞争压力大,人们将大量的精力花在了工作上,无形中使得社区内的交流受到影响;其次,由于生活条件的改善,使居民大多住上独立成套的房子,同时淡化了人们的交往意识。再次,由于社会上存在着不安定的因素,治安状况不尽如人意,导致了社区居民的自我保护意识与防卫心理过强,与不熟悉的邻里进行交流的意愿减少。最后,由于科学技术的发展,电子通讯技术高度发达,使人与人之间的面对面交流逐渐被 E-mail、传真、移动设备、网络等取代,进而减少了社区中人与人之间的直接交流。

5. 动态性　社区本身是随着历史发展而动态变迁的,因此社区公共事业管理必须树立管理创新的理念,不断研究社区公共事业管理中出现的新问题、新情况,不断提出管理的新思路,不断改进管理的方法,促进社区公共事业管理体系的完善,使社区公共事业管理处于健康的动态发展过程。

(三) 社区公共事业管理的职能

社区公共事业管理是适应城市现代化、社会管理重心下移的发展趋势应运而生的,对社区发展的全局和具体问题具有较强的针对性,通过社区公共事业管理,可以将社区内部各方面的力量组织起来,更有效地解决社区建设的矛盾。因此,清楚地认识社区公共事业管理的功能,是顺利实施社区公共事业管理活动的基本前提,又是实现科学社区公共事业管理的重要任务。

社区公共事业管理从一般管理活动的角度来看,具有规划、组织、协调与控制等功能。

1. 规划　通过社区规划职能,制定社区规划,有目的、有意识地作用于社区内各组成部分,使之能围绕社区发展总目标发挥各自的作用,是社区公共事业管理的第一步。

2. 组织　发挥社区公共事业管理的组织作用是社区公共事业管理的重要职能。社区的管理部门要充分发挥自己的职能,为适应社区建设发展的需要,从管理方面做出计划和决策。无论是管理决策还是计划的制订与具体实施,都必须从本社区的实际情况出发,组织社区的各种力量共同参与社区公共事业管理。同时,还要根据实际的发展需要,及时研究和制定相应的配套政策,以解决社区公共事业管理过程中遇到的各种实际问题。

3. 协调　社区虽然有地域性特征,但也不是封闭的,社区和外界之间有着千丝万缕的联系。因此,社区公共事业管理中的协调职能显得尤为重要。社区公共事业管理面临各种复杂的关系,这些关系处理得是否恰当,直接关系到社区公共事业管理的成败。社区公共事业管理不能仅仅局限于本社区这个小区域,还要注重社区与整个外部大环境的协调。因此,必须通过社区公共事业管理调动各方面的力量,协调好社区与外部的社会联系,以及社区内部单位之间、群体之间、个人与集体之间的关系。这些关系既包括人与人的情感关系,也包括人与物的关系。只有不断加强社区公共事业管理的协调能力和协调作用,才能够调动大家齐心协力来关心和参与社区公共事业管理,不断创建社区公共事业管理的达标项目和优化项目,使社区公共事业管理向新水平、新台阶、新层次发展。

4. 控制　控制职能是在动态的环境中,社区公共事业管理者按照既定的目标和标准,对社区公共事业管理中的各项工作进行检查、监督和调节的一系列管理活动。

控制职能是管理活动的主要职能之一,是管理活动中不可分割的一部分。它与规划、组织、协调职能相辅相成、相互影响,共同构成社区公共事业管理链条中的各个环节。具体来说,控制职能包括核算与检查,核算是指搜集、整理、分析关于实现工作任务的过程和完成决策的手段及结果的情报。检查则主要是了解社区各组成部分在执行社区规划过程中的进展情况以及出现的问题等。

此外,从社区建设的角度来看,社区公共事业管理还可以发挥促进社区经济的发展,社区文化的繁荣,社区环境的美化和社区治安状况的改善等功能与作用。通过社区公共事业管理各项功能的发挥,有助于实现社会的稳定。社区公共事业管理可利用多种手段,进行多方控制并化解不稳定因素,不仅可以帮助社区居民、单位解决实际问题,而且可以让他们安居乐业、心情舒畅。充分发挥社区维护社会秩序的稳定器的作用,强化社区作为维护社会稳定"第一道防线"的

笔记

作用。只有社区稳定,整个国家的稳定才能拥有扎实的社会基础。

(四)社区公共事业管理与相关领域的关系

1. 社区公共事业管理与街道管理的区别 社区公共事业管理并不等同于街道管理,两者在管理主体、管理目标的设定、管理对象、管理机制和管理内容等方面都有着很大的差异。

(1)管理主体不同:街道管理体制是行政管理,管理主体主要是街道党工委和街道办事处;而社区公共事业管理主体不是唯一的,除了起主导作用的街道党工委和街道办事处之外,还有各职能部门向社区延伸的机构,以及社区内的单位和社区居民,管理主体的范围大大扩展。因此,社区在管理过程中要强调"分而治之"和相互协调,动员各方管理主体的力量来共同参与管理好社区。

(2)管理目标的设定方式不同:街道办事处是政府的派出机构,必须要对上级政府负责,完成上级指派的任务。街道管理的工作重心和重点随上级政府的工作目标而转移。而社区的工作目标虽然也由上级行政机关来设定,但强调的是自我服务和自我管理,重在体现社区的需要。

(3)管理的对象不同:街道管理的对象较为单一,仅限于街道下属的企事业单位和依附程度比较大的居民委员会,而不具有行政关系的单位,特别是行政级别高于街道的单位及其居民,一般不属于其管理的对象。因此街道管理的对象范围比较狭窄,不能覆盖全部街道范围。而社区公共事业管理是一种地域化的管理,是一种包括各种机构、单位和居民在内的所有社区成员的自我服务和自我管理,管理对象面广且量多,覆盖整个社区,没有空白点存在。

(4)管理机制不同:街道管理实行的是单一的行政机制,它是以上下级的行政隶属关系存在为前提,以人员编制、职务权利、经费投入为保证,以行政命令为手段的一种管理机制。而在社区公共事业管理中,由于各社区成员的地位和相互之间的关系与街道体制中的地位和关系有很大的不同,除了运用行政体制外,还可以利用法律机制、社团机制和道德机制来进行管理,社区公共事业管理机制是包含多种机制在内的综合性的管理机制。

(5)管理内容不同:街道管理的内容主要是上级单位指派的任务,其范围非常有限。而社区公共事业管理的内容要比街道管理的内容更为丰富,只要是社区居民需要和能够满足社区居民需要的内容,都是社区公共事业管理的内容,包括地区性事务、社会性事务、群众性事务和公益性事务。其中,地区性事务涉及社区所有成员都关心的公共事务,社会性事务涉及各成员间相互关系的事务,群众性事务是涉及群众利益、需要广泛参与的事务,公益性事务是指有利于整个社会而不限于任何特定成员的事务。

2. 社区公共事业管理与物业管理的区别 从社会学与城市学相结合的角度来看,社区公共事业管理与物业管理有着质的区别:

(1)性质不同:从大的范畴来讲,社区公共事业管理属于软件管理的范围,而物业管理属于硬件管理的范围。社区公共事业管理要解决人际关系问题,解决人们之间互帮和互助的问题,其形式、内容和渠道是多种多样的,可以借助一定的行政手段推行,也可以利用市场手段推进。物业管理主要从事土地的合理利

笔记

用和开发,房屋及其配套设施的建造和维护,对持有者、承租者、使用者和经营者的行为予以规范并做出法律约定。从我国目前城市社会现状来看,物业管理既可以借助一定的行政手段推行,又可以利用市场机制推进,但主要是要合理解决人们赖以生存发展的物质条件的保障问题。从上述分析看,社区公共事业管理与物业管理是处在两个不同领域中的不同性质的问题,不同性质的问题要用不同的方法去解决。同时,它们两者之间是城市社会硬件和软件之间的关系,如果没有硬件建设和硬件管理,社区建设和社区公共事业管理便无从谈起。

(2)地位不同:社会事物的地位是指某一事物在包括自身在内的多种事物的统一体中所处的位置。社区公共事业管理在管理社区的人际关系上,不仅应该而且也完全可能处于主导地位,就是说社区公共事业管理通过它自身的机构——居民委员会,有协调社区内各种社会关系的权利和义务,这是社区公共事业管理的本质特征(即管理社区内的人际关系)所决定的,也是国家的有关法规明文规定的。因此,社区内的方方面面,凡是涉及社区内的人际关系问题,都要听从和积极参与社区居民委员会的协调。物业管理同样要听从和积极参与居民委员会的有关协调活动,如居住区的物业建造在规划之始,就要听取能代表未来新社区居民委员会的有关街道办事处的建议和意见,对居民委员会办公用房、用地要早规划、早协商,对物业管理过程中的服务价格、服务质量等问题乃至物业管理的全过程,要接受业主委员会和居民委员会的双重监督。

至于整个居住区和配套设施的规划、建造、出售、使用、维护及相关服务,则是物业管理机构的职权,在国家政策和法律许可的范围内,应由管理机构自行处置,换言之,社区的硬件建设(如房屋、土地、配套设施,含绿地、公共场所等),硬件管理的相应机构在这方面处于主管的地位,直接向国家、社会和业主负责。物业管理机构的职权是由物业管理的物质技术及其管理的专业性决定的,又是国家有关部门授权的,两者不可分割。当然,由于社会主义市场经济体制的建立和不断完善,部门及行业间的封闭不断被打破,物业管理也随之分布于各部门、各行业之中,但其专业性仍然是其他部门和行业所不能替代的。

(3)作用不同:社区公共事业管理与物业管理的社会性质、社会地位和社会作用三者是相互联系在一起的,它们的作用主要是指它们各自在城市社会系统和社区社会系统中所起的作用。在此首先要强调的是,从社会最终目的上讲,它们同经济发展和社区发展各部门一样,都是要为不断满足人们日益增长的物质文化需要服务,都要为提高居民的生活水平、生活质量作出贡献。如今,城市居民的住房面积、住房质量、居住环境和相关服务有了明显的提高和改善,这对城市经济社会的稳定发展起了重要的保障作用,是城市社区群众所公认的。至于物业管理在取得重要业绩的同时出现了一系列亟待解决的问题,特别是在改制后的原福利分房老住宅区,遇到了来自观念上的和实际支付能力上的种种困难,这是有关行政主管部门应及时采取有力措施加以解决的。对此,社区工作者和社区公共事业管理机构应及时发挥自身的监督协调作用,促使物业管理部门加强规范,改进工作,搞好服务,而不应因此贬损甚至否定物业管理所应发挥的作用。与此同时,物业管理者及其机构,应充分认识社区公共事业管理的意义,两

笔记

者不仅在工作的最终目的上完全一致,而且社区公共事业管理为扩展和完善物业管理提供了重要的支持和发展机遇。因此,社区公共事业管理具有不可替代的作用,加强社区公共事业管理不仅能有效地提高居民的生活质量,而且能为加强城市精神文明建设、加强城市基层民主政治建设、维护城市社会稳定作出独有的贡献。

(4)管理主体不同:社区公共事业管理主体是在政府指导下由社区成员参加的社区公共事业管理委员会,是由社区范围内的政府组织、企事业单位、社团组织和居民委员会等多方面参与、共同管理的多元互助的新型社区组织。物业管理主体是业主或业主使用人,以及接受业主委托的专业化物业管理公司,管理主体双方共同行使业主自治管理与专业化管理相结合的管理职能。

(5)管理内容不同:社区公共事业管理与物业管理在管理内容上均具有综合性,但综合性的内涵不同。社区公共事业管理不仅包括"人的住用环境"的有关内容,而且包括"人的社会生活"在内的更为广泛的内容,如计划生育、婚姻家庭、邻里关系、卫生保健、商业网点、科技教育、安置就业、扶贫帮困、老龄工作等。物业管理的内容主要是指围绕着"人的住用环境"的有关内容,是以物业为核心的专业化管理与服务的内容,如各类房屋建筑及附属设备、设施的维修与养护,物业环境的治安保卫、消防管理、清扫保洁、污染防治、绿化管理、停车管理,以及相关的家居生活服务等。

3. 社区公共事业管理与社区建设的联系 二者的联系主要表现在以下几个方面:

(1)社区公共事业管理伴随着社区建设而兴起:根据《民政部关于在全国推进城市社区建设的意见》,社区建设是在党和政府的领导下,依靠社区力量,利用社区资源,强化社区功能,解决社区问题,促进社区政治、经济、文化、环境协调和健康发展,不断提高社区成员生活水平和生活质量的过程。自20世纪90年代以来,全国性的社区建设逐步兴起,正是在社区建设的过程中社区公共事业管理才被提上了议事日程。

(2)社区公共事业管理是社区建设的重要内容和重要目标:社区建设的内容大致包括社区服务、社区卫生、社区文化教育、社区环境、社区治安等。根据《民政部关于在全国推进城市社区建设的意见》,加强社区公共事业管理、建立与市场经济体制相适应的社区公共事业管理体系和运行机制是社区建设的一个重要目标。

(3)社区公共事业管理是社区建设的重要保证:加强社区公共事业管理有助于社区建设工作在制度化的轨道上有序进行,因为社区公共事业管理机构不仅可以制定一系列的社区建设的法规与政策,而且也可以在社区建设的实际过程中发挥计划、监督、控制、协调、指挥和领导作用,所有这一切都有助于社区建设的有序进行。

(4)社区公共事业管理和社区建设的主体和内容有许多重叠的地方:一是社区公共事业管理主体在某种程度上也是社区建设的主体,如街道办事处、居委会、广大居民,甚至包括社区单位和中介组织,既是社区建设的主体,也是社区公共事业管理的主体;二是社区公共事业管理的内容在某种程度上也是社区建设的内容。社区组织、社区服务、社区卫生、社区文化、社区环境、社区教育、社区治安等内容,既是社区公共事业管理的内容,也是社区建设的内容。

当然,社区公共事业管理有别于社区建设,前者侧重的是"管理",后者侧重的是"建设"。管理显然不等同于建设,社区公共事业管理主要是从管理学的角度来研究社区,而社区建设则主要是从社会学的角度来研究社区。

第二节　社区公共事业管理的内容

随着社会经济的发展,社区公共事业管理的内容也逐渐丰富,涵盖了社区方方面面的事务,具体来说社区公共事业管理涵盖了以下几个方面的内容:

一、社区卫生事业管理

现代卫生事业是随着社会经济发展到一定程度之后产生的,随着社会的进步和经济的发展,其基本内涵和管理方式也随之不断地得到发展和丰富。在当代,卫生事业是整个公共事业的重要组成部分,社区卫生服务处于医疗卫生服务体系的底部,属于基层医疗服务环节,发挥着最基本的医疗保障功能。当前中国正在进行医疗卫生服务体制改革,以促进和谐社会的构建,社区卫生服务是城市卫生体制改革的突破点,社区卫生事业运行合理、科学及有效,则可以有效地缓解群众"看病难、看病贵"的问题。社区卫生工作是一项旨在造福居民群众,营造健康社区的利国利民工作。随着人民生活水平的不断提高,广大居民群众的保健意识越来越强,因此国家与政府须根据卫生事业产品的基本特点和要求,介入卫生产品市场,以相应的卫生产品的生产和提供政策为依据。

（一）社区卫生服务的产生

社区卫生服务是在第二次世界大战的背景下产生的,由于战后经济萧条,加之伤员众多,各国都难以应付医疗卫生费用的快速膨胀,因此寻求降低和控制卫生费用过高的途径则成为降低卫生费用开支的必然要求。在这样的环境下,现代社区卫生服务最早在英国产生,英国议会于 1945 年正式批准《国家卫生服务法》,该法提出英国实行"医院专科医疗服务、社区卫生服务和全科医疗服务"三位一体的国家卫生服务制度。同时,该法规定了基本卫生保健服务主要由全科医生来提供,全科医疗起源于 18 世纪,是指受过一般医学训练且不分科的基层医生所提供的医疗服务,提供这种卫生服务的基层医生称为全科医生。1948 年,英国正式实施国家保健服务制度（National Health System, NHS）,医疗卫生服务分为三个部分:医院服务、全科医疗、家庭保健,后两者称为基层保健,主要在社区进行,因此称为社区卫生服务。1947 年,美国成立了全科医生学会,并于 1971 年改名为美国家庭医生学会,该学会创造了家庭医师或家庭医生（family physician）以及家庭医疗（family practice）这两个术语,力求把家庭医疗作为一种崭新的社区医疗服务模式。1958 年,澳大利亚创建皇家全科医生学院,在培训全科医生、促进社区卫生服务方面发挥了重要作用。

　　1978 年,世界卫生组织将社区卫生服务视为推进初级卫生保健的重要方法和途径,要求世界各国大力发展社区卫生服务,这极大地促进了社区卫生服务的发展。世界各国纷纷开始开展社区卫生事业,社区卫生服务在世界范围内得到了很大的发展。其中英国、日本、加拿大、澳大利亚的社区卫生服务发展的最好,在世界上处于领先地位。

(二)中国社区卫生服务的发展历程

　　"社区卫生"和"社区卫生服务"概念分别是在 20 世纪 70 年代末和 80 年代初引入中国的,到 80 年代中期由最初的知识性介绍开始逐步加强宣传,并逐渐被广泛认可接受。

　　具体来说,我们可以把整个中国社区卫生服务发展的历程分为三个阶段:

　　第一个阶段是整个 20 世纪 80 年代,为社区卫生服务理念引入阶段。由于当时的中国处于计划经济时代,仍然处于单位制社会,一般社会群众对行政区划和行政单位的社会划分具有强烈的依附感,人们除了知道单位,基本上再没有其他社会组织的概念。因此,这个时期关于社区卫生和社区卫生服务的启蒙宣传重点在于介绍社区卫生服务基本知识、主要作用、世界卫生组织的指导意见和要求、国外经验、我国发展社区卫生服务的必要性和条件等。主要由一批热心的社会医学工作者完成,宣传的重点在于政府领导和城镇居民两个层面。通过这样的宣传,社区医学的概念和卫生专业理念逐渐在群众中广泛普及,渗透到政府和社会的各个层面,为在中国推行社区卫生建设和社区卫生服务发挥了积极的作用。

　　第二阶段是 20 世纪 80 年代末至 90 年代末,为社区卫生服务初探阶段。这一阶段主要是发挥各方面的积极性,结合实际情况举办各类试点,着手探索研究中国社区卫生服务的实践问题。在广泛宣传,社会初步认同的基础上,国家开始支持试点实践,试点首先是在中国较发达的城市,如上海、深圳等地进行。随后,试点工作范围逐渐扩展到全国各地,所探索的内容也不断深化和丰富,逐渐由探知社区卫生服务在中国的可接受程度和可行性程度,逐步扩展到如何组织,如何运作,如何管理等方面。这一阶段的试点工作极大地推动了社区卫生服务的发展进程,对于研究制定社区卫生服务相关配套政策也起到了重要的作用。

　　第三个阶段是 20 世纪 90 年代末至今,为社区卫生服务实施阶段。这一阶段以 1997 年中共中央、国务院下发的《关于卫生改革与发展的决定》为开端,党和国家将城市社区卫生服务作为一项卫生基本政策确定下来,在全国全面推行,中国社区卫生服务发展进入了一个新的阶段。经过试点研究阶段,政府和社会形成了比较广泛的共识,国家将社区卫生服务作为现行卫生体制和医疗卫生服务模式改革的一项重要内容正式确定下来。1996 年年底,在第一次以中共中央、国务院名义召开的全国卫生工作会议上,首次正式提出要积极发展社区卫生服务,随后于 1997 年初,即正式写入中国最高级别、最具权威的文件《中共中央国务院关于卫生改革与发展的决定》之中,在全国贯彻实施。根据中央的指示精神,全国各地在各类城市中迅速把社区卫生服务工作提上议事日程,学习试点,研究规划,着手筹建社区卫生服务机构等,形成了全面实施、蓬勃发展的局面。根据实

笔记

施工作的需要,原卫生部、国家发展计划委员会、劳动和社会保障部、民政部等10部委全面总结全国试点经验,于1999年7月研究制定了《关于发展城市社区卫生服务的若干意见》,其第一次以国家的名义全面系统地对社区卫生服务工作进行了部署安排.为各地开展城市社区卫生服务提供了指南,把全国社区卫生工作纳入了一个初步规范的轨道,在推动和指导全国开展社区卫生服务工作上发挥了重要的指导作用。

根据有关部门下达的意见,社区卫生工作在全国范围内开始建立和发展,期间也遇到了各种困难,由于政府和社会发展社区卫生的要求还比较弱,国家政策的支持力度和刚性要求显得不足,实施的社会环境和配套条件还不够完备,以及1999年若干意见的规定约束性和相关协调性存在缺陷和不足。鉴于这种形势,国家在深化医疗卫生体制改革过程中,经过深入调查研究,认为发展社区卫生服务是符合中国实际的,应当坚持作为医疗卫生改革的一个重要突破口和发展的一个战略支点,必须坚持大力推进。因此,国务院要求原卫生部、国务院体改办等有关部门认真总结1997年以来的工作经验教训,进一步采取措施,推动加快发展。

原卫生部、国务院体改办、劳动保障部等10个部委在1999年《关于发展城市社区卫生服务的若干意见》的基础上,于2002年8月再次联合制发了《关于加快发展城市社区卫生服务的意见》。2002年的《意见》着眼于加快发展,着力于有针对性地解决影响发展的主要因素,着重从五个方面对1999年的《若干意见》作了进一步的强调和内容补充。时隔三年,第二个《意见》再次清楚地表明了国家发展社区卫生的目标和决心,更加明确了城市社区卫生服务的工作要求。遗憾的是2003年突发非典型性肺炎疫情,使文件的贯彻受到影响。在应对"非典"之后,全国卫生工作重点转移到公共卫生建设上来,客观上冲淡了社区卫生服务工作,以至于在随后的一段时间中,城市社区卫生服务一直处在滞缓发展状态,未能达到第二个《意见》的目的。

2004年以后,"看病难、看病贵"问题在全国范围突出起来,逐渐成为社会反映强烈的焦点问题,引起了党和政府的高度关注。在这个背景下,社区卫生服务再次受到政府和社会的普遍重视,被认为是解决"看病难、看病贵"问题的一个重要途径。如果说,以前把社区卫生服务作为卫生体制和制度改革的重要内容,着重长远考虑,那么现在更多的是作为解决当前医疗卫生问题的措施,着重现实考虑,因此国家以前所未有的力度再次大力加强社区卫生服务工作。

2006年2月,国务院颁布了《关于发展城市社区卫生服务的指导意见》,把前面两个《意见》的基本精神和工作要求上升为国务院文件,而且最具针对性的,也是文件最重要和最本质的精神在于强化政府责任和突出政策作用两个方面。国务院在文件中明确提出:中央财政从2007年起对中西部地区发展社区公共卫生服务按照一定标准给予补助,中央对中西部地区社区卫生服务机构的基础设施建设、基本设备配置和人员培训等给予必要的支持,并很快得到落实,为解决社区卫生服务发展的财政支持问题走出了坚定的一步,为地方各级政府带了个好头,做了示范,无论是直接效果,还是间接效果,影响力都非常巨大。

笔记

要做好社区卫生服务工作,必须搞活育人用人机制,大力加强社区卫生服务人才队伍建设,要围绕发展确定社区卫生服务人才队伍建设的目标,加大教育培训力度,改革用人制度,加强人才队伍的医德医风建设,努力建设一支适应社区卫生服务需要、诚心诚意为社区居民服务的人才队伍。

(三) 社区卫生服务的内容和措施

社区是实施卫生服务的基层组织和基本单位,其基本目标是从根本上保护人民的健康,满足社区居民的医疗保健需要。发展社区卫生服务是提供基本卫生服务,满足人民群众日益增长的卫生服务需求,提高人民健康水平的重要保障。1999 年国家 10 部委联合印发的《关于发展城市社区卫生服务的若干意见》中指出:社区卫生服务是社区建设的重要组成部分,是在政府领导、社区参与、上级卫生机构指导下,以基层卫生机构为主体,全科医师为骨干,合理使用社区资源和适宜技术,以人的健康为中心、家庭为单位、社区为范围、需求为导向,以妇女、儿童、老年人、慢性病人、残疾人等为重点,以解决社区主要卫生问题、满足基本卫生服务需求为目的,融预防、医疗、保健、康复、健康教育、计划生育技术服务等为一体的,有效、经济、方便、综合、连续的基层卫生服务。因此,社区卫生服务的内容应包括:社区预防、社区医疗、社区保健、社区康复、社区健康教育和社区计划生育技术服务。

发展社区卫生服务是政府履行社会管理和公共服务职能的一项重要内容,能够有效地提供基本卫生服务,满足人民群众日益增长的卫生服务需求,提高人民健康水平,推动社区卫生服务持续健康发展。社区卫生服务强调预防为主、防治结合,有利于将预防保健落实到社区、家庭和个人,提高人群健康水平,从而进一步完善城镇职工基本医疗保险制度。社区卫生服务通过多种形式的服务为群众排忧解难,使社区卫生人员与广大居民建立起新型的医患关系,并通过健康教育、预防保健,增进社区居民健康,减少发病,既保证基本医疗,又降低成本,符合"低水平、广覆盖"的原则,对城镇职工基本医疗保险制度长久稳定运行,起着重要的支撑作用。

二、社区的其他事业管理

(一) 社区教育事业管理

现代意义的社区教育是 20 世纪初从欧美兴起的,社区教育发展至今,逐渐被各国所接受,其内涵也得到不断的丰富和完善。中国的社区教育是 20 世纪 80 年代伴随着改革开放政策的实施而产生的一种新型教育方式。随着中国计划经济向市场经济的转变,中国的社会也逐渐转变为"小政府、大社会"的形态,公众的自主性和民主意识增强,民间性自发组织和非营利组织有了生存与发展的平台。行政垂直干预与管理越来越多地让位于社区的、民间的自我融合和调节,这就为社区教育的兴起提供了可能性和基础。同时,中国经济的发展对劳动力人口素质提出了更高的要求,而高等教育偏向于理论知识而轻职业技能的培训,导致了学生的知识结构失衡,无法满足社会对人才的要求。社区教育的产生顺应了经济发展的要求,可以有效地克服中国教育体制的弊端,进一步实现教育服务供给的多样化。

笔记

社区教育是在社区范围内,利用社区内的各种教育资源,以社区全体成员为对象,开展多层次、多方面的教育活动,最终实现社会全体成员整体素质的提高,以更好地服务于社会,促进社会经济发展和谐进步。社区教育是公共事业管理中教育事业管理在基层的体现与发展,教育事业的发展需要通过社区这一平台得到体现,举办社区教育可以使教育惠及更多的人,实现教育的大众化和普及化。

(二) 社区社会保障管理

社会保障是社区建设的基本内容和社区所需承担的基本功能之一。在改革进一步深化的背景下,伴随着政府职能的转变,社会生活方式也发生了深刻的变化,人们从之前在计划经济时代的单位包办制中逐渐过渡到现在的社会化生活方式,社区与社区组织逐渐取代了计划经济时代单位的地位,成为各种社会职能的主要承载者。同样,之前由单位包揽的社会保障职能,也逐渐转移到由社区社会保障体系来承担。社区社会保障的作用与地位不断增强,涵盖了社会服务、再就业安置、社会福利与救济、社区医疗、社区老年产业等方面的内容,并且其内涵仍在不断地丰富与发展。

社区社会保障管理需要从"硬件"与"软件"两方面发展与加强,首先是社区社会保障设施的建设,如社区服务中心、社区幼儿园、教育机构、老年人服务中心、社区医院等;其次是社区的各类服务组织建设,属于"软件"的发展,主要是关系到社区成员切身实际的问题,如社会保险金发放机构,各类社会福利机构、再就业培训机构等。通过这些服务组织工作人员细致关心的工作,可以提高社区成员的归属感和自我建设的意识,进一步促进社区的和谐发展。同时,需要培养社区成员的共建意识,即提高社区成员对于社区的认同并参与其中。社区的社会保障功能在很大程度上体现在社区内的互助组织与社区成员的帮扶活动。同时,社区活动的开展,也需要社区成员的积极配合与回应。而这类社区内部保障与活动得以实现的前提是社区居民自身有着高度的社区认同感和归属感,以及有着较强的社区建设参与意识。

(三) 社区服务业管理

社区服务业是一种以居住社区为载体,以满足居民生活、休息、学习和发展的多种需求为目的,以便民利民为宗旨的一种新兴的服务业,它是第三产业的重要组成部分,属于最终消费的社会服务业。1993年8月,民政部、国家计委、国家体改委等14个部委联合下发了《关于加快发展社区服务业的意见》,明确指出:"社区服务业在政府的倡导和支持下,为满足社区成员的多种需求,以街道、居委会和社区组织为依托,具有社会福利性的居民服务业。社区服务业由社区福利服务业、便民利民服务业和职工社会保险管理服务业组成,是社会保障体系和社会化服务体系的一个重要行业。"

城市社区服务是工业化、城市化和现代化的产物,也是中国改革开放中发展起来的新兴服务业。随着经济社会的快速发展,人们对社区服务的需求日益增长,社区服务业也越来越受到关注,作为第三产业的新成员,社区服务业的发展将对城镇经济的发展起到重要的作用。目前,社区服务业日益成为各级政府关

笔记

注的重要内容,社区服务业也正走向产业化、系列化,社区服务的形式、内容和范围更加多样化,服务水平更加专业化。

(四)社区环境与物业管理

城市化进程的加速发展,促使城市面貌不断发生变化,社区物业管理在城市管理中发挥着越来越重要的作用。社区环境的改善,直接关系到居民的切身利益和生活环境,加强社区物业管理,在改善社区环境的同时,还可以提供更多的就业岗位,维护社区秩序、营造和谐的社区氛围。良好的居住环境是形成社区居民认同感、归属感和家园感的重要影响因素,同时社区环境与物业管理也是公共事业管理中的重要内容和基层保障。社区物业管理的发展可以完善公共事业开展的基础平台,使公共事业管理真正落到实处,并且形成良好的民众基础和较高的回应度。

第三节 社区公共事业管理的模式

早在1955年联合国发表的《通过社区发展促进社会进步》的报告中就指明了社区公共事业管理的模式:即在一个地域里,组织和教育群众从社区的共同利益和共同需要出发,有计划地引导社区内的居民和机构共同参与,以自身的努力和政府联合一致,合理地利用社区的资源和外来援助,改善社区经济、社会、文化状况。一般来说,社区公共事业管理通过各种体制、手段、方式等要素来落实管理社区的特定目的,这些要素的有机结合称为社区公共事业管理模式。

一、国外社区公共事业管理模式

国外较发达的工业化国家,其政治、经济与社会已达到高度发展,因此在社区组织管理体系的形成与发展也比较完善。同时,在社区公共事务发展的理论发现和实践总结也非常丰富。

国外的社区公共事业管理模式具有如下的特点:

一是社区与政府共同管理社区,但以社区自身力量为主,政府力量起到辅助的作用。

国外的社区是在政府重视的前提下,运用社会各方面的力量来共同参与建设与管理,但起主导作用的是社区内部的力量,社区公共事业管理中突出的特点是社区事务高度自治化。

二是政府参与社区公共事业管理的方式,政府参与社区公共事业管理主要有两种方式:

1. 直接参与 政府各职能部门直接参与到社区组织中去,如新加坡政府为了促使城市或社区环境得到更好的建设,从三个方面直接干预社区事务:①政府制定详细的规划和严格的规定,以促使社区获得更科学合理的建设;②政府在社区建设中投入资金,建立公共设施,如中小学、公园、运动场等;③加强对社区的环境管理和监督。通过这样的方式,使社区公共事业管理与城市的建设管理协调一致,使城市达成和谐发展的局面。

笔记

2. 间接参与 政府通过社会中介组织、自愿形成的社团间接向社区提供服务,如美国政府通过积极培育和推动公共事业组织的发展来承担许多具体的社会服务和社会管理的工作,以取代政府包揽一切社会事务。政府、非营利组织和公共事业组织在美国社会中起着重要的作用,营利部门致力于经济的发展,公共事业组织致力于社会服务和管理。社区主体在社区公共事业管理中的广泛参与,大大减轻了政府的负担,克服了资金、技术、人员方面的障碍,促使政府能够从琐碎的事务中解放出来,从更宏观和更高的层次进行政策调节、制定法律和财政支持,实现更长远的战略发展(表14-1)。

表14-1 发达国家社区公共事务管理模式

国家	模式	特点	管理方式
北欧	自治模式	"小国度里的大社区"、社区城市化、城市社区化	地区自治政府(郡政府),负责民政事务,拥有独立的经济和行政权力,使民众和政府之间的沟通距离大大缩小
美国	共享型自治模式	自愿社区团体影响下的"地域归属与文化共享型"自治,以地域方位来区分而不是传统意义上的生活区,相互之间共享着某种地域归属和文化价值	社区里的具体事务商议和发展项目的安排都由"街"(指社区生活而不是中国街道的街)中的社区董事会举行社区听证会来进行讨论、管理、自治,在政府与社区居民两个端点起平衡和制衡的桥梁和纽带作用
日本	混合型模式	"地域中心"和住区协议会两者混合进行管理	区政府根据人口密度和地理半径来划分行政管理机构,即"地域中心",更类似于政府的下派机构;社区居民自发建立团体服务制度——住区协议会制度,是典型的社区居民参与公共事务管理的自治组织;两部门共同进行社区公共事务的管理、相互制衡
新加坡	政府导向型模式	国家主导管理社区工作	国家住宅发展局负责对社区工作进行指导和管理,主要职能包括:社区公共服务设施的规划和建造;对社区领袖和社区委员会的领导人进行培训;发起社区活动,倡导特定的社会价值观;对社区建设和活动予以财政支持

(资料来源:根据聂林《国外社区管理模式比较》,社会观察2004年第5期整理得出)

尽管各国的国情与实际发展情况不尽相同,我们仍然可以从国外发达国家社区公共事业管理模式中发现其发展的一些共性与趋势,即大多数国家在公民权利变革和行政力量下移的背景下,都采取社区自治模式,这种模式在民主政治理念长期影响下的西方国家更为普遍,并且在管理取向上以行政或政府主导型的管理模式逐渐减少,并不断地弱化。

大部分国家在社区公共事业管理中,都把社区发展作为社区管理的内在动力,同时大力培植和发展社区志愿团体来补充社区建设,因此在很大程度上抑制了社区犯罪、吸毒以及贫困等社会问题。总体来说,发达国家的社区公共事业管理模式具体有以下的共同特点:组织体系完整,层级分明,条分缕析,指导和实施操作层相互之间权责明确,社区基础设施配备较为齐全,教育、生活、休闲娱乐等部门之间不断地进行沟通和交流,相互弥合补充不足,居民积极参与社区管理,对自己的权利和义务都有较高的积极性。另外这些社区管理组织都是依法管理社区事务,并根据自身的现实情况发展各个社区团体积极开展活动,多方筹措资金来建设发展本社区。

从国外社区管理的两种模式可以看出,社区管理的关键是行政管理和社区管理如何定位的问题,即社区组织定位为政府的行政组织还是非政府组织,这关系到政府如何进行社会管理,以及如何培育和构建社区民间团体组织的问题。从国外社区管理的发展趋势看,社区管理通常是政府基层行政管理和社区作为非政府组织自治管理的良好结合。不论社区管理是偏行政管理还是偏社区自治管理,其目标都是力图使正式和非正式组织或团体能在一个特定的社区内发挥更有效的管理功能和作用。

二、中国的社区公共事业管理模式

按照社区公共事业管理中主体角色的差别,可以将中国的社区公共事业管理分为政府主导型、社会主导型、市场主导型三种模式。

(一) 政府主导型社区公共事业管理模式

政府主导型模式即以政府为核心,政府起主导作用的管理模式。在现阶段主要是以市辖区人民政府下派的街道办事处为主体,在居民委员会、中介组织、社会团体等各种社区主体的共同参与配合下对社区的各项事务进行管理。

政府主导型社区公共事业管理模式可以利用政府的权威性和统一性,有效地联合社区内各类主体(如环卫、公安、税务、城管等职能部门及企业单位)形成有机统一体和条块结合、以块为主、各司其职、建立管理网络,共同管理好社区的各项事务。但是这一模式与中国政府机构贯彻的"精简机构、提高效能"的原则相悖,容易造成政府负担过重,管理效率降低的缺陷,进而影响社区的发展与建设。

(二) 社会主导型社区公共事业管理模式

社会主导型模式又称为自治模式,是以社区居民委员会为核心,联合社区其他各种主体(如公共事业组织、新经济组织、企业和个人)一起,共同对社区事务进行管理,实行真正的民主自治管理的一种模式。居民委员会是社区内的基层民主形式,在社区中以居民委员会为核心,挖掘社区中的各项潜在的资源,共同建设社区,为社区的建设服务。社区内的各项事务和公共性事务由社区居委会及其他成员按社区的各项规则办理,社区的管理经费由社区成员通过各种渠道筹集。国家对社区事务的管理,以社区内各种组织、团体为载体,运用法律、经济

笔记

等手段,从宏观上对社区的工作进行指导,引导社区建设和发展。

社会主导型管理模式可以极大地调动社区内居民广泛参与社区事务的积极性,真正发扬社会主义民主,使社区居民真正地成为社区的主人,管理自己的事务,这与中国民主政治发展的方向基本一致。社区居民积极参与社区事务的管理,使社区公共事业管理更具有针对性,更易于落到实处,可以进一步地提升社区居民对社区的归属感和认同感,形成双向互利体系。此外,还能够大大的减轻政府在社区建设中的负担,可以使政府从繁杂的社会事务中解放出来,抓大放小,更有利于政府职能的实现,以及"小政府、大社会"的管理体制的形成。

需要注意的是,社会主导型管理模式需要通过政府引导来提升社区内主体的积极性,并且从法律上保证社区主体参与社区事务行为的合法性和有效性,实现有法可依、依法行事。

(三)市场主导型社区公共事业管理模式

市场主导型模式又称为"物业管理模式",是在城市综合开发的基础上,适应市场经济的要求而建立起来的一种经营性的社区公共事业管理模式。

市场主导型模式由物业管理部门依照法规、合同对同一规划开发的新建设住宅小区的各类房屋建筑和附属配套设施及场地,以经营的方式进行管理,对环境的清洁绿化、安全保卫、道路维护等实行专业化管理,并向居民提供多方面的服务。这种模式通常是通过签订承包责任书和承诺的方式将具体任务落实到岗位管理人员身上。住宅小区中的社会管理、行政管理职能由街道办事处和有关方面配合进行。

市场主导模式直接体现市场经济竞争、公平和效率的原则。物业管理作为市场的主体企业,在签订合同时已明确其所需承担的社区建设中的具体事务和责任,责权利清晰,则避免了社区服务和建设方面的互相推诿、互相扯皮的现象,进一步提高了管理的效率和质量,提高了社区服务的水平,有效地促使社区"安全、方便、舒适"的优良环境的形成。由于投资的主体(房地产公司、物业管理公司)出于自身经济利益的角度考虑,为了吸引更多的人进入社区居住,必然会加强社区的硬件设施建设,相对减轻了政府投资建设的负担。

然而,市场主导模式同样存在着弊端,表现为物业管理公司作为市场经济的主体,注重的是自身的经济利益,进而忽视了社区社会效益的发展,导致了社区建设出现失衡发展的现象。因此,需要政府通过法规来调整和实现物业管理的规范化,促使物业管理公司走上社会效益、经济效益双丰收的轨道,真正发挥物业管理公司在社区公共事业管理中的作用。

综上所述,不同类型的社区公共事业管理模式存在着各自的优点和不足,我们在选择社区公共事业管理模式时,需要根据各地的实际情况,吸收各种社区公共事业管理模式的优点,避免它们的不足,形成适合社区自身特点的管理模式。

第四节 社区公共事业管理的发展与创新

社区在完善政府基本公共服务体系建设中发挥着基础作用,可以进一步推进政治体制改革,发展基层民生。社区公共事业管理发展顺畅,可以优化社区人际关系,提高居民生活质量和文明程度、促进社会和谐稳定和人民幸福指数的提高。

社区公共事业管理不是一成不变的,而是随着外部环境、自身结构调整以及社会经济的发展,其管理方式和内涵也会相应地得到发展与丰富。我们需要根据社会经济的发展逐步实现社区公共事业管理的不断完善与科学化,体现社区公共事业管理的创新性。

一、社区公共事业管理发展所面临的新形势

随着社会主义市场经济体制的建立和完善,中国城镇化发展步伐的进一步加快,广大农村将成为新型的社区,这些新增的社区需要大量的社区管理与服务人员。同时,时代的发展使得社区管理与服务工作职能发生变化,工作范围扩大,管理与服务内容更加复杂,管理与服务手段更加先进。

(一)当前社区公共事业管理处于中国社会发展的新阶段

当前,中国已经进入到全面建成小康社会阶段,国家生产力、人们富裕程度和生活水平获得较大的提升。按照十八大的要求计算,至2020年中国的国内生产总值将达到80万亿元,城镇居民人均可支配收入将超过4万元,农村居民人均纯收入将超过1.2万元,东部发达地区城乡居民收入还会远远高于这个水平。城乡居民消费的需求和能力将不断提高,相应的对社区服务的数量和质量要求也必然越来越高。

(二)人口总量、结构和居住状况发生新变化

随着中国的经济转轨和社会转型,大量的单位人逐渐演变为社会人、社区人,流动人口逐渐进入社区,总量大大增加。社区工作的管理对象不再仅仅是在计划经济体制下单一的居住在社区的常住人口,而变得人数增多和人口结构复杂化。据测算,2020年我国人口总量将达到近15亿,老年人口将达到2.48亿,其中80岁及以上的高龄老年人将达到3067万;残疾人将超过1.1亿;农村扶贫对象生活得到改善,但仍会保持一定的数量,城市失业人口、贫困人口仍将占一定的比例;城市流动人口将近4.5亿,这就使社区服务和管理的压力和难度越来越大。

(三)社会多样化的趋势将持续和加速

社会组织形式、分配方式、就业方式、生活方式及利益关系和价值观多元化将继续发展,服务需求将越来越趋向于多样化、多层次、多变动,统筹兼顾各方面利益关系的难度将越来越大。

(四)改革开放将全面深化

经济体制、政治体制、文化体制、社会体制和生态文明制度等方面的改革不断深化,理论创新、制度创新、科技创新、文化创新以及其他各方面的创新不断推进,国际交流和合作不断拓展和深化,这些对加快创新基层社会管理体制、完善社区公共事业管理既提出了更迫切的要求,也提供了更加有利的条件。

笔记

（五）社区公共事业管理工作仍然存在着很多的制约因素和不足

社区治理结构不完善,居委会与物业公司和业主委员会、村委会与村级经济组织以及基层政府和城乡基层自治组织等方面的关系还没完全理顺,社区自治和服务功能有待提升,居民参与社区公共事务的主动性、积极性有待提高。社区服务设施和服务项目不完善,社区资源整合不够,社区服务机制创新不强,社区管理和服务整体水平与新形势新任务的要求还不完全适应,社区建设的应有作用尚未得到充分的发挥。

二、改进与完善社区公共事业管理发展的措施

社区公共事业管理须不断地与时俱进,只有不断创新思路,积极探索新路径、新举措,才能不断开拓社区公共事业管理建设的新局面。

（一）转变观念

逐步转变社区公共事业管理的理念,使社区公共事业管理逐步从以前的静态管理转变为动态管理,更具有灵活性和应对性;社区公共事业管理应从政府单一管理转变为多主体共同管理,实现多主体之间互相协作和监督;由集中管理转变为民主自治管理,进一步提高社区服务意识和理念。

（二）转变管理手段和管理体制

在管理手段方面,要从直接管理逐步过渡到间接管理,实现管理手段的网络化、信息化,使管理手段更科学、更合理、更多样化;在管理体制方面,要转变政府在社区公共事业管理中的主导作用,充分发挥物业管理公司的"硬件"建设作用,以及居民委员会的"软件"建设作用,实现物质文明、精神文明两手一起抓,同时发挥业主委员会及其他社区居民团体的作用,最终实现"两级政府、三级管理、四级网络"的体制。

（三）社区服务多元化供给

针对社区公共事业管理的内涵不断丰富的发展趋势,应逐步实现社区服务的多元化供给。社区通常以独立的自治组织形态出现,因此社区不仅需要促使本社区的共同事务以及社区内部发展顺利进行,而且需要与外部保持良好的关系与互动,如发展营利组织、邻里关系等社区资源,满足社区居民的多元化需求。进一步减轻政府的财政压力,厘清基层政府和自治组织的职责范围,建立既分工又合作的新型政社关系。

（四）促进社区社会组织的培育与发展

社区社会组织在促进社区治理、完善社区服务方面发挥了独特优势,是政府与居民沟通的媒介与桥梁。社会组织坚持将社区居民的需求摆在首位,其服务的范围几乎涵盖了社区公共服务的每个方面,并不断地细化与拓展,对社会问题的应对能力也较强,具有较强的针对性和较高的效率。因此,政府需要高度重视与提升社区社会组织的自我发展能力,放宽准入条件,在规划指导、法律环境、和资金方面予以支持,不断引导社区社会组织形成、发展与完善。

（五）逐步实现社区自治

倡导社区逐步实现自主治理,促进居民民主意识的提升,激发社会公众参与社区服务的热情。在社区建设中,鼓励居民直接参与社区公共事务和公益事业

的管理,并对政府的社区服务政策执行情况进行监督,建立以居民满意度和社情民意知晓度为导向的行政考核体系,充分发挥群众参与社区管理的基础作用。进一步丰富基层民主内容和形式。如通过社区会议、社区听证会、民情直通车、便民服务窗等形式多样的居民自治形式,让社区居民平等协商社区事务,畅通表达民意,强化居民自治组织的作用,逐渐实现以满足居民的需求和意愿为宗旨、由社区自治组织和社区居民共同参与的社区自主治理。

(六)加快基层行政管理改革

建设社区服务中心,促进政府社会管理和公共服务职能向社区延伸,促进公共权力重心下移,提升管理效能和城乡基本公共服务均等化程度。完善城乡居民自治和社区治理机制,促进多元主体协同参与,强化政府行政管理与基层群众自治的有效衔接和良性互动。大力加强社区服务信息网络平台建设,建设基础政府公共服务综合信息平台和满足居民日常生活服务需求的综合信息平台。

通过社区公共事业管理的创新发展,可以为群众文化体育、医疗卫生、权益保障等提供基本保障;促进政府职能转变,政府把不该管、管不好的具体事项交给市场和社会组织,从而能够把更多精力放在加强社会管理和提高公共服务质量上;社会组织成为有效承接政府转移事项的载体,在反映群众诉求、化解社会矛盾上将起到很大的作用。

章后案例

设立"社区公共事务中心",探索社区去行政化,增强居民自我管理与自我发展能力

南岸南坪街道　还社区自治功能

取号排队区、咨询区、资料填写区一应俱全,劳动保障、流动人口管理等各窗口规范有序,叫号声响起,拿到号的居民便到相关窗口办事。

这是全市迄今唯一一家"社区公共事务中心",位于南岸区南坪街道,刚运行一个月有余,目前每天接待居民约200人次。它将社区的大部分行政职能加以集纳、整合,以求归还社区的自治功能。

"小巷总理"的一天

3月12日一早,南坪街道东路社区党委书记魏丽刚到办公室便忙开了,当天上午,这里要举行一场关于老旧居民小区涨清洁费的议事会,商议的双方是居民和清扫员,而东路社区则是组织者。

上午10点,代表陆续到齐,经双方约定,清洁费由每户每月7元涨到10元。"以前,这些事情都是等通知,像这种讨论决定,还是第一次。"事后,当地一位居民坦言。

下午,魏丽又到社区低保户和空巢老人家里走访。"一天时间很快过去了,好像没做什么事情,又好像做了许多事。"魏丽说。

这位"小巷总理"告诉记者,过去社区的工作事项罗列出来足有200多项,

笔记

这让他们有些不堪重负。

而现在，街道将计生、低保、医保、社会救助等事务都集中到了社区公共事务中心，让社区的工作少了很多"行政色彩"，每天的工作，从过去做台账、搞统计、写情况说明等，变成了走访困难群体，以及引导居民自治。

"这个角色还需要适应。"魏丽坦言，譬如说，这次涨清洁费的事，就有居民让社区出个通知，定个标准就行了，但被她婉拒："倒不是怕担责任，而是社区本来就是由你们自治，你们要学着'转型'。"

尝试去行政化

近年来，随着社区建设的推进和政府工作重心的下移，乡镇和街道办事处将相当多的行政工作"转移"到社区身上，使得社区行政化倾向日趋严重，"上面千根线，下面一根针"是社区工作的真实写照。

"什么事情都要管，计生、统计、低保等等，除了这些，每周还要应付起码两到三拨上面来的检查。"一位不愿透露姓名的社区工作者抱怨。

如何归还社区自治功能，南坪街道在进行探索：今年2月，成立全市首个社区公共事务中心，内设城镇低保、就业再就业、居民医保等18个公共行政事务受理窗口，将所辖13个社区所承担的行政职能进行集纳和整合。

同时，为方便辖区老年人、残疾人等特殊群体，中心在每个社区均委派了一名代办员，实现流动服务与中心办事的无缝对接。

此举收效明显。低保户管理是原本下沉到各社区的行政事务工作，每个社区都需要1~2名人员，而现在只需要3名工作人员便可以从事整个街道的低保事务。医保、民政、计生等工作，同样如此。经估算，中心的21名工作人员承担了社区原80%的行政事务工作，每天可办理各项事务约200件，既整合了资源、节约了人力成本，又提高了办事效率。

居民也方便了不少。记者在社区公共事务中心采访时，看到63岁的阳光社区居民武荣珍前来办事。她告诉记者："过去办个事什么的，要在社区、街道两头跑，浪费时间、精力，现在直接到这里来就行了。"

不是简单的权力"腾挪"

"我们这样做的目的，只是将'强加'给社区的行政职能剥离出来，让社区不再像一个'小衙门'、'二政府'，"南坪街道相关负责人表示，"但这不是简单的权力腾挪。"

该负责人介绍，设立社区公共事务中心，只是"万里长征第一步"。今年6月前，南坪街道将成立党员服务、文化服务、生活服务和养老托老4个中心，以及微企孵化、社会组织和志愿者队伍、便民服务3个基地，为社区的"转型"提供必要的场地和人才支撑。

街道还要求社区工作者转变工作方式——不光是走访困难群体，更要思考如何进行社会管理创新。该负责人说，社区职能可细分为6类，包括服务

笔记

群众、城市管理、培育公益性岗位和中介组织、提供志愿者服务和综合治理等。这就要求社区工作者在扩大民主、优化社区自治环境等方面做出探索：比如议事会要成为一种常态，在小区、院落引导居民成立"住委会"、"家委会"等自治组织，增强他们自我管理、自我发展的能力。

"这些东西，没有现成的经验，"该负责人说，"一切尚待探索和检验。"

（资料来源：重庆日报，2013-4-2(14)）

案例讨论题

结合以上所给的材料，请同学们讨论并分析设立社区公共事务中心的必要性，社区公共事务中心与社区自治之间的联系，具体应怎么做才合理呢？

本章小结

社区可以从多个研究角度来进行定义，本章从公共事业管理的角度将社会界定为在一定地域内发生社会活动和社会关系，通过特定的生活方式，形成某种内在的互动关系和共同的文化维系力，并由具有成员归属感的人群所组成的相对独立的社会生活共同体，这一定义包含了这一人类群体及其活动区域。

社区公共事业管理，指在政府及其职能部门的指导和帮助下，动员和依靠社区职能部门、社区单位、社区居民等各方面的力量，对社区的各项公共事务和公益事业进行一系列管理与自我管理活动的过程。并且社区公共事业管理包含较丰富的内容，包括社区卫生管理、社区教育管理、社区社会保障管理、社区服务业管理和社区物业管理等，社区公共事业管理的模式主要是由政府、自治组织和市场三个主体之间相互作用、相互协调形成的不同组合。

社区公共事业管理属于动态管理，应根据不同的发展态势和环境来采取相应的管理手段、方式和措施等。

关键术语

社区构成要素　community elements

社区公共事业管理　community social public affair

社区卫生事业　community health service

社区教育　community education

社区社会保障　community social secu-rity

社区服务业　community service industry

社区物业　community property

社区公共事业管理模式　community social public affair model

思考题

1. 社区与社会之间的联系与区别是什么？

笔记

2. 如何界定社区公共事业管理,它有什么样的特征?

3. 社区公共事业管理能发挥哪些功能?

4. 社区公共事业管理与街道管理有什么不同之处?

5. 社区公共事业管理与物业管理的区别在哪里?

6. 社区公共事业管理与社区建设有哪些联系?

7. 中国的社区公共事业有哪些管理模式?

8. 面对中国发展的新形势,应采取什么样的措施改善社区的公共事业管理?

(彭　聪)

笔记

教 学 建 议

一、教学目的

公共事业管理学科是从公共事业管理实践中发展而来的,公共事业管理是一门综合性较强的课程,通过课程学习,使学生对公共事业管理有一个系统的了解与认知。具体来说,需要明确公共事业管理的基本内容,包括公共事业管理及相关概念的含义、产生的时代背景、理论基础、职能等,在此基础上,进一步学习公共事业管理的过程,包括公共政策执行过程、绩效管理、公共权力监控等内容,明确各主体在公共事业管理中所发挥的作用和各自的定位,进而借鉴国外的公共事业管理,了解和掌握中国的公共事业管理情况。通过此课程的学习要为其他管理课程的学习打下牢固的基础。

二、前期需要掌握的课程名称

《管理学原理》、《公共管理学》、《公共经济学》、《社会学概论》

三、学时建议

教学内容	学习要点	学时安排
第一章 绪论:公共事业与公共事业管理	1. 公共事业的基本内容 2. 公共事业管理的内涵、与其他管理的关系及产生的时代背景 3. 公共事业管理的主体、研究内容、理论基础	4 学时
第二章 公共事业管理职能与方法	1. 公共事业管理职能的内涵、性质、目标、内容和基本手段 2. 公共事业管理职能的演变 3. 公共事业管理中的方法:听证会制度、危机管理及公共项目管理	3~4 学时
第三章 公共事业管理的过程	1. 公共政策的概念和性质 2. 公共政策与公共事业管理的关系 3. 公共政策过程,即设计、执行、评估、修正与终止 4. 公共权力与领导、领导方式与效能、公共事业管理中的激励与控制	3 学时
第四章 公共事业绩效管理	1. 绩效及绩效管理的内涵及意义 2. 公共事业绩效管理的模式及过程 3. 公共事业管理的绩效评价方法 4. 几种先进的公共事业绩效管理工具的运用	3 学时

笔记

续表

教学内容	学习要点	学时安排
第五章 公共事业管理的权力与监控	1. 公共权力的形成与发展、概念与性质。 2. 公共权力与公共责任的统一,公共责任的性质与落实 3. 对公共权力监控的概念与监控机制,正确处理对公共权力监控中的问题	2~3学时
第六章 公共事业管理中的政府角色	1. 政府职能的分类 2. 市场经济条件下政府职能的历史变迁 3. 市场失灵与政府职能发挥 4. 政府在公共事业管理中的地位和作用 5. 西方国家的政府再造运动 6. 公共事业管理改革的趋势	3学时
第七章 公共事业管理中的非营利组织与事业单位	1. 探讨非营利组织和事业单位的内涵与特征 2. 了解我国非营利组织和事业单位的发展历程 3. 分析我国非营利组织和事业单位目前存在的发展难题 4. 探讨推动我国非营利组织与事业单位发展的有效措施	3学时
第八章 公共事业中的公共物品管理	1. 公共物品的基本概念和类型划分 2. 公共物品的生产与提供的形式及途径 3. 公共事业管理中公共物品的供给主体与形式	3学时
第九章 公共事业部门战略管理	1. 理解战略管理的概念与内涵;掌握公共事业部门战略管理的属性及其兴起背景 2. 理解公共事业部门战略管理的过程模式;掌握公共事业部门战略管理实施的基本阶段及其技术与方法 3. 理解公共事业部门的战略类型,能结合实际选择适当战略 4. 理解战略管理用于公共事业部门的积极意义及其限制与困难	3学时
第十章 公共事业管理的治理模式创新	1. 公共事业管理模式及运用 2. 公共事业民营化 3. 公共事业管理的顾客导向	2学时
第十一章 西方国家公共事业管理	1. 介绍西方国家公共事业管理改革的历程 2. 理解当代西方国家公共事业管理改革的成因 3. 熟练掌握当代西方国家公共事业管理改革的内容及其对我国的启示	3学时

笔记

续表

教学内容	学习要点	学时安排
第十二章 中国公共事业管理 的改革与发展	1. 中国公共事业管理的发展历程和改革历程 2. 政府职能调整和现状 3. 中国公共事业存在的问题 4. 改革的目标及相应措施	3 学时
第十三章 公共事业部门管理	1. 科技事业的内涵、特征及目标管理模式 2. 卫生事业的内涵、特征及目标管理模式 3. 教育事业的内涵、特征及目标管理模式 4. 文化事业的内涵、特征及目标管理模式 5. 体育事业的内涵、特征及目标管理模式	3 学时
第十四章 社区公共事业管理	1. 社区、社区的基本要求、社区与社会的关系 2. 社区公共事业管理的界定、特征与功能 3. 社区公共事业管理的内容 4. 社区公共事业管理的模式 5. 社区公共事业管理的发展趋势与改善措施	3 学时

说明:(1)本教材参考学时 32～48

笔记

附 录 ◀

附录一　事业单位登记管理暂行条例

国务院令第 411 号 2004 年 6 月 27 日发布

(1998 年 10 月 25 日中华人民共和国国务院令第 252 号发布根据 2004 年 6 月 27 日《国务院关于修改〈事业单位登记管理暂行条例〉的决定》修订)

第一章　总　则

第一条　为了规范事业单位登记管理,保障事业单位的合法权益,发挥事业单位在社会主义物质文明和精神文明建设中的作用,制定本条例。

第二条　本条例所称事业单位,是指国家为了社会公益目的,由国家机关举办或者其他组织利用国有资产举办的,从事教育、科技、文化、卫生等活动的社会服务组织。

事业单位依法举办的营利性经营组织,必须实行独立核算,依照国家有关公司、企业等经营组织的法律、法规登记管理。

第三条　事业单位经县级以上各级人民政府及其有关主管部门(以下统称审批机关)批准成立后,应当依照本条例的规定登记或者备案。

事业单位应当具备法人条件。

第四条　事业单位应当遵守宪法、法律、法规和国家政策。

第五条　县级以上各级人民政府机构编制管理机关所属的事业单位登记管理机构(以下简称登记管理机关)负责实施事业单位的登记管理工作。县级以上各级人民政府机构编制管理机关应当加强对登记管理机关的事业单位登记管理工作的监督检查。

事业单位实行分级登记管理。分级登记管理的具体办法由国务院机构编制管理机关规定。

法律、行政法规对事业单位的监督管理另有规定的,依照有关法律、行政法规的规定执行。

第二章　登　记

第六条　申请事业单位法人登记,应当具备下列条件:

(一)经审批机关批准设立;

(二)有自己的名称、组织机构和场所;

(三)有与其业务活动相适应的从业人员;

笔记

422

（四）有与其业务活动相适应的经费来源；

（五）能够独立承担民事责任。

第七条　申请事业单位法人登记,应当向登记管理机关提交下列文件：

（一）登记申请书；

（二）审批机关的批准文件；

（三）场所使用权证明；

（四）经费来源证明；

（五）其他有关证明文件。

第八条　登记管理机关应当自收到登记申请书之日起 30 日内依照本条例的规定进行审查,作出准予登记或者不予登记的决定。准予登记的,发给《事业单位法人证书》；不予登记的,应当说明理由。

事业单位法人登记事项包括：名称、住所、宗旨和业务范围、法定代表人、经费来源（开办资金）等情况。

第九条　经登记的事业单位,凭《事业单位法人证书》刻制印章,申请开立银行账户。事业单位应当将印章式样报登记管理机关备案。

第十条　事业单位的登记事项需要变更的,应当向登记管理机关办理变更登记。

第十一条　法律规定具备法人条件、自批准设立之日起即取得法人资格的事业单位,或者法律、其他行政法规规定具备法人条件、经有关主管部门依法审核或者登记,已经取得相应的执业许可证书的事业单位,不再办理事业单位法人登记,由有关主管部门按照分级登记管理的规定向登记管理机关备案。

县级以上各级人民政府设立的直属事业单位直接向登记管理机关备案。

第十二条　事业单位备案的事项,除本条例第八条第二款所列事项外,还应当包括执业许可证明文件或者设立批准文件。

对备案的事业单位,登记管理机关应当自收到备案文件之日起 30 日内发给《事业单位法人证书》。

第十三条　事业单位被撤销、解散的,应当向登记管理机关办理注销登记或者注销备案。

事业单位办理注销登记前,应当在审批机关指导下成立清算组织,完成清算工作。

事业单位应当自清算结束之日起 15 日内,向登记管理机关办理注销登记。事业单位办理注销登记,应当提交撤销或者解散该事业单位的文件和清算报告；登记管理机关收缴《事业单位法人证书》和印章。

第十四条　事业单位的登记、备案或者变更名称、住所以及注销登记或者注销备案,由登记管理机关予以公告。

第三章　监　督　管　理

第十五条　事业单位开展活动,按照国家有关规定取得的合法收入,必须用于符合其宗旨和业务范围的活动。

事业单位接受捐赠、资助,必须符合事业单位的宗旨和业务范围,必须根据与捐赠人、资助人约定的期限、方式和合法用途使用。

第十六条　事业单位必须执行国家有关财务、价格等管理制度,接受财税、审计部门的监督。

第十七条　事业单位应当于每年 3 月 31 日前分别向登记管理机关和审批机关报送上一年度执行本条例情况的报告。

第十八条　事业单位未按照本条例规定办理登记的,由登记管理机关责令限期补办登记手续;逾期不补办的,由登记管理机关建议对该事业单位的负责人和其他直接责任人员依法给予纪律处分。

第十九条　事业单位有下列情形之一的,由登记管理机关给予警告,责令限期改正;情节严重的,经审批机关同意,予以撤销登记,收缴《事业单位法人证书》和印章。

(一)不按照本条例的规定办理变更登记、注销登记的;

(二)涂改、出租、出借《事业单位法人证书》或者出租、出借印章的;

(三)违反规定接受、使用捐赠、资助的。

事业单位违反法律、其他法规的,由有关机关依法处理。

第二十条　登记管理机关的工作人员在事业单位登记管理工作中滥用职权、玩忽职守、徇私舞弊构成犯罪的,依法追究刑事责任;尚不构成犯罪的,依法给予行政处分。

第四章　附　　则

第二十一条　《事业单位法人证书》的式样由国务院机构编制管理机关制定。

第二十二条　本条例实行前已经成立的事业单位,应当自本条例实行之日起 1 年内依照本条例有关规定办理登记或者备案手续。

第二十三条　本条例自发布之日起施行。

附录二　关于印发《事业单位章程示范文本》的通知

中央编办发〔2012〕11 号

各省、自治区、直辖市编办,新疆生产建设兵团编办:

为贯彻落实《中共中央国务院关于分类推进事业单位改革的指导意见》(中发〔2011〕5 号)及《关于建立和完善事业单位法人治理结构的意见》(国办发〔2011〕37 号)精神,中央编办制定了《事业单位章程示范文本》,现予印发。请在建立和完善事业单位法人治理结构工作中,依据《事业单位章程示范文本》,指导和规范事业单位制定章程,确保事业单位法人治理结构建设顺利进行。

中央编办

2012 年 5 月 24 日

事业单位章程示范文本

（适用于建立理事会的事业单位）

说　明

一、按照中央关于分类推进事业单位改革的指导意见及其相关配套文件精神，根据《事业单位登记管理暂行条例》及其实施细则和其他有关法律法规，制定此章程示范文本。

二、事业单位章程示范文本，旨在为建立理事会的事业单位制定章程时提供指导，并为建立董事会、管委会等其他形式法人治理结构的事业单位提供参照。

三、事业单位制定的章程，应当包括此章程示范文本中所列全部条款内容。根据有关法律法规及行业相关规定，为完善事业单位自主管理、自我约束的体制、机制，反映行业特点及单位特色，可适当增加章、节、条、款、项、目。

四、【】内文字为选择项，"注"后内容为条款制定的要求或说明。

×××××章程

第一章　总　则

第一条　为规范本单位行为，确保公益目标的实现，根据《事业单位登记管理暂行条例》及其实施细则和国家有关法律法规及其他有关规定，制定本章程。

第二条　本单位名称是＿＿＿＿＿＿＿＿＿＿＿＿＿＿＿＿＿＿＿＿＿。

第三条　本单位住所是＿＿＿＿＿＿＿＿＿＿＿＿＿＿＿＿＿＿＿＿＿。

第四条　本单位经费来源是＿＿＿＿＿＿【财政补助/非财政补助】。

第五条　本单位开办资金为人民币＿＿＿＿＿＿万元。

注：出资主体多元化的单位，可增加条款载明出资者、出资方式、金额等。

第六条　本单位的举办单位是＿＿＿＿＿＿＿＿＿＿＿＿＿＿＿＿＿。

注：有多个举办单位的，应按责任主次顺序依次载明。

第七条　本单位的登记管理机关是＿＿＿＿＿＿＿＿＿＿＿＿＿＿＿。

第二章　宗旨和业务范围

第八条　本单位的宗旨是＿＿＿＿＿＿＿＿＿＿＿＿＿＿＿＿＿＿＿

＿＿＿＿＿＿＿＿＿＿＿＿＿＿＿＿＿＿＿＿＿＿＿＿＿＿＿＿＿＿＿＿＿。

第九条　本单位的业务范围包括：

＿＿＿＿＿＿＿＿＿＿＿＿＿＿＿＿＿＿＿＿＿＿＿＿＿＿＿＿＿＿＿＿＿；

＿＿＿＿＿＿＿＿＿＿＿＿＿＿＿＿＿＿＿＿＿＿＿＿＿＿＿＿＿＿＿＿＿。

注：在不超出登记管理机关核准或预核准登记业务范围的情况下，可载明具体事项。如有涉及资质认可事项或者执业许可事项的，应与相应的资质认可证明或者执业许可证明确认的业务事项相一致。

第三章　举办单位

第十条　举办单位的权利：

＿＿＿＿＿＿＿＿＿＿＿＿＿＿＿＿＿＿＿＿＿＿＿＿＿＿＿＿＿＿＿＿＿；

＿＿＿＿＿＿＿＿＿＿＿＿＿＿＿＿＿＿＿＿＿＿＿＿＿＿＿＿＿＿＿＿＿。

笔记

注:本条款内容应与举办单位和其他相关部门充分沟通协商后载明,如:(一)提出本单位的宗旨和业务范围;(二)组建本单位第一届理事会;(三)向本单位理事会委派相关理事;(四)提名或任免本单位的理事长、副理事长;(五)批准理事会工作报告;(六)监督本单位运行;(七)审核章程草案及章程修改草案;(八)行使法律法规规定的举办单位权利。

第四章　理　事　会

第一节　理事会的构成及职责

第十一条　本单位设立理事会作为决策机构和监督机构,理事会向举办单位报告工作。

理事会每届任期为____年。

注:根据实际情况载明,如:3年或5年。单独设立监事会的可调整本条款,增加相应章节载明监事会职责、监事长及监事产生方式等。

第十二条　理事会由_____名理事组成,其来源与名额、产生方式为:

_____;

_____;

_____。

注:理事总数一般为奇数,不得少于5人。理事一般应包括政府有关部门、举办单位、事业单位、服务对象和其他有关方面的代表。应载明各方代表的产生方式及所占名额,如:代表举办单位、监管部门的理事一般由政府部门或相关组织委派;代表职工、服务对象和社会人士的理事原则上推选产生;本单位党组织负责人、行政负责人及其他有关职位的负责人可以确定为当然理事。理事会换届时,理事应按照原渠道产生。直接关系人民群众切身利益的事业单位,本单位以外人员担任的理事要占多数。

第十三条　理事会行使下列职权:

_____;

_____;

_____。

注:应根据实际情况,在与举办单位和相关部门充分沟通后载明。一般应包含下列内容:(一)审议和提出本单位章程的修改意见;(二)审议本单位业务发展规划;(三)审定本单位重大业务活动计划;(四)拟定本单位内设机构或分支机构设置方案;(五)审定本单位内部主要管理制度。(六)任免或提名本单位行政负责人;(七)审议本单位财务预算和决算;(八)监督管理层执行理事会决议;(九)审议管理层工作报告并对管理层工作进行考评;(十)决定拟任法定代表人的人选;(十一)理事会届满前三个月内负责组建下届理事会,并报举办单位审核同意;(十二)决定其他重大事项。

第二节　理　　事

第十四条　理事每届任期与理事会每届任期相同。任期届满,【可以/不可以】连选连任。

理事不因理事资格在本单位领取薪酬，因履行理事职责产生的交通、通讯等费用，可按有关规定列支。

第十五条　理事应具备履职的知识和能力，熟悉并遵守有关法律法规和国家政策，根据本单位的宗旨，忠实、诚信、勤勉地履行职责。

注：根据实际情况，可增加有关联关系的理事回避条款。

第十六条　理事享有以下权利：

（一）出席理事会会议，享有发言权、提议权、表决权、选举权和被选举权；

（二）对理事会会议和本单位开展业务活动情况的知情权、建议权、监督权；

……

（…）理事会赋予的其他权利。

第十七条　理事应当履行以下义务：

（一）遵守本单位章程及有关规定；

（二）遵守并执行理事会会议决议；

（三）按时参加理事会会议及相关活动；

（四）不擅自公开本单位涉密信息；

（五）不凭借理事身份，为本人或他人从本单位牟取不当利益；

……

（…）理事会规定的其他相关义务。

第十八条　理事可以在任期内提出辞职。辞职应向理事会递交书面报告，经理事会表决通过后，理事资格方可终止。委派产生的理事辞职须经委派方同意。

第十九条　理事发生以下情形的，理事会应按程序终止其理事资格：

（一）无正当理由连续三次以上不参加理事会会议的；

（二）因本人身体健康和工作等原因，不能继续履行理事职责的；

（三）违反法律法规，被追究刑事责任的；

……

（…）法律法规和本章程规定的其他情形。

第二十条　理事推选方或委派方提出更换理事的，经理事会表决通过后，按理事原产生方式及程序予以更换。

第二十一条　理事出现空缺，应及时按原产生方式及程序填补缺额。

第三节　理　事　长

第二十二条　理事会设理事长1名，其产生方式为＿＿＿＿＿＿＿＿＿＿＿＿＿＿＿＿＿＿＿＿＿＿＿＿＿＿。

注：根据本单位特点和人事管理权限，载明产生方式。如：（一）由理事会选举产生；（二）由理事会提名，有关部门或举办单位批准；（三）由有关部门或举办单位任命等。

根据实际情况，决定是否设副理事长及其名额，并相应增加副理事长的职权条款。

第二十三条　理事长行使下列职权：

笔记

（一）召集和主持理事会会议；

（二）确认理事会会议议题；

（三）督促和检查理事会决议的落实情况；

……

（…）理事会赋予的其他职权。

第二十四条　理事长不能行使职权时，由＿＿＿＿＿＿代行其职权。

注：根据实际情况载明，如：理事长指派副理事长。无副理事长的，可按程序委托其他理事。

第四节　理事会会议

第二十五条　理事会每年定期召开＿＿＿＿次会议。理事会会议一般由理事长召集和主持，也可由全部理事三分之一以上的理事提议召开。

注：理事会每年定期召开至少两次会议。根据实际情况，可增加行政负责人提议召开理事会会议的条款。

第二十六条　理事会会议程序：

＿＿＿＿＿＿＿＿＿＿＿＿＿＿＿＿＿＿＿＿＿＿＿＿＿＿＿＿＿＿；

＿＿＿＿＿＿＿＿＿＿＿＿＿＿＿＿＿＿＿＿＿＿＿＿＿＿＿＿＿＿；

＿＿＿＿＿＿＿＿＿＿＿＿＿＿＿＿＿＿＿＿＿＿＿＿＿＿＿＿＿＿。

注：根据实际情况载明，如：（一）提议召开理事会会议，并确定会议议题；（二）提前十个工作日将会议通知（时间、地点、议题等）及相关材料送达全体理事；（三）就会议议题进行讨论；（四）表决并形成理事会决议；（五）制作会议记录。

第二十七条　理事会会议须有全部理事的三分之二以上出席方能召开。

第二十八条　理事会会议采取记名方式投票表决，每名理事享有一票表决权，理事会决议一般事项须经全部理事的半数以上通过。重大事项＿＿＿＿＿＿＿＿＿＿，须经全部理事三分之二以上通过。

理事会决议违反法律、法规和本单位章程规定的，在表决中投赞成票的理事承担相应责任，不赞成的不承担责任。

注：由理事会根据实际情况研究确定重大事项，并逐条载明。如：（一）业务发展规划；（二）重大业务活动计划；（三）机构设置方案；（四）重大财务事项；（五）章程修改。

第二十九条　理事会会议应当有会议记录。出席会议的理事和记录人，应当在会议记录上签名。理事会会议记录应当作为本单位重要档案妥善保存。

第三十条　理事会会议记录应当载明以下内容：

（一）出席会议的理事，列席人员，缺席人员及事由；

（二）会议的日期、地点；

（三）主要议题及议程；

（四）各位理事的发言要点；

（五）提交表决事项的表决结果；

……

笔记

(…)理事会认为应当载入会议记录的其他内容。

第五章　管　理　层

第三十一条　本单位管理层由行政负责人及其他主要管理人员组成,是理事会的执行机构。管理层实行_____负责制。

注:根据实际情况,载明行政负责人职务,如:校长、院长、主任等。

第三十二条　管理层履行下列职责:

_____;

_____;

_____。

注:根据实际情况载明,一般应包含下列内容:(一)执行理事会决议;(二)拟定和实施年度工作计划等日常业务管理;(三)编制并组织实施经费预算等财务资产管理;(四)工作人员管理;(五)定期向理事会汇报工作;(六)理事会赋予的其他职权。

根据实际情况,可增加本单位管理层的具体职位及其职责的条款。

第三十三条　本单位行政负责人的产生方式为_____;其他主要管理人员的产生方式为_____。

注:根据实际情况和人事管理权限载明行政负责人产生方式,如:(一)理事会提名并任免,报有关部门备案;(二)举办单位或相关部门提名,理事会任免,报有关部门备案;(三)理事会提名,报有关部门批准后,理事会任免;(四)理事会提名,报有关部门任免。

其他主要管理人员的任命和提名,根据不同情况可以采取不同的方式。

第三十四条　行政负责人行使下列职权:

_____;

_____;

_____。

注:根据实际情况载明,如:(一)全面负责本单位业务工作;(二)管理本单位的日常事务;(三)负责本单位的人事、财务、资产等管理;(四)按照理事会决议主持开展工作;(五)法律法规和本章程规定的其他职责。

第三十五条　_____作为拟任法定代表人的人选,经登记管理机关核准登记后,取得本单位法定代表人资格。

注:根据实际情况,载明拟任法定代表人的职务。一般情况下,行政负责人为拟任法定代表人的人选。

第六章　资产的管理和使用

第三十六条　本单位的合法资产受法律保护,任何单位、个人不得侵占、私分、挪用。

第三十七条　本单位的经费使用应符合本单位的宗旨和业务范围。

第三十八条　本单位执行国家统一的事业单位会计制度,依法接受税务、会计、审计等主管部门监督。

第三十九条　本单位财务人员按照有关法律法规和会计制度的规定配备、管理。

第四十条　本单位的人员工资、社保、福利待遇按照国家有关规定执行。

第四十一条　理事会换届和＿＿＿＿＿＿离任前,应当进行经济责任审计。

注:根据实际情况,载明行政负责人职务或法定代表人。

第七章　信　息　披　露

第四十二条　本单位承诺按照国家法律法规和事业单位登记管理机关的规定,真实、完整、及时地披露以下信息:

＿＿＿＿＿＿＿＿＿＿＿＿＿＿＿＿＿＿＿＿＿＿＿＿＿＿＿＿＿＿＿＿＿＿;

＿＿＿＿＿＿＿＿＿＿＿＿＿＿＿＿＿＿＿＿＿＿＿＿＿＿＿＿＿＿＿＿＿＿;

＿＿＿＿＿＿＿＿＿＿＿＿＿＿＿＿＿＿＿＿＿＿＿＿＿＿＿＿＿＿＿＿＿＿。

注:根据实际情况载明信息公开的种类、内容、对象、范围、时限及方式等,如:本单位年度报告。

第八章　终止和剩余资产处理

第四十三条　本单位有以下情形之一,应当终止:

(一)经审批机关决定撤销;

(二)因合并、分立解散;

……

(…)因其他原因依法应当终止的。

第四十四条　本单位自行决定解散,应由理事会表决通过,理事会的终止决议应报举办单位审查同意。

第四十五条　本单位在申请注销登记前,理事会在举办单位和有关机关的指导下,成立清算组织,开展清算工作。清算期间不开展清算以外的活动。

第四十六条　清算工作结束,形成清算报告,经理事会通过,报举办单位审查同意,向事业单位登记管理机关申请注销登记。

第四十七条　本单位终止后的剩余资产,在举办单位和有关机关的监督下,按照有关法律法规和本单位章程进行处置。

注:根据实际情况,应增加具体处置方式的条款。

第九章　章　程　修　改

第四十八条　本单位有下列情形之一的,应当修改章程:

(一)章程规定的事项与修改后的国家法律、行政法规的规定不符的;

(二)章程内容与实际情况不符的;

……

(…)理事会认为应当修改章程的其他情形。

第四十九条　理事会决议通过的章程修改案,经举办单位审查同意后,报登

笔记

记管理机关核准备案。涉及事业单位法人登记事项的,须向登记管理机关申请变更登记。

注:根据实际情况,可细化章程修改方式的具体条款,如:涉及重大事项或多项条款修改的,采用章程整体性修改的方式;涉及某项条款修改的,采用在原章程后附加相关说明的方式。

第十章　附　　则

第五十条　本章程经____年____月____日理事会表决通过。

第五十一条　本章程内容如与法律法规、行政规章及国家政策相抵触时,应以法律法规、行政规章及国家政策的规定为准。涉及事业单位法人登记事项的,以登记管理机关核准颁发的《事业单位法人证书》刊载内容为准。

第五十二条　本章程的解释权属于理事会。

第五十三条　本章程自事业单位登记管理机关核准备案之日起生效。

附录三　事业单位国有资产管理暂行办法

中华人民共和国财政部令第 36 号

《事业单位国有资产管理暂行办法》已经部务会议审议通过,现予公布,自 2006 年 7 月 1 日起施行。

部　长　金人庆

二〇〇六年五月三十日

第一章　总　　则

第一条　为了规范和加强事业单位国有资产管理,维护国有资产的安全完整,合理配置和有效利用国有资产,保障和促进各项事业发展,建立适应社会主义市场经济和公共财政要求的事业单位国有资产管理体制,根据国务院有关规定,制定本办法。

第二条　本办法适用于各级各类事业单位的国有资产管理活动。

第三条　本办法所称的事业单位国有资产,是指事业单位占有、使用的,依法确认为国家所有,能以货币计量的各种经济资源的总称,即事业单位的国有(公共)财产。

事业单位国有资产包括国家拨给事业单位的资产,事业单位按照国家规定运用国有资产组织收入形成的资产,以及接受捐赠和其他经法律确认为国家所有的资产,其表现形式为流动资产、固定资产、无形资产和对外投资等。

第四条　事业单位国有资产管理活动,应当坚持资产管理与预算管理相结合的原则,推行实物费用定额制度,促进事业资产整合与共享共用,实现资产管理和预算管理的紧密统一;应当坚持所有权和使用权相分离的原则;应当坚持资产管理与财务管理、实物管理与价值管理相结合的原则。

第五条　事业单位国有资产实行国家统一所有,政府分级监管,单位占有、

431

使用的管理体制。

第二章　管理机构及其职责

第六条　各级财政部门是政府负责事业单位国有资产管理的职能部门,对事业单位的国有资产实施综合管理。其主要职责是:

(一)根据国家有关国有资产管理的规定,制定事业单位国有资产管理的规章制度,并组织实施和监督检查;

(二)研究制定本级事业单位实物资产配置标准和相关的费用标准,组织本级事业单位国有资产的产权登记、权属界定、产权纠纷调处、资产评估监管、资产清查和统计报告等基础管理工作;

(三)按规定权限审批本级事业单位有关资产购置、处置和利用国有资产对外投资、出租、出借和担保等事项,组织事业单位长期闲置、低效运转和超标准配置资产的调剂工作,建立事业单位国有资产整合、共享、共用机制;

(四)推进本级有条件的事业单位实现国有资产的市场化、社会化,加强事业单位转企改制工作中国有资产的监督管理;

(五)负责本级事业单位国有资产收益的监督管理;

(六)建立和完善事业单位国有资产管理信息系统,对事业单位国有资产实行动态管理;

(七)研究建立事业单位国有资产安全性、完整性和使用有效性的评价方法、评价标准和评价机制,对事业单位国有资产实行绩效管理;

(八)监督、指导本级事业单位及其主管部门、下级财政部门的国有资产管理工作。

第七条　事业单位的主管部门(以下简称主管部门)负责对本部门所属事业单位的国有资产实施监督管理。其主要职责是:

(一)根据本级和上级财政部门有关国有资产管理的规定,制定本部门事业单位国有资产管理的实施办法,并组织实施和监督检查;

(二)组织本部门事业单位国有资产的清查、登记、统计汇总及日常监督检查工作;

(三)审核本部门所属事业单位利用国有资产对外投资、出租、出借和担保等事项,按规定权限审核或者审批有关资产购置、处置事项;

(四)负责本部门所属事业单位长期闲置、低效运转和超标准配置资产的调剂工作,优化事业单位国有资产配置,推动事业单位国有资产共享、共用;

(五)督促本部门所属事业单位按规定缴纳国有资产收益;

(六)组织实施对本部门所属事业单位国有资产管理和使用情况的评价考核;

(七)接受同级财政部门的监督、指导并向其报告有关事业单位国有资产管理工作。

第八条　事业单位负责对本单位占有、使用的国有资产实施具体管理。其主要职责是:

432

（一）根据事业单位国有资产管理的有关规定，制定本单位国有资产管理的具体办法并组织实施；

（二）负责本单位资产购置、验收入库、维护保管等日常管理，负责本单位资产的账卡管理、清查登记、统计报告及日常监督检查工作；

（三）办理本单位国有资产配置、处置和对外投资、出租、出借和担保等事项的报批手续；

（四）负责本单位用于对外投资、出租、出借和担保的资产的保值增值，按照规定及时、足额缴纳国有资产收益；

（五）负责本单位存量资产的有效利用，参与大型仪器、设备等资产的共享、共用和公共研究平台建设工作；

（六）接受主管部门和同级财政部门的监督、指导并向其报告有关国有资产管理工作。

第九条　各级财政部门、主管部门和事业单位应当按照本办法的规定，明确管理机构和人员，做好事业单位国有资产管理工作。

第十条　财政部门根据工作需要，可以将国有资产管理的部分工作交由有关单位完成。

第三章　资产配置及使用

第十一条　事业单位国有资产配置是指财政部门、主管部门、事业单位等根据事业单位履行职能的需要，按照国家有关法律、法规和规章制度规定的程序，通过购置或者调剂等方式为事业单位配备资产的行为。

第十二条　事业单位国有资产配置应当符合以下条件：

（一）现有资产无法满足事业单位履行职能的需要；

（二）难以与其他单位共享、共用相关资产；

（三）难以通过市场购买产品或者服务的方式代替资产配置，或者采取市场购买方式的成本过高。

第十三条　事业单位国有资产配置应当符合规定的配置标准；没有规定配置标准的，应当从严控制，合理配置。

第十四条　对于事业单位长期闲置、低效运转或者超标准配置的资产，原则上由主管部门进行调剂，并报同级财政部门备案；跨部门、跨地区的资产调剂应当报同级或者共同上一级的财政部门批准。法律、行政法规另有规定的，依照其规定。

第十五条　事业单位向财政部门申请用财政性资金购置规定限额以上资产的（包括事业单位申请用财政性资金举办大型会议、活动需要进行的购置），除国家另有规定外，按照下列程序报批：

（一）年度部门预算编制前，事业单位资产管理部门会同财务部门审核资产存量，提出下一年度拟购置资产的品目、数量，测算经费额度，报主管部门审核；

（二）主管部门根据事业单位资产存量状况和有关资产配置标准，审核、汇总事业单位资产购置计划，报同级财政部门审批；

（三）同级财政部门根据主管部门的审核意见，对资产购置计划进行审批；

（四）经同级财政部门批准的资产购置计划，事业单位应当列入年度部门预算，并在上报年度部门预算时附送批复文件等相关材料，作为财政部门批复部门预算的依据。

第十六条　事业单位向主管部门或者其他部门申请项目经费的，有关部门在下达经费前，应当将所涉及的规定限额以上的资产购置事项报同级财政部门批准。

第十七条　事业单位用其他资金购置规定限额以上资产的，报主管部门审批；主管部门应当将审批结果定期报同级财政部门备案。

第十八条　事业单位购置纳入政府采购范围的资产，应当按照国家有关政府采购的规定执行。

第十九条　事业单位国有资产的使用包括单位自用和对外投资、出租、出借、担保等方式。

第二十条　事业单位应当建立健全资产购置、验收、保管、使用等内部管理制度。

事业单位应当对实物资产进行定期清查，做到账账、账卡、账实相符，加强对本单位专利权、商标权、著作权、土地使用权、非专利技术、商誉等无形资产的管理，防止无形资产流失。

第二十一条　事业单位利用国有资产对外投资、出租、出借和担保等应当进行必要的可行性论证，并提出申请，经主管部门审核同意后，报同级财政部门审批。法律、行政法规另有规定的，依照其规定。

事业单位应当对本单位用于对外投资、出租和出借的资产实行专项管理，并在单位财务会计报告中对相关信息进行充分披露。

第二十二条　财政部门和主管部门应当加强对事业单位利用国有资产对外投资、出租、出借和担保等行为的风险控制。

第二十三条　事业单位对外投资收益以及利用国有资产出租、出借和担保等取得的收入应当纳入单位预算，统一核算，统一管理。国家另有规定的除外。

第四章　资产处置

第二十四条　事业单位国有资产处置，是指事业单位对其占有、使用的国有资产进行产权转让或者注销产权的行为。处置方式包括出售、出让、转让、对外捐赠、报废、报损以及货币性资产损失核销等。

第二十五条　事业单位处置国有资产，应当严格履行审批手续，未经批准不得自行处置。

第二十六条　事业单位占有、使用的房屋建筑物、土地和车辆的处置，货币性资产损失的核销，以及单位价值或者批量价值在规定限额以上的资产的处置，经主管部门审核后报同级财政部门审批；规定限额以下的资产的处置报主管部门审批，主管部门将审批结果定期报同级财政部门备案。法律、行政法规另有规定的，依照其规定。

第二十七条　财政部门或者主管部门对事业单位国有资产处置事项的批复是财政部门重新安排事业单位有关资产配置预算项目的参考依据,是事业单位调整相关会计账目的凭证。

第二十八条　事业单位国有资产处置应当遵循公开、公正、公平的原则。

事业单位出售、出让、转让、变卖资产数量较多或者价值较高的,应当通过拍卖等市场竞价方式公开处置。

第二十九条　事业单位国有资产处置收入属于国家所有,应当按照政府非税收入管理的规定,实行"收支两条线"管理。

第五章　产权登记与产权纠纷处理

第三十条　事业单位国有资产产权登记(以下简称产权登记)是国家对事业单位占有、使用的国有资产进行登记,依法确认国家对国有资产的所有权和事业单位对国有资产的占有、使用权的行为。

第三十一条　事业单位应当向同级财政部门或者经同级财政部门授权的主管部门(以下简称授权部门)申报、办理产权登记,并由财政部门或者授权部门核发《事业单位国有资产产权登记证》(以下简称《产权登记证》)。

第三十二条　《产权登记证》是国家对事业单位国有资产享有所有权,单位享有占有、使用权的法律凭证,由财政部统一印制。

事业单位办理法人年检、改制、资产处置和利用国有资产对外投资、出租、出借、担保等事项时,应当出具《产权登记证》。

第三十三条　事业单位国有资产产权登记的内容主要包括:

(一)单位名称、住所、负责人及成立时间;

(二)单位性质、主管部门;

(三)单位资产总额、国有资产总额、主要实物资产额及其使用状况、对外投资情况;

(四)其他需要登记的事项。

第三十四条　事业单位应当按照以下规定进行国有资产产权登记:

(一)新设立的事业单位,办理占有产权登记;

(二)发生分立、合并、部分改制,以及隶属关系、单位名称、住所和单位负责人等产权登记内容发生变化的事业单位,办理变更产权登记;

(三)因依法撤销或者整体改制等原因被清算、注销的事业单位,办理注销产权登记。

第三十五条　各级财政部门应当在资产动态管理信息系统和变更产权登记的基础上,对事业单位国有资产产权登记实行定期检查。

第三十六条　事业单位与其他国有单位之间发生国有资产产权纠纷的,由当事人协商解决。协商不能解决的,可以向同级或者共同上一级财政部门申请调解或者裁定,必要时报有管辖权的人民政府处理。

第三十七条　事业单位与非国有单位或者个人之间发生产权纠纷的,事业单位应当提出拟处理意见,经主管部门审核并报同级财政部门批准后,与对方当事人协商解决。协商不能解决的,依照司法程序处理。

第六章　资产评估与资产清查

第三十八条　事业单位有下列情形之一的,应当对相关国有资产进行评估:

(一)整体或者部分改制为企业;

(二)以非货币性资产对外投资;

(三)合并、分立、清算;

(四)资产拍卖、转让、置换;

(五)整体或者部分资产租赁给非国有单位;

(六)确定涉讼资产价值;

(七)法律、行政法规规定的其他需要进行评估的事项。

第三十九条　事业单位有下列情形之一的,可以不进行资产评估:

(一)经批准事业单位整体或者部分资产无偿划转;

(二)行政、事业单位下属的事业单位之间的合并、资产划转、置换和转让;

(三)发生其他不影响国有资产权益的特殊产权变动行为,报经同级财政部门确认可以不进行资产评估的。

第四十条　事业单位国有资产评估工作应当委托具有资产评估资质的评估机构进行。事业单位应当如实向资产评估机构提供有关情况和资料,并对所提供的情况和资料的客观性、真实性和合法性负责。

事业单位不得以任何形式干预资产评估机构独立执业。

第四十一条　事业单位国有资产评估项目实行核准制和备案制。核准和备案工作按照国家有关国有资产评估项目核准和备案管理的规定执行。

第四十二条　事业单位有下列情形之一的,应当进行资产清查:

(一)根据国家专项工作要求或者本级政府实际工作需要,被纳入统一组织的资产清查范围的;

(二)进行重大改革或者整体、部分改制为企业的;

(三)遭受重大自然灾害等不可抗力造成资产严重损失的;

(四)会计信息严重失真或者国有资产出现重大流失的;

(五)会计政策发生重大更改,涉及资产核算方法发生重要变化的;

(六)同级财政部门认为应当进行资产清查的其他情形。

第四十三条　事业单位进行资产清查,应当向主管部门提出申请,并按照规定程序报同级财政部门批准立项后组织实施,但根据国家专项工作要求或者本级政府工作需要进行的资产清查除外。

第四十四条　事业单位资产清查工作的内容主要包括基本情况清理、账务清理、财产清查、损益认定、资产核实和完善制度等。资产清查的具体办法由财政部另行制定。

第七章　资产信息管理与报告

第四十五条　事业单位应当按照国有资产管理信息化的要求,及时将资产变动信息录入管理信息系统,对本单位资产实行动态管理,并在此基础上做好国有资产统计和信息报告工作。

第四十六条 事业单位国有资产信息报告是事业单位财务会计报告的重要组成部分。事业单位应当按照财政部门规定的事业单位财务会计报告的格式、内容及要求,对其占有、使用的国有资产状况定期做出报告。

第四十七条 事业单位国有资产占有、使用状况,是主管部门、财政部门编制和安排事业单位预算的重要参考依据。各级财政部门、主管部门应当充分利用资产管理信息系统和资产信息报告,全面、动态地掌握事业单位国有资产占有、使用状况,建立和完善资产与预算有效结合的激励和约束机制。

第八章　监督检查与法律责任

第四十八条 财政部门、主管部门、事业单位及其工作人员,应当依法维护事业单位国有资产的安全完整,提高国有资产使用效益。

第四十九条 财政部门、主管部门和事业单位应当建立健全科学合理的事业单位国有资产监督管理责任制,将资产监督、管理的责任落实到具体部门、单位和个人。

第五十条 事业单位国有资产监督应当坚持单位内部监督与财政监督、审计监督、社会监督相结合,事前监督与事中监督、事后监督相结合,日常监督与专项检查相结合。

第五十一条 事业单位及其工作人员违反本办法,有下列行为之一的,依据《财政违法行为处罚处分条例》的规定进行处罚、处理、处分:

(一)以虚报、冒领等手段骗取财政资金的;

(二)擅自占有、使用和处置国有资产的;

(三)擅自提供担保的;

(四)未按规定缴纳国有资产收益的。

第五十二条 财政部门、主管部门及其工作人员在上缴、管理国有资产收益,或者下拨财政资金时,违反本办法规定的,依据《财政违法行为处罚处分条例》的规定进行处罚、处理、处分。

第五十三条 主管部门在配置事业单位国有资产或者审核、批准国有资产使用、处置事项的工作中违反本办法规定的,财政部门可以责令其限期改正,逾期不改的予以警告。

第五十四条 违反本办法有关事业单位国有资产管理规定的其他行为,依据国家有关法律、法规及规章制度进行处理。

第九章　附　　则

第五十五条 社会团体和民办非企业单位中占有、使用国有资产的,参照本办法执行。参照公务员制度管理的事业单位和社会团体,依照国家关于行政单位国有资产管理的有关规定执行。

第五十六条　实行企业化管理并执行企业财务会计制度的事业单位,以及事业单位创办的具有法人资格的企业,由财政部门按照企业国有资产监督管理的有关规定实施监督管理。

第五十七条　地方财政部门制定的本地区和本级事业单位的国有资产管理规章制度,应当报上一级财政部门备案。

中央级事业单位的国有资产管理实施办法,由财政部会同有关部门根据本办法制定。

第五十八条　境外事业单位国有资产管理办法由财政部另行制定。中国人民解放军、武装警察部队以及经国家批准的特定事业单位的国有资产管理办法,由解放军总后勤部、武装警察部队和有关主管部门会同财政部另行制定。

行业特点突出,需要制定行业事业单位国有资产管理办法的,由财政部会同有关主管部门根据本办法制定。

第五十九条　本办法中有关资产配置、处置事项的"规定限额"由省级以上财政部门另行确定。

第六十条　本办法自 2006 年 7 月 1 日起施行。此前颁布的有关事业单位国有资产管理的规定与本办法相抵触的,按照本办法执行。

附录四　关于印发《中央行政事业单位国有资产管理暂行办法》的通知

国管资〔2009〕167 号

中央国家机关各部门、各单位,高法院,高检院,各人民团体:

为贯彻落实《中共中央办公厅国务院办公厅关于党政机关厉行节约若干问题的通知》(中办发〔2009〕11 号)要求,规范中央行政事业单位国有资产管理,保障机关运转,降低行政成本,建设节约型机关,根据有关法律、法规,我局制定了《中央行政事业单位国有资产管理暂行办法》,现印发你们,请按照执行。在执行过程中遇到有关情况和问题,请及时反馈我局。

国务院机关事务管理局
二〇〇九年七月二日

中央行政事业单位国有资产管理暂行办法

第一章　总　　则

第一条　为加强中央行政事业单位国有资产管理,保障机关运转,降低行政成本,建设节约型机关,根据有关法律、法规制定本办法。

第二条　中央行政事业单位(即国务院各部门、各直属事业单位,最高人民法院,最高人民检察院,行政经费在国务院系统的人民团体,以下简称各部门)的国有资产管理,适用本办法。

第三条　中央行政事业单位国有资产管理实行统一制度、分级管理。

国务院机关事务管理局(以下简称国管局)负责中央行政事业单位国有资产管理工作,制订具体制度和办法并组织实施,承担产权界定、清查登记、资产处置工作;管理中央行政事业单位机关和机关服务中心等的国有资产,接受财政部的指导和监督检查。

各部门按规定负责本部门国有资产管理工作,接受国管局的指导和监督检查。

第四条　国管局应当完善中央行政事业单位国有资产管理制度,健全监督机制,推进管理创新,提高国有资产管理水平。

各部门应当认真履行管理职责,建立健全本部门国有资产管理具体制度,明确资产占有、使用单位的管理责任,维护资产安全完整和保值增值。

第五条　中央行政事业单位国有资产管理应当坚持规范、节俭、效能的原则,逐步完善制度标准体系,加强资产配置、使用和处置全过程管理;创新服务方式,推进管理信息化建设,提高管理科学化、规范化、专业化水平,实现资产管理与预算管理、财务管理、政府采购相结合。

第二章　资　产　配　置

第六条　资产配置应当坚持保障需要、节俭适用、节能环保、从严控制的原则。各部门有下列情形之一的,可以申请配置资产:

(一)新增机构或人员编制的;

(二)增加工作职能和任务的;

(三)现有资产按规定处置后需要配置的;

(四)现有资产无法满足工作需要的其他情形。

第七条　国管局根据国家政策和中央行政事业单位实际,制定办公用房、公务用车、办公设备和办公家具等通用资产配置标准;各部门负责制定其他资产配置标准,报国管局备案。

第八条　资产配置标准应当明确资产的数量、价格、性能和最低使用年限等标准,符合履行职能基本需要,严禁铺张浪费,并根据国家政策、经济社会发展和技术进步等因素及时修订完善。

第九条　配置资产应当严格执行标准,无特殊工作需要,不得超标准配置资产。

第十条　资产配置方式主要包括购置、调剂、租赁、受赠等。凡能通过调剂方式解决的,原则上不得购置。

第十一条　通用资产配置实行年度计划管理。各部门根据履行职能和事业发展需要,依据资产配置标准和费用支出标准,综合考虑资产存量状况等因素,提出拟配置资产的品目、数量、用途、投入使用或开工时间,测算经费额度,明确资金来源,制定本部门年度资产配置计划。

第十二条　各部门纳入年度资产配置计划的资产,应当委托集中采购机构代理采购,不得以任何理由规避政府集中采购。

笔记

第十三条　其他资产配置事项由各部门依据有关规定和标准进行管理,并在国有资产年度决算报告中反映。

第三章　资产使用和日常管理

第十四条　各部门应当明确国有资产管理机构和人员,健全资产验收、入账、领用、保管、维护维修等内部管理制度,规范工作规程,加强资产日常管理。

第十五条　各部门应当建立健全资产账卡和档案管理制度,建立和完善资产管理信息系统;对新增资产应当及时验收、登记入账,并将资产变动情况录入资产管理信息系统。资产入账凭证是财务处理的依据。

第十六条　中央行政事业单位国有资产账包括固定资产账、无形资产账和对外投资资产账,相关信息应当按规定统一内容和格式,全面真实反映资产的使用管理情况。

第十七条　各部门应当建立资产领用交还制度。工作人员和机构配备资产,须办理领用手续;人员调离(退休)等,应当办理资产交还手续。

第十八条　各部门应当将资产管理责任落实到岗位和人员,防止资产非正常损失和浪费。造成资产非正常损失和浪费的,相关责任人应当承担相应责任。

第十九条　各部门应当加强资产的日常维护保养和维修,确保资产在规定使用期内性能良好。

第二十条　各部门应当每年进行资产全面清查盘点,并按规定调整相关账卡,做到账实、账卡、账账相符。对清查盘点中发现的问题,应当查明原因,说明情况,并在国有资产年度决算报告中反映。

第二十一条　未经批准,各部门不得出租、出借国有资产。出租、出借国有资产应当严格控制,从严审批。

第二十二条　各部门应当对用于对外投资、出租、出借的资产实行专项管理,加强风险控制和收益管理,并在国有资产年度决算报告中反映。

第二十三条　各部门应当加强对专利权、商标权、著作权、非专利技术、商誉等无形资产的管理,依法保护,合理运用。

第二十四条　各部门出现下列情形之一的,应当进行资产清查:

(一)根据国家专项工作要求或实际工作需要,纳入统一组织资产清查范围的;

(二)机构变动(分立、撤销、合并、改制及隶属关系改变)的;

(三)因重大自然灾害等不可抗力造成国有资产严重损失的;

(四)会计信息严重失真或国有资产重大流失的;

(五)按照国家有关规定应当进行资产清查的其他情形。

根据国家专项工作要求进行资产清查的,由国管局统一组织实施;其他资产清查由各部门组织实施,并将清查结果报国管局备案。

第四章　资　产　处　置

第二十五条　符合下列情形之一的资产,应当按本办法规定进行处置:

（一）闲置或超标准配置的；

（二）罚没或按规定应当上缴的；

（三）因机构变动发生占有权、使用权变更的；

（四）达到报废期限或因技术原因不能安全有效使用的；

（五）不符合节能环保要求的；

（六）盘亏、呆账及非正常损失的；

（七）其他依照国家规定需要处置的。

第二十六条　资产处置应当与资产配置、使用和回收利用相结合，逐步建立资产共享、循环利用机制。

第二十七条　资产处置方式包括调剂、捐赠、转让、置换、报损、报废、对外投资等。

第二十八条　资产处置优先选择调剂方式进行；无法调剂的，可通过转让、置换、捐赠等方式处置。资产捐赠应当以支持公益事业或扶持贫困地区发展为目的。

第二十九条　各部门行政单位和参照公务员法管理的单位，不得将国有资产用于对外投资。其他事业单位应当严格控制对外投资，不得利用国家财政拨款、上级补助资金和维持事业正常发展的资产对外投资。

第三十条　国管局负责建立中央行政事业单位国有资产处置平台，各部门应当按规定通过国有资产处置平台处置资产。

第三十一条　资产处置应当严格履行申报审批手续，未经批准不得自行处置。

第三十二条　资产处置的批复是调整资产、财务账目的凭证。各部门应当根据资产处置批复，及时调整资产、财务账目，办理产权变动登记等相关手续。

第三十三条　资产处置收入按政府非税收入和国家有关规定管理。

第三十四条　中央行政事业单位发生机构变动，应当对占有、使用的国有资产进行清查登记，编制清册，提出处理意见，报国管局审核同意后办理处置手续。

第五章　报告制度

第三十五条　中央行政事业单位国有资产管理实行报告制度，包括年度决算报告、重大事项报告和专项工作报告等。

第三十六条　各部门应当按规定编制国有资产年度决算报告。国有资产年度决算报告应当内容完整、信息真实、数据准确，主要包括：

（一）单位机构人员等基本信息；

（二）流动资产、固定资产、无形资产、对外投资、在建工程资产情况；

（三）资产配置情况，包括资产配置标准、资产配置计划和政府集中采购执行等情况；

（四）对外投资、出租、出借资产专项管理情况；

（五）资产处置情况，包括处置方式、程序、结果等情况；

（六）房屋建筑物、车辆管理和使用情况；

（七）资产清查盘点情况；

（八）其他应当报告的事项。

国有资产年度决算报告经国管局批复后，作为调整资产账目和考核评价、监督检查的依据。

第三十七条　各部门发生下列国有资产管理重大事项，应当报国管局审批：

（一）办公用房等房屋资产的配置、处置，以及出租、出借；

（二）部级干部用车和机关公务用车配置、处置；

（三）机关和机关服务中心等的年度资产配置计划，资产出租、出借，对外投资及单价或批量价值200万元（含）以上的其他资产处置；

（四）重要会议、大型活动资产配置和处置；

（五）其他重大事项。

第三十八条　国管局根据国务院统一部署和国有资产管理工作需要，组织开展专项调查、统计等工作，各部门应当按要求编制专项工作报告。

第三十九条　国管局负责汇总、分析中央行政事业单位国有资产管理有关情况，开展资产管理考核评价工作，定期向财政部报告。

第六章　监督检查与法律责任

第四十条　国管局和各部门按照各自职责监督检查中央行政事业单位国有资产管理工作，并接受财政、审计部门和社会公众的监督。

第四十一条　国管局会同有关部门对资产配置、使用和处置等管理制度执行情况进行重点检查。检查内容主要包括：

（一）资产配置标准、资产配置计划和政府集中采购执行情况；

（二）资产处置方式、程序和收益管理情况；

（三）房屋建筑物、车辆管理和使用情况；

（四）对外投资、出租、出借资产专项管理情况；

（五）其他重大事项。

第四十二条　各部门应当对检查出的问题认真整改，并将整改情况报国管局。

第四十三条　各部门违反本办法规定，有下列情形之一的，由国管局和相关部门责令限期改正，逾期不改的予以通报批评，并按《财政违法行为处罚处分条例》和国家有关规定处理：

（一）超计划、超标准配置资产的；

（二）违反政府采购和招标投标规定配置资产的；

（三）拒绝对长期闲置、低效运转的资产进行调剂处置的；

（四）未履行相关程序擅自处置国有资产的；

（五）不按规定上缴资产处置收入的；

（六）不按规定报送资产报告或报送虚假资产信息的；

（七）为评估机构提供虚假资料、干预评估机构独立执业的；

（八）其他违反本办法的情形。

第四十四条　国管局和各部门国有资产管理机构及工作人员违反本办法规定的,按照《行政机关公务员处分条例》及国家有关规定处理;造成国有资产损失的,依法追究责任。

第七章　附　　则

第四十五条　各部门根据本办法制定本部门国有资产管理实施办法,报国管局备案。

第四十六条　中央行政事业单位用地管理,按照《国务院办公厅转发国管局中直管理局关于进一步加强和改进中央单位用地管理工作意见的通知》(国办发〔2006〕84号)及国土资源部、国管局的有关规定执行。

第四十七条　实行企业化管理并执行企业财务会计制度的事业单位,由各部门按照企业国有资产监督管理有关规定进行管理。

第四十八条　本办法由国管局负责解释。

第四十九条　本办法自印发之日起施行。1998年1月8日印发的《中央国家机关国有资产管理暂行办法》(国管财字〔1998〕第7号)、《中央国家机关国有资产基础管理工作制度》(国管财字〔1998〕第22号),2000年2月16日印发的《中央行政事业单位固定资产管理办法》(国管财字〔2000〕32号)同时废止。

事业单位人事管理条例

总　　则

第一条

为了规范事业单位的人事管理,保障工作人员的合法权益,制定本条例。

第二条

事业单位的人事管理,适用本条例。

法律、法规对事业单位人事管理另有规定的,从其规定。

第三条

事业单位的人事管理,坚持党管干部、党管人才原则,坚持德才兼备、以德为先原则,坚持民主、公开、竞争、择优原则。

第四条

事业单位应当建立健全人事管理规章制度。人事管理规章制度应当经工作人员代表大会或者全体工作人员讨论。

第五条

中央事业单位人事综合管理部门按照现行管理权限,负责全国事业单位人事管理的综合管理和监督检查工作。

县级以上地方事业单位人事综合管理部门按照现行管理权限,负责本辖区内事业单位人事管理的综合管理和监督检查工作。

岗 位 设 置

第六条

事业单位根据功能、职责任务和工作需要,按照精简、效能的原则和国家有关规定合理设置岗位。

岗位应当有明确的名称、职责任务、工作标准和任职条件。

第七条

事业单位岗位分为管理岗位、专业技术岗位和工勤技能岗位。

第八条

根据事业单位的功能和规模,制定事业单位岗位设置结构比例和等级标准。

第九条

事业单位岗位按照下列程序设置:

(一)事业单位制定岗位设置方案;

(二)主管部门审核;

(三)事业单位人事综合管理部门核准或者备案;

(四)事业单位在听取工作人员意见后,由负责人员集体讨论制定岗位设置的实施方案;

(五)组织实施。

招聘和上岗

第十条

事业单位新进人员,应当公开招聘。国家政策性安置、按照人事管理权限由上级任命、涉密岗位等确需使用其他方式的,按照国家有关规定执行。

第十一条

公开招聘不得设置歧视性条件。

第十二条

公开招聘采取考试与考察相结合的办法,择优聘用。

第十三条

公开招聘考试内容包括招聘岗位所需的专业知识、技能;考察内容包括思想政治表现、道德品质以及与应聘岗位相关的专业素养、业务能力。

第十四条

公开招聘按照下列程序进行:

(一)制定招聘计划;

(二)发布招聘信息;

(三)审查应聘人员资格条件;

(四)考试、考察;

(五)体检;

(六)确定拟聘名单并予以公示;

(七)按照规定备案或者报批;

（八）订立聘用合同，办理聘用手续。

第十五条

事业单位内部应当通过竞聘上岗的方式产生岗位人选。

竞聘上岗采取个人自荐、民主推荐、组织推荐等方式，根据岗位的不同特点，运用笔试、面试、民主测评等方法。

聘 用 合 同

第十六条

事业单位与工作人员建立人事关系，应当订立书面聘用合同。

第十七条

聘用合同应当具备下列条款：

（一）单位的名称、地址、法定代表人或者其委托的单位代表；

（二）工作人员的姓名、住址、居民身份证或者其他有效身份证件号码；

（三）聘用合同期限；

（四）岗位名称、类别、等级、职责任务；

（五）工作地点；

（六）工作时间和休息休假；

（七）工资福利和社会保险；

（八）法律、法规规定的其他事项。

除前款规定外，事业单位与工作人员可以在聘用合同中约定培训、保密、知识产权保护等事项。

第十八条

事业单位可以与新进人员约定试用期。

试用期一般不超过 6 个月。新进人员属初次就业的，试用期可以延长至 12 个月。

试用期包括在聘用合同期限内。

第十九条

事业单位与工作人员一般订立 3 年至 5 年的合同；对人员流动性强的岗位，可以订立 3 年以下的合同；对相对稳定的岗位，可以订立 5 年以上的合同。对以完成一定工作任务为目的订立的合同，根据工作任务确定合同期限。

聘用单位与工作人员协商一致，可以订立前款任何一种期限的合同。

在本单位连续工作满 10 年，且年龄距国家规定退休年龄不足 10 年的工作人员，提出订立聘用至退休的合同的，事业单位应当与该工作人员订立聘用至其退休的合同。

第二十条

聘用合同经事业单位与工作人员在聘用合同文本上签字或者盖章生效。

聘用合同文本由事业单位和工作人员各执 1 份。

第二十一条

有下列情形之一的，聘用合同无效或者部分无效：

笔记

（一）损害国家利益或者公共利益的；

（二）以欺诈、胁迫等手段，使对方在违背真实意思的情况下订立或者变更聘用合同的；

（三）单位免除自己的法定责任，排除工作人员权利的；

（四）违反法律、行政法规强制性规定的。

对聘用合同的无效或者部分无效有争议的，由劳动人事争议仲裁委员会或者人民法院确认。

聘用合同部分无效，不影响其他部分效力的，其他部分仍然有效。

第二十二条

聘用合同期满，事业单位与工作人员协商一致，可以续订聘用合同。

第二十三条

事业单位与工作人员协商一致，可以变更聘用合同约定的内容。

变更聘用合同应当采用书面形式。

变更后的聘用合同文本由事业单位和工作人员各执 1 份。

第二十四条

在聘用合同期限内，事业单位和工作人员协商一致，可以解除聘用合同。

第二十五条

工作人员有下列情形之一的，事业单位可以解除聘用合同：

（一）在试用期内被证明不能完成岗位职责任务，或者不能达到工作标准的；

（二）旷工或者因公外出、请假期满无正当理由逾期不归，连续超过 15 个工作日，或者一年内累计超过 30 个工作日的；

（三）同时与其他单位建立人事关系或者劳动关系，拒不改正的；

（四）严重失职，对本单位造成重大损害的；

（五）违法违纪，损害本单位利益或者公共利益的。

第二十六条

有下列情形之一的，事业单位提前 30 日书面通知工作人员后，可以解除聘用合同：

（一）工作人员患病或者非因工负伤，医疗期满后，不能从事原工作，也不服从其他合理工作安排的；

（二）工作人员年度考核不合格，不同意单位合理调整其工作岗位的；

（三）工作人员连续两年年度考核不合格的。

第二十七条

工作人员有下列情形之一的，事业单位不得依照本条例第二十六条的规定解除聘用合同：

（一）在本单位工作期间患职业病或者因工负伤，并被确认丧失或者部分丧失劳动能力的；

（二）患现有医疗条件下难以治愈的严重疾病或者精神病的；

（三）患病或者非因工负伤，在规定的医疗期内的；

（四）女性工作人员在孕期、产期和哺乳期内的；

（五）法律、行政法规规定的其他情形。

第二十八条

事业单位有下列情形之一的,工作人员可以解除聘用合同:

（一）未按时足额支付工资的;

（二）未依法为工作人员缴纳社会保险费的;

（三）法律、行政法规规定的其他情形。

第二十九条

工作人员有下列情形之一的,书面通知事业单位后,可以解除聘用合同:

（一）考入普通高等学校或者科研院所全日制学习的;

（二）被录用、调任或者聘任到国家机关工作的;

（三）依法服兵役的;

（四）法律、行政法规规定的其他情形。

第三十条

除本条例第二十八条、第二十九条所列情形外,工作人员提出解除聘用合同,未能与事业单位协商一致的,工作人员应当继续履行聘用合同;3个月后工作人员再次提出解除聘用合同仍不能与事业单位协商一致的,工作人员可以解除聘用合同。

第三十一条

国家级重点项目技术负责人和主要技术人员,不得依照本条例第三十条解除聘用合同。

第三十二条

因违法违纪正在接受审查、调查,尚未作出结论的工作人员,不得解除聘用合同。

第三十三条

有下列情形之一的,聘用合同终止:

（一）聘用合同期满的;

（二）工作人员按照国家规定办理退休、退职手续的;

（三）工作人员死亡,或者被人民法院宣告死亡或者宣告失踪的;

（四）单位被撤销、解散的;

（五）受到开除处分的。

聘用合同期满,有本条例第二十七条第三、四项规定情形之一的,聘用合同应当续延至相应情形消失时终止。

第三十四条

有下列情形之一的,事业单位应当向工作人员支付解除或者终止聘用合同的经济补偿:

（一）依照本条例第二十四条规定解除聘用合同的;

（二）依照本条例第二十六条规定解除聘用合同的;

（三）依照本条例第二十八条规定解除聘用合同的;

（四）除单位提出维持或者提高聘用合同规定的对工作人员有利的条件续订

聘用合同,工作人员不同意续订的情形外,依照本条例第三十三条第一款第一项规定终止聘用合同的;

(五)依照本条例第三十三条第一款第四项规定终止聘用合同的;

(六)法律、行政法规规定的其他解除或者终止聘用合同的情形。

第三十五条

解除或者终止聘用合同的经济补偿,根据工作人员在本单位的工作年限,每满 1 年按 1 个月工资的标准向工作人员支付。工作年限 6 个月以上不满 1 年的,按 1 年计算;不满 6 个月的,向工作人员支付半个月工资的经济补偿。

工作人员月工资,是指工作人员本人在聘用合同解除或者终止前 12 个月实际领取的月平均工资。

第三十六条

事业单位应当在解除或者终止聘用合同时,出具解除或者终止聘用合同的证明,写明聘用合同期限、解除或者终止聘用合同的日期、工作岗位、在本单位工作的年限。

事业单位应当在出具解除、终止合同证明之日起 15 个工作日内,协助工作人员办理档案和社会保险关系转移接续手续等所有与原单位有关系的手续(包括所有事业单位技术资格证的变更与注册等)。原单位法人不得以任何理由拒绝为解聘职工办理解聘相关手续(如执业医师变更)。

自聘用合同依法解除、终止之日起,事业单位与该工作人员的人事关系终止。

考 核 培 训

第三十七条 事业单位根据聘用合同和岗位职责,以服务对象满意度为基础,全面考核工作人员的德、能、勤、绩、廉,重点考核工作绩效。

第三十八条

考核分为平时考核和年度考核,必要时可以增加聘期考核。

年度考核以平时考核为基础,实行单位内部评议与服务对象评价相结合,定性分析与定量分析相结合,采取个人总结、绩效分析、民主测评、综合评价等符合单位和岗位特点的方法。

第三十九条

年度考核结果分为优秀、合格、基本合格和不合格 4 个等次。

聘期考核结果分为合格和不合格 2 个等次。

第四十条

年度考核结果记入工作人员本人档案,作为调整岗位、工资的依据。

聘期考核结果作为是否续订聘用合同的重要依据。

第四十一条

事业单位应当按照国家有关规定,根据不同岗位的要求,编制工作人员培训计划并组织实施。

工作人员应当按照单位的要求,参加岗前培训、在岗培训、转岗培训和为完

笔记

成特定任务的专项培训。

第四十二条

培训情况和学习成绩纳入工作人员考核内容。

第四十三条

培训经费在事业费中列支。

第四十四条

事业单位提供专项培训费用对工作人员进行培训的,可以在聘用合同中约定服务期和违反服务期约定的违约责任。

奖 励 处 分

第四十五条

工作人员或者集体有下列情形之一的,给予奖励:

(一)在工作中有发明创造、技术革新,将科研成果转化为生产力,取得显著社会效益和经济效益的;

(二)在培养人才、传播先进文化、促进社会文明进步中作出突出贡献的;

(三)在执行国家重要任务、应对公共突发事件中作出突出贡献的;

(四)在有效防止、消除事故和保护公共利益中作出突出贡献的;

(五)长期扎根基层,爱岗敬业,履行职责模范作用突出的;

(六)在社会事业发展中作出其他突出贡献的。

第四十六条

奖励种类为:嘉奖、记功、记大功、授予荣誉称号。

对受到奖励的工作人员或者集体,颁发证书或者奖章(奖牌),并给予一次性奖金以及国家规定的其他待遇。

第四十七条

对工作人员或者集体的奖励,按照规定的权限和程序决定或者审批。

第四十八条

有下列情形之一的,撤销奖励:

(一)弄虚作假,骗取奖励的;

(二)申报奖励时隐瞒严重错误的;

(三)违反规定的权限或者程序的;

(四)法律、法规规定的其他情形。

被撤销奖励的,收回证书或者奖章(奖牌),追回奖金,停止享受有关待遇。

第四十九条

工作人员有下列行为之一的,给予处分:

(一)违反政治纪律,损害国家荣誉和利益的;

(二)违反工作纪律,致使公共利益或者人民生命财产遭受损失的;

(三)违反财经纪律,挥霍、浪费单位资财的;

(四)违反职业道德、社会公德,造成不良社会影响的;

(五)法律、法规规定的其他行为。

第五十条

处分的种类为:警告、记过、降聘(撤职)、开除。

受处分的期间为:警告,6 个月;记过,12 个月;降聘(撤职),24 个月。

第五十一条

对工作人员的处分,按照规定的权限和程序决定或者审批。

给予工作人员处分,应当事实清楚、证据确凿、定性准确、处理恰当、程序合法、手续完备。

第五十二条

工作人员受到警告处分的,受处分期间不得聘用到高于现聘岗位等级的岗位,当年年度考核不能评为优秀;受到记过处分的,受处分期间不得聘用到高于现聘岗位等级的岗位,年度考核不定等次;受到降聘处分的,自处分决定生效之日起降低岗位等级聘用,受处分期间,年度考核不定等次。

第五十三条

工作人员被依法判处有期徒刑以上刑罚的,给予开除处分;被判处其他刑罚或者被判处有期徒刑宣告缓刑的,给予降聘(撤职)或者开除处分。

第五十四条

工作人员受开除以外的处分,受处分期间有悔改表现,没有再出现违法违纪情形的,处分期满后解除处分。

处分解除后,竞聘上岗和晋升工资不再受原处分影响。但是因受到降聘处分降低岗位等级聘用的,不视为恢复原聘用岗位。

福　利　保　险

第五十五条

事业单位执行国家统一的工资制度。

工作人员工资由岗位工资、薪级工资、绩效工资和津贴补贴组成。

岗位工资、薪级工资执行国家统一的政策和标准。

事业单位在核定的绩效工资总量内,按照规定的程序和要求进行分配。

工作人员按照国家规定享受艰苦边远地区津贴和特殊岗位津贴补贴。

工作人员按照国家规定享受住房、医疗等待遇。

第五十六条

国家建立事业单位工作人员工资的正常增长机制。

工作人员的工资水平应当与国民经济发展相协调、与社会进步相适应。

第五十七条

事业单位实行国家规定的工时制度,工作人员按照国家规定享受休假。

第五十八条

工作人员符合国家规定的退休、退职条件的,应当退休、退职。工作人员退休、退职后,享受相应的待遇。

第五十九条

国家建立健全事业单位工作人员社会保险制度,保障其在年老、患病、工伤、生育、失业等情况下,享受社会保险待遇。

人 事 处 理

第六十条

事业单位与工作人员发生人事争议的,依照《中华人民共和国劳动争议调解仲裁法》的有关规定处理。

第六十一条

工作人员对涉及本人的下列决定不服的,可以自知道或者应当知道该决定之日起 30 日内向原作出决定单位申请复核;对复核结果不服的,可以自收到复核决定之日起 15 日内,向原作出决定单位的上一级单位或者同级事业单位人事综合管理部门提出申诉:

(一)考核不合格的;

(二)受到处分的;

(三)被撤销奖励的;

(四)法律、法规规定的其他情形。

第六十二条

原作出决定单位应当自收到复核申请后的 30 日内作出复核决定。受理申诉的机构应当自受理之日起 60 日内作出处理决定;案情复杂的,可以适当延长,但延长期限不得超过 30 日。

复核、申诉期间不停止决定的执行。

第六十三条

遇到聘用、考核、奖励、处分、争议处理等需要回避事由的,有关人员应当回避。

法 律 责 任

第六十四条

事业单位有下列情形之一的,由县级以上事业单位人事综合管理部门或者主管部门责令限期改正;逾期不改正的,对直接负责的主管人员和其他直接责任人员依法给予处分:

(一)人事管理规章制度违反法律、法规规定的;

(二)违反规定进行岗位设置、公开招聘、竞聘上岗的;

(三)违反规定不与工作人员订立聘用合同的;

(四)违反规定与工作人员约定试用期和服务期的;

(五)违反规定确定或者给付工作人员工资福利和社会保险待遇的;

(六)违反规定解除、终止聘用合同的;

(七)解除、终止聘用合同,未依照规定向工作人员支付经济补偿的;

(八)违反规定办理考核、奖励、处分等事宜的。

第六十五条

事业单位因错误的人事处理给工作人员造成名誉损害的,应当赔礼道歉、恢

笔记

复名誉、消除影响;造成经济损失的,依法承担赔偿责任。

第六十六条

事业单位聘用与其他单位尚未解除、终止聘用合同或者劳动合同的工作人员,给其他单位造成损失的,承担连带赔偿责任。

第六十七条

事业单位人事综合管理部门、主管部门工作人员在事业单位人事管理中滥用职权、玩忽职守、徇私舞弊的,依法给予处分;构成犯罪的,依法追究刑事责任。

附　　则

第六十八条

本条例自　年　月　日起施行。

参 考 文 献

1. 崔运武. 公共事业管理概论. 第 2 版. 北京:高等教育出版社,2006.

2. 娄成武,郑文范. 公共事业管理学. 北京:高等教育出版社,2002.

3. 席恒. 公与私:公共事业运行机制研究. 北京:商务印书馆,2003.

4. 朱仁显. 公共事业管理概论. 北京:中国人民大学出版社,2009.

5. 娄成武,李坚. 公共事业管理概论. 北京:中国人民大学出版社,2006.

6. 黎民. 公共管理学. 北京:高等教育出版社,2011.

7. 杨文士. 管理学原理. 第 2 版. 北京:中国人民大学出版社,2004.

8. 温来成. 现代公共事业管理概论. 北京:清华大学出版社,2007.

9. 汪大海. 公共管理学. 北京:北京师范大学出版社,2012.

10. 王德清,张振改. 公共事业管理. 重庆:重庆大学出版社,2005.

11. 许峰. 中国公用事业改革中的亲贫规制研究. 上海:上海人民出版社,2008.

12. 胡建一,杨敏,黄玮. 公共项目社会稳定风险分析与评估概论. 上海:上海社会科学院出版社,2011.

13. 李正明. 公共事业管理教程. 北京:机械工业出版社,2006.

14. 郭建斌,黄海峰,高农农. 环保产业与循环经济. 北京:中国轻工业出版社,2010.

15. 陈振明. 公共事业管理学. 北京:中国人民大学出版社,1999.

16. 陈振明. 公共政策分析. 北京:中国人民大学出版社,2002.

17. 王传宏,李燕凌. 公共政策行为. 北京:中国国际广播出版社,2002.

18. 吴琼恩. 公共事业管理. 台北:智胜文化事业有限公司,2001.

19. 彭和平. 公共行政管理. 北京:中国人民大学出版社,1995.

20. 向涛,马金城. 公共事业管理学概论. 北京:中国商业出版社,2001.

21. 张成福,党秀云. 公共事业管理学. 北京:中国人民大学出版社,2001.

22. 芮明杰. 管理学. 上海:上海人民出版社,1999 年.

23. 王乐夫,蔡立辉. 公共管理学. 北京:中国人民大学出版社,2003.

24. 杨文士,焦叔权. 管理学. 第 3 版. 北京:中国人民大学出版社,2009.

25. 周志忍. 当代国外行政改革比较研究. 北京:国家行政学院出版社,1999.

26. 张良. 公共管理学. 上海:华东理工大学出版社,2001.

27. 王伟. 行政伦理概述. 北京:人民出版社,2001.

28. 冯云廷,苗丽静. 公共事业管理导论. 北京:中国商业出版社,2001.

29. 郑建明,顾湘. 公共事业管理. 上海:上海交通大学出版社,2011.

30. 张国庆. 行政管理学概论. 北京:北京大学出版社,2000.

31. 应松年. 公共行政学. 北京:中国方正出版社,2004.

32. 齐明山. 行政学导论. 北京:大众文艺出版社,2002.

33. 郭宝平,余兴安. 政府研究概览. 太原:山西人民出版社,1992.

34. 郭小聪. 政府经济职能与宏观管理. 广州:中山大学出版社,1997.

35. 谢自强. 政府干预理论与政府经济职能. 长沙:湖南大学出版社,2004.

36. 李文良. 中国政府职能转变问题报告. 北京:中国发展出版社,2003.

37. 孙本初. 公共管理. 台湾:腾胜文化事业有限公司,2001.

38. 王名. 社会组织概论. 北京:中国社会出版社,2010 年.

39. 赵立波. 民间事业单位社会化与民间组织发展研究. 济南:山东人民出版社,2010.

笔记

40. 徐双敏. 公共事业管理概论. 北京：北京大学出版社,2007.

41. 胡杨. 管理与服务：中国公共事业改革 30 年. 郑州：郑州大学出版社,2008.

42. 汪来杰. 公共服务：西方理论与中国选择. 郑州：河南人民出版社,2007

43. 叶常林. 公共管理学概论. 北京：北京大学出版社,2005

44. 许文兴. 公共事业管理学. 北京：中国农业出版社,2009.

45. 方明,王颖. 观察社会的视角——社区新论. 北京：知识出版社,1991

46. 周晓虹. 西方社会学历史与体系. 上海：上海人民出版社,2002.

47. 赵民,赵蔚. 社区发展规划——理论与实践. 北京：中国建筑工业出版社. 2003.

48. 汪大海,魏娜,郇建立. 社区管理. 北京：中国人民大学出版社,2005.

49. 陈潎,徐越倩,许彬. 社区公共事业管理. 北京：北京邮电大学出版社,2007.

50. 世界银行. 1997 年世界发展报告：变革世界中的政府. 蔡秋生,译. 北京：中国财政经济出版社,1997.

51. [美]卡尔·帕顿,大卫·沙维奇. 公共政策分析和规划. 北京：华夏出版社,2002.

52. [美]罗伯特·丹哈特. 公共组织理论. 北京：华夏出版社,2002.

53. [美]Stephen P. Robbins,Mary Coulter. 管理学. 孙健敏,黄卫伟,译. 北京：中国人民大学出版社,2003.

54. [美]斯蒂芬·P·罗宾斯. 管理学. 北京：中国人民大学出版社,1997.

55. [美]Stephen M. Shortell, Arnold D. Kaluzny. 卫生管理学. 王健,译. 北京：北京大学医学出版社,2005.

56. [美]Angelo Kinicki, Brain K. Williams. 管理学基础. 梁巧转,译. 北京：中国财政出版社,2004.

57. [美]加雷恩·琼斯,珍尼弗·乔治. 当代管理学. 郑凤田,赵淑芳,译. 北京：人民邮电出版社,2005.

58. [美]Archie B. Carroll, Ann K. Buchholtz. 企业与社会——伦理与利益相关者管理. 黄煜平,译. 北京：机械工业出版社,2004.

59. [美]Denpraj Ancona,Thomas A. Kochan. 组织行为学. 王迎军,汪建新,译. 北京：机械工业出版社,2006.

60. [美]Steven A. Finkler. 财务管理——公共、医疗卫生和非盈利机构组织. 张纯,译. 上海：上海财经大学出版社,2004.

61. [澳]欧文·E·休斯. 公共管理导论. 彭和平,译. 北京：中国人民大学出版社,2001.

62. [澳]欧文·E·休斯. 公共管理导论. 张成福,译. 第 3 版. 北京：中国人民大学出版社,2007.

63. [美]特里·L·库珀. 行政伦理学：实现行政责任的途径. 北京：中国人民大学出版社,2001.

64. [美]卡尔·帕顿,大卫·沙维奇. 公共政策分析和规划. 北京：北京华夏出版社,2002.

65. [美]罗伯特·丹哈特. 公共组织理论. 北京：华夏出版社,2002.

66. [美]斯蒂芬·P·罗宾斯. 管理学. 北京：中国人民大学出版社,1997.

67. [美]尼古拉斯·亨利. 公共行政学. 北京：华夏出版社,2002.

68. [美]查尔斯·沃尔夫. 市场或政府. 谢旭,译. 北京：中国发展出版社,1994.

69. [美]戴维·奥斯本,特德·盖布勒. 改革政府. 上海市政协编译组,东方编译所,译. 上海：上海译文出版社,1996.

70. [英]亚当·斯密. 国富论. 唐日松,译. 北京：华夏出版社,2005.

71. [美]布坎南. 自由、市场和国家——80 年代的政治经济学. 平新乔,莫扶民,译. 上海：三联出版社,1989.

72. [美]保罗·萨缪尔森.经济学.第16版.北京:华夏出版社,1999.

73. [美]保罗·C·纳特,罗伯特·W·巴可夫.公共部门和第三部门组织的战略管理:领导手册.北京:中国人民出版社,2001.

74. [美]E·S·萨瓦斯.民营化与公私部门的伙伴关系.周志忍,译.北京:中国人民大学出版社,2002.

75. [美]托马斯·R·戴伊.理解公共政策.谢明,译.第12版.北京:中国人民大学出版社,2011.

76. [英]诺曼·弗林.公共部门管理.曾锡环,译.北京:中国青年出版社,2004.

77. [英]简·莱恩.新公共管理.赵成根,译.北京:中国青年出版社,2004.

78. [美]理查德·J·斯蒂尔曼二世.公共行政学:概念与案例.竺乾威,译.第7版.北京:中国人民大学出版社,2004.

79. Farnham D. Managing. The New Public Service. London:Macmillan Press,1993.

80. Farnham D. Managing. People in the Public Service. London:Macmillan Press,1996.

81. 向玉琼,王显成.公共产品的产权分析与供给模式选择.甘肃行政学院学报,2003(2):9-11.

82. 黎常.公物产品的产权分析及供给安排.经济体制改革,2002(4):41-44.

83. 赵奉军.论公共产品供给方式的变革.中国发展,2003(4):40-45.

84. 李剑锋.西方公共产品提供形式理论探析.国外财经,2001(2):29-33.

85. 刘小川.关于私营资本介入地方公共产品供给的理论思考.生产力研究,2001(6):9-10.

86. 王永齐.民间资本介入地方公共产品供给的理论思考.上海交通大学学报.社科版,2002,10(2):78-82.

87. 马俊,梁昭永.浅议公共产品效率的改进.南方国土资源,2004(3):25-27.

88. 叶文辉.城市公共产品供给的市场化与公共服务的效率改善.江西社会科学,2004(4):130-133.

89. 肖红缨,刘建平.我国公共产品供给的现状及改革.中南大学学报.社会科学版,2004,10(3):341-343.

90. 岳军.公共产品供给制度分析.山东财政学院学报.双月刊,2003(3):3-7.

91. 马波.基于和谐社会视域的区域性公共物品提供研究.现代商贸工业,2012(1):49-50.

92. 黄永明,游海燕.全球性公共物品、碳关税与温室气体减排.财政研究,2011(10):72-74.

93. 岳书敬,曾召友.地方政府竞争与地方性公共物品的提供.经济问题探索,2005(6):102-104.

94. 欧阳正仲.地方性公共物品部分市场化问题研究.江海学刊,1997(3):8-11.

95. 芮训媛.同一性特质下农村非物质性公共产品协同供给研究.中国经贸导刊,2011(5):79-80.

96. 岳世平.西方国家公共物品供给制度改革及其启示.国家行政学院学报,2006(5):90-92.

97. 冯尚春,白艳.农村公共产品供给不足的个案调查研究——以农村医疗卫生产品供给为例.经济纵横,2008(11):105-108.

98. 赵艳飞,薛兴利.新型农村合作医疗中政府职责定位及对策分析——基于公共物品理论视角.中国卫生事业管理,2007(12):809-810,813.

99. 李国志.论政府在新型农村合作医疗中的责任.卫生经济研究,2007(3):17-18.

100. 减旭恒,曲创.从客观属性到宪政决策——论"公共物品"概念的发展与演变.山东大学学报.人文社会科学版,2002(2):37-44.

101. 王廷惠.公共物品边界的变化与公共物品的私人供给.华中师范大学学报.人文社会科学版,2007,46(4):36-42.

102. 林国银.我国公共事业管理发展探究.科教导刊.中旬刊,2011(7):154-155,157.

103. 方龄萱.公共事业管理主体的界定以及本土化分析.学理论,2011(31):96-97.

104. 陈栋.浅析我国公共事业管理的发展现状及发展趋势.商业文化,2011(10):44-45.

105. 沈国强.浅谈我国当代公共事业管理的基本内涵和价值.才智,2011(19):309-310.

106. 项宗东.公共事业管理专业人才培养模式的研究与实践.教育教学论坛,2012(14):191-192.

107. 马杰.公共事业管理社会化研究.商业时代,2011(35):14-15.

108. 潘加军.目前我国公共事业管理体制创新的模式选择.前沿,2010(19):170-173.

109. 张伟.全国各地区公共事业的综合分析与对策.科技管理研究,2010(22):199,210-213.

110. 张玉亮.政府公共事业管理方式创新:进程、成绩与经验.学术探索,2008(1):33-33.

111. 王名,贾西津.中国NGO的发展分析.管理世界,2002(8):30-43.

112. 俞可平.中国公民社会:概念、分类与制度环境.中国社会科学,2006(1):109-122.

113. 聂林.国外社区管理模式比较.社会观察,2004(5):8-9.

114. 巩建华.公共管理学中必须厘清的几个概念.四川行政学院学报,2008(2):15-17.

115. 崔运武.论当代中国公共事业管理的基本内涵和价值.思想战线,2002,28(1):39-42.

116. 周义程.公共利益、公共事务和公共事业的概念界说.南京社会科学,2007(1):77-82.

117. 李水金,王琼.公共事业管理的概念内涵及其与行政管理、公共管理的关系辨析.湖北师范学院学报.哲学社会科学版,2009,29(6):72-75.

118. 方盛举.公共事业管理主体的界定及特征.思想战线,2002,28(2):21-25.

119. 彭蕾蕾.公共物品的内涵和外延综述.中国市场,2011(2):22-23.

120. 郑恒峰.英国公共服务民营化战略述评.中共福建省委党校学报,2008(10):18-22.

121. 蒋云根.用法制规范公共事业管理民营化.党政论坛,2004(9):18-20.

122. 胡伟,杨安华.西方国家公共服务转向的最新进展与趋势——基于美国地方政府民营化发展的纵向考察.政治学研究,2009(3):105-113.

123. 周晓丽.新公共管理:反思、批判与超越——兼评新公共服务理论.公共管理学报,2005,2(1):43-48,90.

124. 许佳佳,王涛."顾客导向"理念在西方政府改革中的述评.四川经济管理学院学报,2007(3):7-9.

125. 王川兰.论服务型政府的困境、超越与建构.公共管理学报,2005,2(4):19-25.

126. 吕恒立,余斌.论公共产品的不可逃避性与民主政治.郑州大学学报.哲学社会科学版,2007,40(2):31-34.

127. 吕恒立.论公共产品供给的多主体趋势.海南大学学报.人文社会科学版,2007,25(4):408-412.

128. 吕恒立.试论公共产品的私人供给.天津师范大学学报.社会科学版,2002(3):1-6,11.

129. 娄成武,尹涛.论政府在公共服务民营化中的作用.东北大学学报.社会科学版,2003,5(5):367-369.

130. 孙晓莉.美国的公共服务改革及其启示.国家行政学院学报,2005(5):82-85.

131. 伏玉林.事业单位改革:公共服务提供与生产的民营化.学术月刊,2007(1):70-72.

132. 王乐夫,陈干全.我国政府公共服务民营化存在问题分析——以公共性为研究视角.学术研究,2004(3):69-73.

133. 王丽娜,王磊,李杰.我国政府公共服务民营化的利弊分析.大众文艺.理论版,2009(6):

笔记

28-29.

134. 朱耀垠. 推进"五位一体"建设基础平台在社区. 中国社会报,2013-01-31(3).

135. 朱耀垠. 适应小康社会新要求的社区的创新发展. 中国社会报,2013-02-07(3).

136. 国家"十二五"卫生规划,中华人民共和国中央人民政府网站:http://www.gov.cn/zwgk/20121019/content2246908.htm.

笔记

中英文名词对照索引

笔记

笔记